Karl Kurbel (Hrsg.)

Wirtschafts-
informatik '93

Innovative Anwendungen,
Technologie, Integration
8. – 10. März 1993, Münster

Mit 101 Abbildungen

Physica-Verlag

Ein Unternehmen
des Springer-Verlags

Professor Dr. Karl Kurbel
Geschäftsführender Direktor des
Instituts für Wirtschaftsinformatik
der Westfälischen Wilhelms-Universität Münster
Grevener Straße 91
D-4400 Münster

ISBN 978-3-7908-0673-1   ISBN 978-3-642-52400-4 (eBook)
DOI 10.1007/978-3-642-52400-4

Vorwort

Die Informationsverarbeitung nimmt in den Unternehmen heute eine Schlüsselstellung ein. Strategische Wettbewerbspositionen werden davon ebenso beeinflußt wie die Effektivität des operativen Tagesgeschäfts.

Die WI '93 als erste große Wirtschaftsinformatik-Tagung greift aktuelle Problembereiche und Herausforderungen auf. So kommt etwa der Integration der Informationsverarbeitung (IV) mit Hilfe computergestützter Methoden und Werkzeuge in den 90er Jahren herausragende Bedeutung zu. Innovative Anwendungsarchitekturen stoßen auf Alt-Systeme, deren weiterer Betrieb oft unverzichtbar ist. Zentrale und dezentrale Insellösungen, die heute noch isoliert neben modernen verteilten Anwendungssystemen stehen, müssen in eine IV-Gesamtkonzeption eingebunden werden.

Auch die Organisation der Informationsverarbeitung befindet sich im Umbruch. Rückbesinnung auf die eigene Kernkompetenz des Unternehmens, verbunden mit dezentralen Hardware- und Softwarekonzepten, führt zum Nachdenken über Alternativen: Strategische Allianzen, Outsourcing und Downsizing gewinnen an Bedeutung. Die Weiterentwicklung der Informationssysteme profitiert von modernen Entwicklungsmethoden und Werkzeugumgebungen, die Produktivitätsfortschritte versprechen, aber auch hohe Anforderungen an die Planung der Anwendungssysteme und ihrer Integration stellen.

Themen dieser Art stehen im Kern der Wirtschaftsinformatik. Sie wurden in der Vergangenheit jedoch, wenn überhaupt, eher auf Tagungen benachbarter Disziplinen behandelt, z.B. auf betriebswirtschaftlichen Tagungen oder Informatik-Tagungen, da die Wirtschaftsinformatik erst in der zweiten Hälfte der 80er Jahre einen signifikanten Ausbau als eigenständiges Fachgebiet erfuhr.

Die Leitidee der WI '93 ist es, zentrale Probleme der Informationsverarbeitung und zukunftsorientierte Lösungsansätze der Wirtschaftsinformatik erstmals gebündelt in einer Konferenz zu präsentieren. Mit 5 Hauptvorträgen und 25 Beiträgen in 9 Fachsektionen werden wegweisende Entwicklungen und Trends kritisch durchleuchtet, aber auch konkrete Problemlösungen in wichtigen Feldern der Informationsverarbeitung exemplarisch vorgestellt.

Die Eröffnungsveranstaltung nimmt sich des IV-Standorts Deutschland an. In einer Podiumsdiskussion zum Thema "Softwareentwicklung in Deutschland - auch hier Abschied von der Spitze?" erörtern bekannte Vertreter aus Industrie, Wissenschaft und Politik die Zukunftsaussichten der Softwarebranche. Naturgemäß können Diskussionsbeiträge nicht vorab im Tagungsband abgedruckt werden, so daß sie den anwesenden Teilnehmern vorbehalten bleiben.

Die 5 eingeladenen Beiträge wenden sich strategischen Problemen der Wirtschaftsinformatik zu. *H.G. Pfendt* zeichnet eine Vision von unternehmerischer Partnerschaft mit strategischen Allianzen und berichtet über seine Outsourcing-Erfahrungen in einem internationalen Konzern. *E. Vogt* und *M. Herrmann* behandeln ebenfalls die Problematik strategischer Allianzen mit Blick auf die Informationstechnik-Industrie. Das Nebeneinander von Reengineering und Innovation der Anwendungsentwicklung illustriert *R. Thurner* in seinem Beitrag. Die Potentiale der Simulation für das übergreifende Kapazitätsmanagement im Unternehmen zeigt *A. Pritsker* auf. Zukünftige Herausforderungen an die Praxis und die Forschung im Bereich der Wirtschaftsinformatik diskutiert schließlich *A.-W. Scheer* mit Blick auf das - gar nicht mehr so ferne - Unternehmen 2000.

Die Themenfelder der weiteren Beiträge reichen vom strategischen Informationsmanagement und Datenmanagement über objektorientierte Modellierung von Informationssystemen bis hin zu wissensbasierten und multimedialen Anwendungen. Verteilung und Integration werden sowohl aus der Sicht der Methoden und Werkzeuge behandelt als auch mit konkreten Anwendungssystemen exemplarisch untermalt. Die Unterstützung kooperativen Arbeitens im Unternehmen - neudeutsch CSCW (Computer Supported Cooperative Work) - sowie juristische und finanzwirtschaftliche Aspekte runden das Spektrum der WI '93 ab.

Eines der Tagungsziele war es, ein möglichst breites Fachpublikum aus Praxis und Hochschule anzusprechen und den Dialog zu fördern. Bei den Praktikern wurden Führungskräfte im Informationsmanagement angesprochen, ferner Personen, die betriebliche Anwendungssysteme planen, entwickeln und einführen, sowie die Anwender und Anwenderinnen derartiger Systeme. Der wissenschaftliche Bereich war vor allem durch Personen aus der Wirtschaftsinformatik, der Betriebswirtschaftslehre und der anwendungsorientierten Informatik sowie aus benachbarten Gebieten vertreten.

Für Studierende wurden weitere Programmpunkte angeboten, für die sich Münsteraner Studenten und Studentinnen selbst engagierten. Sie reichen von Informationen über den späteren Beruf, Auslandsstudium u.a. bis hin zu einer Talkshow mit bekannten Wirtschaftsinformatik-Professoren ("Was man schon immer mal wissen wollte...").

Aus dem Wunsch, einer großen Zahl von Teilnehmern den Tagungsbesuch zu ermöglichen, folgte zwingend die Notwendigkeit, die Teilnahmebeiträge auf niedrigem Niveau zu halten. Angesichts steigender Kosten und einer anhaltenden Tendenz zu immer höheren Tagungsgebühren war es nicht einfach, den Versuch zu einer Trendwende zu starten. Besonderer Dank gebührt deshalb allen Sponsoren, die mit ihren Spenden und anderen Leistungen dazu beitrugen, daß die Teilnahmegebühren im erträglichen Rahmen gehalten werden konnten. Es wäre zu begrüßen, wenn auch andere Veranstaltungen dieser Leitlinie folgen würden.

Den Referenten und allen Personen, die einen Aufsatz zur WI '93 eingereicht hatten, sei an dieser Stelle herzlich gedankt. Die Resonanz auf den Call for Papers war überwältigend. Eine weitere Leitlinie der Tagung, die Parallelität von Vorträgen möglichst gering zu halten und durch strenge Auswahl mehr auf Qualität als auf Quantität zu setzen, führte leider dazu, daß eine große Zahl von Beiträgen zurückgewiesen werden mußte. Die Annahmequote lag bei etwa 30 %. Die Autoren der nicht angenommenen Beiträge bitte ich nochmals um Verständnis für die Strategie des Programmkomitees.

Herausgeber von Tagungsbänden machen häufig die Erfahrung, daß Autoren die Gestaltungs- und Formatierungsrichtlinien des Verlags eher als wohlgemeinte Ratschläge für andere ansehen, die aber keineswegs für sie selbst bestimmt sein können. Mit dem vorliegenden Band wurde auch der Versuch unternommen, eine gewisse Einheitlichkeit des Erscheinungsbilds zu erzielen. Wenngleich dieses Ansinnen manche Autoren zunächst zu überraschen schien, zeigten doch alle Verständnis und kamen den teilweise mehrfachen Überarbeitungs- und Anpassungswünschen weitgehend nach. Die damit verbundene Detailarbeit erledigte Herr *Dipl.-Kfm. R. Jung* mit Unterstützung weiterer Mitarbeiter des Instituts für Wirtschaftsinformatik in Münster. Ihm gebührt besonderer Dank für die sorgfältige Erledigung, ebenso wie den Referenten für ihre Kooperationsbereitschaft.

Schließlich sei den Mitgliedern des Programmkomitees, das die schwierige Aufgabe der Begutachtung und Auswahl der Beiträge zu bewältigen hatte, und des Organisationskomitees, dem *Prof. Dr. H. L. Grob* vorsaß, sowie allen anderen Beteiligten, die an der Vorbereitung der Tagung mitwirkten, für ihre engagierte Mitarbeit sehr herzlich gedankt.

Mit Blick auf die komplexen Probleme der Informationsverarbeitung, die noch einer Lösung harren, bleibt zu wünschen, daß weitere Wirtschaftsinformatik-Konferenzen ihren Beitrag dazu leisten werden.

Münster, im November 1992   Karl Kurbel

Veranstalter

Fachbereich 5 Wirtschaftsinformatik der Gesellschaft für Informatik e.V.

in Zusammenarbeit mit der
Wissenschaftlichen Kommission Wirtschaftsinformatik im
Verband der Hochschullehrer für Betriebswirtschaft e.V. und der
Westfälischen Wilhelms-Universität Münster

Tagungsleiter

Prof. Dr. Karl Kurbel
Universität Münster
Institut für Wirtschaftsinformatik
Grevener Straße 91
4400 Münster

Programmkomitee

Prof. Dr. Jörg Becker, Universität Münster
Prof. Dr. Dieter Ehrenberg, Universität Leipzig
Prof. Dr. Lutz Heinrich, Universität Linz
Prof. Dr. Matthias Jarke, RWTH Aachen
Prof. Dr. Wolfgang König, Universität Frankfurt
Dipl.-Math. Hans-Peter Kosmider, Agrippina Versicherung AG, Köln
Prof. Dr. Karl Kurbel, Universität Münster (Vorsitz)
Prof. Dr. Dr. h.c. Peter Mertens, Universität Erlangen-Nürnberg
Dr. Wolf-Dietmar Oberhoff, IBM Deutschland GmbH, Heidelberg
Friedrich K. Rauch, MBA, Colonia-Versicherung AG, Köln
Dr. Gert Rehwinkel, Atlas Elektronik GmbH, Bremen
Dr. Olaf Röper, Uhde GmbH, Dortmund
Prof. Dr. Peter Stahlknecht, Universität Osnabrück
Prof. Dr. Horst Strunz, ExperTeam GmbH, Köln
Prof. Dr. Wolffried Stucky, Universität Karlsruhe
Prof. Dr. Wolfgang Uhr, Technische Universität Dresden
Dr. Manfred Windfuhr, Hoesch AG, Dortmund

Organisationskomitee

Dipl.-Kfm. Dominik Everding
Prof. Dr. Heinz Lothar Grob (Vorsitz)
Dipl.-Inform. Bettina Horster
Prof. Dr. Ulrich Müller-Funk
Dipl.-Inform. Jürgen Priemer
Dr. Claus Rautenstrauch
Prof. Dr. Alfred Taudes

und weitere Mitarbeiter und Mitarbeiterinnen
des Instituts für Wirtschaftsinformatik der Universität Münster

Tagungsband (Redaktion)

Dipl.-Kfm. Reinhard Jung

Inhaltsverzeichnis

Objektorientierte Modellierung

Juristische und finanzielle Aspekte

Verteilte Anwendungssysteme

Datenmanagement

Eröffnungsveranstaltung

Podiumsdiskussion

Softwareentwicklung in Deutschland - auch hier Abschied von der Spitze?

Seit einer Reihe von Jahren befürchten Beobachter und Wirtschaftsanalytiker, daß Deutschland als Industriestandort im internationalen Wettbewerb an Boden verliert. In der "Informatik-Industrie" gibt es zahlreiche Beispiele dafür (Produktion von Chips, PC-Komponenten, Workstations). Bei der Entwicklung von Betriebssystemen mit internationaler Breitenwirkung lassen sich kaum noch Erfolge der deutschen Software-Häuser nachweisen.

Günstiger stellt sich momentan die Lage der "Wirtschaftsinformatik-Industrie" dar. Zum Beispiel werden international eingesetzte Materialwirtschafts-, PPS- oder Leitstandsysteme in Deutschland (weiter-)entwickelt. Vor diesem Hintergrund erhebt sich zunächst die Frage, ob die staatliche Hochschul- und Industrie-Förderpolitik mit ihrer starken Orientierung zur Kerninformatik richtig liegt. Vor allem aber besteht die Gefahr, daß die bekannten Standort-Nachteile Deutschlands (hohe Personalkosten, geringe Arbeitszeiten, überdurchschnittliche Steuerbelastung, deutsche Sprache) auf die internationale Konkurrenzfähigkeit der Produzenten von Anwendungssystemen durchschlagen. Dies müßte entsprechende Konsequenzen für die Arbeitsplätze in der Bundesrepublik haben. Die Anwendungssoftware würde auch zu sehr die Gegebenheiten ausländischer und kaum die deutscher Unternehmen abbilden. Wegen der nicht optimalen Anwendungssysteme entstünden wiederum Wettbewerbsnachteile der deutschen Betriebe.

Für die Diskussion wurden Persönlichkeiten gewonnen, die in der Praxis die Sektoren DV-Hersteller, Software-Häuser sowie Politik und in der Wissenschaft die Fachgebiete Informatik, Wirtschaftsinformatik und Volkswirtschaftslehre vertreten.

Diskussionsleitung

Prof. Dr. Dr. h.c. P. Mertens, Universität Erlangen-Nürnberg

Teilnehmer

Prof. Dr. H.-J. Ewers, Universität Münster

Dipl.-Math. H.-W. Hector, Mitglied des Vorstands der SAP AG, Walldorf

Prof. Dr. W. Krüger, Universität Karlsruhe

Dr. W. Pierlo, Geschäftsführer der IBM Deutschland GmbH, Stuttgart

Ministerialdirigent Dr.-Ing. K. Rupf, Bundesministerium für Forschung und Technologie

Prof. Dr. H. Schwärtzel, Hauptabteilungsleiter in der Siemens AG, München

Hauptvorträge

Outsourcing - Strategic Alliances and Partnerships in the Context of New Strategic Realities

Henry G. Pfendt

Business and Information Management Consultant
Rochester, New York, USA

Summary

This paper argues that global competition is forcing radical change. Not since Fayol and Sloan have the organizing principles been subjected to total rethinking. "Corporate Perestroika" is not redesigning the system from within, it is a complete redesign of the system, a wholesale restructuring of the corporation. The super-corporations of the 21st century will not be built on a collection of fiefdoms of bureaucratic monopolies, but on closely coupled business relationships that are networked together organizationally - relationships that will consist of distributed, autonomous, and highly focused business modules, configured and networked into global value-added chains based on core competence, expertise, and greatest value to the enterprise. Taken together, these changes will constitute a radically different pattern of relationships. Informations technology will play a vital and enabling role. The I/S organization must re-invent itself, but re-inventing I/S cannot be decoupled from re-inventing the enterprise. A case study is being presented showing how one corporation's I/S organization started to re-invent itself using a three step approach - Idealized redesign of I/S functions relating to computing and telecommunications infrastructure services, Strategic approach of alliances/partnerships, and Partnership Innovation Process.

1 Introduction

There has been much talk lately on both sides of the Atlantic and Pacific about a new world order. This, I believe, has been triggered by the collapse of communism around the world, which in turn, has been triggered by perestroika - the Russian word for restructuring as applied to the efforts of the former Soviet Union to convert from a centrally planned and controlled economy to a market economy. Not one centrally planned and controlled national economy has ever attained the high levels of economic development reached by national market economies. Of course, not every national market economy has flourished, but every one that has, has been a market economy. Having recognized that their countries have developed as much economically as possible with a centrally planned and controlled economy, almost all former communist countries are now trying to convert to national market economies.

Curiously, in the western economies, which already have market economies, most public and private organizations have centrally planned and controlled economies. Their internal economies are more like that which the former communist countries are trying to get rid of than what the western countries have at their national level. Unfortunately, many, if not most of the western corporate and institutional economies are currently in decline, in part because, like the former communist countries, they contain many units that are bureaucratic monopolies.

In search of economies of scale, centrally planned and controlled economies tend to create monopolistic providers of goods and services, for example, accounting, personnel, manufacturing, R&D, and yes, even Information Systems departments. Could it be that our public and private institutions and corporations cannot reach the high levels of development desired unless they transform themselves internally from centrally planned and controlled to free market economies?

To stem their decline, most of the western corporate and institutional economies are now downsizing, re-engineering, re-architecting their internal business processes, but unfortunately, all are doing it within the failed system of centrally planned and controlled economies, not free market economies; in other words they are attempting to reform the system from within and this will not bring the improvements that will make them flourish in the 21st century.

"Corporate Perestroika" is not redesigning the system from within, it is the complete redesign of the system - a wholesale restructuring and transformation of organizations into closely coupled business modules which are independent, distributed, autonomous profit centers. Each such business module must have the resources it needs to operate effectively and efficiently as a profitable business, with free markets between them.

Global competition and the changing nature of doing business, characterized by complexity, chaos, and ambiguity, is forcing radical change. Not since Fayol and Sloan have organizing principles been subjected to total rethinking.

The super-corporations of the century will not be built on a collection of fiefdoms of bureaucratic monopolies but on closely coupled business relationships that are networked together organizationally - relationships that will consist of distributed, autonomous, and highly focused business modules, configured and networked into global value-added chains based on core competence, expertise, and greatest value to the enterprise. This should allow them to simultaneously act local and global with the additional benefits of greater flexibility, simpler business processes, alacrity, higher quality of work life, increased innovation, lower costs, large-scale without increasing internal size, rapid technology transfer, zero bureaucracy. The super-corporations that will flourish will be the ones with the most advanced infrastructures as they will enjoy a critical competitive advantage in the global economy of the next generation. Sophisticated global computing and telecommunications networks will be able to link the closely coupled business modules. Information Technology - computing and telecommunication networks - will be critical in this restructuring.

Taken together, these changes will constitute radically different patterns of relationships - internal relationships between management and business and operating units, and external relationships with suppliers and strategic alliances. It will also require totally new attitudes and new approaches to relationships. The rigid, contractual, short-term relationships must give way to more collaborative, cooperative, long-term, flexible, and consensual ones. These relationships must be based on a "partnership" type relationship which addresses the three key elements of working together - how to deal with change, how to deal with conflict, and how to capitalize on synergism to reach greater potential.

The I/T discipline will play a critical and vital role in a new order for I/S - new realities. The I/S organization must re-invent itself; but re-inventing I/S cannot be decoupled from re-inventing the enterprise. I/S is too important to be left entirely to I/S management; business management must take an active leadership role. In the light of the above transformations and the enabling role I/S must play, I/S must unburden itself from the mundane/routine and non-strategic activities so they can start to focus on the important and vital and strategic activities which will help propel their organizations into a more glorious future.

We are heading for a new order of I/S. I/S must be managed differently in the next few years than it has been over the past 20 or so years. There are several reasons for this, among them - strategic importance of I/S, its pervasiveness, technology and information explosion, new organizational realities, and new relationship management.

2 Case Study

Let me now discuss with you my experience with a company that established three such autonomous, distributed business units through strategic alliance/partnership. Kodak's I/S organization started to re-invent itself using a three step approach.

1. Idealized redesign of I/S functions relating to Computing and Telecommunications Infrastructure Services

2. Strategic approach of Alliances/Partnerships

3. Partnership Innovation Process (PIP)

2.1 Idealized Redesign

With the help of Dr. Ackoff of Interact and using the interactive management and planning process (for details see Ackoff - Creating the Corporate Future - Wiley, New York, 1984) Kodak involved over 250 computing and telecommunications employees and several of its internal customers in the idealized redesign of its computing and telecommunications organizations. Idealized redesign is a way that an organization's stakeholders in a highly participatory process, can prepare a vision of what they want their organization to be right now, assuming that it could be whatever they wanted to be. Once the design was completed the organization's plans were directed toward closing the gap between what the organization actually was, and the idealized redesign. The realization of the idealized redesign resulted in a complete re-engineering of the I/S value chain and the organizational consolidation of several computing and telecommunications organizations into a single organizational entity. This involved bringing together over 1200 people that previously had been part of over 12 different telecommunications organizations and three major North American data centers. The implementation of the idealized redesign resulted in significant savings in both capital and labor, through better equipment utilization and elimination of redundancies.

Because of the fragmented nature by which these activities had been managed, it was not surprising that Kodak did not have a long term strategic direction, neither for their global computing environment nor for their global telecommunications network. With the help of external technology consultants Kodak then undertook joint studies relating to over 15 world-wide data centers and telecommunications networks. A long term strategic plan was developed for both the data centers and the telecommunications networks.

The findings of these studies indicated needs for - migration to a new technology base, further reduction of labor intensity and the leveraging of the company world-wide, new facilities and totally new support systems infrastructure.

All of these needs would require significant capital investments to be met. Kodak's I/S management began asking the question - should Kodak continue to invest in building data centers and adding to the technology, or would these significant amounts of money be better used if applied to its core businesses of Photography, Chemicals, Pharmaceuticals etc.

This type of thinking led Kodak to look for alternative ways by which the company could achieve the desired ends with different means. It began to systematically review all I/S services and associated delivery capabilities in order to find more creative ways by which these services could be delivered either

- through Kodak's internal organization,

- by brokering/procuring these services from outside suppliers (outsourcing),

- or by forming strategic alliances/partnerships with key suppliers who have demonstrated an industry leadership position.

This value analysis led Kodak to the conclusion that a relatively small percentage of their I/S people were working in areas of greatest value contribution to the corporation. Many were involved in basic infrastructure service delivery activities - important, of course, but not critical to Kodak's core businesses and their strategies. Management concluded that running MIP factories, internal telephone companies, P.C. support services etc. were not part of its core businesses and the company began to aggressively seek alliances/partnerships that would allow them to achieve major discontinuities in the way they were doing business. Strategic alliances represent a major catalyst for change - facilitating and expediting organizational culture change.

2.2 Strategic Approach

The company established a corporate I/S organization as an organizational entity, headed up by a corporate vice president and reporting directly to the Chief Executive - a major departure from the past. Prior to that the I/S was part of Finance, Manufacturing and Customer and Marketing Support. It had lacked focus. It adopted a totally new strategic approach:

- Centralized Infrastructure via strategic alliances

- Decentralized Applications

This strategic approach assigned a totally new role to the corporate I/S organization and transitioned the organization from service delivery to broker/facilitator of these services. It has become a smaller organization from over 2000 in 1988 to less than 150 today. Their new organization is in part responsible for the strategic and management focus for the networked organization of alliances and partnerships. It is becoming a knowledge based organization - setting objectives, collecting strategic information, identifying future needs and technology directions, developing the overall I/S architecture and interface standards and relationship management. In other words, keeping the organizational network together, thereby continuously juggling the boundaries of where one organizations responsibilities begin and another ends. It sees as its mission to put in place the processes, people, projects and infrastructure which will enable Kodak to successfully migrate to a future state where information systems are leveraged across the corporation as a strategic corporate asset, making it possible for business managers to manage information and information technology as an integral part of their business strategies. .

This change of roles for I/S will impact the kind of individual, who will be sought by the organization. They will have to be versatile individuals with a blend of technical and business skills, who can integrate systems. They will need to be skilled leaders and able to manage relationships.

With its adopted strategic approach Kodak is moving out of the commodity I/S business into the strategy - high value added business, as facilitators/brokers. They are transforming themselves to be internal systems integrators for high value adding functions and have struck alliances and partnerships with external systems integrators for commodity infrastructure service. This was facilitated by the establishment of a set of agreed to common standardized infrastructure services which add significant value to all their businesses and no single business would want to, nor could afford to, develop and provide themselves. I/S provides centralized control over the technology and services. The services are provided through alliances which have become an integrated process and represent a major shift in influence and power. Three such alliances have been established.

IBM manages the day to day operations of the North American Data Center which is a state of the art facility and into which six data centers have been consolidated. Over 350 Kodak people were transferred to the IBM alliance.

Digital manages the day to day operations of the global voice, data, networks. Over 250 Kodak personnel transferred to this alliance.

JWP_Businessland handles all the North American P.C. Support Services of Software/hardware plus help desk and consulting. Over 50 Kodak personnel transferred to this alliance.

The benefits are significant and fall into four areas:

Financial - through employee reduction, reduced capital and technology investments.

Quality of service - partnering with world class service providers increases the ability to provide world class service with the latest technology at improved response time.

Quality of work life - opened up new opportunities for personnel and significantly improved career opportunities.

Positioning for the future - allows internal I/S to focus on high value adding activities - focus on solutioneering.

A new aspect of developing alliances is managing them. Kodak developed and formalized an alliance management process and service delivery process via a networked organization. Four entities participate in the management of the alliances, the relationship director, the management board, the advisory council, and control panels. The system they established is a delicate balance between maintaining control of the technology systems and giving the alliances and clients free access to each other. The process developed by Kodak and used is a highly structured process - internally known as PIP or Partnership Innovation Process.

2.3 Partnership Innovation Process

The objective of the Partnership Innovation Process is to mutually explore long term business relationships (Alliances/Partnerships) with world class service providers for the purpose of redesigning the I/S service delivery processes resulting in quantum improvements in service quality, cost structure, quality of work life, and exploitation of advanced technologies.

The critical success factors can be summarized as follows - can "Partner" do the job and can you live together, go for the "biggies", each party is essential to the success, joint common interests and team spirit/team work.

The following strategies were established - exercise leadership, stay in control, manage high value added functions, and increase flexibility.

A special strategic core business/ value added matrix and a version of Porter's value chain provided the tools which allowed Kodak's I/S organization to analyse all their infrastructure activities and services to determine which added the most value and contributed most significantly to the success of the company. This analysis produced a set of services which were candidates for PIP. Shifting these services to strategic alliances does not reflect a retreat from control and leadership responsibilities of I/S.

PIP is structured into five phases - the preparation phase, the selection phase, the negotiation phase, the implementation phase and on-going relationship phase.

The critical issues and major challenges that were experienced are focused on the following six areas of management:

- establishing the mechanism by which relationships are managed,
- managing the individual alliance relationship,
- managing relationships across multiple alliances,
- managing the changes required in own organization,
- recognizing changes required in partner organization,
- redefining key supplier relationships.

In consummating three successful alliances/partnerships many lessons were learned, among them - selection of champion, decision makers, watch for deal killers, setting objectives, selecting participants, setting schedules and measurement processes, communicating effectively, selecting partners carefully, tenacity.

The negative issues about alliances are still being discussed by CIO's and they generally fall into the following categories:

- is this a wise move?
- is it another step down?
- loss of control, a potential conflict of interest, is this a career limiting move?
- employees unwilling to transfer,
- union problems,
- what is rationale from customer perspective?
- giving up your birthright,
- they aren't sensitive to our business,
- no obvious cost savings.

3 Conclusion

I believe, "outsourcing" the commodity I/S functions to world class service providers through strategic alliances and partnerships addresses the critical issues facing the CIO's of the 1990's. It increases his/her strategic focus on what and why instead of how, frees 30-40% of CIOs time, therefore more time can be spend on re-engineering I/S value chain not with focus on I/S excellence, but with focus on company's business excellence. It should allow I/S management to spend more time on linking I/T to business strategies, understanding business dynamics/thrusts, and concentrating on what I/S can do to bring about "Corporate Perestroika".

The implications are clear - it redefines CIO's role, it represents a shift in I/S functional excellence model requiring new skill-sets, with less focus on analysis and greater focus on synthesis, and greater emphasis on solutioneering.

The implications on the service providers are still not fully understood by them as it should motivate them to totally redefine their business and it should force the industry to accelerate their move from technology/gadget providers to solutioneering.

Strategische Allianzen in der Informationstechnik-Industrie

Edwin Vogt,
Manfred Herrmann

Software Entwicklung
IBM Deutschland GmbH
Pascalstr. 100, 7000 Stuttgart 80

Zusammenfassung

In den Unternehmen, vor allem in der Industrie für Informationstechnik (IT), erkennt man zwei wesentliche Trends: Dis-Integration oder Segmentierung und Allianzen in betimmten Tätigkeitsfeldern mit Konkurrenten. Vor allem der zweite Trend, die Allianzen, werden in diesem Beitrag beleuchtet. Aktuelle Beispiele der IBM werden zur Veranschaulichung herangezogen. Allianzen nehmen heute einen beachtlichen Stellenwert in der Unternehmensstrategie ein und sind ein wesentliches Instrument zur Erhaltung/Wiedererlangung der Wettbewerbsfähigkeit.

1 Einleitung

Fast täglich kann man in der Presse über alarmierende Geschäftssituationen bei großen Unternehmen der Informationstechnik lesen: Die IBM Corporation hat das Jahr 1991 mit Verlusten von über 2 Milliarden $ abgeschlossen, Digital Equipment hat das 1. und 2. Quartal 1992 mit großen Verlusten abgeschlossen, Siemens-Nixdorf arbeitet mit Verlusten im Bereich von 0,5 Milliarden DM.

Der immense Preiskampf auf dem Weltmarkt (erst Anfang August 1992 mußten die Preise von PCs bei IBM um 30 Prozent gesenkt werden) führt zur Überprüfung von Unternehmensstrategien und Organisationsstrukturen und zu drastischen Maßnahmen der Kosteneinsparung. Diese Beobachtung trifft auch auf andere Industrien, wie z.B. die Elektroindustrie und die Automobilindustrie, zu. Die Reaktionen der Unternehmen zur Erhaltung der Wettbewerbsfähigkeit sind meist ähnlich zu denen der Industrie für Informations-technik. In diesem Beitrag werden die Reaktionen der IT-Industrie diskutiert. Einen Schwer-punkt stellt dabei die Bildung von Allianzen in bestimmten Tätigkeitsfeldern mit Konkur-renzunternehmen dar.

2 Trends in der IT-Industrie

Die Unternehmen der IT-Industrie reagieren auf die sich rasant verschlechternde Wettbe-werbs- und Gewinnsituation mit zwei Strategien:

1. Dis-Integration bzw. Segmentierung der Unternehmen
2. Bildung von Allianzen mit anderen Unternehmen

Bei der Dis-Integration wird die vertikale Integration von Forschung/Entwicklung, Produk-tion und Verteilung, Vertrieb und Dienstleistung (z.B. Systemintegration) aufgegeben. Es werden selbständige Unternehmenseinheiten gegründet, die in einem wohldefinierten Arbeitsfeld eigenverantwortlich agieren. Dis-Integration findet statt, um eine komplexe Unternehmensorganisation transparenter und wettbewerbsfähiger gestalten zu können. Die Teilunternehmen müssen im allgemeinen mit der Muttergesellschaft vereinbarte Umsätze und Gewinne erzielen und sich selbst finanzieren. Im Prinzip konkurrieren diese Unternehmenseinheiten in ihrem definierten Arbeitsfeld mit anderen Unternehmen, die sich auf dasselbe oder ein vergleichbares Arbeitsfeld spezialisiert haben, wie z.B. PC-Herstellung, Anwendungs-Software, Systemintegration. Mit dieser Struktur stellt sich das bisherige Unternehmen nicht mehr als Konkurrent in der Gesamtheit der Leistungen, sondern als Konkurrent in den Einzelleistungen. Diese Orientierung haben ABB (Asea Brown Boveri AG) oder Nestle in anderen Industrien bereits vor Jahren eingeführt. Der Elektrokonzern ABB mit 215.000 Mitarbeitern wurde in 8 Segmente mit 65 Business Areas und ca. 1.300 lokalen Gesellschaften umstrukturiert[1].

Die Dis-Integration in der IT-Industrie teilt laut IDC[2] diese Industrie in eine Hersteller- und eine Integrator-Orientierung auf. Firmen wie Intel, Apple und Microsoft haben sich bereits als "Hersteller" qualifiziert, während Andersen, CGS und EDS auf der "Inte-gratoren"-Seite stehen.

---

1) Vgl. Deutsch (1992).
2) Vgl. Moschella (1992).

DEC und IBM werden sich durch Segmentierung mit eigenen Unternehmensteilen in beiden Gruppen finden. Bei Unternehmen wie Bull, Olivetti, Unisys und Wang steht die zukünftige Orientierung noch aus. Bei Bull und Wang setzen die Entscheidungen für IBM RISC-Systeme gewisse Zeichen. Dagegen zeigen HP und SUN stärkere Orientierung zum "Hersteller". Die zweite Strategie: Bildung von (strategischen) Allianzen ist eine logische Folge aus der ersten Strategie. Im Zuge der höheren Eigenverantwortlichkeit einzelner Unternehmenseinheiten muß der Freiraum für Partnerschaften möglich sein, welche die Gewinn- und Profiterzielung verbessern. Solche Allianzen können der gemeinsamen Entwicklung von Hardware-Komponenten oder von Software dienen, können gemeinsame Produktionseinrichtungen nutzen (vgl. das IBM Werk in Essonnes in Frankreich, das für Siemens Speicherchips fertigt), können lokale Vertriebspartnerschaften sein (z.B. arbeitet der Vertrieb der IBM Deutschland für ein Software-Paket der Fertigungsindustrie mit ca. 40 Vertriebspartnern zusammen). Andere Allianzen bestehen darin, daß HW-/SW- Komponenten an andere Hersteller verkauft werden (OEM = Original Equipment Manufacturer), die diese Komponenten unter ihrem Namen verkaufen. Finanzielle Beteiligungen bzw. Joint Ventures sind weitere Formen der Allianzen. Firmenübernahmen sind hier im Grunde nicht zu betrachten, weil dabei im Gegensatz zu einer Allianz die eigenverantwortliche Unternehmensleitung aufgegeben wird.

Es ist festzustellen, daß Allianzen gegenüber dem reinen Einkauf von Leistung eine zunehmend größere Bedeutung einnehmen. Das hängt zum einen damit zusammen, daß das Geld nicht mehr so reichlich "fließt", zum anderen damit, daß der Lieferant mehr in die Verantwortung kommen soll. So werden heute z. B. Software-Komponenten nach Vorgaben von Partner-Unternehmen entwickelt *und* finanziert. Im Gegenzug werden diese Unternehmen an den Software-Lizenzgebühren beteiligt.

3 Strategische Allianzen

Allianzen zwischen zwei und mehr Partnern beobachtet man in der Industrie seit langer Zeit. Dabei geht es konventionell vor allem um Firmenübernahmen, Lizenzvergaben, Beteiligungen. Diese Allianzen kommen nicht aus der Motivation des "Überlebens" oder der Erhaltung der Wettbewerbsfähigkeit, sondern dienen der Verbesserung einer bereits guten betriebswirtschaftlichen Situation.

Bei der heutigen Bildung von Allianzen redet man häufig von "strategischen Allianzen", weil damit Partnerschaften gemeint sind, die zum "Überleben" bzw. zur Erreichung der Wettbewerbsfähigkeit als zwingend angesehen werden.

3.1 Hauptgründe für strategische Allianzen

Die Gründe für strategische Allianzen in der IT-Industrie liegen hauptsächlich darin, daß die technologischen Veränderungen derart schnell fortschreiten, daß mit einer bestimmten Technologie nur über sehr kurze Zeiträume Gewinn zu erzielen ist. Die Entwicklungen der Speicher- und Prozessortechnologie sind hier bekannte Beispiele. Hinzu kommt, daß die Höhe der Investitionen und die Entwicklungsdauern Dimensionen annehmen, die *ein* Unternehmen schwer verkraften kann. So kostet die Entwicklung einer neuen Chip-Generation ca. 1 Milliarde $. Ein umfangreiches Software-Paket liegt in der Größenordnung von 100 bis 500 Millionen $. Die Entwicklungszeiten für diese Beispiele betragen 3 bis 5 Jahre trotz Einsatz moderner Methoden.

Andere Industrien weisen hier wesentliche Unterschiede auf. So sind z. B. die Automobilindustrie oder der Maschinenbau weitaus weniger getrieben durch grundlegende Technologieänderungen, die zu schnellem Preisverfall führen. Die Investitionen für Neuentwicklungen von z. B. einem neuen Automodell liegen allerdings auch in Milliarden-Höhe. Aber die Vermarktungsdauer beträgt immer noch ca. 5 - 7 Jahre.

Die oben genannten Hauptgründe sind weiterhin vom Erfolgsfaktor "Know-how" abhängig. Partner können sich hier ergänzen. Jeder Investition geht meist eine umfangreiche Justifizierung voraus. Diese geht von einer Vielzahl von Annahmen und Untersuchungen der Konkurrenz, der Käufertrends, der Herstellkosten, der Preise etc. aus. Vieles kann sich über den Entwicklungszeitraum ändern. Schlußendlich mag sich die ursprüngliche Investitionsentscheidung nicht mehr bewahrheiten. Das Risiko kann Unternehmen schwer belasten. Diese Gründe führen auch bei leistungsfähigen Unternehmen heute zur Bildung von strategischen Allianzen mit anderen Partnern.

Der Wettlauf um die Technologie mit allen finanziellen Implikationen spielt also bei strategischen Allianzen eine wesentliche Rolle. Daher kommen für strategische Allianzen nur starke und führende Partner in Frage. Diese Partner wollen so weit und lange als möglich ihre Eigenständigkeit bewahren. Deshalb gibt es zur Lösung der oben genannten Problematik äußerst selten Firmenübernahmen (Fusionen) anstelle von Allianzen.

3.2 Modell einer Allianz

Für das Verständnis der Bedeutung, der Wirkungsweise und des Erfolgs von Unternehmensallianzen ist es wichtig, anhand eines Modells einer Allianz die Prinzipien zu besprechen.

Dieses Modell geht von zwei Partnern aus, die unternehmerisch in gleichen oder benachbarten

Geschäftsfeldern tätig sind. Das Modell kann sich natürlich auch auf mehr als zwei Partner ausdehnen lassen. Ihre Motivation für eine Allianz liegt darin, durch etwa gleichgewichtige Beiträge eine gemeinsame Leistung zu erbringen, die danach von beiden Partnern in einer definierten Weise getrennt genutzt werden kann. Bei dieser Leistungserbringung gibt es zwei wesentliche Annahmen:

1. Die Kosten für die Leistung werden geteilt.
2. Die Leistung ist wegen des Know-hows bzw. der Komponenten, die von beiden Partnern eingebracht werden, von höherer Wettbewerbsfähigkeit, als wenn nur einer der Partner die Leistung erbringen würde. Der erwartete finanzielle Erfolg beider Partner bei gemeinsamer Leistungserbringung ist vor allem wegen der schnelleren Verfügbarkeit am Markt größer als bei getrennter Leistungserbringung, oder die Leistung könnte von einem Partner überhaupt nicht erbracht werden.

In einer Allianz behalten die Partner ihre Selbständigkeit. Im allgemeinen wird auch nicht ausgeschlossen, daß die Partner mit Dritten ähnliche Allianzen eingehen können. Dieses Modell einer Allianz zeigt deutlich die Unterschiede zu Unternehmensbeteiligungen oder -übernahmen, wobei finanzielle Beteiligungen bei Allianzen nicht ausgeschlossen sind.

Beispiele in der IT-Industrie für Beiträge der Partner sind HW-/SW-Komponenten, Patente, Chipdesign, HW-/SW-Architekturen, Know-how eines Entwicklungsteams, Fertigungs-einrichtungen oder ein bestehendes Vertriebsnetz. Zusätzlich zu derartigen Beiträgen werden finanzielle Mittel eingebracht. Als gemeinsame Leistung kann die Spezifikation und der Prototyp einer HW-Komponente entstehen, HW-/SW-Komponenten können integriert oder gemeinsam entwickelt und/oder gefertigt werden.

Die getrennte Nutzung bedeutet entweder die eigene Produktion einer HW-Komponente oder den Vertrieb einer HW-/SW-Komponente unter eigenem oder Partner-Logo. Sofern beim Vertrieb Komponenten des anderen Partners vermarktet werden, entsteht häufig ein finanzieller Ausgleich in Form von Lizenzgebühren.

Die Bedeutung einer Allianz kann sehr unterschiedlich bewertet werden, z.B. nach

- Erwartetem Umsatz und Gewinn,
- Kosteneinsparung,
- Marktanteile,
- dem Aufbau von Know-how.

Daher ist der Begriff der strategischen Allianz aus der Sicht der Partner zu sehen. Für ein

Softwarehaus kann eine Vertriebspartnerschaft mit einem Hersteller eine "strategische Allianz" bedeuten, während der Hersteller nicht von einer "strategischen Allianz" redet.

Kriterien für eine "strategische Allianz" in der IT-Industrie sind:

- Schnelle (möglichst erste) Präsenz am Markt,
- Technologische Führung,
- Höhe des erwarteten Umsatzes,
- Höhe der Kosteneinsparung,
- Globale Nutzung der Leistung und
- Erhöhung von Marktanteilen.

3.3 Schwerpunkte strategischer Allianzen

Schwerpunkte für strategische Allianzen in der IT-Industrie sind die Bereiche

- Technologie,
- Produktion,
- Vertrieb sowie
- Systemintegration und Dienstleistungen.

Am Beispiel IBM soll der Umfang heute bestehender strategischer Allianzen in diesen Bereichen verdeutlicht werden[1] [2] .

Im Bereich der Technologie treten verstärkt strategische Allianzen bei der Prozessor- und Speicherentwicklung auf. Die Allianz zwischen IBM und Siemens für die Entwicklung des 64- MB-Chips oder die Allianz IBM/Siemens/Toshiba zur Entwicklung des 256-MB-Chips sind eindrucksvolle Beispiele. Die Allianz IBM und Intel zur Weiterentwicklung der X86-Prozessoren ist ebenso bemerkenswert. Die Hauptgründe für diese Allianzen sind die technologische Führerschaft, die enormen Entwicklungsinvestitionen, die Entwicklungszeiten und das Know-how.

Technologie-Allianzen finden nicht nur bei der Hardware, sondern auch bei der Software

---

1) Vgl. Schreiber (1992).
2) Vgl. Bauer (1992).

statt. Von besonderer Bedeutung sind z.B. die Allianzen mit Borland für die Entwicklung von objektorientierten Computer-Sprachen oder mit Lotus für Büroanwendungsfunktionen auf dem PC. Ein weiteres Beispiel ist die Joint Venture "Taligent" zwischen Apple und IBM, die zum Ziel hat, Multimedia-Technologien zu entwickeln.

In der Produktion gibt es zur Zeit "nur" zwei große Kooperationsbeispiele bei IBM:

1. Gemeinsame Fertigung von 16-MB-Chips mit Siemens in Essonnes, Frankreich.
2. Joint Venture (Display Technologies Inc.) mit Toshiba zur Herstellung von Flachbildschirmen, die z.B. in Laptops eingesetzt werden.

Es gibt Vorhersagen bei IBM, daß in ca. 10 Jahren von heute weltweit 48 führenden Herstellern von Halbleitern nur noch 18 verbleiben werden. Hier wird es eine Reihe von Unternehmensübernahmen und Allianzen geben. Die Notwendigkeit dafür ergibt sich aus der rasanten Technologieveränderung. Jeder Hersteller weiß, daß er Produktionseinrichtungen mit Einführung einer neuen Technologie aufgeben muß und daß er die gewaltigen Investitionen (im Milliarden-Dollar-Bereich) für neue Produktionseinrichtungen mit Partnern teilen muß, um in der Zukunft überhaupt noch dabei sein zu können.

Im Bereich des Vertriebs gibt es in der gesamten IT-Industrie seit Jahren den Trend zu Vertriebspartnerschaften. Vor allem kleinere bis mittlere Softwarehäuser vertreiben HW- und SW-Produkte der Hersteller. Kundenspezifische Anpassungen liegen im Leistungsangebot der Softwarehäuser. Diese Form von Allianzen ist meist auf einen lokalen Markt begrenzt. Insofern sind die einzelnen Allianzen nicht strategisch, obwohl das Konzept der Vielzahl von lokalen Vertriebspartnerschaften eine wirkungsvolle Strategie sein kann.

Strategische Allianzen im Vertrieb der IBM sind z.B. die Vermarktung von IBM Hardware durch Mitsubishi unter eigenem Logo oder die Vermarktung des IBM RISC-Systems 6000 durch Wang unter eigenem Logo.

In der Software gibt es heute ebenfalls Beispiele für strategische Allianzen. So hat z.B. IBM für die Produktbereiche Information Warehouse, AD/Cycle, SystemView und OfficeVision internationale Allianzen mit Partnern aufgebaut, deren Produkte unter IBM oder Partner-Logo über den IBM Vertrieb weltweit vermarktet werden.

Der Bereich Systemintegration und Dienstleistungen in der IT-Industrie gilt als weiterer Schwerpunkt für Allianzen. Ähnlich wie beim Vertrieb gibt es hier die Vielzahl der lokalen Partnerschaften. Unter dem Begriff strategische Allianzen sollen nur diejenigen gesehen werden, die international bzw. weltweit agieren bzw. multinationale Kunden betreuen. Beispiele sind die Joint Venture INTESA zwischen Fiat und IBM für Netzwerkdienste oder die Joint Ventures Advanced Systems Technology Inc. (IBM/Mitsubishi) und NS&I System Service Co./Ltd. (IBM/Nippon Steel) für Systemintegration. Die im August 1992 geschlossene Joint Venture Advantis (IBM/Sears) führt zu einem der weltweit größten privaten Anbieter von Dienstleistungen über Computernetzwerke. Zukünftige Felder für Allianzen liegen in der Planung, der Einrichtung und dem Betrieb von Großrechenzentren oder von weltweiten Netzwerken und Einschluß der Satellitentechnik.

3.4 Erfolgsfaktoren

Strategische Allianzen haben in der IT-Industrie heute bereits eine signifikante Bedeutung. Die aufgezeigten Beispiele der IBM belegen dies. Es drängt sich dabei die Frage auf: Sind diese Allianzen erfolgreich bzw. werden sie erfolgreich sein? Nicht erfolgreiche Allianzen sind bereits bekannt, wie z.B. die Entwicklungspartnerschaft zwischen IBM und Microsoft[1]. Es werden daher in diesem Abschnitt die kritischen Erfolgsfaktoren einer strategischen Allianz durchleuchtet. Diese lassen sich gut am Prozeß der Bildung und Durchführung einer strategischen Allianz aufzeigen. Die Prozeßschritte gliedern sich in

1. Problemdefinition und Lösungsalternativen,
2. Evaluierung potentieller Partner,
3. Vertragsverhandlungen,
4. Vertrag und
5. gemeinsame Leistung.

Zwischen den Prozeßschritten sind Entscheidungen bzw. Kontrollen notwendig, die bei der Geschäftsführung eines Unternehmens liegen.

Schritt 1: Problemdefinition und Lösungsalternativen

- Was ist das Problem?
- Was muß erreicht werden?
- Was sind die Möglichkeiten, um dieses Ziel zu erreichen?
- Warum wird eine Strategische Allianz empfohlen?

---

1) Vgl. Computer Age (1992).

Die Geschäftsführung kommt mit diesen Daten zu einer Entscheidung. Ein Mitglied der Geschäftsführung wird für die weitere Durchführung verantwortlich gemacht.

Schritt 2: Evaluierung potentieller Partner

Dieser Schritt umfaßt die Durchleuchtung der Mitbewerber inklusive einer Abschätzung ihrer zukünftigen Entwicklungen. Charakteristische technische Daten, Verkaufs- und Umsatzzahlen müssen evtl. unter Einbeziehung von Branchenbeobachtern eingeholt werden. Empfehlungen werden anhand von vorliegenden Daten und Abschätzungen an die Geschäftsführung gegeben. Vor- und Nachteile für die Partner werden zusammengestellt. Mögliche Auswirkungen auf heutige Konkurrenten werden dargestellt.

Schritt 3: Vertragsverhandlungen

Wenn die Entscheidung für eine strategische Allianz mit einem potentiellen Partner gefallen ist, nimmt die Geschäftsführung Kontakt mit diesem Partner auf. Es gibt viele Wege, um mit Fingerspitzengefühl herauszufinden, ob ein potentieller Partner eine grundsätzliche Gesprächsbereitschaft zeigt oder nicht. Bei diesen Kontakten ist es wichtig, die Vor- und Nachteile einer Allianz für den potentiellen Partner bereits zu kennen.

Die Leitlinien für einen Vertrag werden auf Geschäftsführungsebene festgelegt. Hier kommt es besonders auf Ausgewogenheit der Beiträge und des Nutzens für beide Partner an. Viele Verhandlungen kommen zu keinem erfolgreichen Ende, weil die für eine Allianz notwendige Ausgewogenheit für beide Partner nicht gegeben ist oder sich nicht erfüllen läßt.

Schritt 4: Vertrag

Der Vertrag beschreibt im Detail die gemeinsam zu erstellende Leistung, die Beiträge der Partner (quantifiziert, mit Terminen) und die Nutzung der erstellten Leistung. Rechte und Pflichten der Partner werden definiert, Vertragsbruch und daraus resultierende Maßnahmen, Geheimhaltung, Zahlungsverpflichtungen, Dauer des Vertrags u.ä. werden beschrieben. Wichtig ist, daß ein Management eingesetzt wird, das die Allianz steuert und kontrolliert. Dieses Management muß paritätisch von den Partnern besetzt sein und definierte Entscheidungsvollmachten besitzen.

Ein derartiger Vertrag muß von Fachleuten mit der Unterstützung von Rechtsanwälten und Fachfunktionen erstellt werden. Die Geschäftsführungen beider Partner unterschreiben den Vertrag.

Schritt 5: Gemeinsame Leistung

Die Leistungserstellung wird durch das operative Management gesteuert. Der Mitarbeiter-
einsatz erfolgt mit besonderer Sorgfalt bezüglich Wissen und Können und persönlicher
Fähigkeiten. Hier können schnell Vertrauensprobleme mit dem Partner aufkommen. Der
Fortschritt der Leistungserstellung wird von den Geschäftsführungen der Partner überprüft.
Probleme bei der Leistungserstellung oder Änderungen zur geplanten Vorgehensweise
werden über das eingesetzte Management gelöst. Auf diese Weise sollte kein Grund für
Vertragsbruch entstehen. Falls das Management einen Vertragsbruch nicht mehr verhindern
kann, gibt es den Weg über einen neutralen Gutachter oder ein ordentliches Gericht.

Für die Nutzung der gemeinsamen Leistung gilt das oben Gesagte in entsprechender Form.
Es ist offensichtlich, daß ein Partner mit unlauteren Absichten großen Nutzen aus einer
strategischen Allianz ziehen kann, bevor es zur Vertragsauflösung kommt. Darin liegt ein
enormes Risiko. Es kann unter Umständen viel Geld und Zeit verloren gehen, bis ein
Vertragsverhältnis beendet wird und dabei kein Ergebnis verfügbar sein wird! Eine
(strategische) Allianz lebt von gegenseitigem Vertrauen. Gute Rechtsanwälte können nur
extreme Situationen verhindern.

4 Bezug zur Unternehmensstrategie

In der herkömmlichen Unternehmensstrategie wird unterschieden zwischen dem Kerngeschäft eines Unternehmens und dem Nischengeschäft. Das Kerngeschäft stellt die Unter-
nehmensgrundlage dar, während das Nischengeschäft ein interessantes "Zubrot" ist, mit der
Aussicht auf Ausbau zu einem zusätzlichen Kerngeschäft. Dieses Modell herrscht in vielen
Unternehmen vor und wird auch so von den Mitarbeitern beurteilt. Daher wird akzeptiert,
daß eine Allianz mit einem Partner in einem Nischengeschäft eingegangen wird. Die
Motivation ist: Man gibt nichts ab, im besten Fall hat man die Chance, ein neues Geschäft zu
übernehmen!

Die Wettbewerbssituation in vielen Bereichen der Wirtschaft, vor allem in der IT-Industrie,
hat dieses Modell in Frage gestellt. Die Investitionen, die nötig sind, um das Kerngeschäft
wettbewerbsfähig zu erhalten, sind häufig zu hoch, um von einem Unternehmen aufgebracht
werden zu können. Handelsrestriktionen oder staatliche Subventionierung in einzelnen
Ländern ergeben Wettbewerbsverzerrungen, die in manchen Industrien von einzelnen
Unternehmen nicht verkraftet werden. Die Folge ist, daß gerade im Kerngeschäft eines
Unternehmens mit Eigenleistungen *und* strategischen Allianzen eine neue Wettbewerbsfähigkeit erzielt werden soll. Die Amerikaner sagen dazu: If you can't beat them -

join them.

Für das Nischengeschäft bieten sich weiterhin die "üblichen" Allianzen.

Im Zusammenhang mit der eingangs beschriebenen Dis-Integration bzw. Segmentierung von Unternehmen erhält der Begriff des Kerngeschäfts eine neue Betrachtung. Ein Unternehmen konkurriert mit den einzelnen Unternehmensteilen am Markt. Strategische Allianzen werden von den Unternehmensteilen in Abstimmung mit der Unternehmensleitung geschlossen. Das Kerngeschäft wird durch die Erfolge der Unternehmensteile bestimmt. Ein Unternehmensteil kann eine strategische Allianz mit einem Hauptkonkurrenten des Unternehmens in einem anderen Unternehmensteil schließen! Die angeführten Beispiele der strategischen Allianzen, die IBM mit Apple, Intel, Mitsubishi, Toshiba, Siemens etc. eingegangen ist, belegen diese Feststellung. Die heutige Unternehmensstrategie muß daher strategische Allianzen als eine Maßnahme zur Sicherung des Kerngeschäfts einbeziehen.

5 Zusammenfassung

In der Industrie, vor allem in der Industrie für Informations-Technologie, werden zwei Trends beobachtet:

1. Dis-Integration bzw. Segmentierung von Unternehmen.
2. Bildung von strategischen Allianzen mit anderen Unternehmen.

Beide Trends unterstützen das Ziel, die Wettbewerbsfähigkeit zu erhalten bzw. zu verbessern.

Der erste Trend bringt die Unternehmensteile in eine sichtbare Wettbewerbssituation am Markt und erleichtert die Bildung einer strategischen Allianz in einem bestimmten Geschäftsfeld mit einem anderen Unternehmen. Insofern ist der erste Trend eine gute Voraussetzung für den zweiten Trend, die Bildung von strategischen Allianzen. Beide Trends ergänzen sich und stellen zwei wichtige Implementierungswege für Unternehmensstrategien dar.

Vor allem die Beispiele veranschaulichen die Gründe für strategische Allianzen. Kostendruck und Forderung nach kürzeren Entwicklungszeiten stellen Zwänge zur Bildung von strategischen Allianzen dar.

Eine (strategische) Allianz stellt eine partnerschaftliche Beziehung zweier Unternehmen dar. Die Beiträge zur gemeinsamen Leistungserbringung müssen vergleichbar sein, ebenso muß die Nutzung der gemeinsamen Leistung für beide Partner gewährleistet sein.

Trotz ausgefeilter Verträge kann der partnerschaftliche Ansatz leicht ins Wanken geraten. Die Geschäftsführungen beider Partner spielen eine Schlüsselrolle in einer strategischen Allianz. Der Erfolg ist nicht vorprogrammiert!

Literatur

Moschella, D.C.: The restructuring of the IT industry 1990-2000, IDC Briefing Session '92.

Schreiber, D.: Redefining IBM - A Spectrum of Businesses, Think, Vol. 58, Number 1/1992, IBM Corporation.

Bauer, P.: John Akers mißt dem IBM Konzern ein neues Gewand an, Stuttgarter Zeitung, 8.8.1992.

Deutsch, C.: Mittelständische Attitüden, Management Wissen, Juli 1992.

Computer Age: Battle intensifies between IBM/Microsoft over PC Software lead, Computer Age - EDP weekly, 06. Juli, 1992.

Relating Business Problems to Capacity Management Through Simulation

A. Alan B. Pritsker

Pritsker Corporation
8910 Purdue Road, Suite 500
Indianapolis, IN 46268

Abstract

Simulation supports many different business activities including product investment planning, corporate performance analysis, logistics decision support, manufacturing operations, and process planning. Fundamentally, models developed for simulation relate to the setting of capacity requirements and the determination of how to use the capacity to improve performance. Simulation is further used to manage these activities over time in order to achieve continuous improvements. This paper describes potential uses of modeling and simulation to support business decisions. Two applications are included to illustrate the use of modeling and simulation of manufacturing operations to provide information relating to business problems.

1   Introduction

Business problems like most problems can be classified as design, planning or operational problems. The presumed characteristics of business problems which make them different are the number of intangibles for undefined elements which tend to force a static description or analysis for a given problem. This assumption about the static nature of the problem is probably the most fundamental error in business problem solving. This is particularly the case in design and planning situations where a long time horizon or a continuing planning process is invoked. At the operational level, rules or policies to allow the use of static solutions on a recurring basis are used to translate a dynamic problem to a static one.

In this paper, the advances made in detailed modeling and analysis and how it is used to relate to business decisions for management's business problems will be presented.

Manufacturing is the setting used as an example for discussing the application of simulation to these problems. The dynamics of the manufacturing processes as obtained through simulation will be used to provide decision support information to management. While this approach appears to be a bottom-up presentation, it should be pointed out that the capacity management of manufacturing systems required a top-down approach in order to understand the problems and develop the tools required for supporting the dynamic description and analysis of manufacturing operations.

2 Understanding Business Problems Related to Manufacturing Capacity

The problems that arise in large complex systems are difficult to categorize. The field of decision support has been working on this problem classification for several decades. Perhaps this is why we look toward the behavior of large complex systems as a starting point in problem analysis. As Simon points out, "Modeling is a principle - perhaps the primary - tool for studying the behavior of large complex systems... When we model systems, we are usually (not always) interested in their dynamic behavior. Typically we place our model at some initial point in phase space and watch it mark out a path through the future." (Simon, 1990) Models analyzed by simulation are the best approach we have for studying large complex systems. Such models are built without having to fit the system into a preconceived model structure because the analyses are performed by playing out the logic and relationships included in the model. For this reason simulation models can be built on either an aggregate or a detailed level. Of fundamental importance is the building of simulation models iteratively, allowing them to be embellished through simple and direct additions.

For many business problems, the static output of a Balance Sheet or a Profit and Loss Statement are indicators of performance. Examples of a typical U.S. manufacturer's Balance Sheet and Profit and Loss Statement are shown in Figure 1. On the Balance Sheet we see that property and equipment constitute 45% of the total assets of the company. Capacity decisions relate to this item and to inventory levels. Thus, close to 60% of the problems related to Balance Sheet items could be to some extent considered capacity related issues. On the Income Statement we see the cost of goods sold represents 44% and indirect operating expenses, 46% of costs. To increase profit margin, we must reduce the cost of goods sold and operating expenses. Again, how we use capacity is a fundamental component of these two large expenses.

Typical Manufacturer's Balance Sheet

Assets

Cash	3%
Short term investments	4%
Accounts receivable	20%
Inventories	14%
Future income tax benefits	5%
Property, plant and equipment	**45%**
Other assets	<u>9%</u>
	100%

Profit and Loss Statement

Net Sales	100%
Cost of Goods Sold	<u>(44)</u>
Direct Materials	
Direct Labor	
Manufacturing Overhead	
- Indirect Labor	
- Inventory Carrying	
- Premium Labor	
- Indirect Material	
Gross Margin	56
Operating Expenses	<u>(46)</u>
Operating Income	10
Taxes & Other	<u>(5)</u>
Net Margin	5

Fig. 1: Typical U.S. Manufacturer's Balance Sheet and Profit and Loss Statement

Figure 2 provides an example of how capacity is used in different business functions and the types of problems that are addressed by those business functions. The approach presented in this paper is to build a model of capacity and to use it to obtain the dynamics associated with the status variables in each functional area. The dynamic behavior of the variables that relate to capacity would then be analyzed to resolve the problem types identified. As stated in the introduction, the business problems of manufacturing organizations are used to describe modeling and simulation approaches. Translating manufacturing business problems to the business problems of financial, health care and other industries needs further research and development.

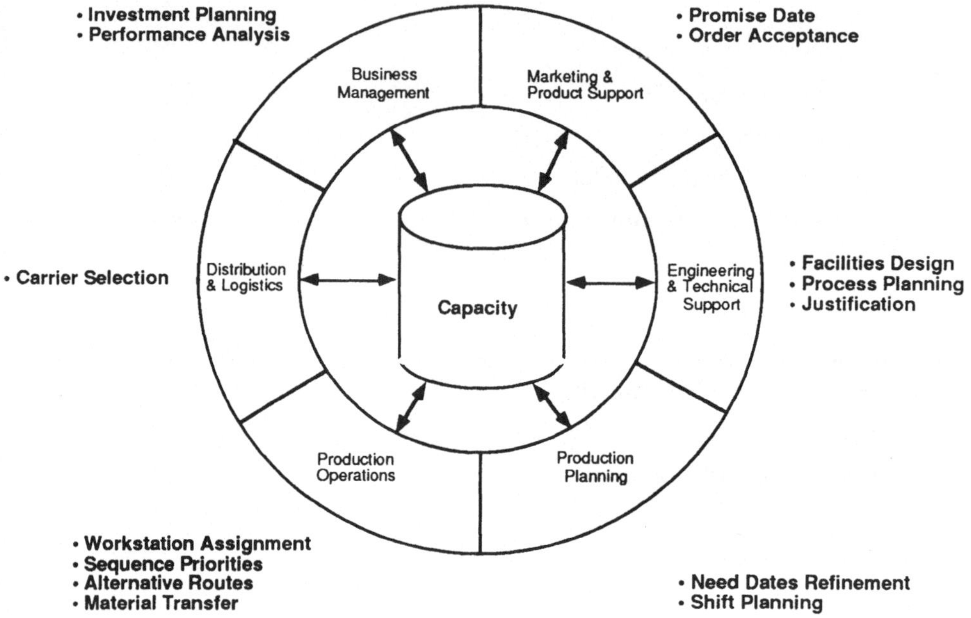

Fig. 2: Relation of Capacity to Business Functions and Problems

3 Total Capacity Management

Total Capacity Management (TCM) is a commitment to base decisions on the real productive capabilities of operations. The productive capabilities depend on planning methods, material planning requirements, designs, desired customer service, available operational support and business management practices. Business decision makers need information about operational capabilities to forecast performance when deciding on how to meet current and future demand. In the long term, capacity should be viewed as a mechanism to transform demand into revenue.

In manufacturing, TCM is achieved through the six capacity-specific functions shown in Figure 3.

Simulation for TCM has been used to support many different manufacturing activities including product design, process design, facility design, operational scheduling, and schedule management (Pritsker, 1990). Fundamentally, models developed for simulation analysis relate to the setting of capacity requirements for the manufacturing facility and the determination of how to use that capacity to process orders through the facility. Simulation is further used to manage these activities over time in order to achieve continuous improvements in manufacturing capabilities.

Capacity Design is used to design new, expanded or modified manufacturing facilities to ensure that the production strategy, the capital equipment specifications, and the labor strategy meet long-range production objectives.

Continuous Capacity Improvement is performed to enhance the processes and methods of an existing operation.

Capacity Scheduling is used to plan capacity availability and loading to meet current demand and near-term expected demand.

Logistics Scheduling determines the dates at which materials, tools, fixtures and other production support are required.

Production Scheduling is performed to develop accurate, achievable work plans of the short term by assigning jobs to workstations in a specific sequence.

Schedule Adjustment is used to make modifications to the near-term production schedule to reflect updates based on the most recent information available.

Fig. 3: TCM Functional Overview

The feasibility of TCM relies heavily on the ability to build on existing data and models. The use of a common simulation language to obtain a common basis for modeling across the functional problems of TCM makes the evolutionary problem solving described above plausible. It supports the use of models, data and analyses performed by others so that selling a solution doesn't become the most difficult part of a project. Models contain information about manufacturing processes, and by using such models continually, the processes will be better understood. *Understanding leads to improved manufacturing and information for improving design.* Thus, TCM is a mechanism to achieve, using simulation, a new form of *Kaizen* (Imai, 1986) by which the processes of manufacturing and decision making can be continually evaluated, changed and improved. The need for such a mechanism is described in detail in *Dynamic Manufacturing* (Hayes et al., 1988). Innovation also is enhanced, because a model developed in one functional area can be used to indicate the possibility of new constructs for another functional area. Thus, improvement cycles in a single functional area may be used to foster new models and concepts in other functional areas. *The common model, common data foundation* presented for TCM, when fully implemented, *provides a basis for achieving world-class manufacturing*.

4 Simulation

Simulation is an analysis tool to obtain the dynamics built into the model of a complex system (Pritsker, 1986). Simulation works because restrictions are not put on the modeling activity by its analysis procedure. Thus, as much reality as necessary is abstracted from a system and included in a model. Simulationists are not hung up on optimization because it is realized that most models are approximate. Simulationists build models with the intent to use them or to make recommendations based on simulation outputs and results. Simulationists understand it is necessary to build confidence in the decision maker about a correct course of action.

As discussed earlier, a business problem can be related to the three areas of design, planning and operations. Design involves a determination of what a system should be. Planning entails decisions on how the system should be used. Operations relates to the actual use of the system. Simulation is applied at three levels in these three functional areas: 1) to evaluate decisions, that is, provide possible information to decision makers on how the system will operate under a given design plan or operating policy; 2) to support the search for better decisions and operating policies and provide recommendations to support a decision maker; 3) to actually make decisions, for example, simulation is used to produce schedules that are distributed to the shop floor for prescribing the sequence for jobs that are to be processed (or their start times).

Within the areas of simulation use, there are diverse purposes for obtaining simulation outputs. Figure 4 lists these purposes along with the primary simulation outputs that are used for satisfying the purpose. Relating a business problem to a modeling and simulation purpose is a first step in any project.

5 An Architecture for Total Capacity Management

Total capacity management will be performed in a heterogenous computing and software applications environment. Production control, purchasing systems, inventory and maintenance control, process plans, and distribution selection will most likely be performed on one or more computers using different database systems for their individual performance (Baudin, 1990). This will require an integrated architecture for software developments to achieve TCM.

Purpose of Simulation	Primary Simulation Outputs
Explanatory device	Animations
Communication vehicle	Animations, plots, pie charts, cost analysis/ spreadsheet presentations
Analysis tool	Tabulations, statistical estimators, statistical graphs, and sensitivity plots
Design assessor	Statistical estimators, summary statistics, and ranking & selection procedures
Scheduler	Tabular schedules, Gantt charts, and resource plots
Control mechanism	Statistical estimates of discrepancies and variability
Training tool	Animations, event traces, statistical estimators, summary statistics, and output displays for trainee inputs.

Fig. 4: Types of Purposes of Simulation and Simulation Output

As described above, a key to obtaining TCM will be the use of a common modeling language and common data throughout the functions depicted in Figure 5. A layered architecture is proposed as shown in Figure 5 to include user interfaces, underlying utilities for accessing data through a standardized data interface and a fundamental reliance on common models and common data storage (International Business Machines, 1989). In this architecture, the user interface is provided through four windows for designers, planners, operations managers, and schedule managers. Each of the windows should have a similar look and feel and be organized to satisfy specific user needs. Although the design of these windows will depend on particular applications, there will be a large overlap in the displays.

The utilities layer in Figure 5 will need to include capabilities for performing simulations, graphic utilities, artificial intelligence, expert system rule building, and interfaces to databases for accessing information on process plans, orders, equipment characteristics, operational data, other modeling tools, and current status. Other utilities required relate to model building, display generation, animation generation, schedule distribution, and communications in general.

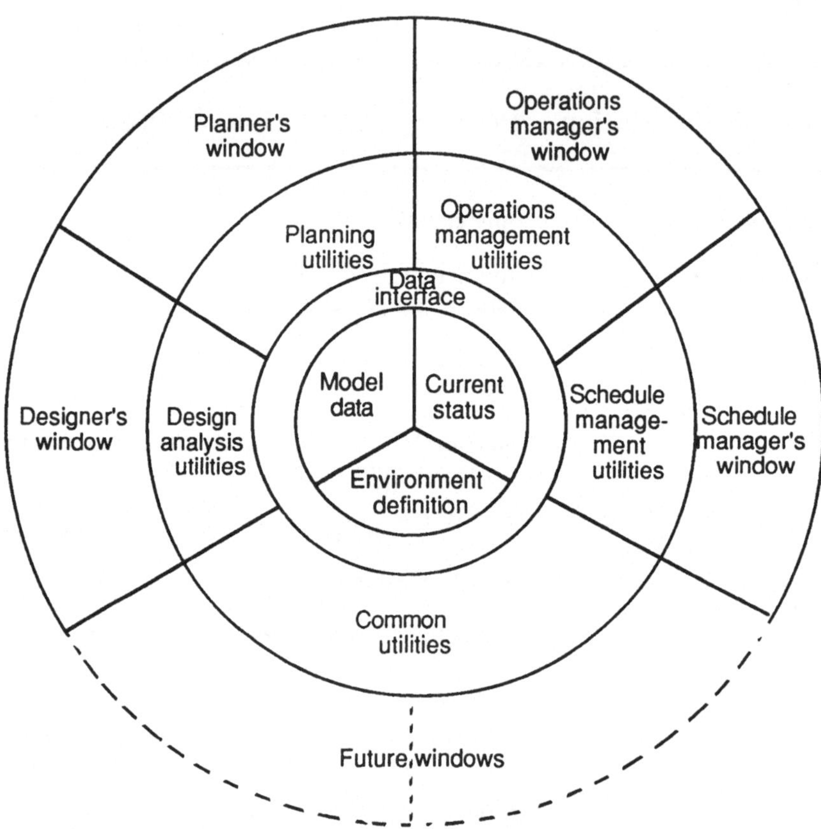

Fig. 5: Total Capacity Management Architecture

6 Using Productive Capacity for Material Management at Pratt & Whitney

In a project at Pratt & Whitney, a compressor blade manufacturing area which makes more than 50 parts was scheduled using FACTOR (Huffman, 1991). The area consists of a cropper, 6 extruder lines, 9 forge lines, 7 broachers, and other stations that perform intermediate operations such as machining, heat treat, and surface finishing. Material handling and storage is accomplished through integrated AS/RS and AGV systems. Altogether, the process includes 15 operations with a manufacturing lead time of 8 to 12 weeks.

Tooling was one of the manufacturing areas largest problems. Even though a large tool inventory was carried, tool related production interrupts (wrong tools on hand) were experienced. Part of the long-range strategy is to provide sufficient forward visibility in the production schedule to support tool planning and scheduling. Purchased and fabricated tooling have lead times ranging from one week (expedited) to 6 months. In addition, forward visibility could benefit material purchasing since titanium stock lead time is about 16 weeks.

The blade area scheduling strategy used a combination of manual and computer-based steps. Each quarter a schedule is manually developed for the broach based on orders from the corporate MRP system. The plan horizon is 18 months and accounts for part sequences and setups from which an 18 month cropper release schedule is manually prepared using an appropriate setback. The FACTOR scheduling system is used to develop a 30 day schedule for the remaining operations. Scheduling the two forge and two extrude operations required the consideration of a large number of capacity and operating constraints and involved logic relations to intelligently sequence operations and plan changeovers.

The 30 day schedule is regenerated daily using current status information from a CIM database. Production control reviews the schedule to ensure tool availability and makes changes as appropriate. The schedule is then reviewed at the daily production meeting where further revisions may be made. Once accepted, the schedule is released to the production floor. Further adjustments are made manually. For example, manufacturing and production control will decide what to run if a particular order can not be started or is aborted because of a die problem. The FACTOR scheduling system incorporates these decisions in the next run. The 30 day schedule provides information to expedite needed tools within the 30 day window.

The pace at which the FACTOR model is embellished is determined by need, budget, and the degree of success of earlier efforts. The scheduling system is currently being operated by production control personnel. The evolution of the system to include more TCM functions is now in progress as a long-range CIM (Computer-Integrated-Manufacturing) strategy is envisioned for this plant. The scheduling system described above is part of this strategy. A CIM database is designed to be the plant's repository for inventory, process routings and standards, order status, tooling status, etc. The strategy is a Total Capacity Management one that drives production activities, tool scheduling, and purchasing from model-based production schedules produced by FACTOR. The TCM organization is shown in Figure 6.

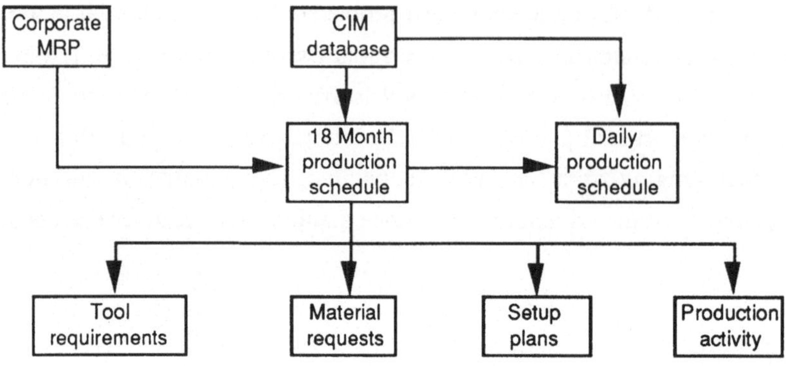

Fig. 6:   TCM strategy identified at Pratt and Whitney.

7 Obtaining Revenue and Expense Reports Based on Production Schedules

BethForge's primary business is the fabrication of large, machined steel products (Casella & Barnes, 1992, Rottenbach, 1991). Typical products include hardened steel rolls (used by steel and aluminum plants for mill rolling operations), steel propeller shafts for ships, electric power equipment forgings, and defense products. Production times for these products range from 8 weeks to 2 years.

The process begins with ingots forged into pieces having the rough geometrical shape required for an order. The pieces are then routed through preliminary heat treat and are conditioned. Orders are then shipped to the appropriate machine shop where they are processed through lathes, mills, drills, and other operations according to a piece's specific routing. The orders are then sent to a final heat treat area where the pieces are treated in one or more of six furnaces. Each furnace has special characteristics such as size, temperature, range, consistency, and certification. Operations within the heat treat area include: preheat, high heat, quench, equalize, furnace cool, air cool, test, and temper. The pieces may require additional final machining operations before being shipped.

An initial project was undertaken with the goal of implementing a model-based scheduling system to provide a functional schedule throughout a production reorganization period. Two machine shops and three treatment facilities were being consolidated. The principal focus of this model was machine shop operations and the final heat treat area. These areas maintained on-line information about machine and order status.

A production schedule for machining operations associated with each resource was determined using the FACTOR system. The following criteria, listed in order of importance, were employed to produce the schedule:

1. Criticality (when dynamic slack is less than some acceptable level)
2. Order priority
3. Dynamic slack (available time - remaining processing time)
4. Setup minimization
5. Dynamic slack per operation
6. Number of remaining operations
7. First in, First out

The scheduling logic gave primary consideration to on-time performance. When no order was in jeopardy of being late, the logic chose to run orders in a sequence that minimized setup or permitted batching in a furnace.

The scheduling system provided the following benefits:

1. Scheduled operations during a consolidation effort.
2. Determined the on-time performance sensitivity to routing changes and equipment removals during the consolidation effort.
3. Determined if on-time performance may be accomplished during the various phases of the consolidation.
4. Improved the effectiveness of scheduling procedures for the machinery and furnaces.

For this application, FACTOR was installed to take advantage of the data available in BethForge's MICOM database which supports order management and tracking. Information is available on process plans, orders and order status, and materials. Selected information was accessed by FACTOR for each run.

FACTOR generated order summary and resource statistics reports to assess the overall schedule performance. FACTOR also generated a file describing expected operation start and complete dates, that is, operation and resource schedules, which were loaded back into MICOM. MICOM distributed the schedules and tracked transactions against operating performance.

In addition to using the FACTOR information for scheduling, the completion date information is used for financial systems analysis. For example, because some production lead times are long, Beth Forge is eligible for progress payments. Thus, expected timing for key milestone operations provides information which is used to project billing dates and to forecast cash flow requirements.

With the success of the production scheduling system, a second project was undertaken to implement a business planning system driven by a model-based view of production. This system is designed to provide BethForge's Controller with a six quarter financial forecast on a quarterly basis. Recently the time period has been extended.

This FACTOR application operates in parallel with the production system as shown in Figure 7. Basically, the model was extended by adding sales forecasts to the open orders. Each quarter, sales forecasts for various products were developed. From the forecast, planned orders were generated for each category of order. The order forecast, combined with the on-hand orders, were scheduled through production over an 18 to 120 month time horizon.

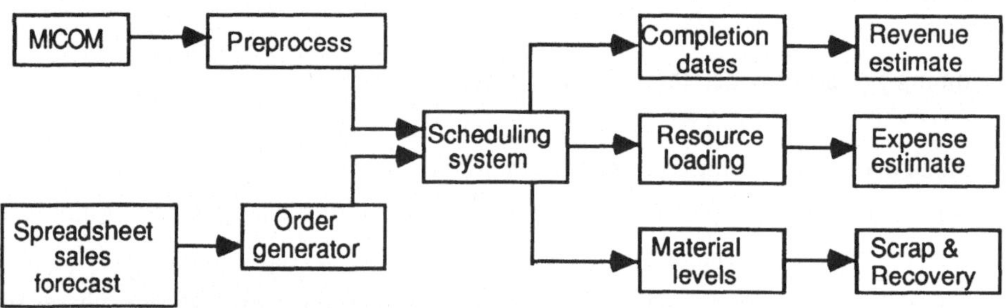

Fig. 7: Information flow for financial analysis

The production model provides forecasts for order completion dates, material requirements, resource loading, and quantities of product shipped by period. This information is combined with standard cost and price information to generate the following reports.

Resource Activity is reported by machine and by quarter and by available and scheduled hours.

Material Forecast is made by operation (ingot cast, forge, rough machining, finish machining), by grade, and by period and the material tons produced are reported. From this information an estimate of scrap and recovery is made, which is used to determine how much outside scrap must be purchased to meet production requirements.

Commercial Forecast is established by product type and by period and the number of tons shipped is reported. Operating performance values provide information on the number of orders shipped early and late. Estimates of expense and revenue are also made which supports a cash flow forecast for the business. Balance sheets have been produced during simulations to provide a dynamic description of corporate operations.

8 Summary

The concept of Total Capacity Management is not a revolutionary approach. It builds on existing systems and existing databases. Thus, TCM does not replace production control systems, process planning systems, or quality improvement systems. TCM promotes the integration of functions relating to capacity management and the sharing of information and decisions with those systems that are also involved in business problem solving. TCM provides a path to breakdown the barriers between the functional units of design, planning, and operations and between manufacturing and business areas. It is a practical application of the concepts of modeling and simulation to meet the needs of businesses. It provides a starting point to understand the dynamics of how a business organization transforms demand into revenue. TCM as a concept will undergo continuous refinement. The integration of capacity management functions into a simulation system to achieve TCM is currently feasible using available hardware, software and human capabilities.

References

Baudin, M.: Manufacturing Systems Analysis; Englewood Cliffs 1990.

Casella, W.; Barnes., T: Finite Capacity Scheduling is Also a Forecasting Tool for BethForge; APICS - The Performance Advantage (1992) 1, S. 21-23.

Hayes, R. H., Wheelwright, S.C.; Clark, K.B.: Dynamic Manufacturing: Creating the Learning Organization; New York (1988).

Huffman, D.: Finite Capacity Scheduling - Believable, Achievable; Manufacturing Systems (1991) 11, S. 53-56.

Imai, M: Kaizen; New York 1986.

International Business Machines: Computer Aided Manufacturing, The CIM Enterprise. IBM (1989).

Pritsker, A. A. B.: Introduction to Simulation and SLAM II; New York 1986.

Pritsker Corporation: BethForge FACTOR Scheduling System Project Specification; Indianapolis 1990.

Pritsker Corporation: FACTOR Finite Scheduling Helps Pratt & Whitney Reduce Scheduling Times and Increase the Efficiency of Production Flow; Indianapolis 1991.

Rottenbach, J.: Pritsker and End User Forge Relationship Through IBM; Managing Automation 2 - a Supplement to Managing Automation (1991).

Simon, H. A: Prediction and Prescription in Systems Modeling; Operations Research (1990) 38, S. 7-14.

ReEngineering und Innovation in der Anwendungsentwicklung

Reinhold Thurner

Delta Software Technologie AG
Ringstrasse 7
CH8704 Schwerzenbach/Schweiz

Zusammenfassung

Die Anwendungsentwicklung steht heute vor einen schwierigen Dilemma: Neue Produkte mit neuen Eigenschaften (graphische Benutzeroberfläche) und gleichzeitig kürzere Entwicklungszeiten werden gefordert. Die Produkte sind jedoch wesentlich aufwendiger in der Entwicklung. Also müssen für die Entwicklung dieser Produkte neue Entwicklungstechnologien eingesetzt werden. Deren Einführung kostet jedoch noch mehr Zeit und die betroffenen Entwickler sind nicht verfügbar, da sie zu einem hohen Prozentsatz in der Wartung gebunden sind und folglich neue Produkte noch später verfügbar werden. Der Beitrag will das Kernproblem der Beherrschung des technologischen Wandels in der Informatik behandeln und den möglichen Beitrag des ReEngineering ausloten.

1 Technologie-Wechsel - Herausforderung an die Informatik

Eine Langfrist-Betrachtung des Software-Lebenszyklus und der den Software-Produkten zugrundeliegenden Technologie zeigt den "Technologie-Gap" der Informatik auf. Dieses Phänomen ist aus allen Wirtschaftszweigen bekannt, tritt jedoch wegen der kurzeren Lebenszyklen in der Informatik um so schärfer zu Tage. Informatik als Plattform-Technologie wird darüber hinaus auch wesentlich durch die technologischen Veränderungen der auf Informatik angewiesenen Produkte und Dienstleistungen beeinflusst.

Produkte werden auf einem, zu diesem Zeitpunkt bekannten Technologie-Level entwickelt. Die Technologie entwickelt sich in rascher Folge weiter, die Produkte hingegen bleiben auf dem Stand der Erstentwicklung stehen und leben deutlich länger als die

Technologie, auf der sie basieren. Die Technologie-Lücke vergrössert sich, bis die alte Technologie obsolet ist.

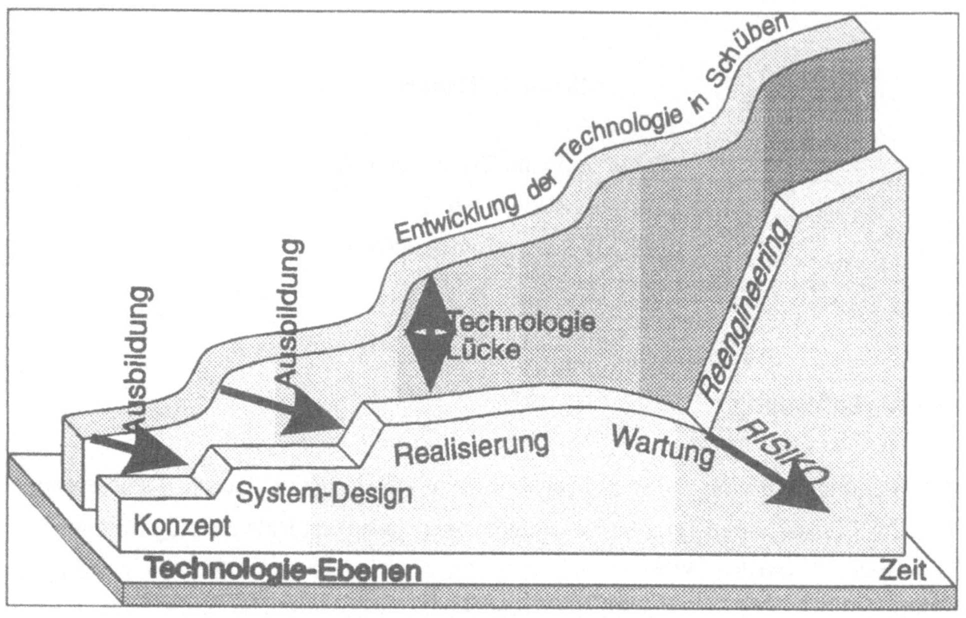

Abb. 1: Technologie-Lücke im Lebenszyklus

Obsolet ist ein komparativer Begriff: Wenn die neue Technologie als besser angesehen wird, wird die alte als obsolet empfunden. Das kann sich beziehen auf: Entwicklungs- und Wartungkosten, Funktionen, Erscheinungsbild etc. Da erhebliche (Marketing-) Investitionen in die neue Technologie gehen, wird die alte oft künstlich veraltert - wie z.B. Farbfernseher, Autos und nun Workstations. Der Übergang zu graphischen Benutzeroberflächen, zu immer leistungsfähigeren Arbeitsplatzgeräten ist nur zum Teil von echtem Bedarf getrieben, der andere Teil wird von zunehmendem Druck des Konsum-Marketings gefordert. Das heisst für die Informatik, dass Produkt- und Technologie-Planung sich nicht mehr auf rein technische Überlegungen beschränken kann.

2 Technologie-Wechsel der Produkte

Die Informatik hat beim Übergang von reinen Batch-Anwendungen zu einem gemischten Batch-Online Betrieb einen wesentlichen strukturellen Bruch vollzogen. Die Abbildung stellt dar, wie sich bei diesem Übergang die Ziele, die Architektur, die Stellung des Benutzers und die Volumina verändert haben.

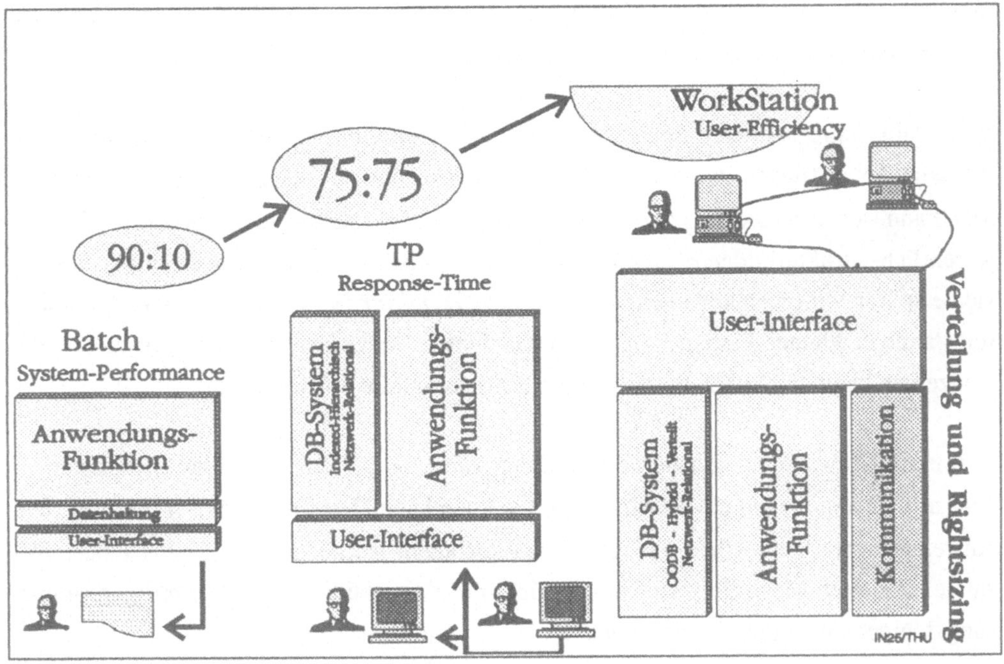

Abb. 2: Verschiebung der Aufgaben

Am Anfang eines solche strukturellen Bruches stehen die "Konservativen" mit der Aussage "90% bleibt gleich - 10% wird sich ändern" im Gegensatz zu den Zukunftsgläubigen, die genau das umgekehrte prognostizieren.

Beim Übergang von Batch zu Online hat sich mindesten ein Verhältnis von 75% zu 75% ergeben, d.h. die Sturuktur wurde geändert und das Volumen wurde erheblich erhöht. Dieser Bruch scheint sich nun zu wiederholen beim Übergang auf verteilte Systeme. Allerdings besteht zusätzlich das Problem, dass die heute vorhandenen grossen Bestände an Software nicht so einfach zu ersetzen sind wie damals.

2.1 Veränderung im Anforderungsprofil

Die Anwender stehen heute unter dem Eindruck *neuer Oberflächen und einfacher und flexibler Werkzeuge* wie Tabellen-Kalkulation und Textverarbeitung, einfacher Kartei-Anwendungen. Diese Werkzeuge provozieren eine neue Einstellung zu Informatik-Diensten und eine wesentlich anspruchsvollere Erwartungshaltung - und dies nicht nur bei den Sachbearbeitern, sondern vor allem auch beim mittleren und höheren Management, das sich dieser Werkzeuge bedient. Vom ersten (eigenen) Erfolg mit WinWord und Excel ist es nicht sehr weit bis zum Ausruf "Warum machen es denn unsere Leute nicht auch so?".

Viele Anwendungssysteme sind *zentralistisch und monolithisch* - sowohl hinsichtlich des Aufbaus der Software als auch der Organisationen, die sich dieser Software bedienen. Man kann sich durchaus fragen, ob denn nicht die Mittel (zentralistische Mainframes) der wesentliche strukturbildende Faktor für die zentralistischen Organisations-Formen waren. Heute spüren wir einen allgemeinen und breiten *Trend zur Dezentralisierung* und Bildung selbständiger kleiner Einheiten. Diese fundamentale Änderung in den organisatorischen Konzepten kann nicht ohne tiefgreifenden Einfluss auf die Software sein.

Informatik-Anwendungen haben einen immer *kürzeren Lebenszyklus*. Das Zeitfenster, in dem mit Anwendungen ein Gewinn erzielt werden kann (*Time to Profit*), schrumpft. Die Anwender erwarten rascher verfügbare und vor allem rascher in Erfolg umsetzbare Systeme. Die alten Mega-Projekte werden nicht mehr akzeptiert - flexibler, billiger, anpassungsfähiger sollen die Systeme sein.

2.2 Veränderung der Hardware-Architektur

Auf der Hardware-Seite wurden mit der Verfügbarkeit *billiger und leistungsfähiger Workstations* entscheidende Parameter in den Optimierungs-Überlegungen verändert. *Downsizing* hat seinen Ursprung nicht so sehr in der Informatik, sondern in dem Bestreben des Managements nach *schlankeren schlagkräftigeren Strukturen* - die Informatik hat diese Strategie zu unterstützen.

Die neuen Systeme drängen mit einfachen Anwendungen in den Markt - ohne die zentrale DV zu fragen - und machen sich die Tatsache zu nutze, dass heute die Produktivität des Anwenders im Vordergrund steht und weniger die optimale Ausnützung von System-Ressourcen, die das zentrale Problem in der Phase teurer und immer zu kleiner Mainframes war.

Innerhalb weniger Jahre hat sich die Veränderung des Verständnisses von einer monolithischen, homogenen Mainframe-Mentalität zu einer Welt *vernetzter offener Systeme* vollzogen. Die Anwendungssysteme konnten allerdings mit diesen Veränderungen nicht Schritt halten.

2.3 Veränderung der Software-Architektur

Die Verteilung von Anwendungen auf die dargestellte Hardware-Architektur kann nicht nur dadurch erfolgen, dass man die neuen Workstations als unabhängige "kleine Mainframes auf dem Schreibtisch" begreift. Im Gegenteil, die Anforderung nach einer gemeinsamen und koordinierten Sicht auf die Daten, nach Konsistenz der Daten bleibt unverändert bestehen. Aus dieser Forderung entstand auch das Client-Server-Modell der Software-Architektur, das die Gesamt-Aufgabe auf mehrere Computer-Anlagen verteilt. Es findet seine Weiterentwicklung in der Object Request Broker Architecture der Object Management Group, die eine eigenständige Verwaltungsfunktion aus Server und Client ausgliedert und sozusagen in das Netz legt.

Diese Architektur erfordert allerdings wiederum eine Aufteilung der Anwendungen in mindestens in einen Server-Teil und einen Client-Teil und erzwingt die Abkehr von den monolithischen Architekturen, bei denen ein einziges Programm (Stück Code) von der Benutzeroberfläche bis in die Details der Datenbankzugriffe reicht. Die Forderung nach Schichtung der Software und ihre Aufteilung in verteilbare Ebenen mit klaren Schnittstellen ist die Konsequenz dieser Architekturvorstellung. Es kann daher niemanden überraschen, dass SAA (System Application Architecture von IBM) das Ziel eines koexistenten Einsatzes der verschiedenen Systeme (Mainframe, AS400, PS/2) über eine Schnittstellen-Definition der System-Dienste (denn das ist SAA) zu erreichen versucht.

3 ReEngineering der Produkte

3.1 Produkt-Life-Cycle und Entwicklungs-Portfolio

Die Schnelllebigkeit der Produkte hat zu einer Überbetonung der Projektsicht gegenüber der Produktsicht und einer Bevorzugung der kurzfristigen Planung gegenüber der mittel- und langfristigen Projekt-übergreifenden Planung geführt. Bei der Entwicklung von Anwendungssystemen sind zum Teil unangenehme Nebenwirkungen auf die Wartung von Systemen und die Absorption von Innovation die Folge. Wartung ist nach dem Projekt-Ende und somit nicht Gegenstand des Projekt-Auftrags. Grundsätzliche Neuerungen haben es schwer, wenn sie an kurzfristigen und konkret nachweisbaren Ergebnissen gemessen werden. Abhilfe schafft ein Portfolio-Konzept, in dem die 3 Lebensphasen eines Produktes dargestellt und dann in Projekte umgesetzt werden.

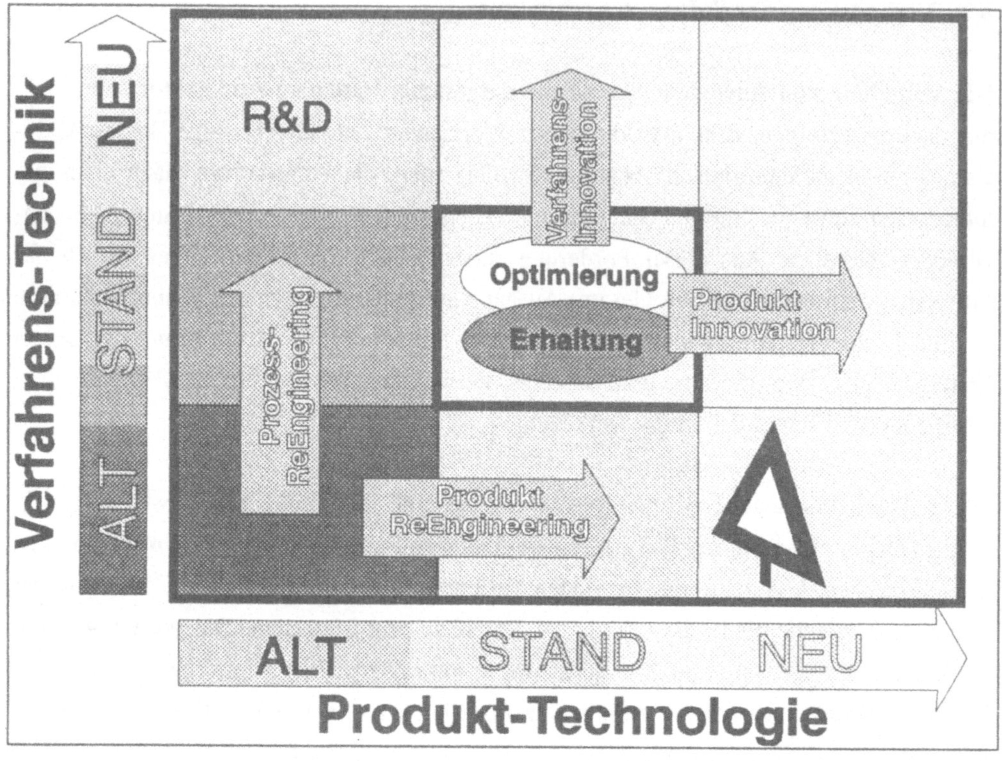

Abb. 3:   Portfolio der Entwicklung

Innovation: Ein System wird neu entwickelt und stellt eine wesentliche Neuerung zum Zeitpunkt seiner Verfügbarkeit dar oder nutzt neue, noch nicht erprobte Technologien. Ein adäquates Prozess-Modell für diese Projekte ist das *Spiralmodell,* wie es etwa von Barry Boehm dargestellt wird.

Produktion: Das System wird durch Ausbau, Diversifikation oder Sanierung auf seiner funktionellen Ebene erhalten. In diesen Bereich gehören die klassischen Weiterentwicklungsprojekte, Wartungsaufgaben und Sanierungsprojekte. Für Weiterentwicklungsprojekte, also Projekte, bei denen die Produkt- und Produktionstechnologie beherrscht wird, hat sich das *Wasserfallmodell* als Steuerungs- und Kontrollsystem durchaus bewährt. Es ist allerdings bezeichnend für den Stand der Technik, dass sich im Bereich Wartung und Sanierung noch kaum modellhafte Vorstellungen für den Projektablauf etablieren konnten. In den meisten organisatorischen Rahmenwerken ist die Phase Wartung ein Anhängsel, während die Phase Sanierung überhaupt fehlt.

Entsorgung: Das System wird *ausgeschlachtet* und ersetzt. Ausgeschlachtet bedeutet in diesem Zusammenhang, dass wertvolle Komponenten in das Nachfolge-System übernommen werden, aber die Grundstruktur des System ersetzt wird. Beispiele sind die Daten eines Systems, die Kenntnisse des Benutzers, der Batchteil etc.

3.2 ReEngineering-Bereiche

3.2.1 Code-ReEngineering

Die unterste Ebene der Code-Umsetzung. Dazu gehören Sprachumsetzer, z.B. von Assembler nach C, von RPG nach COBOL, von 4GL nach COBOL etc., sowie die klassischen Restrukturierer, die sich oft nur auf die Umsetzung von GOTO-Anweisungen in die Konstrukte der Strukturierten Programmierung beschränken.

Für den Typ *Sprachumsetzer* besteht ein breiter Bedarf - meist ausgelöst durch Migrationen, Wartungsprobleme oder Verfügbarkeit der Sprachcompiler. Bekannt ist das Problem der Umstellung von RPG, von Assembler in eine höhere Sprache. Es gibt aber auch den Bedarf nach Ablösung von PL1, ja selbst im sog. 4GL-Bereich sind Anforderungen in dieser Richtung bekannt (Migration Mantis, Natural-1 nach Cobol etc).

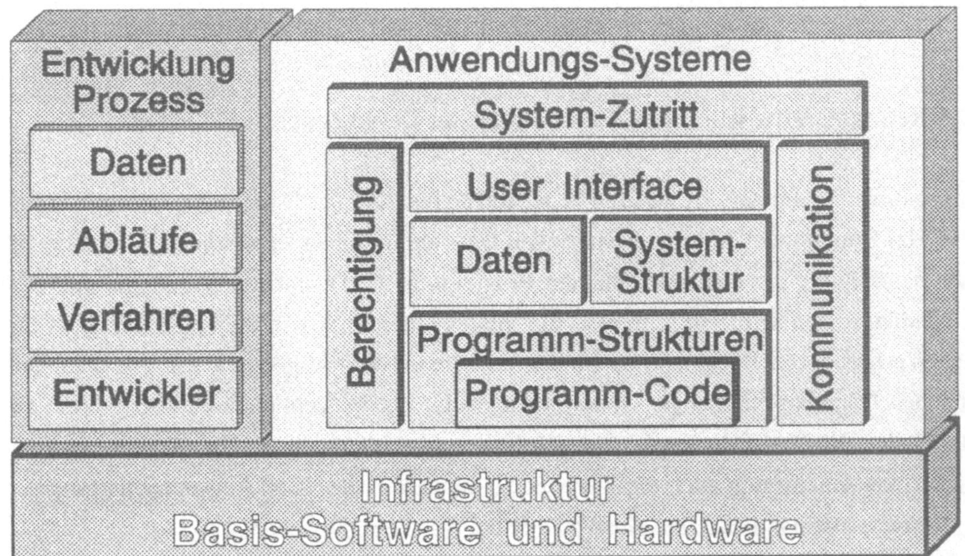

Abb. 4: ReEngineering-Bereiche

Hingegen haben sich die *klassischen Restrukturierer* nicht sehr bewährt. Sie erzeugen zwar auf der Code-Ebene ein "besseres" Programm, zerstören jedoch den Programm-Aufbau. Hier wird noch erheblich an der Verbesserung im Hinblick auf eine Ausrichtung an

Architektur-Vorstellungen für Programme gearbeitet werden müssen. Das einfache Ersetzen von GOTOs durch Code-Duplikation oder Einführung von Schaltern und die Erzeugung tiefgeschachtelter Blockstrukturen hat sich für die Wartung nachteilig ausgewirkt. Eine Ausnahme in dieser Gruppe der Systeme bildet der Ansatz, nur lokale GOTO-Restrukturierung vorzunehmen und damit die Global-Struktur zu erhalten (DELTA/Amelio). Allerdings wird auch diese Lösung auf die nächste Ebene der Restrukturierung, die Programm-Struktur- und Baustein-Ebene angehoben werden müssen.

3.2.2 ReEngineering von Programm- und System-Strukturen

Auf dieser Ebene wird versucht, die Architektur der Systeme zu verändern unter Beibehaltung der Funktionalität des Programms. Dies kann innerhalb eines Programms erfolgen, z.B. durch Trennung der Programm-Struktur und des Anwendungscodes nach dem Baustein-Prinzip (DELTA) oder dem Ansatz von M.Jackson (Operations, Structure). Die Auslagerung von Funktionen aus dem Programm in selbständige Einheiten kann mit Hilfe der Macro-Technik geschehen oder aber durch Orientierung an der objekt-orientierten Programmierung, indem der Code von Objekten in Modulen gesammelt wird (Arbeiten von Harry Sneed).

3.2.3 ReEngineering von Daten, Erarbeitung der Datenmodelle

Von zentraler Bedeutung ist zweifellos das ReEngineering der Daten. Der Ansatz besteht darin, das Datenmodell aus den bestehenden Datendefinitionen zu gewinnen und dann zu einer Bereinigung der Datenmodelle, der Programme, der Datenhaltungssysteme und der Anwendungsdaten selbst zu schreiten. Ein interessanter Ansatz in dieser Richtung ist im Case-Werkzeug von Bachmann zu finden: Es wird eine Hilfe geboten, um aus den vorhandenen Datenbeschreibungen die Grundlagen für ein konzeptionelles Datenmodell zu entwickeln. Die CASE-Industrie, die sich bisher ausschliesslich auf die Neuentwicklung beschränkte scheint nun auch die Tatsache zu entdecken, dass der Anwender umfangreiche Software-Bestände hat, die einen zu erhaltenden Wert darstellen.

3.2.4 ReEngineering der Benutzer-Oberfläche

Viele Systeme besitzen eine durchaus gute technische Qualität und ausreichende Funktionalität, die allerdings wegen mangelhafter Benutzeroberfläche schlecht zugänglich ist.

Der Ansatz besteht darin, durch "Frontending" die bestehenden Anwendung mit einer neuen Benutzer-Oberfläche zu versehen. So berichtete H.J. Berkhout von der Software Engineering SA, Genf, über einen Fall bei American Express USA. Eine Grossrechneranwendung erforderte einen Einführungs- und Lernaufwand von 12 bis 14 Wochen, dies bei einer Personalfluktuation von 35% jährlich. Durch ein neues Frontend für die bestehende Anwendung konnte der Lernaufwand auf wenige Tage reduziert und die Produktivität von 12 Formularen auf 25 bis 30 pro Stunde gesteigert werden.

3.2.5 ReEngineering der Anwendungs-Funktion

Grundsätzliches ReEngineering der Anwendungsfunktion stellt häufig den Übergang zur System-Entsorgung dar. Der Übergang von der Unterstützung von Einzelaufgaben zu einem Geschäftsfall-orientierten System (Groupware-Konzepte, Workflow-Management) ist eine solche Weiterentwicklung. Sanierungsmassnahmen auf dieser Ebene sind sehr anspruchsvolle Architekturaufgaben, stellen aber eine sinnvolle und mit weniger Risiken behaftete Alternative zu Neu-Entwicklungs-Grossprojekten dar.

3.2.6 ReEngineering der Plattform - Portierung

Portierungen, das heisst das Ersetzen einer Produktions-Infrastruktur (Hardware, Basissoftware, Datenbank, TP-System etc.) durch eine andere, erfolgt in der Regel in der Weise, dass als Ergebnis des Prozesses ein ebensowenig portables System auf der neuen Plattform zur Verfügung steht. Wenn jedoch auf mehrere Zielsysteme portiert werden soll, ist es sinnvoller, eine portable Version zu erstellen, die dann für die verschiedenen Zielsysteme generiert wird. Für die weitgehend systemgestützten 1:1-Portierungen sind umfangreiche Erfahrungen vorhanden. Hingegen erfordert die Herstellung eines portablen Systems aus einem nichtportablen einen wesentlich höheren manuellen Anteil, der sich aber erfahrungsgemäss bereits bei 2 bis 3 Zielsystemen lohnt.

3.3 Festlegung des Scopes (Veränderungsbereich)

Ein Schlüsselelement für den Erfolg eines Produkt-ReEngineering ist die klare Festlegung des *Veränderungsbereiches* (Scope). Es ist abzuklären, ob von der Veränderung die Benutzer in ihrer Arbeitsweise, die Programme, die Produktion (das Rechenzentrum) oder die Daten (Eingaben, Datenbestände, Ausgaben) betroffen sind. Eine Aufteilung in mehrere Schritte drängt sich immer auf, wenn zu viele Elemente gleichzeitig verändert werden. So wurde bei der Schweizerischen Bankgesellschaft (Zürich) eine Portierung eines umfangreichen Systems (COBOL und Assembler) auf eine neue Anlage und die Integration in den automatisierten Rechenzentrumsablauf in kurzer Zeit mit Erfolg durchgeführt. Gleichzeitig wurden alle technischen Ein-/Ausgabe-Schnittstellen umgestellt. Ein wesentlicher Faktor für den Erfolg des Projektes war, dass grundsätzlich keine funktionellen Änderungen vorgenommen wurden und damit ein vollständiger Test durch automatisierten Vergleich der Ergebnisdaten möglich war.

4 ReEngineering des Entwicklungs-Prozesses

Das Ziel eines Produkt-ReEngineering ist das Anheben eines Produktes auf einen höheren technischen Stand. Wenn das System - und dies ist bei den meisten Anwendungssystemen den Fall - der Weiterentwicklung und Wartung unterliegt, muss dafür gesorgt werden, dass die Entwicklungabteilung, die mit dieser Aufgabe betraut wird, sich ebenfalls auf diesem Stand befindet. ReEngineering findet gerade dort keine Akzeptanz, wo die Technologie des reengineerten Ergebnisses keine Akzeptanz hat und nicht breit eingeführt ist. Eine entsprechend "reife" Entwicklungs-Umgebung ist deshalb eine unabdingbare Voraussetzung für eine grundsätzliche Verbesserbarkeit der Anwendungen.

Jedes ReEngineering-Projekt sollte mit einer Beurteilung des Technologie-Niveaus der zu sanierenden Anwendung, der Entwicklungstechnologie neuer Anwendungen und des vorgeschlagenen Ziels starten. Wenn dieses Ziel zu weit oberhalb der täglichen Neuentwicklungspraxis liegt, kann das Projekt kaum mit Akzeptanz und Erfolg rechnen - eine Erfahrung, die selbstredend auch für Neuprojekte gilt.

4.1 Das Software Engineering-Modell

Das Grund-Modell des ReEngineering entspricht dem des Software Engineering: Methoden und Werkzeuge, das Datenhaltungs-Konzept für die Ergebnisse, das Prozess-Modell und die Entwickler-Profile bilden auch beim ReEngineering ein "systemisches Modell". Das Manipulieren von Einzelelementen hat zwangsläufig Auswirkungen und Voraussetzungen auf Nachbar-Elemente.

4.2 Das Datenhaltungskonzept

Die Datenhaltung der Entwicklungsdaten leidet in den meisten Entwicklungsabteilungen an einem erheblichen Nachholbedarf. Dies betrifft das Configuration und Change Management, die Dokumentations-Systeme und das Data Dictionary. Es klafft eine erhebliche Lücke zwischen der täglichen Praxis und den auf Grund des heutigen technologischen Standes doch recht überzogenen Vorstellungen von einem integrierten Repository. Bei umfangreichen ReEngineering-Projekten verursacht die Bereinigung der Entwicklungsdaten einen grossen Teil des Aufwandes: Die aktuellen Versionen aller Programme und Satzbeschreibungen, die dazu passenden Umwandlungs- und Testprozeduren und Testdaten sind häufig mit einem Wust obsoleter Versionen ohne standardisierte Namensgebung zugedeckt. Eine Bereinigung der Daten kann langfristig nur Erfolg haben, wenn auch gleichzeitig die Grundlagen geschaffen werden für die Erhaltung der neu etablierten Ordnung.

4.3 Die Werkzeuge des ReEngineering

Die Grundidee von Software-ReEngineering-Werkzeugen besteht darin, die Software (im umfassendsten Sinn des Wortes) maschinell zu analysieren, in Komponenten zu zerlegen und die Komponenten und die Beziehungen zwischen den Komponenten in einem Repository zu hinterlegen.

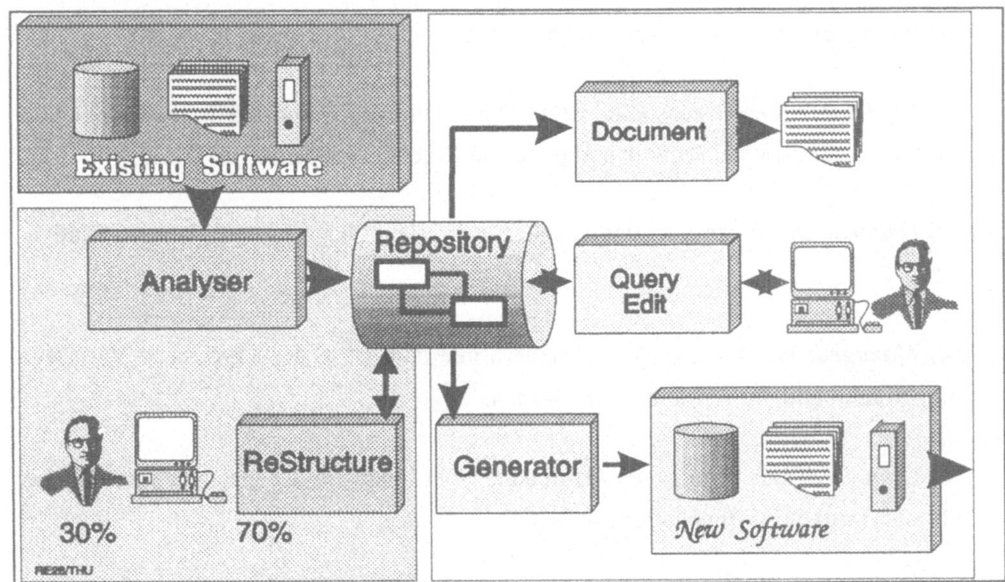

Abb. 5:   Die Werkzeuge des ReEngineering

Mit Hilfe von Dokumentations-Werkzeugen und Queries soll die Software zwar manuell, aber computerunterstützt weiter analysiert und strukturiert werden. Das Ergebnis des Prozesses ist eine Beschreibung der Software in der gewünschten Form. Aus dieser wird mit Hilfe von Generatoren der neue Code (oder besser die neue Software) erzeugt. Dabei muss man davon ausgehen, dass ein "vollautomatisches ReEngineering" ohne manuellen Einsatz nur unbefriedigende Resultate bringt. Beim Einsatz geeigneter Werkzeuge kann der manuelle Aufwand auf 30% gesenkt werden. Diese Arbeit ist jedoch anspruchsvoll und besteht zu einem nicht zu unterschätzenden Teil in der Entwicklung und Anpassung von Werkzeugen.

4.4 Der Entwicklungs-Prozess

Die GartnerGroup bezeichnet in ihrem Technologie-Report 1992 die Beherrschung des Entwicklungsprozesses als zentrale Erfolgsposition in der Informatik. An der mangelnden Beherrschung der organisatorischen Einbettung neuer Technologien scheitern viele technische Innovationen. Das Software Engineering Institute in Pittsburg führte im Auftrag des DoD eine Untersuchung über den Reifegrad von Entwicklungsabteilungen durch und publizierte einen Fragekatalog für die Beurteilung des Reifegrades. Diese Beurteilung (Assessment) ist die Grundlage für ein ReEngineering des Entwicklungsprozesses.

Watt S. Humphrey unterscheidet 5 Stufen des Reifegrades des Entwicklungsprozesses:

- *(1) Initial:* Es sind keine zuverlässigen Aussagen über den Prozess möglich.

- *(2) Repeatable:* Die Organisation ist im Stande, mit den gleichen Mitarbeitern gleiche Probleme mit gleicher Technik und gleichem Ergebnis wiederholt zu lösen.

- *(3) Defined:* Der Prozess ist dokumentiert und erlaubt das Einführen neuer Mitarbeiter.

- *(4) Managed:* Der Prozess wird gesteuert, und man ist in der Lage, neue Verfahren einzuführen und neue Probleme anzugehen.

- *(5) Optimised:* Der Prozess wird laufend sowohl innerhalb der gleichen Technologie, als auch strukturell (Innovation) verbessert.

Die Erfahrungen zeigen, dass eine mittlere bis grössere Entwicklungsabteilung bei intensiver Arbeit 2 Jahre benötigt, um sich eine Stufe hoch zu arbeiten, und dass das Überspringen einer Stufe nicht möglich ist.

4.5 PeopleWare - die Entwickler

Tom De Marco und Tim Lister beschreiben in ihrem Buch überzeugend den Einfluss der Menschen auf die Entwicklung und die Produkte. Die Vorstellung vom "normierten Softwerker" ist in der Software-Entwicklung nicht haltbar - dazu sind die Prozesse und Verfahren noch bei weitem zu wenig erforscht.

Die Vorstellung ist noch weniger haltbar für ReEngineering und Innovation. Dabei ist das anspruchsvollste Anforderungsprofil das des ReEngineering-Experten. Er soll die Kenntnis mehrerer technischer Welten in sich vereinigen, er soll den Überblick über das bestehende System, die Migration und die neue Architektur bewahren, aber sich im Detail auskennen. Er soll kreativ und konzeptionell stark im Design und genau, zuverlässig und zielstrebig bei der Umsetzung sein. Dieses Profil wird wohl kaum zu finden sein. Dazu kommt, dass ReEngineering im Verständnis der Mehrheit noch immer den Geruch des Rückständigen, der Wartung und Fehlerbehebung hat und deshalb auch nicht eben anziehend wirkt. Wenn dieses zentrale personelle Problem nicht gelöst wird, dann sind alle technischen Massnahmen zum Scheitern verurteilt.

- *Das Quality-Team* und nicht eine Einzelperson kann die geforderten Eigenschaften in sich vereinigen. Das Quality-Team vereinigt unterschiedliche Profile, wie den Librarian, den Realisierer, den Manager, den Supporter, den Designer und Architekten, die sich gegenseitig achten und deshalb auch ergänzen.

- Der *Kundennutzen* steht im Vordergrund. ReEngineering-Mitarbeiter können ihr Selbstwertgefühl nicht aus der Eroberung unbekannter Sphären beziehen, auch nicht aus der Anwendung neuester (unerprobter) Werkzeuge und Verfahren. Man hört im Gegenteil die Klage: "Wir haben es immer nur mit Problemen und Fehlern zu tun, wenn es funktioniert, hören wir ja nichts". Dieses Problem ist ernst zu nehmen! Es gilt, den Nutzen der Tätigkeit transparent zu machen, den direkten Kontakt zu den Anwendern herzustellen. Dieses soziale Element ist die Grundlage, auf der die technischen Massnahmen Früchte tragen könnnen, sichert aber gleichzeitig auch die richtige Ausrichtung der Tätigkeit.

5   Fazit - den Innovationsprozess beherrschen lernen

- Die *kurzen Lebenszyklen* der Technologien gegenüber den langen der Anwendungssysteme zwingen uns, mehrere *Technologien parallel zu beherrschen* und die Technologie-Migration innerhalb des Lebenzyklus der Produkte zu steuern. Technologien müssen streng nach Produktion, Innovation, Forschung und ReEngineering gegeneinander abgegrenzt werden.

- Die *Einführung einer Innovation* muss auch die Überlegung mit einbeziehen, welche Technologien abgelöst werden müssen und welche Produkte, die auf dieser ersetzten Technologie beruhen, reengineert werden müssen.

- ReEngineering hat die Aufgabe, Produkte, die auf alten Technologien beruhen, systematisch zu migrieren, damit man die Bindung von Know-How und Kapazitäten auflösen und *obsolete Technologien entsorgen* kann. ReEngineering ist nicht die neue Wunderwaffe zur schmerzlosen Beseitigung von Altlasten. ReEngineering ist nicht erst dann sinnvoll, wenn keine andere Wahl mehr zur Verfügung steht - z.B. Hardware-Migration, neue inkompatible Software-Releases oder Basis-Software oder Zusammenbruch der Wartung.

- ReEngineering ist so gesehen nichts anderes als Innovation vom Gesichtspunkt des vorhandenen Bestandes an Gütern gesehen. Wir müssen davon ausgehen, dass die Innovationen von heute die ReEngineering-Objekte von morgen sein werden.

Fazit: Technologien mit Bedacht in ihrer Kernfunktionalität einsetzen, Innovationen verfolgen und obsolete Technologien entsorgen, so lange man sie noch beherrscht.

Literatur

Barry W. Böhm: A Spiral Model of Software Development and Enhancement; IEEE Computer, Vol 21, No.5 Mai 1988.

Watt S. Humphrey et al.: A Method for Assessing the Software Engineering Capabilities of Contractors, Technical Report CMU/SEI-87-FT-23, ESD/TR-87-186, Software Engineering Institute, Carnegie Mellon University, Pittbsurgh, Pennsylvania.

Watt S. Humphrey: Managing the Software Process, Addison-Wesley 1990.

Wirtschaftsinformatik im Unternehmen 2000

A.-W. Scheer

Institut für Wirtschaftsinformatik
an der Universität des Saarlandes
Im Stadtwald, Geb. 14.1
D-6600 Saarbrücken

Zusammenfassung

Die nahende Jahrtausendwende ist für viele Unternehmen Anlaß, gewachsene Strukturen im Licht des tiefgreifenden Wandels der letzten Jahrzehnte zu überprüfen. Bei der Entwicklung von Konzepten für das Unternehmen 2000 kommt der Wirtschaftsinformatik als Mittler zwischen Informationstechnologie und Betriebswirtschaftslehre eine besondere Rolle zu. Die raschen Fortschritte in der Informationstechnologie und jüngere Entwicklungen der Betriebswirtschaftslehre führen zu neuen Herausforderungen insbesondere im Bereich von Architekturen für integrierte Informationssysteme, der Objektorientierung und bei verteilten Systemen. Im Spannungsfeld von Informatik und BWL kommt darüber hinaus dem Technologietransfer besondere Bedeutung zu.

1 Rahmenbedingungen im Jahr 2000

Die nahende Jahrtausendwende ist für viele Unternehmen Anlaß, Bestand aufzunehmen und gewachsene Strukturen im Licht des tiefgreifenden Wandels der letzten Jahrzehnte zu überprüfen. Erfolgreiche Konzepte für das Unternehmen des Jahres 2000 müssen dabei den geänderten Rahmenbedingungen Rechnung tragen. Die Internationalisierung der Wirtschaft, die sich mit der Vereinigung Europas und der Öffnung der Ostmärkte noch weiter ausprägen wird, stellt hohe Anforderungen an die Koordination örtlich verteilter Organisationseinheiten. Die konsequente Nutzung der Informations- und Kommunikationstechnologie ist dabei nicht nur der Schlüssel, um Kontinente zu überbrücken, sondern führt zu tiefgreifenden strukturellen Veränderungen auf den Weltmärkten. Das Entstehen globaler Finanzmärkte seit Beginn der achtziger Jahre ist ein besonders eindrucksvolles Beispiel für diese Entwicklung.

Als Folge dieser Veränderungen müssen auch die organisatorischen Grundkonzepte überdacht werden: das Unternehmen des Jahres 2000 ist dezentral organisiert. Die Organisationsstrukturen werden flacher und flexibler werden müssen, indem die Teilbereiche zunehmend Erfolgsverantwortung erhalten oder als rechtlich selbständige Einheiten ausgegliedert werden. Ein weiterer Weg zu schlankeren und effizienteren Organisationsformen, an dessen Ende schließlich das 'fraktale Unternehmen' stehen könnte, ist das Outsourcing, das nicht nur im Bereich der Datenverarbeitung zunehmend praktiziert wird.

Auch bei den Arbeitsformen verschieben sich die Gewichte: die Gruppenarbeit wird zunehmen, allmählich wird der 'virtuelle Schreibtisch', bei dem ein Mitarbeiter an jedem technologisch ausreichend ausgestattetem Arbeitsplatz der Welt auf seine individuelle Arbeitsumgebung zugreifen kann, Realität werden. Die Arbeitsleistung wird dadurch weitgehend unabhängig vom Ort, was zumindest auf mittlere Sicht zu einer Zunahme der Heimarbeit führen wird und neue Formen der Arbeitsteilung ermöglichen wird. Gleichzeitig führt dies jedoch zu einer hohen Mobilität der Nachfrage nach Arbeit und daher zu einem erheblich steigenden weltweiten Wettbewerb der Standorte um die Ansiedlung von Unternehmen. Die Koordination vieler dezentraler Einheiten wird zunehmend anspruchsvoller werden. Schnelle und flexible Reaktionen auf Marktveränderungen erfordern kurze Entscheidungswege und transparente Strukturen, was ohne den massiven Einsatz von Informationstechnologie nicht möglich wäre. Eine besondere Herausforderung stellt dabei die Automatisierung des überbetrieblichen Datenaustausches dar, der immer von einer Abstimmung der innerbetrieblichen Abläufe begleitet werden muß. Die Freisetzung weiterer Produktivitätspotentiale wird sich dabei nicht durch die Optimierung einzelner Unternehmensbereiche sondern lediglich durch die systematische Optimierung ganzer Wertschöpfungsketten erzielen lassen. Das Unternehmen des Jahres 2000 denkt, plant und handelt prozeßorientiert und ersetzt Bereichsdenken durch ganzheitliches und vernetztes Denken.

Die Informationstechnologie ist eine wichtige Grundlage für die Bewältigung dieser Herausforderungen. Sie kann ihr Potential jedoch nur dann entfalten, wenn auch die betriebswirtschaftlichen Konzepte entsprechend weiterentwickelt werden. Im Spannungsfeld dieser beiden Pole befindet sich die Wirtschaftsinformatik.

2 Gegenwärtige Bedeutung und Profil der Wirtschaftsinformatik

Die Wirtschaftsinformatik befaßt sich mit der Fragestellung, wie betriebswirtschaftliche Probleme durch Einsatz der Informationstechnik gelöst werden können (vgl. Abb. 1, Pfeil (a)). Der hohe Einfluß der Wirtschaftsinformatik ist auf die engen Wechselwirkungen zwischen Informationstechnik und Betriebswirtschaftslehre zurückzuführen: Die Informationstechnik hat außerordentlich hohe Bedeutung für betriebswirtschaftliche Fragestellungen erlangt; umgekehrt sind betriebswirtschaftliche Anwendungen oft die treibende Kraft bei der Weiterentwicklung der Informationstechnik. Daher ist die Wirtschaftsinformatik in kurzer Zeit außerordentlich stark gewachsen und heute an vielen Universitäten durch mehrere Hochschullehrer repräsentiert. An etwa 15 deutschsprachigen Universitäten werden Pflichtvorlesungen zur Wirtschaftsinformatik im Grundstudium der Betriebswirtschaftslehre angeboten, und an etwa 40 Universitäten besteht die Möglichkeit zur Wahl des Faches als Vertiefungs- oder Wahlfach. An über zehn Universitäten ist oder wird Wirtschaftsinformatik als eigener Studiengang eingerichtet.

Die Umsetzung eines betriebswirtschaftlichen Problems muß dem in Abb. 1 dargestellten Phasenkonzept folgen, das von der Beschreibung der fachlichen Fragestellung, dem Fachkonzept, ausgeht, dies in eine an die Schnittstellen der Informationstechnik angepaßte Beschreibung, das DV-Konzept, transformiert und letzteres schließlich wiederum durch die Anpassung an konkrete Produkte der Informationstechnik in eine Beschreibung der Implementierung überführt.

Für die Wirtschaftsinformatik ist nun besonders hervorzuheben, daß die Fragestellungen der Betriebswirtschaftslehre nicht ohne inhaltliche Veränderungen mit der Informationstechnik verbunden werden, sondern daß die bestehenden Problemlösungen um die Möglichkeiten der Informationstechnik ergänzt und modifiziert werden. Diese EDV-Orientierung der betriebswirtschaftlichen Fragestellungen ist unabdingbare Voraussetzung für wirkungsvolle computergestützte Anwendungskonzepte. Um derartige EDV-orientierte Konzeptionen umsetzen zu können, müssen Beschreibungsmethoden eingesetzt werden, die die Sprachprobleme zwischen dem betriebswirtschaftlichen Tatbestand und den Anforderungen der Informationstechnik so gering wie möglich halten. Sie sind vor allem für die Ebene des Fachkonzeptes notwendig.

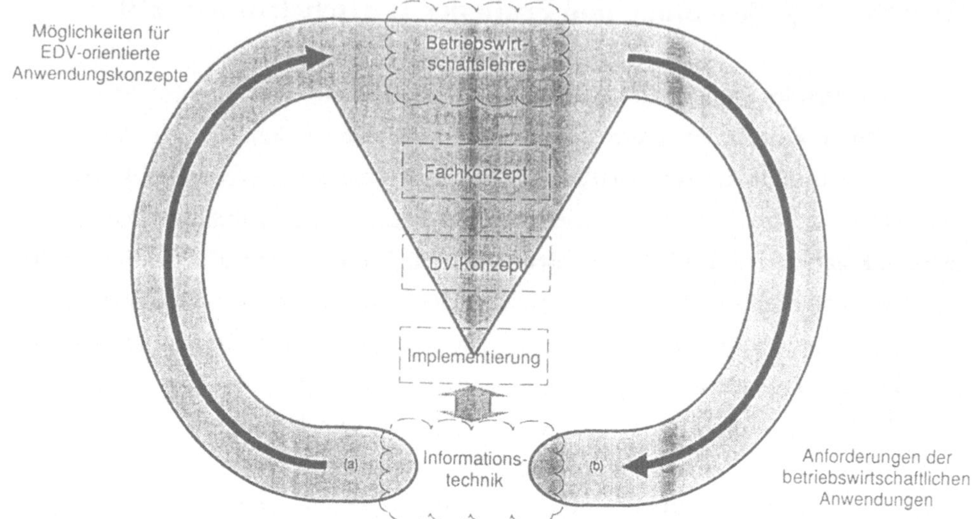

Abb. 1: Gegenseitige Beeinflussung von Betriebswirtschaftslehre und Informationstechnik

Die neuen Entwicklungen der CASE-Technologie[1] (Computer Aided Software Enginee-ring) versprechen eine weitgehend automatisierte Transformation von in Fachkonzepten formal beschriebenen Tatbeständen in die darunterliegenden Stufen. Aus diesem Grunde nimmt die Bedeutung der Beschreibungsebenen aus Sicht der Wirtschaftsinformatik mit der Nähe zur Informationstechnik ab. Es sind lediglich grundsätzliche Trendaussagen zur Informationstechnik erforderlich, um die anwendungsorientierten Auswirkungen der Infor-mationstechnik auf die Betriebswirtschaftslehre zu erkennen.

Neben diesem Aspekt der EDV-Orientierung betriebswirtschaftlicher Ansätze und ihrer Umsetzung ist auch der rechte Pfeil (b) in Abbildung 1 von Bedeutung, in der aus EDV-orientierten Ansätzen der Betriebswirtschaftslehre Anforderungen an die Weiterentwick-lung der Informationstechnik gestellt werden.

Insgesamt macht die schraffierte Fläche somit das Profil der Wirtschaftsinformatik aus. Um dieses Profil abdecken zu können, sind somit erforderlich:

- grundsätzliche Kenntnisse der Informationstechnik,
- Kenntnisse der Betriebswirtschaftslehre,
- Kenntnisse von Beschreibungsmethoden mit dem Schwerpunkt auf der Ebene des Fachkonzeptes.

---

1)   vgl. Balzert, H.: CASE: Systeme und Werkzeuge, 2. Aufl., Mannheim et al. 1990.

Die Informatik liefert sozusagen den Rohstoff, aus dem die Wirtschaftsinformatik ihre Konzeptionen entwickelt. Dabei ist das Verhältnis der Wirtschaftsinformatik zur Informatik aus Sicht der jeweiligen Fachprofile unproblematisch. Dies gilt zumindest für die Informatik, wie sie in der Bundesrepublik Deutschland weitgehend ausgeübt wird. Hier liegt eindeutig das Schwergewicht auf den Grundlagen der Informationstechnik und nimmt mit zunehmender Nähe zu betriebswirtschaftlichen Fachproblemen ab. Größere Überschneidungen zur Wirtschaftsinformatik gibt es somit lediglich in zwei Feldern: zum einen bei der Entwicklung von Methoden zur Beschreibung von Fachkonzepten, die in eine Architektur für Informationssysteme eingebettet werden müssen, und zum anderen bei den grundsätzlichen Entwicklungslinien der Informationstechnik, deren Einfluß auf betriebswirtschaftliche Fragestellungen ja Ausgangspunkt der Wirtschaftsinformatik ist. Dabei sind von den Entwicklungen im Bereich der

- Objektorientierung
- Datenbanksysteme zur Verwaltung komplexer Objekte (Multi Media),
- verteilten (kooperative) Systeme

besondere Anstöße zu erwarten. Wesentliche Impulse für die Wirtschaftsinformatik sind daher in den Bereichen Architekturen und Objektorientierung zu erwarten, die im folgenden näher untersucht werden.

3 Architekturen

Neue Konzepte für das Management komplexer betriebswirtschaftlicher Systeme erfordern eine enge Verzahnung von Betriebswirtschaftslehre und Informationstechnik. Wie die Erfahrungen der letzten Jahrzehnte gezeigt haben, reicht es nicht aus, betriebswirtschaftliche Problemlösungen in lauffähige Anwendungssoftware umzusetzen; vielmehr sind gleichzeitig organisatorische Anpassungen vorzunehmen, um die Anwendungen in betriebliche Prozesse zu integrieren. Das Problem des Entwurfs und des Managements komplexer Informationssysteme kann heute zwar nicht mehr ohne die Informatik, aber auch nicht allein durch die Informatik gelöst werden. Vielmehr ist es die Aufgabe der Wirtschaftsinformatik, eine Schnittstelle zwischen beiden Disziplinen zu bilden, indem sie einen Rahmen entwickelt, in dem fachliche und technische Anforderungen systematisch miteinander verknüpft werden können.

Dazu ist die Entwicklung von *Architekturen* erforderlich, die die verschiedenen Sichten auf ein Informationssystem beschreiben und zueinander in Beziehung setzen. Sie sind die Grundlage der Entwicklung einer 'Baukunst' für Informationssysteme, und damit eine wesentliche Voraussetzung, um dem bisher wenig kontrollierten Wildwuchs der EDV entgegenwirken zu können.

Eine solche Architektur muß vollständig sein, d.h. sie muß in der Lage sein, alle relevanten Zusammenhänge abzubilden. Dazu ist eine ganzheitliche Sichtweise auf das Unternehmen als Informationssystem erforderlich, die nur durch die Orientierung an den Prozessen erreicht werden kann. Daten und Funktionen, die oftmals den Kern konkurrierender Entwicklungsmethoden bilden, sind nur dann betriebswirtschaftlich relevant, wenn sie in entsprechende Prozesse eingebunden werden können. Dies gilt auch für Klassen und Hierarchiebäume im Rahmen objektorientierter Methoden. In einer Architektur integrierter Informationssysteme müssen daher diese verschiedenen Sichtweisen miteinander verbunden werden.

Eine Architektur muß neben den genannten Sichten auch über verschiedene Ebenen für die Umsetzung fachlicher Problemstellungen in technische Lösungen verfügen. Die verschiedenen Ebenen können dabei den unterschiedlichen Phasen des Entwurfsprozesses entsprechen. Dadurch wird eine systematische Trennung technischer und fachlicher Problemstellungen erreicht. Außerdem kann der Schwerpunkt bei der Software-Entwicklung von der technischen Optimierung auf die Erstellung des fachlichen Konzeptes verlagert werden. Die technischen Lösungen werden darüber hinaus robuster gegenüber Änderungen.

Architekturen für Informationssysteme ermöglichen es daher zum einen, die fachlichen Ausgangsbedingungen für die Entwicklung von Software zu erfassen und in eine informationstechnische Lösung umzusetzen. Sie bilden damit die Voraussetzung für das ingenieurmäßige Erstellen von Software, das unter dem Stichwort CASE bereits seit längerem propagiert wird, aber bisher noch nicht zufriedenstellend realisiert ist. Gleichzeitig erlauben sie es, die betriebswirtschaftlich-organisatorischen Rahmenbedingungen zu beschreiben und computergestützt zu optimieren. Die computergestützte Analyse, Simulation und Optimierung der fachlichen Modelle befindet sich heute erst in den Anfängen. Sie erfordert umfangreiches betriebswirtschaftliches Wissen und die Kenntnis der geeigneten Ansätze aus der Informatik zu ihrer Umsetzung. Hier bietet sich ein breites Betätigungsfeld für die Wirtschaftsinformatik mit entsprechend hoher Bedeutung für die Praxis.

Als Orientierungsrahmen in der Architekturdiskussion kann die an anderer Stelle beschriebene Architektur Integrierter Informationssysteme (ARIS) verwendet werden (siehe Abbildung 2).[2] Sie ist in die Sichten Daten, Funktionen und Organisation gegliedert, die durch eine weitere Sicht, die Steuerungssicht, verbunden werden. Die Trennung zwischen fachlichen und technischen Aspekten erfolgt durch die Einführung von drei Ebenen, dem Fachkonzept, dem DV-Konzept und der Implementierungsebene. ARIS wird durch ein Vorgehensmodell zur Erstellung von Informationsmodellen und ein Metamodell für die Ablage der Modellstrukturen ergänzt.

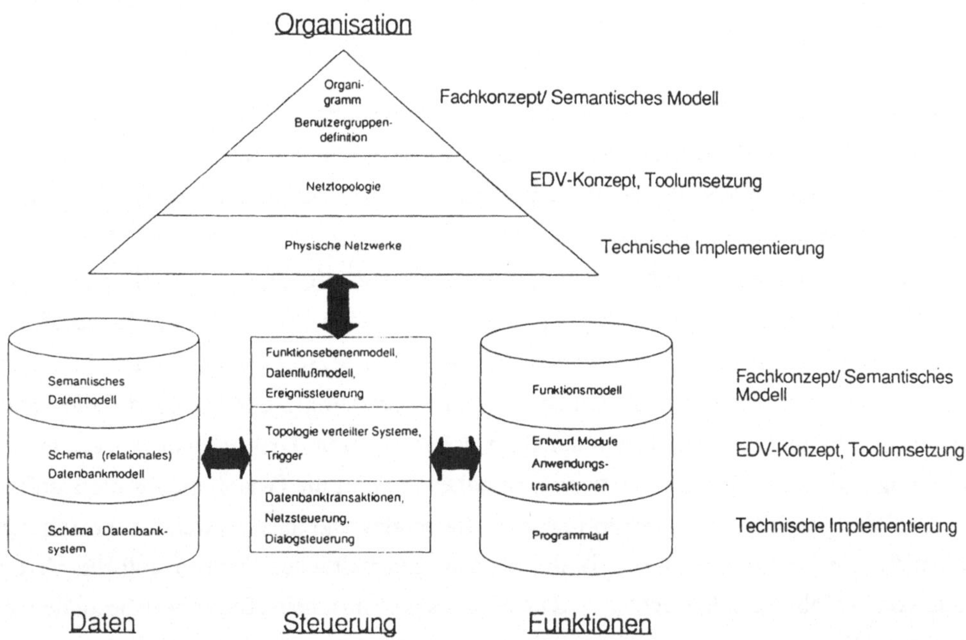

Abb. 2: Architektur Integrierter Informationssysteme

Architekturen bilden eine zentrale Forschungsaufgabe für die Wirtschaftsinformatik. Dabei steht neben der Ausgestaltung der Architekturen die Konsolidierung und Vereinheitlichung der jeweils anwendbaren Methoden im Vordergrund. Denn die Vielzahl der heute verfügbaren Methoden, die sich häufig nur graduell unterscheiden, haben zu einer hohen Unübersichtlichkeit geführt und die Entwicklung umfassender Methoden und darauf basierender Werkzeuge eher behindert. Um diese Methoden in das betriebliche Informationsmanagement einzubinden, müssen Vorgehensmodelle erstellt werden, die alle Aspekte und alle

---

2) vgl. Scheer, A.-W.: Koordinierte Planungsinseln: Ein neuer Lösungsansatz für die Produktion, Veröffentlichung des Instituts für Wirtschaftsinformatik, Heft 86, Saarbrücken, 1991.

Phasen des Entwurfs von Informationssystemen sowie der Analyse und Optimierung der fachlichen Zusammenhänge beschreiben.

Die gegenwärtigen CASE-Tools sind für diese Aufgaben nur wenig geeignet. Erforderlich sind offenere Werkzeuge, die auch von technisch wenig versierten Anwendern verwendet werden können, denn im Gegensatz zu der Praxis bei der Entwicklung von Software, bei der Modelle meist nur ein einziges Mal verwendet werden, müssen integrierte Informationsmodelle jederzeit verfügbar sein und auf dem aktuellen Stand gehalten werden. Die Basis entsprechender Systeme muß eine Datenbank für Informationsmodelle bilden, die als 'Repository' bezeichnet wird. Dabei ist es unerheblich, ob das Repository physisch verteilt oder zentral ausgelegt ist; wesentlich ist, daß es eine logische Einheit bildet.

Insgesamt wird die Wirtschaftsinformatik dadurch eine stärkere Modellorientierung in Betriebswirtschaftslehre und Praxis herbeiführen. Es wird möglich werden, theoretische Lösungen für hochkomplexe Probleme zu erarbeiten, die sich bisher der Beschreibung entzogen. Branchenspezifische Referenzmodelle, von denen die ersten bereits am Markt angeboten werden, können bei technischen und betriebswirtschaftlichen Fragestellungen herangezogen werden und mögliche Lösungen aufzeigen. Auch bei der Anwendungssoftware zeichnet sich ein entsprechender Wandel bereits ab. Erste Softwarehäuser liefern zusammen mit ihrer Software bereits die zugehörigen Informationsmodelle aus, die die fachlichen und EDV-technischen Zusammenhänge dokumentieren. Dies erleichtert nicht nur die Schulung und Einarbeitung sondern wird in naher Zukunft die Grundlage für die Konfiguration bilden. Architekturen stellen daher ein lohnendes und aussichtsreiches Forschungsgebiet für die Wirtschaftsinformatik dar, in dem ganzheitliches Denken und die Verbindung von betriebswirtschaftlichem und informationstechnischem Know-how besonders gefordert sind.

4 Objektorientierung

Neben dem Architekturgedanken wird im Rahmen der Wirtschaftsinformatik zunehmend der objektorientierte Ansatz diskutiert. Obwohl als Programmiersprachenparadigma in der Informatik bereits seit 1967 (Simula 67) bekannt, gewinnt die Objektorientierung erst seit einigen Jahren in der Wirtschaftsinformatik an Bedeutung. Man könnte fast von einem inflationären Begriffsgebrauch sprechen. Dies führt auch dazu, daß mit Objektorientierung verschiedene Aspekte bezeichnet werden. So werden graphische Benutzeroberflächen (GUI) häufig als objektorientiert bezeichnet, weil der Benutzer mit der Maus Objekte am

Bildschirm manipulieren kann. Obwohl benutzerfreundliche Bildschirmdialoge zu weitreichenden Änderungen in der Gestaltung von DV-Systemen führen und die Programmierung von GUI's meist selbst mit Hilfe des objektorientierten Paradigmas erfolgen, soll die Objektorientierung im folgenden eher in bezug auf Programmiersprachen, Datenhaltung, Analyse und Design betrachtet werden.

Dazu werden besonders zwei Aspekte der Objektorientierung, die Vererbung und Bildung komplexer Objekte bezüglich ihrer Relevanz für die Wirtschaftsinformatik untersucht.

4.1 Klassenbildung und Vererbung

Abzubildende Objekte der Realwelt werden durch Daten und Funktionen, die als Methoden auf sie wirken, beschrieben. Objekte, die durch gleiche Strukturen bezüglich Daten und Funktionen abbildbar sind, bilden eine Klasse. Eine Klasse kann aus einer oder mehreren bestehenden Klassen abgeleitet werden, wobei die Strukturen der Daten und Funktionen an die abgeleitete Klasse vererbt werden. In den abgeleiteten Klassen können zusätzliche Daten und Funktionen definiert und sogar geerbte Strukturen eliminiert werden. Damit lassen sich Klassenhierarchien bilden, bei denen Klassen vom Allgemeinen oder Generischen zum Speziellen verfeinert werden.

Mit dieser Technik kann der Aufwand für die Erstellung neuer Informationssysteme erheblich reduziert werden. Dies gilt nicht nur für die Wiederverwendbarkeit von Softwaremodulen, sondern auch für die Wiederverwendbarkeit von konzeptionellen Fachmodellen wie Daten-, Funktionen- und Organisationsmodellen. So wird in Zukunft die Bedeutung von Referenzmodellen, die zur Ableitung unternehmensspezifischer Modelle dienen, zunehmen. Durch die Konfigurierung unternehmensspezifischer Informationssysteme aus fertigen Elementen läßt sich ein weicher Übergang zwischen Individualsoftware und Standardsoftware realisieren.

Eine klar definierte Klassenhierarchie erleichtert auch die funktionale Erweiterbarkeit von Informationssystemen. So können beispielsweise Leitstandsysteme, die die Fertigungsauftragsabwicklung unterstützen, durch Vererbung von Auftragseigenschaften wie Generierung, Ressourcenbelegung, Raffung oder Splittung auf andere Auftragstypen wie Montage-, Materialbereitstellungs- oder Bestellaufträge ihr Leistungsspektrum ohne komplette Neuimplementierungen erweitert werden.

Neben diesen DV-technischen Aspekten werden auch organisatorische Entwicklungen durch den objektorientierten Ansatz beeinflußt[3] und verstärkt. Bezüglich der Organisati onsformen komplexer Unternehmungen besteht ein Trend zur Spartenorganisation, d. h. Unternehmenskomplexe zerlegen sich in selbständige Unternehmungen, die jeweils für eine bestimmte Produktsparte zuständig sind. Damit wird von dem funktionalen Organisationsprinzip abgewichen und zu einer stärker objektorientierten Gliederungsform übergegangen. Eine Ursache für die Änderung des Organisationsprinzips besteht darin, daß in kleineren Einheiten, die für ein eingegrenztes Spektrum von Objekten zuständig sind, eine ganzheitlichere Bearbeitungsform der Funktionen möglich ist. Dieses wird auch durch den Begriff einer prozeßorientierten Organisationsform zum Ausdruck gebracht, d. h. es steht die Organisation von Unternehmensprozessen wie Auftragsabwicklung oder Produktentwicklung im Vordergrund und nicht die Organisation einer einzelnen Funktion über ein vielfältiges Objektspektrum. Diese Organisationseinheiten, auch Planungsinseln genannt, besitzen intern hohe Interdependenzen, untereinander besteht eine lockere Kopplung, die durch Koordinationsinstanzen gesichert wird.

Bezogen auf das objektorientierte Paradigma bedeutet dieses, daß in einer Oberklasse zunächst alle zu beplanenden Objekte definiert werden. Hierbei werden generelle Attribute und für alle Objekte dieser Klasse gültige Funktionen zugeordnet. Teilmengen dieser Objekte können dagegen in eigenen Subklassen definiert werden. Dabei werden die Eigenschaften einer übergeordneten Klasse zunächst auf die untergeordnete Klasse vererbt. Den Subklassen werden weitere spezialisierte Funktionen und Attribute zugeordnet, die entweder als Ergänzung zu den bereits allgemein definierten hinzukommen oder aber diese überschreiben.

Mit diesem Entwurfsprinzip können somit die Ausnutzung von Synergieeffekten zwischen Objekten bei gleichzeitiger intensiverer Betrachtung von Funktionen innerhalb spezialisierter Objektklassen vereint werden.

4.2 Komplexe Objekte

Der zweite wichtige Aspekt ist die Darstellungsmöglichkeit komplexer Objekte. In traditionellen Systemen müssen die betrachteten Gegenstände mit Hilfe von einfachen Datentypen, die zu Datensätzen oder Relationen gruppiert werden, beschrieben werden. Dafür müssen die komplexen Strukturen zerlegt und normalisiert werden, um bei einer anschlie-

---

3) vgl. Scheer, A.-W.: Koordinierte Planungsinseln: Ein neuer Lösungsansatz für die Produktion, Veröffentlichung des Instituts für Wirtschaftsinformatik, Heft 86, Saarbrücken, 1991.

ßenden Weiterverarbeitung wieder zusammengesetzt zu werden. Nicht nur Objekte der technischen Welt wie CAD-Zeichnungen, sondern auch Objekte der betriebswirtschaftlichen Welt sind meist komplex aufgebaut. So besteht beispielsweise ein Auftrag nicht nur aus einem Datensatz, in der Regel existieren auch zugehörige Positionen, benötigte Komponenten, Beziehungsinformationen zum Kunden oder Lieferanten, Buchungsbelege usw., die zusammenhängend und konsistent verwaltet werden müssen.

Neben diesen konventionellen Informationen werden in Zukunft auch andere Informationsformen wie Bilder oder Sprache zu verarbeiten sein. Getrieben wird der Integrationsbedarf unterschiedlicher Informationsarten durch die Entwicklung der Hardwarekomponenten. Nach der Einführung der Dialogverarbeitung sind heute bereits graphische Workstations als Frontends für kommerzielle Anwendungen Stand der Technik. Multimediale Arbeitsplätze sind heute bereits für ausgewählte, dedizierte Bereiche verfügbar. Damit besteht der Bedarf, diese Repräsentationsformen mit den kommerziellen Systemen zu integrieren. So ist es beispielsweise sinnvoll, in einer multimedialen Umgebung zu einem Auftrag auch Bilder über betroffene Artikel oder Personen, technische Zeichnungen oder Videosequenzen zu verarbeiten. Dies bedeutet, daß sowohl einfach strukturierte Daten als auch komplexe Objekte gemeinsam abgespeichert werden müssen. Dabei reicht es nicht, die komplexen Strukturen in einer Datenbank in einem großen, binären Datenfeld zu verstecken, wie dies bereits im neuen SQL2-Standard für relationale Datenbanken möglich ist[4]. Vielmehr muß auch die Semantik des komplexen Objektes über definierte Zugriffsfunktionen in der Datenbank hinterlegt und so für alle Anwendungsprogramme in gleicher Weise zugänglich sein.

4.3 Lean Management und verteilte Systeme

Aus dem Konzept des Computer Integrated Manufacturing (CIM) sind wesentliche Impulse für die Gestaltung heutiger Unternehmen hervorgegangen. CIM geht jedoch häufig einher mit einer gestiegenen Komplexität der Systeme. Neuere Konzepte, wie das Lean Management[5] versuchen daher, unter Beibehaltung des Gedankens der Prozeßintegration eine schlankere, einfachere Organisation der Unternehmen zu erreichen und damit die Komplexität zu reduzieren.

---

4) vgl. Loos, P.: Was bringt SQL2?, in: Scheer, A.-W. (Hrsg.), Datenbanken 1992 - Praxis relationaler Datenbanken (Tagungsband, Saarbrücken, 15.-16. Juni 1992), S. 131 - 141.

5) vgl. Womack, J.P.; Jones, D.T.; Ross, D.: Die zweite Revolution in der Autoindustrie, 6. Aufl. Frankfurt, New York 1992.

Der Prozeßkettengedanke als Organisationsprinzip führt zu vernetzten, dezentralen Einheiten, die einzelne Objekte oder Objektgruppen über eine gesamte Prozeßkette autonom planen und realisieren. Ein Beispiel hierfür sind flexible Fertigungsinseln in der Produktion. Der Prozeßkettengedanke muß von der Wirtschaftsinformatik noch stärker aufgegriffen werden. Dies ermöglicht eine ganzheitliche Sicht auf die Unternehmen und hat auch Rückwirkungen auf die betriebswirtschaftlichen Methoden. Die konventionellen, eher funktional orientierten Methoden der BWL können durch die Wirtschaftsinformatik integriert und erweitert werden. Aufgrund der verringerten Komplexität der Planungsobjekte gewinnt z. B. die simultane Planung und Steuerung von Prozessen wieder an Bedeutung.

Im Rahmen des Lean-Management-Ansatzes werden einfachere Dispositionssysteme und eine flexiblere Anpassung an die Marktverhältnisse gefordert. Unnötige Hierarchiestufen sollen abgebaut werden. Ziel ist eine Mensch-zentrierte Organisation, in der Mitarbeiter in Gruppen ihren Arbeitsbereich autonom steuern. Der Schwerpunkt des Lean Managementansatzes liegt in der Gestaltung neuer ablauforganisatorischer Konzepte. Dies bedingt jedoch keinen Bedeutungsverlust für die Informationstechnologie im Unternehmen.

Die Wirtschaftsinformatik muß hier Wege aufzeigen, wie die neuen aus der Praxis entstandenen Organisationskonzepte informationstechnologisch umgesetzt werden können. So liefert die Wirtschaftsinformatik mit den im Rahmen von Architekturkonzepten entwickelten Daten- und Prozeßmodellierungsmethoden eine wesentliche Grundlage für die Entwicklung und Umsetzung der neuen Organisationsstrukturen.

Die Wirtschaftsinformatik muß desweiteren neue technologische Konzepte auf ihre Verwendbarkeit für die Implementierung neuer Organisationsansätze untersuchen. So unterstützen im Bereich der Hardware-Technologie Client/Server Architekturen die Organisation vernetzter, dezentraler Einheiten. Daneben gewährleisten verteilte Datenbanksysteme oder Blackboard-Architekturen in ähnlicher Form dieses Organisationsprinzip. Zudem erleichtert der Trend zu einer höheren Standardisierung von Hardware, Netzwerken, Betriebs- und Datenbanksystemen die Verbindung unterschiedlicher Teilsysteme.

Auch durch die Entwicklung neuer, leistungsfähiger Softwarearten kann die Wirtschaftsinformatik zur Unterstützung vernetzter, dezentraler Organisationsstrukturen beitragen. So unterstützt im Rahmen des Forschungsgebietes "Computer Supported Group Work"

(CSGW) entstandene "Groupware"[6] die Kommunikations- und Entscheidungsprozesse in Gruppen.

Insgesamt kann die Wirtschaftsinformatik in ihrer Mittlerrolle zwischen BWL-Konzepten und Informationstechnologie nur erfolgreich sein, wenn sie sich in zwei Richtungen orientiert: Sie muß untersuchen, wie neue Organisationskonzepte durch die vorhandenen und neuen Informationstechnologien unterstützt werden und wie neue Informationstechnologien zu neuen Organisationskonzepten führen können. Gerade durch die Blickrichtung von der Informationstechnologie auf die BWL-Konzepte kann die Wirtschaftsinformatik zur Entwicklung neuer zukunftsorientierter Organisationsformen beitragen und somit ihr eigenständiges Profil weiter festigen.

5 Technologietransfer

Der Transfer theoretischer Erkenntnisse in die Praxis ist eine wichtige Herausforderung an die Wissenschaft, der sich gerade die Wirtschaftsinformatik als anwendungsorientierte Disziplin stellen muß. Der interdisziplinäre Ansatz der Wirtschaftsinformatik erfordert zudem auch den Zufluß von Erkenntnissen aus den angrenzenden Fachrichtungen. Das enge Verhältnis zur Betriebswirtschaftslehre und zur Informatik wurde bereits dargestellt. So muß die Wirtschaftsinformatik die Ergebnisse der Informatik-Grundlagenforschung auf ihre Verwendbarkeit für betriebswirtschaftliche Problemlösungen untersuchen. Auf diese Weise kann sich der Übergang von der Grundlagenforschung zur anwendungsorientierten Forschung vollziehen. Beispiele hierfür sind die Übernahme von Ergebnissen der Künstlichen Intelligenz Forschung (Expertensysteme, Neuronale Netze) oder der Entwicklungen im Bereich Verteilter Systeme in den Forschungsbereich der Wirtschaftsinformatik.

Das Ziel Technologietransfer erfordert von der Wirtschaftsinformatik eine aktive Beteiligung auf verschiedenen Ebenen. Grundlegend ist dabei vor allen Dingen eine qualitativ hochwertige Ausbildung von Studenten an den Universitäten, wodurch neue Konzepte und neue Technologien schnell in die Praxis übertragen werden können. Die zur Zeit sehr guten beruflichen Möglichkeiten von Absolventen der Wirtschafsinformatik bestätigen diesen Ansatz.

Der staatlich geförderte Technologietransfer bietet eine weitere Möglichkeit für den Einsatz der Wirtschaftsinformatik. Ein Beispiel hierfür sind die in der Bundesrepublik

---

6) vgl. Krcmar, H.: Computer Aided Team - Ein Überblick. In: Information Management. 1/1992, S. 6-9. Petrovic, O.: Groupware-Systemkategorien - Anwendungsbeispiele, Problemfelder und Entwicklungsstand. In: Information Management. 1/1992, S. 16-22.

Deutschland eingerichteten CIM-Technologie-Transferzentren. Diese Zentren, in die neben den Ingenieurwissenschaften auch die Wirtschaftsinformatik einbezogen wurde, haben die Vermittlung von CIM-Know-how an kleine und mittelständische Unternehmen zum Ziel.

Daneben bieten nationale und internationale Projektförderprogramme für Wirtschaftsinformatiker Möglichkeiten, zusammen mit Partnern aus der Industrie praxisnahe Forschung zu betreiben. Bei diesen Programmen ist der Anteil von Wirtschaftsinformatikinstituten immer noch zu gering. Hier muß die Wirtschaftsinformatik die vorhandenen Potentiale besser nutzen.

Der direkte Transfer theoretischer Forschungsergebnisse in die industrielle Nutzung ist selbst in der angewandten Forschung nur sehr schwer möglich. Daher sind Strukturen notwendig, die einen schrittweisen Übergang ermöglichen. Solche den Technologietransfer fördernden Strukturen entstehen durch sogenannten Spin-Off-Unternehmen (vgl. Abbildung 3): Wissenschaftler wählen den Schritt von der Theorie in die Praxis und gründen aus ihren Forschungsinstituten heraus Unternehmen. Diese Unternehmen übernehmen eine Transferfunktion zwischen Theorie und Praxis, indem sie anwendungsorientiertes Wissen in marktreife Produkte oder Dienstleistungen überführen. Gleichzeitig bietet sich hierbei die Möglichkeit, Praxiserfahrungen wieder als Feedback-Informationen in die Forschung rückfließen zu lassen. Setzt sich das Spin-Off Unternehmen am Markt durch, ist ein mehrstufiger Technologietransfer gelungen: von der Grundlagen- über die anwendungsorientierte Forschung, über Spin-Off-Unternehmen hin zur Anwendung im Industrieunternehmen.

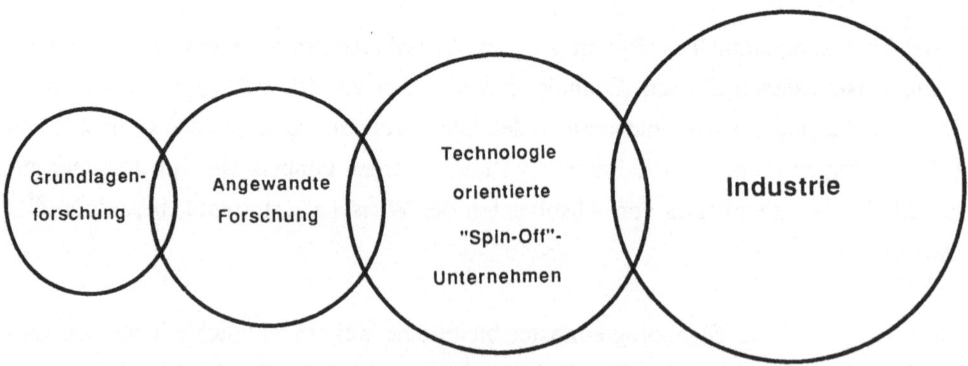

Abb. 3: Mehrstufiger Prozeß des Technologietransfers

Die Wirtschaftsinformatik ist aufgrund ihrer interdisziplinären und praxisorientierten Ausrichtung besonders geeignet, die gegebenen Strukturen für den Technologietransfer auszunutzen und aktiv zu erweitern. So hat die Wirtschaftsinformatik in ihrer kurzen Geschichte eine Vielzahl von Forschungsergebnissen in die Praxis übertragen können. Für die Wirtschaftsinformatik ist die stete Auseinandersetzung mit technologischen Innovationen eine Grundvoraussetzung. Die enge Verbindung von Informationstechnologie und darauf abgestimmten betriebswirtschaftlichen Konzepten bildet daher die Grundlage für das Überleben des Unternehmens 2000 in einer globalen Informationsgesellschaft.

Literatur

Balzert, H.: CASE: Systeme und Werkzeuge, 2. Aufl., Mannheim et al. 1990.

Krcmar, H.: Computer Aided Team - Ein Überblick. In: Information Management. 1/1992, S. 6-9. Petrovic, O.: Groupware-Systemkategorien - Anwendungsbeispiele, Problemfelder und Entwicklungsstand. In: Information Management. 1/1992, S. 16-22.

Loos, P.: Was bringt SQL2?, in: Scheer, A.-W. (Hrsg.), Datenbanken 1992 - Praxis relationaler Datenbanken (Tagungsband, Saarbrücken, 15.-16. Juni 1992), S. 131 - 141.

Scheer, A.-W.: Architektur Integrierter Informationssysteme - Grundlagen der Unternehmensmodellierung. 2. Aufl., Berlin et al., 1991.

Scheer, A.-W.: Koordinierte Planungsinseln: Ein neuer Lösungsansatz für die Produktion, Veröffentlichung des Instituts für Wirtschaftsinformatik, Heft 86, Saarbrücken, 1991.

Womack, J.P.; Jones, D.T.; Ross, D.: Die zweite Revolution in der Autoindustrie. 6. Aufl. Frankfurt, New York 1992.

Strategisches Informationsmanagement

Modelle zur Unterstützung von Outsourcing-Entscheidungen

Gerhard Knolmayer

Institut für Wirtschaftsinformatik
Universität Bern
Hallerstr. 6, CH-3012 Bern

Zusammenfassung

Entscheidungen, ob Aufgaben der Informationsversorgung (IS-Aufgaben) nach außen vergeben werden sollen, sind je nach Bedeutung dieser Aufgaben von der Unternehmensleitung oder dem IS-Management zu treffen. Die Betriebswirtschaftslehre hat bisher wenig dazu beigetragen, die damit verbundenen Entscheidungsprozesse zu unterstützen. Im vorliegenden Beitrag werden mögliche Formen der Entscheidungsunterstützung untersucht und im Hinblick auf ihre Eignung bewertet. Dabei scheinen insbesondere auf einer Argumentenbilanz aufbauende Nutzwertanalysen sowie quadratische Zuordnungsmodelle geeignet, den komplexen Entscheidungsprozeß zu unterstützen.

1   Das Problem

In den letzten Jahren wird vor allem in praxisorientierten Veröffentlichungen zum IS-Management unter dem Schlagwort *Outsourcing* intensiv die Option erörtert, einzelne oder sogar alle IS-Aufgaben externen Dienstleistungsunternehmen zu übertragen. Dabei findet man eine Fülle von Fallbeschreibungen, in denen Dienstleistungsanbieter, Berater, Marktbeobachter sowie IS-Manager über Aspekte des Outsourcings in einer primär fallbezogenen und wenig systematischen Weise berichten. Die wissenschaftliche Behandlung des Outsourcing-Problems läßt demgegenüber zu wünschen übrig[1].

---

1)   Zu ersten Ansätzen vgl. Picot (1990); Gurbaxani, Whang (1991); Knolmayer (1991).

Da zur Erfüllung von IS-Aufgaben ohnehin seit langem vielfältige Kooperationen mit Dienstleistungsanbietern praktiziert werden, wird im nächsten Abschnitt auf mögliche Besonderheiten des Outsourcings von IS-Leistungen eingegangen. Abschnitt 3 behandelt Modelle, die Entscheidungsträger bei der Vorbereitung von Entscheidungen hinsichtlich des Outsourcings von IS-Aufgaben unterstützen sollen; dabei werden sowohl in der Literatur beschriebene als auch neu entwickelte Modelle dargestellt und im Abschnitt 4 verglichen.

2 Charakteristika des Outsourcings von IS-Aufgaben

Modische Begriffe werden üblicherweise nicht einheitlich verwendet. In Anlehnung an die Vielzahl im Detail unterschiedlicher Definitionen soll unter *Outsourcing* die vollständige oder teilweise Übertragung von zuvor innerbetrieblich erfüllten IS-Aufgaben an wirtschaftlich unabhängige Dienstleistungsunternehmen verstanden werden. Durch diese Definition werden Ausgliederungen an ein kapitalmäßig verbundenes Unternehmen ebenso ausgeschlossen wie Fälle, in denen bestimmte Aufgaben der Informationsversorgung bisher intern überhaupt nicht wahrgenommen wurden. Beim hier vertretenen Begriffsverständnis ist das auf IS-Aufgaben bezogene "Facilities Management" eine Unterform des Outsourcings, bei der der Betrieb des Rechenzentrums teilweise oder ganz durch Dritte erfolgt.

Wesentliche Argumente der Befürworter von Outsourcing-Strategien kreisen um das Phänomen der *Economies of Scale*, die im Gegensatz zu früher nicht in der Performance der Großrechner, sondern z.B. in der Mehrfachverwendbarkeit des Wissens von Mitarbeitern, im Einsatz modern konzipierter Anwendungssysteme, in geringeren Raum- und Softwarekosten, in verbesserten Automatisierungsmöglichkeiten im Systembetrieb und im Netzbetrieb sowie bei der Sicherstellung akzeptabler Wiederinbetriebnahmezeiten im Katastrophenfall gesehen werden[2]. Es ist bemerkenswert, daß neuerdings auch konzerninterne Zusammenlegungen von als zu klein eingeschätzten Rechenzentren zu beobachten sind[3].

---

2) Vgl. Knolmayer (1991), S. 326 und die dort zitierte Literatur.
3) Vgl. Griese, Iten (1991).

Die betriebswirtschaftliche Theorie zur Entscheidung zwischen Eigenerstellung und Fremdbezug konzentriert sich auf die Betrachtung von Sachgütern[4]. Unterschiede zur hier erörterten Fragestellung bestehen darin, daß

- die Qualität von Dienstleistungen im allgemeinen und insbesondere jene der Informationsversorgung schwieriger zu beurteilen ist als jene von Sachgütern

- zugelassen wird, einen Teil der benötigten Menge intern und den Rest extern bereitzustellen

- davon ausgegangen wird, daß die Entscheidung über Eigenerstellung oder Fremdbezug unter kurzfristigen Gesichtspunkten mit Hilfe kostenrechnerischer oder finanzwirtschaftlicher Rechnungen getroffen werden kann; die strategische Bedeutung der Auslagerungsentscheidung kommt demgegenüber zu kurz.

Die neue institutionelle Ökonomie hat mit ihrer Analyse der zwischen Prinzipal und Agent bestehenden Beziehungen und mit der Herausarbeitung der mit einem Fremdbezug verbundenen Transaktionskosten wesentlich zur theoretischen Fundierung der bei der Entscheidung zwischen Eigenerstellung und Fremdbezug relevanten Gesichtspunkte und damit zur Beantwortung der Frage nach sinnvollen Leistungstiefen beigetragen[5]. Bei gegebenem Leistungsprogramm verlaufen die mit interner und externer Koordination verbundenen Kosten mit der Betriebsgröße gegenläufig[6]; neben den mit der Leistungserstellung unmittelbar verbundenen Herstellkosten ist die u-förmig verlaufende Summe der beiden Koordinationskostenfunktionen zu berücksichtigen, wenn die kostenminimale Form der Aufgabenerfüllung bestimmt werden soll.

Die strategische Unternehmensberatung setzte sich im letzten Jahrzehnt intensiv mit Fragen der Zweckmäßigkeit unterschiedlicher Betriebsgrößen auseinander und empfiehlt oft kleine, autonom operierende Organisationseinheiten, eine Konzentration auf das Kerngeschäft, ein "Downsizing" durch Einschränkung innerbetrieblicher Aufgabenerfüllung, strategische Allianzen und Value Added Partnerships sowie flexibel-modulare Organisationen, die als dynamische Netzwerke spezialisierter Klein- und Mittelbetriebe operieren. Als Konsequenz derartiger Konzepte werden viele Service-Aufgaben Externen

---

4) Vgl. etwa Männel (1981).
5) Für einen Überblick vgl. z.B. Bamberg, Spremann (1989).
6) Vgl. Gurbaxani, Whang (1991), S. 65.

übertragen[7]. Die weitgehend funktionsneutral formulierten Strategien sind grundsätzlich auf Entscheidungen zur zweckmäßigen Gestaltung von IS-Aufgaben anwendbar.

Eine Besonderheit der Auslagerung von IS-Aufgaben besteht in der Gefahr des Entstehens schwerwiegender Abhängigkeiten von den Kooperationspartnern. Outsourcing-Verträge werden in der Regel langfristig (auf 5 - 10 Jahre) abgeschlossen; da durch die externe Aufgabenerfüllung innerbetrieblich Informatik-Kompetenzen verloren gehen, ist die spätere Rückgängigmachung umfassender Outsourcing-Entscheidungen überaus schwierig. Der Wechsel von einem externen Dienstleister zu einem anderen wird vor allem dann erhebliche Kosten verursachen, wenn die nach außen vergebenen IS-Aufgaben nicht durch Standardlösungen erfüllt werden. Eine weitere Besonderheit des Outsourcings gegenüber konventionellem Fremdbezug kann darin bestehen, daß vom Dienstleistungsunternehmen auch wesentliche Teile des Managements und nicht nur die Ausführung übertragener Aufgaben übernommen werden[8]; traditionelle Überlegungen forderten, dispositive Tätigkeiten keineswegs auszulagern[9].

3 Entscheidungsunterstützungsmodelle

3.1 Portfolio-Modelle

In Portfolio-Modellen werden komplexe Objekte der realen Welt (z.B. strategische Geschäftsbereiche) zweidimensional (z.B. nach den Kriterien Marktattraktivität und relatives Marktwachstum) positioniert und auf dieser Basis bestimmte Normstrategien empfohlen. Die betrachteten Kriterien sind vielfach aggregierte Größen, die nach meist nicht näher beschriebenen Verfahren aus präziser formulierten Sub-Kriterien abgeleitet werden[10]. Neben Marktportfolios werden u.a. Technologie-Portfolios und Portfolios zur Positionierung von Unternehmen im Hinblick auf die strategische Bedeutung heutiger und künftiger Informationssysteme[11] vorgeschlagen.

---

7) Vgl. Knolmayer (1991), S. 330 und die dort angegebene Literatur.
8) Vgl. z.B. Herbers (1990), S. 33.
9) Vgl. z.B. Selchert (1971), S. 50 f.
10) Vgl. z.B. Kreilkamp (1987), S. 445 ff.
11) Vgl. z.B. Pfeiffer et al. (1983); Cash, McFarlan, McKenney (1988), S. 23.

Portfolio-Modelle sollen auch Entscheidungen über Fremdbezug unterstützen. Dazu wird vorgeschlagen, IS-Aufgaben hinsichtlich ihrer Eignung für Eigenerfüllung oder Fremdbezug nach den Gesichtspunkten

- Unternehmensspezifität

- Unsicherheit

- Strategische Bedeutung

- Häufigkeit

zu positionieren; um eine zweidimensionale Darstellung zu ermöglichen, wird die Konzentration auf zwei der genannten Eigenschaften empfohlen[12]. Den (im Beispiel neun) Feldern der zweidimensionalen Portfolio-Darstellung werden die drei (recht pauschal formulierten) Normstrategien

- reiner bzw. intern unterstützter Fremdbezug

- koordinierter Einsatz interner und externer Aufgabenträger (Mischstrategie)

- reine bzw. extern unterstützte Eigenleistung

zugeordnet. Diese lassen jedoch das (möglicherweise unzureichende) unternehmensinterne Know-how zur angemessenen Leistungserstellung außer Betracht, das daher in einer nachgelagerten Portfolio-Darstellung berücksichtigt wird[13].

Bei Beurteilung von Auslagerungs-Portfolios ist zunächst zu berücksichtigen, daß in einer zweidimensionalen Darstellung nur zwei Kriterien explizit berücksichtigt werden können. Aus den Fallbeschreibungen zeigt sich, daß wesentlich mehr Kriterien über die Zweckmäßigkeit einer Auslagerung entscheiden[14]; aus deren isolierter Betrachtung können unterschiedliche Empfehlungen resultieren. Weiterhin werden einzelne Aufgaben hinsichtlich der Zweckmäßigkeit ihrer Auslagerung isoliert betrachtet; zwischen den Aufgaben bestehende Wechselbeziehungen und an den entstehenden Schnittstellen resul-

---

12) Zu unterschiedlichen Sichtweisen der Bedeutung dieser Kriterien vgl. Picot, Reichwald, Schönecker (1985), S. 1032 ff und Picot (1990), S. 300.
13) Vgl. Picot (1990), S. 301; Picot (1991), S. 349 ff.
14) Vgl. insbesondere Knolmayer (1991), S. 333.

tierende Kommunikations- und Koordinationsprobleme[15] bleiben bei dieser Sichtweise unberücksichtigt.

3.2 Checklisten

Eine weitere Form der Entscheidungsunterstützung bilden Listen, die eine Reihe von Fragen anführen, die allgemein oder für das Outsourcing einer bestimmten IS-Aufgabe relevant sein können; die Handlungsempfehlung bestimmt sich nach der Zahl der mit "Ja" beantworteten Fragen[16]. Entscheidungsträger werden die Forderung, komplexe Fragen entweder mit "Ja" oder "Nein" beantworten zu müssen, als einschränkend empfinden. Da die Handlungsempfehlung aus der *Zahl* der "Ja"-Antworten abgeleitet wird, werden implizit alle Fragen gleich gewichtet. Wirtschaftlichkeitsgesichtspunkte treten bei dieser Vorgehensweise gegenüber offenbar als unveränderlich angesehenen realen Gegebenheiten zurück.

3.3 Argumentenbilanz und Nutzwertanalyse

Wegen der Probleme einer monetären Bewertung strategisch bedeutsamer Entscheidungen wird vorgeschlagen, die z.B. für die Entscheidung über den Einsatz neuer Technologien relevanten Gesichtspunkte in einer Argumentenbilanz gegenüberzustellen[17]. Sie macht deutlich, daß eine Vielzahl von Gesichtspunkten zu berücksichtigen ist, die im Einzelfall unterschiedliches Gewicht besitzen[18]. Durch Systematisierung der in Verbindung mit Outsourcing erörterten Kriterien gelangt man zu einer Outsourcing-Entscheidungen unterstützenden Argumentenbilanz[19]. Die in ihr genannten Kriterien sind gegebenenfalls betriebsindividuell zu ergänzen und zu gewichten.

Zur Berücksichtigung schwer quantifizierbarer Sachverhalte wurden verschiedene Formen von Nutzwertanalysen[20] vorgeschlagen; diese basieren auf in geeigneter Weise skalierten, addierbaren Punktbewertungen für die Erfüllung der relevanten Kriterien durch die betrachteten Handlungsalternativen. Diese Kriterien können auf Basis der Argumen-

---

15) Vgl. Selchert (1971), S. 58; Bürgers (1991), S. 25.
16) Kador (1990), S. 3 führt 16 Fragen an; vgl. ferner Buck-Lew (1992), S. 10 ff.
17) Wildemann (1987), S. 64 ff.
18) Wildemann (1987), S. 64 ff gewichtet implizit alle Argumente gleich.
19) Zur Darstellung von Argumentenbilanzen vgl. Knolmayer (1991), S. 333; Knolmayer (1992), S. 130.
20) Zu einer Übersicht vgl. z.B. Zangemeister (1970).

tenbilanz festgelegt werden. Sowohl die Argumentenbilanz als auch die Nutzwertanalyse berücksichtigen keine Interdependenzen zwischen den Zuordnungen verschiedener IS-Aufgaben.

3.4 Programmierungsmodelle

3.4.1 Das klassische Zuordnungsmodell

Beim klassischen Zuordnungsproblem werden unteilbare Elementaraufgaben bestimmten Aufgabenträgern zugeordnet; dabei stimmt die Zahl der Aufgaben und der Aufgabenträger überein. Es kann durch ein spezielles lineares Programm, in dem die Modellstruktur die Ganzzahligkeit der Zuordnungsvariablen sicherstellt, mit noch einfacheren Algorithmen als dem Simplex-Verfahren gelöst werden[21]. Da in der hier betrachteten Entscheidungssituation nur zwei Aufgabenerfüllungsformen bestehen, kommt das klassische Zuordnungsmodell zur Optimumbestimmung nicht in Betracht.

3.4.2 Zuordnungsmodelle mit expliziten Binärvariablen

3.4.2.1 Modelle ohne Aufgabeninterdependenzen

Jede Elementaraufgabe i muß entweder durch Eigenerfüllung ($y_{iE} = 1$) oder durch Fremdbezug ($y_{iF} = 1$) erledigt werden; die zugehörigen Entscheidungsvariablen müssen explizit als binär vereinbart werden. Die angestrebten Aufgabenerfüllungsniveaus und damit die Qualität der Aufgabendurchführung ist vorgegeben. Die der Aufgabe i unmittelbar zurechenbaren Kosten betragen bei Eigenerfüllung c_{iE} und bei Fremdbezug c_{iF}; in diese Koeffizienten können gegebenenfalls anteilige "Switching Costs" gegenüber dem derzeit gegebenen Zustand einbezogen werden. Innerbetrieblich sind Kapazitäten r verfügbar, die nach Outsourcing teilweise abgebaut werden können und deren Freisetzung f_r je Einheit Erlös- bzw. Kostenwirkungen von p_r besitzt. Wird Aufgabe i nach außen verlagert, so können dennoch innerbetrieblich zu erfüllende Restaufgaben verbleiben, die jedoch die Ressourcen wegen $a_{riE} > \hat{a}_{riF}$ weniger beanspruchen als die interne Aufgabenerfüllung. Ferner kann aus strategischen Gründen der (gewichtete) Anteil der nach außen vergebenen Aufgaben zur Reduzierung externer Abhängigkeit beschränkt werden; es sei

---

21) Vgl. z.B. Müller-Merbach (1973), S. 173 ff.

$0 \le g_i < 1$ das Gewicht der Elementaraufgabe i innerhalb des gesamten Aufgabenvolumens und $\Sigma\, g_i = 1$. Aus diesen Annahmen resultiert folgendes Modell:

$$\text{(1.1)} \qquad \sum_i (c_{iE}\, y_{iE} + c_{iF}\, y_{iF}) - \sum_r p_r\, f_r \quad \rightarrow \quad \min!$$

$$\text{(1.2)} \qquad y_{iE} + y_{iF} \quad = \quad 1 \qquad \forall\, i$$

$$\text{(1.3)} \qquad \sum_i (a_{riE}\, y_{iE} + \hat{a}_{riF}\, y_{iF}) + f_r \quad = \quad KAP_r \qquad \forall\, r$$

$$\text{(1.4)} \qquad \sum_i g_i\, y_{iF} \quad \le \quad G \le 1$$

$$\text{(1.5)} \qquad y_{iE},\ y_{iF} \quad \in \quad \{0, 1\} \qquad \forall\, i$$

Die Zahl der ganzzahligen Variablen kann durch Einsetzung von

$$\text{(2)} \qquad y_{iF} = (1 - y_{iE})$$

auf N halbiert werden. Das so entstehende Modell bestimmt die eigenzuerfüllenden Aufgaben auf der Basis der relevanten Minderkosten und Mehrverbräuche:

$$\text{(3.1)} \qquad \sum_i (c_{iE} - c_{iF})\, y_{iE} - \sum_r p_r\, f_r \quad \rightarrow \quad \min!$$

$$\text{(3.2)} \qquad \sum_i (a_{riE} - \hat{a}_{riF})\, y_{iE} + f_r \quad = \quad KAP_r - \sum_i \hat{a}_{riF} \quad \forall\, r$$

$$\text{(3.3)} \qquad \sum_i g_i\, y_{iE} \quad \ge \quad 1 - G$$

$$\text{(3.4)} \qquad y_{iE} \quad \in \quad \{0, 1\} \qquad \forall\, i$$

Beide Modelle (1) und (3) ordnen die Elementaraufgaben isoliert zu und lassen Koordinationskosten zwischen unterschiedlich zugeordneten Aufgaben unberücksichtigt.

3.4.2.2 Modelle mit Aufgabeninterdependenzen

Als weitere Formulierungsmöglichkeit kommt das sogenannte 2-Median-Modell[22]

$$\text{(4.1)} \qquad \sum_i \sum_j c_{ij}\, x_{ij} \quad \rightarrow \quad \min!$$

$$\text{(4.2)} \qquad \sum_j x_{ij} \quad = \quad 1 \qquad \forall\, i$$

$$\text{(4.3)} \qquad \sum_j x_{jj} \quad = \quad 2$$

$$\text{(4.4)} \qquad x_{ij} - x_{jj} \quad \le \quad 0 \qquad \forall\, i,j$$

---

22) Vgl. z.B. Kusiak (1990), S. 227 f.

$$(4.5) \qquad x_{ij} \quad \in \quad \{0, 1\} \qquad \forall\, i, j$$

in Betracht. Es basiert auf einer quadratischen Matrix, deren Zeilen- und Spaltenzahl N ist. Zu bestimmen sind nach (4.3) zwei Indices, die als "Repräsentanten" für Eigenerfüllung und Fremdbezug dienen. Die c_{ij} stehen für die Kosten, die bei unterschiedlicher Zuordnung der Aufgaben i und j entstehen. Das Modell bildet zwei Klassen von Aufgaben, ohne daß es festlegt, welche Aufgabenklasse intern und welche extern erfüllt werden soll; es trägt daher zwar den (als symmetrisch unterstellten) Schnittstellenkosten, nicht aber den Kosten der eigentlichen Leistungserstellung Rechnung. Da Eigenerfüllung und Fremdbezug nicht modellendogen unterschieden werden, fehlt es an einer Möglichkeit, die in (1.3) und (1.4) modellierten Gesichtspunkte zu berücksichtigen.

Eine gemeinsame Minimierung der unmittelbar zurechenbaren Kosten der Leistungserstellung und der Schnittstellenkosten erlaubt ein (modifiziertes) quadratisches Zuordnungsmodell. Dieses verwendet vierfach indizierte Variablen x_{ijkl}, die nur für $j > i$ definiert sind. Für jedes durch i und j umschriebene Aufgabenpaar bestehen wegen $k, l \in \{E, F\}$ vier Erfüllungsmöglichkeiten. Ist $x_{ijkl} = 1$, so wird Aufgabe i durch Bereitstellungsform k und Aufgabe j durch Bereitstellungsform l erfüllt. Bei unterschiedlicher Zuordnung der Aufgaben i und j ist entweder x_{ijEF} oder x_{ijFE} gleich 1. An diese Variablen werden die (hier nicht notwendigerweise symmetrischen) Schnittstellenkosten gebunden[23]. Diese können in einer quadratischen Matrix angeordnet werden, deren Elemente c_{ij} für $i < j$ die Nachteile wiedergeben, die damit verbunden sind, daß Aufgabe i intern und Aufgabe j extern erfüllt wird; für $i > j$ geben sie die Nachteile an, wenn Aufgabe i extern und Aufgabe j intern ausgeführt wird.

Die Binäreigenschaft der $2N(N-1)$ formal kontinuierlichen Variablen x_{ijkl} wird durch Nebenbedingungen sichergestellt[24], so daß nur $2N$ Binärvariablen y_{ik} benötigt werden. Die Zielfunktion des Modells lautet

$$(5.1) \qquad \sum_{i<j} c_{ij}\, x_{ijEF} + \sum_{i<j} c_{ji}\, x_{ijFE} + \sum_{i} c_{iF}\, y_{iF} + \sum_{i} c_{iE}\, y_{iE} - \sum_{r} p_r f_r \quad \rightarrow \quad \min!$$

Ist $y_{ik} = 0$, dann müssen auch alle Variablen $x_{ijkl} = 0$ sein; ist $y_{ik} = 1$, dann müssen soviele Variablen $x_{ijkl} = 1$ sein, als für dieses Paar von erstem und drittem Index definiert sind:

$$(5.2) \qquad \sum_{j>i} (x_{ijEE} + x_{ijEF}) - (N-i)\, y_{iE} \;=\; 0 \qquad\qquad \text{für } i = 1, \dots, N\text{-}1$$

---

23) Für k=l fallen keine Schnittstellenkosten an.
24) Zum quadratischen Zuordnungsmodell vgl. z.B. Beale, Tomlin (1972).

$$(5.3) \quad \sum_{j>i} (x_{ijFE} + x_{ijFF}) \; - \; (N-i)y_{iF} \; = \; 0 \qquad \text{für } i = 1, \dots, N\text{-}1$$

$$(5.4) \quad \sum_{i<j} (x_{ijEE} + x_{ijFE}) \; - \; (j-1)\, y_{jE} \; = \; 0 \qquad \text{für } j = 2, \dots, N$$

$$(5.5) \quad \sum_{i<j} (x_{ijEF} + x_{ijFF}) \; - \; (j-1)\, y_{jF} \; = \; 0 \qquad \text{für } j = 2, \dots, N$$

Jedes Aufgabenpaar ist in einer der vier Bereitstellungskombinationen auszuführen:

$$(5.6) \quad x_{ijEE} + x_{ijEF} + x_{ijFE} + x_{ijFF} \; = \; 1 \qquad\qquad \forall i < j$$

Unverändert gelten (1.2) bis (1.5); auf die gegenüber (1.2) redundanten Nebenbedingungen (5.6) kann auch verzichtet werden. Ferner ist

$$(5.7) \quad 0 \le x_{ijkl} \le 1 \qquad \text{für alle } i, j > i, k, l; \text{ implizit } x_{ijkl} \in \{0, 1\}$$

Wie in (1) können auch in (5) alle Fremdbezugsvariablen durch (2) substituiert werden, so daß sich die Zahl der Binärvariablen wieder auf N reduziert. Die Zielfunktion (5.1) sowie die Gleichungen (5.3) und (5.5) werden dadurch zu

$$(6.1) \quad \sum_{i<j} c_{ij}\, x_{ijEF} + \sum_{i<j} c_{ji}\, x_{ijFE} + \sum_{i} (c_{iE} - c_{iF})\; y_{iE} \; - \sum_{r} p_r\, f_r \; \to \; \text{min!}$$

$$(6.3) \quad \sum_{j>i} (x_{ijFE} + x_{ijFF}) + \qquad (N-i)\; y_{iE} \qquad = \quad (N-i) \;\; \text{für } i = 1, \dots, N\text{-}1$$

$$(6.5) \quad \sum_{i<j} (x_{ijEF} + x_{ijFF}) + \qquad (j-1)\; y_{jE} \qquad = \quad (j-1) \;\; \text{für } j = 2, \dots, N$$

Ferner gelten (3.2) bis (3.4), (5.2) und (5.4). Die modifizierten quadratischen Zuordnungsmodelle (5) und (6) besitzen folgende Eigenschaften:

- Sie gehen von vordefinierten Aufgabenerfüllungsniveaus und damit vorgegebener Qualität der Aufgabenerfüllung aus und berücksichtigen sowohl die unmittelbaren Kosten der Leistungserstellung als auch die Koordinationskosten. Aus strategischen Aspekten kann für bestimmte Elementaraufgaben nur *eine* Bereitstellungsmöglichkeit vorgesehen sowie das Ausmaß der Abhängigkeit von Externen beschränkt werden.

- Die Modelle sind statisch und vermögen daher die mit Investitionen und Devestitionen verbundenen Erlös- und Kostenwirkungen nicht periodengerecht zu berücksichtigen.

- Das Modell (5) läßt sich so erweitern, daß unterschiedliche Dienstleistungsunternehmen die Elementaraufgaben erfüllen können und Koordinationskosten auch bei Einsatz verschiedener externer Dienstleister auftreten.

- Die numerische Konkretisierung der Modelle läßt erhebliche Datenbeschaffungsprobleme erwarten. Implizit liegen Schätzungen über die hier zu quantifizierenden Sachverhalte aber auch intuitiv getroffenen Outsourcing-Entscheidungen zugrunde.

- Bei der heutigen Leistungsfähigkeit von Hard- und Software erlaubt es die spezielle Struktur dieses quadratischen Zuordnungsproblems, für realistische Größenordnungen von N in vertretbarer Rechenzeit Optimallösungen zu bestimmen. So haben wir z.B. mit MPSX-MIP/370, Release 2.0, auf einer IBM 3090-38J Optimallösungen zu (von den zugrundeliegenden Daten schwierigen) Modellen (6) mit $N = 15$ IS-Aufgaben in weniger als 4 CPU-Minuten errechnet.

3.5 Cluster-Analysen

Cluster-Analysen sind heuristische Verfahren zur Unterstützung der Gruppierung von Objekten[25]. Die bekanntesten Verfahren basieren auf Abstandsmaßen zwischen Objekten, die sukzessive zu Gruppen zusammengefaßt werden. Dieser Vorgang läßt sich durch Erstellung von Dendrogrammen visualisieren. Verschiedene Verfahren der Cluster-Analyse unterscheiden sich u.a. durch die verwendeten Distanzmaße zwischen den zu gruppierenden Objekten. Für eine am Outsourcing-Problem orientierte Clusterbildung könnten als Distanzgrößen z.B. reziproke Werte der Schnittstellenkosten verwendet werden: bei hohen Schnittstellenkosten zwischen zwei Objekten sollten diese möglichst einer gemeinsamen Gruppe zugeordnet werden. Die Cluster-Bildung kann in der hier betrachteten Problemstellung erst dann abgeschlossen werden, wenn alle Elementaraufgaben in zwei Gruppen zusammengefaßt wurden. Ähnlich wie beim 2-Median-Modell erfolgt damit keine unmittelbare Zuordnung der Aufgabenklassen zur internen oder externen Leistungserstellung und die eigentlichen Kosten der Leistungserstellung bleiben unberücksichtigt.

3.6 Vollenumeration

Für die von Heinrich vorgeschlagene Vollenumeration[26] müßten 2^N Zuordnungsvarianten bewertet werden. Zur Berücksichtigung der Koordinationskosten wäre für mittlere

---

25) Vgl. z.B. Everitt (1980).
26) Vgl. Heinrich (1969), S. 21.

oder große Zahlen an Elementaraufgaben auch bei einer möglichen Verwendung von Tabellenkalkulationsprogrammen ein prohibitiver Aufwand verbunden.

4 Vergleich der Entscheidungsmodelle

In Abb. 1 werden die dargestellten Modelle im Hinblick auf relevante Kriterien der Modellauswahl verglichen. Erfolgversprechend erscheinen vor allem Nutzwertanalysen wegen ihrer systematischen Berücksichtigung mehrerer Zielgrößen sowie das Programmierungsmodell (6), das die Kostenwirkungen und ausgewählte strategische Aspekte ganzheitlich berücksichtigt.

	Portfolio-Modelle	Check-listen	Argumentenbilanz	Nutzwert-analyse	Programmierungsmodelle			Cluster-Analysen	Voll-enumeration
					(1), (3)	(4)	(5), (6)		
Mehrere Ziele berücksichtigt	nein	ja	ja	ja	beschränkt	nein	beschränkt	nein	möglich
Zielsetzung explizit berücksichtigt	nein	nein	nein	ja	ja	ja	ja	nein	möglich
Leistungserstellungskosten berücksichtigt	nein	nein	möglich	ja	ja	nein	ja	nein	ja
Schnittstellenkosten berücksichtigt	nein	nein	nein	nein	nein	ja	ja	ja	ja
Strategische Aspekte berücksichtigt	beschränkt	ja	ja	ja	beschränkt	nein	beschränkt	nein	beschränkt
Optimallösung bestimmbar	nein	nein	nein	nein	ja	ja	ja	nein	ja
Sensitivitätsanalyse möglich	ja	ja	nein	ja	ja	ja	ja	ja	ja
Intersubjektiv nachvollziehbar	beschränkt	beschränkt	ja	ja	ja	ja	ja	beschränkt	ja
Rechenaufwand	sehr gering	sehr gering	sehr gering	gering	groß	groß	groß	mittel	sehr groß

Abb. 1: Eigenschaften der Entscheidungsmodelle

Literatur

Bamberg, G., Spremann, K. (Eds.): Agency Theory, Information, and Incentives; Berlin et al. 1989.

Beale, E.M.L., Tomlin, J.A.: An integer programming approach to a class of combinatorial problems; Mathematical Programming 3 (1972), S. 339-344.

Buck-Lew, M.: To Outsource or Not?; International Journal of Information Management 12 (1992), 1, S. 3-20.

Bürgers, F.C.: Outsourcing: Manager haben den DV-Überblick verloren (Teil 1); Computerwoche 18 (1991), 10, S. 24-25.

Cash, J.I., McFarlan, F.W., McKenney, J.L.: Corporate Information Systems Management, 2nd ed.; Homewood 1988.

Everitt, B.: Cluster-Analysis, 2nd ed.; London et al. 1980.

Griese, J., Iten, B.: Konzentration von Rechenzentren bringt Einsparungen; io Management Zeitschrift 60 (1991), 10, 59-61.

Gurbaxani, V., Whang, S.: The Impact of Information Systems on Organizations and Markets; Communications of the ACM 34 (1991), 1, S. 59-73.

Heinrich, L.J.: Gemeinsame Computerbenutzung in der Industrie; Wiesbaden 1969.

Herbers, R.: Facilities Management ist tot - es lebe das Outsourcing; Computerwoche 17 (1990), 33, S. 33-34.

Kador, J.: The Dollars and Sense of Outsourcing; Candle Computer Report 12 (1990), 8, S. 1-5.

Knolmayer, G.: Die Auslagerung von Servicefunktionen als Strategie des IS-Managements; L.J. Heinrich, G. Pomberger, R. Schauer (Hrsg.): Die Informationswirtschaft im Unternehmen; Linz 1991, S. 323-341.

Knolmayer, G.: Kein Patentrezept für DV-Auslagerung; Personal Computer 10 (1992), 4, S. 128-132.

Kreilkamp, E.: Strategisches Management und Marketing; Berlin-New York 1987.

Kusiak, A.: Intelligent Manufacturing Systems; Englewood Cliffs 1990.

Männel, W.: Eigenfertigung und Fremdbezug, 2. Aufl.; Stuttgart 1981.

Müller-Merbach, H.: Operations Research, 3. Aufl.; München 1973.

Pfeiffer, W., Amler, R., Schäffner, G., Schneider, W.: Technologie-Portfolio-Methode des strategischen Innovationsmanagements; zfo 52 (1983), 5/6, S. 252-261.

Picot, A.: Organisation von Informationssystemen und Controlling; Controlling 2 (1990), 6, S. 296-305.

Picot, A.: Ein neuer Ansatz zur Gestaltung der Leistungstiefe; ZfbF 43 (1991), 4, S. 336-357.

Picot, A., Reichwald, R., Schönecker, H.G.: Eigenerstellung oder Fremdbezug von Organisationsleistung - ein Problem der Unternehmensführung (II); Office Management 33 (1985), 10, S. 1029-1034.

Selchert, F.W.: Die Auslagerung von Leistungsfunktionen in betriebswirtschaftlicher Sicht; Berlin 1971.

Wildemann, H.: Strategische Investitionsplanung; Wiesbaden 1987.

Zangemeister, C.: Nutzwertanalyse in der Systemtechnik; Berlin 1970.

Management von Informations- und Kommunikationssystemen in international tätigen Unternehmen

Joachim Griese

Institut für Wirtschaftsinformatik
Universität Bern,
Hallerstraße 6, CH-3012 Bern

Zusammenfassung

Es wird untersucht, ob sich für die Aufgaben des Managements von Informations- und Kommunikationssystemen, unterteilt in originäre Führungsaufgaben (Planung und Kontrolle, Organisation, Risikohandhabung und Innovation), Management der Produktionsfaktoren (Mitarbeiter, Betriebsmittel, Kapital) und der Produktionsprozesse (Entwicklung und Wartung, Betrieb), Besonderheiten für international tätige Unternehmen ergeben. Dies ist in besonderem Maße für die originäre Führungsaufgabe Innovation der Fall; international tätige Unternehmen werden sich dadurch in besonderem Ausmaß Wettbewerbsvorteile gegenüber national tätigen Unternehmen verschaffen können.

1 Einführung

Zielsetzung des Managements von Informations- und Kommunikationssystemen im Unternehmen ist ein möglichst hoher Beitrag zur Stärkung der Wettbewerbsposition, sei es durch Kostenoptimierung und/oder Leistungsdifferenzierung. Die Managementaufgaben lassen sich in originäre Führungsaufgaben sowie in Aufgaben zum Management der Produktionsfaktoren und der Produktionsprozesse unterteilen [3].

International tätige Unternehmen sind einerseits häufig größere und komplexere Gebilde verglichen mit national tätigen Unternehmen, zum anderen ergibt sich eine zusätzliche Strategiedimension, die in den Ausprägungen "global", "multinational" und "transnational" gerastert werden kann [1, 13] und in unterschiedlichem Ausmaß Koordinationsaufgaben mit sich bringt.

Es erscheint untersuchenswert, ob das Management von Informations- und Kommunikationssystemen in international tätigen Unternehmen sich nur durch den Aufgabenumfang und damit quantitativ oder auch durch die Art der Aufgaben und damit qualitativ von entsprechenden Managementaufgaben national tätiger Unternehmen unterscheidet. Die Untersuchung geschieht anhand der Literatur, in der insbesondere US-amerikanische Beispiele genannt werden; ferner werden perspektivisch weitere Konsequenzen aufgezeigt.

2 Originäre Führungsaufgaben

Hierunter werden Planung und Kontrolle, Organisation, Risikohandhabung und Innovation verstanden.

Bei der Planung und Kontrolle ist auf strategischer Ebene auf einen Gleichlauf von Unternehmensstrategie und Informations- und Kommunikationssystemstrategie zu achten; Abb. 1 zeigt den Vergleich für eine multinationale und eine transnationale Unternehmung [11, S. 72]. In einer empirischen Untersuchung bei 109 international tätigen Unternehmen ließ sich dieser Gleichlauf der Strategien nachweisen ([10]; vgl. Abb. 2); insbesondere bei der transnationalen Unternehmung können die vielfältigen Koordinationsaufgaben durch Informations- und Kommunikationssysteme leistungsfähig unterstützt werden.

Bei der Organisation von Informations- und Kommunikationssystemen sind Entwicklungstendenzen im nationalen Umfeld, z.B. Konzentration von Einheiten ("Kompetenzzentren") und gestufte Benutzerbetreuung (vgl. Abb. 3; entnommen aus [7]) international noch mächtiger nutzbar. So wird etwa die Fa. IBM die Zahl ihrer Rechenzentren in Europa von derzeit ca. 150 in den nächsten Jahren auf 3 bis 5 reduzieren [9].

	Unternehmensstrategie			Informations- und Kommunikationsstrategie		
	Struktur	Priorität	Zentrale Koordination	Tele-kommunikation	Transaktions-verarbeitung	System-entwicklung
Multinationales Unternehmen	Weitgehend autonome Einheiten auf Stufe der Länder und/oder der Regionen	Lokale Reaktion auf die Nachfrage und Konditionen der nationalen Märkte	Vorwiegend über Budgets und Berichtssysteme	Vorwiegend Entscheide für einzelne Geschäftseinheiten und Länder/Regionen; einige gemeinsame "zentrale" Netzwerke insbesondere von USA nach Europa	Sehr eingeschränktes Bedürfnis nach internationalen Systemen; die wahrscheinlichste Ausnahme ist die Finanzierung mit typischem weltweiten cash management	Gesonderte Einheiten, welche der Länder/Regionen-Struktur angepasst sind und Schlüsselstandorte
Transnationales Unternehmen	Ausgewählte Schlüsselfunktionen werden weltweit koordiniert bei gleichzeitiger Beachtung der lokalen Autonomie und Verantwortung; Beispiel: globale Produktentwicklung mit lokalen Marketingstrategien	Optimierung des gesamten Unternehmens; es wird gehandelt, als ob keine nationalen Grenzen vorhanden wären	Die wichtigste Herausforderung: Wie koordinieren, ohne sich einzumischen oder zu viel Kontrolle auszuüben?	(im wesentlichen eine) Plattform mit durchgreifender Integration über verteilte Standorte und Kernfunktionen der Wertkette	Transnationale Verarbeitungssysteme als wesentlicher Teil der Geschäftsstrategie	Neue funktionsübergreifende und standortübergreifende Planungsmechanismen und Gruppen

Abb. 1:   Planung auf strategischer Ebene für ein multinationales und ein transnationales Unternehmen

	Unternehmensstrategie		
	multinational	global	transnational
Ort von organisatorischen Entscheidungen 1 = zentral; 5 = dezentral	4,20	2,90	3,30
Ort von Entscheidungen über Informations- und Kommunikationssysteme 1 = zentral; 5 = dezentral	3,90	2,85	3,23

Abb. 2: Orte organisatorischer Entscheidungen und Entscheidungen über Informations- und Kommunikationssysteme

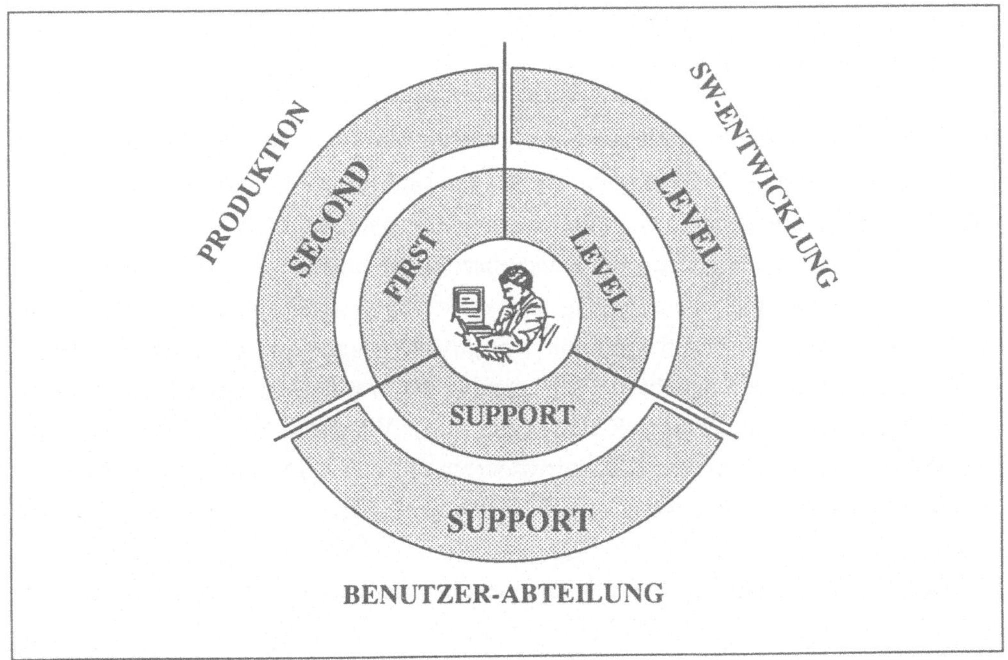

Abb. 3: Gestufter Benutzersupport

Risiken von Informations- und Kommunikationssystemen beziehen sich auf Entwicklung und Betrieb, aber auch auf das Realisieren von Wettbewerbsvorteilen bei leistungsdifferenzierenden Systemen [6]. Einer der klassischen Risikobereiche bei der Entwicklung, nämlich das Arbeiten mit einer für die Entwickler neuen Technologie, läßt sich im internationalen Rahmen durch Erfahrungstransfer ebenso reduzieren wie das Risiko eines Betriebsausfalls durch Konzentration der Betriebsstätten und hochprofessionelle Ausfallsicherung [7]; in gleicher Weise risikomindernd wirkt sich aus, daß leistungsdifferenzierende Informations- und Kommunikationssysteme in nationalen Testmärkten auf ihre Akzeptanz erprobt werden können, bevor sie u.U. weltweit eingesetzt werden [12].

Innovation durch Informations- und Kommunikationssysteme - und gemeint ist hier nicht die eher denaturierte Innovation im Informations- und Kommunikationssystembereich des Unternehmens (z.B. "alte" Informationssysteme werden auf "neuen" Computern emuliert [5]), sondern die für die Wettbewerbsposition des Unternehmens nutzbare Innovation - findet im nationalen Rahmen oft nur in bescheidenem Ausmaß statt. Im internationalen Umfeld eröffnen sich durch

- Verringerung von Raum- und Zeitdistanzen,
- Wahrnehmung komparativer Vorteile und
- Einbindung von Geschäftspartnern in Netzwerke

zusätzliche Innovationsmöglichkeiten.

Die am Beispiel der Konzentration von Rechenzentren sichtbare Integration von betrieblichen Funktionen läßt sich übertragen, z.B. auf den Einkauf, die Produktionsplanung und -steuerung oder die Wartung. Die betriebswirtschaftlichen Vorteile liegen auf der Hand: Beim Einkauf sind es die günstigeren Konditionen durch größere Volumina; die international konzentrierte Produktionsplanung und -steuerung gestattet das bessere Verfolgen von Kunden- bzw. Betriebsaufträgen; die über größere geographische Räume integrierte Wartungsorganisation ermöglicht die Verringerung der Wartungsmannschaft und der Ersatzteilhaltung (vgl. das OTISLINE-Beispiel in [15]). Vorteile lassen sich auch aus der Nutzung von Zeitzonen ziehen: Rechnerressourcen aus den USA sind zur europäischen Tageszeit für einen Bruchteil der normalen Kosten verfügbar.

Die Wahrnehmung komparativer Vorteile ergibt sich aus der Verfügbarkeit von Ressourcen zu jeder Zeit und an jedem Ort innerhalb eines u.U. weltumspannenden Kommunikationsnetzes. Für die Informations- und Kommunikationsfunktion selber heißt das, personelle Ressourcen in Ländern mit einem Informatik-Know-how-Überangebot, etwa Indien, Israel oder England, zu nutzen. Auch dies läßt sich auf jede andere Funktion übertragen [19].

Mit der Einbindung von Geschäftspartnern in Netzwerke sind Kunden und Lieferanten, aber auch Partner in strategischen Allianzen gemeint. Eines der bekanntesten Beispiele der strategischen (gemeint sind wettbewerbsorientierte) Informationssysteme, das System

ASAP (Analytical System Automated Purchasing) der American Hospital Supply Corporation, zeigt in seiner heutigen Entwicklung [18] die unternehmerischen Innovationsmöglichkeiten in Richtung der Kunden auf: Ausgehend von einer proprietären Anbindung der Kunden (Krankenhäuser) zur Erleichterung der Bestellung hat das Unternehmen American Hospital Supply Corporation (inzwischen übernommen von Baxter Healthcare) heute ein offenes Netzwerk installiert und bietet seinen Kunden an, die gesamte Materialbeschaffung zu übernehmen; aus dem technischen Hilfsmittel zur vereinfachten Bestellabwicklung hat sich ein neues Leistungsangebot entwickelt.

Strategische Allianzen können auch durch Informations- und Kommunikationssysteme geprägt sein. Das amerikanische Reiseunternehmen Rosenbluth Travel [2], das über geschickte Zusatzprogramme zu den amerikanischen Flugreservationssystemen Sabre und Apollo - z.B. Programme, mit denen die kostengünstigsten Flugreisen ermittelt werden können - ein internes Wachstum von 40 Mio. $ auf 1 Mrd. $ erreicht hat, bietet seit 1988 über 34 Partner in 37 Ländern diese Leistungen unter dem Namen Rosenbluth International Alliance an - mit einem Umsatz von heute über 5 Mrd. $ pro Jahr. Diesem Beispiel einer horizontalen strategischen Allianz lassen sich auch solche vertikaler Allianzen anfügen - Situationen, die in den USA als Hoffungsträger dafür angesehen werden, den aus Japan bekannten strategischen Netzwerken [16] eine amerikanische Alternative entgegensetzen zu können.

Die hier geschilderten Innovationsmöglichkeiten durch Informations- und Kommunikationssysteme lassen das Bild eines virtuellen Unternehmens (unter Einbeziehung strategischer Allianzen) entstehen (vgl. Abb. 4; entnommen aus [8]), dessen Wettbewerbsvorteile, insbesondere gegenüber nationalen Mitbewerbern, unmittelbar ersichtlich sind.

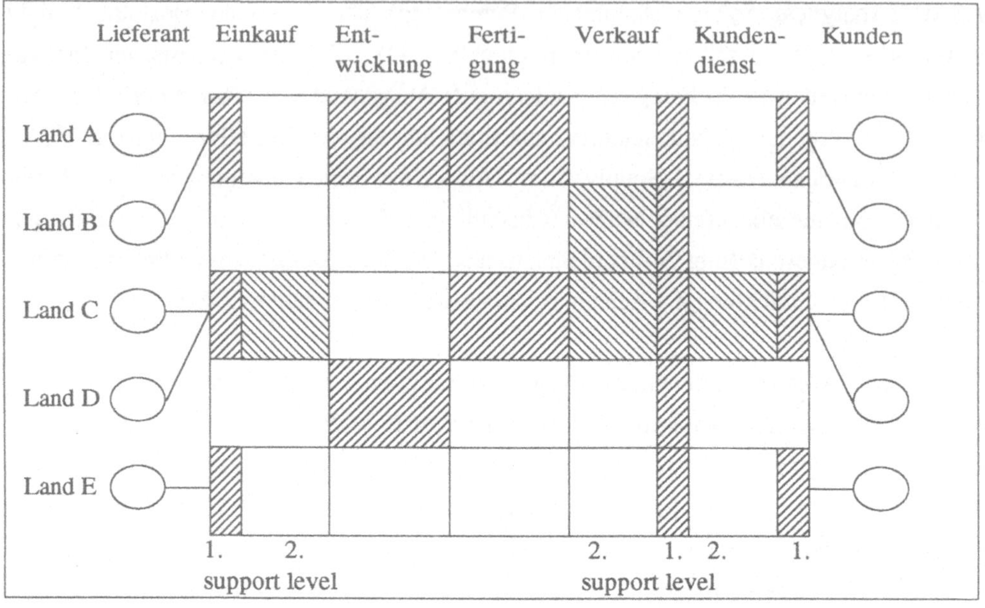

Abb. 4: Virtuelles Unternehmen

3 Management der Produktionsfaktoren

Als Produktionsfaktoren kommen Mitarbeiter, Betriebsmittel und Kapital in Frage. Im Rahmen einer Mitarbeiterentwicklungsplanung spielt die internationale Dimension sowohl für Mitarbeiter des Bereichs Informations- und Kommunikationssysteme als auch für leitende Mitarbeiter der übrigen Fachabteilungen eine besondere Rolle. Während im einen Falle die Informations- und Kommunikationsstrategie zu vermitteln und nachzuleben ist, sind im Fall der leitenden Mitarbeiter von Fachabteilungen die Unternehmensstrategie und möglicherweise insbesondere die Nutzung von Innovationspotentialen durch Informations- und Kommunikationssysteme als Aufgabe der Mitarbeiterentwicklung zu erfüllen. Auch hier können durch Nutzung der Ressourcen aus unterschiedlichen Ländern komparative Vorteile wahrgenommen werden.

Für Betriebsmittel bietet sich international die "Flottenbildung", eine auch im nationalen Unternehmen verfolgte Standardisierung bei den Betriebsmitteln, an; bei mehreren Flotten kann man eine entsprechende Zahl von Kompetenzzentren zur Betreuung der Flotten einrichten. Neben Hardware und Systemsoftware trachtet man in international tätigen Unternehmen zunehmend danach, auch Anwendungssoftware zu standardisieren; die Zahl der Softwareanbieter, die international einsetzbare Standardsoftware vermarkten, ist allerdings noch gering. U.U. kann auch ein großer Kunde ein international tätiges Unternehmen zu einer Standardisierung seiner Anwendungssoftware drängen, wie das Beispiel von Ford Motor Company und United Technologies Automotive zeigt [14, S. 253 ff].

Das Management eines Kapitaleinsatzes für Informations- und Kommunikationssysteme im Unternehmen ist schon für ein national tätiges Unternehmen eine schwer zu lösende Aufgabe (und kann sicherlich nicht in Form von Branchenkennzahlen angegangen werden). In Anbetracht der z.B. für ein transnationales Unternehmen vielfältigen Koordinationsaufgaben kann man ein überproportionales Ansteigen des Kapitaleinsatzes für Informations- und Kommunikationssysteme in einem international tätigen Unternehmen vermuten; allerdings wird der Kapitaleinsatz durch Konzentration von Funktionen, z.B. Produktionsstätten für Informationssysteme, auch wieder verringert. Diesem Kapitaleinsatz stehen allerdings - verglichen mit national tätigen Unternehmen - auch überproportionale Nutzeneffekte in Form von Kosten- und Differenzierungsvorteilen gegenüber, so daß sich die Kosten-Nutzen-Betrachtung im international tätigen Unternehmen wohl besser darstellt als im nationalen Unternehmen.

4 Management der Produktionsprozesse

Die Produktionsprozesse bei Informations- und Kommunikationssystemen bestehen aus Entwicklung und Wartung sowie Betrieb.

Aus den bisherigen Ausführungen sind schon Aspekte, die auch für Entwicklung, Wartung und Betrieb bei international tätigen Unternehmen gelten, deutlich geworden:

- eine Standardisierung, die sich sowohl bei Entwicklungs- bzw. Wartungsobjekten als auch beim Prozeß (z.B. Verwendung einheitlicher CASE-Umgebungen) zeigt;

- eine Konzentration von Entwicklungs-, Wartungs- und Betriebsstätten unter Berücksichtigung der support levels (vgl. Abb. 3).

5 Folgerungen

Die Entwicklung von Informations- und Kommunikationssystemen in international tätigen Unternehmen nur an den technischen Fortschritt zu knüpfen [14, S. 27], greift wohl
zu kurz (Abb. 5).

Generationen der Informationstechnologie	Zeitabschnitt	Computer-Architektur	MNU Infrastruktur der Informationstechnologie
Erste Grossrechner-Ära	60-er Jahre	Zentralisiert. Keine Fernverarbeitung	Beschränkte Telekommunikations- und Verarbeitungskapazitäten der Technologie zwingen Unternehmen, eine polyzentrische Infrastruktur anzunehmen. Datenverarbeitungszentren werden typischerweise in jenen Ländern, wo sie benötigt werden, eingerichtet.
Minicomputer-Ära	70-er Jahre	Viele kleine Systeme. Beginn von Stapelfernverarbeitung und Übertragung von Informationen auf den Firmengrossrechner. Unflexible Netzwerke über Mietleitungen.	Als Stapelverarbeitung von aktualisierten Informationen möglich wird, entwickelt sich eine regionenzentrierte Verarbeitung. Netzwerke von Minicomputern zwischen verschiedenen Ländern auf regionaler Basis sind möglich.
PC-Ära	80-er Jahre	Ausbreitung des end-user-computing. Erste internationale Systeme. Ausbreitung von Paketvermittlungs-Netzwerken.	Ethnozentrische Modelle werden möglich dank grosser Fortschritte in der Telekommunikation, welche es erlauben, eine grosse Zahl von Endbenutzern über Firmengrossrechner - auch international - zu verbinden.
Zweite Grossrechner- und Superrechner-Ära	90-er Jahre	Verbesserungen in Telekommunikation und dezentraler Verarbeitung machen globale Systeme möglich. Virtuelle private Netzwerke.	In einigen Industrien, in denen Informationen bei Bedarf auf vielen Organisationsstufen verarbeitet werden, erscheinen geozentrische Applikationen.

Abb. 5: Auswirkungen des technischen Fortschritts auf Informations- und Kommunikationssysteme in international tätigen Unternehmen

(Legende: MNU = multinationale Unternehmung)

Die Analyse von Managementaufgaben hat gezeigt, daß international tätige Unternehmen gegenüber nationalen Unternehmen über weite Strecken in höherem Ausmaß, d.h. quantitativ, in einigen Bereichen, inbesondere bei Innovationen, aber zusätzlich auch qualitativ einen größeren Nutzen aus Informations- und Kommunikationssystemen ziehen können. Das international tätige Unternehmen kann also auch durch Informations- und Kommunikationssysteme seine Wettbewerbsposition gegenüber dem nationalen Unternehmen verbessern.

Literatur

[1]   Bartlett, C.A.: Aufbau und Management der transnationalen Unterneh-mung. Eine organisatorische Herausforderung; in: Porter, M. (Hrsg.): Globaler Wettbewerb; Wiesbaden 1989, S. 425-464.

[2]   Clemons, E.K., Row, M.C.: Rosenbluth International Alliance: Information Technology and the Global Virtual Corporation; in: Nunamaker jr., J.F., Sprague, R.H. (Hrsg.): Proceedings of the 25th Hawaii International Conference on System Sciences 1992; Band IV, S. 678-686.

[3]   Griese, J: Ziele und Aufgaben des Informationsmanagements; in: Kurbel, K., Strunz, H. (Hrsg.): Handbuch Wirtschaftsinformatik; Stuttgart 1989, S. 642-657.

[4]   Griese, J.: Die Bedeutung von Informationssystemen im internationalen Wettbewerb; Wirtschaftsinformatik 32 (1990), S. 136-140.

[5]   Griese, J.: Innovation durch Informationssysteme; in: Müller-Böling, D., Seibt, D., Winand, U. (Hrsg.): Innovations- und Technologiemanagement; Stuttgart 1991, S. 199-207.

[6]   Griese, J.: Gestaltungsdefekte bei wettbewerbsorientierten Informationssystemen; in: Bartmann, D. (Hrsg.): Lösungsansätze der Wirtschaftsinformatik im Lichte praktischer Bewährung; Berlin u.a. 1991, S. 137-145.

[7]   Griese, J., Iten, B.: Konzentration von Rechenzentren bringt Einsparungen; io Management-Zeitschrift 60 (1991) 10, S. 59-61.

[8]   Griese, J.: Auswirkungen globaler Informations- und Kommunikationssysteme auf die Organisation weltweit tätiger Unternehmen; in: Staehle, W.H., Conrad, P. (Hrsg.): Managementforschung 2 (1992), S. 164-179.

[9]   Hudson, R.L.: IBM Europe rethinks its corporate structure; The Wallstreet Journal Europe, April 12-13, 1991, S. 1.

[10] Jarvenpaa, S.L., Ives, B.: Exploring the Strategie Fit of Global Information Technology; Working Paper der University of Texas at Austin, August 1990.

[11] Keen, P.G.W.: Shaping the Future - Business Design through Information Technology; Cambridge, Mass. 1991.

[12] Neo, B.S.: Information Technology and Global Competition; Information & Management 20 (1991), S. 151-160.

[13] Pausenberger, E.: Internationale(n) Unternehmung, Organisation der; in: Frese, E. (Hrsg.): Handwörterbuch der Organisation; 3. Auflage, Stuttgart 1992, Sp. 1052-1066.

[14] Roche, E.M.: Managing Information Technology in Multinational Corporations; New York u.a. 1992.

[15] Rockart, J.: The Line takes the Leadership - IS Management in a Wired Society; Sloan Management Review, Summer 1988, S. 57-64.

[16] Sydow, J.: Strategische Netzwerke; in: Staehle, W.H., Conrad, P. (Hrsg.): Managementforschung 2 (1992), S. 138-163.

[17] Venkatraman, N.: IT-induced business reconfiguration; in: Scott Morton, M.S. (Hrsg.): The Corporation of the 1990s; New York - Oxford 1991, S. 122-158.

[18] Venkatraman, N., Short, J.E.: Baxter Healthcare: Evolution from ASAP to ValueLink in the Hospital Supplies Marketplace; in: Nunamaker jr., J.F., Sprague, R.H. (Hrsg.): Proceedings of the 25th Hawaii International Conference on System Sciences 1992; Band IV, S. 666-677.

[19] Wysocki jr., B.: American Firms send office work abroad to use cheaper labor; The Wall Street Journal Europe, August 23-24, 1991, S. 1; die SWISSAIR verlegt aus vergleichbaren Überlegungen einen Teil ihrer Administration (Passageabrechnung) nach Indien.

Computer-Netze als Basis schlanker Organisationen

Jürgen Fuchs

Ploenzke Informatik,
Am Hahnwald 1, 6229 Kiedrich im Rheingau

Zusammenfassung

Die heute vielzitierte Dynamik der Märkte und der Produktzyklen hat eine Hauptursache: die wachsende Freizügigkeit von Informationen durch modernste Informations- und Kommunikationstechnik. Der Kunde ist bestens informiert und sucht weltweit die für ihn optimale Lösung. Der globale Wirtschaftsverbund führt dazu, daß Erfindungen oder Ideen in kürzester Zeit den Konkurrenten verfügbar sind. Bei der Hetzjagd der Produktinnovation macht nur noch der erste Anbieter Gewinn. Diese Dynamik führt zu starken Konflikten mit der bürokratischen Ordnung und der hierarchischen Führung vieler Unternehmen. Jetzt gilt es, Bürokratie in den Unternehmen abzubauen, die Mitarbeiter zu Mitunternehmern zu machen und ihnen die notwendigen Informationen zu geben. Computer sind die Intelligenzverstärker für die "Unternehmer vor Ort". Informations- und Kommunikationstechnik sind Auslöser und Lösung zugleich.

1 Das Unternehmen als "Uhrwerk"

Frederick Winslow Taylor beschrieb in seinem 1913 erschienenen Buch "Die Grundsätze wissenschaftlicher Betriebsführung" eine sehr effektive Form der Arbeitsorganisation nach dem Vorbild der Beamtenapparate und Militärmaschinerie.

Die Grundprinzipien seiner Konzeption waren ebenso einfach wie genial:

1. Die Zerlegung der Arbeitsgänge in kleine und kleinste Schritte, die selbst ein ungelernter Arbeiter in kürzester Zeit beherrschen konnte. Tausende von Einwanderern aus Europa ohne Handwerksausbildung konnten so im Arbeitsprozeß produktiv werden und Geld verdienen.

2. Die Trennung der vor- und nachgelagerten Tätigkeiten von der eigentlichen Produktion. Die Aufwertung von z. B. Entwicklung, Arbeitsvorbereitung oder Qualitätskontrolle führte zur Aufteilung in Arbeiter und Angestellte. Die Vorstellung, "Weißkittel" seien mehr wert als "Blaukittel", wurde in Tarifverträgen und in den Köpfen der Menschen verankert.

3. Die Aufteilung von Arbeit und Verantwortung. Dabei galt: "Führen" ist mehr wert als "Ausführen".

Diese Prinzipien begründeten durch die hohe Effektivität der Massenproduktion mit angelernten Menschen den Erfolg der Industrialisierung und damit den Wohlstand der Industrienationen.

Allerdings zeigen sich heute die Grenzen dieses Systems, weil es auf Standardprodukte ausgelegt war. "Bei mir kann der Käufer jede Farbe haben, vorausgesetzt, sie ist schwarz" sagte damals Henry Ford. Außerdem treten immer mehr Mitarbeiter mit höheren Qualifikationen ins Berufsleben. Wenn man auf diese Menschen das alte System anwendet, führt es zur Dequalifizierung, Entmündigung und zur Flucht aus der Arbeit in Krankheit und Freizeit. Diese Tatsache ist nicht überraschend, denn F.W. Taylor sagte in der Einleitung zu seinem Buch auf Seite vier ganz deutlich: "Bisher stand die *Persönlichkeit* an erster Stelle, in Zukunft werden die Organisation und das System an erste Stelle treten." Dies haben wir jetzt nach 80 Jahren erreicht. In die Unternehmen wurden vielstufige Hierarchien eingezogen, um die Organisationen planen, steuern und kontrollieren zu können: wie eine Maschine, wie ein Uhrwerk.

2 Hierarchie - eine Organisation für "Fußgänger"

Hierarchische Strukturen sind überall dort zu finden, wo es gilt, einen zentralen Willen bei vielen Menschen durchzusetzen und große Organisationen zentral zu steuern. Der Begriff "Hierarchie" ist aus dem Griechischen abgeleitet (Hieros: heilig, Hierarchia: Priesteramt) und bedeutet ein Herrschaftssystem von vertikal und horizontal festgefügten Strukturen nach übergeordneten und untergeordneten Rängen: Die heilige Ordnung.

Mit diesen Strukturen kann man Arbeitsteilung im Sinne von Arbeitszerlegung handhabbar machen. Informationen lassen sich so kanalisieren, Informationsflüsse und Menschen beherrschen. Dadurch wurde Information zum Machtmittel und zum persönlichen Besitz der Manager. Diese hatten die Planungs-, Dispositions- und Kontrollgewalt bei den tayloristisch zergliederten Arbeitsprozessen der Großbetriebe und Behörden.

Der Transport von Information geschah mit einer Geschwindigkeit von ca. 5 km/h: Den Dienstweg ging der Untergebene zu Fuß! Dies galt nicht nur für die Entgegennahme von Anweisungen und Befehlen, sondern auch in der Fabrik für die Weitergabe eines Arbeitsauftrages, einer Materialanforderung oder einer Fertigmeldung. Daraus leitet sich die sattsam bekannte Tatsache ab, daß Informationen behalten und nicht ausgetauscht werden. Deshalb teilen sich die Abteilungen ab und pochen auf ihre Zuständigkeit. Sie sind ständig zu!

3 Freiheit durch Information

Seit etwa zehn Jahren rütteln zwei weltweite Trends an den starren Strukturen und den Glaspalästen der Konzerne:

- die wachsende Freizügigkeit der Informationen und

- der Wandel der Industrienationen in Dienstleistungs- und Kommunikationsgesellschaften.

Die heutige Generation erlebte und erlebt eine faszinierende Entwicklung der Aktualität von Informationen und der Geschwindigkeit des Informationstransportes: von der "Fox Tönenden Wochenschau" über die "Tagesschau" zur "Sekundenschau" von CNN. Moderne Informations- und Kommunikationstechnik dringt in alle Lebensbereiche vor und transportiert Informationen mit Lichtgeschwindigkeit.

Der freizügige Austausch von Informationen macht die Menschen mündiger, weckt Verständnis für globale Wirtschafts- und Umweltzusammenhänge. Er ist eine Basis für wirtschaftliches Wachstum und Völkerverständigung und er fördert den Zerfall von Diktaturen. Die Entwicklung in Osteuropa einerseits und das Zusammenwachsen der Europäischen Gemeinschaft andererseits wären ohne die Freizügigkeit der Information, ohne die Begegnung der Menschen, ohne Informationsaustausch und ohne ein engmaschiges Kommunikationsnetz nicht denkbar. Kommunikation verbindet. Communicare (lat.) heißt "sich besprechen mit", Mitglied einer Gemeinschaft sein. Technische Netze helfen der Kommunikation. Sie verbinden Menschen. Sie sind das Nervensystem in den lebenden

Organismen, als die man Unternehmen, Staaten oder Teams auch verstehen kann. Sie sind die Basis für unsere Kommunikationsgesellschaft der 90er Jahre. Sie sind die Voraussetzung für ein biokybernetisches Leitbild sozialer Systeme, welches das mechanistische Modell ablösen kann, bei dem die Welt als Uhrwerk, die Unternehmen als Maschinen und die Menschen als Automaten gesehen werden.

Die wachsende Freizügigkeit von Informationen hebt allerdings auch die Informationsmonopole von Vorgesetzten und Konzernzentralen auf. Sie emanzipieren nicht nur die Kunden, sondern auch die Mitarbeiter. Sie verbinden die Menschen an der sogenannten Basis direkt miteinander. Computer, Datenbanken und Netzwerke übernehmen die Planung und die Disposition der Produktionsabläufe und der logistischen Kette. Sie machen damit die alten Führungspositionen und deren Platzhalter überflüssig. Sie erlauben die Dezentralisierung der Verantwortung und ein Abflachen der Hierarchien. Der ungehinderte Informationsfluß verkürzt die traditionellen Karriereleitern und macht die Menschen mündiger. Die offene Kommunikation durchbricht Abteilungsschranken und Hierarchieebenen. Sie macht Unternehmensgrenzen durchlässig und läßt Diktaturen zerbrechen, die auf Informationsmonopolen und Informationsmanipulationen beruhen.

4 Wettbewerbsfaktor Information

Information als Wettbewerbsfaktor ist heute schon in fast allen Unternehmen erkannt: beim *internen* Wettkampf der Abteilungen gegeneinander. Aber jetzt gilt es, die Information zu nutzen für den Kunden, im Wettkampf gegen die Mitbewerber. Denn die auf interne Konfrontation ausgerichteten hierarchischen und tayloristischen Organisationsleitbilder der Industriegesellschaft stoßen bei den schnellen Innovationszyklen, bei der Dynamik und der Globalisierung der Märkte und bei unserem beschleunigten Wandel in einer Informations- und Dienstleistungsgesellschaft an ihre Grenzen. Die enorme Dynamik und die wachsende Komplexität können wir nicht mehr in den Griff bekommen durch noch mehr Spezialisierung, durch noch mehr Regeln, noch mehr Kontrolle und noch mehr Bürokratie. Welche Chancen haben wir noch? Welche Organisationsleitbilder helfen uns, bei wachsender Dynamik und Komplexität zu überleben? Wie kann man ein Unternehmen als Ganzes sehen und begreifen?

Wenn man merkt, daß man in einer Sackgasse ist, macht es keinen Sinn, viel Gas zu geben. Man muß eine Querstraße suchen. Bezogen auf die Unternehmensorganisation heißt dies, Abkehr von mechanistischen Unternehmensstrukturen, hin zu organischen

Leitbildern aus der Natur, zu lebendigen Strukturen mit I+K-Technik als Nervensystem. Und es heißt Querdenken:

- Mitteilen statt Abteilen
- Verantwortlichkeit statt Zuständigkeit
- "Alles im Verbund" statt "alles im Griff"
- Vertrauen statt Kontrolle
- Kooperation statt Konfrontation

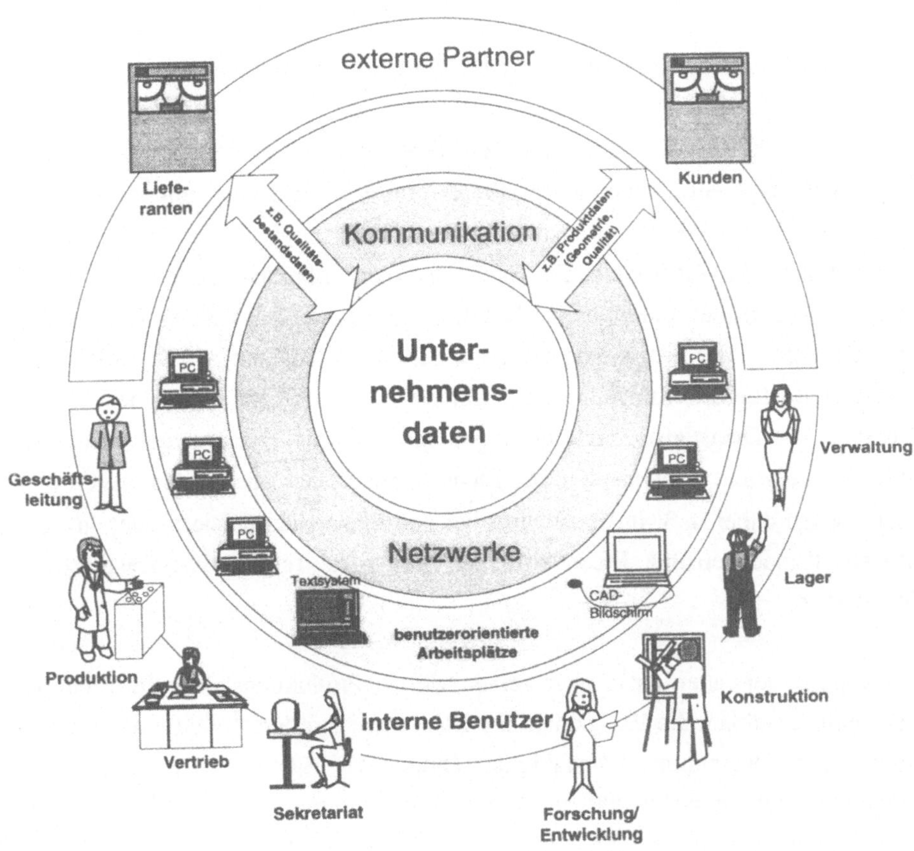

Abb. 1: Schalenmodell der Unternehmenskommunikation

Ein solcher gewaltiger Umstrukturierungsprozeß, der gegenwärtig bei einigen Konzernen zu beobachten ist (beispielsweise durch "Kippen der Matrix um 90 Grad" von einer Sparten- zu einer Kundenausrichtung bzw. durch Gründen von Management-Holdings und flachen Strukturen), kann nur erfolgreich sein, wenn ein Bewußtseinswandel im gesamten Managementteam erreicht wird. Dazu ist es notwendig, das ganze Unternehmen im Blick zu haben und die Geschäftsprozesse quer durch das gesamte Unternehmen.

Die Entwicklung eines Unternehmensdatenmodells und die Beschreibung der Geschäftsprozesse fordern und fördern ganzheitliches Denken. Sie sind die Voraussetzung für die längst überfällige Flexibilisierung der Unternehmen und für eine Organisationsentwicklung hin zu kundenorientierten, lernenden und lebenden Organismen, bei denen alles im Verbund arbeitet und die rechte Hand weiß, was die linke tut.

5 Human-Vermögen: Das, was die Mitarbeiter vermögen

Die Industrienationen wandeln sich in zunehmendem Tempo in Dienstleistungs- und Kommunikationsgesellschaften. Dabei treten greifbare Produkte immer mehr in den Hintergrund. Service und Dienstleistung rund um die Produkte oder sozusagen als Produkt bestimmen den Wettbewerb. Die Quelle der Wertschöpfung verlagert sich dabei von der Fabrik nahe an den individuellen Kunden. Der größte Teil der Wertschöpfung entsteht nicht mehr in der Fabrik, sondern beim Dienst am Kunden: Als Dienstleistung, die der Mitarbeiter für den Kunden erbringt, in der Kommunikation zwischen Mitarbeiter und Kunde. Die Dienstleistungskultur ist geprägt durch die Tatsache, daß nicht ein Produkt im Vordergrund steht, sondern der Mensch, der Dienst am Kunden leistet. Computernetze helfen dabei, z.B. im Reisebüro, bei den Finanzdienstleistern oder in der Kfz-Werkstatt. Kundengerechte Dienstleistungen sind ohne Informatik-Infrastruktur nicht mehr denkbar.

Die Computer verwalten dabei aber keinen vierten Produktionsfaktor Information. Sie fördern und verstärken die Fähigkeiten der Menschen: ihre Kreativität und Initiative, ihr Wissen und ihre Kommunikationsfähigkeit, ähnlich wie Maschinen die Muskelkraft verstärken. Unternehmensweite und unternehmensübergreifende Informationssysteme und Netzwerke helfen dabei, die Innovationskraft und die Wettbewerbsfähigkeit der Unternehmen zu steigern. Informationen nützen, wenn sie von Menschen genutzt werden. Zusammen mit Telefon und Fernsehen machen Computernetze Informationen zu jedem Zeitpunkt für alle überall verfügbar. Jeder ist mit jedem verbunden. Weltumspannende Netze lassen Entfernungen schrumpfen, Wartezeiten entfallen. Die Netzwerke wirken wie ein Nervensystem, das alle Zellen miteinander verbindet. Durch Austausch von Informationen entstehen neue Informationen. Assoziationen schaffen neue Ideen, Kreativität wird gefördert. Das Vermögen des Unternehmens kann so erhöht werden. Nicht das Anlagevermögen, sondern das "Human-Vermögen": das, was die Mitarbeiter vermögen.

Das Vermögen der Mitarbeiter, ihre Fähigkeiten und ihr Know-how können durch Zugang zu Informationen und durch erleichterte Kommunikation aktiviert werden. Dazu genügt es allerdings nicht, mit Computern "zu klotzen" oder jedem Mitarbeiter einen Bildschirm auf den Tisch zu stellen. Viel wichtiger ist es, die Organisation und Führungskonzepte der Industriekultur drastisch zu ändern.

6 Computer als "Intelligenz-Verstärker"

Es ist heute weitgehend anerkanntes und betriebswirtschaftliches Allgemeingut, daß die Informations- und Kommunikationstechnik ein effektives Mittel ist, um Firmen produktiv, innovativ und wettbewerbsfähig zu machen. Weniger erkannt ist dagegen, wie eng Informationstechnik, Unternehmensorganisation und Wettbewerbsfähigkeit zusammenhängen und wie stark eine obsolete Organisationsstruktur verhindern kann, daß der Nutzen der Informationstechnik voll ausgeschöpft wird, so daß die Wettbewerbsfähigkeit darunter leidet.

Heute treffen die starren Organisationen auf sich dauernd verändernde Wettbewerbs- und Kundenanforderungen: Service, Geschwindigkeit, Individualität, Qualität und Innovation werden verlangt. So ensteht ein Gegensatz zwischen den Anforderungen des Marktes und den verfestigten bürokratischen Strukturen, die vielfach auf Kosten der Kunden ausgebaut wurden. An diesem Abteilungsdenken hat auch die Informations- und Kommunikationstechnik oftmals wenig ändern können, weil DV-Systeme in der Regel für einzelne Abteilungen gebaut wurden, ohne ein übergreifendes Kommunikations- und Organisationskonzept. Die Informationssysteme wurden einfach an der bestehenden Organisationsstruktur ausgerichtet. Sie haben diese sogar elektrifiziert und dadurch zementiert. Das war die Zeit der host-basierten Anwendungssysteme, die wirtschaftlich waren, weil sie zu Personaleinsparungen in der Buchhaltung oder in der Produktion geführt haben. Damals galt der Computer als "Job-Killer".

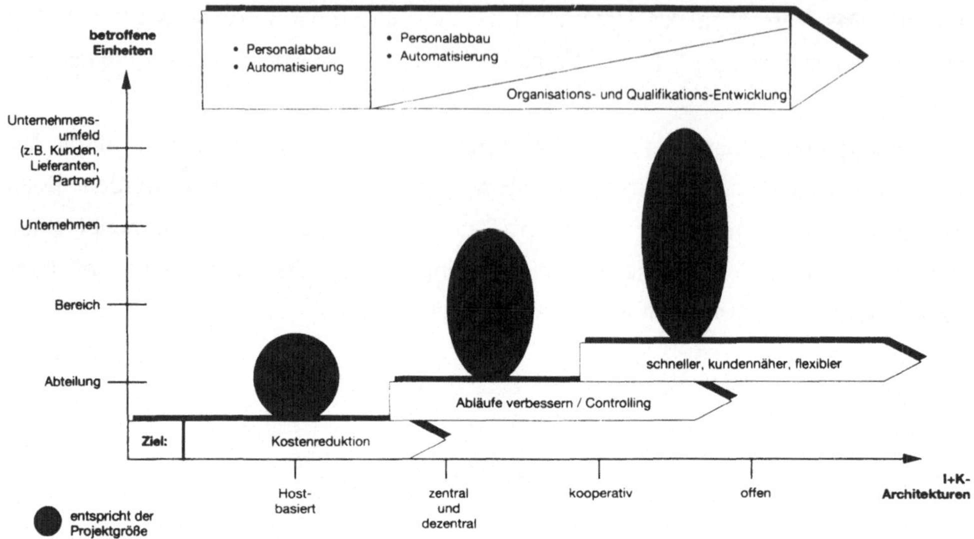

Abb. 2: Trend der Informatik-Projekte

Ausgelöst durch den Siegeszug der dezentralen Systeme z.B. von DEC oder Hewlett-Packard und verstärkt durch die PC-Welle entstanden abteilungsübergreifende Informationssysteme. Die Kosten dieser stärker integrierten und integrierenden DV-Projekte stiegen stark und rechneten sich nicht mehr allein durch Personal-Abbau. Die Informatik begann, ein Mittel zur Organisations-Entwicklung zu werden.

Einige weitsichtige Unternehmer und Unternehmen nutzen bereichsübergreifende Informationssysteme, um die ersten Schritte auf dem Weg zu einer flexiblen, kundenorientierten Organisation zu gehen. Sie sehen die Möglichkeit, über Abteilungs- und Unternehmensgrenzen hinweg schnell und einfach kommunizieren und zusammenarbeiten zu können. Die Mitarbeiter erhalten Zugang zu vielen Informationen um Zeit zu sparen, den Kunden zu nutzen und so wettbewerbsfähig zu sein. Dazu einige Beispiele:

Bei der Produktentwicklung haben sich Engineering-Data-Management-Systeme (EDMS) bewährt, die viele der Daten verwalten, die während des Entwicklungsprozesses anfallen oder benötigt werden. Solche EDM-Systeme fördern die Zusammenarbeit aller Beteiligten am Entwicklungsprozeß. Von der Idee bis zum Anlauf der Produktion müssen viele Menschen mit unterschiedlichem Know-how, aus verschiedenen Bereichen, Abteilungen und Firmen zusammenarbeiten. Bei dem tayloristischen Prinzip wurden in der Vergangenheit die Arbeiten nacheinander ausgeführt und die Informationen von Abteilung zu Abteilung weitergereicht. Dabei standen oft Abteilungsegoismen und die

"Kommunikation per Mauerwurf" einem effizienten Arbeiten im Weg. Eine konsequente Projektorganisation mit interdisziplinären Teams und die Nutzung von EDM-Systemen führen zu erstaunlichen Kosteneinsparungen und Reduzierung der Entwicklungszeiten um 30 % bis 40 %.

- 20.000,-- bis 30.000,-- DM lassen sich jährlich pro Mitarbeiter in der Entwicklung allein dadurch einsparen, daß sich die Informationsbeschaffungszeiten verkürzen.

- Durch Sachmerkmalleisten und komfortable Suchmöglichkeiten im EDM-System wird die Teilewiederverwendung gefördert. Das spart bei der Anlage und Verwaltung von Teilenummern jährlich 1.000,-- bis 2.500,-- DM pro Teil ein.

- Eine Langzeituntersuchung bei der Firma Sennheiser hat nachgewiesen, daß schon die Einführung eines Sachmerkmalleisten-Systems, das nur eine Teilfunktion von EDM-Systemen darstellt, die durchschnittliche Anzahl der Eigen- und Fremdfertigungsteile pro aktuellem Erzeugnis im Zeitraum von 9 Jahren um über 62 % reduzieren konnte.

Moderne Kommunikationstechnik erlaubt die Dezentralisierung der Verantwortung an die sogenannte Basis. Sie führt Arbeit und Verantwortung wieder zusammen. In der Produktion erleichert sie den Weg zur Gruppenarbeit mit selbstverantwortlichen und sich selbstorganisierenden Teams. Bei Volvo war die Einführung von Gruppenarbeit damals nicht erfolgreich, weil die Produktionsplanung ohne Computernetze und Just-in-time-Anlieferung zu inflexibel war. Bei Umplanungen oder Störungen konnte bei Volvo nicht schnell genug reagiert werden, so daß das Band häufig stand. Moderne Fabriken, ob bei Opel in Eisenach, bei Mercedes in Rastatt oder bei der Computerproduktion, sind heute so konzipiert, daß sie auf Änderungen der Produktionsplanung sehr schnell reagieren können. Roboter, flexible Fertigungszentren, computergesteuerte Läger und der Rechnerverbund zwischen Lieferanten und den Werken erlauben einen fast beliebigen Produktmix. So können Produktionsänderungen oder Störungen bei der Zulieferung besser abgefedert werden. Flexibilität ist sozusagen eingebaut, damit der Produktionsprozeß stetig laufen kann. Ein Unternehmen als Organismus mit "selbstverantwortlichen Organen" braucht ein Nervensystem, um schnell und flexibel agieren zu können. Deshalb ermöglicht die I+K-Technik den Übergang eines Unternehmens vom starren Uhrwerk zum lebendigen und lernenden Organismus. Intelligente Computernetze sind die Basis für intelligente Organisations-Strukturen als Arbeits- und Entfaltungsraum für intelligente Menschen. Sie fördern und fordern Flexibilität der Maschinen, der Organisation, aber auch der Menschen.

7 I+K-Technik als Auslöser und Lösung

Arbeitsinhalte und Arbeitsformen ändern sich durch die Informationstechnik, sowohl für den einzelnen Mitarbeiter als auch für das gesamte Unternehmen. Bei den Sachbearbeitern können die Aufgaben wieder als sogenannte Vorgangsbearbeitung integriert zusammengebracht werden. Der einzelne Mitarbeiter erhält mehr Kompetenzen, mehr Verantwortung. Seine Arbeit wird facettenreicher und interessanter. Die Arbeitszufriedenheit steigt.

Andererseits erlauben konzernweite Informationssysteme, daß sowohl das Top-Management als auch die Projektleiter, Profit-Center- und Business-Unit-Leiter Überblick behalten können. Vorausgesetzt, die Informationen werden nach unternehmensweiten Standards erzeugt, transportiert und präsentiert. Ganzheitliche Unternehmens-Datenmodelle und integrierte Standard-Software-Pakete, wie z.B. von SAP, erleichtern die Vereinheitlichung der Datenbasis und der Datenströme. Standards sind wie Autobahnen. Sie erleichtern die individuelle Mobilität der Menschen und erlauben gleichzeitig die Steuerung der Verkehrsströme, ohne jeden einzelnen zu gängeln. Straffes Management von Standards ermöglicht lockere Führung von Menschen. Sie schaffen die nötige Ordnung in dem notwendigen Chaos.

Die beiden Trends, die wachsende Freizügigkeit der Information und der steigende Anteil der Dienstleistungen, bedingen einander und verstärken sich gegenseitig. Wenn ein Musikfreund für einen Besuch in Salzburg Flugticket, Hotelzimmer, Mietwagen und zwei Logenplätze sucht, möchte er nicht vier verschiedene Ansprechpartner koordinieren, sondern in wenigen Minuten bei seinem Reisebüro sämtliche Unterlagen in der Hand halten, sozusagen "just in time". Moderne und umfassende Computernetzwerke erlauben dies.

Gleichzeitig erhöhen diese Netze allerdings die Ansprüche der Kunden, weil auch sie mehr Informationen bekommen. Informations- und Kommunikationstechnik ist Auslöser und Lösung zugleich. Um diesen Anforderungen gerecht zu werden, bedarf es kundenorienierter, kreativer, kommunikativer und kompetenter Mitarbeiter mit der notwendigen fachlichen, menschlichen Kompetenz, aber auch mit Entscheidungskompetenzen. Die Menschen, die für ihre Kunden Dienstleistungen erbringen, brauchen Befugnisse, Informationen, Unterstützung durch Führungskräfte und die Zentralfunktionen in der Hauptverwaltung. Und sie müssen kreativ und kommunikativ sein: den Kunden und sein Anliegen verstehen, die Probleme des Kunden zu ihrer eigenen Aufgabe machen und Verbindung schaffen.

Dies gelingt nur, wenn wir die Mündigkeit und Verantwortlichkeit bei dem Mitarbeiter fördern und fordern:

Wer keine Informationen bekommt,
kann auch keine Verantwortung übernehmen.
Aber wer Informationen hat,
übernimmt dadurch auch Verantwortung.

Objektorientierte Modellierung

Zur Ableitung der Grobstruktur des konzeptuellen Schemas aus dem Modell der betrieblichen Diskurswelt

Elmar J. Sinz

Karl Michael Popp

Lehrstuhl für Wirtschaftsinformatik,
insbes. Systementwicklung und Datenbankanwendung,
Otto-Friedrich-Universität Bamberg
Feldkirchenstraße 21, D-8600 Bamberg

Zusammenfassung

Bei der klassischen Anforderungsanalyse wird ein betriebliches Anwendungssystem in Form von unterschiedlichen fachlichen Sichten definiert, die unmittelbar aus der betrieblichen Realität abgeleitet werden. Diese Vorgehensweise führt zu einer Reihe von Problemen bei der Abstimmung der Sichten. Der Modellierungsansatz des Semantischen Objektmodells (SOM) sieht dagegen eine zweistufige Anforderungsanalyse vor. In der ersten Stufe wird der relevante Ausschnitt der betrieblichen Realität, die Diskurswelt, in einem integrierten Modell beschrieben. Dieses Modell der Diskurswelt bildet den Ausgangspunkt für die anschließende fachliche Definition des Anwendungssystems. Im vorliegenden Beitrag wird ein Teilaspekt dieses Modellierungsansatzes beschrieben: Die rechnergestützte Ableitung der Grobstruktur des konzeptuellen Schemas aus dem Modell der Diskurswelt. Diese Form der Modellbildung vermeidet die genannten Abstimmungsprobleme, steigert die Qualität des konzeptuellen Schemas und ist geeignet, die bisherige Vorgehensweise der Datenmodellierung zu ersetzen.

1 Einführung

Die zunehmenden Anforderungen an die Qualität und die Flexibilität betrieblicher Anwendungssysteme bei gleichzeitig steigendem Kostendruck führen zu immer neuen Herausforderungen an die Methoden und Werkzeuge zur Anwendungsentwicklung. Besonders kritisch sind nach wie vor die frühen Phasen der Anwendungsentwicklung, deren Schwerpunkt die Anforderungsanalyse und -definition aus fachlicher Sicht ist. Hier, an der Nahtstelle zwischen betrieblicher Realität und Anwendungssystem, ist insbesondere die Wirtschaftsinformatik aufgerufen, mit methodischen Beiträgen den genannten Anforderungen zu begegnen.

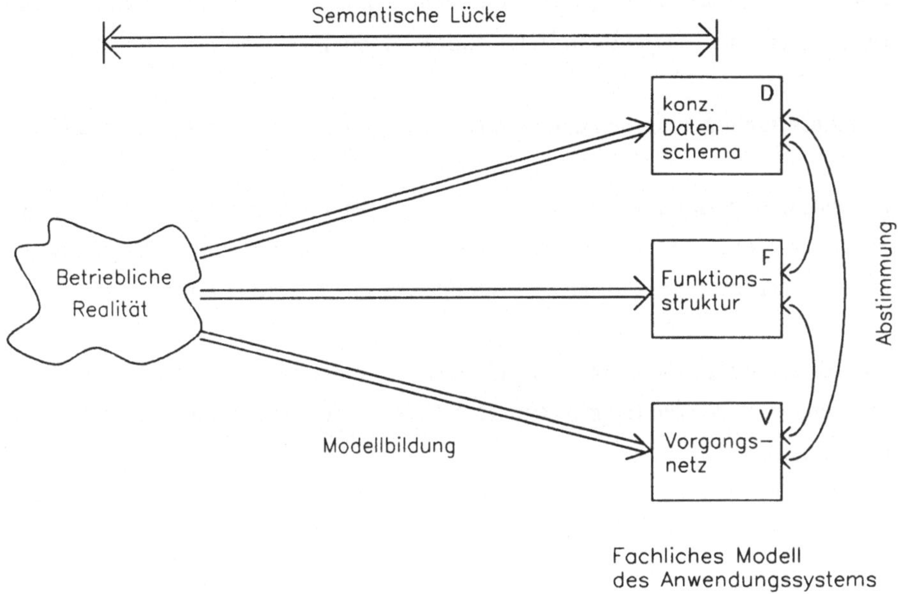

Bild 1: Klassische Anforderungsanalyse

Aufgabe der Anforderungsanalyse ist die Abbildung eines relevanten Ausschnitts der betrieblichen Realität, im folgenden als Diskurswelt bezeichnet, in die fachliche Anforderungsdefinition eines Anwendungssystems. Der methodische State-of-the-Art dieser Modellbildung ist in Bild 1 dargestellt. Danach wird die Anforderungsdefinition in mehreren getrennten fachlichen Sichten auf das Anwendungssystem beschrieben. Die wichtigsten Sichten sind

- die Datensicht in Form eines konzeptuellen Datenschemas (z.B. beschrieben im Entity-Relationship-Modell (ERM)),

- die Funktionssicht in Form einer Funktionsstruktur (z.B. beschrieben mit Hilfe der Strukturierten Analyse (SA)) und

- in Abhängigkeit vom verwendetem Modellierungsansatz eine Vorgangssicht oder Prozeßsicht, eine Steuerungssicht [Sche91] oder eine Kommunikationssicht.

Diese Form der Modellbildung der fachlichen Sichten eines Anwendungssystems besitzt u.a. folgende methodische Schwächen:

- Da jede Sicht unmittelbar aus der betrieblichen Realität erfaßt wird, besteht die Gefahr, daß die einzelnen Sichten mit unterschiedlichen Schwerpunkten, Detaillierungsgraden und "subjektiven Verzerrungen" modelliert werden.

- Die Abstimmung zwischen den getrennt modellierten Sichten ist problematisch.

- Es besteht eine große semantische Lücke zwischen der betrieblichen Realität und den einzelnen Sichten. Das zur Beschreibung der Sichten verwendete Begriffsystem ist näher an der Informatik als an der Betriebswirtschaftslehre orientiert.

- Die Abstimmung der Anforderungsdefinition mit der betrieblichen Organisation und mit dem vom Anwendungssystem zu steuernden betrieblichen Leistungssystem ist problematisch.

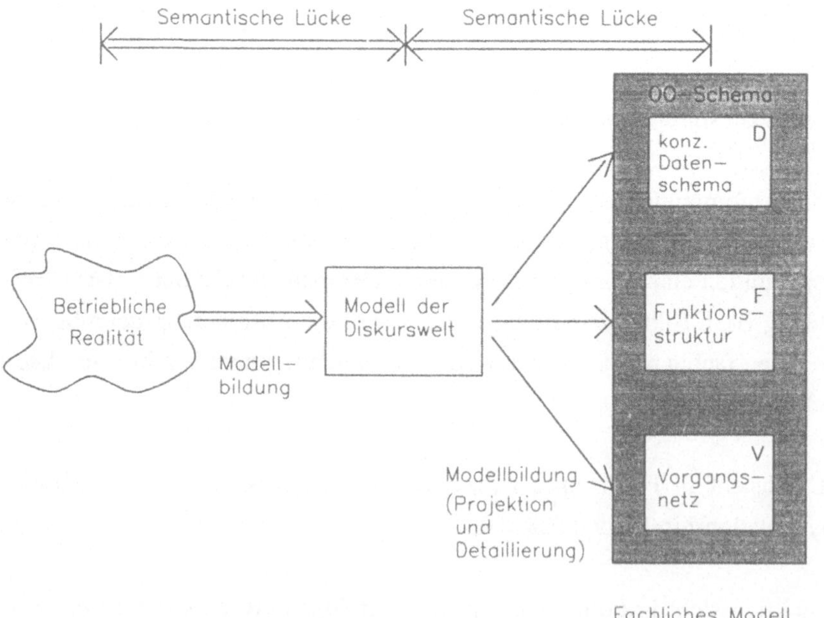

Bild 2: Anforderungsanalyse im SOM-Ansatz

Zur Vermeidung der beschriebenen Probleme unterstützt der Modellierungsansatz des Semantischen Objektmodells (SOM) [FeSi90, FeSi91] in der Anforderungsanalyse eine zweistufige Modellbildung. In der ersten Stufe wird ein explizites, geschlossenes Modell der Diskurswelt aufgestellt. Dieses dient in der zweiten Stufe bei konventioneller Anwendungsentwicklung als Basis für die Ableitung der herkömmlichen Sichten (Funktions-, Daten- und Vorgangssicht). Bei objektorientierter Anwendungsentwicklung wird daraus die fachliche Sicht des Anwendungssystems in geschlossener Form als Objektschema (oo-Schema) abgeleitet (Bild 2).

Auf diese Weise wird die in einem Modellierungsschritt zu überwindende semantische Lücke reduziert. Das Modell der Diskurswelt wird unter Verwendung eines betriebswirtschaftlichen Begriffsystems formuliert und stellt die Steuerung des betrieblichen Leistungssystems durch das betriebliche Informationssystem in den Mittelpunkt. Dabei wird sowohl der automatisierte Teil des Informationssystems, das Anwendungssystem, als auch der nicht automatisierte Teil abgedeckt. Das Diskursweltmodell ist dadurch mit der betrieblichen Realität leicht abstimmbar.

Der vorliegende Beitrag behandelt einen Aspekt des zweiten Modellierungsschrittes: Die Ableitung der Grobstruktur des konzeptuellen Schemas aus dem Diskursweltmodell. Dieser Aspekt ist gleichermaßen für die konventionelle wie für die objektorientierte Anwendungsentwicklung relevant, da die statische Struktur des konzeptuellen Objektschemas im wesentlichen der des konzeptuellen Datenschemas entspricht.

2 Modellierung der betrieblichen Diskurswelt

Die Modellierung der Diskurswelt im SOM-Ansatz kann hier nur sehr knapp und im Hinblick auf die in diesem Beitrag behandelte Fragestellung vereinfacht dargestellt werden. Zu einer ausführlichen Darstellung siehe [FeSi91] und [FeSi92].

Betriebliche Objekte (Diskursweltobjekte) interagieren untereinander und mit Objekten der Umwelt (Umweltobjekte) durch Leistungsflüsse und Steuerflüsse. Leistungsflüsse (L-Flüsse) sind Flüsse von Gütern, Dienstleistungen und Zahlungen. Steuerflüsse (S-Flüsse) dienen zur Steuerung der Leistungsflüsse. Diskursweltobjekte, die mit L-Flüssen und S-Flüssen verknüpft sind, heißen SL-Objekte. Diskursweltobjekte, die nur mit S-Flüssen verknüpft sind, heißen S-Objekte. Flüsse werden durch Aufgaben realisiert, welche den

Diskursweltobjekten zugeordnet werden. Die Durchführung von Aufgaben wird durch Ereignisse gesteuert, die wiederum mit den Flüssen korrespondieren.

Ausgehend von einer globalen Abgrenzung wird die Diskurswelt im SOM-Ansatz sukzessive zerlegt. Wichtige Zerlegungskriterien sind (1) die Aufdeckung der Steuerung von SL-Objekten (Zerlegung eines SL-Objekts in S- und SL-Objekte), (2) die Homogenisierung der von einem Diskursweltobjekt behandelten Leistungsflußarten (Zerlegung eines SL-Objekts in SL-Objekte) sowie (3) die Differenzierung der Steuerung (Zerlegung eines S-Objekts in S-Objekte).

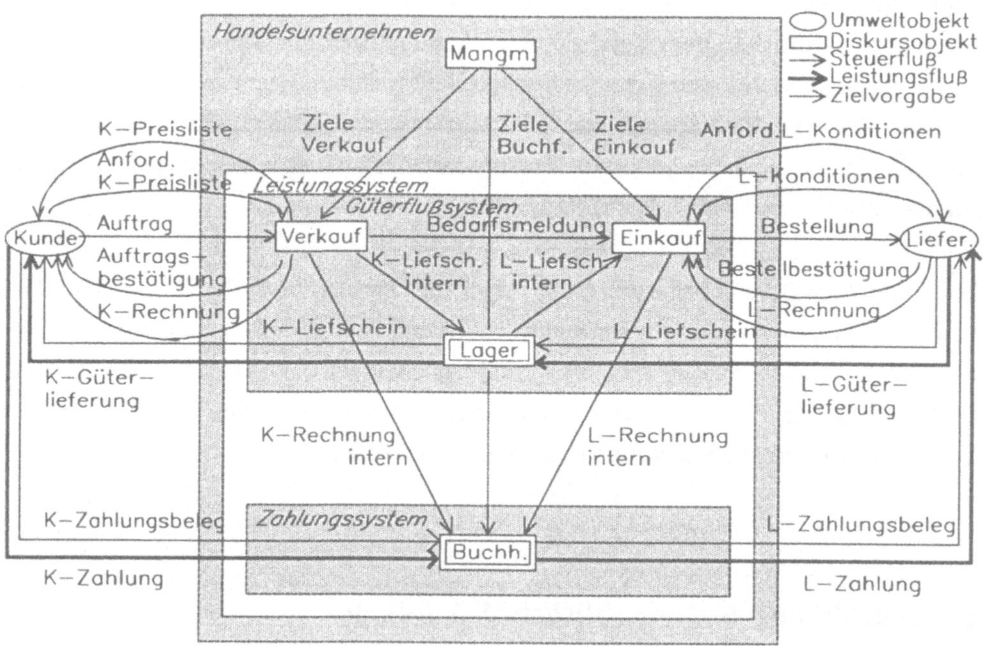

Bild 3: Interaktionsdiagramm des Handelsunternehmens

Jede Zerlegung wird in Form eines Interaktionsdiagramms beschrieben, das die Diskursweltobjekte und Umweltobjekte sowie die zugehörigen L-Flüsse und S-Flüsse darstellt. (Die ebenfalls modellierten Zielvorgaben werden im folgenden nicht berücksichtigt.) Bild 3 zeigt das Interaktionsdiagramm für das im folgenden verwendete Beispiel, ein stark vereinfachtes Handelsunternehmen:

- Objektzerlegung: Ausgangspunkt ist das SL-Objekt *Handelsunternehmen* und die beiden Umweltobjekte *Kunde* und *Lieferant*. *Handelsunternehmen* wird in das S-

Objekt *Management* und das SL-Objekt *Leistungssystem* zerlegt (Kriterium 1). Anschließend wird *Leistungssystem* in die beiden SL-Objekte *Güterflußsystem* und *Zahlungssystem* zerlegt (Kriterium 2). *Güterflußsystem* wird schließlich in die beiden S-Objekte *Verkauf* und *Einkauf* sowie das gemeinsame SL-Objekt *Lager* zerlegt (Kriterien 3 und 1). *Zahlungssystem* besteht ausschließlich aus dem SL-Objekt *Buchhaltung*.

- Leistungsflüsse: Güterflüsse verlaufen von *Lieferant* zu *Lager* und von dort zu *Kunde*. Zahlungsflüsse verlaufen in umgekehrter Richtung von *Kunde* zu *Buchhaltung* und von dort zu *Lieferant*.

- Steuerung der Leistungsflüsse: Jeder L-Fluß wird durch einen gegenläufigen S-Fluß ausgelöst und durch einen gleichläufigen S-Fluß begleitet. Zum Beispiel wird der L-Fluß *K-Güterlieferung* von *Lager* an *Kunde* durch den S-Fluß *Auftrag* von *Kunde* an *Verkauf* ausgelöst und durch *K-Lieferschein* von *Lager* an *Kunde* begleitet. Weitere S-Flüsse dienen der Vorbereitung und Nachbereitung von L-Flüssen sowie der innerbetrieblichen Steuerung.

Zu jedem Interaktionsdiagramm wird ein korrespondierendes Petri-Netz (siehe z.B. [Star90]) erstellt, dessen Übergänge die zu den Diskursweltobjekten gehörigen Aufgaben und dessen Zustände die Vor- und Nachereignisse der Aufgaben darstellen. Im Petri-Netz in Bild 4 sind nur Aufgaben dargestellt, die S-Flüsse realisieren. Jedes doppelumrandete Ereignis des Petri-Netzes korrespondiert mit einem S-Fluß des Interaktionsdiagramms.

Die Beschriftung der Petri-Netz-Kanten erfolgt als Tupel (Kantengewicht, Kantentyp). Reset-Kanten (Kantentyp R) [Hein80] entfernen beim Schalten alle Marken eines Vor-Zustandes, Copy-Kanten (Kantentyp C) entfernen keine Marke. Normal-Kanten (Kantentyp N) entfernen Marken in der Anzahl des Kantengewichts. Nicht beschriftete Kanten besitzen das Kantengewicht 1 und den Kantentyp N.

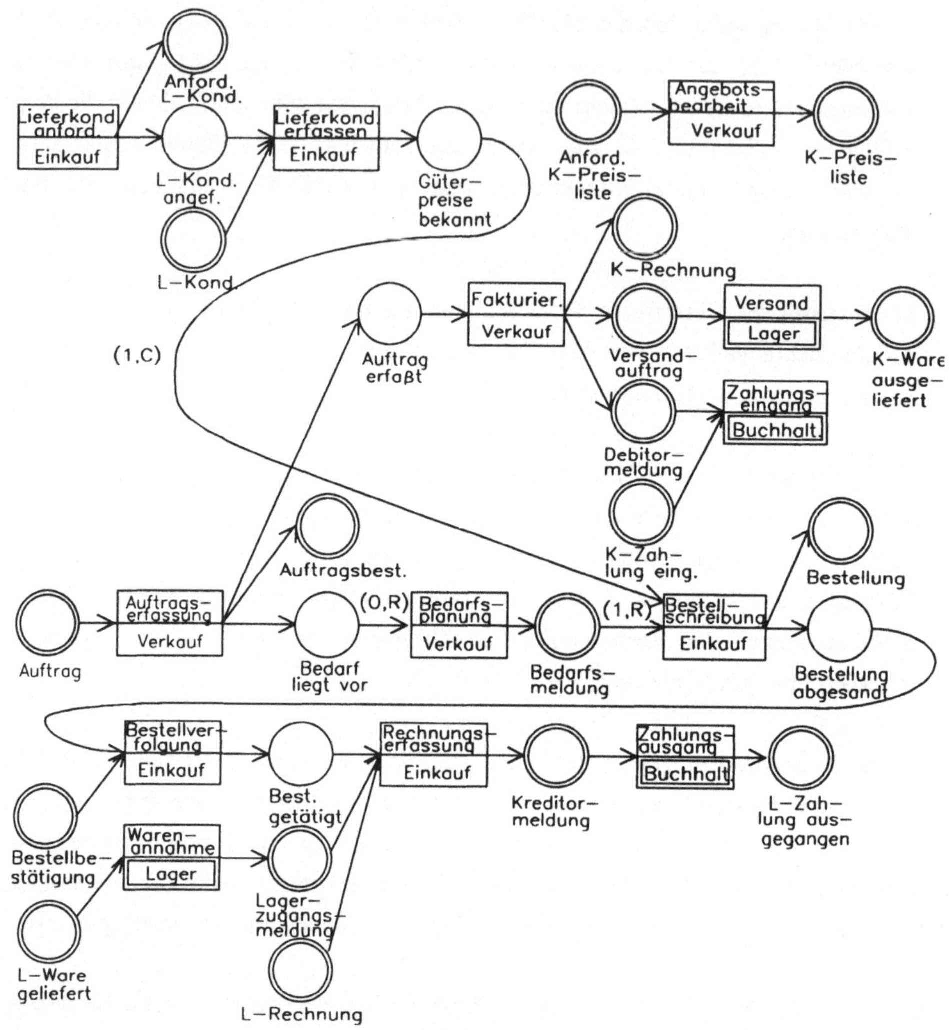

Bild 4: Petri-Netz des Handelsunternehmens

3 Modellierung des konzeptuellen Daten- bzw. Objektschemas

Konzeptuelle Datenschemata werden im folgenden im Strukturierten Entity-Relationship-Modell (SERM) [Sinz88, Sinz92] modelliert. In der graphischen Darstellung werden Datenobjekttypen als Knoten und Beziehungen zwischen Datenobjekttypen als Kanten dargestellt. Für die Komplexitätsgrade (0,1), (0,*), (1,1) und (1,*) der Beziehungen stehen spezielle Kantensymbole zur Verfügung (Bild 5).

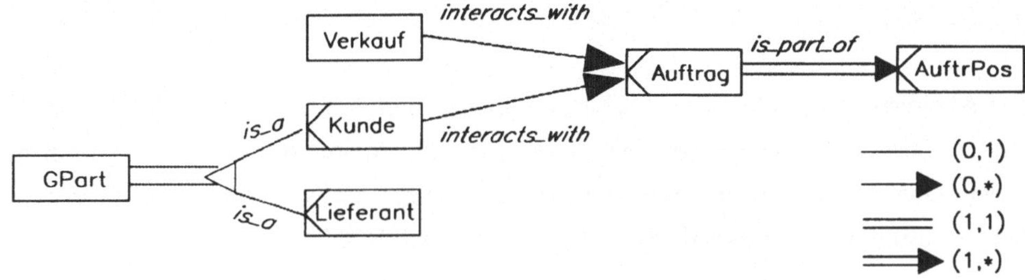

Bild 5: Ausschnitt eines konzeptuellen Daten- bzw. Objektschemas

Datenobjekttypen werden im SERM nach dem Grad ihrer Existenzabhängigkeit geordnet. In jeder Beziehung besteht eine Existenzabhängigkeit des rechts angeordneten Datenobjekttyps vom links angeordneten. In Bild 5 hängt z.B. *Auftrag* von *Kunde* ab. Ein Kunde steht mit null bis beliebig vielen Aufträgen in Beziehung (Komplexitätsgrad (0,*)), umgekehrt bezieht sich jeder Auftrag auf genau einen Kunden. Da jede Kante gerichtet von links nach rechts interpretiert wird, besitzt ein konzeptuelles Datenschema im SERM eine quasi-hierarchische Struktur (gerichteter, azyklischer Graph).

Ein konzeptuelles Objektschema gemäß SOM stellt aus der Sicht von SERM eine Erweiterung des konzeptuellen Datenschemas um folgende Punkte dar:

- Jeder Objekttyp wird durch seine (Daten-) Attribute und zusätzlich durch Methoden (Operatoren) und Nachrichtendefinitionen spezifiziert.

- Jede Beziehung zwischen Objekttypen wird einerseits als Referenz und zusätzlich als interacts_with-, is_a- oder is_part_of-Beziehung interpretiert [FeSi90]. interacts_with-Beziehungen dienen zur Modellierung von Interaktionskanälen für den Nachrichtentransport zwischen Objekten. Mit Hilfe von is_a-Beziehungen wird die Generalisierung von Objekttypen modelliert. Die is_part_of-Beziehung wird zur Modellierung komplexer, strukturierter Objekte verwendet. Bild 5 enthält Beispiele für die genannten Beziehungsarten.

In diesem Beitrag steht die Struktur konzeptueller Schemata in Form von (Daten-) Objekttypen und ihren Beziehungen im Vordergrund. Die nachstehenden Ausführungen beziehen sich daher gleichermaßen auf konzeptuelle Objektschemata und Datenschemata. Bei letzteren entfällt lediglich die Unterscheidung zwischen interacts_with-, is_a- und is_part_of-Beziehungen.

4 Abbildung zwischen Diskursweltmodell und konzeptuellem Schema

Die Abgrenzung zwischen dem Diskursweltmodell und dem konzeptuellen Schema ist in Bild 6 dargestellt. Das Anwendungssystem ist der automatisierte Teil des Informationssystems der Diskurswelt, das konzeptuelle Schema ist wiederum ein Teil der fachlichen Definition des Anwendungssystems (siehe auch Bild 2).

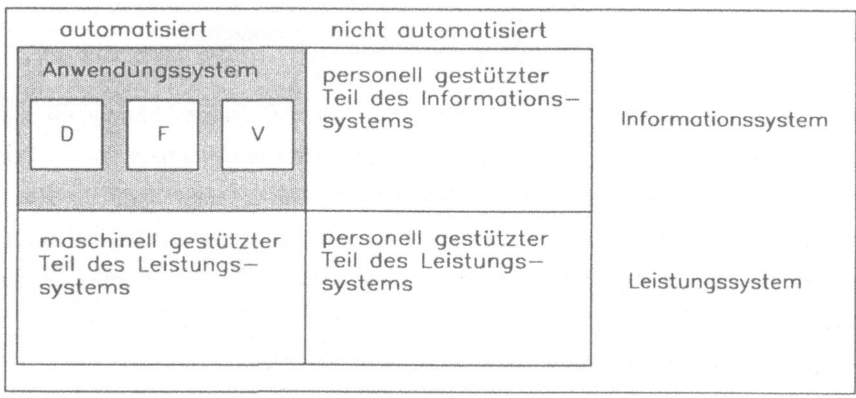

Bild 6: Struktur des Diskursweltmodells

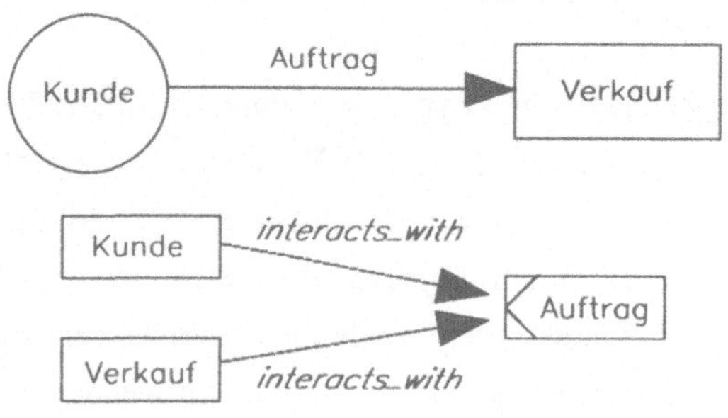

Bild 7: Beziehung zwischen Diskursweltmodell und konzeptuellem Schema

Das Modell der Diskurswelt wird im SOM-Ansatz durch ein Interaktionsdiagramm und ein Petri-Netz dargestellt. Zwischen dem Interaktionsdiagramm und dem konzeptuellen Schema besteht der in Bild 7 dargestellte Zusammenhang. Zum Beispiel enthält das Interaktionsdiagramm einen S-Fluß *Auftrag* zwischen *Kunde* und *Verkauf*. Dies wird im konzeptuellen Schema durch die Objekttypen *Kunde* und *Verkauf* modelliert, die mit dem

Objekttyp *Auftrag* über interacts_with-Beziehungen verbunden sind. Dabei besteht eine Existenzabhängigkeit des Objekttyps *Auftrag* von *Kunde* und *Verkauf*. Zusätzlich werden weitere Existenzabhängigkeiten zwischen Objekttypen aus dem Petri-Netz abgeleitet.

Die Abbildung zwischen dem Diskursweltmodell und dem konzeptuellen Schema wird in drei Schritten durchgeführt:

1. Im ersten Schritt wird die Transformation zwischen dem Diskursweltmodell und dem konzeptuellen Schema formal spezifiziert (siehe Abschnitt 4.1).

2. Im zweiten Schritt wird die Grobstruktur des konzeptuellen Schemas rechnergestützt abgeleitet (siehe Abschnitt 4.2).

3. Im dritten Schritt wird das konzeptuelle Schema weiter detailliert (siehe Abschnitt 4.3).

4.1 Spezifikation der Transformation

Die Spezifikation der Transformation besteht aus zwei Teilen:

- Festlegung der im Anwendungssystem zu speichernden S-Flüsse. Für diese S-Flüsse sind im konzeptuellen Schema Objekttypen mit entsprechenden Attrributen anzulegen. Im Beispiel sollen die S-Flüsse Anforderung *L-Konditionen* und *Anforderung K-Preisliste* nicht im Anwendungssystem gespeichert werden.

- Festlegung derjenigen S-Flüsse, die im konzeptuellen Schema zusammengefaßt werden sollen. Dies ist z.B. dann der Fall, wenn ein betriebliches Dokument nacheinander auf unterschiedlichen S-Flüssen weitergereicht wird. Dieses Dokument wird im konzeptuellen Schema als ein Objekttyp modelliert:

Auftrag	faßt zusammen	*Auftrag*
		Auftragsbestätigung
Bestellung	faßt zusammen	*Bestellung*
		Bestellbestätigung
K-Rechnung	faßt zusammen	*K-Lieferschein intern*
		K-Lieferschein
		K-Rechnung
		K-Rechnung intern
L-Rechnung	faßt zusammen	*L-Rechnung*
		L-Rechnung intern

L-LiefSchein   faßt zusammen   *L-Lieferschein*
                                           L-Lieferschein intern

Zum Beispiel werden die S-Flüsse *Bestellung* und *Bestellbestätigung* zusammengefaßt und in Form des Objekttyps *Bestellung* modelliert.

4.2 Ableitung der Grobstruktur des konzeptuellen Schemas

Ein Diskursweltobjekt bzw. ein Umweltobjekt wird in einen Objekttyp des konzeptuellen Schemas abgebildet, wenn es als Sender oder Empfänger eines in das Anwendungssystem zu übernehmenden S-Flusses auftritt. Jeder dieser S-Flüsse wird ebenfalls durch einen konzeptuellen Objekttyp realisiert und mit denjenigen Objekttypen durch interacts_with-Beziehungen verknüpft, die sein Sender- und Empfängerobjekt im konzeptuellen Schema repräsentieren. In Bild 8 wird z.B. der S-Fluß *K-Preisliste* zwischen *Kunde* und *Verkauf* (Bild 3) durch den Objekttyp *K-Preisliste* realisiert, der mit den Objekttypen *Kunde* und *Verkauf* durch interacts_with-Beziehungen verknüpft ist.

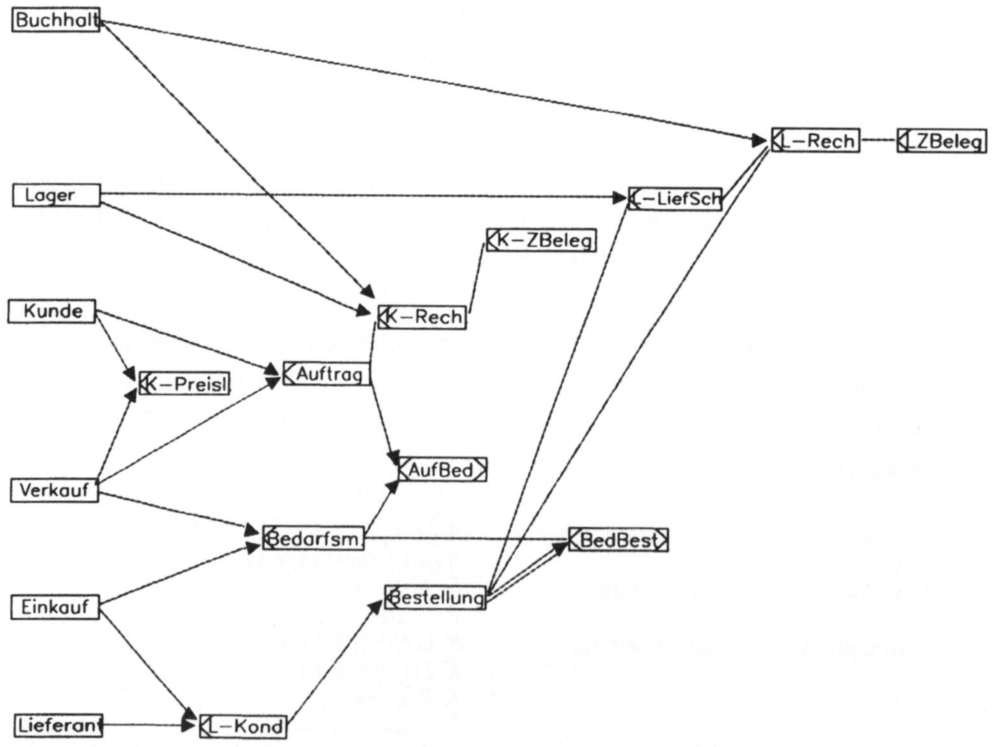

Bild 8: Grobstruktur des konzeptuellen Schemas

Zusätzlich werden die strukturbestimmenden Existenzabhängigkeiten zwischen Objekttypen aus dem Petri-Netz abgeleitet. Zum Beispiel resultiert in Bild 8 die Existenzabhängigkeit zwischen den Objekttypen *Auftrag* und *K-Rechnung* aus der Verknüpfung der Ereignisse *Auftrag* und *K-Rechnung* über die Aufgaben *Auftragserfassung* und *Fakturierung* im Petri-Netz. Aus dem Petri-Netz können außerdem in begrenztem Umfang Komplexitätsgrade von Beziehungen abgeleitet werden. Hierauf kann im folgenden nicht weiter eingegangen werden. Bild 8 zeigt die vollständig rechnergestützt abgeleitete Grobstruktur des konzeptuellen Schemas.

4.3 Detaillierung des konzeptuellen Schemas

Die automatisch abgeleitete Grobstruktur des konzeptuellen Schemas enthält ausschließlich Objekttypen, die durch interacts_with-Beziehungen verknüpft sind. Diese Grobstruktur wird nun im letzten Schritt weiter detailliert. Folgende Aktivitäten sind erforderlich:

- Zuordnung von Attributen zu den einzelnen Objekttypen.

- Zerlegung komplexer Objekttypen unter Verwendung der is_part_of-Beziehung sowie Anpassung der davon betroffenen interacts_with-Beziehungen. Aus Datensicht entspricht dies einer Normalisierung von Objekttypen.

- Analyse fachlicher Generalisierungsstrukturen über den Objekttypen und ihre Modellierung mit Hilfe von is_a-Beziehungen. Anpassung der davon betroffenen interacts_with-Beziehungen.

Bild 9 zeigt das detaillierte konzeptuelle Schema zu Bild 8. Zum Beispiel wurde der komplexe Objekttyp *Bestellung* unter Verwendung einer is_part_of-Beziehung in die beiden normalisierten Objekttypen *Bestellung* und *BestPos* zerlegt. Ein Beispiel für eine fachliche Generalisierungsstruktur ist die Generalisierung von *Kunde* und *Lieferant* zu *Geschäftspartner (GPart)*. Auf die Darstellung der Attribute wurde aus Platzgründen verzichtet.

Die aus der Diskurswelt abgeleiteten Existenzabhängigkeiten zwischen Objekttypen stellen Invarianten des konzeptuellen Schemas dar. Diese dürfen bei der Detaillierung nicht verletzt werden.

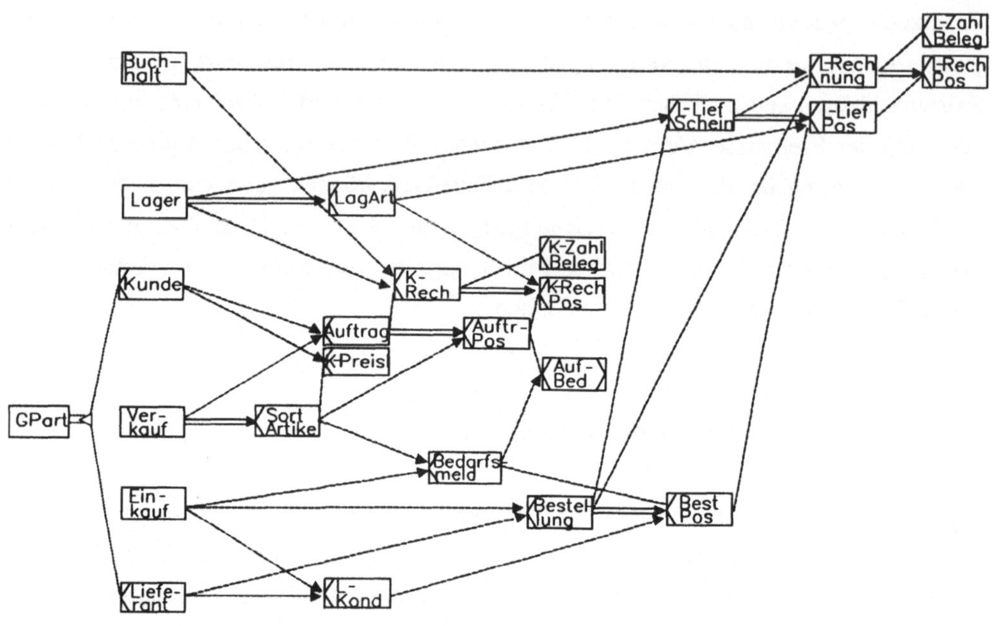

Bild 9: Detailliertes konzeptuelles Schema

5 Zusammenfassung und Bewertung

Die Anforderungsanalyse im SOM wird in zwei Stufen durchgeführt. In der ersten Stufe wird ein ganzheitliches Modell der Diskurswelt aufgestellt. Dieses dient in der zweiten Stufe als Basis für die Ableitung der fachlichen Definition des Anwendungssystems. Die obigen Ausführungen haben gezeigt, daß die Grobstruktur des konzeptuellen Schemas bereits weitgehend durch das Diskursweltmodell determiniert ist. Ein Vergleich des hier vorgeschlagenen Ansatzes mit der konventionellen Vorgehensweise läßt sich wie folgt zusammenfassen:

- Das Modell der Diskurswelt stellt eine stabile und leicht abstimmbare Plattform für die Anwendungsentwicklung dar. Durch den ganzheitlichen, an der Steuerung des Leistungssystems orientierten Modellierungsansatz lassen sich Inkonsistenzen bei der Systemerfassung leicht aufdecken. Die in einem Modellierungsschritt zu überwindende semantische Lücke wird reduziert. Die Grobstruktur des konzeptuellen Schemas ist aus dem Diskursweltmodell rechnergestützt ableitbar. Die Aufgabe der Datenmodellierung reduziert sich auf die Detaillierung des konzeptuellen Schemas.

- Im Gegensatz dazu sieht die konventionelle Vorgehensweise eine Erfassung des konzeptuellen Schemas unmittelbar aus der betrieblichen Realität vor. Diese Analyse ist mit einer Fülle von Unsicherheiten behaftet. Die Analyse erfolgt unter dem begrenzten Blickwinkel der Datensicht, Fehler bei der Analyse wirken sich aber auf das gesamte Anwendungssystem, auf die Beziehung zwischen Anwendungssystem und Organisation sowie auf die Steuerung des Leistungssystems durch das Anwendungssystem aus.

Wir sehen in der hier vorgeschlagenen Modellbildung einen Ansatz für eine spürbare Qualitätsverbesserung der fachlichen Anforderungsanalyse von Anwendungssystemen. Die bisherigen Untersuchungen mit umfangreicheren Schemata zeigen ermutigende Ergebnisse, die es rechtfertigen, weitere Forschungsbemühungen in diesen Weg zu investieren.

Literatur

[FeSi90] Ferstl O.K., Sinz E.J.: Objektmodellierung betrieblicher Informationssysteme im Semantischen Objektmodell (SOM). In: Wirtschaftsinformatik 6/90 (1990), 566 - 581

[FeSi91] Ferstl O.K., Sinz E.J.: Ein Vorgehensmodell zur Objektmodellierung betrieblicher Informationssysteme im Semantischen Objektmodell (SOM). In: Wirtschaftsinformatik 6/91 (1991), 477 - 491

[FeSi92] Ferstl O.K., Sinz E.J.: Glossar zum SOM-Ansatz. Bamberger Beiträge zur Wirtschaftsinformatik Nr. 11, Bamberg 1992

[Hein80] Heinemann B.: Teilklassen der selbst-modifizierenden Netze. Bericht Nr. 69, Fachbereich Informatik, Universität Hamburg, März 1980

[Sche91] Scheer A.-W.: Architektur integrierter Informationssysteme. Springer, Berlin 1991

[Sinz88] Sinz E.J.: Das Strukturierte Entity-Relationship-Modell (SER-Modell). In: Angewandte Informatik 5/88, 191 - 202

[Sinz92] Sinz E.J.: Datenmodellierung im Strukturierten Entity-Relationship-Modell (SERM). Erscheint in: Müller-Ettrich G. (Hrsg.): Fachliche Modellierung von Anwendungssystemen - Methoden, Vorgehen, Werkzeuge. Addison-Wesley, Bonn 1992

[Star90] Starke P.H.: Analyse von Petri-Netz-Modellen. Teubner, Stuttgart 1990

Objektorientierte Anwendungsentwicklung betrieblicher Informationssysteme - Ein Ansatz zur Integration von Organisationsgestaltung und Entwurf von Anwendungssystemen

M. Rohloff

Technische Universität München, Lehrstuhl für Allgemeine und
Industrielle Betriebswirtschaftslehre, Prof. Dr. R. Reichwald
Leopoldstr. 139, 8000 München 40

Zusammenfassung

Dieser Aufsatz beschreibt einen methodischen Ansatz für eine objektorientierte Anwendungsentwicklung betrieblicher Informationssysteme. Es wird aufgezeigt, daß in der Objektorientierung der Organisation und in der Softwareentwicklung ähnliche Zielsetzungen bestehen, die in einer aufeinander abgestimmten Modellierung zu berücksichtigen sind. Dazu wird ein Vorgehensmodell für die Entwicklung betrieblicher Informationssysteme vorgestellt, welches im Gegensatz zu den bekannten Phasenmodellen der Softwareentwicklung die organisatorische Modellierung betrieblicher Abläufe einbezieht. Über die generischen Objektklassen "Aufgabe", "Organisationseinheit" und "Ressource" werden unterschiedliche Sichtweisen zur Verfügung gestellt und die Anwendung mit der Realisierung des Informationssystems zusammengeführt. Durch die Verwendung einer einheitlichen und durchgehenden Methode zur Darstellung der Objektstrukturen wird die Anwendung über mehrere Abstraktionsebenen konkretisiert. Die zu modellierenden Objekte werden in einem Objekttypenschema systematisiert.

1 Objektorientierung - Leitlinie für die Organisationsgestaltung und für die Softwareentwicklung

Objektorientierung ist sowohl für die organisatorische Gestaltung betrieblicher Abläufe als auch in der Softwareentwicklung zur Zeit in der aktuellen Diskussion. Eine nähere Betrachtung zeigt, daß diese beiden Ansätze viele Gemeinsamkeiten aufweisen.

In der Organisationsgestaltung ist eine zunehmende Tendenz zur Abkehr von einer bisher stark verrichtungsorientierten Strukturierung betrieblicher Abläufe zu erkennen. Diese führte zu Organisationsformen mit hoher Arbeitsteilung und Spezialisierung und in der Folge zu erheblichen Abstimmungsprozessen, hohem Koordinationsaufwand und einer geringen Flexibilität. Deshalb ist insbesondere in der industriellen Prozeßorganisation eine verstärkte Integration zuvor arbeitsteiliger Aufgaben und eine Zusammenführung von dispositiven, ausführenden und kontrollierenden Tätigkeiten durch eine objektorientierte Strukturierung zu erkennen. So werden z.B. in einer Fertigungsinsel Maschinen unter objektbezogenen Gesichtspunkten zusammengefaßt und Teile entsprechend der Gruppentechnologie dort komplett bearbeitet. Andere Formen der Objektorientierung sind z.B. die Bildung von Fertigungssegmenten oder eine lean production[1].

Eine ähnliche Tendenz ist in der Softwareentwicklung zu verzeichnen. Auch hier erfolgt eine Abkehr von einer verrichtungsorientierten Strukturierung in Form der prozeduralen Programmierung. Diese basiert auf dem Strukturparadigma imperativer Programmiersprachen. Demzufolge besteht ein Programm aus einer Algorithmusdefinition und einer Beschreibung der zugehörigen Datenstrukturen. Daraus ergibt sich für die klassische Programmierung eine Trennung von Funktions- und Datensicht.

Im Gegensatz zu dieser prozeduralen Entwicklung stellt eine objektorientierte Vorgehensweise[2] Objekte des zu betrachtenden Problembereichs in den Mittelpunkt. Objekte repräsentieren für die Anwendung und ihre Ausführung wesentliche Gegenstände, Aufgaben etc. Diese Objekte zeichnen sich durch eine Bindung der Funktionen und Daten an das Objekt aus. Hierzu werden für diese die auf ihnen durchführbaren Operationen (Funktionen) und die Attributwerte (Daten) definiert. Ein Objekt kann als eine Kapsel aufgefaßt werden, die ihre Daten und auch Funktionen gegenüber der Außenwelt abschirmt. Die innere Struktur des Objektes bleibt dem Anwender verborgen. Objekte werden demzufolge auch als Datenkapsel bezeichnet und realisieren dadurch das Prinzip des information hiding[3]. Die von Objekten ausgehende ganzheitliche Sichtweise auf Daten und Funktionen im Verbund ist das typische Kennzeichen objektorientierter Entwicklung. Objekte unterscheiden sich damit von Entitäten, wie sie im Rahmen der Datenmodellierung festgelegt werden[4].

Vergleicht man die Ausführungen zur Objektorientierung in der Organisationgestaltung und in der Softwareentwicklung, so bestehen über die gleiche Begriffsverwendung hinaus viele

---

1) Zu objektorientierten Organisationskonzepten in der Produktion siehe z.B. Reichwald/Rohloff 1992.
2) Für eine Bibliographie siehe Mrdaij 1990.
3) Vgl. z.B. Meyer 1988, S. 22.
4) Siehe z.B. Scheer 1990, Vetter 1991.

Gemeinsamkeiten in der Zielsetzung dieser beiden Ansätze[1]. Eine ganzheitliche Sichtweise wird von beiden Ansätzen verfolgt und über die objektorientierte Strukturierung realisiert. Die Parallelen zeigen sich in der Aufhebung der verrichtungsorientierten Gliederung der Organisation einerseits und der Abkehr von der klassischen prozeduralen Programmierung andererseits. Auf diese Weise wird jeweils eine Bildung von relativ unabhängigen Objekteinheiten und eine Konzentration auf die wesentlichen Aspekte des Problemfeldes erreicht. Die jeweiligen Objekteinheiten (Organisationsbereiche bzw. Objekte) sind durch einen hohen Grad an Selbstorganisation nach innen und eindeutige Schnittstellen nach außen charakterisiert. Beide Formen ermöglichen dadurch eine Vereinfachung der Kommunikationsprozeduren und zeichnen sich durch eine deutlich bessere Flexibilität gegenüber Veränderungen und notwendigen Anpassungen aus.

Eine objektorientierte Organisationsgestaltung und Systementwicklung ergänzen sich demzufolge gegenseitig und bieten eine einheitliche Sichtweise. Dieser Aufsatz zeigt, wie mit Hilfe einer objektorientierten Modellierung in der Anwendungsentwicklung betrieblicher Informationssysteme diese beiden Bereiche zusammengeführt und vorteilhaft integriert werden können.

2 Objektorientierte Softwareentwicklung und methodische Unterstützung

Objektorientierte Softwareentwicklung beinhaltet nicht nur den Einsatz objektorientierter Programmiertechniken, sondern erfordert auch für den Entwurf und die Spezifikation der Anwendung die Umsetzung des Objektparadigmas. Dieser Abschnitt gibt einen Überblick über die Entwicklung von objektorientierten Methoden für Analyse und Design.

2.1 Überblick über Analyse und Designmethoden

Das charakteristische Kennzeichen einer objektorientierten Vorgehensweise durch die ganzheitliche Sicht auf Daten und Funktionen, die in den Objekten untrennbar miteinander verbunden sind, ist bereits hervorgehoben worden. Für eine objektorientierte Modellierung in den verschiedenen Phasen des Softwareentwicklungsprozesses stellen sich damit aber auch neuartige Anforderungen an eine methodische Unterstützung.

---

1) Vgl. Becker 1991, S. 150.

Die im Rahmen der klassischen Softwareentwicklung eingesetzten Methoden haben entweder einen funktionalen (z.B. SA/SD, HIPO) oder datenorientierten (z.B. ERM) Schwerpunkt oder aber verbinden beide in getrennten Darstellungen (z.B. SADT). Alle diese Methoden sind mit ihrer Semantik nicht in der Lage, Objekte und ihre Eigenschaften abzubilden und sind deshalb für einen objektorientierten Entwurf nicht geeignet. In den letzten Jahren wurden deshalb eigene Methoden für die objektorientierte Analyse und das Design entwickelt[1]. Eine Art Standard, ähnlich den ERM-Diagrammen für die Datenmodellierung, hat sich jedoch noch nicht herausgebildet. Die wesentlichen Methoden sind[2]:

- Object Oriented Design nach Booch 1991,

- Object Oriented Analysis nach Coad/Yourdon 1991,

- Object Modeling Technique (OMT) von Rumbaugh et al. 1991,

- Informationsmodell nach Shlaer/Mellor 1992,

- Semantisches Objektmodell (SOM) von Ferstl/Sinz 1990, 1991.

Eine eindeutige Orientierung am objektorientierten Paradigma erfolgt jedoch nur bei den drei erstgenannten Methoden. Sie sind in der Lage, objektorientierte Prinzipien weitestgehend in der jeweiligen Semantik auf der Grundlage der vorgeschlagenen grafischen Notationen auszudrücken. Während die Methode von Booch den Schwerpunkt vor allem im Design hat, wird von den anderen beiden Methoden ein Übergang zwischen den Phasen ohne Strukturbruch hervorgehoben. Die Methoden von Shlaer/Mellor und Ferstl/Sinz weisen dagegen eine starke Orientierung an den klassischen datenorientierten Methoden auf. Das semantische Objektmodell von Ferstl/Sinz ist z.B. eine objektorientierte Erweiterung des strukturierten ERM-Ansatzes von Sinz[3]. Positiv hervorzuheben ist die Ergänzung des SOM-Ansatzes durch die Integration einer Aufgabenbeschreibung der Anwendung in einem Vorgehensmodell zur Objektmodellierung[4]. In dieser Hinsicht geht dieser Ansatz über die anderen Verfahren hinaus.

---

1) Für eine Kurzbeschreibung der objektorientierten Analyse siehe auch Sinz 1991b und für das Design Stahlknecht/Appelfeller 1992.
2) Für einen vergleichenden Überblick einiger dieser Methoden siehe Kröger 1992, S. 28 ff., Heß/Scheer 1992a, Schäfer 1992, Schaschinger et al. 1991.
3) Sinz 1988.
4) Ferstl/Sinz 1991.

2.2   Die Object Modeling Technique (OMT)

Eine Analyse und ein Vergleich der Methoden ergab, daß die von Rumbaugh et al. entwickelte Object Modeling Technique (OMT) die für den hier vorgestellten Anwendungsentwurf geeignete Methodik darstellt. Sie realisiert am besten ein stringent objektorientiertes Vorgehen im Entwurfsprozeß. Da auf diese Darstellungsmethode in den weiteren Ausführungen Bezug genommen wird, werden ihre wesentlichen Elemente nachfolgend kurz vorgestellt. OMT ist eine Methode zum objektorientierten Entwurf von Informationssystemen und basiert auf einer grafischen Notation zur Darstellung der objektorientierten Konzepte. Es werden die Phasen Analyse, System Design, Objekt-Design und Implementierung zugrunde gelegt. Diese können iterativ durchlaufen werden. In jeder dieser Phasen ist die Erstellung von drei verschiedenen Teilmodellen, die orthogonal zueinander sind, vorgesehen. Sie verfügen jeweils über eine eigene grafische Notation und werden im Verlaufe der Modellierung bis zur Implementierungsebene detailliert[1]:

Das *Objektmodell* beschreibt die statischen Strukturen der Objektklassen, die Assoziationen zwischen diesen sowie Aggregationen und Generalisierungen. Die Objektdiagramme sind Graphen, deren Knoten die Objektklassen und deren Verbindungen die Objektassoziationen darstellen.

Das *dynamische Modell* dient zur Definition des zeitabhängigen Verhaltens. Dies wird durch die Beschreibung von Ereignissen realisiert. Ereignisse können z.B. eine Benutzereingabe, das Eintreffen einer Nachricht bei einem Objekt, das Eintreffen eines Ergebnisses auf eine gesendete Nachricht oder das Eintreten einer vordefinierten Bedingung sein. In einem *Szenario* wird die Abfolge der Ereignisse festgehalten und textuell beschrieben. Es werden dabei zuerst die Ereignisse betrachtet, die die Grenze des Anwendungsbereiches überschreiten, das heißt die Interaktion zur Umwelt. Ein Szenario stellt jeweils nur einen möglichen Ablauf dar und wird in *Event Traces* graphisch dargestellt. Sie werden schrittweise durch weitere Ereignisabfolgen ergänzt.

Der aktuelle Zustand eines Objektes wird durch seine Attributwerte und die Assoziationen des Objektes bestimmt. Der Übergang zwischen Zuständen wird als Transition bezeichnet. Die letzte Stufe bildet das *State Diagram,* welches die Ereignisse und Zustände miteinander verbindet. Diese werden ebenfalls als Graphen dargestellt. Die Knoten repräsentieren die

---

1) Erste Versionen von OMT gehen bereits auf Loomis et al. 1987 zurück. Für die eigenen Arbeiten wird die jüngste Version von Rumbaugh et al. 1991 verwendet, auf der die obige Kurzbeschreibung basiert. Für Details des Objektmodells siehe S. 21 ff., für das dynamische Modell S. 84 ff. und für das funktionale Modell S. 123 ff.

Zustände und ihre Verbindungspfeile sind die Transitionen, die mit dem Namen des verursachenden Ereignisses bezeichnet werden.

Mit dem *funktionalen Modell* werden die Datentransformationen dargestellt und die Funktionalität spezifiziert. Hierzu werden Datenflußdiagramme eingesetzt. Die Knoten stellen die Prozesse und die Pfeile den Datenfluß dar. Im Regelfall sind die Datenflüsse zwischen den Objekten Attributwerte, es können aber auch Objekte sein. Die Prozesse des funktionalen Modells entsprechen auf unterster Ebene den Operationen des Objektmodells.

3 Objektorientierte Anwendungsentwicklung

Die Object Modeling Technique ist die wesentliche Grundlage für die in diesem Abschnitt vorgestellte Anwendungsentwicklung betrieblicher Informationssysteme. Sie wird in ein Vorgehensmodell integriert, welches eine stärkere Einbindung der organisatorischen Gestaltungsmaßnahmen und einen anwenderorientierten Entwurf unterstützt.

3.1 Ein Vorgehensmodell zur objektorientierten Anwendungsentwicklung

Zielsetzung jeder Anwendungsentwicklung ist die Entwicklung von Informationssystemen, die sich in die betrieblichen Soll-Abläufe einfügen ohne diese durch ihren Einsatz selbst zu beeinflussen. Die geplante Ablauforganisation und deren Einordnung in die entsprechende Aufbauorganisation ist deshalb die Ausgangsbasis für die Gestaltung und Entwicklung der Informationssysteme. Eine objektorientierte Modellierung bietet gute Möglichkeiten, die bisher in der Praxis häufig zu beoachtende Diskrepanz zwischen den fachlichen Anforderungen der Anwendung und der Entwicklung eines adäquaten Informationssystems zu verringern.

Die Anwendung und das zu realisierende Informationssystem bilden deshalb die beiden Teile des in Abbildung 1 dargestellten Vorgehensmodells. Die Beschreibung der Anwendung und der Entwurf des Informationssystems werden durch eine zunehmende Verfeinerung über mehrere Vorgehensschritte in ständiger Abstimmung dieser beiden Bereiche konkretisiert. Mit zunehmender Realisierung des Informationssystems verschmelzen Anwendungsgebiet und Informationssystemgestaltung in der gemeinsamen Abbildung der betrieblichen Abläufe. Das Vorgehensmodell umfaßt die Schritte Organisationsgestaltung, Fachkonzept, Entwurf, Design und Implementierung sowie Pflege und Reorganisation.

Die *Organisationsgestaltung* hat die Gestaltung der Aufgaben und Abläufe und die damit korrespondierende Aufbauorganisation zum Inhalt. Das betrachtete Anwendungsgebiet wird hinsichtlich der Aufgabenverteilung, der Gestaltung der Arbeitsabläufe und den damit zusammenhängenden Regelungen bezüglich der Koordination und der Zuordnung von Entscheidungskompetenz festgelegt. Insbesondere der Grad der Aufgabenintegration bzw. Arbeitsteilung wird durch die ganzheitliche Objektbearbeitung (Bildung von Vorgangsketten) festgelegt. Dabei sind vor allem die durch eine Aufgabenzusammenführung oder Teilung bedingten Transaktionskosten (bzw. Koordinationskosten) arbeitsteiliger Prozesse ein entscheidungsrelevantes Kriterium[1]. Ergebnis ist die Modellierung der Anwendung durch die Beschreibung der zur Aufgabenrealisierung notwendigen Abläufe und den Grad ihrer Arbeitsteiligkeit entsprechend den formulierten Kriterien. Für diese wird deren geplante Unterstützung durch Anwendungssysteme festgelegt.

Im anschließenden *Fachkonzept* wird ein Anwendungskonzept entwickelt, welches, ausgehend von den Rahmenbedingungen der Organisationsgestaltung, die inhaltliche und methodische Umsetzung der definierten Aufgaben und Abläufe beschreibt. Parallel dazu wird ein korrespondierendes DV-Konzept entworfen, in dem die grundlegenden Architekturmerkmale festgehalten werden.

Im *Entwurf* erfolgt die detaillierte Analyse und Beschreibung der für die Aufgabenausführung erforderlichen Objekte, ihrer Strukturen und ihrer Assoziationen. Hier fließen bereits die Ergebnisse des Anwendungskonzeptes und der Richtlinien für die DV-Architektur zusammen und führen zur gemeinsamen objektorientierten Analyse und Modellierung der definierten fachlichen Anforderungen an die Anwendung. Sie resultieren in der konzeptionellen Beschreibung des Informationssystems.

Die konzeptionelle Objektmodellierung wird in der anschließenden *Design- und Implementierungsphase* zum Softwareprodukt geführt. Erst bei der Implementierung der Algorithmen und Datenstrukturen wird die ganzheitliche Sichtweise der Objekte in ihre Attribute und Operationen aufgebrochen. Hier zeigt sich deutlich der Gegensatz zur klassischen Vorgehensweise, die bereits in der Analyse und Konzeption eine getrennte Sichtweise vornimmt.

Die *Pflege und Reorganisation* der Software wird durch die mit der Objektkapselung verbundene leichtere Wartbarkeit und Erweiterbarkeit der Software sowie durch die Möglichkeit der Wiederverwendung positiv unterstützt.

---

1) Siehe z.B. Picot 1982, Windsperger 1991.

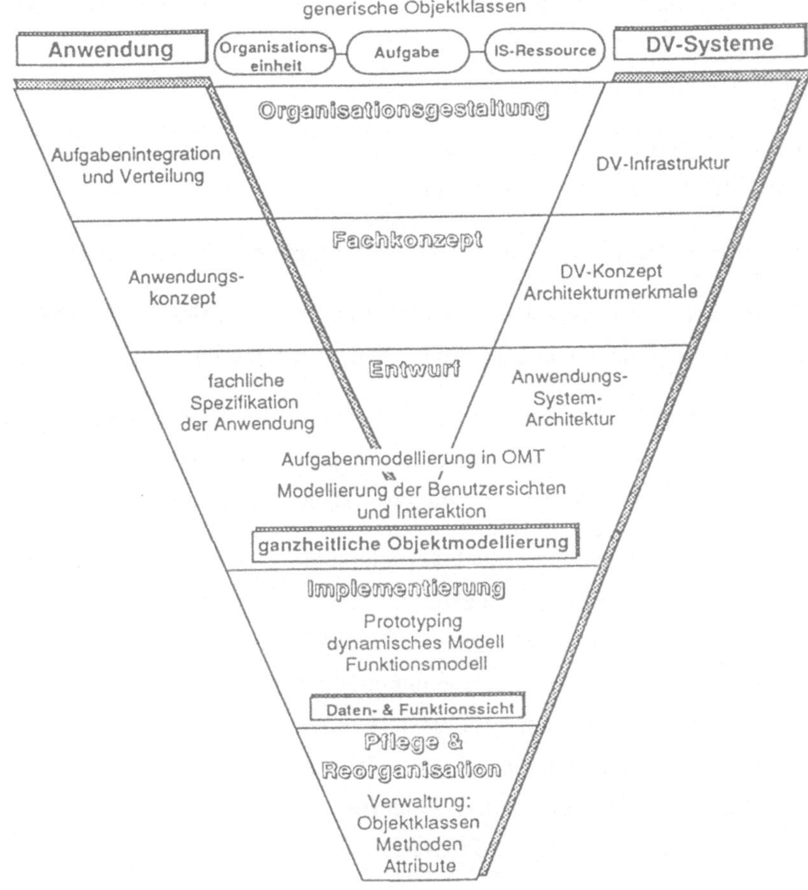

Abb. 1: Vorgehensmodell einer objektorientierten Anwendungsentwicklung

Das Vorgehensmodell umfaßt damit sämtliche Aktivitäten im Lebenszyklus von DV-Systemen von der ersten Planung über die Realisierung und Nutzung von Informationssystemen bis zu deren Reorganisation und Anpassung. Es ist als Rahmenkonzept und Zielsetzung für die Entwicklung von Vorgehensweisen und Methoden zur Bewältigung der durch das Modell umspannten Aufgaben zu verstehen und geht damit über den klassischen Softwareentwicklungsprozeß nach dem Wasserfallmodell oder vergleichbaren Phasenkonzepten hinaus. Die Realisierung aller Schritte des Vorgehensmodells wird durch ein objektorientiertes Vorgehen umgesetzt. Gegenüber der traditionellen Vorgehensweise ergeben sich wesentliche Vorteile aufgrund der

- ganzheitlichen Sichtweise durch Integration von Funktions- und Datensicht in der Objektbeschreibung,

- größeren kognitiven Nähe zwischen Anwender und Softwareentwickler durch eine "natürliche" Modellierung in Objekten,

- Integration einer Organisationsmodellierung mit deren Hilfe alle betrieblichen Abläufe (auch unabhängig von einer Umsetzung in Informationssystemen) modelliert werden können,

- Darstellung einer Organisations-, Anwendungs- und Ressourcensicht, welche die Ableitung von Architekturmerkmalen unterstützen,

- weichen Übergänge zwischen den Softwareentwicklungsphasen ohne Strukturbruch,

- guten Möglichkeiten einer Integration objektorientierter grafischer Benutzeroberflächen für ein Prototyping zur Unterstützung der Anwendungsspezifikation,

- langfristig höheren Produktivität der Softwareentwicklung durch Wiederverwendbarkeit von Softwarekomponenten und eine leichtere Anpassbarkeit und Erweiterbarkeit, die eine mögliche Reorganisation des Informationssystems unterstützen,

- objektorientierten Programmierung (Objektkapselung etc.), welche die Konstruktion verteilter Anwendungsentwicklungen unterstützt.

Das Vorgehensmodell dient als Arbeitsgrundlage und methodischer Rahmen zur Entwicklung einer Methodik des Projektmanagements objektorientierter Anwendungsentwicklung, dessen Konkretisierung zum Teil noch aussteht, so z.B. bezüglich des Vorgehens in der Implementierung, Pflege und Reorganisation. Nachfolgend soll ein erster Ansatz zur Integration von Organisationsgestaltung und Softwareentwurf aufgezeigt werden.

Wesentliche Zielsetzung bei der Umsetzung des Vorgehensmodells ist eine Beschreibung der jeweiligen Zielsetzungen, Aufgabenstellungen, Anforderungsbeschreibungen und Lösungen durch eine objektorientierte Modellierung der Objektklassen und ihrer Assoziationen mit Hilfe einer Methodik, die ohne Strukturbruch in den einzelnen Phasen der Softwareentwicklung eingesetzt werden kann. Im Gegensatz zur prozeduralen Softwareentwicklung können so die Ergebnisse einer Phase zur direkten Weiterverarbeitung in der nachfolgenden Phase verwendet werden. Die Object Modeling Technique (OMT) bietet hierfür die geeignete Grundlage. Deren grafische Notationen sind zum einen aus anwenderorientierter Sicht verständlich und weisen zum anderen eine mächtige Semantik auf, die eine Verwendung bis zur Implementierung ermöglicht.

Einheitliches Beschreibungsmittel in den Phasen Organisationsgestaltung, Fachkonzept und Entwurf ist das Objektmodell von OMT. Vereinzelt im Entwurf, aber insbesondere in der Implementierung wird es durch das dynamische und funktionale Modell ergänzt. Damit wird bis in die Entwurfsphase hinein die ganzheitliche Sichtweise des Objektansatzes beibehalten. Bei der klassischen Softwareentwicklung führt die separate Modellierung von

Funktionen und Daten betrieblicher Abläufe bereits in der Analyse zu einer künstlichen Trennung der zusammengehörigen Sicht. Diese wird erst zu einem späten Zeitpunkt durch die Verbindung der beiden Modellierungen wieder aufgehoben. Auch die meisten Integrationsansätze für betriebliche Anwendungssysteme haben ihren Schwerpunkt in einer getrennten Funktions- oder Datenintegration[1].

Gleichzeitig kann die kognitive Lücke im gegenseitigen Verständnis der Anforderungen und Lösungskonzeptionen zwischen Anwender und Softwareentwickler verringert werden, indem deren unterschiedliche Sichtweisen mit Hilfe einer objektorientierten Modellierung zusammengeführt werden. Damit bieten sich erhebliche Potentiale zur effizienteren und anwenderorientierten Entwicklung von Informationssystemen.

3.2 Metamodell einer objektorientierten Anwendungsentwicklung

Als Ausgangsbasis jeder Modellierung im Vorgehensmodell werden die drei generischen Objektklassen "Aufgabe", "Organisationseinheit" und "IS-Ressource" herangezogen. Sie stellen die unterschiedlichen Sichtweisen auf die Anwendungsentwicklung dar. Die jeweils vorgenommene Assoziation der Objektklasse "Aufgabe" mit der "Organisationseinheit" und der "IS-Ressource" stellt die Verknüpfung der beiden Schenkel Anwendung und Informationssystem des Vorgehensmodells dar und führt zum Metamodell einer objektorientierten Anwendungsentwicklung.

Die *Objektklasse "Aufgabe"* beschreibt ausgehend von den jeweiligen Zielsetzungen des untersuchten Anwendungsgebietes die notwendigen Handlungen bzw. Aktivitäten, die für die Zielerreichung durchzuführen sind. Damit zusammen hängt in der Regel die Vornahme bestimmter Verrichtungen an Objekten (z.B. Materialfluß durch die Bearbeitung von Teilen im Produktionsprozeß oder ein Informationsfluß, der in der Bearbeitung von Dokumenten zum Ausdruck kommt). Über die Objektklasse "Aufgabe" werden demnach die betrieblichen Abläufe modelliert.

Die *Objektklasse "Organisationseinheit"* beschreibt die aufgabenbezogene Zuordnung zu Organisationsbereichen oder Stellen. Jede Organisationseinheit verfügt über eine festgelegte Hierachie in der Aufbauorganisation. Damit erfolgt auch die Zuordnung von Kompetenzen zur Aufgabenausführung.

---

1) Siehe z.B. das Vorgehen der ARIS-Architektur bei Scheer 1991, S. 13 ff., S. 109 ff. Einen Überblick über Integrationsansätze gibt Mertens/Holzner 1992, S. 5 ff.

Die *Objektklasse "IS-Ressource"* beschreibt die für die Realisierung der Anwendung notwendigen Ressourcen für eine Unterstützung durch Informationssysteme.

3.3   Abstraktionsebenen und Objekttypenschema

Die Zielsetzung einer schrittweisen Verfeinerung ohne Strukturbruch verlangt mit zunehmender Detaillierung der Vorgehensschritte eine Konkretisierung der Anwendung und eine Spezifizierung der Objektbeschreibung. Deshalb werden verschiedene Abstraktionsebenen eingeführt, die mit einem bestimmten Detaillierungsgrad korrespondieren. Jede Phase im Vorgehensmodell verfeinert auf phasenspezifischen Abstraktionsebenen die drei generischen Objektklassen. Die Aufgabe bildet dabei die primäre Objektklasse der Zerlegung und wird in Teilaufgaben aufgeteilt. Diesen Teilaufgaben wird wiederum eine korrespondierende Objektklasse "Organisationseinheit" und "IS-Ressource" zugeordnet. Auf diese Weise wird durch eine zunehmende Aufgabenzerlegung und Spezifizierung der Anwendung die objektorientierte Modellierung von der Organisationsgestaltung bis zur Implementierung des Informationssystems geführt.

Abbildung 2 zeigt diesen Verfeinerungsprozeß im schematischen Überblick. Die Objektklasse "Aufgabe" wird in den Abstraktionsebenen durch Zerlegung zunehmend in untergeordnete Teilaufgaben detailliert. Die Umrahmung zeigt die Zuordnung zu einer Objektklasse "Organisationeinheit". Jede Teilaufgabe kann wiederum durch Objektklassenstrukturen und deren Assoziationen modelliert werden. Über eine Aggregation der Teilaufgaben wird eine Objektklassenhierarchie aufgebaut, deren Säule die Objektklasse "Aufgabe" ist.

Die Ergebnisse der objektorientierten Modellierung der übergeordneten Ebene sind jeweils der Input für eine nachfolgende Konkretisierung dieser Objekte und ihrer Assoziationen durch eine weitere Zerlegung in untergeordnete Objekte und deren Assoziationen. Mit der zunehmenden Zerlegung der Teilaufgaben erfolgt eine korrespondierende Konkretisierung der Objektklasse "Organisationseinheit" über z.B. Unternehmensbereich, Abteilung, Organisationsbereich, Stelle, Nutzer etc. und der Objektklasse "IS-Ressource" wie beispielsweise DV-Infrastruktur, Anwendungssystem, Systemkomponente, Hardware, Datenbank, Komunikationssystem, Netztypologie etc.

Im Zusammenhang mit einer Objektmodellierung wird diskutiert, welche Vorgehensweise zur Identifikation und realitätsnahen Modellierung von Objekten geeignet ist[1]. Bisher hat sich, ähnlich wie bei den einzusetzenden Methoden, noch keine einheitliche Vorgehens-

---

[1] Vgl. z.B. Booch 1986, S. 213 ff., Coad/Yourdon 1991, S.52 ff., Rumbaugh et al. 1991, S. 152 ff.

weise durchgesetzt. Das eigene Vorgehen ist stark durch einen top down Ansatz mit der zunehmenden Konkretisierung der Abstraktionsebenen geprägt. Häufig wird jedoch auch ein iteratives Vorgehen und damit auch ein bottom up erfolgen. In jeder Phase des Vorgehensmodells werden der Aufgabenstellung entsprechend verschiedene Abstraktionsebenen verwendet. Ausgangsbasis für die Identifikation der Objektklassen bzw. Objekte ist dabei jeweils die Zerlegung der Aufgabe und die Zuordnung von Organisationseinheit und IS-Ressourcen. Für jede Abstraktionsebene werden die folgenden allgemeinen Schritte zur Identifikation und Bildung von Objektklassen angewendet:

- Identifikation der Objektklassen bzw. Objekte;

- Zuordnung von Merkmalen und Eigenschaften;

- Beschreibung der Eigenschaften durch Operationen;

- Beschreibung der Merkmale durch Attribute;

- Darstellung der Objektbeziehungen (Assoziationen und Aggregationen);

- Beschreibung des Verhaltens von Objekten;

- Bildung von Objektklassenhierarchien (durch Generalisierung/Dekomposition und Aggregation);

- Suche nach Aufgabenanalogien zur Bildung von wiederverwendbaren Komponenten;

- Zerlegung des Gesamtmodells in überschaubare Teilmodelle;

- Gruppierung von Objektklassen zu Modulen.

Jeder Abstraktionsebene entsprechen unterschiedliche Objekttypen der generischen Objektklasse "Aufgabe", die einen spezifischen Detaillierungsgrad der Anwendungsbeschreibung zum Ausdruck bringen. Dies führt zur Entwicklung eines *Objekttypenschemas*, in dem den Phasen und ihren Abstraktionsebenen jeweils bestimmte Typen oder Ausprägungen der Objektklasse "Aufgabe" zugeordnet werden (vgl. Abb. 2). Diese Klassifizierung soll die systematische Suche und Beschreibung der Objektklassen unterstützen. Zielsetzung ist, für jeden Objekttyp jeweils geeignete Erhebungstechniken und Verfahren für ihre Identifikation einzusetzen und Darstellungsformen für ihre Beschreibung abzuleiten. Dadurch kann das oben beschriebene allgemeine Vorgehen für die unterschiedlichen Objekttypen durch spezifische Handlungsempfehlungen präzisiert werden.

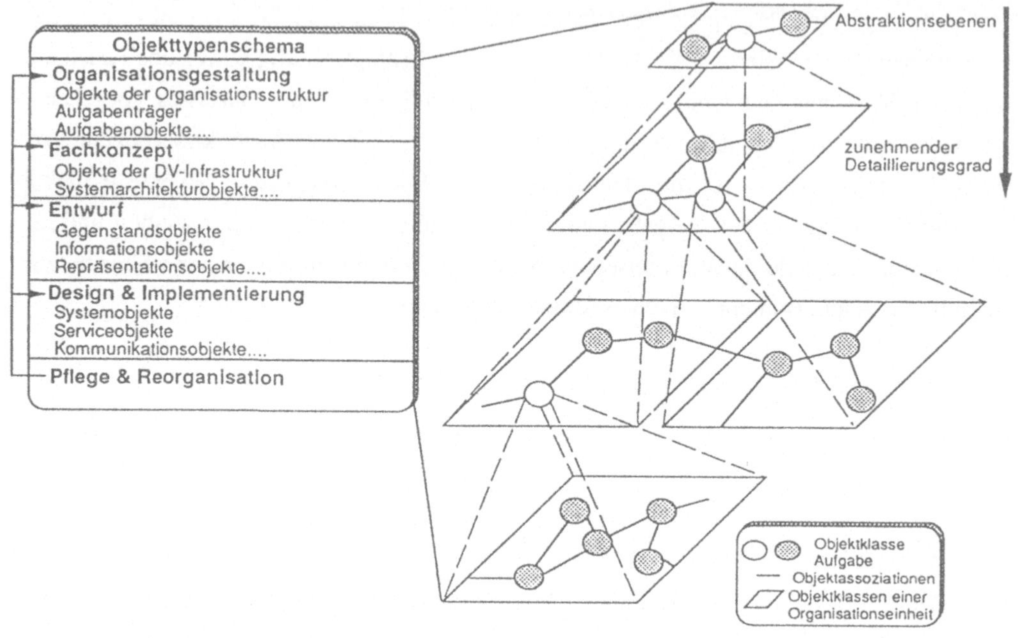

Abb. 2: Abstraktionsebenen der Zerlegung der Objektklasse "Aufgabe"
und Objekttypenschema

Als Beispiel hierfür soll die Modellierung der Gegenstandsobjekte in der Entwurfsphase angeführt werden. Unter Gegenstandsobjekten werden Objekte verstanden, die für die Durchführung der zu analysierenden Abläufe notwendig sind und in der Regel einer Manipulation unterliegen. Ein Prototyping in Form objektorientierter grafischer Benutzeroberflächen kann den Prozeß der Suche und Beschreibung dieses Typs von Objekten erheblich erleichtern. Häufig können Objekte der grafischen Oberfläche direkt als komplementäre Objekte in der Programmierung betrachtet werden. Der Prozeß der Identifikation von Gegenstandsobjekten kann somit durch ein Prototyping sinnvoll ergänzt werden. Solche interaktiven Schnittstellen ermöglichen eine empirisch-experimentelle Vorgehensweise und können dadurch zu einer erheblichen Komplexitätsreduktion beitragen.

Die zu realisierende Anwendung kann mit relativ geringem Aufwand in Prototypen abgebildet und mit den Vorstellungen des Anwenders in Einklang gebracht werden. Die in der grafischen Darstellung benutzten Objekte bilden wesentliche Objekte der Anwenderwelt ab. Durch ein Prototyping kann die Identifikation und das Rollenverhalten von Objekten schrittweise erarbeitet werden. Die Abbildung der zu modellierenden Objekte der Anwendung in der Sicht von grafischen Gegenständen und die Möglichkeit ihrer direkten

Manipulation erleichtert die anwenderorientierte Softwareentwicklung. Eine solche Art der direkten Interaktion mit Objekten wird sogar teilweise zum vollen Verständnis und geschickten Einsatz objektorientierter Programmierverfahren für notwendig erachtet[1]. Damit werden Rückschlüsse auf die Objektwelt des Anwenders ermöglicht und die Entwicklung der Anwendungslösung insgesamt unterstützt. Die gewonnenen Erkenntnisse können mit dem Objektmodell auf der Abstraktionsebene der Gegenstandsobjekte verifiziert und abgeglichen werden. Außerdem lassen sich Erkenntnisse über das dynamischen Verhalten der Objekte gewinnen.

3.4   Wiederverwendung von Komponenten der Anwendungsentwicklung

Als wesentlicher Vorteil objektorientierter Softwareentwicklung wird die Wiederverwendbarkeit hervorgehoben. In der bisherigen Diskussion wird darunter fast ausschließlich nur die Wiederverwendung von Programmcode diskutiert[2]. Vereinzelt werden auch Designaspekte betrachtet[3].

Durch die Einbeziehung der Organisationsgestaltung und der Referenz der Objektklassentypen zu den Abstraktionsebenen soll nicht nur die Wiederverwendung von Code, sondern darüber hinausgehend schon in der frühen Phase der Analyse die Wiederverwendung ganzer Modelle oder Teilmodelle der Anforderungsdefinition erreicht werden. Hierdurch werden wesentlich höhere Einsparungspotentiale in der Softwareentwicklung realisiert, da ganze Softwarekomponenten wiederverwendet werden können. Dazu bedarf es jedoch eines sehr hohen Verständnisses der Anwendung und ihrer Problembereiche sowie der Fähigkeit einer guten Abstraktion auf wesentliche Abläufe. Voraussetzung hierfür ist jedoch das frühzeitige Erkennen von Aufgabenbereichen und Abläufen, die eine hohe Übereinstimmung in den Strukturen und im dynamischen Verhalten ihrer Objekte aufweisen und auf eine gemeinsame Abstraktionsebene zurückgeführt werden können. Dieses ist bei größeren Anwendungsentwicklungen nur über geeignete Objektbibliotheken realisierbar. Hier besteht noch entsprechender Unterstützungsbedarf, um eine effiziente Wiederverwendung durch eine aufgabengerechte Objektverwaltung zu ermöglichen.

Die Dekomposition der Anwendung über die Objektklasse "Aufgabe" bietet hier einen Ansatzpunkt, indem Objektbibiliotheken über die Abstraktionsebenen aufgebaut werden und eine Zuordnung der Suchstrukturen über die Struktur der Zerlegung der Objektklasse "Aufgabe" vorgenommen wird. Eine Prüfung auf "Objektähnlichkeit" erfolgt dann zunächst zwischen gleichen Objektklassentypen. Für eine Detailprüfung kann bei Bedarf ein Ver-

---

1) Kreutzer 1990, S. 225.

gleich der Struktur und des Verhaltens der untergeordneten Objektklassen durchgeführt werden. Der Aufbau solch einer Objektklassenbibliothek, die auch über eine Modellierung von Abläufen der Organisationsgestaltung verfügt, ist damit gleichzeitig eine wesentliche Grundlage für eine mögliche Reorganisation.

4 Ausblick

Das durch das Vorgehensmodell skizzierte weite Aufgabenfeld einer objektorientierten Anwendungsentwicklung gibt den Rahmen für eine Vielzahl noch offener Fragestellungen für eine Vorgehensmethodik zur effizienten objektorientierten Softwareentwicklung vor. Aufgrund der umfassenden Thematik konnten nur einige Aspekte betrachtet werden. Da bei einer objektorientierten Anwendungsentwicklung insbesondere den frühen Phasen besondere Bedeutung zugemessen wird, wurde der Schwerpunkt der Ausführungen auf die Verbindung von Organisationsgestaltung und Anwendungsentwurf gelegt. Der hier vorgestellten Ansatz wurde für die Entwicklung eines verteilten Systems zur Produktionsplanung und -steuerung angewendet. Dabei konnte bereits im Entwurf die Wiederverwendung von Objektmodellen der Anforderungsdefinition erreicht werden[1]. Auf der Basis des Metamodells der Anwendungsentwicklung werden sich auch die weiteren Arbeiten zunächst auf eine Konkretisierung der Abstraktionsebenen und des Objekttypenschemas dieser Phasen beschränken. Auch wird geprüft, wie die über die Objektklasse "Auftrag" aufgebaute Objektklassenhierachie in Verbindung mit Hypertext genutzt werden kann, um ein Retrieval von Objektklassen unter dem Gesichtspunkt der Wiederverwendung zu realisieren. Längerfristig verlangt die Lösung dieser Problemstellungen eine Einbindung in eine zielorientierte und ganzheitliche Methodik des Projektmanagements objektorientierter Softwareentwicklung.

Literatur

Becker, J.: Objektorientierung - eine einheitliche Sichtweise für die Ablauf- und Aufbauorganisation sowie die Gestaltung von Informationssystemen, in: Jakob, Becker, Krcmar (Hrsg.): Integrierte Informationssysteme, Wiesbaden 1991, S. 135-152.

Booch, G.: Object-Oriented Design with Applications, Redwood City, California, 1991.

Booch, G.: Object-Oriented Development, in: IEEE Transactions on Software Engineering, Vol. SE-12, Feb 1986, S. 211-221.

Coad, P.; Yourdon, E.: Object-Oriented Analysis, Englewood Cliffs, New Jersey et. al. 1991.

---

1) Siehe hierzu Rohloff 1992.

Cox B., Novobilski, A.J.: Object-Oriented Programming: An Evolutionary Approach, Reading, Mass. 1991

Ferstl, O.K.; Sinz, E.J.: Ein Vorgehensmodell zur Objektmodellierung betrieblicher Informationssysteme im semantischen Objektmodell (SOM), in: Wirtschaftsinformatik 33. Jg. Nr.6 1991, S. 477-491.

Ferstl, O.K.; Sinz, E.J.: Objektmodellierung betrieblicher Informationssysteme im semantischen Objektmodell (SOM) ,in: Wirtschaftsinformatik 32. Jg. Nr.6 1990, S. 228-237.

Heß, H.; Scheer, A.-W.: Methodenvergleich im objektorientierten Design von Informationssystemen, in: Handbuch der modernen Informationsverarbeitung HMD, Heft 165 1992a, S. 117-137

Heß, H.; Scheer, A.-W.: Retrieval wiederverwendbarer Softwarebausteine,in: Wirtschaftsinformatik, 34. Jg. Heft 2 1992b, S. 190-200

Kreutzer, W.: Grundkonzepte und Werkzeugsysteme objektorientierter Systementwicklung - Stand der Forschung und Anwendung-, in: Wirtschaftsinformatik 32 Jg. Heft 3 1990, S. 211-227

Kröger, C.: Objektorientierte Modellierung ausgewählter Bereiche eines dezentralen Konzeptes zur Produktionsplanung und -steuerung, Diplomarbeit TU München, Mai 1992

Loomis, M.; Shah, A.; Rumbaugh, J.: An Object-Modeling Technique for Conceptual Design, in: Bizivin, J.; Hullot, J.-M.; Cointe, P.; Liebermann, H. (Hrsg.): ECOOP`87, European Conference on Object- Oriented Programming, Berlin 1987, S. 192-202.

Mertens, P.; Holzner, J.: Eine Gegenüberstellung von Integrationsansätzen der Wirtschaftsinformatik, in: Wirtschaftsinformatik, 34 Jg. Heft 1 1992, S. 5-25.

Meyer, B.: Object-Oriented Software Construction, New York u.a. 1988.

Mrdaij, S.: Bibliography of Object-Oriented System Development, in: ACM SIGSOFT Software Engineering Notes, Vol. 15 No.5, Oct. 1990, S. 60-63

Picot, A.: Transaktionskostenansatz in der Organisationstheorie: Stand der Diskussion und Aussagewert, in: Die Betriebswirtschaft, 42.Jg. 1982, S. 267-284

Reichwald, R.; Rohloff, M.: Alternative Konzepte zur Gestaltung der industriellen Prozeßorganisation, in: Strukturwandel - In Management und Organisation, erscheint in FBO-Verlag Baden Baden 1992.

Rohloff, M.: Design of a Decentraliced Production Management System Based on an Object Oriented Architecture - Some Aspects of Production Management Systems Development, in: "Seventh International Working Seminar on Production Economics", Igls;/Innsbruck, Feb. 1992a, Pre-prints Vol. 1, S. 443-472.

Rohloff, M.: Dezentrale Produktionsplanung in autonomen Organisationseinheiten: Entwicklung eines verteilten Systems zur Produktionsplanung und -steuerung auf Basis einer objektorientierten Organisationsgestaltung und Systementwicklung, Dissertation (zur Einreichung), TU München 1992b.

Rumbaugh, J.; Blaha, M.; Premerlani,W.; Eddy, F.; Lorensen, W.: Object-Oriented Modeling and Design, Englewood Cliffs, New Jersey et. al. 1991

Schäfer, S.: Objektorientierte Entwurfsverfahren, Diplomarbeit FH Furthwangen, April 1992

Schaschinger, H.; Sikora, H.; Bäuchler,I.: Objektorientierte Analyse- und Designmethoden - Überblick und kritische Betrachtung, in: Softwaretechnik - Trends, Bd.11 Heft 4, November 1991, S. 32-43.

Scheer,A.-W.: Architektur integrierter Informationssysteme: Grundlagen der Unternehmens-modellierung, Berlin u.a. 1991.

Scheer, A.-W: Wirtschaftsinformatik: Informationssysteme im Industriebetrieb, Berlin u.a. 1990.

Shlaer, S.; Mellor, S.: Object Lifecycles: Modeling the World in States, Englewood Cliffs, New Jersey 1992.

Sinz, E.: Objektorientierte Analyse (ooA), in: Wirtschaftsinfomatik 33. Jg. Heft 5 1991, S. 455-457

Sinz, E.: Das Strukturierte Entity-Relationship-Modell (SER-Modell), in: Angewandte Informatik Nr. 5, 1988, S. 192-201.

Stahlknecht, P; Appelfeller, W.: Objektorientiertes Design (ooD), in: Wirtschaftsinformatik, 34. Jg. Heft 2 1992, S. 249-252.

Vetter,M.: Aufbau betrieblicher Informationssysteme mittels objektorientierter, konzeptioneller Datenmodellierung, Stuttgart 1991.

Windsberger, J: Transaktionskosten und Informationsstruktur, in: Heinrich, L.J.; Pomberger,G.; Schauer, R. (Hrsg.), Die Informationswirtschaft im Unternehmen, Linz 1991, S. 201-219.

Eine integrierte Entwicklungsumgebung für den Entwurf objektorientierter Unternehmensmodelle

Ulrich Frank

Gesellschaft für Mathematik und Datenverarbeitung
Postfach 13 16, Schloß Birlinghoven
5205 Sankt Augustin 1

Zusammenfassung

Der vorliegende Beitrag präsentiert einen konzeptuellen Bezugsrahmen für die Gestaltung multi-perspektivischer Unternehmensmodelle. Auf dieser Grundlage wird eine Entwicklungsumgebung für den Entwurf objektorientierter Unternehmensmodelle vorgestellt. Sie unterstützt den gesamten Prozeß von der Analyse bis zur Implementierung, wobei der Fokus der Darstellung auf Analyse und Design gerichtet ist. Die Entwicklungsumgebung erlaubt Abstraktionen des Unternehmens, die auch für Anwender und Führungskräfte anschaulich sind - und gleichzeitig auf einem leistungsfähigen softwaretechnischen Konzept basieren. Von den drei gewählten Abstraktionsebenen - Strategie, Organisation und Informationssystem - werden die beiden zuletzt genannten ausführlicher beschrieben. Dazu wird einerseits dargestellt, wie sich der werkzeuggestützte Entwurf der statischen Repräsentation eines Unternehmens in Form eines Objektmodells vollzieht. Ein weiteres Werkzeug unterstützt die Komposition von Vorgängen aus (wiederverwendbaren) Aktivitätsobjekten sowie deren systematische Spezifikation. Beide Teilmodelle sind auf einem hohen semantischen Niveau integriert.

1 Einleitung

Auch mehr als zwanzig Jahre nach der Verkündung der Software-Krise sind die Entwicklung und der Einsatz betrieblicher Informationssysteme für viele Unternehmen mit erheblichen Schwierigkeiten verbunden. Dazu gehört u.a.:

- Eine sorgfältige und detaillierte Anforderungsanalyse, die auch zukünftige Anforderungen in wünschenswerter Weise berücksichtigt, wird selten praktiziert.

- Die Beteiligten im Analyse- und Entwurfsprozeß - Systemanalytiker, Anwender, Manager usw. - haben unterschiedliche Problemsichten. Sie sprechen also nicht immer die gleiche Sprache, wenn sie über das Unternehmen reden.

- Der Übergang vom Entwurf zur Implementierung ist aufwendig und häufig mit dem Verlust von Semantik verbunden.

- Die Architektur von Informationssystemen entspricht nicht wichtigen Anforderungen an Wartbarkeit und Integration.

Während viele Führungskräfte um die ökonomische Bedeutung von Informationssystemen wissen, sind sie häufig nicht in der Lage, deren Qualität angemessen zu beurteilen. Umgekehrt fehlt Systemanalytikern und DV-Leitern zumeist - wie eine Studie von Lederer und Mendelow belegt - ein detailliertes Verständnis von Unternehmenszielen und -strategien.

Eine nähere Betrachtung der skizzierten Probleme macht deutlich, daß ein Modell des Unternehmens nötig ist, das dazu beiträgt, zwischen den verschiedenen Sichten der Beteiligten (bzw. Betroffenen) zu vermitteln, um so wirksame Partizipation zu ermöglichen. Solche Modelle müssen gewissen formalen Anforderungen genügen und anschaulich sein, wie Levesque/Mylopoulos [S. 11] es formulieren: "... descriptions of a world/enterprise/ slice of reality which correspond directly and naturally to our own conceptualizations". Darüber hinaus ist es erstrebenswert, leistungsfähige softwaretechnische Konzepte und Architekturen einzusetzen. Ein objektorientierter Ansatz scheint besonders geeignet, die dargestellten Anforderungen zu erfüllen: So verspricht die Beschreibung realer Objekte als konzeptuelle Einheiten anschaulicher zu sein als die Rekonstruktion realer Sachverhalte mittels einer künstlichen Trennung in Daten und Funktionen. Die Verwendung gleichartiger, wenn auch in unterschiedlicher Weise detaillierter, Konstrukte verringert die Friktionen zwischen den verschiedenen Phasen der Softwareentwicklung. Verkapselung unterstützt eine modulare Architektur und trägt damit zur Flexibilität von Informationssystemen bei. Schließlich schaffen anwendungsnahe Klassen günstige Voraussetzungen dafür, Integration und Wiederverwendbarkeit auf einem hohen semantischen Niveau zu realisieren.

Vor diesem Hintergrund wurde 1990 in der GMD das Projekt "Computer Integrated Enterprise" begonnen (Frank/Klein 1992 a). Es zielt im einzelnen darauf,

- einen methodischen Ansatz sowie eine Werkzeugumgebung für den Entwurf von Unternehmensmodellen zu entwickeln;

- dabei Repräsentationen von Unternehmen zu bieten, die sowohl für Software-Entwickler als auch für andere Beteiligte gehaltvoll und verständlich sind;

- die Brauchbarkeit objektorientierter Analyse- und Entwurfsmethoden durch die Modellierung einer konkreten Unternehmung bzw. eines Unternehmensteils zu demonstrieren.

Der vorliegende Beitrag präsentiert wesentliche Teile der Entwurfsmethode und der Entwicklungsumgebung. Der Begriff "Unternehmensmodell" wird in letzter Zeit immer häufiger verwendet (Katz, ESPRIT Scheer, IBM), allerdings nicht in einheitlicher Weise. Deshalb wird zunächst ein konzeptueller Bezugsrahmen für die Gestaltung von Unternehmensmodellen entwickelt.

2 Ein Bezugsrahmen für die Gestaltung von Unternehmensmodellen

Unternehmensmodellierung zielt nicht zuletzt darauf, die Integration betrieblicher Informationssysteme zu fördern. Integration sollte allerdings nicht allein auf technische Aspekte beschränkt sein.

2.1 Dimensionen von Integration

Neben der Integration der Komponenten eines Informationssystems, sollte ein Unternehmensmodell u.a. folgende Aspekte berücksichtigen:

- die Integration der verschiedenen Phasen des Software-Lifecycles

- die Integration der unterschiedlichen Perspektiven der Beteiligten

- die organisatorische Integration des Informationssystems

Um einen Eindruck davon zu gewinnnen, welche Voraussetzungen erfüllt sein müssen, um Integration zu erreichen, betrachten wir zunächst die (software-) technische Integration der Komponenten eines Informationssystems. Integration impliziert Kommunikation. Damit Komponenten miteinander kommunizieren können, ist ein gemeinsames semantisches Referenzsystem nötig. Mit anderen Worten: Sie benötigen übereinstimmende Interpretationen der Symbole, die sie austauschen. Datentypen, Funktionen eines Betriebssystems oder Relationen einer Datenbank sind Beispiele für solche Referenzsysteme. Je mehr Semantik die Konzepte enthalten, auf die verwiesen werden kann, desto höher ist das Integrationsniveau. Der Semantikgehalt selbst ergibt sich durch die Anzahl der zulässigen Interpretationen.

Für die Gestaltung von Unternehmensmodellen stellt sich damit zunächst die Frage, wieviel Semantik in die verwendeten Konstrukte einfließen soll. Grundsätzlich ist es wünschenswert, die Konstrukte mit soviel Semantik anzureichern, daß keine der Komponenten genötigt ist, für die weitere Verarbeitung Bedeutung zu rekonstruieren. Diese Überlegung spricht dafür, Klassen bzw. Objekte zu verwenden, die unmittelbar aus einem bestimmten Anwendungsbereich stammen. Es gibt dabei allerdings einen Konflikt mit dem Ziel Wiederverwendbarkeit. Graham (S. 239) formuliert ihn drastisch: "Fact is that all semantics compromise reuse". Eine solche Einschätzung scheint wenig sinnvoll. Denn auch wenn ihr auf wahrscheinlichkeitslogischer Ebene kaum zu widersprechen ist, kann doch nicht übersehen werden, daß komfortable Wiederverwendung ein gewisses Maß an Semantik voraussetzt.

2.2 Abstraktionsebenen von Unternehmensmodellen

Ein Unternehmensmodell sollte nicht nur eine für Software-Entwickler verständliche Abstraktion der Realität bieten, sondern auch Konzeptualisierungen berücksichtigen, die anderen Gruppen - wie z.B. Anwendern und Führungskräften - geläufig sind. Angesichts der vielfältigen Möglichkeiten, Abstraktionsebenen zu wählen (vgl. z.B. Zachman, Katz, ESPRIT) ist eine konkrete Festlegung immer mit einer gewissen Willkür verbunden. Wir haben uns für drei Perspektiven entschieden, die wiederum weiter strukturiert sind:

- eine strategische Ebene

- eine organisatorische/operative Ebene

- eine Informationssystem-Ebene

Die Berücksichtigung einer strategischen Sicht erhöht die Chance dafür, daß ein Unternehmensmodell über längere Zeit gültig bleibt und trägt damit zur Sicherung der nach Maßgabe des Modells getätigten Investitionen bei. Die strategische Ebene, die nicht Gegenstand dieses Beitrags ist, ist gekennzeichnet durch Konzepte wie Unternehmensziele,

Wertketten (Porter), Portfolio-Analyse, Unternehmenskultur u.ä. Innerhalb der organisatorischen Ebene unterscheiden wir drei Sichten. Die Makro-Sicht beschreibt organisatorische Einheiten bzw. Funktionsbereiche eines Unternehmens (Vertrieb, Beschaffung, Marketing, Rechnungswesen usw.). Auf einer detaillierteren Ebene werden Rollen, Aufgaben, Objekte, Geschäftsregeln und Szenen (z.B. die Beschreibung eines Verkaufsgesprächs) festgehalten. Schließlich ist eine Ebene zur Beschreibung dynamischer Sachverhalte vorgesehen, die sich zur Zeit wesentlich auf Bürovorgänge beschränkt. Die Informationssystem-Ebene zielt auf den traditionellen Bereich der konzeptuellen Modellierung (eine elaborierte Definition findet sich in Brodie, S. 20).

2.3 Die Komponenten der Entwicklungsumgebung

Zur Entwicklung und Verwaltung von Unternehmensmodellen ist eine Unterstützung durch geeignete Werkzeuge unentbehrlich:

- Aus softwaretechnischen Gründen ist eine einheitliche Konzeptualisierung von Objekten und Vorgängen erforderlich. Ein Werkzeug kann wesentlich zur Durchsetzung einer bestimmten Methode beitragen.

- Große Objektmodelle sind komplex, enthalten vielfältige Referenzen. Durch den Einsatz eines Werkzeugs können Redundanzen und Inkonsistenzen weitgehend vermieden werden.

- Die Modellierung bestehender Organisationen ist mit dem Risiko verbunden, ineffiziente Strukturen und Prozesse mit großem Aufwand zu rekonstruieren. Ein computergestütztes Modell kann für geeignete Simulationen und Analysen genutzt werden (darin sehen viele Unternehmen sogar den vorrangigen Zweck der Modellierung; vgl. dazu Katz).

- Es wird häufig darauf verwiesen wird, daß die Benutzerschnittstelle nicht Bestandteil eines konzeptuellen Modells sein sollte. Angesichts des Aufwands, der mit dem Entwurf und der Implementierung von Benutzerschnittstellen verbunden ist sowie deren zentrale Bedeutung für die wahrgenommene Qualität von Software, kann es sinnvoll sein, ein Interaktionmodell zu erstellen. Dessen Evaluierung setzt ein entsprechendes Prototyping-Werkzeug voraus.

Die in der GMD entstandene Entwicklungsumgebung stellt einen Versuch dar, die skizzierten Anforderungen zu erfüllen. Zur Zeit besteht sie aus drei Werkzeugen, die durch ein Hypertext-System ergänzt werden. Jedes der Werkzeuge deckt wenigsten eine der drei oben genannten Ebenen ab. Der *Value Chain Designer* (der hier nicht beschrieben wird - eine ausführliche Darstellung findet sich in Frank/Klein 1992 b) unterstützt den Entwurf und die Analyse strategischer Optionen durch die Verwendung von Porters Wertketten-Konzept. Der *Object Model Designer* (OMD) zielt vorrangig auf die Informationssystem-Ebene. Er dient der Gestaltung von Objektmodellen. Der *Office Procedure Designer* (OPD) verbindet organisatorische und Informationssystem-Ebenen. Zur Abbildung nicht-formalisierbarer Sachverhalte (Kommentare, Unternehmensphilosophie, Beispiele u.ä.) wird ein Hypertext-System eingesetzt. Alle Werkzeuge sind auf Sun-4 unter Unix in Smalltalk-80 - unter Verwendung einer Reihe zusätzlicher Klassenbibliotheken (eine ausführliche Beschreibung findet sich in Frank/Klein 1992 a, S. 69 ff.) - implementiert und befinden sich in einem Image. Durch die leichte Portierbarkeit von Smalltalk-Images ist gewährleistet, die Umgebung auch auf anderen Basissystemen einzusetzen (Macintosh, DOS/Windows, diverse Unix-Maschinen).

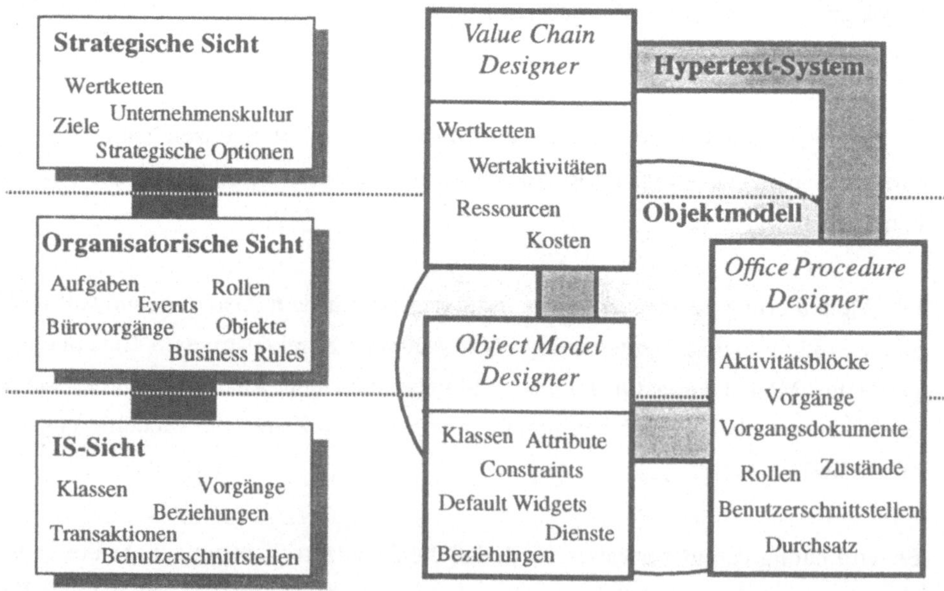

Abb. 1: Die Werkzeuge der Entwicklungsumgebung

3 Der Object Model Designer

Ein Objektmodell besteht aus Klassenbeschreibungen und den zwischen ihnen bestehenden Beziehungen.

3.1 Die Konzeptualisierung von Objekten

Aus der Sicht eines Programmierers, der bestehende Klassen oder Objekte verwendet, ist es hinreichend, ein Objekt allein durch die von ihm angebotenen Dienste und die zugehörigen Schnittstellen zu beschreiben. Demgegenüber ist für Analyse- und Entwurfszwecke (wie natürlich auch für die Implementierung) eine detaillierte Beschreibung notwendig. Die von uns verwendete Konzeptualisierung ist wesentlich angeregt durch die Vorschläge von Booch und Rumbaugh et al. Wie sie unterteilen wir ein Objekt in Attribute und Dienste. Darüber hinaus führen wir die Kategorie "Constraints" ein.

Ein Attribut ist ein Objekt, das in dem jeweils betrachteten Objekt verkapselt ist. Damit ist es nicht gestattet - wie etwa bei Coad/Yourdon, daß Attribute lediglich Referenzen auf externe Objekte beinhalten. Ein Attribut wird durch folgende Aspekte beschrieben: *Name, Klasse, Kardinalität, Default-Wert, Historie, Zugriffsrechte* und *Default-Widget.*

Die Bezeichnung der Klasse eines Attributs ist Vorausetzung für spätere Typprüfung. Der OMD erlaubt es zudem, die Dienste eines Attribut-Objekts in das Protokoll des zu beschreibenden Objekts zu übernehmen. Wenn beispielsweise die Klasse *Angestellter* das Attribut *Geburtsdatum* (der Klasse *Datum*) enthält, kann der von der Klasse *Datum* angebotene Dienst *alterInJahren* für die Klasse *Angestellter* generiert werden.

Kardinalität ist in min, max-Notation zu definieren. So kann z.B. die Telefonnummer eines Kunden die Kardinalität 0,* aufweisen. Die optionale Spezifikation eines Default-Wertes kann für die Generierung entsprechender Initialisierungsmethoden verwendet werden. Mit Hilfe des Merkmals Historie kann spezifiziert werden, ob die Veränderungen des Attributs im Zeitablauf aufgezeichnet werden sollen oder nicht. Das Zugriffsrecht wird - getrennt für Lesen und Schreiben - durch einen von drei Autorisierungsgraden definiert: *private* (0), *protected* (1) oder *public* (2). Dabei ist es nicht möglich, dem Schreibrecht einen höheren Wert zuzuordnen als dem Leserecht.

Die Zuordnung eines Default-Widgets (eines aktiven Dialogelements) geschieht im Hinblick auf die prototypische Generierung von Benutzerschnittstellen. Dienste werden semiformal beschrieben. Ihre Schnittstelle wird mittels der erforderlichen Parameter sowie deren Klassen spezifiziert. Zudem können Pre- und Postconditions spezifiziert werden. Wie einem Attribut können auch einem Dienst Zugriffsrechte (private, protected, public) zugeordnet werden.

Die Beschreibungen von Attributen und Diensten enthalten einige Constraints (wie die Zuweisung von Klassen zu Attributen und Parametern oder Pre- und Postconditions). Es gibt darüber hinaus aber objektbezogene Constraints, die nicht genau einem Attribut oder Dienst zugeordnet werden können. Es handelt sich dabei um Constraints, die Attribute und/oder Dienste verknüpfen. Wir unterscheiden zwei Arten solcher Constraints: *Guards* und *Trigger*. Ein Guard schützt ein Objekt davor, einen unzulässigen Zustand einzunehmen. Beispiel: der Verkaufspreis, der einem Produkt zugeordnet wird, sollte nicht niedriger sein als der Einkaufspreis. Demgegenüber ist es die Aufgabe eines Triggers, ein Objekt davor zu bewahren, inkonsistent zu werden, indem es auf bestimmte Ereignisse nicht reagiert. Wenn beispielsweise ein Kraftfahrzeugversicherungsnehmer mehr als drei Jahre lang unfallfrei gefahren ist und noch nicht den höchsten Schadenfreiheitsrabatt gewährt bekommt, ist sein Schadenfreiheitsrabatt zu erhöhen.

Es ist grundsätzlich sinnvoll, Mehrfachvererbung zuzulassen - auch wenn sich für deren Verwendung besondere Sorgfalt empfiehlt. Die gegenwärtige Version des OMD erlaubt allerdings nur die Definition von einfachen Vererbungsbeziehungen. Ein Grund für diese Entscheidung war das Bemühen, einen möglichst sprachunabhängigen Entwurf zu unterstützen. Nicht alle objektorientierten Sprachen erlauben Mehrfachvererbung.

3.2 Beziehungen

Die Objekte eines Informationssystems sind in vielfältiger Weise miteinander verknüpft: Sie bedienen sich gegenseitig ihrer Dienste, sie können aus anderen Objekten zusammengesetzt sein, ihre Existenz mag von der anderer Objekte abhängen usw. Die Berücksichtigung solcher Beziehungen zwischen Objekten ist wesentlich dafür, die Integrität eines Informationssystem zu beschreiben. Sie werden deshalb gemeinhin als notwendiger Bestandteil von Objektmodellen angesehen. Es gibt allerdings keinen allgemeinen Konsens darüber, wie Beziehungen konzeptualisiert werden sollten. Booch geht davon aus, daß es hinreichend ist, lediglich zwei Arten von Beziehungen zu berücksichtigen: *using* und *containing*. Containing bedeutet dabei Aggregation. Nur solche Objekte, für die eine mit using ausgezeichnete Beziehung besteht, dürfen Nachrichten austauschen. In ähnlicher Weise unterscheiden Ferstl/Sinz *interacts with*- und *is part of*-Beziehungen. Im

Unterschied dazu beschränkten Rumbaugh et al. die Menge der verwendbaren Beziehungsarten nicht. Sie überlassen es vielmehr dem Entwickler, dem jeweiligen Problembereich angemessene Beziehungen einzuführen. Aggregation und Interaktion sind sicherlich hinreichend, alle Beziehungen zwischen Objekten zu klassifizieren. Auch im Hinblick auf die Implementierung ist es sinnvoll, sich auf einige wohl verstandene Beziehungsarten zu beschränken.

Dennoch haben wir uns dazu entschieden, für die Modellierung beliebige Beziehungsarten zuzulassen: wenn auch Beziehungen auf einem hohen (anwendungs-) semantischen Niveau beschrieben werden können, verbessert sich die Chance, anschauliche, dem Sprachgebrauch in der jeweiligen Domäne entsprechende, Modelle zu entwickeln. Die damit verbundene feinere Differenzierbarkeit von Beziehungsarten erlaubt es, komplexe Objektmodelle durch die Definition geeigneter Filter übersichtlicher zu machen. Wenn man z.B. an einem Organisationsschema interessiert ist, könnte man aus dem Objektmodell alle Objekte ausblenden, die nicht in Beziehungen der Form "ist Vorgesetzter von", "ist verantwortlich für" und dergleichen eingebunden sind. Die zulässige Kardinalität einer Beziehungsklasse ist in min, max-Notation zu definieren.

Die prototypische Instantierung aus der Beschreibung des Objektmodells wird durch den Einsatz des ebenfalls in der GMD entwickelten Smalltalk Framekit (SFK) (Fischer/Rostek) unterstützt. SFK ist eine in Smalltalk implementierte Objektbeschreibungssprache mit einem zugehörigen Compiler. Im Unterschied zu Smalltalk ist Typisierung möglich. Zudem wird eine komfortable Spezifikation von Constraints unterstützt. Ein Beispiel für die Erzeugung von SFK-Code aus einer OMD-Objektbeschreibung findet sich in Frank (1992).

4 Der Office Procedure Designer

Auch wenn ein Objektmodell dynamische Aspekte beinhaltet (z.B. Pre- und Postconditions), erlaubt es keine anschauliche Darstellung von Geschäftsprozessen. Generelle Entwurfsmethoden (wie z.B. Booch, Rumbauch et al.) sehen State Transition Diagramme sowie Datenflußdiagramme vor. Für unser Anliegen erwiesen sich diese Ansätze allerdings als problematisch. So bieten sie keine grafische Darstellung, die für den durchschnittlichen Benutzer intuitiv verständlich ist. Zudem beschränken sie sich auf das Verhalten von Objekten einer bestimmten Klasse. Im Hinblick auf die Komposition von Vorgängen aus (wiederverwendbaren) Komponenten ist dies ein Nachteil. Andere Ansätze aus dem Bereich der Büroautomation bieten anschaulichere Darstellungen (z.B. Hogg u.a., Kreifelts). Sie berücksichtigen allerdings i.d.R. nicht die Integration von Objektmodell und dynamischem Modell - falls sie überhaupt objektorientiert sind.

4.1 Der Aufbau eines Bürovorgangssystems

Wir konzeptualisieren einen Bürovorgang als einen geordneten Graphen von Aktivitätsblöcken (die ich im folgenden auch einfach Aktivitäten nennen werde). Ein solcher Graph kann als semantisch angereichertes Petri-Netz dargestellt werden. Jeder Aktivitätsblock ist ein Objekt, dem eine Rolle (eines Angestellten) zugeordnet ist, die für die Erfüllung der entsprechenden Aufgabe verantwortlich ist (ähnliche Ansätze finden sich in Hogg sowie in Lochovsky u.a.). Die Beschreibung eines Vorgangs kann rekursiv sein, da ein Aktivitätsblock wiederum als Vorgang modelliert werden kann. Die Information, die im Rahmen eines Vorgangs verarbeitet wird, wird in einem Objekt der Klasse "VorgangsDokument" verwaltet. Es handelt sich dabei um ein virtuelles Dokument. So kann es z.B. nebenläufig bearbeitet werden. Jede Aktivität erfordert als Precondition einen bestimmten Zustand des Vorgangsdokuments und produziert selbst einen oder mehrere neue Zustände. Die Semantik eines Bürovorgangs kann auf folgende Kategorien abgebildet werden:

Generelle Constraints - Beispiele: Ein Vorgang darf keine Deadlocks enthalten. Er darf keine Aktivität enthalten, die unter keinen Umständen erreicht werden kann.

Constraints für Aktivitäten - Beispiel: Eine Aktivität darf nur gestartet werden, wenn der Vorgang einen bestimmten Zustand erreicht hat.

Dispatching - Beispiel: Wenn die Postcondition eines Aktivitätsblocks erfüllt ist, muß die nachfolgende Aktivität gestartet werden, für die wiederum ein geeigneter Mitarbeiter auszuwählen ist.

Ausnahmebehandlung - Beispiele: Ein für einen Aktivitätsblock verantwortlicher Sachbearbeiter fällt durch Krankheit aus.

Jeder Vorgang wird von einem Objekt der Klasse "VorgangsManager" gesteuert. Immer wenn ein Ereignis eintritt, das einen Vorgang auslöst (z.B. eine eingehende Schadenmeldung), wird zunächst ein geeigneter Vorgangsmanager benachrichtigt. Der Vorgangsmanager lädt daraufhin das Netz des entsprechenden Vorgangs und instantiert den ersten Aktivitätsblock sowie das Vorgangsdokument. Jeder Aktivitätsblock ist dafür zuständig, den Zustand des Vorgangsdokuments in einen der definierten Ausgangszustände (Postconditions) zu transformieren.

4.2 Der Entwurf eines Vorgangs

Der Office Procedure Designer (OPD) ist ein Werkzeug, daß die Analyse und den Entwurf von Bürovorgängen im Rahmen objektorientierter Unternehmensmodelle nach Maßgabe der skizzierten Vorgangsarchitektur anleitet. Dazu wird eine strukturierte interaktive Beschreibung der Aktivitäten eines Vorgangs unterstützt. Darüber hinaus beinhaltet der OPD einen dedizierten Editor zur anschaulichen grafischen Visualisierung von Vorgängen unter Verwendung von Piktogrammen (s. Abb. 2).

Die Beschreibung eines Vorgangs beginnt mit einer zunächst groben Skizze: Mit Hilfe der Piktogramme wird ein Vorgangsnetz erstellt. Dieses Netz enthält implizit temporale Semantik. So können Aktivitätsblöcke sequentiell oder nebenläufig angeordnet werden. Dabei führt der OPD erste Konsistenzüberprüfungen durch: Suche nach Deadlocks oder nach hintereinander auftretenden gleichen Zuständen des Vorgangsdokuments. Im nächsten Schritt werden die einzelnen Aktivitäten in einer strukturierten, semi-formalen Weise beschrieben. Dazu werden drei Kategorien unterschieden: *Organisation*, *Information* und *Steuerung*. Organisatorische Aspekte werden erfaßt, indem jeder Aktivität wie auch dem gesamten Vorgang ein verantwortlicher Mitarbeiter (abgebildet in Form einer geeigneten Rolle, wie z.B. Schaden-Sachbearbeiter) und eine Abteilung zugeordnet werden. Darüber hinaus können organisatorische Regeln spezifiziert werden (wie z.B., daß für jede Aktivität genau ein Mitarbeiter zuständig ist).

Für die Charakterisierung einer Aktivität ist eine sorgfältige Erfassung der jeweils benötigten Information von zentraler Bedeutung. Dazu werden z.Z. drei Informationsquellen unterschieden: *DV-System*, *Aktionsträger* bzw. *Rollen* und *Ablage*. Um eine einheitliche Beschreibung der aus dem DV-System benötigten Informationen zu unterstützen, bietet der OPD direkten Zugriff auf das im OMD verwaltete Objektmodell. Dazu können aus den verfügbaren Klassen die jeweils benötigten Attribute bzw. Dienste ausgewählt werden (s. Abb. 2). In einem Editor können weitere Eigenschaften in vorstrukturierter Weise beschrieben werden. Dazu gehören das benötigte Zugriffsrecht (Lesen, Schreiben), mögliche Ausnahmen, die Festlegung, ob die Information in das Vorgangsdokument übernommen werden soll u.a.m. Zur Kennzeichnung der Information, die von menschlichen Akteuren zu erheben ist, ist ein Aktionsträger bzw. eine Rolle aus einem entsprechenden Verzeichnis auszuwählen. Danach können Medien zugeordnet werden, die für die Kommunikation mit dem jeweiligen Akteur verwendet werden (wie Telefon, Fax, Brief usw.). In einem weiteren Verzeichnis können Papier-basierte Dokumente (Kategorie *Ablage*) ausgewählt werden (Verträge, Briefe, Notizen usw.). Um die Beschreibung des Kontrollflusses innerhalb einer Aktivität anzuleiten, generiert der OPD ein Formulargerüst, in das die

150

Bedingungen einzutragen sind, unter denen die jeweils möglichen Ausgangszustände erreicht werden.

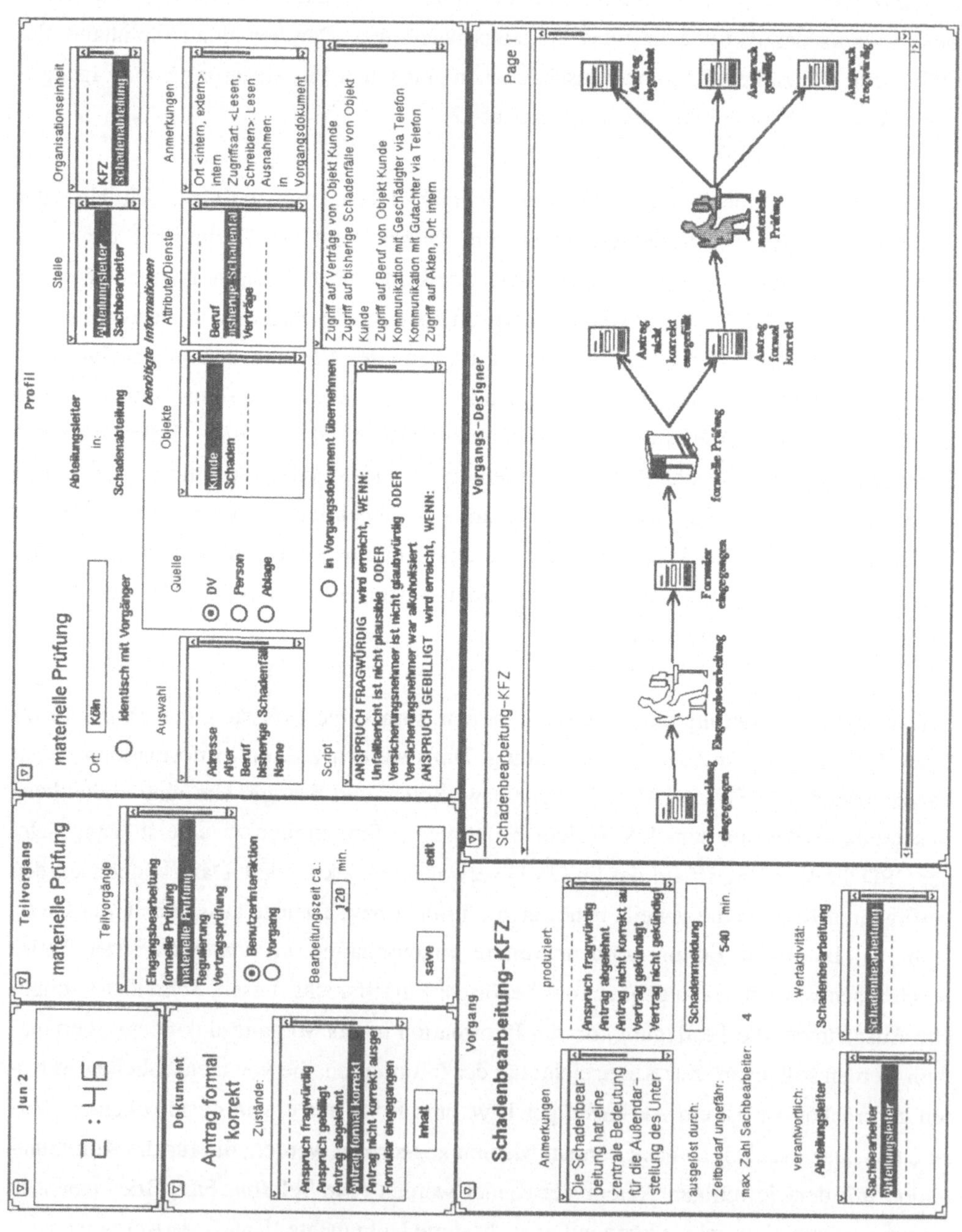

Abb. 2: Die Benutzerschnittstelle des Office Procedure Designers

Auf der Grundlage der skizzierten Beschreibung eines Vorgangs generiert der OPD eine prototypische Benutzerschnittstelle. Dazu greift er einerseits auf die jedem Aktivitätsblock zugeordneten Attribute bzw. Dienste zu, andererseits auf die im Objektmodell spezifizierten Defaultwidgets für die beteiligten Klassen (von Attributen und Parametern).

5 Abschließende Bemerkungen

Die Darstellungsformen zur objektorientierten Unternehmensmodellierung, die von der vorgestellten Entwicklungsumgebung angeboten werden, haben sich in ersten Praxistests bewährt. Sowohl Systementwickler als auch Anwender haben sie als verständlich empfunden. Dies gilt besonders für die grafische Darstellung von Bürovorgängen.

Auch wenn es noch vielfältige Möglichkeiten zur Erweiterung der Entwicklungsumgebung gibt, so besteht die wesentliche Herausforderung darin, ein Modell zum Gegenstand eines fruchtbaren Diskurses zu machen - zwischen der Praxis und den beteiligten wissenschaftlichen Disziplinen. Langfristig ergibt sich auf diese Weise die Chance, für bestimmte Bereiche *generische Unternehmensmodelle* zu etablieren, die den wohlüberlegten Anforderungen der Praxis ebenso entsprechen wie ausgereiften Forschungsergebnissen. Auch wenn Erfahrungen aus Projekten mit ähnlichen Visionen - wie CIM/OSA (ESPRIT) oder ITHACA (Pröfrock et al.) - eher pessimistisch stimmen, halten wir die damit verbundenen Verheißungen - Integration, Wiederverwendbarkeit und Wirtschaftlichkeit - für zu attraktiv, um sie vorschnell aufzugeben.

Literatur

Booch, G.: Object-oriented design with applications. Redwood City 1990

Brodie, M.L.: On the Development of Data Models. In: Brodie, M.L.; Mylopoulos, J.; Schmidt, J. (Hg.): On Conceptual Modelling. Perspectives from Artificial Intelligence, Databases and Programming. Berlin, Heidelberg usw. 1984, S. 19-47

Coad, P.; Yourdon, E.: Object-Oriented Design. Englewood-Cliffs 1991

ESPRIT Consortium AMICE, CIM-OSA AD 1.0 Architecture Description. Brüssel 1991

Ferstl, O.K.; Sinz, E.J.: Objektmodellierung betrieblicher Informationssysteme im Semantischen Objektmodell (SOM). In: Wirtschaftsinformatik, 32. Jg., Heft 6, 1990, S. 566-581

Fischer, D.H.; Rostek, L.: SFK: A Smalltalk Frame Kit. Concepts and Use. Darmstadt 1992

Frank, U.; Klein, S.: Unternehmensmodelle als Basis und Bestandteil integrierter betrieblicher

Informationssysteme. Arbeitspapier der GMD, Nr. 629, Sankt Augustin 1992 (a)

Frank, U.: Designing Procedures within an Object-Oriented Enterprise Model", in: Sol, H.G. (Hg.): Dynamic Modelling of Information Systems. Delft 1992

Frank, U.; Klein, S.: Three Integrated Tools for Designing and Prototyping Object-Oriented Enterprise Models. Arbeitspapier der GMD, Nr. 689, Sankt Augustin 1992 (b)

Graham, I.: Object oriented methods. Reading, Mass. 1991

Hogg, J.: OTM, A Language for Representing Concurrent Office Tasks. In: Lochovsky, F. (Hg.), Proceedings of the IFIP WG 8.4 Workshop on Office Knowledge: Representation, Management and Utilization. Toronto 1987, S. 10-12

Hogg, J.; Nierstrasz, O.M.; Tsichritzis, D.: Office Procedures. In: Tsichritzis, D. (Hg.): Office Automation. Berlin, Heidelberg usw. 1985, S. 137-165

IBM (Hg.): IBM Enterprise Business Process Reference Model. o.O. 1990

Katz, R.L.: Business/enterprise modeling. In: IBM SYSTEMS JOURNAL, Vol. 29, No. 4, 1990, S. 509-525

Kreifelts, T.: Coordination of Distributed Work: From Office Procedures to Customizable Activities. In: Brauer, W.; Hernandez, D. (Hg.): Verteilte Künstliche Intelligenz und kooperatives Arbeiten. Berlin, Heidelberg usw. 1991, S. 148-159

Lederer, A.L.; Mendelow, A.L.: Information Resource Planning: Overcomming Difficulties in Identifying Top Management's Objectives. In: MIS Quarterly, No. 11, Vol. 3, S. 388-399

Levesque, H.J.; Mylopoulos, J.: An Overview of Knowledge Representation. In: Brodie, M.L.; Mylopoulos, J.; Schmidt, J. (Hg.): On Conceptual Modelling. Perspectives from Artificial Intelligence, Databases and Programming. Berlin, Heidelberg usw. 1984, S. 3-17

Lochovsky, F.H.; Hogg, J.S.; Weiser, S.P.; Mendelzon, A.O.: OTM: Specifying office tasks. In: Allen, R.B. (Hg.): Conference on Office Information Systems. Palo Alto 1988, S. 46-54

Porter, M.E.: Competitive Advantage. London, New York 1985

Pröfrock, A.-K.; Tsichritzis, D.; Müller, G.; Ader, M.: ITHACA: An Integrated Toolkit for Highly Advanced Computer Applications. In: Tsichritzis, D. (Hg.): Object Oriented Development. Genf 1989, S. 321-344

Rumbaugh et.al.: Object-oriented modelling and design. Englewood Cliffs 1991

Scheer, A.W.: Architektur integrierter Informationssysteme. Grundlagen der Unternehmensmodellierung. Berlin, Heidelberg usw. 1991

Zachman, J.A.: A framework for information systems architecture. In: IBM Systems Journal, Vol. 26, No. 3, 1987, S. 277-293

Juristische und finanzielle Aspekte

Betriebswirtschaftliche Determinanten
von Software-Entscheidungen

Hans Ulrich Buhl

Lehrstuhl für BWL/Wirtschaftsinformatik
Justus-Liebig-Universität Gießen
Licher Straße 60, 6300 Gießen

1 Einleitung

"Software Contracting is a multi-faceted issue that involves legal, economic, managerial and technological considerations. While in-house software development alone is plagued by a host of problems such as technological uncertainties, cost overruns, delays in delivery and user dissatisfaction, the management of software contracting is further complicated by the need to coordinate with the contractor." So beginnt Whang [1992] seine gelungene, empirisch fundierte, ökonomische Analyse der Vertragsbeziehungen bei Softwareprojekten in den USA, bei der die Definition des Projektumfanges, der Urheberrechtsschutz sowie die Zahlungsvereinbarungen im Mittelpunkt des Interesses stehen. Tatsächlich gehören Software-Entscheidungen aufgrund der hohen Unsicherheit, z.B. bezüglich des Entwicklungs- und künftigen Wartungsaufwandes, insbesondere aber bezüglich des Nutzens[1], sowie der Interdependenz zu vor- und nachgelagerten Informationsmanagement-Entscheidungen[2], die aufgrund des sunk-cost-Charakters der Investitionen häufig durch de-facto-Irreversibilität gekennzeichnet sind, zu den schwierigsten betrieblichen Entscheidungsproblemen. Die Vielzahl wichtiger Determinanten für das Entscheidungsproblem wie z.B. urheberrechtliche und haftungsrechtliche Risiken und personalwirtschaftliche Probleme, die aus der Komplexität und Dynamik der Hard- und Software-Technologie resultieren, erschweren Software-Entscheidungen zusätzlich.

Stellt man diesen Anforderungen die in der Praxis üblichen Bewertungs- und Entscheidungsgrundlagen gegenüber, so sind nach Griese et al. [1987, S.548][3] bei Software-Entscheidungen - aus betriebswirtschaftlicher Sicht - erhebliche Defizite zu

---

1) Vgl. z.B. Griese et al. [1987] und Nagel [1990].
2) Vgl. z.B. Heinrich/Burgholzer [1990a].
3) Ebenso nach Kenntnis des Autors aus einer (nicht repräsentativen) Vielzahl von Einzelbeobachtungen.

verzeichnen, denn diese entsprechen *"häufig nicht den betriebswirtschaftlichen Mindestanforderungen, weil weder alle Kostenarten einbezogen werden ... noch die geschätzte Lebensdauer des zu entwickelnden Systems zugrundegelegt ... werden."* Darüber hinaus werden Einflußgrößen aus der Kosten- und Leistungs-Welt mit solchen aus der Aufwands- und Ertrags- (bzw. Ausgaben- und Einnahmen-) Welt unzulässig vermengt; eine zahlungsorientierte Betrachtungsweise mit Berücksichtigung von Steuern findet man selten. Außerdem werden als Bewertungs- und Entscheidungskriterien z.T. fragwürdige Quotienten wie z.B. "Kosteneinsparungen/Entwicklungsaufwand" verwendet. Angewandt werden solch problematische Betrachtungsweisen und Bewertungskriterien sowohl für Entscheidungen zwischen Eigenerstellung von Software oder Fremdbezug und für solche zwischen Einführung angepaßter Standardsoftware oder Neuerstellung von Individualsoftware als auch für Entscheidungen, mit welchem Vertragstyp diese beschafft werden soll.

Sichtet man die betriebswirtschaftliche und insbesondere Wirtschaftsinformatik-Literatur nach Ansätzen und Hilfsmitteln zur Verbesserung dieser unbefriedigenden Situation, so stellt man zunächst fest, daß Software - in Anbetracht des Marktvolumens und der strategischen Bedeutung für den Unternehmungserfolg - vergleichsweise selten Gegenstand betriebswirtschaftlicher Betrachtungen ist[4]. In Wirtschaftsinformatik-Lehrbüchern und weiterführender Literatur sind zwar Stichworte wie "Wirtschaftlichkeit, W'sanalysen, W'sdenken, W'suntersuchungen" etc. häufig vertreten[5]; bezüglich Wirtschaftlichkeitsrechnung wird häufig der Standpunkt vertreten, daß die von der Investitionsrechnung her bekannten Verfahren nicht ausreichend, nicht aussagekräftig oder nicht anwendbar sind. Stattdessen werden meist[6] einfache statische Kostenvergleichsrechnungen, Multifaktorenmethoden und Nutzwertanalysen und oft genauso einfache wie problematische Bewertungs- und Entscheidungskriterien vorgeschlagen. Die Bedeutung betriebswirtschaftlich fundierter Investitionsrechnung, der Berücksichtigung von Steuern und generell die Notwendigkeit der Berechnung bzw. Schätzung von Nach-Steuer-Zahlungsreihen für Software-Entscheidungen wird m.E. den späteren Praktikern so nicht hinreichend deutlich gemacht. Da insbesondere auf finanzwirtschaftliche und steuerliche

---

4) Ausnahmen stellen neben den bereits genannten z.B. die Arbeiten von Österle [1990] und Zanger [1991] dar. Ein Grund für die seltene Behandlung liegt möglicherweise in der Dominanz eigenerstellter versus Standardsoftware bei großen Anwendungssystemen in der Vergangenheit. Erst in den letzten Jahren ist der Markt für Standardsoftware auch in diesem Bereich so stark gewachsen, daß die Analyse verschiedener Entscheidungsalternativen bei Softwarebeschaffungen zu einer regelmäßigen Aufgabe wurde; vgl. auch hierzu Griese et al. [1987, S.550] und Österle [1990].

5) Siehe z.B. Heinrich/Burgholzer [1990a], [1990b], [1991], Mertens et al [1991], Stahlknecht [1991].

6) Eine Ausnahme stellen z.B. Mertens et al. [1991a, S.182ff.] dar, die als Beurteilungskriterium die "Ergebnisse dynamischer Investitionsrechnungen" auf Grundlage der "Nutzeffekte und Kosten in den einzelnen Planungsperioden" verwenden. Jedoch auch hier unterbleibt eine zahlungsorientierte Betrachtungsweise und die Berücksichtigung von Steuern.

Aspekte von Software-Entscheidungsproblemen in der mir bekannten betriebswirtschaftlichen und Wirtschaftsinformatik-Literatur nicht eingegangen wird, soll in dieser Arbeit der Schwerpunkt auf einer finanzwirtschaftlichen Bewertung von Software-Entscheidungsalternativen in einer Betrachtung *nach Steuern* liegen. Dazu werden zunächst in Kapitel 2 die Entscheidungsalternativen für Software inklusive der steuerlichen Wirkungen dargestellt; diese werden in den Kapiteln 3 - 5 aus Entwickler-, Nutzer- und Fiskus-Sicht betriebswirtschaftlich verglichen. Abschließend werden die wesentlichsten Ergebnisse in Kapitel 6 zusammengefaßt und diskutiert.

2 Software-Entscheidungsalternativen

Aus betriebswirtschaftlicher Sicht sind bei Software-Entscheidungen zunächst zwei Entscheidungsdimensionen zu beachten: Bei der Entscheidung des *Software-Typs*, d.h. ob Software selbst erstellt oder ob sie fremdbezogen werden soll, liegt zunächst ein klassisches Make or Buy Entscheidungsproblem vor; vgl. hierzu z.B. die Argumentenbilanz von Mertens et al. [1991, S.185] und Heinrich/Burgholzer [1990b, S.88ff.].

Argumente für die Eigenerstellung	den Fremdbezug
notwendiges Know-how zur Leistungserstellung ist vorhanden	Know-how zur Leistungserstellung muß nicht vorhanden sein
freie Kapazitäten (z.B. bei Programmierern zur SW-Erstellung)	eigene Kapazitäten werden für wichtige Aufgaben geschont
sehr unternehmensspezifische Leistungen sind bereitzustellen	es können kostengünstige Standardlösungen verwendet werden
Flexibilität bei Unsicherheiten/ Änderungen bezüglich einzelner Aufgabeninhalte	Aufgaben fallen nur mit geringer Häufigkeit an, so daß eigene Kapazitäten nicht ausgelastet wären (z.B. Netzwerkspezialisten)
die Aufgabe ist von strategischer Bedeutung (Aufbau von Barrieren)	

Abb. 1: Ausgewählte Kriterien zur Entscheidung zwischen Eigenerstellung und Fremdbezug nach Mertens et al. [1991, S.185]

Software-spezifisch ist dies dahingehend zu ergänzen, daß die Fremdbezugsalternative in die Alternativen Individual- und Standardsoftware aufgespalten werden muß[7]. Die zweite Dimension betrifft den *Vertrags-Typ,* unter dem die Software erstellt oder bezogen wird. Bei eigenerstellter Software kommen Arbeits- und/oder Dienstverträge in Betracht, bei fremdbezogener Software Kauf- oder Werkverträge einerseits und Nutzungsüberlassungsverträge andererseits; Software-spezifisch ist hierbei zu ergänzen, daß aufgrund der prinzipiell beliebigen Duplizierbarkeit vom Vertrags-Typ insbesondere abhängt, wie die Chancen der Softwarenutzung durch Dritte wahrgenommen werden können und wie die daraus resultierenden Risiken verteilt sind.

Solche Aspekte sind in der aktuellen Diskussion in Betriebswirtschaftslehre und -praxis über die geeignete Leistungstiefe von Unternehmungen unter dem Schlagwort "Lean Production" von generellem Interesse; für das Informationsmanagement stellen sich solche Fragen speziell bei Entscheidungen über Ausgliederung oder Auslagerung (von Teilen) der Informationsfunktion, die unter dem Schlagwort "Outsourcing[8]" diskutiert werden. Bei Ausgliederung und insbesondere Auslagerung ändert sich häufig sowohl der Typ der eingesetzten Software als auch das Vertragsverhältnis, mit welchem Software-Erstellung, -Nutzung oder -Erwerb gestaltet werden. Daher bedürfen bei solchen Entscheidungen die einleitend erwähnten Vorgehensweisen und Kriterien einer besonderen betriebswirtschaftlichen Beachtung.

---

7) Ähnliche Unterscheidungen treten auch bei materiellen Investitionsgütern auf, z.B. Fremdbezug einer flexiblen Universalmaschine oder einer sehr spezifisch konstruierten Sondermaschine.

8) Unter "Outsourcing" wird hier der Fremdbezug von IV-Leistungen von einer wirtschaftlich selbständigen Unternehmung verstanden; in diesem Zusammenhang ist die Unterscheidung zwischen Ausgliederung und Auslagerung von Bedeutung: beiden gemein ist die Übertragung einer betrieblichen Funktion auf eine andere Unternehmung; bei einer *Ausgliederung* wird die Leistung von einer verbundenen Unternehmung bezogen, während bei einer *Auslagerung* keine kapitalmäßige Verflechtung besteht. Dennoch wird populärwissenschaftlich auch bei Ausgliederung häufig von Outsourcing gesprochen, z.T. mit Begriffen wie "Inhouse-Outsourcing" und "Schein-Outsourcing" (zur betriebswirtschaftlichen Begriffsbildung vgl. z.B. Heinzl [1991], Heinzl/Stoffel [1992], Heinzl/Uhrig [1992] - die *Ausgliederung* und *Auslagerung* prozessual definieren - und Knolmayer [1992a], [1992b]).

Software-Typ Vertrags-Typ	Eigenerstellung	Fremdbezug von	
		Individualsoftware	Standardsoftware
Arbeitsvertrag	**A1**	—	—
Dienstvertrag		—	—
Werkvertrag	—	**A2**	**A3**
Kaufvertrag	—		
Nutzungsüberlassungsvertrag — Nutzungszeitraum ≠ Zahlungszeitraum z.B. Einmalzahlung	—	**A4**	**A5**
Nutzungsüberlassungsvertrag — "Wiederkehrende Zahlungen" mit Nutzungszeitraum = Zahlungszeitraum	—	**A6**	**A7**

Abb. 2: Alternative Gestaltungsformen für Software-Verträge

Abbildung 2 zeigt die wichtigsten Software- und Vertragstypen für *Anwendungssoftware* und *selbständige Systemsoftware*[9] sowie die Alternativen A1 - A7, welche im folgenden diskutiert werden sollen. Eigenerstellte Software wird meist durch eigene Mitarbeiter im Rahmen von Arbeitsverträgen geschaffen; diese wirken teilweise mit fremden, im Rahmen von Dienstverträgen eingesetzten, Entwicklern zusammen, die hierbei jedoch nicht den Leistungserfolg sondern nur ein Tätigwerden schulden. Schuldet der Entwickler den Erfolg herzustellender Software, so liegt bei Individualsoftware nach herrschender

---

9) *Unselbständige Systemsoftware*, wie Mikroprogramme und *ein* Betriebssystem, die zur Steuerung der Hardware unbedingt erforderlich ist, wird nach überwiegender Ansicht als Teil der Hardware betrachtet, die ohne diese nicht betreibbar ist; damit stellt unselbständige Systemsoftware kein selbständiges Wirtschaftsgut dar (vgl. Lehner et al. [1989, 1991] sowie Stapperfend [1991, S.42ff.]). Demgegenüber wird die Selbständigkeit von Systemsoftware wie z.B. eines zweiten Betriebssystems, Datenbanksystemen, Generatoren, Simulatoren und Dienstprogrammen nach Lehner et al. [1989, 1991] in jüngster Zeit zunehmend bejaht. Da diese *selbständige Systemsoftware* (mit Ausnahme von Spezialrechnern) auf unterschiedlichster Hardware betrieben werden kann, erscheint diese Sichtweise dem Autor auch wesentlich überzeugender als die bislang häufig vertretene Ansicht, Systemsoftware bilde generell eine Einheit mit der Hardware (vgl. z.B. Stapperfend [1991, S.53,138] und die dort angegebenen Quellen). Im folgenden betrachten wir daher neben *Anwendungssoftware auch* solche *Systemsoftware*, die ein *selbständiges immaterielles* Wirtschaftsgut darstellt.

Meinung kein bloßer Kaufvertrag, sondern ein Werkvertrag vor (vgl. in Palandt [1992] zum Dienstvertrag S.634-688, zum Werkvertrag S.688-720 und zur Abgrenzung speziell S.690-691 sowie Stapperfend [1991, S.94]). Wird bereits fertig erstellte Software beschafft, so liegt in der Regel Standardsoftware vor, die entweder gekauft oder im Rahmen eines Nutzungsüberlassungsvertrages bezogen werden kann. Die Abgrenzung zwischen Individual- und Standardsoftware ist im Einzelfall recht problematisch: Häufig wird der Entwickler, auch bei der Erstellung von Individualsoftware, einen Standard-software-Nukleus verwenden, der dann anwenderspezifisch ergänzt wird; oder ein umfangreiches Standardsoftware-Paket wird im Rahmen eines Einführungsprojekts durch spezielle Aktivierung hunderter, möglicherweise tausender Einstellungsparameter (vgl. z.B. Mertens et al. [1991b]) auf die anwenderspezifischen Bedürfnisse zugeschnitten. Für den Software-Nutzer ist dies häufig überhaupt nicht erkennbar, in vielen Fällen allerdings auch nicht besonders relevant, es sei denn, daß bei Wartung und Weiterentwicklung bedeutsame Unterschiede existieren.

Auch die Abgrenzung zwischen Kauf- und Nutzungsüberlassungsvertrag ist schwierig: Während einige Autoren den Software-Kaufvertrag ablehnen, scheint die überwiegende Mehrzahl (mit Argumentationen, die den Autor zu überzeugen vermögen) einen Kaufvertrag zumindest dann anzunehmen, wenn sich der Entwickler durch die Überlassung gänzlich der Möglichkeit einer Verfügung über die Software begibt. Ist dies nicht der Fall, liegt in der Regel ein Nutzungsüberlassungsvertrag vor (vgl. hierzu insbesondere Stapperfend [1991, S.87ff.]).

Aus betriebswirtschaftlicher Sicht ist die Abgrenzung zwischen Dienst- und Werkvertrag von Bedeutung, da im ersteren Fall eigenerstellte Software vorliegt, die nicht aktiviert werden darf, während per Werkvertrag erstellte Software aktiviert werden muß. Da für gekaufte Software ebenfalls Aktivierungspflicht besteht, ist die Abgrenzung zwischen Kauf- und Werkvertrag hingegen betriebswirtschaftlich weniger bedeutungsvoll. Aus diesem Grund wird im Rahmen von Arbeits- und Dienstverträgen eigenerstellte Software zur Alternative A1 zusammengefaßt; im Rahmen von Kauf- und Werkverträgen zu beschaffende Software wird als Alternative A2 bezeichnet, wenn sie als Individual-software zu klassifizieren ist und andernfalls als A3 (Standardsoftware).

Liegt hingegen ein Nutzungsüberlassungsvertrag vor, so ist aus betriebswirtschaftlicher Sicht die Unterscheidung zwischen Verträgen mit wiederkehrenden Zahlungen während eines Nutzungszeitraums, der dem Zahlungszeitraum entspricht (Alternativen A6 und A7) und solchen, bei denen Nutzungs- und Zahlungszeitraum auseinanderfallen (Alternativen A4 und A5), wie dies im Extrem bei der verbreiteten Einmalzahlung zu Vertragsbeginn der Fall ist, von Bedeutung. Im letzteren Fall erfolgt eine Aktivierung des Nutzungsrechts (der Einmalzahlung) in der Bilanz des Nutzers oder die Bildung eines Rechnungsabgrenzungspostens[10) in gleicher Höhe; im ersteren Fall mit wiederkehrenden Zahlungen erfolgt keine Aktivierung, da ein Dauerschuldverhältnis mit noch ausstehenden Leistungen und Gegenleistungen vorliegt, das - soweit Ausgeglichenheit gegeben ist - als schwebendes Geschäft zu klassifizieren ist[11).

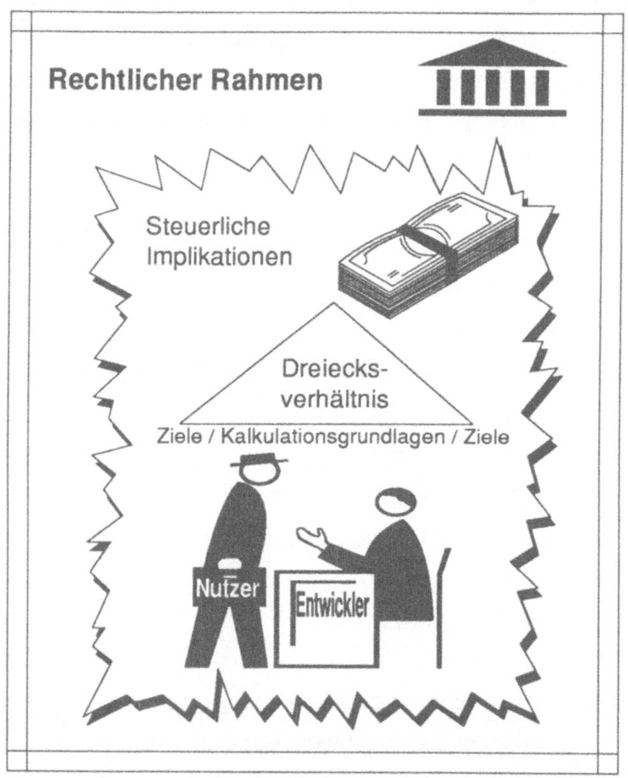

Abb. 3: Das Dreiecksverhältnis zwischen Nutzer, Entwickler und Fiskus

Abbildung 3 zeigt das "Dreiecksverhältnis" zwischen Entwickler und Nutzer als vertragsgestaltende Koalitionspartner und dem Fiskus als bei der Vertragsgestaltung nicht beteiligten Dritten, welcher jedoch innerhalb des rechtlichen Rahmens durch die steuerlichen Implikationen die beiden "Koalitionspartner" in ihrer Vertragsgestaltung

---

10) Aus betriebswirtschaftlicher Sicht ist der Streit, ob ein Wirtschaftsgut "Nutzungsrecht" auszuweisen ist oder ob ein Rechnungsabgrenzungsposten gebildet wird, ohne Bedeutung, wenn die Höhe der Aktivierung/Abgrenzung identisch ist und Abschreibung/Auflösung pro rata temporis linear über die betriebsgewöhnliche Nutzungsdauer übereinstimmen. Hiervon wird im folgenden ausgegangen (vgl. Stapperfend [1991, S.117 ff.]).

11) Vgl. Stapperfend [1991, S.108ff.]; auch beim Entwickler sind schwebende Geschäfte nicht zu aktivieren, vgl. Bormann [1990, S.168].

beeinflußt. Diese Betrachtung ist grundlegend für die nachfolgenden Ausführungen, da ein ganzheitliches Verständnis der Problematik die Erfassung der drei Sichten und ihrer Zusammenhänge voraussetzt. In den folgenden Kapiteln werden wir daher die Alternativen A1 - A7 von Abbildung 2 aus Sicht des Nutzers, des Entwicklers und zuletzt des Fiskus näher beleuchten, um auf diese Weise diejenigen Alternativen festzustellen, welche für die "Koalition" aus Entwickler und Nutzer betriebswirtschaftliche und insbesondere steuerliche Vorteile ausweisen.

3 Die Sicht des Software-Nutzers

Aus Sicht des Nutzers ist bei den Alternativen A1, A6 und A7 aus Abbildung 2 wesentlich, daß sämtliche Auszahlungen sofort aufwandswirksam sind, während bei den übrigen aktiviert oder abgegrenzt werden muß. Beim Vergleich von per Arbeits- und/oder Dienstvertrag eigenerstellter Software (A1) mit per Werk- oder Kaufvertrag bezogener Software (A2, A3) bedeutet dies beispielsweise, daß im letzteren Fall eine Aufwandsverlagerung in die Zukunft stattfindet und daher kurzfristig höhere Gewinne ausgewiesen werden, die bei positivem Steuersatz zu höheren Steuerzahlungen führen. Die späteren Steuergutschriften für Software-Abschreibung bei den Alternativen A2 und A3 machen sich natürlich in einer Barwert-Betrachtung im Vergleich zu Alternative A1 negativ bemerkbar, die *diesbezüglich* einen Steuer-Barwert-Vorteil aufweist. Ob andererseits hierbei auch ein höherer bzw. früherer Mittelabfluß stattfindet, hängt von der konkreten Entscheidungssituation ab.

Wird Individual- oder Standardsoftware im Wege eines Nutzungsüberlassungsvertrages beschafft, so ist das Nutzungsrecht, wie oben bereits erläutert, nicht zu aktivieren oder abzugrenzen, wenn ein schwebendes Geschäft vorliegt; dies ist bei wiederkehrenden Zahlungen während eines mit dem Nutzungszeitraum identischen Zeitraumes der Fall (A6, A7). Alle Zahlungen sind auch hier sofort aufwands- und damit steuerwirksam.

Wird die Software hingegen mit einer Einmalzahlung zu Vertragsbeginn beschafft (A4, A5), so besteht Einigkeit darüber, daß das Nutzungsrecht als Wirtschaftsgut zu aktivieren oder abzugrenzen ist. In beiden Fällen ist also die Zahlung nicht sofort aufwandswirksam, sondern erst pro rata temporis über die Abschreibungen bzw. die Auflösung des Rechnungsabgrenzungspostens. Mithin fallen Aufwand und Steuergutschriften erst wesentlich nach der Zahlung an; also liegt auch hier ein Steuer-Barwert-Nachteil für den Nutzer vor. Dies ist auch im allgemeinen Fall möglich, wenn Nutzungs- und Zahlungszeitraum auseinanderfallen; neben der bereits diskutierten Einmalzahlung ist hier aufgrund der praktischen Verbreitung mit Zahlungen über 1-3 Jahre und einem 5-jährigen oder gar unbeschränkten Nutzungsrecht insbesondere der Fall von Interesse, in welchem der Nutzungszeitraum den Zahlungszeitraum übersteigt. Hier ist nach Stapperfend [1991, S.120] und den dort angegeben Quellen ebenfalls ein *Nutzungsrecht Software* zu aktivieren oder abzugrenzen mit der Folge des o.g. Steuer-Barwert-Nachteils. Es sei darauf hingewiesen, daß diese Vertragsgestaltung genau so unglücklich wie leicht vermeidbar ist, da sie leicht in eine der Alternativen A6 oder A7 überführt werden kann, in der im gesamten Nutzungszeitraum Zahlungen vereinbart werden, die durchaus stark degressiven Charakter haben können. Schon aus Gründen des üblicherweise stark degressiven Charakters von Hotline-Support sowie Fehlererkennung und -behebung sowie des Umstandes, daß aufgrund des raschen Fortschreitens der Software-Technologie der Markt- bzw. Nutzungs(überlassungs)wert unveränderter Software rasch sinkt, ist eine solche Vertragsgestaltung wirtschaftlich gerechtfertigt und spricht nicht gegen die Klassifizierung als schwebendes Geschäft mit "wiederkehrenden Zahlungen" und gleichgewichtigen Leistungen mit der Folge sofortiger Aufwands- und Steuerwirkung.

Zusammenfassend ist festzustellen, daß für den Nutzer per Arbeits- oder Dienstvertrag eigenerstellte Software A1 und per Nutzungsüberlassungvertrag mit wiederkehrenden Zahlungen fremdbezogene Individual- bzw. Standardsoftware A6 bzw. A7 betriebswirtschaftliche Vorteile aufweisen, da sie Aktivierung und Abgrenzung vermeiden und sofort aufwands- und steuerwirksam sind. Die marktüblichen Vertragsformen Werk- und Kaufvertrag sowie Nutzungsüberlassungsvertrag mit Einmalzahlung A2 - A5 sind aufgrund der Aktivierung/Abgrenzung steuerlich unvorteilhaft. Eine explizite Finanzanalyse ergibt, daß diese Vor- bzw. Nachteile bei positiven Zins- und Steuersätzen generell bestehen und für typische Werte sich bei identischen Vor-Steuer-Barwerten der Alternativen nach Steuern leicht Cash-Flow-Kapitalwertunterschiede von 6 - 8 % ergeben[12].

4 Die Sicht des Software-Entwicklers

Aus Entwickler-Sicht sind zunächst weniger die Verhältnisse während des Nutzungszeitraumes, sondern die während der Entwicklung von Interesse. Wird Software im Rahmen eines Dienstvertrages entwickelt, wird beim Entwickler kein Wirtschaftsgut hergestellt und eine Aktivierung scheidet von vornherein aus. Liegt hingegen ein Werkvertrag vor,

---

12) Vgl. hierzu Buhl [1993, Abschnitt 3.1].

so sind die Anschaffungs- und Herstellungskosten für das Wirtschaftsgut Software als "Unfertige Leistungen" im Umlaufvermögen zu aktivieren[13]. Aufgrund dessen sind hierfür getätigte Auszahlungen während der Entwicklungszeit nicht aufwands- und steuerwirksam. Gleiches gilt für Software, die zum Verkauf bestimmt ist[13)]. Bei Standardsoftware, die ja nicht nur einmal, sondern mehrfach verkauft werden soll, kommt darüber hinaus eine Aktivierung der Anschaffungs- und Herstellungskosten während des gesamten Verkaufszeitraums in Betracht, da in diesem Fall ja nur die Programmkopien, nicht jedoch das Verfügungsrecht über die erstellte Software verkauft werden.

Ist Software dagegen zur Nutzungsüberlassung vorgesehen, so darf diese weder während des Entwicklungs- noch während des Zeitraums der Nutzungsüberlassung aktiviert werden (vgl. Stapperfend [1991, S.137] und dessen Hinweise auf §§ 5 II EStG und 248 II HGB). Folglich sind sämtliche Entwicklungs-Auszahlungen sofort aufwands- und steuerwirksam. Aus steuerlicher (Barwert-) Sicht sollte der Entwickler daher die Nutzungsüberlassung dem Verkauf in jedem Falle vorziehen - unabhängig davon, ob er Zahlungen bei Beginn der Nutzung (in diesem Fall bieten sich die Alternativen A4, A5 mit Einmalzahlungs-Angebot an) oder wiederkehrend während der Nutzungszeit Zahlungen erzielen will (A6, A7).

Eine explizite Finanzanalyse in Buhl [1993, Abschnitt 3.2] zeigt, daß aus Entwickler-Sicht bei positiven Zins- und Steuersätzen Nutzungsüberlassung von Software im Vergleich zu Werkverträgen und Verkauf generell vorteilhafter ist; für typische Werte ergeben sich nach Steuern leicht Kapitalwertvorteile von insgesamt über 50 %. Aufgrund dieser beträchtlichen Unterschiede kann der Entwickler Software mit Nutzungsüberlassungsverträgen wesentlich wettbewerbsfähiger anbieten als Konkurrenten, die Software mit Werk- oder Kaufverträgen offerieren.

Mithin wird die *Koalition aus Nutzer und Entwickler* durch Nutzungsüberlassungsverträge mit wiederkehrenden Zahlungen generell wesentlich besser als durch Kaufverträge gestellt. Diese Beobachtung führt uns abschließend auf die Sicht des dritten Beteiligten, nämlich auf den Fiskus, dessen Steueraufkommen ja ebenfalls von solchen Vertragsgestaltungen abhängt.

---

13) Vgl. Bormann [1990, S.169] und Stapperfend [1991, S.128ff.] und dort angegebene Quellen.

5 Die Sicht des Fiskus

Aus Fiskus-Sicht ist zunächst die Frage von Interesse, zu welchen Zeitpunkten steuerwirksame Aufwendungen für Entwicklung und Erwerb von Software anfallen. Wie bereits erwähnt, sind die Entwicklungs-Auszahlungen sowohl bei Eigenerstellung als auch bei Software, die zur Nutzungsüberlassung erstellt wird, aufgrund des Aktivierungsverbots sofort steuerwirksam. Lediglich bei den Kauf- und Werkvertrags-Alternativen A2 und A3 müssen die Entwicklungs-Auszahlungen als unfertige Leistungen aktiviert werden, so daß in diesen Fällen die Steuergutschriften erst später zahlungswirksam werden.

Während der Nutzung der Software ergibt sich folgende Situation: Bei Alternative A1 fallen während der Nutzung keine Zahlungen (mit Ausnahme hier nicht betrachteter Wartung und Weiterentwicklung) an; bei den Alternativen A6 und A7 sind die wiederkehrenden Zahlungen des Nutzers an den Entwickler bei ersterem sofort aufwands- und bei letzterem ertragswirksam. Steuerliche Implikationen ergeben sich für den Fiskus nicht, wenn beide dem gleichen Ertragsteuersatz unterliegen; ist dies nicht der Fall, entstehen negative oder positive Steuerauswirkungen pro gezahlter DM in Höhe der Differenz der Steuersätze.

Bei den übrigen Alternativen ist die bereits diskutierte Abgrenzung zwischen Individual- und Standardsoftware von Interesse, da für Standardsoftware die betriebsgewöhnliche Nutzungsdauer (BGND) regelmäßig auf 3 Jahre festgelegt wird, während bei Individualsoftware diese je nach Einzelfall festgelegt werden muß, im allgemeinen jedoch ein Zeitraum von 5 Jahren herangezogen wird. Da Software üblicherweise als immaterielles Wirtschaftsgut angesehen wird, kommt planmäßig in beiden Fällen nur pro rata temporis AfA in Betracht, also keine degressive und/oder Halbjahres-AfA[14]. Im Falle von Individualsoftware wird das Werk- oder Kaufvertrags-Entgelt bzw. die Einmalzahlung für das Nutzungsrecht beim Nutzer aktiviert bzw. abgegrenzt und erst während des Abschreibungs- bzw. Auflösungszeitraumes steuerwirksam. Beim Entwickler werden diese jedoch zum Zeitpunkt der Leistungserbringung als Ertrag steuerwirksam. Mithin hat der Fiskus bei den Alternativen A2 bis A5 einen Steuer-Barwert-Vorteil, der aufgrund der bei Individualsoftware i.a. längeren betriebsgewöhnlichen Nutzungsdauer höher als

---

14) Eine Ausnahme stellen nach EStR Abschnitt 31a Abs. 1 S.4/5 die sog. Trivialprogramme dar, die bei solcher (nicht klar abgegrenzter) Klassifikation oder Anschaffungskosten von höchstens 800,- DM als materielle Wirtschaftsgüter zu betrachten sind. Für einfache Text-, Graphik-, Tabellenkalkulations- und integrierte Pakete kommen daher als materielle Wirtschaftsgüter sowohl die GWG-Regelung als auch bei höherem Preis degressive und/oder Halbjahres-AfA in Betracht. Der "Trivial-Software-Fall" soll daher in dieser Arbeit, in der Software als immaterielles Wirtschaftsgut angesehen wird, nicht weiter betrachtet werden.

bei Standardsoftware ist. Bei den Alternativen A2 und A3 kommt der Fiskus-Vorteil durch die spätere Steuerwirksamkeit der Entwicklungs-Auszahlungen hinzu. Die Alternativen A1, A6 und A7 sind für den Fiskus vergleichsweise nachteilig[15].

Natürlich begründen sich die unterschiedlichen handels- und steuerrechtlichen Implikationen aus unterschiedlichen Abwertungsgefahren bzw. mehr oder weniger unsicherer Werthaltigkeit der betrachteten Entscheidungsalternativen. Wie jedoch aus der obigen Diskussion deutlich geworden sein dürfte, sind die Abgrenzungen eher formal als aus Wirtschaftsinformatik-Sicht sachlich gerechtfertigt: Beispielsweise ist sachlich nicht nachvollziehbar, daß die Werthaltigkeit von Software davon abhängen soll, ob sie nun zum Verkauf oder aber zur Nutzungsüberlassung "vorgesehen" ist. Wenn jedoch im ersteren Falle aktiviert werden muß, während im zweiten nicht aktiviert werden darf, so bieten diese Festlegungen natürlich Spielraum für betriebswirtschaftliche Gestaltungsmöglichkeiten bei Entwickler und Nutzer. Hierbei eröffnen Alternativen mit Fiskus-Nachteilen die Möglichkeit solcher Vertragsgestaltungen zwischen Entwickler und Nutzer, die für *beide* vorteilhaft sind[16].

6 Zusammenfassung

Die Darstellung und Diskussion der Software-Entscheidungsalternativen führte zu folgenden Ergebnissen: Die Hauptproblemfelder bei Software-Entscheidungen sind neben der schwierigen Quantifizierbarkeit insbesondere des Nutzens (siehe z.B. Nagel [1990]) die Interdependenz zu vor- und nachgelagerten Informationsmanagement-Entscheidungen sowie die häufige de-facto-Irreversibilität aufgrund des sunk cost - Charakters von Softwareinvestitionen.

Aus Sicht des Risk Managements sind bei der Wahl des Vertrags-Typs insbesondere haftungsrechtliche Fragen ein zentrales Problemfeld: Da sich die betrachteten Software-Alternativen bezüglich der Haftungsrisiken für den Entwickler und der Anwendungsrisiken für den Nutzer - man denke nur an die unterschiedliche Stellung bei Softwareerstellung im Rahmen von Dienst- oder Werkverträgen - wesentlich unterscheiden, müssen Risikoaspekte in der Entscheidung unbedingt Berücksichtigung finden (vgl.

---

15) Eine explizite Finanzanalyse in Buhl [1993, Abschnitt 3.3] zeigt auch hier, daß daß die Fiskus-Nachteile bei den Alternativen A1, A6 und A7 bei positiven Zins- und Steuersätzen generell bestehen und in typischen Fällen barwertmäßig über 60 % betragen können.
16) Dies gilt zumindest unter der Annahme gleicher Kalkulationszinsen.

hierzu und zu einer "gerechten Risikoverteilung" insbesondere Kilian [1986] und Kilian/Heussen [1990])[17].

Aus personalwirtschaftlichem Blickwinkel stehen zunächst Akzeptanz- und Motivations-aspekte im Vordergrund, welche bei den Mitarbeitern des IV-Bereiches und denen der Fachabteilungen durchaus unterschiedlich sein können. Angesichts des raschen Fort-schreitens der Softwareentwicklungstechnologie will der mit Software-Eigenerstellung verbundene Aufbau eines großen Entwicklungsteams - insbesondere für strategisch weni-ger bedeutsame Anwendungsbereiche - trotz der dargestellten steuerlichen Vorteile wohl bedacht sein. Die Fristigkeit der betrachteten Software-Entscheidungsalternativen ist keineswegs identisch, wie z.B. die unterschiedlichen Bindungswirkungen von Arbeits-, Dienst- oder Werkverträgen deutlich machen. In diesem Zusammenhang sind auch - möglicherweise gravierende - Unterschiede im Hinblick auf künftige Weiterentwicklun-gen der Software zu bedenken.

Die finanzwirtschaftliche und insbesondere steuerliche Analyse ergab folgendes: Im Falle von Individualsoftware sprechen steuerliche Vorteile für Eigenerstellung mit Arbeits- oder Dienstverträgen statt Fremdbezug mit Werkverträgen; im Falle von Individual- und Standardsoftware sind Nutzungsüberlassungsverträge mit wiederkehrenden Zahlungen sowohl während der Entwicklungs- als auch während der Nutzungsphase für Entwickler *und* Nutzer vorteilhaft. Der (marktübliche) Verkauf von Software ist aufgrund steuer-licher Nachteile sowohl während der Entwicklungszeit als auch während der Verkaufszeit beim Entwickler und während der Nutzungszeit beim Nutzer betriebswirtschaftlich nachteilig. Generell sollten Software-Entscheidungen - wie andere Investitionen auch - mit Hilfe von Prognose/Schätzung der Cash-Flow-Wirkungen inklusive steuerlicher Implikationen durchgeführt werden. Die steuerlichen und finanzwirtschaftlichen Auswir-kungen verschiedener Software-Vertragsgestaltungsformen sind zu unterschiedlich, als daß von in der Literatur z.T. beschriebenen und in der Praxis verbreiteten anderen Kriterien zufriedenstellende Ergebnisse erwartet werden könnten.

Literatur

Bormann, M.: Software-Bilanzierung, S+W Steuer- und Wirtschaftsverlag, Hamburg 1990.

Buhl, H.U.: Finanzanalyse von Entscheidungsalternativen bei der Software-Vertragsgestaltung, erscheint in ZfbF Mitte 1993.

---

17) In der letzteren Arbeit findet man in den Abschnitten 202, I bzw. III die Rechtsprechung zu Leistungen und Vertragstypen bzw. zum Einfluß der Allgemeinen Geschäftsbedingungen.

Griese, J. et al.: Ergebnisse des Arbeitskreises Wirtschaftlichkeit der Informationsverarbeitung, ZfbF, 39, S.515-551, 1987.

Heinrich, L.J.: Zur Frage "Eigenfertigung oder Fremdbezug" bei der Informationsverarbeitung, ZfbF, 21, 10/11, 1969; Wiederabdruck in Männel, W., Hrsg., Entscheidungen zwischen Eigenfertigung und Fremdbezug in der Praxis, Verlag Neue Wirtschafts-Briefe, Herne / Berlin, S. 246-263, 1973.

Heinrich, L.J. und Burgholzer, P.: Informationsmanagement, Oldenbourg, München, Wien 1990a.

Heinrich, L.J. und Burgholzer, P.: Systemplanung II, 4. Aufl., Oldenbourg, München, Wien 1990b.

Heinrich, L.J. und Burgholzer, P.: Systemplanung I, 5. Aufl., Oldenbourg, München, Wien 1991.

Heinzl, A.: Die Ausgliederung der betrieblichen Datenverarbeitung, Poeschel, Stuttgart 1991.

Heinzl, A. und Stoffel, K.: Formen, Motive und Risiken der Auslagerung der betrieblichen Datenverarbeitung, DV-Management, Heft 4, S.161-173, 1992.

Heinzl, A. und Uhrig, M.: DV-Management durch externe Dienstleistungsanbieter, DV-Management, Heft 4, S.190-199, 1992.

Kilian, W.: Haftung für Mängel der Computersoftware, C.F. Müller, Heidelberg 1986.

Kilian, W. und Heussen, B., Hrsg.: Computerrechts-Handbuch, C.H. Beck, München 1990.

Knolmayer, G.: Die Auslagerung von Service-Funktionen als Strategie des IS-Managements, in: Heinrich L.J./Pomberger, G. (Hrsg.), Die Informationswirtschaft im Unternehmen, Trauner, Linz u.a., S.323-341, 1991.

Knolmayer, G.: Informationsmanagement: Outsourcing von Informatik-Leistungen, in: WiSt, Heft 7, S.356-360, 1992a.

Knolmayer, G.: Outsourcing: Kein Patentrezept für DV-Auslagerung, in: Personal Computer, Heft 4, S.128-132, 1992b.

Lehner, F., Friedwagner, P. und Pernsteiner, H.: Bilanzierung von Software, Institut für Wirtschaftsinformatik und Organisationsforschung, Universität Linz, Nr. 89.05, 1989.

Lehner, F. und Pernsteiner, H.: Rechnungslegung für Software beim Anwender nach Handelsrecht, Journal für Betriebswirtschaft, 4, S.155-165, 1991.

Mertens, P. et al.: Grundzüge der Wirtschaftsinformatik, Springer, Berlin u.a. 1991a.

Mertens, P. et al.: Management by Parameters, ZfB, 61, 5/6, S.569-588, 1991b.

Nagel, K.: Nutzen der Informationsverarbeitung, Oldenbourg, München, Wien 1990.

Österle, H.: Integrierte Standardsoftware: Entscheidungshilfen für den Einsatz von Softwarepaketen, Band 1 + 2, AIT-Verlag, München 1990.

Palandt, O.: Bürgerliches Gesetzbuch, 51. Aufl., Beck Verlag, München 1992.

Picot, A.: Ein neuer Ansatz zur Gestaltung der Leistungstiefe, ZfbF, 43, S.336-357, 1991.

Picot, A. et al.: Eigenerstellung oder Fremdbezug von Organisationsleistung - ein Problem der Unternehmungsführung (I), Office Management, 9, S.818-821, 1985a.

Picot, A. et al.: Eigenerstellung oder Fremdbezug von Organisationsleistung - ein Problem der Unternehmungsführung (II), Office Management, 10, S.1029-1034, 1985b.

Stahlknecht, R.: Einführung in die Wirtschaftsinformatik, Springer, Berlin u.a. 1991.

Stapperfend, T.: Die steuer- und bilanzrechtliche Behandlung von Software, Verlag Dr. Schmidt KG, Köln 1991.

Whang, S.: Contracting for Software Development, Management Science, 38, 3, S.307-324, 1992.

Zanger, C.: Software als Gegenstand betriebswirtschaftlicher Betrachtungen, Arbeitspapiere des Instituts für Wirtschaftsinformatik der TU Dresden, Dresden 1991.

Der Schutz für DV-Produkte -
Überlegungen zum europäischen EDV-Recht

Thomas Hoeren

Institut für Kirchenrecht
Westfälische Wilhelms-Universität Münster
Universitätsstr. 14 - 16, 4400 Münster

Zusammenfassung

Der Beitrag gibt einen Bericht über den Schutz von DV-Produkten gegen Piraterie. Dabei wird zunächst in einem ersten Kapitel dargelegt, wie Software derzeit in Deutschland geschützt wird und welche Änderungen sich infolge der Umsetzung der EG-Softwareschutzrichtlinie ergeben werden. Im zweiten Kapitel werden dann andere DV-Elemente (etwa Dokumentationen, Datenbanken und Expertensysteme) auf ihre Schutzfähigkeit nach (noch) geltendem und künftigem Recht hin untersucht.

1   Einleitung

Mit der Expansion des DV-Marktes und der kosten- und zeitintensiven Entwicklung neuer DV-Produkte wird die Klärung einer Rechtsfrage zunehmend dringender: Wie sind innovative Leistungen auf diesem Sektor gegen Piraterie geschützt? Wie kann sich der Entwickler einer KI-Anwendung oder der Anbieter von Datenbanken rechtlich gegen die unbefugte Übernahme seiner Ergebnisse zur Wehr setzen?

Die Lösung dieser Fragen bedarf einer zweigleisigen Sichtweise: Auf der einen Seite sind die deutschen Regelungen zum Immaterialgüterrecht - insbesondere das Patent-, Urheber- und Wettbewerbsrecht - daraufhin zu untersuchen, inwieweit sie auf DV-Produkte Anwendung finden. Durch die zunehmende Europäisierung und Internationalisierung des DV-Marktes ist aber zusätzlich auch ein "Blick über den nationalen Gesetzeszaun" notwendig: Wie beantwortet das europäische Ausland die Frage des Rechtsschutzes für Hardware, Software und andere Produkte? Existieren innerhalb Europas unterschiedliche

Schutzniveaus, so daß sich einzelne Länder als Piraterieoasen erweisen? Wie gehen die zuständigen Organe der Europäischen Gemeinschaften mit dem Problem um?

Im folgenden soll versucht werden, den Stand des deutschen und europäischen Rechtsschutzes für DV-Produkte darzustellen und unter Berücksichtigung aktueller Entwicklungen zu analysieren. Dabei erweist sich der Begriff des "DV-Produkts" als schillernd; er umfaßt eine Reihe verschiedener Werke: Software, Datenbanken, Hardware, Handbücher und Dokumentationen. Im folgenden soll daher zunächst der Schutz von Software dargestellt werden (2.), bevor in einem weiteren Kapitel (3.) die Möglichkeiten zum Schutz anderer DV-Produkte skizziert werden.

2 Der Schutz von Software

2.1 Schutz nach deutschem Recht

Das deutsche Recht bietet mehrere Möglichkeiten zum Schutz von innovativen Leistungen an: Denkbar ist primär ein Schutz durch das Urheberrecht, der - unabhängig von jeder Registrierung - bereits im Augenblick der Schöpfung eines kreativen, originellen Werkes besteht. Daneben kann Piraterie seitens eines Konkurrenten gegen die guten Sitten im Wettbewerb verstoßen und infolge dessen wettbewerbsrechtlich verboten werden. Darüber hinaus kann eine Leistung, sofern sie technischen Charakter besitzt und neu ist, als Patent angemeldet und registriert werden.

2.1.1 Das Urheberrecht

Nach § 2 Abs. 1 Nr. 1 des deutschen Urheberrechtsgesetzes (UrhG) zählen zu den geschützten Werken der Literatur, Wissenschaft und Kunst insbesondere "Sprachwerke, wie Schriftwerke und Reden, sowie Programme für die Datenverarbeitung". Mit dieser im Jahre 1985 in das Gesetz eingefügten Grundsatzentscheidung ist aber noch nicht gesagt, daß jede Software automatisch urheberrechtlich geschützt ist. Vielmehr muß nach § 2 Abs. 2 UrhG im Einzelfall geprüft werden, ob die Software eine "persönlich-geistige Schöpfung" darstellt.

Die deutschen Gerichte haben dieses Merkmal gerade bei Computerprogrammen bislang sehr eng und restriktiv ausgelegt; ihnen erschien es undenkbar, das für Werke der Literatur und schönen Künste konzipierte Urheberrecht auf solch technische Produkte wie Software anzuwenden.

So hat der 1. Senat des Bundesgerichtshofs (BGH) in den Entscheidungen "Inkassoprogramm"[1] und "Betriebssystem"[2] nachdrücklich betont, daß ein Computerprogramm nur urheberrechtsfähig sein könne, wenn es das Können eines Durchschnittsprogrammierers erheblich übersteige. Dabei ließ der BGH offen, was unter einem solch fiktiven "Durchschnittsprogrammierer" zu verstehen sei. Statt dessen betonte der damalige Vorsitzende des BGH-Senats, Prof. Freiherr von Gamm, daß aufgrund der Rechtsprechung seines Senats 95 % aller Computerprogramme nicht den Schutz des Urheberrechts genießen.[3]

2.1.2 Patent- und Wettbewerbsrecht

Durch die Rechtsprechung des BGH entstand eine Schutzlücke, die nur rudimentär durch das Patent- und Wettbewerbsrecht geschlossen werden konnte: Eine Anwendung des Patentrechts auf Software ist bereits dadurch ausgeschlossen, daß nach § 1 Abs. 2 Nr. 3 und Abs. 3 des Patentgesetzes (PatG) Computerprogramme "als solche" nicht patentfähig sind. Das Deutsche und das Europäische Patentamt sowie der Patentsenat des BGH ließen eine Anwendung des PatG nur zu, wenn Software Bestandteil einer Erfindung ist, die als Ganzes technischen Charakter hat. Dies kommt im wesentlichen nur für den Bereich der Prozeßsteuerung, des Computer Integrated Manufacturing, der Robotersteuerung und ähnliches in Betracht.[4]

Das Wettbewerbsrecht bietet zwar einen Schutz gegen unbefugte Nachahmung oder Vervielfältigung von Software; dieser Schutz kann aber nur geltend gemacht werden, wenn der Plagiator in einem Wettbewerbsverhältnis zum Softwareentwickler steht. Bei

---

1) Urteil vom 9. Mai 1985 - I ZR 52/83 = BFHZ 94, 276 = CR 1985, 22 = IIC 17 (1986), 681 (englische Übersetzung). Vgl. auch das Urteil des OLG Frankfurt vom 6. November 1984 = CR 1986, 13.
2) Urteil vom 4. Oktober 1990 - I ZR 139/89 = CR 1991, 80 = jur-PC 1991, 888.
3) GRUR 1986, 731. - Auf eine Darstellung der Sonderentwicklung hinsichtlich des Laufbildschutzes für Computerspiele ist hier bewußt verzichtet worden; vgl. hierzu Zahrnt, DV-Verträge: Rechtsfragen und Rechtsprechung, Loseblattausgabe: Hallbergmoos Stand: Dezember 1990, Kap. 5.3.1. am Ende.
4) Vgl. Hannemann, Patentability of Computer Programs in Europe, in: Meijboom/Prins (Hg.), The Law of Information Technology in Europe 1992, Deventer 1991, 69 ff. mit weit. Nachw.

Piraterie im privaten Bereich oder bei der firmeninternen Nutzung von Raubkopien ist das Wettbewerbsrecht machtlos.[5]

2.2 Neue Entwicklungen

Die Tatsache, daß in Deutschland ein unzureichender Schutz von Software besteht, hat im Ausland zu heftiger Kritik geführt, zumal gerade angloamerikanische Staaten einen sehr weitreichen Urheberrechtsschutz für nicht-triviale Programme bejahen. Die EG-Kommission sah in der deutschen Rechtsprechung ein wesentliches Hindernis für die Vollendung des europäischen Binnenmarktes. Aus diesem Grund kam es am 14. Mai 1991 zur Verabschiedung der Richtlinie über den Rechtsschutz von Computerprogrammen.[6] Diese Richtlinie verpflichtet alle europäischen Staaten, einheitliche Gesetze zum Schutz von Software bis zum 1. Januar 1993 zu erlassen.

Das Bundesjustizministerium hat daraufhin im April 1992 einen ersten Umsetzungsentwurf an interessierte Kreise weitergeleitet und diese im Mai zu einer Anhörung eingeladen.[7] Im Juni 1992 wurde ein Referentenentwurf und im September 1992 der offizielle Regierungsentwurf veröffentlicht.[8] Die Entwürfe sehen die Einfügung eines neuen Abschnitts für Softwareschutz im Urheberrechtsgesetz vor (§§ 69a - g UrhG); im übrigen beschränken sie sich im wesentlichen auf eine Übersetzung der Vorgaben in der EG-Richtlinie.[9]

---

5) Vgl. hierzu Moritz/Tybusseck, Computersoftware. Rechtsschutz und Vertragsgestaltung, 2. Aufl. München 1992, S. 118 ff. sowie Jersch, Der wettbewerbsrechtliche Schutz von Computersoftware, Diss. Münster 1992 (erscheint demnächst im C.H.Beck Verlag).
6) Abl. EG Nr. L 122/42 v. 17.5.1991, 382.
7) Veröffentlicht in Computer und Recht 1992, 383 f. = IuR-PC aktuell 5/1992, S. I ff.
8) Die Entwürfe sind in "Computer und Recht" veröffentlicht; eine genauere Angabe ist zum Zeitpunkt der Erstellung des Manuskripts (Oktober 1992) nicht möglich gewesen.
9) Vgl. für erste Stellungnahmen zu den Entwürfen Lehmann, Das neue deutsche Softwarerecht, in: Computer und Recht 1992, 324 ff.; Marly, Stellungnahme zum Diskussionsentwurf des Bundesjustizministeriums zur Änderung des Urheberrechtsgesetzes, in: JuR-PC 1992, 1620 ff. und 1652 ff.; Hoeren, Software protection in Germany, in: Meijboom (Hg.), Software Protection in the European Community, Deventer 1993 (erscheint demnächst).

2.2.1 Die Voraussetzungen der Schutzfähigkeit

Nach Art. 1 Abs. 3 der Richtlinie soll ein Computerprogramm den Schutz des Urheberrechts genießen, wenn es ein individuelles Werk in dem Sinne darstellt, "that it is the author's own intellectual creation". Zusätzlich betont die Richtlinie, daß "no other criteria shall be applied to determine its eligibility for protection".

Die herrschende Meinung schließt hieraus, daß der BGH gezwungen sei, seine restriktive Rechtsprechung aufzugeben. Dieser Schluß ist jedoch nicht zwingend:

Übersetzt man Art. 1 Abs. 3 der Richtlinie wörtlich, so bedarf es zur Bejahung der Urheberrechtsfähigkeit von Software einer "eigenen" (own) "geistigen" (intellectual) "Schöpfung" (creation). Der Begriff der "eigenen geistigen Schöpfung" findet sich aber auch in § 2 Abs. 2 des Urheberrechtsgesetzes. Der BGH nimmt für sich in Anspruch, genau diesen Begriff zu interpretieren, ohne dabei auf andere Kriterien zurückzugreifen. Insofern könnte der BGH seine Rechtsprechung auch nach der Umsetzung der Richtlinie aufrechthalten.

Allerdings plant der deutsche Gesetzgeber eine von der Richtlinie abweichende Beschreibung der Merkmale für die Urheberrechtsfähigkeit eines Programms. Nach § 69a Abs. 3 sollen zur Bestimmung der Schutzfähigkeit eines Computerprogramms "keine anderen Kriterien, insbesondere nicht qualitative oder ästhetische" anwendbar sein. Durch das zusätzliche Verbot der Verwendung ästhetischer Kriterien wäre der Rechtsprechung des BGH wirklich der Boden entzogen: Es wäre nicht mehr möglich, durchschnittliche, triviale oder banale Software dem Schutzbereich des Urheberrechts zu entziehen. Die Frage ist, ob dies vom Gesetzgeber wirklich gewollt ist: Soll jedes zweizeilige Basic-Programm den vollen Schutz des Urheberrechtsgesetzes genießen? Muß nicht doch ein Minimum an Kreativität und Qualität einem urheberrechtsfähigen Programm zugrunde liegen? Ist es überhaupt denkbar, ein Urheberrecht gänzlich ohne qualitative Prüfkriterien zu statuieren? Ist der neue Schutz für Software überhaupt noch urheberrechtlicher Natur oder handelt es sich nicht doch um einen Sonderrechtsschutz?

Losgelöst von diesen Bedenken ist aber insgesamt damit zu rechnen, daß sich nach der Umsetzung der EG-Richtlinie die Rechtslage in Deutschlands fundamental ändern wird: Software wird nunmehr den vollen Schutz des Urheberrechts genießen. Damit wird jedwede Form der Piraterie geahndet werden können.

2.2.2 Weitere Inhalte des neuen Gesetzes

Das deutsche Gesetz zur Umsetzung der EG-Softwareschutzrichtlinie wird eine Reihe weiterer wichtiger Neuregelungen enthalten.

2.2.2.1 Urheberrecht in Arbeitsverhältnissen

Nach Art. 2 Abs. 3 der Richtlinie und § 69 b des Gesetzesentwurfs sollen die vermögensrechtlichen Befugnisse an einem Programm, das von einem Arbeitnehmer in Wahrnehmung seiner Aufgaben oder nach den Anweisungen seines Arbeitgebers geschaffen worden ist, ausschließlich dem Arbeitgeber zustehen, sofern keine andere vertragliche Vereinbarung getroffen wird.

Dadurch ist eine komplizierte Streitfrage des bisherigen Urheberrechts geklärt: Bislang galt der Programmierer als Urheber seines Programms, selbst wenn er für die Programmierung als Arbeitnehmer bezahlt worden ist. Der Arbeitgeber konnte, sofern die Frage der Rechtsübertragung nicht vorab im Arbeitsvertrag ausdrücklich geregelt worden ist, grundsätzlich keine Rechte an dem Programm beanspruchen. Ihm wurde allenfalls ein Anspruch auf Übertragung eines Nutzungsrechts an dem Programm zugebilligt, sofern dies nach dem Zweck des Arbeitsvertrages erforderlich war (§ 31 V UrhG); wie weit dieser Anspruch reichte, war im einzelnen streitig. Auf jeden Fall verblieben die sog. Urheberpersönlichkeitsrechte (die Rechte auf Namensnennung, Veröffentlichung und Verhinderung von Entstellungen) immer beim angestellten Programmierer.[10]

Dies wird nun anders: Der Arbeitgeber erwirbt nun automatisch alle wirtschaftlich interessanten Rechte an dem Programm, auch wenn der Arbeitnehmer weiterhin Urheber bleibt und seine Urheberpersönlichkeitsrechte geltend machen kann.

Diese Regelung gilt übrigens auch für öffentlich-rechtliche Dienstverhältnisse; dies hat das Bundesjustizministerium in seinem Referentenentwurf (§ 69 b Abs. 2) ausdrücklich klargestellt. Es wird daher in Zukunft damit zu rechnen sein, daß sich die Auseinandersetzungen zwischen Professoren, ihren Mitarbeitern und der jeweiligen Universität als Dienstherr über die Rechte an erstellter Software in Zukunft häufen werden.

---

10) Vgl. Harte-Bavendamm, in: Kilian/Heussen (Hg.), Computerrechts-Handbuch, Loseblattausgabe, München Stand: März 1992, Rdnr. 54/39 ff.

Die Neuregelung gilt allerdings nicht für Auftragswerke. Die EG-Kommission hatte hierzu ursprünglich eine Regelung geplant, wonach der Auftraggeber zur Ausübung aller Rechte berechtigt sein sollte (Art. 2 Abs. 3 des ersten Richtlinienentwurfs). Da diese Regelung nicht in den endgültigen Text aufgenommen worden ist, bleibt es für die Frage der Urheberschaft an einem Programm im Auftragsverhältnis bei den klassischen Regeln des Urheberrechts. Wenn demnach Individualsoftware aufgrund eines Werkvertrages erstellt wird, erwirbt der Auftraggeber nicht automatisch alle Nutzungsrechte an dem Programm; er muß diese Frage unbedingt vertraglich regeln.

2.2.2.2 Ausschließliche Rechte des Urhebers

Nach Art. 4 der Richtlinie und § 69c des Gesetzesentwurfs steht dem Urheber das ausschließliche Recht zu, sein Computerprogramm zu vervielfältigen, zu übersetzen, umzuarbeiten und öffentlich zu verbreiten. Die Richtlinie verzichtet darauf, die verschiedenen Verwertungsrechte näher zu definieren. Insbesondere der im deutschen Recht schillernde Begriff der Vervielfältigung wird in der Richtlinie nicht näher konkretisiert. Allerdings weist die Richtlinie darauf hin, daß das Laden, Ablaufen oder Speichern des Computerprogramms grundsätzlich für sich genommen keine Vervielfältigung beinhaltet; nur wenn diese Handlungen die Erstellung einer Programmkopie erforderlich machen, sollen sie der Zustimmung des Rechtsinhabers bedürfen.

Diese - auch im Umsetzungsentwurf enthaltene - Unsicherheit im Hinblick auf den Vervielfältigungsbegriff hat weitreichende Konsequenzen: Es bleibt weiterhin ungeklärt, ob das Laden in den Arbeitsspeicher eine Vervielfältigung ist. Damit wird weiter darüber gestritten werden, inwieweit für einen solchen Ladevorgang eine Zustimmung des Urhebers erforderlich ist. Aufgrund dessen ist weiterhin fragwürdig, inwieweit der Urheber die Nutzung eines Programms auf eine bestimmte CPU beschränken oder die Verwendung seiner Software im Rahmen von Netzwerken verbieten kann.

Hinsichtlich der Umarbeitung eines Computerprogramms behält die Richtlinie dem Urheber - anders als das deutsche Urheberrecht (§ 23 Abs. 1 UrhG) - auch das Recht zur Herstellung einer Umgestaltung vor. Darüber hinaus umfaßt das in der Richtlinie angesprochene Recht der öffentlichen Verbreitung des Programms im Gegensatz zum deutschen Recht auch das ausschließliche Recht zur Vermietung des Programms. Dieses Vermietrecht soll auch nicht dem Erschöpfungsgrundsatz unterliegen: Nach diesem Grundsatz, der auch in der Richtlinie verankert ist, erschöpft sich das Verbreitungsrecht an einer Werkkopie, wenn diese innerhalb der Europäischen Gemeinschaft durch den

Rechtsinhaber oder mit dessen Zustimmung erstmalig veräußert worden ist. Nach deutscher Rechtsprechung gilt dieser Grundsatz auch bei der Weitervermietung urheberrechtsfähiger Werke;[11] diese Rechtsprechung kann nach der Umsetzung der Richtlinie keinen Bestand mehr haben.

2.2.2.3 Ausnahmen von der Zustimmungspflicht

In Art. 5 sieht der europäische Richtliniengeber nun mehrere Ausnahmen von den zustimmungsbedürftigen Handlungen vor, die vom Bundesjustizministerium auch in § 69 d seines Entwurfs übernommen worden sind.

So darf der Benutzer eines Computerprogramms dieses frei vervielfältigen, übersetzen und umarbeiten, wenn dies für eine bestimmungsgemäße Benutzung des Programms einschließlich der Fehlerberichtigung notwendig ist. Allerdings ist der EG-Kommission insoweit ein zentraler Fehler unterlaufen: Nach Art. 5 können vertraglich andere Regelungen ("specific contractual provisions") vorgesehen werden. In der Präambel zur Richtlinie wird aber darauf verwiesen, daß "the act of correction of its errors may not be prohibited by contract". Hier zeigt sich ein Regelungswiderspruch: Art. 5 läßt offensichtlich ein vertragliches Verbot der Fehlerberichtigung zu, das nach der Präambel unwirksam wäre. In der Literatur werden zur Lösung dieses Widerspruchs verschiedene Lösungen diskutiert: Die eine Argumentationslinie verweist darauf, daß die Präambel nicht rechtsverbindlich sei; ein vertragliches Verbot sei demnach aufgrund von Art. 5 möglich.[12] - Die andere - m.E. zutreffende - Auslegung bezieht sich auf die Formulierung "specific contractual provisions" in Art. 5: Ein bloßes Verbot der Fehlerberichtigung ist mit Art. 5 unvereinbar. Nur wenn seitens des Herstellers adäquate Wartungs- und Pflegedienste zur Fehlerbeseitigung angeboten werden, kann das Recht des Benutzers auf Fehlerberichtigung vertraglich ausgeschlossen werden.[13]

---

11) Vgl. etwa BGHZ 92, 54, 57 = NJW 1984, 435; BGH GRUR 1986, 736; OLG Hamm NJW 1982, 655; OLG Nürnberg CR 1990, 118.

12) Verstrynge, Protecting Intellectual Property Rights within the New Pan-European Framework - Computer Software -, Paper presented at the World Computer Law Congress, April 18 - 20, 1991, Los Angeles, p. 9.

13) So auch Smith, EC Software Protection Directive - an attempt to understand Article 5 (1), in: Computer Law and Security Report 7 (1990/91), 149 ff.

2.2.2.4 Dekompilierung

Die Frage der Dekompilierung (oft auch Reverse engineering oder Reassembling genannt) gehört zu den schwierigsten Regelungskomplexen der EG-Richtlinie. Es geht hierbei um die Frage, ob es zulässig ist, ein Programm daraufhin zu analysieren, welche Ideen und Prinzipien ihm zugrunde liegen, und auf der Grundlage dieser Analyse ein neues, kompatibles Programm zu erstellen. Eine solche Analyse wird meistens in der Weise durchgeführt, daß der Maschinencode, in dem das Programm üblicherweise zur Verfügung gestellt wird, in den Quellcode zurückverwandelt wird. Eine solche Rückübersetzung soll nach der Richtlinie nur zulässig sein, wenn dies zur Herstellung kompatibler Produkte unerläßlich ist. Andere Motive für eine solche Vorgehensweise - etwa der Einsatz von Reserve engineering zu Wartungszwecken - sollen nach der Richtlinie nicht zulässig sein (anders aber noch der 1. Entwurf der Richtlinie).

Die Regelung der Richtlinie ist aus deutscher Sicht mißglückt: Auf der einen Seite schließt die Richtlinie jede effektive Pflege von Software durch Dritte (sog. Third Party Maintenance) aus. Auf der anderen Seite läßt sich die Regelung nicht mit anderen Vorschriften des deutschen Rechts vereinbaren. So ist Reverse Engineering nach Meinung vieler EDV-Rechtler bereits nach § 17 Abs. 2 UWG verboten, wonach das unbefugte und eigennützige Sichverschaffen oder Verwerten von Geschäfts- oder Betriebsgeheimnissen mit Freiheitsstrafe bis zu drei Jahren bestraft wird. Die Anwendung dieser Vorschrift wird durch die Richtlinie selbst ausdrücklich offen gelassen (Art. 9 Abs. 1).

2.2.2.5 Rückwirkung

Die Bestimmungen der Richtlinie sollen nicht auf vertragliche Rechte Anwendung finden, die vor deren Umsetzung erworben worden sind (Art. 9 Abs. 2). Damit soll garantiert werden, daß der Anwender, der vor dem 1. Januar 1993 eine Programmkopie erworben hat, diese weiterhin frei bearbeiten, ändern sowie weitervermieten darf (s.o.).

Der deutsche Gesetzgeber plant allerdings, diese Übergangsregelung nicht in das deutsche Recht zu übernehmen. Seiner Ansicht nach kann das Gesetz "ohne Übergangsbestimmungen und ohne Vorbereitungszeit in Kraft treten".[14] Es gebe "bisher keine nennenswerte Vermietpraxis" bei Software.[15] Auch sonst sei ein schutzwürdiges Vertrauen des

---

14) S. 34 des Vorschlags.
15) S. 34 des Vorschlags.

Anwenders auf die alte Rechtslage nicht anzuerkennen. Diese Überlegungen des Bundesjustizministeriums stehen nicht im Einklang mit der EG-Richtlinie, die ausdrücklich eine Übergangsregelung vorsieht. Ferner übersieht das Ministerium die besondere Rechtslage hinsichtlich der Änderung von Software, die nach noch geltendem Recht unbeschränkt ohne Zustimmung des Urhebers zulässig ist. Der Anwender konnte bislang darauf vertrauen, selbst Änderungen an dem Programm vornehmen zu können; dieses Vertrauen muß für eine Übergangszeit auch weiterhin geschützt werden.

3 Sonstige DV-Produkte

Nach dieser kurzen Darstellung der neuen Rechtslage erweist es sich nunmehr reizvoll, auch einen Blick auf den derzeitigen und künftigen Schutz anderer DV-Produkte zu werfen.

3.1 Handbücher und Dokumentationen

Nach bisherigem Recht sind Handbücher und Dokumentationen als "Schriftwerke" im Sinne des § 2 Abs. 1 Nr. 1 UrhG schutzfähig. Dieser Schutz besteht unabhängig von der jeweiligen Software. Auch die restriktive Rechtsprechung des Bundesgerichtshofs gilt hier nicht: Schon das Reichsgericht hat bei Schriftwerken die Konzeption der sog. "kleinen Münze" entwickelt. Hiernach reicht es aus, wenn ein Werk in seiner Konzeption und Struktur nicht alltäglich oder trivial ist. Dies wird man bei den meisten Handbüchern und Dokumentationen bejahen können.

Nichtsdestotrotz hat die EG-Kommission in der Softwareschutzrichtlinie versucht, Teile der Dokumentation den Regeln zum Softwareschutz zu unterwerfen. Nach Art. 1 Abs. 1 der Richtlinie umfaßt der Begriff des "Computerprogramms" auch das Entwurfsmaterial ("preparatory design material"). Dieses Material beinhaltet nach der Präambel die "preparatory design work leading to the development of a computer program provided that the nature of the preparatory work is such that a computer program can result from it at a later stage".

Diese Begriffsbestimmung verursacht Bauchschmerzen: Offensichtlich sollen Programmablauf- bzw. Datenflußpläne unter den Softwarebegriff fallen. Wie sieht es aber aus mit Pflichtenheften und technischen Dokumentationen? Solche Materialien können im Einzelfall auch als Entwurfsmaterial im obigen Sinne angesehen werden; die Entscheidung hängt jedoch davon ab, inwieweit diese Unterlagen in den Softwarentwicklungsprozeß einbezogen sind.

Nicht unter das "preparatory design material" fallen hingegen die Benutzerhandbücher, Bedienungsanleitungen und andere dem Anwender übersandte Unterlagen (Abnahmeprotokolle; Systemscheine etc.). Für solche Werke gilt weiterhin das klassische Urheberrecht, insbesondere die Regelungen zum Schutz von Schriftwerken (s.o.). Insofern wird künftig sehr stark zwischen Entwicklungs- und Begleitmaterialien zu trennen sein.

3.2 Datenbanken

Nach derzeit geltendem Recht[16) werden "Datenbanken" als sog. Sammelwerke im Sinne des § 4 UrhG geschützt. Hiernach sind Sammlungen von "Beiträgen, die durch Auslese oder Anordnung eine persönliche geistige Schöpfung sind", wie selbständige Werke geschützt. Werden keine "Beiträge", sondern bloße Daten und Fakten gesammelt, kann deren Zusammenstellung unmittelbar über § 2 UrhG schutzfähig sein.

Dieser Schutz erstreckt sich allerdings nur auf die Struktur des gesammelten Materials; das Material selbst und das verwendete Datenbankprogramm können Gegenstand eines eigenen Urheberrechts sein. Neben dem Urheberrecht verbleibt zusätzlich die Möglichkeit eines Schutzes über das Wettbewerbsrecht (s.o.).

Die EG-Kommission hat nunmehr im Februar 1992 einen "Vorschlag für eine Richtlinie des Rates über den Rechtsschutz von Datenbanken" vorgelegt. Dieser Vorschlag wird derzeit in verschiedenen Kreisen diskutiert. Da die Frage des Schutzes von Datenbanken nicht Bestandteil des EG-Programms zur Vollendung des Binnenmarktes ist, wird es noch einige Zeit dauern, bis mit einer endgültigen Regelung zu rechnen ist.

Nach Art. 2 Abs. 1 und 3 des Richtlinienentwurfs sollen Datenbanken als Sammelwerke geschützt werden, sofern ihre Auswahl oder Anordnung persönliche geistige Schöpfungen ihres Urhebers repräsentieren. Allerdings erstreckt sich dieser Schutz nur auf die "Sammlung von Werken oder Informationsmaterial (...) mit elektronischen Mitteln" so-

---

16) Vgl. hierzu auch Hans-Peter Hillig, Der Schutz von Datenbanken nach deutschem Recht, in ZUM 1992, 325 ff.

wie das "elektronische Material, das für den Betrieb der Datenbank erforderlich ist, wie ihr Thesaurus, Index oder Abfragesystem" (Art. 1 Abs. 1). Nicht von der Richtlinie umfaßt sind das Datenbankprogramm und nicht-elektronische Datenbanken (Art. 1 Abs. 1 und Art. 2 Abs. 2).

Dem Urheber einer Datenbank soll ferner ein Recht zustehen, unerlaubte Auszüge und die unlautere Weiterverwertung des Inhalts einer Datenbank für gewerbliche Zwecke zu verbieten (Art. 2 Abs. 5). Dieser Schutz gilt für 10 Jahre ab dem Zeitpunkt, zu dem die Datenbank der Öffentlichkeit erstmals zugänglich gemacht worden ist (Art. 9 Abs. 3). Zugunsten des Benutzers einer Datenbank wurde dieses (dem deutschen Recht völlig fremde) Recht durch die Einführung einer Zwangslizenzregelung (Art. 8 Abs. 1) und die Möglichkeit zur privaten oder geringfügigen Erstellung von Auszügen (Art. 8 Abs. 4 und 5) abgemildert.

3.3 Der Schutz von Expertensystemen

Wie zersplittert der künftige Schutz für DV-Leistungen sein wird, läßt sich sehr einfach an Expertensystemen illustrieren: Solche Produkte bestehen typischerweise aus einer 'Shell' und einer 'Datenbasis': Während die 'Shell' die EDV-technischen Werkzeuge für die Wissensverarbeitung zur Verfügung stellt, enthält die 'Datenbasis' das "Spezialwissen, das vom Expertensystem benötigt wird, um auf dem Gebiet, für das es konzipiert wird, als Experte gelten zu können".[17]

Ein solches Expertensystem unterliegt drei verschiedenen Schutzsystemen:

- Das in der 'Shell' enthaltene Programm ist nach den Regeln der EG-Softwareschutzrichtlinie geschützt.

- Die Struktur der 'Datenbasis' wird von der geplanten EG-Datenbankrichtlinie umfaßt.

- Für alle anderen Bestandteile des Expertensystems gelten - wie bisher - die 'klassischen' Regelungen des UrhG. Dies ist besonders für den Inhalt der Datenbasis und die mitgelieferten Benutzerhandbücher von Bedeutung.

---

17) Koch/Heuer, Die Expertensystem-Shell DONALD; Preprints "Angewandte Mathematik und Information" 8/86, Münster 1986, S. 9 mit weit. Nachw.

4 Zusammenfassung

Wir werden in Zukunft im Bereich der DV-Industrie mit einem komplizierten Regime verschiedener Sonderschutzrechte leben müssen. Wie kompatibel oder inkompatibel diese neuen Regelungen sind, wird gerichtlicher Klärung bedürfen. Es dürfte damit zu rechnen sein, daß die Gerichte - vom Amtsgericht bis hin zum Europäischen Gerichtshof - alle Hände voll mit den Regelungen zu tun haben werden.

Als schwierig erweisen sich dabei Begriffe wie "Programm" und "Datenbank", die künftig für Informatik und Jurisprudenz von Bedeutung sind. Um so wichtiger ist der interdisziplinäre Dialog zwischen Wirtschaftsinformatikern und EDV-Rechtlern[18], wie er etwa in Münster durch die Integration EDV-rechtlicher Übungen in den Studiengang Wirtschaftsinformatik begonnen worden ist.[19]

---

18) Vgl. hierzu als erstes Beispiel den Beitrag von Broy/Lehmann, Die Schutzfähigkeit von Computerprogrammen nach dem neuen Europäischen Urheberrecht - eine interdisziplinäre Stellungnahme, in: GRUR Int. 1992, 419 ff.
19) Vgl. hierzu auch die vom Präsidium der Gesellschaft für Informatik an Universitäten am 17. Januar 1992 verabschiedete Rahmenempfehlung für Diplom-Studiengänge Wirtschaftsinformatik an Universitäten, Informatik-Spektrum 15 (1992), 101 ff.

Europäische F&E-Strategien der Wirtschaftsinformatik

Günter R. Koch

2i Industrial Informatics GmbH
Haierweg 20e, 7800 Freiburg

Zusammenfassung

Forschung und Entwicklung (F&E) in Wirtschaftsinformatik auf europäischem Niveau wurde strategisch bisher "von oben nach unten" definiert. Ausrichtung und Ergebnisse internationaler F&E-Programme wie z.B. ESPRIT waren wenig anwendungsorientiert, hatten einen kritikwürdigen Wirkungsgrad von 15 % und fanden ihren Markt nicht - wie dies aktuell durch den Niedergang der europäischen Informationstechnologie /IT-Industrie belegt wird. An diesem Punkt ist die Wirtschaftsinformatik aufgefordert, sich nicht nur aktiv an einer neuen, nutzenbezogenen Strategiediskussion zu beteiligen, sondern auch die mit neuer IT-Technologie gefüllten Schubladen in Europa zu leeren und passende Produkte und Services in die Märkte transferieren zu helfen. Der Beitrag versucht die Rollenanforderung an die Wirtschaftsinformatik im Rahmen der Neuausrichtung der europäischen F&E zu beschreiben.

1 Die neue Rolle der Wirtschaftsinformatik in der Informationstechnologieentwicklung

In der heutigen Landschaft der Forschungs- und Entwicklungsprogramme europäischen Zuschnitts finden sich selten Projekte, in denen der angewandte Bezug zwischen Informatik und Wirtschaftswissenschaften ausgeprägt ist. Andere Bindestrich-Komplementäre der Informatik wie z.B. Medizin, industrielle Fertigung, Verkehrswesen oder Umweltwissenschaften dagegen haben es schon zu eigenen internationalen, von der EG finanzierten Programmschwerpunkten unter Überschriften wie AIM (Advanced Informatics in Medicine) oder DRIVE und PROMETHEUS (für den Verkehrsbereich gebracht).

Daß die Wirtschaftsinformatik bisher nicht mit einem eigenen europäischen Forschungsprogramm aufgetreten ist, kann durchaus dem in Deutschland gepflegten ideologischen Spagat zwischen Ordoliberalismus und Industriepolitik zugeschrieben werden. Bis heute ist es in Bonn und in Brüssel offiziell verpönt, "wirtschaftliche" Anwendungen der Informatik direkt zu fördern, was jedoch vom industriepolitischen Standpunkt aus einen willkürlichen Schnitt darstellt.

Die Schwerpunktsetzung der öffentlichen F&E-Programme lag bisher vielmehr in der vorwettbewerblichen Entwicklung von Basistechnologien der Informationstechniken für die Konstruktion und Produktion von Industriegütern (zu denen heute schon die Software als eigenständige, immaterielle Ware zählt), für den Betrieb von Infrastrukturen wie Verkehr, Krankenhäuser oder Umwelt oder in Form von Lerntechnologien zur Hochqualifizierung von Beschäftigten. Wirtschaftsinformatik als eigenständige Disziplin verläuft quer über alle Anwendungsbereiche der Informatik und ordnet sich deshalb in folgende Hauptstränge aktueller Technologiedomänen ein:

- CIM: Computerintegrierte Industrieproduktion
- OA: Bürosysteme, -automation und -kommunikation
- ME/SW/COMP: Basistechnologien, d.h. "konfigurierbare" Teilprodukte der Mikroelektronik, Softwaretechnologie, Computersysteme und -peripherie
- COM: Kommunikation und Integration in heterogene Umgebungen
- SE: System Engineering zur Konstruktion und Integration der o.g. Teiltechnologien und der damit assoziierten Methoden und Werkzeuge.

Diese Linien spiegeln die Struktur aller anwendungsorientierten F&E-Schwerpunkte wider, so wie sich dies durch Zuordnung der Finanzmittel im F&E-Haushalt der EG ausweisen läßt. (Abb. 1).

Die These dieses Papiers ist, daß sich bis dato europäische Strategien der F&E bezüglich der Wirtschaftsinformatik durch eine eindeutige technologielastige Orientierung auszeichnen. Oft unklar "empfundene", praktische Bedürfnisse werden von anwendungs*un*kundigen Informatikern als offene Fragen aufgegriffen und definiert, verdichten und abstrahieren sich dabei zu Vorstellungen über fehlende Technologien, die dann in ihrer Ausentwicklung weit über die speziellere, ursächliche Bedürfnisdeckung hinausgehen.

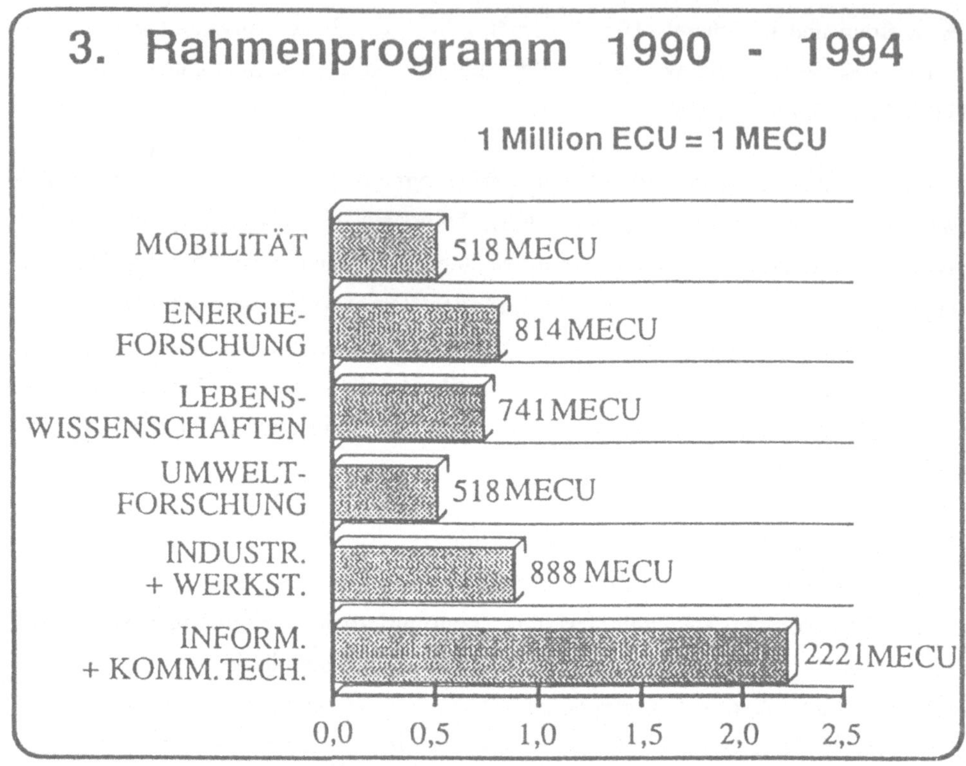

Abb. 1: Finanzausstattung für F&E im 3. Rahmenprogramm der EG-Kommission

Dieser Prozeß des Wegabstrahierens und -rationalisierens vom konkreten Anlaß entspricht guter abendländischer Denk- und Methodentradition und hat zur Konsequenz, daß die so ausgelöste Technologieentwicklung oft keine praktische oder nur langwierig verwertbare Ergebnisse zeigt. Dies ist jedoch nichts anderes als eine Umschreibung der hinlänglich beklagten Trägheit europäischer Technologieunternehmen, welche ingenieursmäßig exzellent entworfene Produkte regelmäßig mit Verspätung auf die Märkte bringen.

Im angedeuteten Spannungsfeld einer modernen, europäischen Wirtschaftspolitik und den noch gepflegten, anwendungsfernen Technologieförderstrategien kommt der Wirtschafts-informatik eine neue und entscheidende Bedeutung zu, der sie in drei Rollen gerecht werden muß, nämlich als

- *Vermittlerin* zwischen Anwendung und Grundlagen der Informatik,

- Mitwirkende, um nicht zu sagen *Bestimmende*, bei der Schaffung von neuen Produk-ten und Verfahren der Informationstechnik (IT),

- *Evaluiererin* der anwendungs<u>un</u>spezifischen Technologien, die aus öffentlichen Forschungsprojekten resultieren, hinsichtlich ihrer nutzbringenden Anwendbarkeit und Verwertbarkeit.

2 Die internationale Konkurrenz

Im Zeitalter der Globalisierung des Wettbewerbs einerseits und der europäischen Marktintegration andererseits wird makroökonomisch ein Bild der Konkurrenz innerhalb der Triade USA-Japan-Westeuropa gezeichnet, dessen einfache Interpretation Aufschlüsse über die chancenreichsten Potentiale in der europäischen F&E der Informatik geben kann. Abb. 2 beschreibt in den Kategorien der Anwendung von neuesten Technologien in

- der Industrieproduktion,
- der Büroautomatisierung und -kommunikation,
- der technischen Kommunikation in der Industrie.

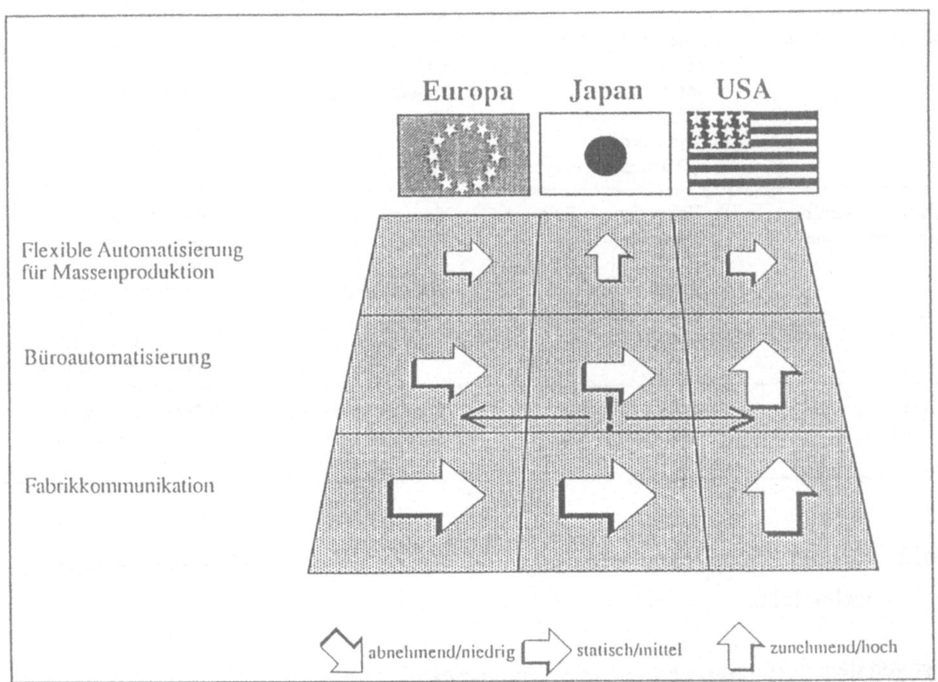

Abb. 2: Einige technologische Stärken/Schwächen in der Triade (nach Prognos)

Tendenzen, die für ein Europa, das sich schon auf dem Gebiet der Mikroelektronik auf der Verliererstraße befindet, nicht eben strahlend aussehen: Man hält sich zwar auf allen strategisch entscheidenden Feldern auf Niveau, entwickelt aber keine besondere Dynamik - ein Szenario, das in der aktuellen Zustandsbeschreibung der europäischen Computerindustrie sein Spiegelbild findet.

Triadenregion/ Technologiedomäne	Europa	USA	Japan
Mikroelektronik	Speziallösungen	Intelligente Standardlösungen (Prozessoren, Interfaces)	Massenprodukte (z.B. Speicher)
Typische IT-Produkte	Keine konkurrenz- entscheidenden Produkte	- klassische Mainframes - Superrechner - Workstations - Verteilte Systeme	- Zentralrechner - Komponenten
Applikationen	- Qualifizierte - Speziallösungen - "Generische" Systeme (z.B. SAP)	- "Stückzahlprodukte" - Basisprodukte (Systemsoftware)	- Zugekaufte und adaptierte Stan- dardprodukte - kleine Lösungen, wenig Originäres
Softwaretechnologie	Konzentration auf - ISDN - Integrations- Prudukte und -standards (ODA, EDIF etc.)	Große Vielfalt an Connectivity- Produkten und Services	- Bereitstellung großer Infra- strukturen - starkes Produkt- angebot
Zukunftsweisende Computersysteme	- Heterogene, offene Systeme - Stärke in Inte- grationsengineering	- Superrechner/ Parallelrechner - Neue Multimedia- computer	- Keine aufsehener- regenden neue Rechner (5. Generation war Mißerfolg) - Konzentration auf Basiskomponenten
Sonstige typische Stärken	- Stark in Theorie und Grundlagen	- Stark in Innovation und Marketing	- Perfekter Vertrieb - qualitätsgesicherte Produktion

Abb. 3: Stärken / Schwächenverteilung in der Triade auf dem Gebiet der Informations- technologie

Entgegen den Befürchtungen, wie sie vom ehemaligen Grundsatzreferenten im Auswärtigen Amt und heutigen Botschafter in Italien, Konrad Seitz /vgl. SEITZ 91: K. Seitz: "Die japanisch-amerikanische Herausforderung"/, in jüngerer Vergangenheit mit großen Öffentlichkeitseffekten kolportiert wurden, ist der Autor nicht der Auffassung, daß komplementäre Stärken-/Schwächen-Profile der Triadenpartner ein Problem für den gedeihlichen

Wettbewerb darstellen und deshalb eine gesamteuropäische Industriepolitik mit Ganzheitsanspruch erfordern. Die oft als Vorbild diskutierten Modelle eines japanischen MITI oder einer zentralen Forschungsbehörde in Brüssel im dirigistischen Zuschnitt französischen Musters bergen die Gefahr, kultur- oder zeitungemäße Vorstellungen in unsere sich schneller drehende europäische Welt zu übertragen und darüber die Kenntnis der eigenen Stärken und Potentiale zu verlieren.

Abb. 3 (Tabelle) stellte eine zunächst oberflächliche Beschreibung solcher Stärken- und Schwächenpotentiale dar. Auffällig dabei ist, daß Europa einige Vorteile verbuchen kann, von denen wir heute noch keine ausreichend klare Vorstellung besitzen, wie sie sich wirtschaftlich verwerten lassen. Vor allem sind dies

- kunden- und marktnischenangepaßte Speziallösungen,

- wenn auch nicht wegweisende, so doch intelligent konstruierte, anwendungsorientierte Softwaresysteme (dem generischen Konstruktionsprinzip folgend),

- hervorragendes Integrationsengineering, verknüpft mit der Fähigkeit, komplexe Systeme (Beispiel Verkehrslenkung) aufzubauen,

- Grundlagenforschung und Theorie der Informatik und der Informationswissenschaften.

Die hier nicht abschließend diskutierte Frage ist, wie sich aus solchen Stärken heraus die Kooperation mit dem Massenproduzenten Japan und dem Innovationsproduzenten USA zum Wohle aller Triadenpartner organisieren läßt. Die Abhängigkeiten zwischen diesen Hauptspielern auf den Weltmärkten sind ohnehin schon unumkehrbar weit gediehen; so z.B. liefern die USA für den Computer die Prozessortechnologie, Japan stellt Speicher und Peripherie und Europa gerne und häufig die Anwendung bei.

3 Europäische Technologieprogramme und ihre strategische Weiterentwicklung

Bis dato entsprach das veröffentlichte Bild der Informatik-F&E-Landschaft nicht notwendigerweise dem Profil der strategischen Ausrichtung der IT-Unternehmen: Hauseigene Schlüsselentwicklungen wurden i.d.R. nicht an die große Glocke gehängt. Im öffentlich geförderten und damit sichtbaren Teil fanden sich entweder unkritische oder "surreale", weil weit zukunftsorientierte Projekte.

Diese Beschreibung gilt allerdings nicht mehr, seitdem die Kapitalinvestitionen für Zukunftstechnologien so sehr die Limits überschreiten, daß sich selbst vermögende IT-Konzerne gezwungen sehen, ihre Zukunftssicherung nur noch über Gemeinschaftsprojekte kostengerecht durchführen zu können. Hierbei übernimmt der öffentliche Geldgeber weniger die Rolle des Hauptinvestors als vielmehr die des Initiators für das Zusammengehen mehrerer Partner unter dem Dach eines gemeinsamen strategischen Programms, wie es z.B. das "European Strategic Programme for Research and Development in Information Technologie" (ESPRIT) darstellt.

F&E-Strategien europäischen Niveaus lassen sich heute nach drei Programmtypen einteilen:

Typ 1:   Technologieprogramme, die direkt aus dem Haushalt der EG-Kommission finanziert und von ihr überwacht werden. Die bekanntesten sind das schon genannte *ESPRIT* und *RACE* (R&D in Advanced Communication in Europe).

Typ 2:   Projekte im Technologie(transfer)programm *EUREKA*, das unabhängig von der EG-Kommission durch zwischenstaatliche Absprachen der EG-Staaten die Möglichkeit bietet, unter diesem Markenzeichen, Gemeinschaftsvorhaben durchzuführen.

Typ 3:   Großprojekte, an denen in offengehaltener Zusammensetzung die europäische Industrie, Einzelregierungen und die EG-Kommission teilhaben. Ein Beispiel hierfür ist das "Megachip-Projekt" *JESSI*.

Durch diese Typisierung wird auch deutlich, daß im Regelfall europäische Technologieprogramme als Kooperationsprojekte ausgelegt sind - im Unterschied z.B. zu den USA, wo große staatliche Auftraggeber wie z.B. das Verteidigungsministerium oder die Weltraumbehörde Technologie "einkaufen" bzw. "beauftragen". Lediglich die europäische Raumfahrtorganisation ESA verfährt nach ähnlichem Muster (wobei hier der ausgewiesene IT-Anteil marginal ist oder z.B. die "lebensnotwendige" Software als Bestandteil einer anderen Technologiekomponente eingeschlossen ist und somit als strategische Technologie kaum ins Gewicht fällt).

Während sich Projekte des Typs 2 oder des Typs 3 nicht an einer allgemein verabschiedeten Strategie orientieren, hat die EG-Kommission klar umrissene Vorstellungen über die Ausrichtung des ESPRIT-Programms in Form von definierten Ausprägungen der schon genannten Hauptstränge oder, falls diese nicht paßten, von neuen Spin-off-Programmen entwickelt. Abb. 4 gibt einen Überblick über die neueren Ausprägungen.

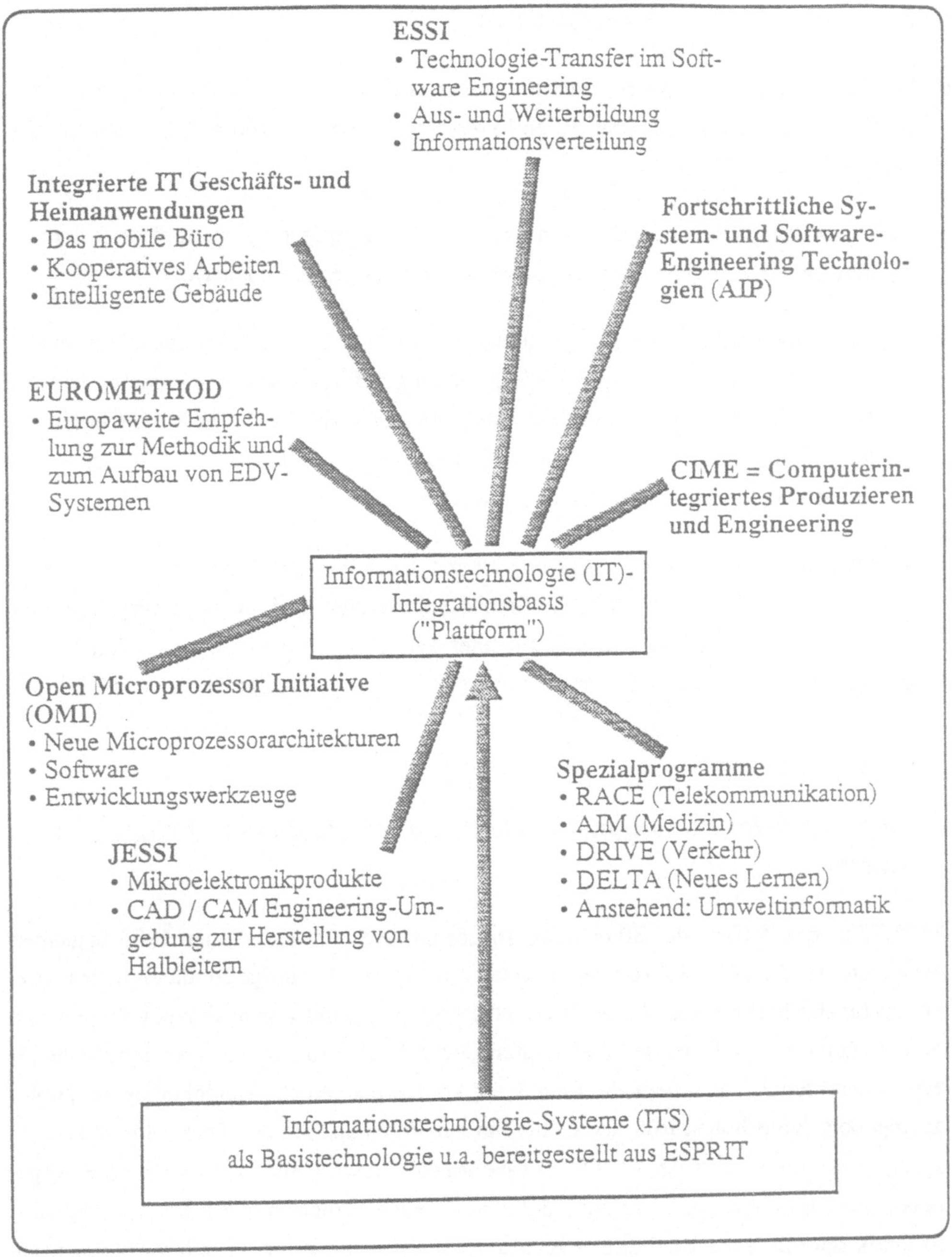

Abb. 4: Das Zusammenspiel von IT-Technologieprogrammen mit Beteiligung der EG-Kommission

Vier Aspekte sollten hierbei ins Auge stechen:

- "Technologiebasislieferanten" sind die bisher laufenden ESPRIT-Projekte, die einen beachtlichen, noch längst nicht in den Markt transferierten Vorrat an Basistechnologie geschaffen haben.

- Das ursprünglich homogene Programmbild mit eindeutiger Technologieorientierung beginnt, sich in dedizierte und spezialisierte Programme aufzufächern.

- In allen Programmen wird eine gemeinsame Informationstechnologieplattform angestrebt. Praktisch bedeutet dies eine Verpflichtung auf Standards, wie insbesondere im Bereich der Telekommunikation (x.25 bis x.400, EDI, EDIFACT etc.), der Computer-Systemsoftware (UNIX, OSF-MOTIF, SQL etc.) und bei CASE-Architekturen(ECMA-Referenzmodell) akzeptiert wurden.

- Erstmals taucht mit ESSI (European Systems and Software Initiative) ein Programm auf, das sich dem notwendigen Technologietransfer und dem paradigmatischen Wechsel einer *Suppliers'-Push* - zu einer *Market-Pull*-Strategie zuwendet, womit auch eine Trendwende in der Programmausrichtung angekündigt ist.

4 Der aktuelle Paradigmenwechsel im strategischen Programm in Europa

ESPRIT wurde Anfang der 80-er Jahre angedacht, 1982 "gezeugt", und 1983 begannen die ersten Projekte, d.h. wir können in diesen Tagen das zehnjährige Jubiläum feiern. Drei Programmabschnitte à vier Jahre (ESPRIT I bis III), je mit einem Finanzvolumen von rund 3 Milliarden DM, wurden durchlaufen. Jeder dieser Programmzyklen hatte seine eigene Charakteristik, und über die zehn Jahre konnte man einen Wandel eines Technologieangebots "vom hohen Roß herab" bis hin zur Emanzipation des Technologiekäufers - sprich Anwenders - verfolgen. Abb. 5 (Tabelle) soll diesen Umschwung vom F&E-Angebotsmarkt zum Käufermarkt veranschaulichen. Die wesentliche und für die Wirtschaftsinformatik optimistische Beurteilung ist also, daß zukünftig der Nutzer informationstechnologischer Produkte und nicht mehr nur der Anbieter dessen Funktionalität, Umfang und Qualität bestimmen wird, womit wir wieder bei der Frage des neuen, zeitgemäßen Selbstverständnisses der Wirtschaftsinformatik angelangt wären.

<table>
<tr>
<td>

Phase 1
1984 -1988

</td>
<td>

Phase 2
1988 -1992

</td>
<td>

Phase 3
1992 -1996

</td>
</tr>
<tr>
<td>

- Top-Down definierte Strategie
- Bevorzugung der Grundlagenentwicklung
- Forschungsorientierte Projekte
- Angebotsorientierter Technologietransfer

</td>
<td>

- KombinierteTop-Down / Bottom-up Strategie
- Konsolidierung zwischen Anwendungs- und Grundlagenforschung
- Pragmatisierung des Begriffs "Hochtechnologie"

</td>
<td>

- Trendwechsel vom Anbieter- zum Käufermarkt (Nachfrageorientierter Technologietransfer)
- Schwerpunktsetzung auf Anwendungsforschung
- Wechsel von der Strategie der Entwicklung hoher "Subtechnologien" hin zur Kombinierung mittlerer Technologien zu komplexen und integrierten Systemen

</td>
</tr>
</table>

Abb. 5: Der strategische "Pendelschwung" in der europäischen F & E

Im Rahmen des aktuellen Programmabschnitts wird dieser paradigmatische Wechsel kaum besser als durch das schon erwähnte Großprojekt ESSI manifestiert. Seine Durchführungsbedingungen entsprechen dem, was in Deutschland unter dem Begriff "indirekt-spezifische" Förderung in den achtziger Jahren erprobt wurde: Die spezifischen Nutznießer sind die Anwender neuester IT und vor allem Softwaretechnologien (Methoden, Werkzeuge), also Softwareabteilungen in der Anwenderindustrie oder Softwarehäuser. Der indirekt damit geförderte ist der Verkäufer dieser Technologie, z.B. ein Softwareunternehmen, das ein neues CASE-Werkzeug anbietet, welches beim Anwender seine Leistungsfähigkeit beweisen muß, damit dieser produktiver wird, qualitativ bessere Software herstellt und damit letztlich am Weltmarkt konkurrenzfähig, um nicht zu sagen überlegen sein wird.

Da die Disziplin der Wirtschaftsinformatik nach Jahren ihrer Fundamentlegung jetzt in einer neuen Aufbruchphase ihrem Anspruch der Unterstützung und Integration von Betriebswirtschaft und Informatik (beim "Kunden") gerecht zu werden hat, eröffnen sich ihr mit Programmen wie ESSI ideale Chancen für neue Betätigungsfelder, wie z.B.

- die *Evaluierung von neuen Verfahren und Techniken* zur Erholung von Produktivität und Qualität im IT-Bereich im Rahmen von Pilotprojekten,

- die *Erprobung und Einführung neuer Formen der Wissens- und Know-How-Vermittlung* im Rahmen großangelegter betrieblicher Weiterbildungsprogramme.

- die *Entwicklung modernster Methoden des IT-Controlling,* die es dem Management, das von der eigenen EDV abhängig ist und diese zu bezahlen hat, ermöglichen, sachgemäße und "gerechte" Entscheidungen zu treffen,

Insbesondere der letztere Aspekt wurde in einem ESSI-Vorbereitungsprojekt namens BOOTSTRAP /vgl. BOOTSTRAP 91: "Phase I Interim Report"/ mit der Absicht durchleuchtet, termingerecht zum Start von ESSI-Methoden zur Hand zu haben, die es erlauben, Produktivitäts- und Qualitätsfortschritte nach der Einführung neuer Methoden und Technologien in der EDV quantitativ zu bestimmen.

5 Strategiebildung im Feedback-Loop Top - Down vs. Bottom - Up

Die jüngere Diskussion in Europa über einen eigenen Weg der F&E zwischen USA und Japan verdeckt, daß wir nicht in einer Entscheidung zwischen zwei erfolgreichen und im jeweiligen kulturellen Umfeld richtigen Strategien stehen, sondern daß gerade die Vielfalt ein unvergleichliches Chancenpotential darstellt. Ohne daß dies öffentlich und explizit diskutiert wurde, galt schon bisher für F&E-Programme wie auch für multinationale Projekte, daß das politische und historische Umfeld der daran teilnehmenden Länder dafür sorgte, daß so gut wie alle Aspekte, so z.B. die theoretische Fundierung, der organisatorische Rahmen, die strategische Ausrichtung und die Praktikabilität in die Projektformierung einbezogen wurden.

Verkürzt man diese Beobachtungen auf bekannte Ansätze wie die der "leitenden Idee von oben", wie sie in Frankreich als zielweisende "Idée Directrice" und in seiner Operationalisierung als "Plan General" üblich ist, und wird die Maxime der freien und individuellen Entscheidung der Einzelnen - Personen oder Organisationen - dagegengestellt, wie sie in wirtschaftsliberalen Ländern wie Deutschland und Italien gepflegt wird, so ergibt sich daraus zwangsläufig eine aufwendige Prozedur zur Schöpfung europäischer F&E-Programme.

Abb. 6 demonstriert diese beiden "Richtungen": Zumindest im Falle der großen EG-Projekte werden Rahmenvorgaben als Ergebnis von Konsultationen zwischen den Führungsetagen der europäischen Industrie als Top-Down-Vorgabe formuliert. Innerhalb dieses Rahmens definieren wiederum eingeladene "Industrielle Arbeitsgruppen" spezifische Themenbereiche wie schon oben ausgeführt und machen Rahmenvorschläge für mögliche Projekte.

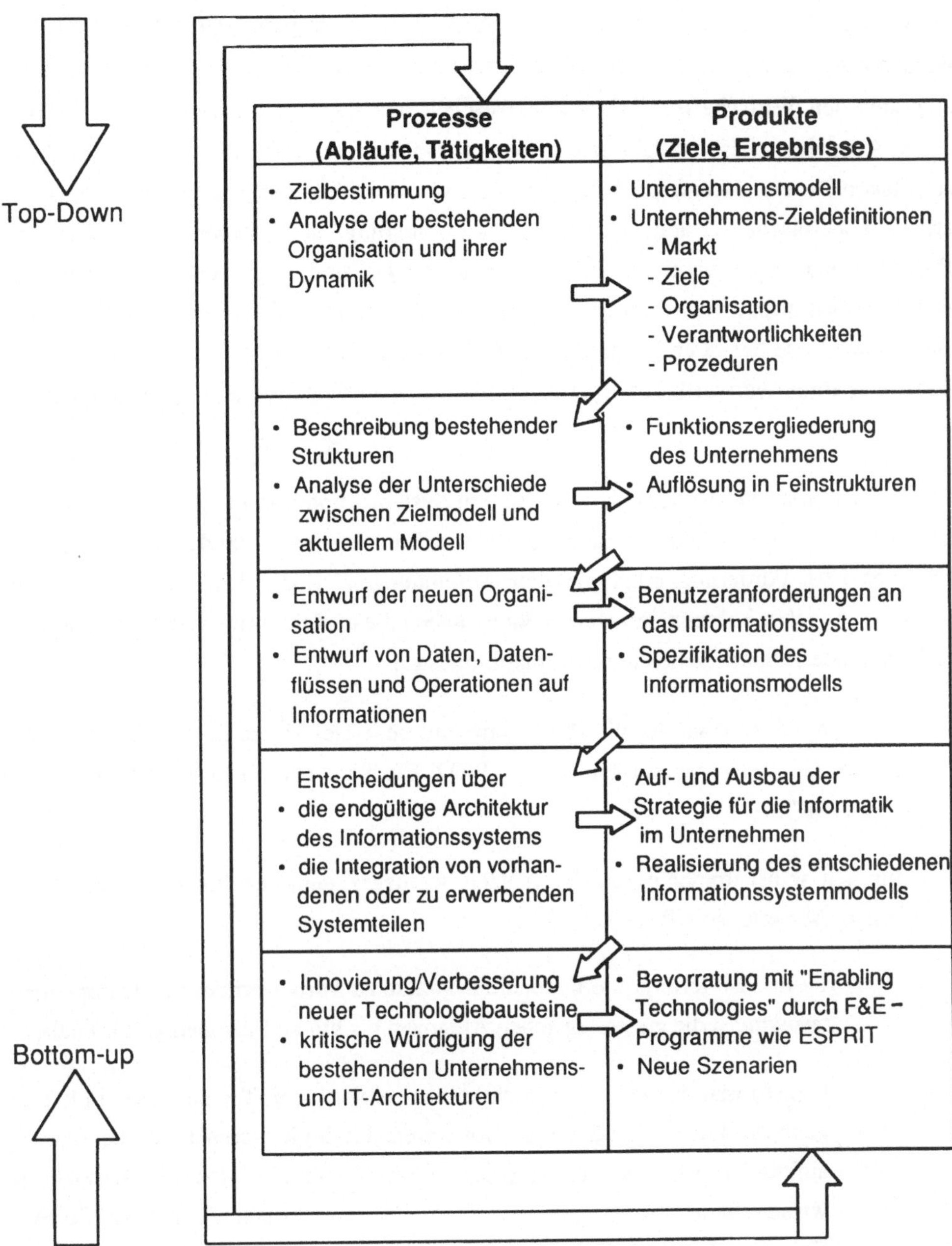

Abb. 6: Top - Down vs. Bottom - Up?

Diese Vorgehensweise garantiert, daß eine Strategie in Rückkopplungen entwickelt wird (bedauerlicherweise sind bisher kaum Wirtschaftsinformatiker mit Markteinsichten institutionell in diesen Feedbackprozeß einbezogen). Wenn dieses Gleichgewicht an visionär-strategischer Vorausschau und marktnaher Beobachtung und Umsetzung gehalten werden kann - und hierfür spricht die in Brüssel institutionalisierte Balance insbesondere zwischen den Wirtschaftspolitiken französischen und deutschen Zuschnitts -, bestehen beste Aussichten, daß sich Europa in der globalen Auseinandersetzung der Wirtschaftskonkurrenz erfolgreich behaupten können wird. Andererseits führte die aus rein arbeitsökonomischen Gründen gewählte "Partitionierung" der Themen immer wieder zu Projekten und Arbeitsergebnissen, die wegen ihrer Be- und Abgegrenztheit weder wegweisend noch direkt marktbezogen ausfielen - so entsprechende Analysen unabhängiger Berater am Ende der 80er Jahre: Nur ca. 15 % (!) der F&E-Investitionen der EG führten damals zu direkt verwertbaren Produkten, was zu einer Gegensteuerung wie folgt Anlaß gab:

Da in einem marktwirtschaftlich organisierten System - und darin funktioniert trotz aller gegenteiliger Verdächtigungen das noch nicht an Eurosklerose leidende System der europäischen F&E-Förderung entgegen aller Anfeindungen - jeder Mangel durch ein verbessertes Angebot kompensiert werden kann, haben die an den europäischen Programmen teilnehmenden Unternehmen der Informatikindustrie

- kontinuierlich Einfluß auf die Programme mit dem Ziel hin zu mehr Marktgerechtigkeit und Effizenz genommen /vgl. ESPRIT Ev. 88: "Die Bewertung von ESPRIT 1984-1988"/,

- für sich selbst immer genau den Nutzen herausgezogen, der ihre Konkurrenzfähigkeit verbesserte, so z.B. durch

  • die Intensivierung internationale Kontakte zu Mitbewerbern und Komplementärpartnern die zu strategischen Allianzen bis hin zu Fusionen geführt haben,

  • Transformationen der noch nicht direkt verwertbaren Technologien in hauseigene Produkte. So z.B. in der Softwaretechnologie, deren Förderbereich sich anfänglich als einer der "unproduktivsten" oder erfolglosesten Bereiche erwiesen hatte. Heute gilt z.B. das EUREKA-Projekt "European Software Factory" (ESF) als eine reiche Quelle von Basistechnologien, die von den teilnehmenden Softwarehäusern in eine Vielzahl von Produkten umgesetzt wurden (so z.B. und u.a. Teile der CASE-Umgebung MAESTRO II von SOFTLAB, München).

Aus Anlaß der Wirtschaftsinformatiktagung 1993 wäre für das anstehende Rahmenprogramm 1994-1998 die Klärung der Frage nach den Schwerpunkten, Zielen und dem rechten Weg nötig. Dieser Artikel soll deshalb eher als Diskussionsstimulans, denn als explorierender Forschungsbericht für diese Diskussion dienen. Gefragt ist die prospektive Phantasie zur Charakterisierung der Arbeits- und Wirtschaftswelt an der Schwelle eines neuen Jahrhunderts.

Literatur

BOOTSTRAP 91: "Phase I Interim Report"

ESPRIT Projekt 5441 BOOTSTRAP: Phase I Interim Report Composite Deliverable, Juli 1991, Erhältlich über BOOTSTRAP Projektkoordinator 2i Industrial Informatics GmbH, Haierweg 20e, W-7800 Freiburg i.Br.

ESPRIT Ev..88: Anonym: "Die Bewertung von ESPRIT 1984-1988", Bericht des Bewertungsausschusses, Mai 1989, EG-Kommission, Direktorat 13, Dokument 207/89-DE.

Seitz, K: "Die japanisch-amerikanische Herausforderung", Seitz 1991, Bonn-Aktuell-Verlag, Stuttgart, 1990.

Verteilte Anwendungssysteme

Erfahrungen bei der Integration heterogener Anwendungssysteme - Verteiltes Arbeiten in der Druckindustrie

Uwe Pape, Kurt Sandkuhl, Volker Schoepf

TU Berlin, Fachgebiet Wirtschaftsinformatik/AEDV
Franklinstraße 28/29, 1000 Berlin 10

Zusammenfassung

Die Integration heterogener Anwendungssysteme in einen gemeinsamen Daten- und Funktionsverbund erfordert nicht nur die physikalische Einbindung der Systeme in eine gemeinsame Kommunikationsstruktur, sondern auch die logische Integration der Datenformate und die Anpassung betrieblicher Organisationsstrukturen. Diese Tatsache wird besonders deutlich im Bereich der Druckindustrie, die durch eine heterogene Systemlandschaft, engen Kooperationsbedarf zwischen den Produktionspartnern und hohe Datenmengen, die unternehmensübergreifend ausgetauscht werden müssen, geprägt ist. Vor diesem Hintergrund werden Konzepte zur Realisierung eines Verteilten Systems im Druckvorstufenbereich entwickelt und Erfahrungen aus deren exemplarischer Implementierung im Forschungsvorhaben BILUS erläutert.

1   Einleitung

Mit den Fortschritten im Bereich der Kommunikationstechnologie ist die Frage der Realisierung verteilter Systeme, die sich dem Benutzer als ein einheitlicher Daten- und Funktionsverbund präsentieren, stark in den Vordergrund der Forschung getreten. Verteilte Systeme lassen sich dabei unter anderem als Schlüssel zur dezentralen Produktion auffassen, werfen jedoch eine Fülle technischer und organisatorischer Probleme auf. Die Komplexität dieses Themenbereichs wird deutlich, wenn die Integration bereits installierter Anwendungssysteme eines Unternehmens in einen Gesamtverbund betrachtet wird. Aus technischer Sicht ist hier die Überführung einer oft heterogenen Systemlandschaft in einen homogenen Verbund durchzuführen, die unter ökonomischen Gesichtspunkten die Sicherung kapitalintensiver Investitionen bedeuten muß. Weiterhin ist die Anpassung der

Organisationsstruktur bzw. der Produktionsabläufe entsprechend der Integration so durchzuführen, daß eine eher evolutionäre Entwicklung neuer Produktionsszenarien möglich wird.

Der Einsatz neuer Technologien bei der Realisierung von Integrationsvorhaben führt zum einen zwar oft zu zusätzlichen technischen Problemen, da die Palette an Standardprodukten bei innovativen Technologien sehr klein ist, macht zum anderen viele Vorhaben aber erst möglich bzw. ökonomisch sinnvoll. Als Beispiel sind hier Entwicklungen im Bereich der Hochgeschwindigkeitsnetze zu nennen, die mit ihren hohen Datenübertragungsraten viele Industriezweige für den Einsatz der Telekommunikation erst erschließen und damit die Basis für unternehmensübergreifende Integrationsvorhaben bilden.

Die Druckindustrie mit ihren traditionell dezentral orientierten Strukturen bildet hier ein ideales Anwendungsfeld, da die Produktionsabläufe durch hohe Datenvolumina und starken Kooperationsbedarf zwischen den oft an unterschiedlichen Orten ansässigen Produktionspartnern geprägt sind. Obwohl Printmedien durch den Einsatz der Computertechnologie heute bis zum Zeitpunkt des Druckes vollständig auf elektronischem Wege hergestellt werden können, ist eine unternehmensübergreifende Kommunikationsstruktur kaum realisiert. Bisherige Integrationsvorhaben konnten wegen der auftretenden hohen Datenmengen nur ansatzweise realisiert werden.

Dieser Aufsatz beschäftigt sich mit Aspekten und Methoden der Integration heterogener Anwendungssysteme in einen verteilten unternehmensübergreifenden Datenverbund. Eine besondere Rolle wird dabei der Einbeziehung von Hochgeschwindigkeitsnetzen in einen integrierten, kommunikativen Verbund eingeräumt. Die Umsetzung der vorgestellten Konzepte wird exemplarisch am Beispiel der Druckindustrie vorgestellt, indem Szenarien integrierter Produktion skizziert werden, die im Rahmen des Forschungsprojektes BILUS bereits einem mehrmonatigen Praxisbetrieb unterzogen wurden. Die Erfahrungen bei der Realisierung und beim Einsatz integrierter Produktionsabläufe schließen sich an, bevor ein Ausblick auf zukünftige Aktivitäten den Aufsatz abschließt.

2   Aspekte der Integration

Die Einführung verteilter Systeme zur Realisierung dezentralen Arbeitens hat in vielen Unternehmen nicht nur deshalb an Popularität gewonnen, weil mit den stark fallenden Preisen im Bereich der Computertechnik auch ein Preisverfall bei der Kommunikationstechnologie und somit bei der Realisierung verteilter Systeme verbunden war, sondern auch wegen einiger potentieller Vorteile solcher Systeme. Die wichtigsten Argumente für verteilte Systeme, die sich bei einem Vergleich zu einem zentralisierten Ansatz ergeben, sind die Kostenreduzierung durch systemweite Verfügbarkeit und gemeinsame Nutzung teurer Ressourcen, die Autonomie der Systemkomponenten im Vergleich zu zentralisierten Terminalsystemen, die Modularität des Gesamtsystems verbunden mit einfacherer Systemplanung, -installation und -wartung sowie die Flexibilität bzw. Erweiterbarkeit des Systems wegen klar definierter Schnittstellen zwischen den einzelnen Komponenten (vgl. [Slo 87]).

Ein verteiltes System soll in diesem Aufsatz als eine kooperierende Menge von Einzelsystemen verstanden werden, die durch die Integration autonomer verteilter Rechnersysteme entstanden ist. Ziel des Integrationsprozesses muß die Überwindung der Heterogenität der Anwendungssysteme sein, die sich nicht nur in unterschiedlichen Hardwareplattformen, Kommunikationsschnittstellen oder Betriebssystemen äußert, sondern auch die verwendeten Datenformate, die Systemmarchitektur und im weitesten Sinne sogar die Benutzungsoberflächen betrifft. Ein verteiltes System muß dabei den transparenten Zugriff auf alle netzweit verfügbaren Ressourcen ermöglichen, wozu sowohl die im Produktionsprozeß benötigten Daten als auch kostenintensive Peripheriegeräte oder Endsysteme mit hoher Rechenleistung zählen. Es sollte als Offenes System [Nutt 90] konzipiert sein, das herstellerunabhängig auf anerkannten Standards basiert, wie beispielsweise einem standardisierten Netzwerk mit einem genormten Übertragungsprotokoll. Dadurch werden die Migrationspfade zu zukünftigen Entwicklungen garantiert, die sich heute noch im Stadium der Forschung oder Vorentwicklung befinden. Als Beispiele sind hier der Bereich Netzwerkmanagement [ISO 88] oder isochroner Übertragungsprotokolle.

Die Ausgangssituation für Integrationsvorhaben ist oft gekennzeichnet durch eine Vielzahl von Einzelsystemen, die zur Erfüllung spezieller Aufgabenbereiche nur über einen lokalen Datenbestand verfügen und unzureichend mit Kommunikationsschnittstellen zu anderen Systemen ausgestattet sind. Der Datenaustausch zwischen solchen Kommunikationsinseln - etwa um einen Datenabgleich zwischen mehreren Systemen durchzuführen oder die Weiterverarbeitung von Informationen in nachgelagerten Produktionsphasen zu ermöglichen - ist vielfach nur in Ansätzen oder über Speziallösungen realisiert. Die geschilderte Problematik verschärft sich, wenn zudem Kommunikationsverbindungen zu anderen Unternehmen integriert werden sollen, um nicht nur dezentrales Arbeiten innerhalb eines Unternehmens zu ermöglichen, sondern dieses auch unternehmensübergreifend zu realisieren. Zur Integration der Einzelsysteme können in dieser Ausgangssituation konzeptionell drei Schritten vollzogen werden: die physikalische, die logische und die betriebliche Integration.

Die *physikalische Integration* bezeichnet dabei die hardwarebezogene Einbindung aller eingesetzten Systemkomponenten in einen gemeinsamen Netzverbund. Dazu werden zunächst alle Endsysteme eines Produktionspartners lokal mit einem geeigneten Netzwerk verbunden. Die so entstandenen hausinternen lokalen Netze müssen zur Realisierung der unternehmensübergreifenden Kommunikation an ein öffentliches Netz gekoppelt werden. Dieser Schritt erfolgt sinnvollerweise über ein Gateway oder einen speziellen Kommunikationsrechner, der sowohl mit dem lokalen Netz als auch dem öffentlichen Netz verbunden ist und die Daten zwischen den Netzen umsetzen kann.

Die *logische Integration* der Endsysteme zielt auf die Realisierung eines einheitlichen Daten- und Funktionsverbundes mittels eines physikalisch integrierten, verteilten Systems ab. In einem ersten, oftmals schon schwer durchführbaren Schritt bedeutet dies die Möglichkeit zum verlustfreien Austausch von Informationen zwischen verschiedenen, heterogenen Systemen. Die Notwendigkeit dieses Integrationsaspektes wird vor allem im Bereich der Datenformate deutlich: Viele Hersteller verwenden zur Datenspeicherung ihr eigenes Format, so daß die Weiterverarbeitung dieser Daten auf den Systemen anderer Hersteller nur dann möglich ist, wenn eine spezielle Datenkonvertierung durchgeführt wird. Eine solche Konvertierung ist in den wenigsten Fällen realisiert, so daß zur logischen Integration die Verwendung anerkannter Standards oder die Definition kompatibler Datenformate eine zentrale Forderung darstellt.

Die logische Integration muß im Sinne eines einheitlichen Daten- und Funktionsverbundes aber weitgehender verstanden werden, da verlustfreier Informationsaustausch schärfere Anforderungen beispielsweise nach Synchronisation des Datenzugriffs oder nach einheitlichen Benutzungsoberflächen der Anwendersysteme noch nicht berührt. Hier ist logische Integration im Sinne eines Übergangs auf integrierte, synchronisierte Datenhaltung (etwa durch Datenbanken) und der Angleichung von Befehlsstruktur und Dialogabläufen zu begreifen und stellt eine weitere Verschärfung der Integrationsproblematik dar.

Die *betriebliche Integration* baut auf der logischen und physikalischen Integration auf und umfaßt die Einbindung der entstandenen neuen Kommunikationsmöglichkeiten in die Arbeitsabläufe des jeweiligen Unternehmens. Die Zeitersparnis, die durch den Einsatz schneller Übertragungswege zu erwarten ist, erfordert Anpassungen in der innerbetrieblichen Organisation des Produktionsprozesses. Die Bedeutung der betrieblichen Integration wird vor allem dadurch deutlich, daß selbst technisch mögliche Innovationen in der Regel nur schrittweise, evolutionär eingeführt werden können, da andernfalls die erforderlichen Umstellungszeiten wirtschaftlich negative Konsequenzen zeitigen würden.

3 Verteiltes Arbeiten in der Druckindustrie

Nachdem im vorangegangenen Abschnitt Ziele, Anforderungen und konzeptionelle Aspekte der Integration heterogener Systeme dargestellt worden sind, soll in diesem Kapitel mit der Druckindustrie ein Anwendungsbereich betrachtet werden, der fast ideal für die Umsetzung und Erprobung von Integrationsvorhaben ist. Die Herstellung von Printmedien stand in den letzten Jahrzehnten unter dem Zeichen zunehmender Automatisierung, was für viele Aufgabengebiete in der Druckindustrie den Einsatz der Computertechnologie und die Umstellung auf elektronische Medien zur Folge hatte [Will 88]. Dies hat dazu geführt, daß Werbeprospekte, Zeitschriften, Warenhauskataloge und andere Druckträger von der Idee bis hin zur fertigen Druckvorlage zwar prinzipiell vollständig auf elektronischem Wege herstellbar sind, jedoch die Heterogenität der verschiedenen Anwendungssysteme sowie die anfallenden Datenvolumina oft eine kommunikationstechnische Integration, die den vorher genannten Anforderungen genügt, unmöglich machte.

Die Druckindustrie gehört damit zu den wenigen Industriezweigen, in denen im Prinzip nahezu durchgängig elektronisch produziert werden kann. Der Produktionsprozeß wird dabei traditionell an unterschiedlichen Orten bei verschiedenen Produktionspartnern durchgeführt, die jeweils auf eine bestimmte Produktionsphase spezialisiert sind und über entsprechende Anwendungssysteme verfügen [Pa 90]:

- Der Produktionsprozeß eines Druckerzeugnisses beginnt mit der Layoutplanung bzw. der Seitengestaltung, die in Werbeagenturen oder Verlagen durchgeführt wird. Diese Phase umfaßt die typographische Gestaltung der Seite, die Auswahl der Bildmotive und die Festsetzung der Textbestandteile. Die Layoutplanung wird heute zunehmend auf Basis von Layoutsystemen oder DTP-Systemen[1] realisiert, die auf Grund ihrer Funktionalität speziell auf die Seitengestaltung unter Einbeziehung digitalisierter Bilder ausgerichtet sind.

- Die sich anschließende Satzerstellung befaßt sich mit der Weiterverarbeitung der Textkomponenten eines Layouts zur produktionsreifen Vorlage. In Satzbetrieben wird

---

1) DTP ist die Abkürzung für Desktop-Publishing.

dazu im wesentlichen die Veredelung der Texte durchgeführt, indem z.B. Schriftarten eingefügt werden, die bei der Layoutplanung nicht vorhanden waren. Zur Bearbeitung der Textkomponenten werden dabei Fotosatzsysteme eingesetzt.

- Die Bildreproduktion verläuft parallel zur Satzerstellung und wird in Reprobetrieben unter Einsatz von EBV-Systemen[2] vorgenommen. Im Vergleich zur Satzherstellung stehen hier nicht die Text- sondern die Bildkomponenten im Vordergrund, die während der Layoutplanung eine relativ grobe Auflösung besitzen und daher durch feinaufgelöste Bilddaten ersetzt werden müssen.

- Nach der Satzerstellung und Bildreproduktion müssen die Text- und Bildkomponenten zur Erstellung der Druckvorlage vereinigt werden. Dieser Vorgang erfolgt heute zunehmend durch Verschmelzen der Datenbestände aus Fotosatz- und EBV-Systemen, so daß die Druckvorlage im Vergleich zum konventionellen Arbeitsablauf nicht mehr in Form von Farbauszugsfilmen vorliegt, sondern als elektronischer Datensatz.

- Auf Basis der elektronischen Druckvorlage wird die Druckformerstellung vorgenommen, bei der beispielsweise für den Tiefdruck Druckzylinder graviert oder für den Offsetdruck Druckplatten belichtet werden. Zum Abschluß erfolgt der Druck.

Eine nähere Betrachtung der Anwendungssysteme, die während des skizzierten Produktionsprozesses zum Einsatz kommen, macht die Verschiedenartigkeit dieser Systeme deutlich. Um eine den Anforderungen der Produktionsphase adäquate Leistungsfähigkeit bereitzustellen, werden Personal Computer, Workstations und Abteilungsrechner gleichermaßen eingesetzt - und dies als Ein- und Mehrplatzsysteme. Tabelle 1 gibt einen Querschnitt durch die Systemlandschaft mit für die Druckindustrie typischen Systemen wieder.

Viele der eingesetzten Computersysteme sind jedoch Insellösungen, die zwar für ihren Anwendungsbereich hervorragend geeignet sind, jedoch oft nur geringe Möglichkeiten des Datenaustausches mit anderen Systemen besitzen. Bestehende Möglichkeiten des Datenaustausches zwischen Systemen unterschiedlicher Hersteller resultieren oft aus Individuallösungen, indem z.B. Daten über Magnetband ausgetauscht werden. Eine Online-Verbindung zwischen zwei Systemen ist heute ebenso die Ausnahme wie eine Kommunikationsverbindung, die auch größere Distanzen überbrückt und sich in der alltäglichen Praxis einsetzen läßt. Erschwerend kommt hinzu, daß die Kompatibilität der Datenformate verschiedener Hersteller in den meisten Fällen nicht gegeben ist. Die Gründe hierfür

---

2) EBV ist die Abkürzung für Elektronische Bildverarbeitung.

beruhen meist darauf, daß Schnittstellenbeschreibungen der Datenformate aus firmen-politischen Gründen nicht offengelegt werden und viele Hersteller ein eigenes Format verwenden, das auf die speziellen Bedürfnisse des jeweiligen Anwendungssystems zuge-schnitten ist. Die Möglichkeit der Zusammenarbeit zwischen Systemen verschiedener Hersteller besteht daher oft nur deshalb, weil eine Speziallösung in Form einer Konvertierung der Formate existiert.

Anwendungssystem	Hardwarebasis	Hersteller[3]
Layoutsystem	VAX III von DEC	Dr. Höjring
Fotosatzsystem	Sun Workstation	Berthold
EBV-System	Siemens M- bzw. R-Rechner	Linotype-Hell
DTP-System	Apple MacIntosh,	Quark XPress
	IBM-Kompatible	PageMaker

Tabelle 1: Anwendungssysteme in der Druckindustrie

Die kommunikationstechnische Integration dieser heterogenen Systemlandschaft ist heute auch nur in den wenigsten Fällen gelöst, da bei der Produktion von Druckerzeugnissen - bedingt durch die geforderte hohe Auflösung und Farbqualität - sehr große Datenmengen entstehen, die über die bisher verfügbaren Kommunikationsmedien nicht in akzeptabler Zeit zu übertragen sind. So entsteht für eine farbige Druckseite im DIN-A4 Format bei mittlerer Auflösung eine Datenmenge von ca. 50 MByte. Die Übertragung dieser Seite über eine Leitung mit 64 kBit/s (Standleitung) erfordert einige Stunden, was für die auf Aktualität ausgerichtete Druckindustrie nicht akzeptabel ist. Der Einsatz von Hochgeschwindigkeits-netzwerken, die eine Steigerung der Übertragungsrate um mehrere Zehnerpotenzen ermög-lichen, kann den Zeitaufwand jedoch in den Bereich von wenigen Minuten reduzieren.

Auf Grund der dezentralen Strukturen in der Druckindustrie kommt erschwerend hinzu, daß ein starker Kooperationsbedarf zwischen den einzelnen Herstellungsphasen besteht. Besonders belastet ist die Zusammenarbeit zwischen der Layouterstellung (z.B. Verlag oder Werbeagentur) einerseits und dem Reprobetrieb andererseits, weil hier der Entwurf und die bildliche Ausgestaltung eines Druckerzeugnisses bis ins kleinste Detail (standgerecht und

---

[3] Die in diesem Aufsatz erwähnten Hardware- und Softwarebezeichnungen sind in den meisten Fällen auch eingetragene Warenzeichen und unterliegen als solche den gesetzlichen Bestimmungen.

farblich) exakt aufeinander abgestimmt werden müssen. Bis heute gibt es keine Systeme, die dies interaktiv auf einem gemeinsamen Datenbestand erlauben. So erfolgt beispielsweise die Abstimmung zwischen Seitengestaltung und Reproduktion heute über den Austausch von Proofs und Korrekturwünschen mittels eines Boten.

Produkt	Auflösung	Format	Datenmenge
Zeitschrift	60er Raster	DIN A4	34 MByte
Werbeprospekt	80er Raster	DIN A4	61 MByte
Kunstdruck	120er Raster	DIN A4	137 MByte
Druckform	80er Raster	70 x 100 cm	683 MByte

Tabelle 2: Datenmengen im graphischen Gewerbe (Beispiele)

Diese Defizite in der Kommunikationsfähigkeit verhindern heute die Übergabe der Daten eines Anwendungssystems auf einen anderen Rechner, um sie dort in den nachfolgenden Produktionsphasen weiterverarbeiten zu können. Im Sinne einer wirtschaftlich effizienten Produktion ist hier die kommunikationstechnische Integration aller im graphischen Gewerbe eingesetzten Systeme in einen Systemverbund zu fordern, der unternehmensübergreifend realisiert werden muß.

Integrierte Produktionsszenarien

Die Realisierung integrierter Produktionsszenarien und deren Erprobung im praktischen Einsatz wurde bereits im Forschungsprojekt Breitband-integrierte Layoutunterstützung (BILUS) [Pa 91] geleistet, so daß an dieser Stelle über die Realisierungsschritte und die gesammelten Erfahrungen berichtet werden kann. Das im Herbst 1988 ins Leben gerufene Projekt wird im Rahmen des BERKOM-Programms [BERK 87] von der Telekom und dem Land Berlin gefördert. Im Auftrag der DETECON, Technisches Zentrum Berlin, und unter der Projektleitung der TU Berlin sind insgesamt zehn Projektpartner aus dem graphischen Gewerbe als Kooperationspartner an BILUS beteiligt, unter denen zugleich Hersteller und Anwender vertreten sind. Da es zwischen den Kooperationspartnern zum Teil bereits seit Jahren Erfahrungen in der praktischen Zusammenarbeit gibt, finden sich hier ideale Anwendungsbeispiele zur Erprobung und Demonstration einer breitband-integrierten

Produktion. Es wurden mehrere Szenarien definiert, die sich auf Grund unterschiedlicher Arbeitsabläufe durch individuelle Problemstellungen auszeichnen. Am Beispiel eines dieser Szenarien soll die Durchführung der Integrationsvorhaben beschrieben werden.

Der Gong Verlag in München ist Herausgeber einer Vielzahl auflagenstarker Zeitschriften, unter denen sich u.a. Fernsehzeitschriften befinden, die besonders auf Aktualität ausgerichtet sein müssen. Die Herstellung dieser Zeitschriften erfolgt in Zusammenarbeit mit Sebald Druck und Verlag in Nürnberg und lief vor der Integration der Endsysteme wie folgt ab: In der Redaktion München erfolgte auf Basis eines Layoutsystems die Gestaltung der Zeitschriftenseiten und parallel dazu die Erfassung der erforderlichen Textkomponenten auf einem Satzsystem. Die Layout- und Textdaten wurden auf Magnetbänder gespielt und per Bote zur Produktion nach Nürnberg transportiert, wo die Weiterverarbeitung erfolgte: Die Layoutdaten wurden in ein EBV-System überspielt, um die Aufbereitung der Bildkomponenten vorzunehmen, die Textbestandteile wurden mit einem Satzsystem veredelt. Nach Fertigstellung dieser Arbeiten wurden die Druckvorlagen erstellt und der Druck vorbereitet. Eine Abstimmung der fertiggestellten Seiten zwischen Redaktion und Produktion war ebenso nur mit großem Aufwand möglich, wie die Einarbeitung von Korrekturwünschen. In dieser Situation wurde die kommunikationstechnische Integration der Systeme vorgenommen, die in den Schritten der physikalischen, logischen und betrieblichen Integration erfolgte:

Zur *physikalischen Integration* wurden zunächst die Endsysteme der Produktionspartner hausintern in ein lokales Netz integriert. Dabei wurde Ethernet [Met 76] verwendet, da dieses Netzwerk ein international anerkannter Standard ist (IEEE 802.3) und für alle Endsysteme verfügbar war. Ethernet realisiert eine Bustopologie auf Basis eines Koaxialkabels und stellt eine Datenübertragungsrate von maximal 10 MBit/s zur Verfügung. Die Installation dieses Netzwerkes verursachte bei den Projektpartnern wenig Probleme, zumal bei vielen Partnern bereits ein Ethernet vorhanden war, das nur erweitert werden mußte. Nach der hausinternen Vernetzung erfolgte die Anbindung an ein öffentliches Netz, um den Datenaustausch zwischen den einzelnen Unternehmen realisieren zu können. Da für die datenintensiven Anwendungen der Druckindustrie eine adäquate Leistungsfähigkeit des Netzwerkes zur Verfügung stehen muß, wurde hier das Vermittelnde Breitbandnetz (VBN[4)]) der Telekom eingesetzt.

---

4) Das glasfaserbasierte VBN ist in den alten Bundesländern Deutschlands installiert und erlaubt Datentransferraten bis zu 140 MBit/s.

Die Verbindung zwischen der lokalen Vernetzung und dem öffentlichen Netz wurde durch einen Kommunikationsrechner realisiert, der somit ein Gateway zwischen Ethernet und dem VBN darstellt. Als Systemplattform wurde eine SPARCstation der Firma Sun Microsystems ausgewählt. Die SPARCstation besitzt eine Rechenleistung von 20 MIPS und wurde für BILUS mit mindestens 16 MByte Hauptspeicher, 1,3 GByte Massenspeicher und einer Grafikkarte zur Echtfarbdarstellung ausgestattet. Sie stellt für das lokale Netz den Fileserver dar und ermöglicht über eine Routing-Funktion allen Endsystemen den transparenten Zugriff auf das VBN.

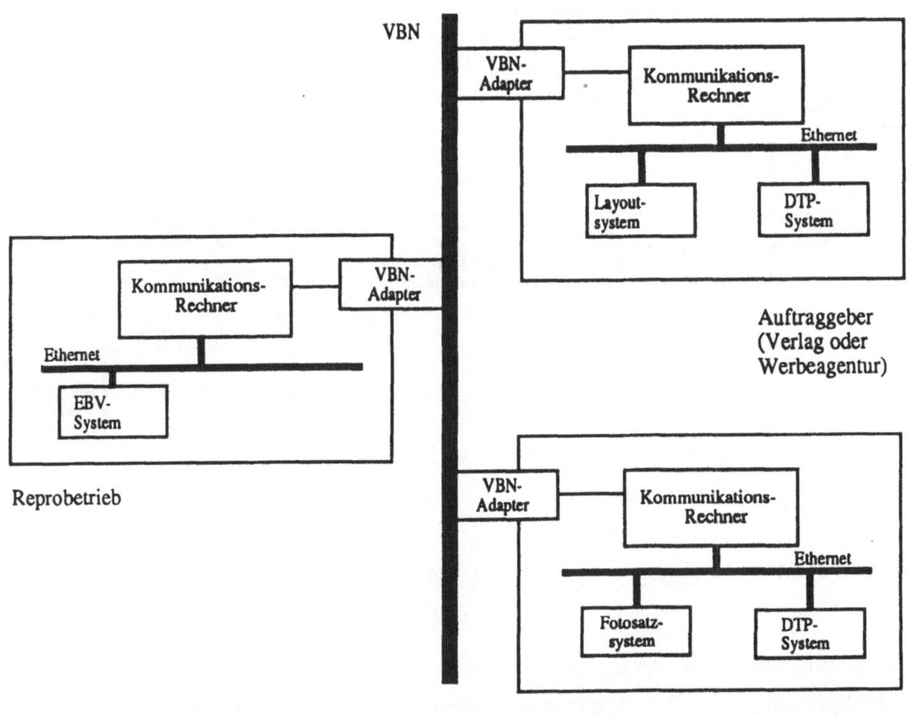

Abbildung 1: Schematische Vernetzung im graphischen Gewerbe

Um die *logische Integration* zu gewährleisten, wurde für jedes Szenarium ein Kommunikationskonzept erarbeitet, das die Weiterverarbeitung bereits erfaßter Daten in den nachfolgenden Produktionsphasen sichert. Dieses Konzept beinhaltet ein Datenaustauschformat für Bilddaten, das zwischen allen an BILUS beteiligten Herstellerfirmen vereinbart wurde. Durch diese Formatvereinbarung sollte es möglich werden, aus jedem Anwendungssystem, das bei den BILUS-Anwendern eingesetzt wird, eine fertiggestellte Druckseite zu exportieren und auf anderen Systemen weiter zu verarbeiten. Als Austauschformat wurde das Tag Image File Format (TIFF) [Aldu 88] ausgewählt, da es sich hierbei um einen anerkannten Industrie-Standard handelt. TIFF stammt aus dem Bereich der DTP-Systeme und hat sich

208

dort zum Quasi-Standard entwickelt. Es ist ein flexibles Datenformat für alle Arten von Bilddaten und gewinnt zunehmend als Austauschformat zwischen dem professionellen Bereich und dem DTP-Bereich an Bedeutung.

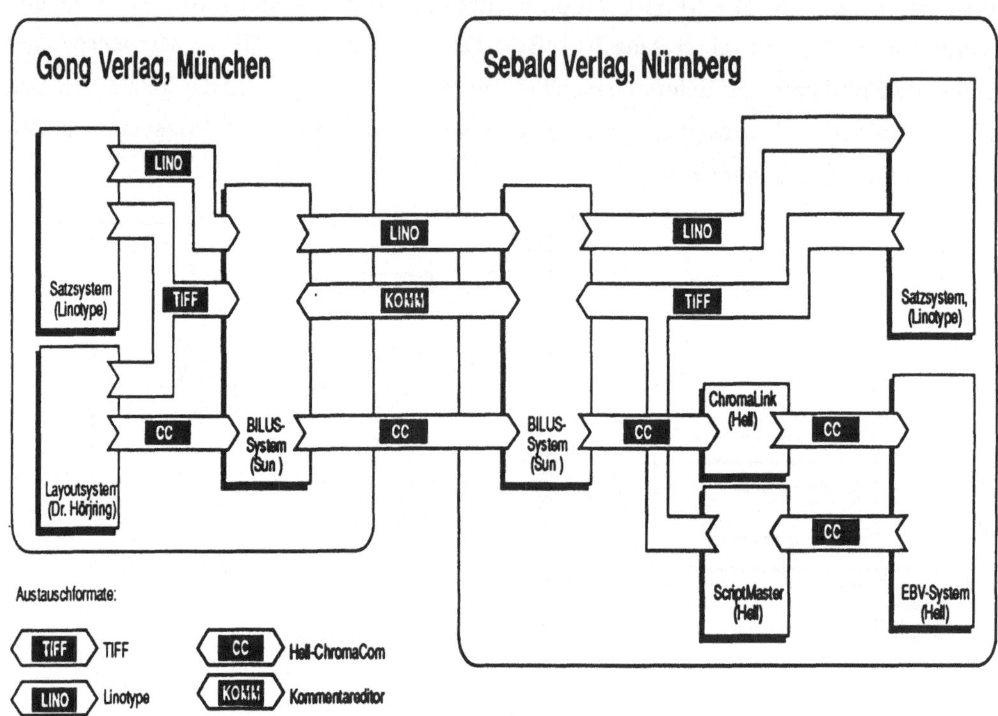

Abbildung 2: Datenformatintegration im Beispiel-Szenarium

Zur Unterstützung der logischen Integration und der Kooperation zwischen den einzelnen Partnern erfolgte zudem die Entwicklung verschiedener Softwarekomponenten. Das Herzstück der BILUS-Softwareentwicklung ist ein Kommentareditor, der die Begutachtung von fertiggestellten Druckseiten ermöglicht. Dieses Werkzeug soll den Abstimmungsprozeß bei der Produktion von Printmedien vereinfachen: Nachdem im Satzbetrieb bzw. Reprobetrieb eine Druckseite fertiggestellt wurde, wird heutzutage ein Ausdruck der Seite angefertigt und per Bote oder Post an den Auftraggeber geschickt. Der Auftraggeber vermerkt seine Änderungswünsche auf der Seite und schickt diese durch den Boten an den Satz- bzw. Reprobetrieb zur Korrektur zurück. Dieser zeitraubende Vorgang, der sich auch mehrmals wiederholen kann, wird mit Benutzung des Kommentareditors auf elektronischem Wege durchgeführt und dadurch beschleunigt. Die fertiggestellten Seiten werden dann nicht mehr per Boten transportiert, sondern in Feinauflösung und hoher Qualität über das Breitbandnetz übertragen. Das Begutachten der Seite erfolgt am Bildschirm und die Änderungswünsche werden ebenfalls auf elektronischem Wege über das Breitbandnetz übermittelt.

Als Ergänzung zum Kommentareditor wurden weitere Komponenten entwickelt, die dem Benutzer den Umgang mit dem System und die Verwaltung seiner Daten erleichtern sollen. Dies sind u.a. ein Modul zum Datentransfer, das menügesteuert das Versenden von Daten über das Breitbandnetz ermöglicht und eine Komponente zur Datenhaltung, die den Benutzer bei administrativen Aufgaben unterstützt, wie beispielsweise dem Löschen, Archivieren, Umbenennen oder Kopieren von Bilddaten und Layouts.

Die *betriebliche Integration* äußert sich im wesentlichen in veränderten Arbeitsabläufen, die auf Grund der physikalischen und logischen Integration realisiert werden konnten. Im Vergleich zur oben beschriebenen Ausgangssituation sind die modifizierten Arbeitsabläufe durch den Gewinn von Flexibilität bzw. die Reduktion des Zeitaufwandes beim Transport der Daten zwischen Redaktion und Produktion gekennzeichnet: In München wird mit Hilfe eines Layoutsystems eine Zeitschriftenseite gestaltet und gleichzeitig werden mit einem Satzsystem die erforderlichen Textkomponenten erstellt. Die Layoutdaten und die Textkomponenten werden über das VBN nach Nürnberg übertragen, wo die Weiterverarbeitung erfolgt: Die Layoutdaten können direkt in ein EBV-System übernommen werden, so daß die Aufbereitung der Bildkomponenten nahezu automatisch erfolgt. Die Textbestandteile werden mit einem Satzsystem veredelt. Nach Fertigstellung dieser Arbeiten werden die Bild- und Textbestandteile in Feinauflösung über das VBN zur Beurteilung nach München transferiert. Die Korrekturwünsche, die dort mit der BILUS-Software vermerkt wurden, gehen zur Einarbeitung an den Sebald Verlag zurück, wo entsprechende Änderungen vorgenommen werden. Nach Ende des Abstimmungsprozesses wird die fertiggestellte Druckseite beim Sebald Verlag belichtet.

4   Probleme und Erfahrungen

Die Erfahrungen und Probleme bei der Realisierung eines verteilten Systems für die Druckindustrie sind vielschichtig und lassen sich nicht in allen Fällen auf die allgemeine Problemstellung übertragen. Zusammengefaßt kann jedoch festgestellt werden, daß die physikalische Integration heute in den allermeisten Fällen technisch lösbar ist, während bei der logischen Integration zwar gute Ansätze, aber keineswegs komplette Lösungen erkennbar sind.

Die Öffnung der Anwendungssysteme im physikalischen Bereich und deren Weiterentwicklung in Richtung offener Systeme ist in den letzten Jahren deutlich vorangeschritten. So ist eine Schnittstelle zu lokalen Netzwerken mittlerweile fast obligatorisch geworden, so daß die Systemintegration auf Netzwerkebene signifikant vereinfacht worden ist. Ein markantes

Beispiel für diesen Entwicklungstrend bildet die Firma Linotype-Hell, Eschborn: Zu Beginn des BILUS-Projektes war die Ethernet-Vernetzung der damaligen Linotype-Fotosatzsysteme nicht realisierbar, da die Hardwarebasis nicht über entsprechende Schnittstellen verfügte. Durch den Wechsel der Systemplattform auf Apple Macintosh, ein Standardprodukt mit weiter Verbreitung im graphischen Gewerbe, wurde hier eine Öffnung in mehrfacher Hinsicht vorgenommen.

Die unternehmensübergreifende Integration der Anwendungssysteme muß mit besonderer Sorgfalt vorgenommen werden, da der Zugang zum öffentlichen Netz einen zentralen und besonders sensiblen Bereich darstellt, zu dessen Realisierung es prinzipiell mehrere Möglichkeiten gibt. Zum einen könnte durch den Einsatz von Bridges, die eine Protokoll- und Geschwindigkeitsumsetzung vornehmen, die transparente Verlängerung des lokalen Netzwerkes über das öffentliche Netz erfolgen. Diese Alternative wurde im Rahmen von BILUS erprobt, besitzt jedoch den entscheidenden Nachteil, daß der Datendurchsatz auf die Leistung des langsameren Netzwerkes gebremst wird, was eine optimale Nutzung des wesentlich schnelleren VBN verhindert hätte. Zum anderen könnten alle Anwendungssysteme, die einen Zugang zum öffentlichen Netz benötigen, direkt mit einem entsprechenden Adapter ausgestattet werden. In BILUS wurde auch von dieser Möglichkeit abgesehen, da dies zu einer Kostenexplosion bei den Anschlußgebühren an das VBN geführt hätte und außerdem kein entsprechender Adapter zur Verfügung stand. Die für BILUS gewählte Lösung eines Gateways zwischen lokalem und öffentlichem Netz besitzt die oben beschriebenen Nachteile nicht, weil das lokale Netz während der VBN-Nutzung nicht belastet wird, im VBN ein maximaler Datendurchsatz erreicht wird, und jede im lokalen Netz befindliche Station über das Gateway Zugang zum VBN besitzt.

Der mehrmonatige Einsatz des VBN im Praxisbetrieb hat nicht nur die technische Machbarkeit der Netzanbindung und deren Tauglichkeit für schnelle Datenübertragung bewiesen, sondern hat auch Hinweise gegeben, welche zukünftigen Entwicklungen für eine optimale Nutzung von Hochgeschwindigkeitsnetzen erforderlich sind. So ist der über das VBN erzielte Datendurchsatz deutlich niedriger als theoretisch möglich, da heutige Festplattensysteme eine zu geringe Lese- bzw. Schreibgeschwindigkeit aufweisen. Im Bereich der Übertragungsprotokolle hat sich gezeigt, daß das eingesetzte TCP/IP [Com 88] durch ein spezielles Hochgeschwindigkeitsprotokoll wie XTP [PEI 88] ersetzt werden müßte, um die Übertragungsgeschwindigkeiten zu verbessern. Auch für den lokalen Bereich ist der Einsatz eines glasfaserbasierenden Netzes wie FDDI [ISO 89] anzustreben, um eine Angleichung der Übertragungsgeschwindigkeiten auf das hohe Niveau des VBN zu erreichen.

Bei der logischen Integration ist die Definition von Datenaustauschformaten als wesentliches Problem zu bezeichnen, da ein Mangel an akzeptierten Standardformaten herrscht. Für die Druckindustrie sind in diesem Bereich zwar einige erfolgversprechende Entwicklungstrends erkennbar, wie beispielsweise die Berücksichtigung von PostScript [Ado 85] bei der Weiterentwicklung von DDES [ANSI 88]; alle Anwendungsbereiche werden hiermit jedoch nicht abgedeckt. Die in BILUS gewählte Vorgehensweise, durch die Vereinbarung von TIFF ein einziges neutrales Austauschformat festzuschreiben, hat sich bewährt, da dadurch der Konvertierungsaufwand gegenüber einer n:n-Konvertierung für alle Datenformate erheblich reduziert wurde.

Der Datenhaltung bei dezentralem Arbeiten kommt besondere Bedeutung zu, da hier durch den Aspekt der Verteiltheit besondere Anforderungen und Probleme entstehen. Wichtige Kernanforderungen sind dabei die Synchronisation des Zugriffs auf gemeinsame Daten, die systemweite Verfügbarkeit wichtiger Daten sowie weitergehend auch das systematische Verwalten von Zwischenergebnissen und verschiedenen Varianten eines Layouts oder einer Druckseite. Während im lokalen Bereich die ständige Verfügbarkeit von Kommunikationsleitungen vorausgesetzt werden kann und daher die Realisierung einer Standardlösung wie etwa eines zentralen Datenbankservers erlaubt, ist dies im Falle unternehmensübergreifender Systeme im Druckbereich - auch aus Kostengründen - nicht der Fall.

Für die datentechnische Integration unternehmensübergreifend verteilter Systeme war hier vielmehr die Erfahrung von Bedeutung, daß Anforderungen auftreten, die dem Gebiet verteilter Datenbanken (vgl. [Ceri 84]) zugeordnet werden können und bisher nur ansatzweise als erfüllbar betrachtet werden können. Die kontrollierte Replikation von Datenobjekten, spezielle Synchronisationsprotokolle etwa auf Basis eines erweiterten Two-Phase-Commit Verfahrens, die Unterstützung auch von Bildrecherchen, ausgefeilte Zugangskontrollmechanismen sowie gerade auch die systematische Behandlung von Zwischenergebnissen sind Problemfelder, die hier auftreten. Die Datenhaltungskomponente der BILUS-Entwicklung weist entsprechende Fähigkeiten nicht auf; weitergehende Arbeiten wurden jedoch im Rahmen von Forschungsaktivitäten des Instituts durchgeführt.

Bei der Durchführung der betrieblichen Integration im BILUS-Projekt wurde deutlich, das dieser Integrationsaspekt für jedes Unternehmen individuell durchgeführt werden mußte. In BILUS sind zehn Partner beteiligt, die nicht nur bezüglich der Unternehmensgröße stark variieren, sondern die auch große Unterschiede in der Aufbau- und Ablauforganisation aufweisen. Die Vielzahl der Parameter, die bei der Integration zu berücksichtigen war, machte die Entwicklung eines einheitlichen Schemas in diesem Bereich unmöglich und wenig sinnvoll.

5 Ausblick

Der datentechnischen Integration verteilter Systeme unter einheitlichen Kontrollinstanzen, die kontrollierte Replikation, erweiterte Transaktionsverfahren, Datenformatunabhängigkeit und auch im unternehmensübergreifenden Sinne brauchbare Zugangskontrollmechanismen aufweisen, müssen zukünftige Aktivitäten zur Integration heterogener Systeme besondere Aufmerksamkeit widmen. Spezielle Probleme ergeben sich im Verlagswesen durch den multimedialen Charakter der Daten, denn neben den klassischen Text-, Bild- und Grafikdaten rücken in gewissem Maße auch Audio- und Videodaten in den Bereich des Interesses, wenn etwa an CD-ROM Publikationen oder Maßnahmen zur Unterstützung kooperativen Arbeitens wie Videokonferenzen gedacht wird. In diesem Bereich angesiedelt sind Forschungsarbeiten zur Realisierung einer multimedialen Datenbank, von denen weitere Aufschlüsse über Probleme und Lösungsmöglichkeiten der Integration heterogener Systeme in einen auch telekommunikationstechnisch verteilten Verbund erwartet werden.

Im BILUS-Projekt wird zur Zeit die Evaluierung der Erfahrungen aus dem Realbetrieb vorgenommen, der etwa im März 1991 begann und parallel zur Auswertung fortgesetzt wird. Neben der Aufarbeitung der Erfahrungen technischer Natur wird eine Kosten-Nutzen-Analyse durchgeführt und es werden die Auswirkungen des Integrationsprozesses auf die Arbeitsabläufe untersucht. In diesem Zusammenhang werden insbesondere Aufschlüsse erwartet, inwieweit übertragbare Modelle zur betrieblichen Integration abgeleitet werden können und welche Rahmenbedingungen von vorgegebenen Produktionsabläufen dafür gesetzt werden.

Im Bereich der Druckindustrie ist ein zunehmend intensiverer Einsatz der Telekommunikation zu erwarten. Die neuesten Entwicklungen im Bereich der Hochgeschwindigkeitsnetze und die konzeptionellen Ansätze zur Systemintegration zeigen, daß aus der Symbiose beider Bereiche zukunftsweisende Perspektiven für das graphische Gewerbe abzuleiten sind. Die im BILUS-Projekt exemplarisch durchgeführten Integrationsarbeiten besitzen in diesem Zusammenhang Modellcharakter. Sie weisen in eine Zukunft des Elektronischen Publizierens, die den Einsatz der Telekommunikation als selbstverständlich betrachten wird.

Literatur

[Ado 85] Adobe Systems Inc.: "Postscript Language Tutorial and Cookbook"; Addison-Wesley, 1985.

[Aldu 88] Aldus and Microsoft Corporation: "Tag Image File Format, Rev. 5.0", 1988.

[ANSI 88] ANSI, IT 8.1: "User Exchange Format (UEF00) for the Exchange of Color Picture Data between Electronic Prepress Systems via Magnetic Tape (DDES00)"; NPES, 1899 Preston White Drive, Reston (Virginia), 1988.

[BERK 87] Projektleitung BERKOM: "BERliner KOMmunikationssystem"; DETECON, Technisches Zentrum Berlin, Voltastraße 5, D-1000 Berlin 65, 1987.

[Ceri 84] Ceri, S.; Pelagatti, G.: "Distributed Databases: Principles and Systems"; Mc Graw Hill, 1984.

[Com 88] Comer, D.: "Internetworking with TCP/IP"; Prentice-Hall International Editions, 1988.

[ISO 88] ISO: "Information Processing Systems - Open Systems Interconnection - Basic Reference Model - Part 4: Management framework."; Draft International Standard ISO 7498-4, 1988.

[ISO 89] ISO: "Information Processing Systems - Fibre Distributed Data Interface (FDDI)"; ISO 9314, 1989.

[Met 76] Metcalfe, R.M.; Boggs, D.R.: "Ethernet: Distributed Packet Switching for Local Computer Networks"; Communications of the ACM, 16(7); 1976.

[Nutt 90] Nutt, Gary J.: "Open Systems"; Prentice-Hall International; 1990.

[Pa 90] Pape, U.; Sandkuhl, K.: "Aspekte und Trends des elektronischen Publizierens"; Informationstechnik it, Heft 4; Oldenbourg Verlag; München; 1990.

[Pa 91] Pape, U.; Sandkuhl, K.: "Breitband-integrierte Layoutunterstützung (BILUS)" in "BERKOM - Breitbandkommunikation im Glasfasernetz"; Hrsg.: Ricke, H.; Kanzow, J.; R.v.Decker's Verlag G. Schenck, Heidelberg; Oktober 1991.

[PEI 88] Protocol Engines Inc.: "XTP Protocol Definition"; Santa Barbara, USA; 1988.

[Slo 87] Sloman, Morris; Kramer, Jeff: "Distributed Systems and Computer Networks"; Prentice-Hall International; 1987.

[Will 88] Williamson, R.: "Electronic Publishing: State of the Art Report"; Pergamon Infotech Ltd., 1988.

Einsatz integrierter Planungs- und Steuerungssysteme am Containerterminal

Dirk Steenken, Ulrich Spindel, Holger Schütt

Hamburger Hafen- und Lagerhaus AG
Zentralbereich Datenverarbeitung
DV-Entwicklung Container
Bei St. Annen 1, 2000 Hamburg 11

Zusammenfassung

Zur Planung und Steuerung des Containerumschlags bei der Hamburger Hafen- und Lagerhaus AG werden DV-Systeme eingesetzt, die verteilte Datenverarbeitung verwenden. Die Steuerung des Containerumschlags erfolgt mit Hilfe eines Dialogsystems, das auf VAXen unter VMS läuft und über eine Schnittstelle zu einer Datenfunkanwendung verfügt. Grafische Systeme zur Planung der Stellplätze sowie der Schiffsliegeplätze sind auf PCs (MS-DOS) realisiert und mit den VAXen vernetzt. Berichtet wird über die Einführung der Systeme und ihre Integration in die Containeranwendung.

1 Einleitung

Am Containerterminal 'Burchardkai' der Hamburger Hafen- und Lagerhaus AG (HH-LA) wurden 1991 1.1 Mio Containereinheiten umgeschlagen. Dies entspricht fast 50% des gesamten Containerumschlags im Hamburger Hafen.

Für diesen Umschlag werden jährlich ca. 3.000 Containerschiffe be- und entladen. Der tägliche Bestand an vollen und leeren Containern am Terminal liegt bei 15.000; zur Abwicklung des Umschlags werden täglich auf dem Terminal ca. 3.500 Container-Transporte durchgeführt.

2 Terminalablaufsteuerung

Zur Steuerung des Containerumschlags sind die Terminalfunktionen entsprechend den logistischen Aufgaben in verschiedene Arbeitsbereiche aufgeteilt. Der Transport und das Ein- bzw. Ausstapeln von Containern wird von Spezialfahrzeugen, sog. Van Carriern, durchgeführt.

Bei den Arbeitsbereichen handelt es sich um folgende:

- *LKW-Abfertigung:* Übergabebereich zum Be- und Entladen von LKW durch Van Carrier.

- *Bahn-Abfertigung:* Be- und Entladen von Zügen. Hierzu werden Be- und Entladedaten von der DB per Datenfernübertragung an das Terminalsystem gesendet.

- *Platzgang:* Interne Zwischenbewegungen wie 'Belieferung der Packhallen', 'Gestellung von Leercontainern', 'Vorstau von Exportcontainern zum Schiff'.

- *Laden:* Die Beladung erfolgt mit Containerbrücken, die durch Van Carrier entsprechend dem Schiffsstauplan und der Ladesequenz bedient werden.

- *Löschen:* Importcontainer werden per Datenfernübertragung vom Reeder vorgemeldet und von Van Carriern in vorgeplante Importbereiche gefahren.

- *Leerlager:* Spezielles Lager für Leercontainer, die mit Rahmenstaplern ein- und ausgestapelt und an Van Carrier übergeben werden.

Zu diesen Arbeitsfunktionen kommen noch Spezialfunktionen wie das Packen und Entpacken von Containern, die Behandlung von Kühl- oder Gefahrgutcontainern, der Datenaustausch mit Reedern, Spediteuren oder der Bundesbahn, Schnittstellen zur Fakturierung, usw.

Die Steuerung aller Funktionen erfolgt durch ein Dialogsystem, bei dem ca. 130 interaktive Benutzer und 70 Datenfunkterminals angeschlossen sind. Das Dialogsystem läuft auf VAX-Rechnern unter VMS und ist mit der Programmiersprache und Datenbank 'Digital Standard MUMPS (DSM)' realisiert.

3 Planungs- und Steuerungsaufgaben

Zur Steuerung der Containertransporte auf dem Terminal und zur Planung aller mit einer Schiffsabfahrt verbundenen Aufgaben sind spezielle Funktionen wahrzunehmen.

3.1 Datenfunksteuerung

Die Steuerung der *Containertransporte* auf dem Terminal erfolgt über ein an das Host-System gekoppeltes *Datenfunksystem*. Hierbei werden die von den jeweiligen Arbeitsstellen per Dialogprogramm erzeugten Fahraufträge für Container als Funktelegramm über eine dialogfähige Datenfunkschnittstelle an die Transportfahrzeuge (Van Carrier) übermittelt. Das Telegramm enthält in der Regel die Container-Nr. sowie die Start- und Zielkoordinaten eines Transportes. Bei Beendigung des Transportes wird der neue Stellplatz über das Funktelegramm an das Containerterminalsystem zurückgemeldet, so daß in der EDV-Stellplatzverwaltung stets die aktuellen Stellplätze der Container enthalten sind.

Die Bedienung der Van Carrier mit Transportaufträgen in den verschiedenen Arbeitsbereichen erfolgt über Dialogprogramme, die für alle Arbeitsbereiche einheitlich gestaltet wurden, um die Handhabung für die Mitarbeiter einfach zu halten, und in dem die unterschiedlichen Arbeitsfunktionen Code-gesteuert aktiviert werden. Weitere zur Auftragssteuerung nötige Informationen wie aktuelle Auftragslage aller Van Carrier, Anzahl 'offener' Aufträge, usw. werden auf derselben Bildschirmmaske angezeigt. Je nach Arbeitsbereich ist die Auftragssituation sehr stark wechselnd bzw. können sehr viele Aufträge vorliegen. Daher ist die Bildung von Auftragsfolgen mit minimalen Leerfahrten bei einer manuellen Zuordnung der Aufträge zu den Van Carrier sehr schwer durchführbar.

3.2 Stellplatzplanung

Zu jeder Schiffsabfahrt werden die Stellkapazitäten für Import- und Exportcontainer geplant und entsprechende Flächen reserviert. Vor der Einführung einer DV-gestützten Stellplatzplanung wurden Flächen je Schiff bzw. Reederei reserviert und bei Anlieferung eines Containers per LKW oder Bahn mit Hilfe eines Dialogprogramms ein Stellplatz für diesen Container vorgegeben. Diese Vorgabe wurde als Zielort des Fahrauftrages im Datenfunk angezeigt.

Als Hilfsmittel der Planung diente eine große Tafel (Stackboard), an der für jeden Container eine kleine Karte angebracht wurde. Bei jeder Container-Auslieferung bzw. Schiffsbeladung wurde diese Tafel wieder manuell aktualisiert. Dieser Arbeitsplatz mußte bei einem 24-Std.-Betrieb ständig besetzt sein. Bei wachsendem Umschlag und damit verbundenen geringeren Kapazitätsreserven war die Planungsaufgabe zunehmend schwieriger manuell zu lösen.

3.3 Liegeplatzplanung

Die Be- und Entladung der ca. 3000 Schiffe wird mit 14 Containerbrücken vorgenommen. Sie sind zusammen mit den Liegezeiten der Schiffe die kostenaufwendigsten Faktoren des Umschlags. Somit stellt die Verteilung der Schiffe an die Kaistrecke eine wichtige Aufgabe im Operating dar.

Alle Schiffe müssen von dem Makler bzw. Reeder angemeldet werden. Dies geschieht bei Großschiffen (Überseeverkehr) mehrere Wochen, bei Schiffen im Regionalverkehr (Nordeuropa) teilweise erst am Tag vor der voraussichtlichen Ankunft.

Im manuellen Verfahren wurden für einen Zeitraum von 3 Wochen im voraus alle dem Betrieb bekannten Schiffsankünfte auf dem sogenannten 'Wochenplan' manuell eingetragen. Die eigentliche Liegeplatzzuordnung erfolgte mit Hilfe einer Wandtafel erst einen Tag vor der Ankunft des Schiffes. Erst zu diesem Zeitpunkt wurden die Schiffsankünfte der EDV bekannt gegeben. Hierbei waren dem Liegeplatzdisponenten die Stellplätze der Container des jeweiligen Schiffes nicht bekannt.

4 Integrierte DV-Systeme

Die beschriebenen Verfahren zur Transportauftrags-Steuerung und Stellplatz- bzw. Liegeplatzplanung sollten durch integrierte DV-Systeme abgelöst werden, die die vorhandenen Nachteile aufhoben.

Die manuelle Zuordnung der Aufträge an Van Carrier im *Datenfunk* sollte durch ein automatisches Verfahren abgelöst werden, mit dem Touren mit *minimalen Leerwegen* gebildet werden.

Die Hauptforderung bei der *Planung der Stellflächen* war die *effektive Ausnutzung der vorhandenen Kapazitäten* und eine Steuerung der Container in *Liegeplatznähe* der Schiffe, um kurze Fahrwege beim Laden und Löschen sicherzustellen. Hierbei sollten bei Anlieferung von Containern aus vorgeplanten Kriterien Stellplätze automatisch vergeben und im Datenfunk bereitgestellt werden.

Mit einer EDV-gestützen Liegeplatzdisposition sollten folgende Ziele realisiert werden:

- frühzeitige Erfassung der angemeldeten Schiffsankünfte, zur Vorsteuerung der zugehörigen Container in die Nähe des geplanten Liegeplatzes,

- Optimierung der endgültigen Liegeplatzzuordnung anhand der realen Stellplätze der Container kurz vor Ankunft der Schiffe

Zusammen mit der *Yardplanung* werden also die zum Löschen und Laden der Schiffe benötigten Container-Bewegungen auf dem Yard minimiert. Wegen der gegenseitigen Abhängigkeiten wurde eine integrierte Lösung verlangt.

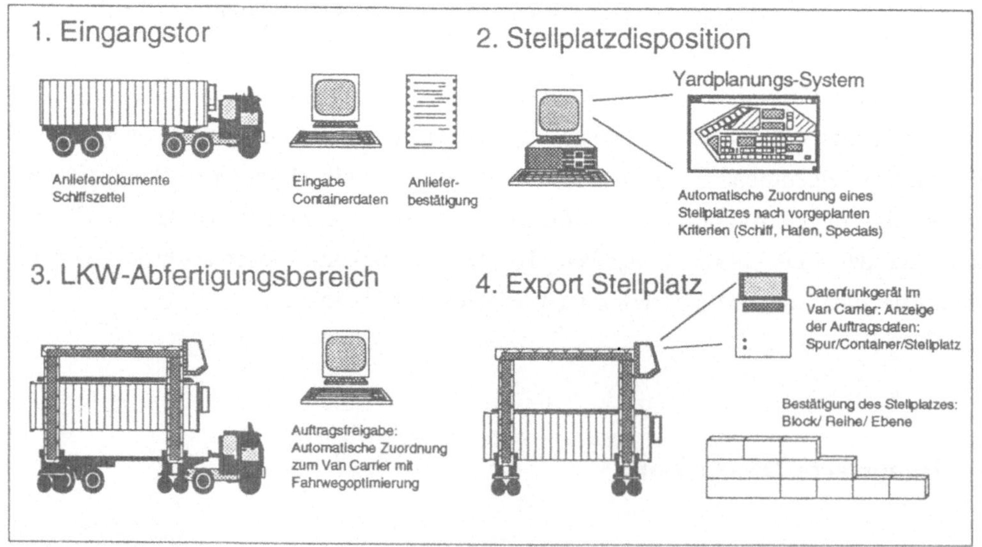

Abb. 1 Anlieferung eines Exportcontainers

4.1 Integration von Optimierungsverfahren

In das Datenfunksystem zur Steuerung der Containertransporte am Terminal wurden Optimierungsprogramme zur Reduzierung von Fahrwegen integriert, die Verfahren des

Operations Research verwenden. Ihre Wirkungsweise soll am Beispiel der LKW-Abfertigung kurz umrissen werden (Abb. 1).

Bei der Anlieferung eines Containers erfolgt zunächst die Prüfung und EDV-Erfassung der Containerdaten anhand der Anlieferdokumente durch Sachbearbeiter am Eingangstor. Nach der Prüfung der Papiere wird der Container physisch geprüft (Beschädigungen, Zollsiegel). Danach fährt der LKW zur Abfertigungsstelle, wo die Übergabe des Containers an ein Transportfahrzeug (Van Carrier) erfolgt. Die geplante Stellfläche dieses Containers wird anhand seiner Daten aus der *Stellplatzplanung* ermittelt und dient als Vorgabe für den Fahrauftrag des Van Carriers.

Am LKW-Übergabebereich wird der Fahrauftrag nach Eintreffen des LKWs mit einem Dialogprogramm freigegeben, in dem alle Van Carrier mit den aktuellen Aufträgen angezeigt werden. Die Ermittlung der Reihenfolge der Fahraufträge erfolgt automatisch durch ein implementiertes Optimierungsprogramm, das basierend auf einem Entfernungsnetz die Aufträge aller eingesetzten VCs so kombiniert, daß die Fahrwegsumme und damit die Leerfahrten minimiert werden. Die Daten der Aufträge werden dann automatisch über Datenfunk in die Fahrerkabine des Van Carriers übermittelt, wo sie auf einem Bildschirm angezeigt werden.

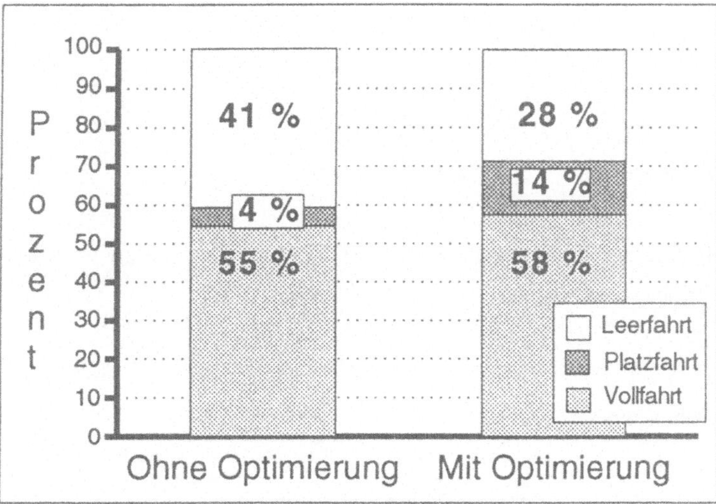

Abb. 2 Ergebnisse der Fahrwegoptimierung

Die implementierten Optimierungsverfahren mußten die Bedingungen einer 'real time' Verarbeitung erfüllen, da die kurzen Übertragungs- und Verarbeitungszeiten im Datenfunk (2-5 sec) nicht verzögert werden durften. Die Aufgabenstellung wurde gelöst durch Kombination von Export- (vom LKW-Abfertigungsbereich zum Stellbereich) mit Importfahraufträgen (vom Stellplatz zum LKW-Abfertigungsbereich). Als Lösungsverfahren wurde ein *Linearer Zuordnungsalgorithmus* gewählt. Durch Einsatz dieses Verfahrens konnten allein im Bereich der LKW-Abfertigung die Leerfahrten um 13% reduziert (Abb. 2) und die Fahrwege jährlich um 15.000 km verringert werden. In anderen Arbeitsbereichen liegen Einsparungen ähnlicher Größenordnung vor [Steenken, 1992].

4.2   Stellplatzplanung (Yardplanung)

Ziel des neu zu schaffenden Systems war, die Stellplatz-Vorgabe bezogen auf Schiffsabfahrten durchzuführen und die Reservierung von Stellplätzen bei Anlieferung der Container zu automatisieren. Als Grundlage für diese Vorgabe sollte ein Planungssystem entstehen, mit dessen Hilfe Flächen auf dem Terminal bestimmte Container-Kriterien zugeordnet werden können. Im ersten Schritt sind dies die Kriterien

- Schiff/Liegeplatz
- Leer-/Vollcontainer
- Containerlänge
- Spezialcontainer (z.B. Tank-, Kühl-, Gefahrgutcontainer)

Nach entsprechender betrieblicher bzw. organisatorischer Vorbereitung sollen im zweiten Schritt noch die Kriterien

- Zielhafen
- Gewichtsklasse des Containers

hinzukommen, um den Ablauf bei der Schiffsbeladung zu optimieren.

Das neue System basiert auf zwei Grundfunktionen: Planung und Stellplatzvergabe.

4.2.1 Planung

Benutzt wird ein PC-gestütztes Planungssystem, das einen 19"-Großbildschirm mit hochauflösender Grafik und ergonomischer Benutzeroberfläche umfaßt. Die grafische Darstellung des Ist-Zustandes auf dem Terminal ist in 5 Detaillierungsgraden möglich (von der 'Vogelperspektive' auf den Terminal bis zu den Daten eines einzelnen Containers). Diverse Auswertungen und Übersichten erleichtern dem Yardplaner die Arbeit, die v.a. darin besteht, Stellflächen in Liegeplatznähe jedes Schiffes mit Kriterien zu versehen, damit die angelieferten Container dorthin gesteuert werden.

Wesentlich ist hierbei die Beachtung des Zeitfaktors, denn der größte Teil der Exportcontainer wird 1-2 Tage vor Schiffsankunft angeliefert. Ein kleinerer Teil kommt allerdings schon vorher an, was ebenfalls berücksichtigt werden muß. Die Planung muß also von Tag zu Tag (z.T. auch von Stunde zu Stunde) aufgefüllt werden, um nicht unnötig Platz zu 'verschenken', was bei dem oben erwähnten Durchsatz von Containern schnell zur totalen Selbstblockade führen würde.

Bei kurzfristigen Liegeplatz-Änderungen ist so eine schnelle Reaktionsmöglichkeit gewährleistet.

4.2.2 Stellplatzvergabe

Durch die DDP-Verbindung des PC-Systems zum Host (siehe 5.) sind die Planungsdaten sofort verfügbar. Umgekehrt werden Container-Datenänderungen (z.B. Gewicht, Reederei, Beschädigungen, Temperatur usw.) real-time zum PC-System gemeldet und dort verarbeitet.

Bei Anlieferung auf das Terminal wird nun automatisch geprüft, ob dieser spezielle Container mit geplanten Kriterien übereinstimmt. Wenn das der Fall ist, wird für ihn ein Stellplatz mit den gefundenen Kriterien reserviert, der bis zur physischen Belegung des Platzes für eine weitere Stellplatzvergabe gesperrt ist. Hierbei werden zusätzlich bestimmte Regeln angewendet, die sich auf vorhandene Restriktionen beziehen. So dürfen Gefahrgut-Container nur auf bestimmten Plätzen stehen, Kühlcontainer müssen an die Kühlaggregate gesteuert werden, generell ist ein Algorithmus für die Belegungshöhe (wieviele Container dürfen übereinander stehen) vorgesehen. Zusätzlich kann der Yardplaner vom PC aus *Datenfunk*-Fahraufträge für einzelne Container vergeben, die vom Host-System auf die gleiche Art und Weise abgearbeitet werden.

Der Status *geplant* wird also vom PC-System, die Zustände *reserviert* und *belegt* vom Host-Datenfunk-System vergeben, wobei auf dieselbe Datenbasis zugegriffen wird. Dieser Aspekt der Integration ist durch die Konstruktion der verteilten Datenbank möglich geworden.

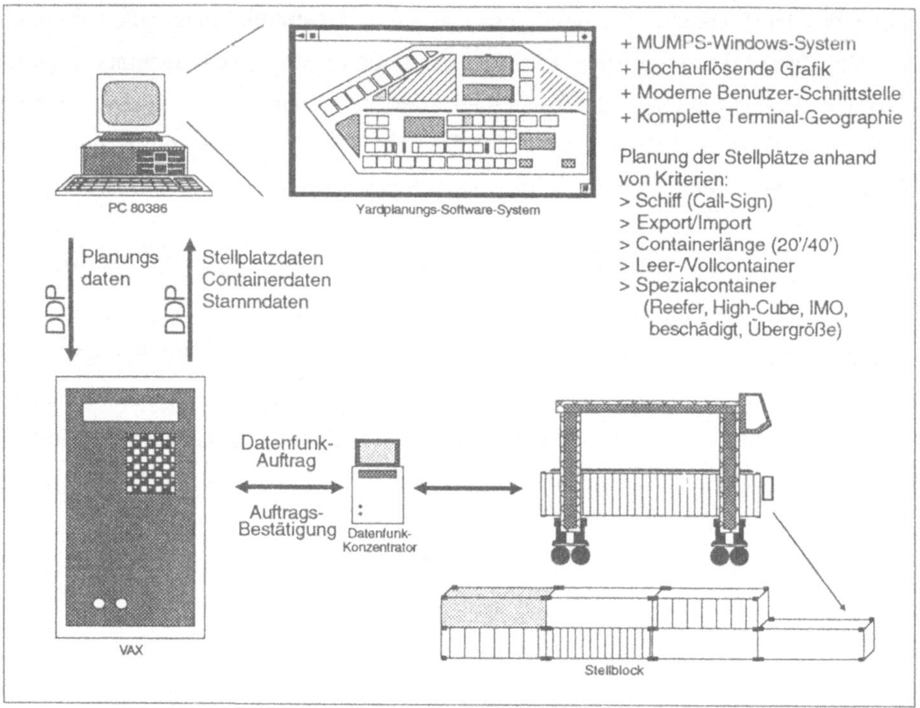

Abb. 3 Ablaufdiagramm Yardplanung

4.3 Liegeplatzdisposition

4.3.1 Planungssystem für den Liegeplatzdisponenten

Dem Liegeplatzdisponenten wird ebenfalls ein PC-gestütztes grafisches System (19"-Großbildschirm) zur Verfügung gestellt. Er kann anhand diverser Masken Schiffsankünfte und die zugehörigen Umschlagszahlen erfassen und ausgeben. Die eingegebenen Daten werden ihm grafisch angezeigt, so daß er sich schnell einen Überblick über die Liegeplatzsituation der näheren Zukunft bilden kann. Dies ist insbesondere für die Abfertigungsplanung der kommenden zwei bis vier Wochen wichtig. Die Änderung der Liegedaten einzelner Schiffe läßt sich durch einfaches Verschieben des jeweiligen Schiffssymbols auf dem Bildschirm durchführen.

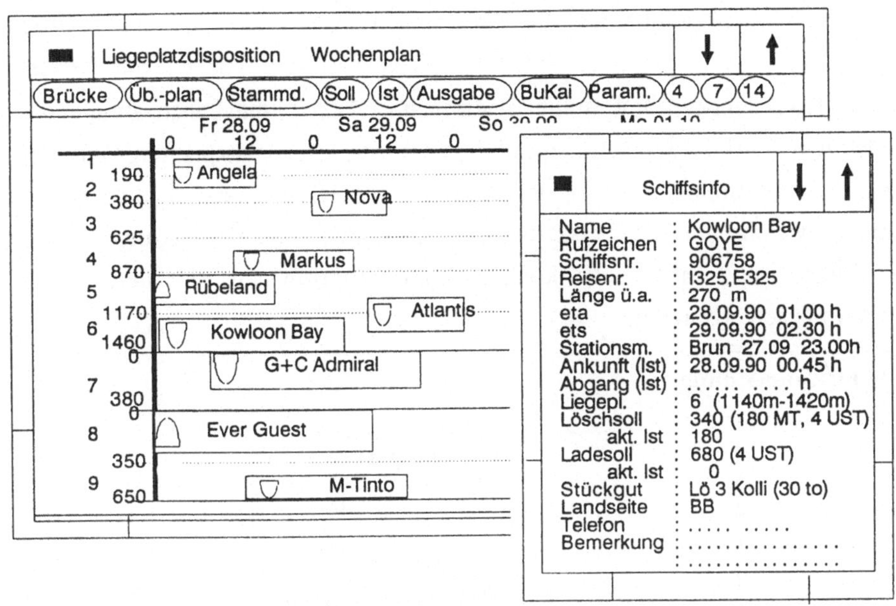

Abb. 4 Grafisches System Liegeplatzplanung

Die eingegeben Daten stehen allen Anwendern auf dem Rechnerverbund sofort zur Verfügung, wie auch dem Disponenten alle schiffsbezogenen Eingaben anderer Anwender auf dem Großrechner - z.B. Soll-Umschlagszahlen der Schiffsplaner - direkt angezeigt werden. Auf diesem Wege werden die Schiffsanmeldungen und Liegeplatzänderungen auch der *Yardplanung* aktuell bekanntgegeben. Die Schnittstelle zur *Yardplanung* erlaubt wiederum, sich für jedes angemeldete Schiff die Stellplatzdaten der zugehörigen Container anzeigen zu lassen. Hierzu kann sich der Liegeplatzdisponent ein grafisches Abbild des Terminals ausgeben lassen, auf dem in jeder Stellfläche die Anzahl der geplanten und vorhandenen Container für das selektierte Schiff stehen. Dies ist für die endgültige Liegeplatzzuordnug wichtig, da zu diesem Zeitpunkt die meisten Container schon am Terminal angeliefert sind und so unnötige Fahrwege bei der Bearbeitung des Schiffes vermieden werden können (siehe Abb. 5).

4.3.2 Optimierter Systemvorschlag

Da Schiffsankünfte einer ständigen Änderung unterliegen, erfordert sowohl die Präzisierung der Ankunftsdaten der schon erfaßten, als auch die Einbeziehung der neu angemeldeten Schiffe eine laufende Aktualisierung der Liegeplatzsituation.

Um den Disponenten vor allem bei diesen kurzfristigen Änderungen zu unterstützen, wird ein System entwickelt, das ihm die Möglichkeit bietet, sich einen optimierten Liegeplatz-Vorschlag vom System ausgeben zu lassen. Das zugrundeliegende Verfahren basiert auf OR-Methoden und minimiert die beim Löschen und Laden anfallenden Fahrwege der Van Carrier zwischen den Schiffen (aus der Liegeplatzplanung) und den zugehörigen Containerstellplätzen (aus der Yardplanung). Hierbei müssen diverse Nebenbedingungen technischer Art (Wassertiefe der Liegeplätze, Schiffstiefgang, Containerbrücken-Daten, usw.), aber auch konkurrierende Zugriffe auf die Geräte (u.a. Brückeneinsatz) beachtet werden.

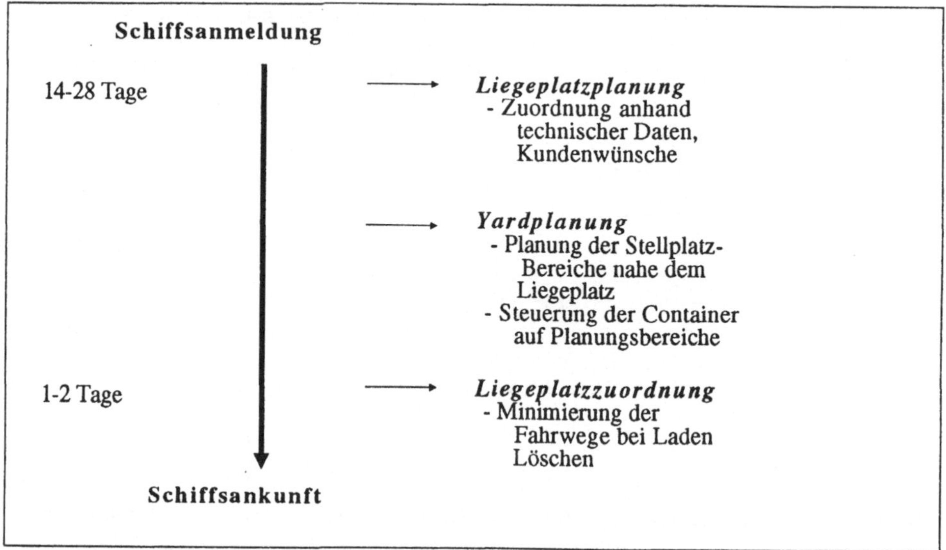

Abb. 5 Zusammenspiel von Liegeplatz- und Yardplanung

4.4 Realisierung der Systeme Yard- und Liegeplatzplanung

Von Anfang an wurde die Entwicklung dieser Systeme in Projektgruppen betrieben, in denen neben DV-Spezialisten auch Betriebsorganisatoren, die späteren Anwender und der Betriebsrat mitarbeiteten. In intensiven Gesprächen wurden so die wesentlichen Systemkomponenten gemeinsam erarbeitet.

Nach der Schulung der Anwender wurden die Systeme mehrere Wochen im Parallellauf zur konventionellen Arbeit ausgetestet. In diesem Zeitraum hatten auch die Mitarbeiter Gelegenheit, den Umgang mit dem System zu üben.

Da die Yardplanung einen größeren Einschnitt in die Terminalorganisation bedeutete, wurde hier der Test in zwei Schritten durchgeführt: Erstens 'abgekoppelt'; das bedeutet, daß die realen Daten zwar auf den PC übertragen wurden, auf dem Terminal aber noch nicht auf Grundlage der Planungen gearbeitet wurde. Mit Hilfe dieser Simulation konnte die generelle Funktionsfähigkeit überprüft werden. Zweitens 'schiffsweise'; für ausgesuchte Schiffsabfahrten wurden die Planungsdaten für den Betrieb freigegeben, so daß die Echtsituation geprobt wurde.

Die Inbetriebnahme konnte so, obwohl dies einen großen Einschnitt in die Betriebsabläufe darstellte, im 'fliegenden Wechsel' vorgenommen werden.

5 Systemaufbau

5.1 Hardware

Der den Systemen zugrundeliegende Rechnerverbund besteht aus einem VAX-Cluster, an das über eine Ethernet-Anbindung die PC-Grafiksysteme angeschlossen sind. Die Kommunikationskomponenten ermöglichen direkten Zugriff von jedem Netzteilnehmer auf jeden Knoten. Dies ist für die Datensicherheit unumgänglich, da nicht gleichzeitig von 2 Rechnern aus z.B. Stammdaten eines Containers geändert werden dürfen. Solange eine Transaktion stattfindet, kann ein Datensatz exklusiv für einen Prozeß allokiert werden.

Für den Betrieb der beiden Systeme werden vier PC-Grafiksysteme eingesetzt:

- Zwei Systeme im laufenden Betrieb der *Yardplanung*
- Ein System für die *Liegeplatzplanung*
- Ein System als gemeinsames *Backup* für beide Planungssysteme, das im laufenden Betrieb als Anzeigegerät der Liegeplatzplanung arbeitet.

Durch den identischen Aufbau der Hardware beider Planungssysteme lassen sich so Komponenten problemlos austauschen, das Backupsystem verfügt über einen Umschaltmechanismus zwischen beiden Systemen.

5.2 Kommunikation und verteilte Datenbank

Der Datenzugriff wird über das *DDP-Konzept* (= *Distributed Data Processing*), das unter *MUMPS* verwendet wird, realisiert. Es definiert auf den in einem Rechnerverbund vorhandenen Systemen unterschiedlicher Art und Größe eine gemeinsame Datenbank, deren Daten auf die Einzelsysteme verteilt sind. Der Zugriff auf die Daten ist von allen Teilsystemen aus möglich, wobei ein Sperren (Allokieren) der Daten Verbund-weit durchgeführt wird und systemabhängige Zugriffsberechtigungen definiert werden können.

In den beiden Systemen Yard- und Liegeplatzplanung werden die für den allgemeinen Betrieb benötigten Daten grundsätzlich auf dem VAX-Cluster (Host) gehalten, während sich auf den PC-Systemen lokal nur einige Daten befinden:

- zur Anzeige benötigte Daten - in speziell für die Grafik aufbereiteter Form -,
- für die diversen Berechnungen notwendige Daten, und
- einige gespiegelte Daten aus Backup-Gründen.

Dies hat zur Folge, daß jede Aktualisierung eines Datums erst auf dem Host durchgeführt wird, unabhängig ob eine Programmfunktion auf dem PC oder auf dem Host diese initiiert hat (siehe Abb. 6).

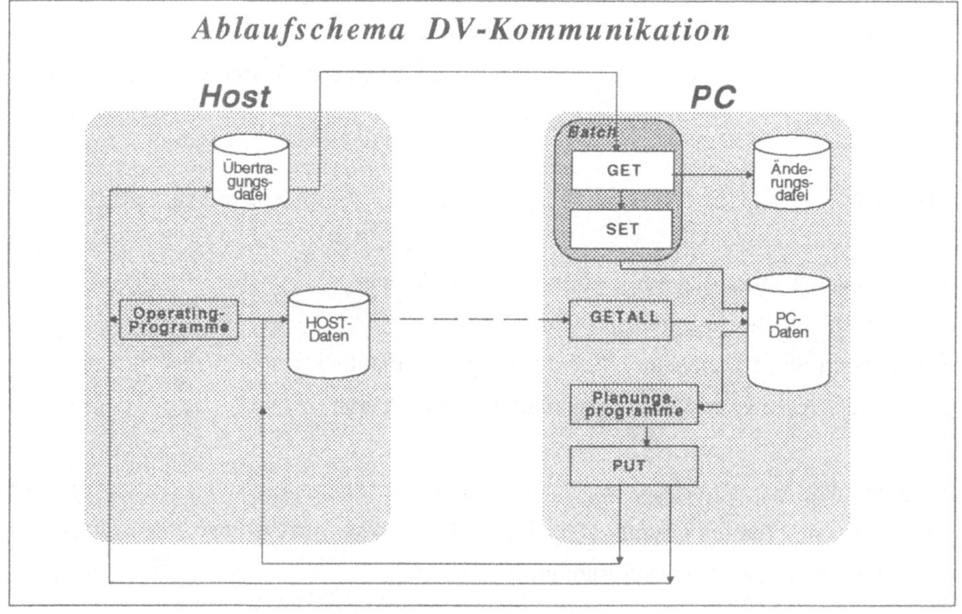

Abb. 6 Ablaufschema DV-Kommunikation

Mit der Aktualisierung des Datums wird ein Übertragungsrecord gesetzt, in dem folgende Daten gespeichert werden:

- Zeitpunkt der Änderung,
- Status der Änderung (Identifikationsmerkmal der Art der Änderung),
- zur Nachvollziehung der Änderung benötigte Daten.

Auf diese Weise läßt sich erreichen, daß der Host beim Update von Änderungen für die PC-Systeme einen passiven Part übernimmt:

Die PC-Systeme fragen unabhängig voneinander in einem Batch-Job laufend die Übertragungsrecords ab und übernehmen bei einem Neueintrag die Änderungen. Diese Vorgehensweise führt dazu, daß

- der Host durch den Updateverkehr der einzelnen Systeme nicht belastet wird.
- der Ausfall einer PC-Komponente auf die anderen Systemkomponenten keine Auswirkungen hat.

Zusätzlich zu dem vorgestellten Update-Verfahren lassen sich - speziell bei der Erstinstallation des Systems, aber auch bei längerfristigen Ausfällen einer Komponente - alle auf dem PC-System benötigten Daten direkt vom Host einlesen, wobei sie teilweise transformiert werden müssen.

Literatur

Steenken, D.: "Fahrwegoptimierungen am Containerterminal unter Echtzeitbedingungen", OR Spektrum, Organ der Deutschen Gesellschaft für Operations Research, Bd. 14.3, 1992

Datenmanagement

Aspekte der Qualitätssicherung
von Unternehmensdatenmodellen

Martin Bertram

ACG Automation Consulting Group GmbH
Lyoner Straße 15, W-6000 Frankfurt am Main 71

Zusammenfassung

Um ein Unternehmensdatenmodell als wichtigste Basis zur Integration der Informationssysteme eines Unternehmens effektiv nutzen zu können, hat dessen Qualität eine sehr große Bedeutung. Dieser Beitrag definiert zunächst den Begriff Qualität eines Unternehmensdatenmodells auf Basis der Unternehmensziele, aus denen sich die Ziele, die mit diesen Modellen verfolgt werden, ableiten lassen. Darauf aufbauend werden die wesentlichen Kriterien zur Qualitätsbeurteilung vorgestellt. Abschließend werden verschiedene Verfahren zur Qualitätssicherung vorgestellt und ihre Eignung zur Prüfung der jeweils anwendbaren Kriterien bewertet.

1 Übersicht und Abgrenzung

Heutzutage ist die Notwendigkeit der Unterstützung zur effizienten Nutzung der wettbewerbsbestimmenden Ressource Information durch ein Unternehmensdatenmodell als wichtigste Basis zur Integration der Informationssysteme eines Unternehmens allgemein akzeptiert[1]. Obwohl die Qualitätssicherung solcher Unternehmensdatenmodelle eine hohe Bedeutung hat, existiert darüber, im Gegensatz zur Qualitätssicherung von Software, kaum Literatur, die über die Betrachtung formaler Aspekte hinausgeht[2].

In diesem Beitrag wird versucht, einige aus der Sicht eines Praktikers wesentliche Aspekte der Qualitätssicherung von Unternehmensdatenmodellen näher zu beleuchten und handhabbare Kriterien, Methoden und Verfahren vorzuschlagen. Zunächst wird der

---

1) Zum Nutzen von Unternehmensmodellen vgl. Ortner (1991) bzw. Scheer & Hars (1992).
2) Zur Behandlung formaler Kriterien vgl. GUIDE (1991).

Begriff *Unternehmensdatenmodell* definiert und eingeordnet. Anschließend werden die wesentlichsten Ziele von Unternehmensdatenmodellen als Grundlagen ihrer Qualitätsdefinition entwickelt und diese durch Kriterien operabel gemacht. Abschließend werden Verfahren zu Prüfung dieser Kriterien vorgestellt und ihre Eignung bewertet.

Der vorliegende Beitrag beschränkt sich auf die Beschreibung der *analytischen Aspekte*, d.h. auf die Festlegung der Qualitätsmerkmale sowie auf die Methoden bzw. Verfahren zur Überprüfung, ob die geforderten Qualitätsmerkmale in der geforderten Ausprägung vorhanden sind. Es wird weder auf die konstruktiven Methoden zur Erzielung einer vorgegebenen Qualitätsstufe noch auf organisatorische Aspekte eingegangen, da deren Behandlung den zur Verfügung stehenden Rahmen sprengen würde. Dieser Beitrag konzentriert sich auf die Qualitätssicherung von Unternehmensdatenmodellen, die den Formalismus semantischer Datenmodelle, wie z.B. das SDM[3] oder andere Modelle mit entsprechenden Abstraktionsmechanismen[4], verwenden.

Analog zur Situation in der Softwareentwicklung gilt auch hier, daß die Behebung qualitativer Mängel um so weniger aufwendig ist, je früher der Mangel entdeckt wird. Besonders schwerwiegend wirken sich Fehler in der logischen Struktur des Modells aus, die erst nach der Implementierung der darauf basierenden Anwendungssysteme entdeckt werden. Deshalb müssen die Maßnahmen zur Qualitätssicherung in einer möglichst frühen Phase der Softwareentwicklung einsetzen.

2 Ziele eines Unternehmensdatenmodells

2.1 Allgemeines

Ein *Unternehmensdatenmodell* ist die anwendungsbezogene, konzeptionelle Darstellung aller Informationen eines Unternehmens in Form eines Datenmodells. Es ist ein wesentlicher Bestandteil eines *Unternehmensmodells*, das daneben auch das Unternehmensfunktionenmodell sowie Modelle der Unternehmensprozesse, der Informationsflüsse, der Unternehmensziele, der Organisation und des technologischen Umfelds, einschließlich der Beziehungen der einzelnen Modelle untereinander enthält.

Zur effektiven Nutzung eines Unternehmensdatenmodells hat dessen Qualitätssicherung

---

3) Zur Definition siehe Hammer & McLeod (1981).
4) Übersichten in Hull & King (1987) bzw. Peckham & Maryanski (1988).

eine sehr hohe Bedeutung. *Qualität* bedeutet die "Gesamtheit an Merkmalen und Eigenschaften eines Produkts oder einer Tätigkeit, die sich für die Eignung zur Erfüllung gegebener Erfordernisse beziehen"[5]. Aus diesem Grund werden alle im folgenden aufgeführten Kriterien mit den in diesem Kapitel beschriebenen Erfordernissen in Form von Zielen in Beziehung gesetzt. Ausgangspunkt aller Überlegungen sind die Unternehmensziele, aus denen sich der Informationsbedarf des gesamten Unternehmens herleiten läßt. Der Informationsbedarf seinerseits bestimmt die Anforderungen an Struktur und Inhalte eines Unternehmensdatenmodells. Zentrales Ziel eines Unternehmensdatenmodells ist somit die Schaffung einer stabilen Basis zur strategischen Nutzung der wettbewerbsentscheidenden Ressource Information. Wesentlich dafür sind die im folgenden beschriebenen Ziele unternehmensweiter Datenmodelle.

2.2 Schaffung von Transparenz für Daten und Prozesse

Das Modell muß die Nutzungsmöglichkeiten der im Unternehmen vorhandenen Ressource *Information* aufzeigen, indem es Strukturen und Zusammenhänge für alle Nutzer offenlegt. Anstelle einer bereichs- oder spartenbezogenen Terminologie muß eine für das gesamte Unternehmen gültige Begriffswelt geschaffen werden. Dies schließt die umfassende Klärung homonymer und synonymer Begriffe mit ein. Deshalb müssen auch alle redundanten, d.h. aus den Informationen des Modells herleitbaren Begriffe eliminiert sein. Durch eine vollständige und konsistente Modellierung muß Transparenz für die Daten des gesamten Unternehmens geschaffen werden. Es muß feststellbar sein, welche Fachanwendungen gemeinsame Daten oder Datenstrukturen benutzen. Die Schaffung von Flexibilität in der Informationsnutzung muß unter Beibehaltung der notwendigen Kontrolle erfolgen. Die meisten Geschäftsregeln sollten deshalb ebenfalls direkt im Datenmodell enthalten sein, damit ihre universelle Geltung deutlich wird.

2.3 Basis für das strategische Informationsmanagement

Aufgrund der Beschreibung von logischen Abhängigkeiten zwischen den Daten verschiedener fachlicher Anwendungsgebiete soll sowohl die Realisierungsreihenfolge als auch der Umfang der einzelnen Anwendungssysteme festgelegt werden können. Daneben sollen sich zentrale Basissysteme identifizieren lassen, die unternehmensweit einsetzbar sind. Unter Zuhilfenahme des Unternehmensdatenmodells und einer Modellierung der existierenden Systeme soll ein sanfter Übergang von der bestehenden in die

---

5) In Anlehnung an DIN 55350.

zukünftige Systemlandschaft, unter Inkaufnahme kontrollierter Redundanzen, ermöglicht werden. Diese Vorgehensweise trägt wesentlich zum Ziel einer entscheidenden Reduktion des Softwareentwicklungs- und Wartungsaufwands bei.

3 Kriterien für Unternehmensdatenmodelle[6]

3.1 Formale Kriterien

Die formalen Kriterien zur Beurteilung von Datenmodellen dienen den meisten Zielen als Grundlage. Für Unternehmensdatenmodelle gelten offensichtlich alle formalen Kriterien, die auch für projektspezifische Datenmodelle gelten. Diese umfassen neben der Normalisierung die korrekte Anwendung des gewählten Formalismus sowie die Vollständigkeit und Konsistenz der Beschreibungen. Von besonderer Bedeutung für Unternehmensdatenmodelle ist die Einhaltung von Namenskonventionen einerseits, um die Verständlichkeit zu erhöhen, andererseits aber auch, um der Schaffung neuer Homonyme bzw. Synonyme entgegenzuwirken.

3.2 Darstellung

Da die graphische Darstellung eines Unternehmensdatenmodells, die Dutzende oder gar Hunderte von Entity- bzw. Relationship-Typen enthält, nicht als verständlich angesehen werden kann, müssen andere Formen der Darstellung gewählt werden. Eine hierarchische Darstellung[7] des vollständigen Gesamtmodells in verschiedenen jeweils nicht zu komplexen Abstraktionsstufen, ausgehend von einer höchsten Abstraktionsstufe[8], bietet sich an. Daneben ist eine Darstellung fachlicher Zusammenhänge über Abstraktionsstufen hinweg durch Teilmodelle nötig, die bewußt nicht redundanzfrei sondern fachlogisch abgeschlossen sein sollen.

Um ein Datenmodell sowohl für Fachanwender als auch für Systementwickler verständlich zu machen, müssen für alle verwendeten Grundkonzepte, einschließlich ihrer Varianten, verständliche Beschreibungen einschließlich der fachlichen Hintergründe existieren. Verständlich heißt in diesem Zusammenhang nicht nur verständlich für einen

---

6) Für eine ausführlichere Beschreibung der Kriterien siehe Bertram (1992).
7) Zur Nutzung der Abstraktionsebene vgl. Scheer & Hars (1992). Methoden zum Clustering der Modelle bietet z.B. Teory et.al. (1989).
8) meist *A-Level-Modell* genannt.

Systemanalytiker, sondern vor allem für Mitarbeiter aus den Fachbereichen. Abstrakte Konzepte müssen dabei durch Beispiele erläutert werden. Die verwendeten Beispiele sollen zum Teil einfach sein, damit das angewandte Grundprinzip verständlich wird, es müssen aber auch realitätsnahe Beispiele existieren, um das Spektrum der Anwendbarkeit des Konzepts zu verdeutlichen.

3.4 Homonyme und Synonyme

Homonyme erschweren das Verständnis eines Modells, da sie nicht vorhandene fachliche Ähnlichkeiten vortäuschen. *Synonyme* erschweren die Erkennung und damit die Nutzung von Abstraktionsmöglichkeiten. Da sich die Begriffswelt nicht automatisch durch die Einführung eines Unternehmensdatenmodells vereinheitlichen läßt, ist es nötig, ein Begriffslexikon mit homonymen, synonymen und redundanten Begriffen zu erstellen, die auf Basis des Unternehmensdatenmodells eindeutig definierbar sein müssen.

3.5 Vollständigkeit, Minimalität und Konsistenz

Vollständigkeit, d.h. die Möglichkeit alle notwendigen Anforderungen nach Daten erfüllen sowie alle geforderten Verdichtungen herleiten zu können, bezieht sich in einem Unternehmensdatenmodell nicht nur auf die Daten eines oder mehrerer Fachbereiche, sondern ganz wesentlich auch auf bereichsübergreifende Funktionen wie Controlling oder Unternehmensplanung. Der Begriff der Vollständigkeit umfaßt natürlich auch den Grad der Abdeckung des Unternehmens durch das Modell.

Minimalität bedeutet hier, daß ein fachliches Konzept der Requirements innerhalb des Modells nur an einer einzigen Stelle abgebildet wird. Dieses Kriterium wird natürlich nicht durch eine Wiederverwendung generischer Strukturen verletzt.

Der Begriff der *Konsistenz*, d.h. Widerspruchsfreiheit sowohl intern, als auch gegenüber externen Restriktionen, ist hier natürlich ebenfalls unternehmensweit zu interpretieren. Konsistenz der Konzepte bedeutet auch, daß gleiche abstrakte Sachverhalte als Strukturen im Modell überall analog abgebildet werden. Diese Vorgehensweise hat den Vorteil, daß der Einarbeitungs- und Verständnisaufwand für das Modell geringer wird, da diese Tatsache für denjenigen, der mit dem Modell arbeitet, dadurch unmittelbar erkennbar wird. Daneben läßt sich durch Anwendung dieses Konzepts die Gleichartigkeit der Datenstrukturen sowie der auf diesen Strukturen arbeitenden Funktionen bei einer technischen Realisierung sehr gut ausnutzen.

3.6 Berücksichtigung der Unternehmensziele

Die Berücksichtigung von Unternehmenszielen findet sich in vielerlei Weise im Unternehmensdatenmodell wieder. Eine exakte Prüfung dieser Kriterien kann natürlich nur erfolgen, wenn die Ziele des Unternehmens präzise festgehalten sind. Beispielhaft seien Unternehmensziele und deren Auswirkungen auf das Modell genannt.

Ein Unternehmensziel kann die Erreichung einer Verbesserung der informationellen Anbindung von Kunden und Lieferanten sein. Um die Erreichung dieses Ziels zu unterstützen, müssen sich die Unternehmensdatenmodelle der einzelnen Unternehmen zumindest in den Teilen, die Gemeinsamkeiten oder Schnittstellen beschreiben, direkt oder mit Hilfe eines Referenz-Datenmodells aufeinander abbilden lassen.

Ein anderes Unternehmensziel ist die Erhöhung der *Flexibilität der Produktgestaltung*. Ein Produkt muß sich dafür auch im Unternehmensdatenmodell mittels eines Baukastens flexibel aus elementaren Komponenten und Funktionen zusammensetzen lassen. Diese Flexibilität muß durch ein Regelwerk kontrollierbar sein. Soweit wie sinnvoll möglich, sollte das betriebswirtschaftliche Regelwerk des Unternehmens in Form von Daten vorliegen, die der Fachbereich selbständig pflegen kann.

3.7 Integritätsbedingungen

Ein weiterer wichtiger Bestandteil ist die Beschreibung der *Integritätsbedingungen*, also der konsistenten Zustände des Modells einschließlich der Angabe zulässiger Übergänge zwischen diesen Zuständen, die in Form von aussagelogischen Ausdrücken formuliert sind. Sie bieten, unabhängig von den Anwendungen, die Möglichkeit, Geschäftsregeln als Bedingungen an die Daten zu formulieren. Für die Überprüfung der Einhaltung dieser Regeln kann dann im Rahmen der strategischen Informationsplanung ein anwendungsunabhängiges, zentrales Basissystem entwickelt werden.

3.8 Abstraktionsniveau

Abstraktion bedeutet das Weglassen von, bezogen auf einen bestimmtem Kontext, irrelevanten Details, um ein Modell intellektuell handhabbar zu machen[9]. *Generalisierung* als spezielle Form der Abstraktion bedeutet eine Zusammenfassung ähnlicher Objekte zu einem generischen Objekt. Dies geschieht in semantischen Datenmodellen durch Klassen- bzw. Subklassenbildung[10]. Speziell bei einem unternehmensweiten Datenmodell ist die Wahl des angemessenen Abstraktionsniveaus von großer Bedeutung. Abstraktion in einem Unternehmensdatenmodell dient dem Ziel langfristiger Stabilität des Modells. Daneben werden durch Darstellung verschiedener Abstraktionsebenen sehr komplexe Modelle handhabbar. Nicht zuletzt können so bestehende Gemeinsamkeiten zwischen verschiedenen Konzepten dargestellt und genutzt werden.

Falls das gewählte Niveau zu niedrig, d.h. zu konkret ist, können bestehende Gemeinsamkeiten nicht erkannt und damit nicht genutzt werden. Ein zu hohes Abstraktionsniveau ist der Verständlichkeit des Modells nicht dienlich und schafft unnötige Abhängigkeiten zwischen verschiedenen Anwendungsbereichen. Das Hauptproblem des Generalisierungskonzepts liegt in der richtigen Wahl des Abstraktionsniveaus. Dies zu beurteilen erfordert neben einigem Wissen über die Anwendungsgebiete auch die Beherrschung der formalen Integrationsmethodik[11].

3.9 Flexibilität

Flexibilität bedeutet, daß das Modell in der Lage ist, sich an veränderte Anforderungen anzupassen, ohne daß sich dafür die Grundstrukturen ändern müssen. Dies ist ein weiterer Beitrag zur langfristigen Stabilität des Datenmodells. Eine wesentliche Voraussetzung für die Erreichung von Flexibilität ist für ein Unternehmensdatenmodell die durchgängige Verwendung eines angemessenen Abstraktionsniveaus. Durch generelle Anwendung mächtiger Modellierungsprinzipien wie z.B. des Stücklistenprinzips oder von Rollenbeziehungen, kann auch die komplexere Fachlogik zukünftiger Anwendungen mit unveränderten Strukturen abgebildet werden. Durch eine kontrollierte Verlagerung von Strukturinformationen und Regeln in Daten läßt sich die Flexibilität vergrößern, da Änderungen so abgelegter Strukturen oder Regeln nur zu Änderungen von Dateninhalten führen. Ein solch hohes Maß an Flexibilität bedingt aber entsprechend

---

9) Näheres zu den Abstraktionskonzepten enthält Smith & Smith (1977).
10) vgl. Hammer & McLeod (1981).
11) Zum Vergleich verschiedener Methoden siehe Batini et.al. (1986).

mächtige Mechanismen zu deren Kontrolle. Dies kann durch eine Modellierung der Geschäftsregeln in Form spezieller Datenmodelle geschehen.

3.10 Unabhängigkeit von der technischen Realisierung

Das Modell soll eine Beschreibung der fachlichen Soll-Logik der Daten, nicht aber der momentan verwendeten, bzw. der geplanten, physikalischen Datenstrukturen sein. Zur Beschreibung der technischen Realisierung sind, gemäß dem ANSI 3-Schichten-Modell, die internen Schemata im Rahmen des Datenbankentwurfs zu konzipieren. Nur durch diese Trennung kann das Modell gegenüber dem schnellen technologischen Wandel und Änderungen, z.B. aus Performancegründen, stabil gehalten werden.

Ein konzeptionelles Modell ist zwar unabhängig von einer technischen Realisierung formulierbar, es macht aber wenig Sinn, fachliche Sachverhalte und Strukturen festzulegen, die weder mit den heutigen noch mit den in absehbarer Zukunft verfügbaren Datenbankmanagementsystemen zu bewältigen sind. Nur ein Unternehmensmodell, das auch technisch umsetzbar ist, kann als Basis der strategischen Informationsplanung dienen. Die Umsetzung eines Datenmodells muß nicht notwendigerweise mittels eines relationalen Datenbanksystems erfolgen[12].

4 Verfahren zur Prüfung der Kriterien

4.1 Allgemeines

Einige der Verfahren, die für die Qualitätssicherung von Software entwickelt wurden[13], lassen sich auch auf die Qualitätssicherung von Unternehmensdatenmodellen übertragen. Für die Prüfung der mehr formalen Kriterien bietet sich die Nutzung von Tools wie eines Data-Dictionary bzw. Repository oder entsprechender Analysetools an. Für die Organisation der Prüfung von Qualitätskriterien, die nicht maschinell unterstützt werden kann, kommen die bekannten Formen der Walkthroughs, Inspektionen und Reviews in Frage, deren Formalismen und Abläufe auch hier verwendet werden können. Die einzelnen Verfahren unterscheiden sich im wesentlichen in den formalen und inhaltlichen Anforderungen, mit denen sie durchgeführt werden. Wie bei der Qualitäts-

---

12) Zur Abbildung auf andere Datenbankmodelle siehe Vetter (1986).
13) vgl. Boehm (1984) bzw. Weinberg & Freedman(1984) bzw. Hausen et.al.(1987).

sicherung von Software üblich, erscheint es sinnvoll, für eine Prüfung den Schwerpunkt nur auf eines der oben beschriebenen Kriterien zu legen.

Alle Maßnahmen zur Qualitätssicherung sollten nicht ausschließlich von der EDV-Abteilung durchgeführt werden. Die Mitarbeiter der Fachabteilungen mit ihrem Anwendungs-Know-How sind als Teilnehmer unersetzbar. Auf die organisatorischen Rahmenbedingungen der einzelnen Verfahren wird hier nicht weiter eingegangen, da dies den Rahmen des Beitrags sprengen würde.

Wesentliche Aktivitäten innerhalb des Qualitätssicherungsprozesses sind die Klassifizierung und Protokollierung der gefundenen Fehler. Diese Fehler müssen nach Typ, d.h. in Bezug auf die zu lösende Aufgabe, nach Schwierigkeitsgrad, nach Kategorie, d.h. formaler oder funktionaler Fehler, und nach Fehlerquelle, d.h. durch welchen Entwicklungsschritt wurde er verursacht, klassifiziert werden. Daneben muß für jeden Fehler geprüft werden, ob er so, oder in ähnlicher Form an anderen Stellen des Modells auftritt. Eine Auswertung dieser Informationen kann - und sollte - als Grundlage der Verbesserung des Modellierungsprozesses dienen. Da neben der Prüfung des erstellten Modells auch implizit immer eine Überprüfung des Entwicklungsprozesses stattfindet, kann dabei auch geprüft werden, ob die angewandten Verfahren und Methoden der Problemstellung angemessen sind und richtig umgesetzt wurden.

Da im Qualitätssicherungsprozeß eine Reihe von Designentscheidungen und Alternativen oft erstmals explizit gemacht wird, sollten diese zur Ergänzung der Dokumentation festgehalten werden. Ein weiterer wichtiger Aspekt dieser Verfahren ist die Möglichkeit das Know-How über Modellierungstechniken, anzuwendende Verfahren und Basiskonstrukte innerhalb eines Teams zu verbreiten. Dies gilt natürlich nur bei einer Beteiligung aller Teammitglieder sowie bei einer angemessenen Vorbereitung der Teilnehmer.

4.2 Maschinelle Analyseverfahren

Zur Überprüfung der mehr formalen Kriterien gibt es eine Reihe maschinell unterstützter Verfahren. Diese Verfahren bedienen sich teilweise der Meta-Informationen des Dictionary, teilweise arbeiten sie auf Basis von Textanalysen. Die Prüfung des Datenmodells auf formale Korrektheit erfolgt am einfachsten durch Ablage in einem Data-Dictionary. Durch Nutzung der dort vorhandenen Mechanismen läßt sich u.a. feststellen, ob alle Beschreibungen und Definitionen sowie alle übrigen notwendigen Angaben z.B. zur Kardinalität von Beziehungen vorhanden sind. Andere Punkte sind die Feststellung von Redundanzen bei Namen oder Bezeichnungen sowie die Überprüfung existierender Zyklen, wobei die semantische Korrektheit dieser möglichen Redundanz nur manuell geprüft werden kann. Ein automatischer Abgleich mit - bekannten und modellierten - Funktionen und Informationsflüssen, sofern diese ebenfalls im Dictionary abgelegt sind, ist möglich. Dabei wird geprüft, ob sich der Informationsbedarf dieser Nutzer aus dem Datenmodell decken läßt, falls er als Sicht definiert ist.

4.3 Symbolische Ausführung

Eine *symbolische Ausführung* des Unternehmensdatenmodells beschränkt sich auf die symbolische Ausführung der Sichten auf das Datenmodell. Die Ausführung benutzt die in einem Data-Dictionary abgelegten Meta-Daten von Modell und Sichten. Eine solche Vorgehensweise macht offensichtlich nur mit entsprechenden Tools Sinn. Sie dient zur Entdeckung von widersprüchlichen, d.h. nicht aus dem Datenmodell ableitbaren oder unvollständig definierten Sichten.

4.4 Verifikation

Die *Verifikation* des Fachkonzepts ist der formale Beweis von dessen Korrektheit. Voraussetzung dafür ist eine formale Spezifikation der fachlichen Anforderungen und Bedingungen an das System, deren Erfüllung dann bewiesen wird. Da diese Voraussetzung sehr selten erfüllt ist, ist das Verfahren nur sehr selten anwendbar weswegen hier darauf nicht weiter eingegangen wird.

4.5 Walkthrough

Ein *Walkthrough* ist das spontanste und am wenigsten formalisierte Verfahren zur Qualitätssicherung. Trotzdem muß am Beginn Einigkeit darüber bestehen, welcher Teil des Modells auf welches Kriterium hin geprüft werden soll. Es können hier sowohl Problembereiche aufgezeigt, als auch erste Ansätze zu ihrer Lösung erarbeitet werden. Mögliche Themen für Walkthroughs sind neben der Prüfung der Vorschläge zur Abstraktion mehrerer Konzepte im Modell, das Durchspielen möglicher zukünftiger Veränderungen - d.h. es wird im Sinne eines "Was wäre wenn" die Flexibilität des Modells erprobt. Daneben ist ein Abgleich mit zukünftig möglichen Funktionen möglich, d.h. es wird geprüft, ob sich der Informationsbedarf angedachter neuer Funktionen aus dem

Datenmodell decken läßt. Daneben können geplante Verdichtungen oder Auswertungswünsche auf ihre Herleitbarkeit aus der Datenbasis geprüft werden.

4.6 Inspektion

Zweck einer *Inspektion* ist die möglichst frühzeitige Erkennung von Problemen und Fehlern im Modell sowie die Erarbeitung von ersten Konzepten zu deren Lösung. Dabei werden auch Lösungsalternativen diskutiert und bewertet. Alle diese Punkte können nicht einfach mit einem OK bzw. Nicht-OK benotet, sondern nur als mehr oder weniger gut gelöst bewertet werden. Inspektionen werden schwerpunktmäßig über besonders kritische Konzepte und Konstrukte des Modells durchgeführt. In einer Nachbearbeitungsphase wird geprüft, ob sich erkannte Probleme an anderer Stelle im Modell wiederholen. Vorbedingung einer Inspektion ist ein gewisser Abschluß der Arbeiten am zu betrachtenden Modell. Schwerpunkte können die Prüfung der Unabhängigkeit von der technischen Realisierung einschließlich der Machbarkeit sowie der Konsistenz der Konzepte und der Vollständigkeit des Modells sein. Daneben spielen die Prüfung einer ausreichenden der Berücksichtigung der Unternehmensziele sowie die Anwendung eines angemessenen Abstraktionsniveaus unter Wahrung der benötigten Flexibilität eine wesentliche Rolle. Eine Inspektion ist zu wiederholen, wenn der betrachtete Modellausschnitt durch eine Korrektur wesentlich verändert wird.

4.7 Review

Zweck eines *Reviews* ist die formale Abnahme eines Teils des Modells. Deshalb müssen im Laufe der Zeit alle Bestandteile des Modells einem Review unterzogen werden. Voraussetzung für die Durchführung eines Reviews ist die vollständige Fertigstellung und Dokumentation des zu prüfenden Modellteils einschließlich der Schnittstellen zu anderen Teilen sowie eine ausreichende Vorbereitung der Reviewer. Kriterien zur Prüfung können aber nur solche sein, bei denen die Erfüllung eindeutig beurteilt werden kann. In einem Review werden Probleme bzw. Fehler aufgezeigt, aber nicht behoben. Dieser Prozeß dient nicht dazu, Alternativen oder Lösungsmöglichkeiten zu diskutieren, sondern stellt allein die Übereinstimmung des Ergebnisses mit den vorher festgelegten Kriterien sowie die korrekte Anwendung der benutzten Methoden und Verfahren fest. Dann wird, je nach Schwere der entdeckten Fehler, die Abnahme, eventuell unter Korrekturauflagen, erteilt oder einen Wiederholung des Reviews vereinbart.

4.8 Test

Testen des Unternehmensdatenmodells bedeutet eine Prüfung der Merkmale des Modells durch eine prototypische Umsetzung in eine Datenbank. Zielsetzung der Tests kann die Prüfung auf fachliche Korrektheit und Vollständigkeit sein. Der Schwerpunkt liegt hier auf der fachlogischen Seite. Deshalb kann eine kanonische Umsetzung in eine relationale Datenbank gewählt werden, denn Performancegesichtspunkte spielen in diesem Fall keine Rolle. Dieses Verfahren bietet auch den Anwendern die Möglichkeit, Auswertungen und Verdichtungen zu testen, die bei der formalen Spezifikation des Modells nicht berücksichtigt wurden. Ein anderer Schwerpunkt ist der Test der technischen Machbarkeit. Hier wird primär die Umsetzbarkeit in ein performant nutzbares Datenbankschema erprobt. Dazu werden eine Reihe alternativer Datenbankentwürfe zum gleichen logischen Modell erprobt.

Die Vorgehensweise für Tests von Datenmodellen entspricht derjenigen für Tests von Software. Es muß ein Testplan aufgestellt werden, der die Testfälle, die anzuwendenden Prozeduren und ein Testprotokoll enthält. Die Spezifikation, gegen die getestet wird, ist die fachliche Beschreibung der Requirements. Ein einzelner Testfall kann dann aus der Definition einer Sicht auf das Datenmodell bestehen. Bei der Umsetzung der Sicht in die Sprachmittel des Datenbankmanagementsystems erweist sich deren Herleitbarkeit. Die performante Umsetzung wird bei der Ausführung mit einer realitätsnah gefüllten Datenbasis überprüft.

5 Fazit

In diesem Beitrag wurde eine Reihe von Kriterien zur Qualitätsbeurteilung von Unternehmensdatenmodellen aus den Zielen dieser Modelle abgeleitet und Verfahren zu ihrer Überprüfung vorgestellt und bewertet. Dabei wurde im wesentlichen nur der analytische Aspekt der Qualitätssicherung eines Datenmodells, also die Frage *"Wie sieht ein gutes Unternehmensdatenmodell aus"*, berücksichtigt. Am konstruktiven Aspekt der Qualitätssicherung, d.h. an der Frage *"Wie komme ich zu einem guten Unternehmensdatenmodell"* muß intensiv weiter gearbeitet werden, denn der Versuch, nachträglich Qualität in ein Modell hineinzuprüfen, erweist sich als sehr problematisch. Gleiches gilt für die Organisation der analytischen Qualitätssicherung, die im Rahmen des allgemeinen Datenmanagements bzw. eines speziellen Modellengineering anzusiedeln ist.

Zukünftig muß ebenfalls versucht werden, die angegebenen Kriterien, die noch einigen Interpretationsspielraum lassen, formal zu definieren und theoretisch zu untermauern, ähnlich wie dies bei den Normalformen relationaler Modelle geschehen ist. Die Weiterentwicklung der beschriebenen Qualitätskriterien zu einer Qualitätsmetrik und deren Zusammenfassung zu einem Gütemaß für Unternehmensdatenmodelle erscheint darüberhinaus für den praktischen Einsatz wünschenswert.

Literatur

Batini C., Lenzerini M., Navathe S.: A Comparative Analysis of Methodologies for Database Schema Integration; acm Computing Surveys, Vol.18 No.4, Dezember 1986, pp.323-364.

Bertram M.: Aspekte der Qualitätssicherung von Unternehmensdatenmodellen; EMISA-Forum, 1992(2), pp.56-60.

Boehm B.: Verifying and Validating Software Requirements and Design Specifications; IEEE Software, Vol.1 No.1, Januar 1984, pp.75-88.

GUIDE: Datenmanagement und Qualitätssicherung; AG Data Management, 1991.

Hammer M., McLeod D.: Database Description with SDM: A Semantic Database Model; acm TODS, Vol.6 No.3, September 1981, pp.351-386.

Hausen H., Müllerburg M., Schmidt M.: Über das Prüfen, Messen und Bewerten von Software; Informatik Spektrum, Vol.10 No.3, Juni 1987, pp.123-144.

Hull R., King R.: Semantic Database Modeling: Survey, Applications, and Research Issues; acm Computing Surveys, Vol.19 No.3, September 1987, pp.203-260.

Ortner E.: Unternehmensweite Datenmodellierung als Basis für integrierte Informationsverarbeitung in Wirtschaft und Verwaltung; Wirtschaftsinformatik, Vol.33 No.4, August 1991, pp.269-280.

Peckham J., Maryanski F.: Semantic Data Models; acm Computing Surveys, Vol.20 No.3, September 1988, pp.153-189.

Scheer A.-W., Hars A.: Extending Data Modeling to Cover the Whole Enterprise; Communications of the acm, Vol.35 No.9, September 1992, pp.166-172.

Smith J., Smith D.: Database Abstractions: Aggregation and Generalization; acm TODS, Vol.2 No.2, Juni 1977, pp.105-133.

Teory T., Wei G., Bolton D., Koenig J.: ER Model Clustering as an Aid for User Communication and Documentation in Database Design; Communications of the acm, Vol.32 No.8, August 1989, pp.975-987.

Vetter M.: Aufbau betrieblicher Informationssysteme mittels objektorientierter konzeptioneller Datenmodellierung; Teubner Verlag 1991

Weinberg G., Freedman D.: Reviews, Walkthroughs and Inspections; IEEE TOSE, Vol.10 No.1, Januar 1984, pp.68-72.

Migration von Datenbanken - Eine Fallstudie

Karl Neumann, Arne Koschel, Waldemar Porscha

Abteilung Datenbanken
Technische Universität Braunschweig
Postfach 3329, W-3300 Braunschweig

Zusammenfassung

In dieser Studie wird anhand eines konkreten Datenbestandes mit zugehörigen Anwendungen gezeigt, wie vorhandene ADABAS-Datenbasen und die darauf basierenden NATURAL-Applikationen auf ein relationales System umgestellt werden können. Der für die Migration benötigte Zeitaufwand wird grob abgeschätzt.

1 Einleitung

Relationale Datenbanksysteme haben sich inzwischen auch in der kommerziellen Welt etabliert und werden daher häufig bei neuen datenbankgestützten Anwendungen eingesetzt[1]. Darüber hinaus werden bei zahlreichen Unternehmen Überlegungen angestellt, ob und wie Anwendungen, die auf vor-relationalen Datenbanksystemen basieren, auf aktuelle relationale Systeme umgestellt werden können. Eine solche Migration erfolgt in zwei Schritten: Im ersten Schritt werden die nicht relational strukturierten Datenbestände transformiert, und im zweiten sind sämtliche Anwendungsprogramme auf die neue Datenbankschnittstelle umzustellen. Der zu investierende Gesamtaufwand wird daher in den meisten Fällen recht erheblich sein.

In der vorliegenden Fallstudie soll die Migration von Datenbasen und Applikationen von einem Datenbanksystem, das auf dem Konzept der invertierten Listen beruht, auf ein relationales System dargestellt werden. Das Szenario wird dabei an die tatsächlichen Gegebenheiten bei einem norddeutschen Unternehmen der Energieverteilung angelehnt. Dort gibt es Planungen, einige ADABAS-Datenbanken mit darauf basierenden NATURAL-Anwendungsprogrammen auf das relationale System DB2 mit der Programmierumgebung

---

1) Vgl. Haderle (1990)

NATURAL-DB2 umzustellen. Eine der wichtigsten Vorgaben für diese Umstellung, und damit auch für die vorliegende Studie, ist die Forderung nach einem möglichst geringen Umsetzungsaufwand.

Im folgenden sollen die wichtigsten Elemente des von uns vorgeschlagenen Migrations-Vorgehens erläutert werden. Hierfür wollen wir im nächsten Kapitel die Möglichkeiten der Datenstrukturierung des Ausgangssystems (ADABAS mit NATURAL) sowie des Zielsystems (DB2 mit NATURAL-DB2) knapp charakterisieren. Im 3. Kapitel werden dann verschiedene Arten der Umsetzung von ADABAS-Datenbasen in Relationen diskutiert. Eine der Umsetzungsarten bildet die Basis für unsere weitere Vorgehensweise, die auf der Simulation der ADABAS-Strukturen durch das relationale System DB2 beruht. Der Inhalt des 4. Kapitels ist eine Darstellung der Realisierung der wichtigsten ADABAS-Datenstrukturen, insbesondere der Internen Satznummer und der Deskriptoren. Das 5. Kapitel enthält die Umstellung der auf den ADABAS-Daten basierenden NATURAL-Applikationen auf die neue Schnittstelle, die nun auf NATURAL-DB2 und den neuen Relationen beruht. Wir beschließen die Studie mit einem Erfahrungsbericht über eine durchgeführte kleinere Pilot-Migration und einer Abschätzung des Zeitaufwandes, der für eine Übertragung von realistischen Produktionsdatenbanken mit ihren Anwendungen benötigt würde.

2 Ausgangs- und Zielsystem

Eines der ältesten auch heute noch in großem Umfang eingesetzten Datenbanksysteme ist das System ADABAS[2]. Es beruht auf dem Konzept der invertierten Listen und bietet eine Reihe von recht speziellen Möglichkeiten der Datenstrukturierung und des Zugriffs auf gespeicherte Sätze.

Daten werden in ADABAS-Datenbanken in besonderen Dateien, sogenannten ADABAS-Files abgelegt. Diese bestehen aus Datensätzen für die verschiedene Strukturmerkmale vorhanden sind. Sätze bestehen dabei aus Elementarfeldern und Feldgruppen. Weitere Elemente sind multiple Felder und Periodengruppen, die zu einer zweiten Dimension innerhalb eines Satzes führen. Schließlich können durch die Benutzung von multiplen Feldern innerhalb von Periodengruppen auch dreidimensionale Strukturen deklariert werden (vgl. Abb. 1). Alle Felder können auf den üblichen Datentypen wie Zeichenketten, ganzen Zahlen, Dezimalzahlen und Fließkommazahlen beruhen.

---

2) Vgl. Ahrens, Walter (1971), Tsichritzis, Lochovsky (1977), Software AG (1988)

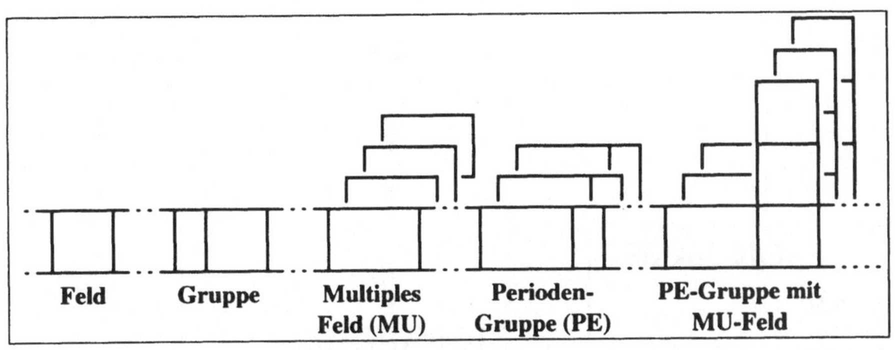

Abb. 1: Beispiel-Struktur eines ADABAS-Satzes

Ein wesentliches Charakteristikum von ADABAS-Sätzen stellt die Interne Satznummer (ISN) dar, ein eindeutiger systeminterner Schlüssel, den jeder Satz beim Einfügen in eine Datei automatisch erhält. Die Interne Satznummer ist im Hinblick auf die Migration auf ein anderes Datenbanksystem von besonderem Interesse, da Anwendungsprogramme direkt auf diese Satznummer zugreifen können.

Um Sätze oder Teilsätze wiederfinden zu können, müssen Felder, nach deren Inhalt gesucht werden soll, als Deskriptoren deklariert werden. Intern bildet das System zu jedem De-skriptor eine invertierte Liste, die aus drei Einträgen besteht: Der erste Eintrag ist dabei der jeweilige Wert eines Deskriptors. Im zweiten Eintrag wird angeben, wie oft der aktuelle Wert auftritt, und den dritten Eintrag stellen alle Internen Satznummern von Sätzen dar, deren Deskriptor gerade den betrachteten Wert aufweist. Analog zu den Strukturierungsty-pen der Felder ist die Verwendung von einfachen, multiplen und periodischen Deskriptoren möglich. In diesem Fall werden bspw. alle Elemente eines multiplen Feldes als Deskrip-toren angesehen. Ein Suchzugriff selektiert also den entsprechenden Satz, sobald einer der aktuellen Werte des multiplen Feldes dem Suchbegriff entspricht.

Weitere Möglichkeiten zur Bildung von Deskriptoren bieten die phonetischen Deskriptoren sowie die Sub- und Superdeskriptoren. Ein phonetischer Deskriptor ermittelt zu einem alphanumerischen Text einen Wert, der dem "Klang" des Feldinhaltes entspricht. Die Selektion des Nachnamens Meier würde bei einem solchen Deskriptor also auch Sätze qualifizieren, die die Namen Mejer, Meyer etc. enthalten. Als Subdeskriptoren können Teile einzelner Felder deklariert werden; analog bestehen Superdeskriptoren aus mehreren, maximal fünf, Feldern. In Abb. 2 werden die verschiedenen Arten der Deskriptoren anhand eines Beispiel-Satzes zusammengefaßt dargestellt.

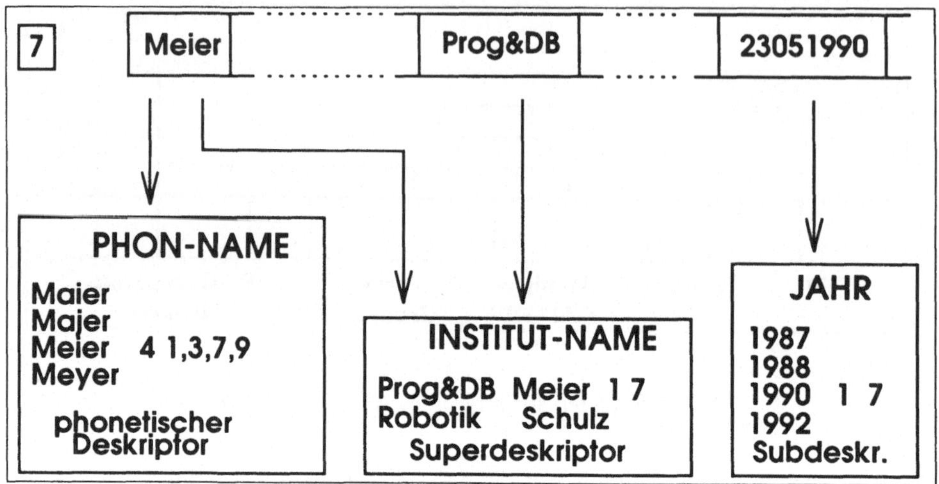

Abb. 2: Ein ADABAS-Satz mit möglichen Deskriptoren

In dem von uns untersuchten Fall setzt sich der zu portierende Datenbestand aus 53 ADABAS-Dateien zusammen, auf denen ca. 1500 NATURAL-Programme und ca. 1200 Masken basieren. Eine wesentliche Vereinfachung im Hinblick auf die Migration ist dadurch gegeben, daß in den gegebenen ADABAS-Dateien alle vorhandenen Datensätze kleiner als 32 K-Byte sind.

In relationalen Systemen werden Daten ausschließlich in Form von Relationen abgelegt. Die Attribute der Relationen können dabei als Entsprechung der Elementarfelder von ADABAS angesehen werden. Für die Attribute stellt das relationale System DB2 die gebräuchlichen Datentypen, also Zeichenketten, ganze Zahlen, Dezimalzahlen usw. zur Verfügung. Als besonderer Datentyp werden Zeichenketten variabler Länge angeboten, die eine Maximallänge von 32 K-Byte annehmen können. Auch die maximale Gesamtgröße eines Tupels in einer Relation ist bei DB2 auf 32 K-Byte beschränkt[3].

Im Gegensatz zu Deskriptoren in ADABAS werden in relationalen Systemen keine speziellen Attribute als Selektions-Attribute deklariert. Alle vorhandenen Attribute können vielmehr gleichberechtigt in Anfragen als Selektions-Argumente benutzt werden. Für einzelne Attribute kann jedoch ein Zugriffspfad (Index) angelegt werden. Eine solche Index-Deklaration stellt allerdings nur eine Zugriffshilfe dar, die in den meisten Fällen entsprechende Anfragen beschleunigt. Mit Hilfe der Option UNIQUE kann die Eindeutigkeit eines Attributwertes garantiert werden. Außerdem besteht die Möglichkeit, einen Index über mehrere Attribute zu deklarieren.

---

3) Vgl. IBM (1989)

Die Hauptunterschiede zwischen der Ausgangs-Sprache NATURAL[4] und der Ziel-Sprache NATURAL-DB2[5] liegen im Datenbankzugriff. Dies ist darin begründet, daß nur diejenigen Datenbank-Zugriffsfunktionen zugänglich sind, die auch die zugrundeliegende Datenbank liefert. Funktionen gleicher Wirkung werden zwar immer mit gleicher Syntax aufgerufen, unabhängig davon, ob auf ADABAS-Sätze oder DB2-Tupel zugegriffen wird. Es ergeben sich deshalb bei den Befehlen zum Finden, Einfügen und Löschen von Elementarfeldern keine Unterschiede. Da aber DB2 weniger Zugriffsfunktionen als ADABAS bereitstellt, ist der Befehlssatz von NATURAL-DB2 gegenüber dem von NATURAL eingeschränkt. Zu den nicht vorhandenen Funktionen zählen solche zum Zugriff auf multiple Felder bzw. Periodengruppen, auf unterschiedliche Deskriptorarten und auf die von ADABAS automatisch verwaltete Interne Satznummer.

3   Verschiedene Arten der Umsetzung von Datenbasen

Für die Portierung von ADABAS-Datenbasen auf ein relationales System bieten sich zunächst zwei grundsätzlich verschiedene Lösungsstrategien an. Zum einen könnten alle umzustellenden Datenbasen relational reimplementiert werden. Dazu wäre ein konzeptionelles Datenbankschema notwendig, das neu erarbeitet werden müßte, falls es nicht bereits früher für die ADABAS-Datenbasen erstellt wurde. In einem zweiten Schritt wäre dann der relationale Neu-Entwurf durchzuführen, und schließlich müßten die bestehenden ADABAS-Datenbasen geeignet transformiert und in die Relationen eingelagert werden. Obwohl diese Vorgehensweise die Eigenschaften des relationalen Datenbanksystems optimal nutzen könnte und sich als positiver Seiteneffekt wahrscheinlich ein besser wartbares und übersichtlicheres Datenbankschema ergäbe, ist der Umstellungaufwand der Datenbasis recht erheblich. Sehr viel gravierender ist allerdings der Umstand, daß in diesem Fall auch alle Anwendungen neu implementiert werden müßten.

Die zweite und von uns weiter verfolgte Strategie basiert auf einer *Simulation* der Funktionalität von ADABAS durch das relationale System. Dabei müssen allerdings einige Vorteile des Relationenmodells aufgegeben werden, denn die benötigten Relationen folgen keiner Normalform. Bei einem direkten Zugriff auf die relationalen Daten müßte ein erheblicher Teil der Interpretation der Daten in die Anwendungen verlagert werden. Dies würde jedoch einen hohen Änderungsaufwand erforden, der vermieden werden sollte. In unserem Ansatz geschieht der Zugriff auf die neue Datenbasis deshalb ausschließlich über eine zu entwickelnde Schnittstelle, die alle Funktionen zur Interpretation der verschiede-

---

4) Vgl. Daum (1987)
5) Vgl. Software AG (1988)

nen Relationen als ADABAS-Strukturen bereitstellt. Unser Portierungsmodell läßt sich damit wie folgt beschreiben (vgl. Abb. 3): Zunächst werden die bestehenden ADABAS-Dateien in geeignete Relationen migriert (s.u.). Die vorhandenen Anwendungen werden dann geringfügig geändert und können in der neuen Form auf der ADABAS-Simulation ablaufen. Neu zu entwickelnde Anwendungsprogramme sollten in Zukunft jedoch gleich als relationale Anwendungen implementiert werden.

Bevor mit einer Transformation von vorhandenen ADABAS-Datenbasen in entprechende Relationen begonnen wird, ist es zweckmäßig zunächst zu analysieren, welche der Datenstrukturierungs-Elemente (vgl. Abschnitt 2) in den vorhandenen ADABAS-Dateien tatsächlich genutzt werden. Bei unserer Untersuchung der vorgegebenen ADABAS-Datenbasen und -Anwendungswelt ergab sich z.B., daß das recht schwierig zu portierende Konzept der Phonetischen Deskriptoren nicht benutzt wurde.

Im einzelnen waren folgende ADABAS-Datenkonstrukte umzusetzen:

- Die Interne Satznummer.

- Elementarfelder, Feldgruppen, Multiple Felder und Periodengruppen.

- Einfache, Multiple, Periodische, Sub- und Superdeskriptoren.

Die größten Freiheitsgrade bei der Übertragung von ADABAS-Dateien in Relationen bieten die multiplen Felder und Periodengruppen, da diese eine zwei- oder sogar dreidimensionale Struktur darstellen, die sich nicht direkt in einem eindimensionalen Tupel einer Relation abspeichern läßt. Außerdem existiert innerhalb von multiplen Feldern und Periodengruppen eine Reihenfolge der jeweiligen Werte, während im Relationenmodell lediglich Mengen von Tupeln angeboten werden. Speziell bei Periodengruppen ist außerdem die Positionstreue der einzelnen Elemente gewährleistet. Dies ist bei der Umsetzung zu berücksichtigen. Die Transformation der höher-dimensionalen Strukturen kann auf mehrere Arten durchgeführt werden, zwei recht verschiedene wollen wir kurz vorstellen:

"Viele Relationen":   Für jedes multiple Feld und jede Periodengruppe einer ADABAS-Datei werden jeweils eigene Relationen eingerichtet. In einer "Basis-Relation" verbleiben alle sonstigen Attribute. Diese Relationen werden über eine simulierte Interne Satznummer und ein Positionsattribut verbunden. Die so entstehenden Relationenschemata erfüllen die erste Normalform; außerdem wird der Zugriff über multiple und periodische Deskriptoren gut unterstützt. Allerdings ist durch die Verteilung von zusammengehörenden Daten im

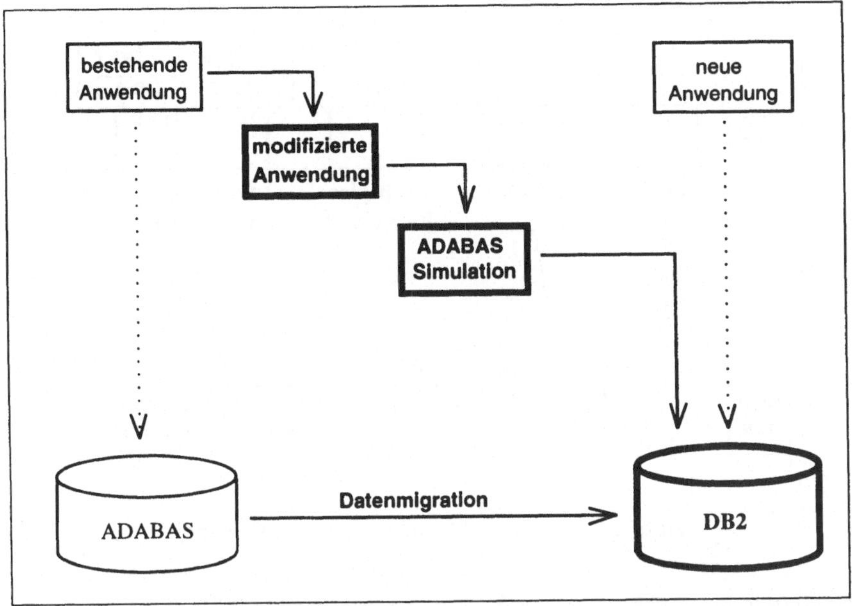

Abb. 3: Portierungsmodell

Vergleich zu ADABAS nun eine höhere Anzahl von Datenbank-Zugriffen nötig. Des weiteren können zwar alle notwendigen ADABAS-Konstrukte nachgebildet werden, aber der Datenzugriff aus der Sicht von NATURAL muß teilweise stark geändert werden. Hieraus ergibt sich ein hoher Änderungsaufwand für die NATURAL-Applikationen.

"Breite Relationen": Das zweite Verfahren beruht auf der ADABAS-Speicherart der multiplen Felder und Periodengruppen. Diese werden dort als zusammenhängende Byte-Blöcke abgelegt. In der relationalen Implementierung werden diese Blöcke durch variabel lange Zeichenketten nachgebildet ("breite" Relation). Ein Tupel enthält jetzt alle Elementarfelder sowie alle Ausprägungen von multiplen Feldern und Periodengruppen (vgl. Abb. 4). Im Vergleich zum obigen Konzept ergibt sich ein besseres Zugriffsverhalten; ebenfalls günstig ist der Bedarf an Plattenspeicher. Des weiteren ist ein erheblich geringerer Änderungsaufwand für die NATURAL-Applikationen notwendig, da nun die Nachbildung der Zugriffe auf die multiplen Felder und Periodengruppen durch einfaches Redefinieren möglich wird. Allerdings unterstützt dieser Ansatz den Zugriff über multiple und periodische Deskriptoren nur schlecht, da für diese immer ein sequentielles Durchlaufen der Datenrelation erforderlich ist.

Auf Grund der erwähnten Prämisse eines möglichst geringen Änderungsaufwandes in den NATURAL-Applikationen wurde das zweite Konzept zur Transformation der vorhande-

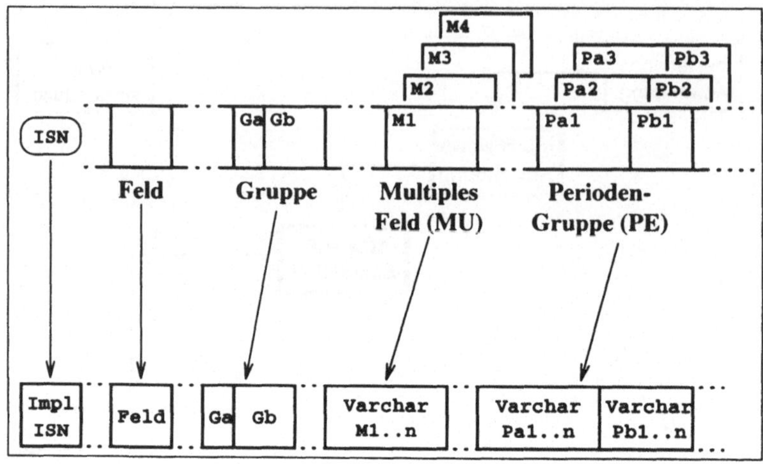

Abb. 4: Ein ADABAS-Satz als "breites" Tupel

nen Datenbasen ausgewählt. Wie sich die wichtigsten ADABAS-Datenstrukturen damit relational verwirklichen lassen, ist Inhalt des nächsten Abschnitts.

4   Realisierung der wichtigsten ADABAS-Datenstrukturen

Die Interne Satznummer ist ein zentraler ADABAS-Konstrukt, da sie sowohl als system-interner Schlüssel fungiert, als auch von Anwendungsprogrammen direkt benutzt werden kann. Zu ihrer Realisierung wird jede Relation, die eine ADABAS-Datei implementiert, um das zusätzliche Attribut "ISN_Implementierung" erweitert:

```
CREATE TABLE Implementierungs_Relation_i
            (ISN_Implementierung INTEGER NOT NULL,
            ... weitere Attribute ...);


CREATE UNIQUE INDEX ISN_Index_i
            ON Implementierungs_Relation_i
            (ISN_Implementierung ASC);
```

Das Attribut ISN_Implementierung kann damit in den entsprechenden FIND-Anweisungen von NATURAL-DB2 benutzt werden. Bei Such-, Einfüge- und Löschopera-tionen müssen die Werte der implementierten Internen Satznummer nun explizit aktualisiert

werden. Dazu könnte jeweils bei Einfügeoperationen eine neue Interne Satznummer vergeben werden, indem die bislang größte inkrementiert wird. Beim Erreichen des maximalen
Wertes müßte allerdings eine aufwendige Neunummerierung durchgeführt werden. Vorteilhaft wäre jedoch, daß für Löschoperationen keine Änderungen der ADABAS-Applikationen
erforderlich wären. Eine zweite Methode besteht in der Wiederverwendung von nicht mehr
benötigten Internen Satznummern. Hierzu wird für jede Datenrelation eine eigene Systemrelation angelegt, in der alle frei werdenden Internen Satznummern der betreffenden
Datenrelation aufgenommen werden:

```
CREATE TABLE ISN_Systemrelation_i
              (freie_ISN INTEGER  NOT NULL);


CREATE UNIQUE INDEX ISN_Sys_Index_i
              ON ISN_Sytemrelation_i (freie_ISN);
```

Mit Hilfe zweier recht einfacher Algorithmen wird bei jeder Einfügeoperation eine neue,
eventuell bereits schon einmal verwendete Interne Satznummer generiert bzw. bei jeder
Löschoperation eine nicht mehr benötigte Satznummer in die entsprechende Systemrelation
eingefügt.

Einen weiteren Schwerpunkt der Portierung stellt die Simulation der ADABAS-
Deskriptoren im relationalen Modell dar. Am einfachsten nachzubilden sind einfache
Deskriptoren, also ADABAS-Elementarfelder, die als Deskriptor deklariert sind. Sie werden direkt in entsprechende Attribute innerhalb der zugehörigen Relation umgesetzt, d.h.,
es gibt im neuen Modell keine expliziten Deskriptoren mehr. Um trotzdem eine schnellen
Suchzugriff auf diese Felder zu gewährleisten, wird für sie ein Index deklariert. Wenn ein
Feld in ADABAS als eindeutig (UNIQUE) deklariert ist, wird diese Deklaration bei der
Index-Definition in der entsprechenden CREATE INDEX Anweisung übernommen. Auf
die neuen Attribute wird in NATURAL-DB2 (READ- bzw. FIND-Anweisungen) wie bisher
auf die ADABAS-Felder zugegriffen. Es sind dafür keine Änderungen in den Anwendungen
notwendig.

Zur Nachbildung von Sub- und Superdeskriptoren im relationalen Modell werden Attribute
deklariert, in denen die Deskriptorwerte entsprechend den ADABAS-Bildungsvorschriften
nach jeder Datenbank-Änderungsoperation abgespeichert werden. Der Datentyp und die
Länge dieser Attribute werden aus der ADABAS-Deklaration übernommen. Es wird
ebenfalls ein Index deklariert, um einen schnellen Datenzugriff zu gewährleisten. Als

wesentlicher Vorteil dieser Simulationsart kann in NATURAL-DB2 READ- und FIND-Anweisungen ohne Programmänderungen nach diesen Attributen selektiert werden, was eine erhebliche Verringerung des Migrationsaufwandes bedeutet. Die Werte der Sub- und Superdeskriptoren werden durch neu entwickelte Routinen erzeugt, die nach jedem STORE bzw. UPDATE aufgerufen werden. Diese Prozeduren sind dabei für Sub- und Superdeskriptoren identisch, da ein Subdeskriptor lediglich den Spezialfall eines Superdeskriptors mit nur einem Quellfeld darstellt. Die Routinen bestehen im wesentlichen aus einfachen Wertzuweisungen, da die Möglichkeiten ausgenutzt werden, die NATURAL zur Redefinition von Speicherbereichen bietet[6].

5   Umsetzung der Anwendungen

In größeren Datenbank-Systemen greifen viele Applikationen auf eine Datenbasis zu, wodurch es meist erheblich mehr Anwendungen als Datenbasen gibt. Erwartungsgemäß liegt damit nach einer Portierung der Daten der größte Umstellungsaufwand in den Anwendungen. In unserem Portierungs-Modell wird schon bei der Strukturierung der Daten versucht, ADABAS-Strukturen nachzubilden. Dies geschieht in der Absicht, die Sicht der Anwendungen auf die Daten möglichst erhalten zu können und somit die in den Anwendungen implementierten Zugriffspfade unverändert zu belassen.

Innerhalb von NATURAL wird eine Sicht auf Daten (ein NATURAL VIEW) durch eine DEFINE DATA-Anweisung festgelegt. Hierin werden alle Datenbank-Felder beschrieben, auf die zugegriffen wird. Da bei der Portierung der Daten nicht alle ADABAS-Strukturen nachgebildet werden konnten, müssen nun auch einige Sichtdefinitionen der Anwendungen geändert werden.

Wie in Abb. 4 gezeigt, wird die von ADABAS systemintern verwaltete Interne Satznummer innerhalb von DB2 durch ein Attribut nachgebildet. Dadurch muß in alle Anwendungen, die auf die Interne Satznummer zugreifen, das ISN-Attribut in die Sichtdefinition aufgenommen werden. Auch die in Abb. 4 dargestellte sequentielle Speicherung von Periodengruppen wirkt sich auf die Sichtdefinition aus, da in den Sichten nun ebenfalls eine Stufe der Unterstruktur entfällt. Aus einer Periodengruppe der Länge m mit n Unterfeldern werden nun n multiple Felder, die jeweils m Elemente enthalten.

---

6) Vgl. Koschel (1991)

Wie in Abschnitt 2 angesprochen, ist der Datenbankzugriff von NATURAL-DB2 gegenüber NATURAL eingeschränkt. Außerdem besteht die Notwendigkeit, unter DB2 einige Verwaltungsinformationen, die unter ADABAS verfügbar waren, zusätzlich zu speichern (z.B. die Interne Satznummer). Beide Anforderungen können durch eine geeignete Schnittstelle[7] erfüllt werden, die aus einfachen Algorithmen besteht und zwischen den Anwendungen und der neuen Datenbank liegt (vgl. Abb. 3). Eine solche Schnittstelle hat jedoch den Nachteil, daß alle bisher direkt auf die Datenbank zugreifenden Befehle in Schnittstellenaufrufe geändert werden müßten. Dies würde einen recht hohen Aufwand bedeuten. Unsere Untersuchungen von existierenden Anwendungen haben jedoch gezeigt, daß erheblich häufiger lesende (FIND, READ) als schreibende (INSERT, UPDATE, DELETE) Datenzugriffe vorkommen. Daher war es unser Ziel, die Schnittstelle so zu gestalten, daß Leseoperationen unverändert beibehalten werden können und nur Schreiboperationen Änderungen erfordern.

Die in der Schnittstelle implementierten Algorithmen erfüllen folgende Aufgaben: ISN-erzeugen, ISN-freigeben und Superfelder-berechnen (SB-erzeugen). Daß der notwendige Änderungsaufwand bei schreibenden Datenbank-Operationen tatsächlich recht gering ausfällt, ist gut anhand der folgenden kurzen Quelltextauszüge zu erkennen. Hier sind die erfolgten Änderungen für INSERT-, UPDATE- und DELETE-Anweisungen dokumentiert, indem die neuen Aufrufe in den alten Programmtext eingefügt wurden.

```
       :                      :                      :
CALL ISN-erzeugen
 INSERT ...            UPDATE ...            DELETE ...
CALL SB-erzeugen       CALL SB-erzeugen      CALL ISN-freigeben
       :                      :                      :
```

Man erkennt, daß vor und nach einer INSERT-Anweisung zusätzliche Aufrufe stattfinden, während UPDATE- und DELETE-Anweisungen nur jeweils einen Aufruf benötigen.

6 Erfahrungen

Das hier geschilderte Migrations-Verfahren wurde für ein norddeutsches Unternehmen der Energieverteilung erarbeitet. Als Teil unseres Auftrags haben wir auch eine Zeitabschätzung des Gesamtportierungsaufwands für die dort vorhandenen 53 ADABAS-Dateien und ca.

---

7) Vgl. Porscha (1991)

1500 Anwendungen durchgeführt. Dazu wurden als Pilot-Projekt 35 typische NATURAL-Anwendungen und 2 ebenfalls repräsentative ADABAS-Dateien nach unserem Portierungs-Modell migriert. Gleichzeitig mit der Datenportierung wurde die Änderung der Datensichten in den Anwendungen durchgeführt. Während dieser Portierung duchgeführte Zeitmessungen ergaben, daß durchschnittlich 3 Objekte (Programme oder Masken) pro Personen-Tag portiert werden konnten. Daraus ergibt sich für die vorliegende Anwendungswelt ein Gesamt-Migrationsaufwand von ca. 5 Personen-Jahren; dabei wurde großzügig gerechnet und auch die Einarbeitungs- und Testphase berücksichtigt.

Der Aufwand einer kompletten Neuentwicklung aller bestehenden Anwendungen unter dem relationalen System DB2 wurde ebenfalls geschätzt. Grundlagen waren hier Erfahrungswerte, die unser Auftraggeber bei Neuentwicklungen vergleichbarer Größenordnung und Komplexität ermittelt hatte. Nach diesen Werten wäre für die Neuentwicklung der vorliegenden NATURAL-Anwendungen und der relationalen Implementierung der ADABAS-Dateien mit einem Aufwand von ca. 20 Personen-Jahren zu rechnen. Das von uns vorgeschlagene Portierungsmodell erreicht demnach beim hier vorliegenden Anwendungs-Szenario eine Zeitersparnis um den Faktor 4 gegenüber einer kompletten Neuentwicklung.

Bei einer geplanten Umstellung von ADABAS-Datenbeständen und -Anwendungsprogrammen, die deutlich mehr Lese- als Schreibzugriffe aufweisen und für die nicht unbedingt ein neues relationales Schema benötigt wird, erscheint deshalb das von uns vorgeschlagene Portierungs-Modell mit Vorteilen einsetzbar zu sein. Allerdings gilt diese Aussage vor allem für Umgebungen, in denen nur noch wenige Änderungen bzw. Erweiterungen in den vorhanden Applikationen zu erwarten sind, was im von uns betrachteten Fall gegeben war. Ansonsten muß sichergestellt werden, daß bei Erweiterungen oder gar Neuentwicklung von Anwendungen immer über die einheitliche Schnittstelle zugegriffen wird. Folglich können nicht alle Möglichkeiten des relationalen Modells genutzt werden. Sind in einem Umfeld viele Neuentwicklungen zu erwarten, so sollte geprüft werden, ob im Hinblick auf die Wartung aller Anwendungen ein geringer Portierungsaufwand auch tatsächlich einen geringen Gesamtaufwand darstellt.

Literatur

Ahrens, F.; Walter, H.: Datenbank-Systeme. – Walter de Gruyter, Berlin, 1971.

Daum, B.: Natural 2 - Die Evolution einer Sprache der 4. Generation. – Angewandte Informatik 6/87, 235–239.

Haderle, D.J.: Database Role in Information Systems: The Evolution of Database Technology and its Impact on Enterprise Information Systems. – Proc. Int. Symp. "Database Systems of the 90s"; Blaser, A. (Hrsg.), Springer, Berlin, 1990, 1–14.

International Business Machines Corporation: IBM Database 2 Version 2 SQL Reference. – 1989.

Koschel, A.: Konzepte zur Portierung von ADABAS-Datenbanken. – Diplomarbeit, TU Braunschweig, 1991.

Porscha, W.: Konzepte zur Portierung von NATURAL-Anwendungen. – Diplomarbeit, TU Braunschweig, 1991.

Software AG: ADABAS - Concepts and Facilities. – Darmstadt, 1988.

Software AG: NATURAL DB2 Version 2.1.1. – Release Notes, Darmstadt, 1988.

Tsichritzis, D.C.; Lochovsky, F.H.: Data Base Management Systems. – Academic Press, New York, 1977.

Wissensbasierte und multimediale Anwendungen

Integration von wissensbasierten und multimedialen Komponenten am Beispiel eines Beratungssystems für die Immobilienwirtschaft

Manfred Grauer, Hermann Siebdrat

Universität-GH-Siegen
FB 5 - Wirtschaftswissenschaften
Institut für Wirtschaftsinformatik
Hölderlinstr. 3, 5900 Siegen

Zusammenfassung

Am Beispiel der Entwicklung eines Prototyps für ein Beratungssystem zu verschiedenen Problembereichen der Immobilienwirtschaft wie Finanzierung, Bewertung, Rentabilitätsberechnung, etc. werden die Notwendigkeit und die Möglichkeiten der funktionell verteilten Komponenten zum Datenmanagement, der Wissensverarbeitung und der multimedialen Präsentation aufgezeigt. Ein Schwerpunkt der Systementwicklung wurde dabei auf den Entwurf der Benutzeroberfläche nach dem objektorientierten Paradigma gelegt. Es werden der konzeptionelle Aufbau des Systems und seine mögliche Bedeutung im Umfeld der sich derzeit strukturell stark verändernden Immobilienwirtschaft (z.B. Allfinanztendenzen) diskutiert. Basierend auf der Analyse dieses Dienstleistungsbereichs werden die für die rechnergestützte Beratung abzubildenden Problembereiche erarbeitet. Es schließt sich die Darstellung der Konzeption und Architektur des Anwendungssystems an. Dabei wird nach den verschiedenen Sichten (Funktions-, Steuerungs-, Daten- und Benutzersicht) vorgegangen. Abschließend wird die Integration der Komponenten im Rahmen des Prototyps anhand seiner Implementierung und exemplarischen Nutzung vorgestellt. Die Einzelplatzimplementierung ist als Ausgangspunkt für weitere Untersuchungen zu verteilten Systemen in diesem Anwendungsbereich entwickelt worden.

1 Einleitung

Im Rahmen der Unterstützung bzw. Kompensation von Know-how-Defiziten, die durch die momentan stattfindenden strukturellen Veränderungen im Finanzdienstleistungsgewerbe verursacht werden und zur Komplexitätsreduzierung bei damit verbundenen schlecht strukturierten Problemen [KRT 90], kommt der Entwicklung "intelligenter" Beratungssysteme große Bedeutung zu. Dazu erscheint es nicht nur erforderlich, komplexes Anwendungswissen mit Hilfe von wissensbasierten bzw. Expertensystemen zu modellieren, sondern vor allem auch neue Möglichkeiten zum effizienten Software-Engineering und ergonomischen Design graphisch-interaktiver und multimedialer Anwendungssysteme im Endbenutzercomputing [NAS 90] zu nutzen. Durch die Anwendung objektorientierter Ansätze (Kapselung, Persistenz, Polymorphismus, etc.) oder objektorientierter Entwicklungssoftware [GAN 87] können Vorteile wie Wiederverwendbarkeit von Software-Modulen, schnellere und fehlerärmere Softwareentwicklung oder Aufwandsreduzierung [KON 90] erreicht werden.

Die Integration wissensbasierter und graphisch-multimedialer Komponenten soll im folgenden am Beispiel der Entwicklung eines Beratungssystem-Prototypen zu verschiedenen Problembereichen bei der Auswahl, Bewertung, Erwerb, Finanzierung, Rentabilitätsberechnung usw. von Immobilien (IMMEX) [CEB 92] vorgestellt werden. Dazu wird im Abschnitt 2 zunächst der Untersuchungsgegenstand vorgestellt und analysiert sowie die im Beratungssystem abzubildenden Problembereiche herausgearbeitet. In Abschnitt 3 werden dann das Konzept und die Architektur des Anwendungssystems entwickelt. Die Softwarekomponenten des Systems werden aus Funktions-, Steuerungs-, Daten- und Benutzersicht im Abschnitt 4 behandelt. Abschließend wird auf die Implementation und die Nutzung von IMMEX anhand eines Beispiels eingegangen.

2 Zum Untersuchungsgegenstand 'Immobilienwirtschaft'

2.1 Allgemeine Tendenzen

Der Finanz- und damit auch der Immobiliensektor muß sich verstärkt den schon seit einigen Jahren stattfindenden globalen Strukturwandlungsprozessen stellen, bei denen es insbesondere durch informationstechnologische Entwicklungen zu einer Bedeutungszunahme von Dienstleistungstätigkeiten und zur Auflösung der institutionellen Grenzen zwischen den Märkten für Finanzdienstleistungen kam [SON 90]. *Allfinanzstrategien*, d.h. der Verbund mehrerer Finanzdienstleistungen durch einen Anbieter, bewirken eine Zunahme von Wettbewerbsdynamik und Verdrängungskonkurrenz. Daraus resultierende betriebswirtschaftlichen Aspekte lassen sich aus Sicht der Produzenten (Herstellungs-, Absatz- und Sortimentsverbund) und der Konsumenten (Beschaffungs- und Verwendungsverbund) betrachten [FAR 91]. Auf der Anbieterseite eröffnen Allfinanzgeschäfte neue Beratungsmöglichkeiten in institutsfremden Bereichen, die u.a. zum Wachstum an Geschäftsbeziehungen, Umsatz sowie zu verbesserter Rentabilität führen können [PAH 91]. Für die Nachfrager können die komplexen Probleme, die durch beratungsintensive und gestaltungsbedürftige Finanzierungskombinationen entstehen, mit einem integrierten System effektiver analysiert werden.

Zur Lösung derartiger Probleme scheint im Bereich der Finanzwirtschaft der Einsatz *wissensbasierter Systeme* [MER 89] erfolgversprechend zu sein [DOT 87], da zur bankbetrieblichen Wertschöpfung, d.h. zur Produktion und Absatz von Finanzdienstleistungen, häufig domänenspezifisches, schwach-strukturiertes Wissen erforderlich ist. Aus empirischen Untersuchungen zum Finanzbereich im deutsch-sprachigen Raum [MER 90], [KRC 89] und der Literatur sind bisher nur wenige Expertensystemanwendungen im Bereich der Immobilienwirtschaft bekannt [LUD 88], [ARN 92], die meist auch nur bestimmte Bereiche abdecken [KUR 89].

Parallel zu den wissensbasierten Anwendungen steht derzeit auch die Entwicklung *multimedialer Systeme* im Interesse der Bankinformatik [ELA 91], diese dienen bisher aber meist nur der passiven Präsentation der Datenobjekte. Unter Multimedia-Systemen sollen hier Rechnersysteme verstanden werden, die eine integrierte Erzeugung, Darstellung, Manipulation, Verarbeitung, Kommunikation und Speicherung von Informationen verschiedener (auch zeitabhängiger) Medien (Text, Bilder, Graphik, Sound, Bewegtbilder, etc.) erlauben. Ein integriertes Beratungssystem mit wissensbasierten und multimedialen Komponenten für die in Abschnitt 2.2 dargestellten Gebiete kann gegenüber konventionellen Systemen folgende Vorteile liefern: (I) Ausweitung des Produktangebots und erhöhte Servicequalität durch Kombination mehrerer Dienstleistungen verschiedener involvierter Institutionen; (II) Rationalisierung, z.B. Verringerung der Fehlerhäufigkeit, effektiverer Vorgangsbearbeitung, Risikodiversifizierung, verteilte Präsenz von Know-how, Entlastung von Routinetätigkeiten zugunsten des akquisitorischen Potentials, Reduktion von Transaktionskosten, Einsatz in der Bankautomation oder des Bankaußendienstes; (III) Wissensdokumentation, -strukturierung, -sicherung und -multiplikation, dadurch vereinfachte Wissensaktualisierung, Reduzierung des Schulungsaufwandes; (IV) Steigerung der Beratungstransparenz durch integrierte Erklärungsmöglichkeiten und effektivere Wissenspräsentation durch multimediale Komponenten.

2.2   Abgrenzung und Definition des Untersuchungsgegenstandes

Ein praxisgerechtes Beratungssystem für den Bereich "Immobilienwirtschaft" sollte inhaltlich mindestens die in Abb. 1 aufgezeigten Leistungsmerkmale in den einzelnen Beratungsbereichen abdecken.

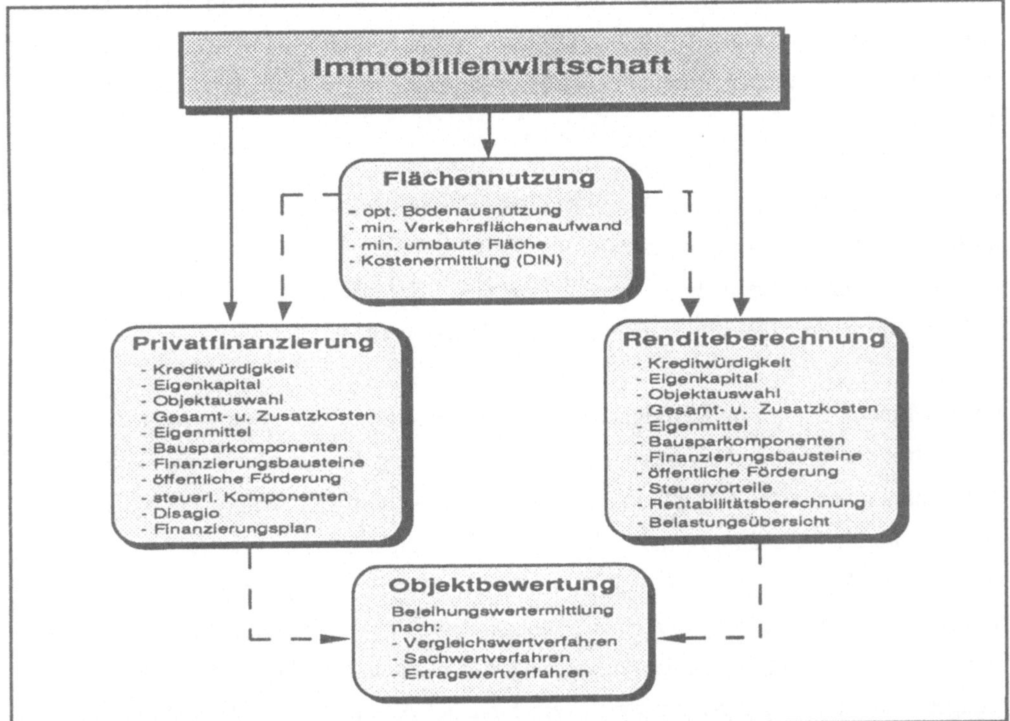

Abb. 1: Untersuchte Problembereiche der Immobilienwirtschaft

Gegenstand der *Immobilienfinanzierung* ist die Bereitstellung von Zahlungsmitteln für den Investitionszweck "Bau bzw. Erwerb eines Immobilienobjekts". Diese können verschiedenster Art sein, z.B. private Ein- oder Zweifamilienhäuser, Eigentumswohnungen, Mietwohnobjekte, Gewerbeimmobilien, etc. Typischerweise ist das Investitionsvolumen so hoch, daß die vorhandenen Eigenmittel zur Deckung der Gesamtkosten nicht ausreichen. Zur Beschaffung von Fremdkapital stehen unterschiedliche Finanzierungsquellen zur Verfügung, die aus verschiedenen Finanzierungsbausteinen und öffentlichen Förderungsarten bestehen. Letztere können Subventionen, Fördermittel oder Steuervergünstigungen sein. Eine Immobilienfinanzierung erfordert die Integration verschiedenster Finanzierungsbausteine, die auf dem Kapitalmarkt von mehreren, räumlich und organisatorisch verteilten Institutionen (Banken, Versicherungen, Bausparkassen, öffentliche Hand, etc.) angeboten werden. Dabei ist jedoch stets eine individuelle Abstimmung der Finanzierungsalternativen je nach den Prämissen des Objekts und den Präferenzen des Investors notwendig; vor allem, da die Finanzierungsvorgänge auch einer Vielzahl (steuer-)rechtlicher oder institutsgebundener Restriktionen unterliegen. Die Koordination der Finanzierungsmodalitäten erfolgt meist durch Kreditinstitute, diese koordinieren die verschiedenen Finanzmittelgeber oder wickeln die entsprechenden Teilgeschäfte über verbundene Unternehmen bzw. Unternehmensbereiche ab. Der typische *Ablauf* einer Beratung läßt sich durch Phasen charakterisieren, wie Kreditwürdigkeitsprüfung, Objektauswahl, Fremdmittelbedarfsermittlung, etc., die anhand von Wissensmodulen bei der Systementwicklung entsprechend modelliert werden sollten.

Hauptziel einer Beratung zur *privaten Baufinanzierung* ist die Feststellung der belastungsmäßigen Realisierbarkeit der Finanzierung. Dabei sollte die Struktur der Finanzierung hinsichtlich der verwendeten "Finanzierungsbausteine", der öffentlichen Fördermöglichkeiten und den steuerlichen Gestaltungsparametern optimiert werden.

Bei der Finanzierung von fremdgenutzten (Miet-)wohnimmobilien (sog. *Renditeobjekte*) steht neben der Finanzierbarkeit vor allem die Feststellung der Rentabilität im Vordergrund, da aus dem investierten Kapital eine Rendite erzielt werden soll. Wegen der Vielzahl von bilanztechnischen Gestaltungsmöglichkeiten und den diffizilen steuerlichen Auswirkungen von Gewerbeimmobilien und Objekten im Betriebsvermögen von Unternehmen erscheint vorerst die Beschränkung einer rechnergestützten Beratung auf Wohnimmobilien im Privatvermögen sinnvoll. Dabei ist die Aufstellung von Wirtschaftlichkeitsberechnungen, Belastungsübersichten sowie der Vergleich verschiedener Abschreibungsarten und öffentlicher Fördermittel erforderlich.

Zur Besicherung von Realkrediten ist die Ermittlung des Beleihungswertes einer Immobilie notwendig, dessen Höhe kann die entstehenden Kapitalkosten erheblich beeinflussen. Deshalb sollten bei der *Bewertung* von Immobilienobjekten in Abhängigkeit des Objekttyps alle gängigen Wertermittlungsverfahren angewendet werden können.
Weiterhin zu berücksichtigen ist die Nutzung von Bauflächen. Diese unterliegt verschiedenen naturgegebenen (z.B. Lage), gesetzlichen (z.B. Flächennutzungs- und Bebauungsplan) und qualitativen (z.B. Auflagen) Restriktionen. Die Bewertung der *Flächennutzung* geschieht dabei unter den Gesichtspunkten höchstmögliche Bodenausnutzung, geringstmöglicher Verkehrsflächenaufwand und gleichzeitiger Minimierung der umbauten Fläche (aus Kostengründen). Eine Entscheidungsunterstützung auf diesem Gebiet sollte eine Bewertung der Nutzungsalternativen von Bauflächen und den daraus entstehenden Kosten zu Investitionszwecken liefern. Die bei einer anschließenden Baukostenermittlung zu berechnenden Kostenwerte können dann in die Wirtschaftlichkeitsanalysen eingehen.

3 Konzept und Architektur des Beratungssystems

Bei dem vorgestellten Prototypsystem für eine integrierte Beratung im Bereich der Immobilienwirtschaft sollte erstens die Möglichkeit untersucht werden, wissensbasierte und multimediale Komponenten in einem System verfügbar zu haben. Da in vielen wissensbasierten Anwendungen die Benutzerschnittstelle als Schwachstelle gilt, wurde bei diesem System zweitens ein Schwerpunkt auf die Entwicklung einer ergonomischen, graphisch und mit multimedialen Komponenten ergänzten Oberfläche gelegt, die möglichst den Perzeptions- und Aggregationsfähigkeiten der vorgesehenen Nutzerkategorien (Vgl. Abschnitt 5) entsprechen sollte.

Das System IMMEX [SIE 91] und [SIE 92a-c] verfügt von der Funktion her über vier inhaltlich unterscheidbare Teilsysteme. Diese sind modular als "Wissensinseln" strukturiert und enthalten Objekt- und Regelwissen (ca. 1.400 Regeln). Die Struktur und der Aufbau des Beratungssystems aus funktionaler Sicht sind in Abb. 2 dargestellt. Die modulare Stuktur der Komponenten erschien sinnvoll, weil so eine Mehrfachverwendung von Modulen möglich ist, die Testbarkeit und spätere Modifikationen erleichtert werden, Fehler leichter lokalisierbar sind, eine Schnittstelle für die Einbindung weiterer Module existiert und der Arbeitsspeicherbedarf zur Laufzeit minimiert werden konnte (Persistenz).

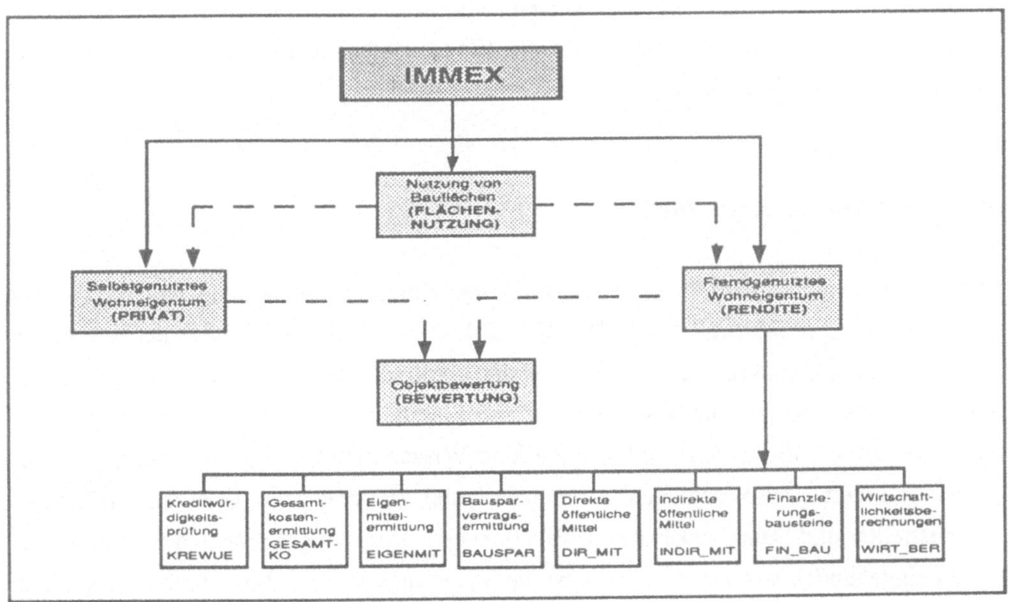

Abb. 2: Architektur der Software des Beratungssystems aus funktionaler Sicht

4   Systemkomponenten

Zur Implementierung wurde die in Abb. 3 angegebene *Hardwarekonfiguration* verwendet.

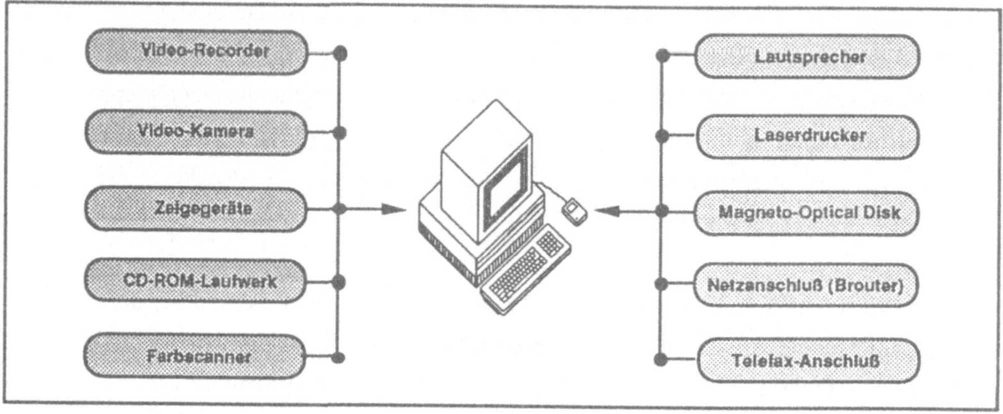

Abb. 3: Hardwarekomponenten des multimedialen Beratungssystems

Für die Realisierung der in Abschnitt 3 definierten Funktionen werden die vier nachfolgenden *Softwarekomponenten* eingesetzt: (I) eine graphische und objektorientierte Benutzeroberfläche; (II) multimediale Komponenten (Farbbilder, Videosequenzen, Musik, Geräusche, Sprache und technische Zeichnungen); (III) ein Datenbankmanagementsystem sowie (IV) ein wissensbasiertes Modul.

4.1   Wissensbasierte Module

Als Entwicklungssoftware für die wissensbasierten Komponenten des Anwendungssystems diente die Shell *NEXPERT OBJECT* [NEU 91]. Diese wurde v.a. wegen der möglichen Portierbarkeit auf andere Architekturen und den komfortablen Editier-, Browsing- und Debugging-Funktionen für die Strukturierung und Erstellung der Wissensbasen ausgewählt. Es bestand die Möglichkeit, unterschiedliche Wissensrepräsentationsverfahren (regel-/objektorientiert) und verschiedene Inferenzverfahren zu verwenden. Über die verfügbaren Schnittstellen sind Datenbanksysteme, Tabellenkalkulationsprogramme und externe Prozeduren eingebunden worden. In Abb. 4 ist die Steuerungssicht der Module des integrierten Anwendungssystems in der Übersicht angegeben. Der Darstellung kann man ebenso den prinzipiellen Datenfluß entnehmen.

4.2 Datenbank-Module (Datensicht)

Betrachtet man das Beratungssystem aus der Sicht des Datenflusses, so wurde zur Erhöhung der Wartungsfreundlichkeit die Integration von Datenbankmodulen für die Bereiche "Kundendaten", "Gesamtkosten", "öffentliche Förderung" und "Finanzierungsbausteine" vorgenommen. Um z.B. Konditionen von Finanzierungsbausteinen zu ändern, braucht nicht in die logische Regelstruktur eingegriffen zu werden. Außerdem führt der direkte Zugriff auf vorhandenene oder bereits bekannte Daten, z.B. Kundendaten, zu Zeitvorteilen im Systemablauf. Schließlich wird die Portierbarkeit erleichtert, da die verwendeten flat-file-Dateien unabhängig von der verwendeten Hardware übertragbar sind. Physisch bestehen die Datenbankmodule des Systems aus dBase-Dateien, die über die in *Nexpert* integrierte "Database Bridge" manipuliert werden können.

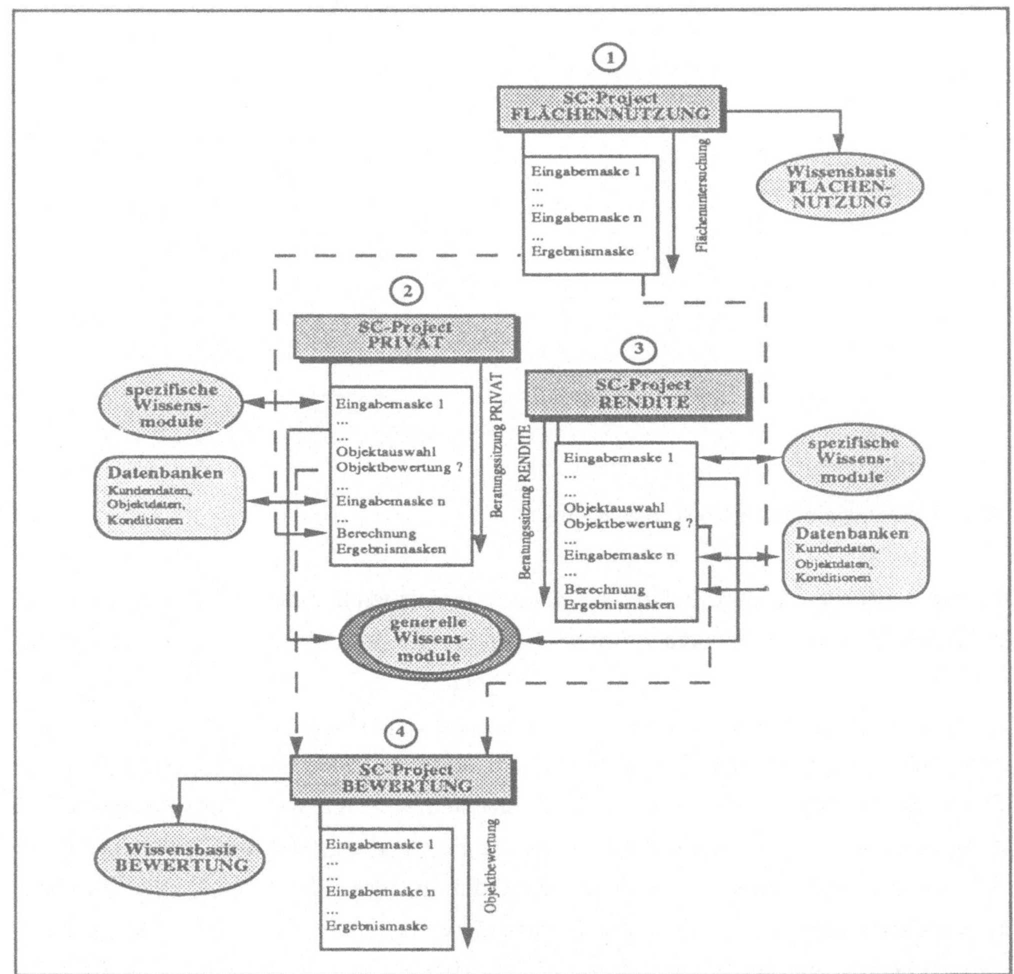

Abb. 4: Steuerungssicht des Beratungssystems und Datenfluß

4.3 Benutzerschnittstelle (Benutzersicht)

Eine Schwachstelle vieler Expertensystem-Projekte liegt in der mangelhaften Gestaltung der Benutzeroberfläche. Bei der Systementwicklung wurde deshalb ein Schwerpunkt auf die Implementierung einer anwendungsfreundlichen Benutzerschnittstelle gelegt. Bestimmte Teile davon wurden multimedial ausgelegt, z.B. Effekte wie dreidimensionale Objekte und Animationen, photorealistische Farbdarstellung von Symbolen oder Bildern, Videoeinblendung (Echtzeitdarstellung) und Sounds, in Form von abstrakten Geräuschen bis zu natürlicher Sprache und Musik. Mit diesen Bausteinen kann der Benutzer auf wichtige Programmfunktionen bzw. -abläufe aufmerksam gemacht werden; zusätzlich ist das Programm in der Lage, bestimmte Situationen zu erklären, aktiv zu helfen oder vor Fehlbedienungen zu warnen. Der Benutzer wird so entlastet, damit er sich auf die wesentlichen Interaktionen und Eingaben konzentrieren kann.

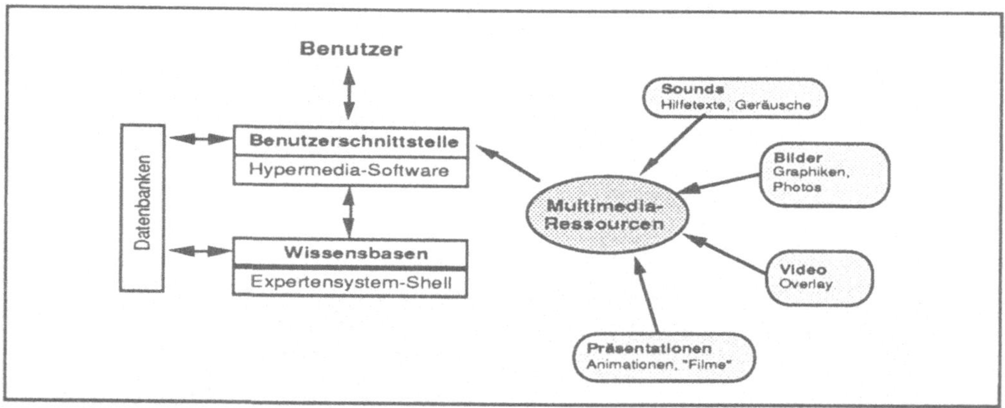

Abb. 5: Benutzersicht des Prototypsystems

Es stellte sich heraus, daß z.Zt. hinsichtlich einer optimierten Benutzeroberfläche ein Einsatz auf Apple Macintosh-Rechnern am sinnvollsten ist. Die Rechnerkonfiguration bei der Entwicklung umfaßte zur Speicherung der großen anfallenden Datenmengen ein magneto-optisches Laufwerk; zur Erfassung der Videodaten waren ein über die serielle Schnittstelle ansteuerbarer Videorecorder und zur Echtzeitdarstellung eine Video-Overlay-Karte notwendig. Die softwareseitige Realisierung der Benutzerschnittstelle, d.h. das Design des Front-End erfolgte mit dem objektorientierten Hypermedia-Entwicklungswerkzeug *SuperCard* [SUP 89]. Es wurden je nach inhaltlichem Teilsystem auf der Editor-Ebene der Template-Entwicklungsumgebung unterschiedliche *SuperCard-Projekte* (vergleichbar mit *HyperCard-Stacks*) erstellt, die wiederum aus einer Hierarchie von mehreren Fenstern und Karten (Masken) bestehen. Die Routinen, die gekapselt in den einzelnen Elementen der Benutzeroberfläche enthalten sind, wurden prozedural mit der Skriptsprache *SuperTalk* programmiert und enthalten auch Verbindungen (sog. XCMD's oder XCFN's) zu externen Ressourcen und Programmen (z.B. in *MacroMind Director* erstellte Animationen, Sounds, etc.). Die objektorientierte Konzeption der Benutzeroberfläche erleichterte durch wiederverwendbare Software-Komponenten wie Backgrounds, Buttons, Menüs, etc. die rasche Implementierung von Systemerweiterungen und -änderungen. Die Abb. 5 zeigt aus Benutzersicht den schematischen Aufbau des Systems und die Einbindung multimedialer Komponenten.

5 Implementation und Nutzung des Systems

Die globale Steuerung des Systemablaufs erfolgt (über das *SuperCard*-Frontend) durch eine vordefinierte und von der lokalen Eingabe des Benutzers abhängige Erscheinungsfolge von Bildschirmmasken (siehe Abb. 6).

Wegen der aus fachlicher Sicht bedingten kausalen Zusammenhänge wurde ein systemgesteuerter Dialog verwendet, bei dem der Benutzer den eigentlichen Programmablauf nicht willkürlich steuern, sondern eine Beratungssitzung in nur einer Richtung von Anfang bis Ende durchlaufen soll. Der Anwender kommt auf der Benutzeroberfläche mit den Objekttypen "Graphik", "Feld", "Button" und "Menü" in Berührung. Die Verbindungen zwischen Informationselementen sowohl innerhalb einzelner Masken als auch zwischen der Benutzeroberfläche und den wissensbasierten Komponenten folgen dem Konzept der sog. "Hyper-Links", d.h., es wurde eine nicht-lineare Verknüpfung der Informationselemente realisiert. Der überwiegende Teil der Systembedienung kann mit Hilfe von Zeigemedien (Maus, Touch-Screen) erfolgen.

Es wurden unterschiedliche Maskentypen verwendet: "Startmasken", "Formulare" und "Ergebnismasken". Startmasken betreffen die Vorbereitung einer Sitzung. Zu dieser Kategorie zählt z.B. die Eingangsmaske, mit der das entsprechende Teilsystem ausgewählt wird. Auf den Formularen sind inhaltlich zusammengehörige Fragen plaziert, die Antworten werden fallweise an den wissensbasierten Teil übertragen. Die Ergebnismasken präsentieren die vom Expertensystem ermittelten Resultate. *Photorealistische Bilder* bilden einerseits Kartenhintergründe, andererseits dienen sie als Informationsträger für Immobilienobjekte (z.B. Ansichten, Grundrisse). Die *digitalisierten Sounds* bestehen aus Erklärungstexten und Geräuschen. Exemplarisch wurde die Einbindung von digitalisierten *Videosequenzen* realisiert, es besteht jedoch auch die Möglichkeit, Filmsequenzen, die analog auf einem externen Videomedium gespeichert sind, per Software anzusteuern und in einem Video-Overlay-Fenster anzuzeigen.

In Anlehnung an die Klassifikation menschlichen Kompetenzniveaus in ([DRE 85], [MÖC 92]) sowie die Kategorisierung von Benutzern von Informationssystemen wurden im Beratungssystem vier Benutzermodelle berücksichtigt.

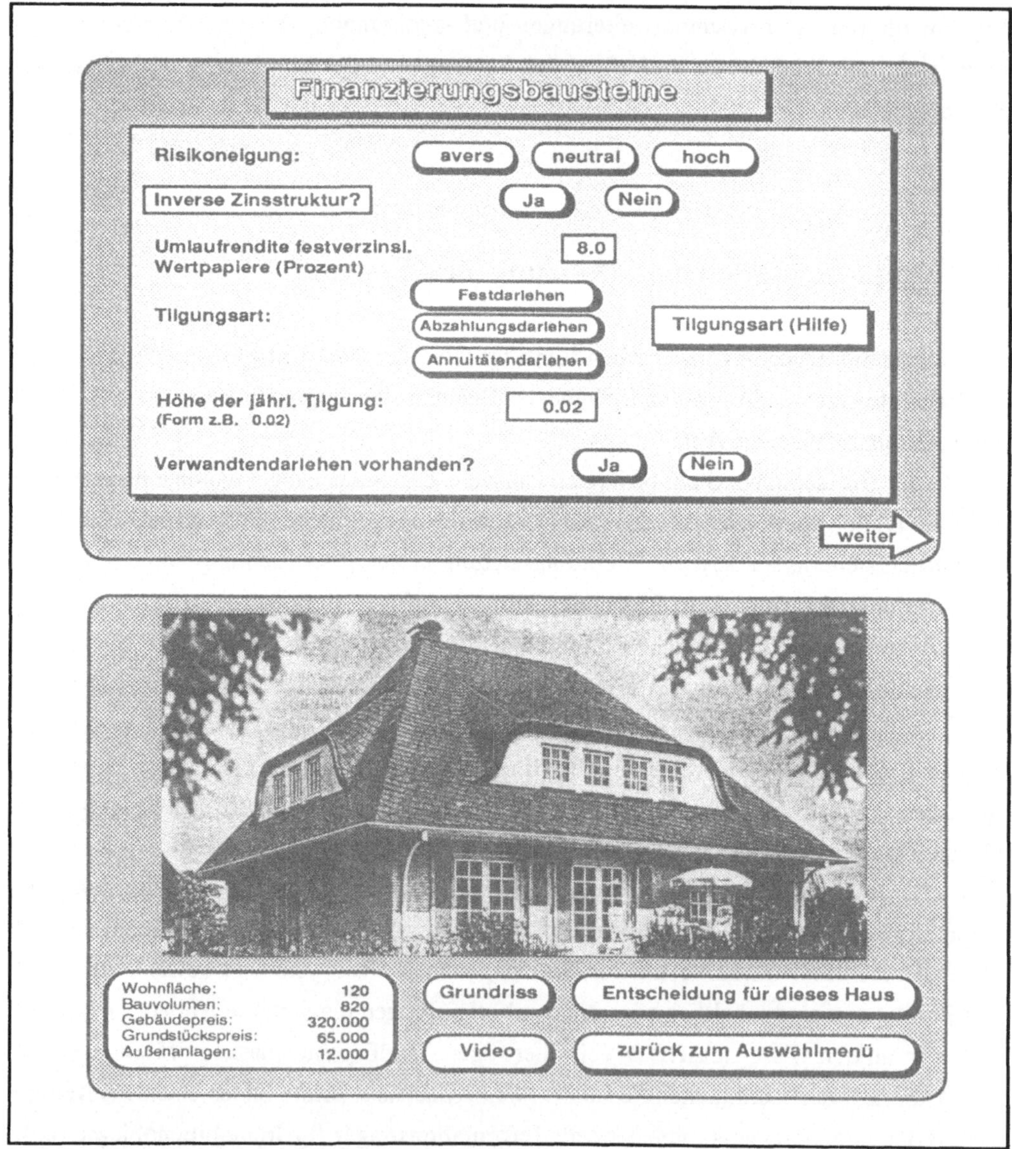

Abb. 6: Beispiele der Benutzeroberfläche des Prototypsystems

Der "erstmalige" Benutzer (Anfänger) ist z.B. der Kunde eines Kreditinstituts, der über den Erwerb einer Eigentumswohnung nachdenkt. Er benutzt das System im Foyer der Bank und benötigt die gesamte Palette der Multimediakomponenten. Der "fortgeschrittene" Benutzer hat über den Erwerb eines Einfamilienhauses konkrete Vorstellungen und prüft mit dem System die "Machbarkeit". Als "parametrischer" Nutzer würde man einen Berater gemeinsam mit einem Kunden bezeichnen, die zuammen mit Unterstützung des Systems die "optimale" Variante erarbeiten. Der "Experte'" benötigt das System eigentlich nicht. Er verwendet es jedoch zur visuellen Beurteilung neuer Immobilienobjekte, zum Zugriff auf aktuelle Daten, zur Abstützung seiner Aussagen und für Dokumentationszwecke bei der Angebotserstellung. Von den Multimediakomponenten sind für ihn besonders die 2D- und 3D-Darstellungen der Immobilienobjekte von Interesse. Diese Benutzersichten wurden in Kooperation mit der WestLB, Düsseldorf erarbeitet und weiterentwickelt.

6 Einige Schlußfolgerungen

Aus der ökonomischen Analyse der Entwicklung auf dem Gebiet der Immobilienwirtschaft konnte die Notwendigkeit aufgezeigt werden, klassisch getrennte Beratungsdienste dem Kunden gegenüber gebündelt anzubieten, um Synergieeffekte zu erzielen. Dazu können die beschriebenen technologische Entwicklungen wie integrierte wissensbasierte und multimediale Informations- und Beratungssysteme genutzt werden, um die Beratungsqualität sowie das Dienstleistungsangebot zu erhöhen und kostenintensive Personalaufwendungen zu reduzieren. Weitere Einsatzmöglichkeiten wären die Kundenselbstbedienung sowie Ausbildungs- und Trainingszwecke. Mit dem vorgestellten Prototyp wurden die funktionalen Möglichkeiten der Umsetzung dieser Forderung software- und hardwareseitig exemplarisch aufgezeigt; die Einzelplatzlösung ist als Vorstufe zu verteilten Systemen dieser Art zu sehen. In Zukunft könnten auch im Immoblienbereich verteilte Beratungssysteme nach dem Client-Server-Konzept die audiovisuelle Kommunikation und Koordination von rechnergestützter Gruppenarbeit unterstützen, wenn technische Voraussetzungen wie optische Speicher, Hochgeschwindigkeitsnetze und digitale Echtzeitverarbeitung verfügbar sind. Die vorgestellten Arbeiten werden als Beitrag dazu betrachtet.

Literatur

[ARN 92]: Arnold, D.: PROFI - Private Customer Online Financing Advisory System, in: [ROG 92], S. 35-50

[CEB 92]: Inst. f. Wirtschaftsinformatik, Universität Siegen: Prototyp eines wissensbasierten Beratungssystems zur Immobilienfinanzierung: 'IMMEX', Infoblatt zum Exponat 'IMMEX' auf der CeBIT'92, 3/92

[DOT 87]: Doney, L. D.; Trebby, J. P.: Can Some Real Estate Professionals Be Replaced by Expert Systems?, in: Real Estate Review, Vol. 17, No. 3, Boston, Mass., 1987, S. 73-77

[DRE 85]: Dreyfus, St. E.: Beyond Rationality, in: Grauer, M.; Thomson, M.; Wierzbicki, A.P.: Plural Rationality and Interactive Decision Processes, Springer-Verlag, Berlin et al., 1985, S. 55-64

[ELA 91]: Elam, D.; Minicucci, R.: Delivering Document Imaging Based Real-Time Multimedia-Now, in: Advanced Imaging, Vol. 6, No. 10, Melville, New York, 1991, S. 54-58

[FAR 91] Farny, D.: Allfinanz - Das betriebswirtschaftliche Konzept, in: Krümmel, H.-J.; Rehm, H.; Simmert, D.B. (Hrsg.): Allfinanz - Strukturwandel an den Märkten für Finanzdienstleistungen, Beihefte zu Kredit und Kapital, H. 11, Duncker & Humblot, Berlin, 1991, S. 161-176

[GAN 87]: Ganzinger, H. et al.: Smalltalk-80, in: "Informationstechnik-it", 29 (1987), H. 4, S. 241-251

[KON 90]: König, W.: Objektorientierte Anwendungssysteme und Systemsoftware für die 90er Jahre, in: Wirtschaftsinformatik, 32. Jg., H. 3, Juni 1990, S. 209-210

[KRC 89]: Krcmar, H. et al.: Zum Einsatzstand von Expertensystemen im Bankbetrieb in der Bundesrepublik Deutschland, Arb.pap. Lehrst. Wirtschaftsinformatik/Universität Hohenheim, Nr. 11, Okt. 1989

[KRT 90]: Kreutzer, W.: Grundkonzepte und Werkzeugsysteme objektorientierter Systementwicklung - Stand der Forschung und Anwendung, in: Wirtschaftsinformatik, 32. Jg., H. 3, Juni 1990, S. 211-227

[KUR 89]: Kurbel, K.: Entwicklung und Einsatz von Expertensystemen: Eine anwendungsorientierte Einführung in wissensbasierte Systeme, Berlin et al., Springer Verlag, Berlin et al., 1989

[LUD 88]: Ludwig, J.: Wissensbasierte Systeme in der Versicherungswirtschaft, in: Versicherungswirtschaft, Nr. 19/1988, S. 3-8

[MER 89]: Mertens, P.: Expertensysteme in der Finanzwirtschaft-Ein Überblick, in: BFuP 3/89, S. 282-305

[MER 90]: Mertens, P.; et al.: Betriebliche Expertensystem-Anwendungen - eine Materialsammlung, Springer-Verlag, Berlin et al., 2. Aufl., 1990

[MÖC 92]: Möcke, F.: Expedition ins Land des Lernens, in: c't, H. 11, 1992, S. 20-22

[NAS 90]: Nastansky, L. et al.: Anwendungen und Konzepte für Hypermedia-basiertes Informationsmanagement am netzintegrierten Managerarbeitsplatz, in: Wirtschaftsinformatik, H. 6/90, S. 519-537

[NEU 91]: Neuron Data Inc.(Ed.): Nexpert Object Version 2.0 Documentation, Palo Alto, Ca., 1991

[PAH 91]: Pauluhn, B.: Allfinanz als Organisationsaufgabe, in: Stein, J. H. v.; Terrahe, J. (Hrsg.): Handbuch Bankorganisation, Gabler, Wiesbaden, 1991, S. 521-532

[ROG 92]: Rossignoli, C. (Ed.): An Analysis of Expert Systems Applications in the European Banking Industry, FrancoAngeli, Milano, Italy, 1992

[SIE 91]: Siebdrat, H.: Entwicklung eines Prototyps zur wissensbasierten Beratung auf dem Gebiet der Immobilienfinanzierung Teil I, Arbeitsberichte des Inst. f. Wirtschaftsinformatik der Universität Siegen, Nr. 4, Mai 1991, Depotbericht Nr. 91/5 der Zeitschrift 'Wirtschaftsinformatik'

[SIE 92a]: Siebdrat, H. et al.: Entwicklung eines Prototyps zur wissensbasierten Beratung auf dem Gebiet der Immobilienfinanzierung Teil II, Arbeitsberichte des Inst. f. Wirtschaftsinformatik der Universität Siegen, Nr. 6, Januar 1992

[SIE 92b]: Siebdrat, H.: Expertensystem für die Immobilienfinanzierung, in: Die Bank, H. 2/92, Köln, S. 93-100

[SIE 92c]: Siebdrat, H.; Grauer, M.: IMMEX: A Multimedia Expert System for Real Estate Financing, in: [ROG 92], S. 77-93

[SON 90]: Sondhof, H. W.: Finanzdienstleistungsmärkte im Wandel: eine industrieökonomische Branchenanalyse für strategische Zwecke, Verlag Peter Lang, Frankfurt, 1990

[SUP 89]: SuperCard: Dokumentationen: User's Manual, Language Guide, San Diego, CA., (Silicon Beach Software), 1989

Multi-Agent Architecture for Intelligent Financial Consulting (MAGNIFICO):
Eine kooperierende, wissensbasierte Anwendung zur Unterstützung der Allfinanzberatung

Ulrich Meyer, Achim Mülheims,
Michael Müller-Wünsch, Claudia Schopf, Ansgar Woltering

Technische Universität Berlin - Fachbereich Informatik
Franklinstraße 28/29 - W-1000 Berlin 10

Zusammenfassung

Multi-Agenten-Systeme, wie sie in MAGNIFICO[1] (*Multi-Agent* Architecture for *Intelligent Financial Consulting*) entwickelt werden sollen, sind *eine* mögliche Lösung von komplexen, schlecht-strukturierten Aufgabenstellungen. Am Beispiel der Allfinanzberatung wird dargestellt, wie die personelle Interaktion von Spezialisten in einem verteilten DV-System simuliert werden kann, um zu einer besseren Problemlösung zu gelangen, als es beim ausschließlichen Einsatz von menschlichen Experten möglich wäre. Diese Optimierung der Lösung soll erreicht werden, indem zum einen die kognitiven Fähigkeiten von einem *einzelnen* Bereichsexperten und zum anderen das interdependente Zusammenspiel von mehreren Bereichsexperten unter Berücksichtigung der unterschiedlichen Intentionen adäquater modelliert werden. Durch die Entwicklung einer objektorien-tierten Toolbox können auf Dauer Anwendungsentwicklungen für verteilte Aufgabenstellungen risikoärmer und schneller als bisher durchgeführt werden.

1 Einleitung

Dezentrale Datenverarbeitung unter Berücksichtigung kooperativer Arbeitsprozesse ist eine bedeutende Entwicklung in der Informatik. Mit ihr einher geht die Forderung aus der

---

1) Dieses Projekt wird teilweise von der DFG im Rahmen des Schwerpunktprogramms *'Verteilte DV-Systeme in der Betriebswirtschaft'* gefördert.

Organisations- und Managementlehre durch 'flache' Organisationsstrukturen und 'enthierarchisierte' Kommunikationsbeziehungen in den Unternehmen die teamorientierte Arbeit zu begünstigen [Reiß92]. Dies ist Ausgangspunkt für die vorliegende Forschungsarbeit über die *DV-technische Unterstützung der personellen Interaktion und Kooperation verschiedener Bereichsexperten im Rahmen einer gemeinsamen Problemlösung*. Neben konzeptionellen Lösungsansätzen für die grundsätzlichen Probleme bei der Gestaltung *kooperierender Agentensysteme* soll durch eine generelle Entwicklungsmethodik das Entwicklungsrisiko für Anwendungssysteme mit schlecht strukturierter Aufgabenstellungen reduziert werden.

Die *Allfinanzberatung* eines Finanzdienstleistungsunternehmens (z.B. Banken, Versicherungen, Finanzmakler, Immobilienmakler) hat genau den o.g. schlecht strukturierten Aufgabencharakter. Als Synthese verschiedener einzelner Finanzdienstleistungen (z.B. Finanzanlagen, Versicherungen, Immobilienanlage: Allfinanzberatung im weiteren Sinne) ist der Anspruch der Allfinanzberatung, dem Kunden (hier: dem *vermögenden Privatkunden*) eine optimale Anlageberatung angedeihen zu lassen (Allfinanzberatung im engeren Sinne). Nicht die Summation einzelner domänenspezifischer Anlageexperten (Versicherungsvertretung, Wertpapierberatung, Steuerberatung) ist der Gegenstand dieser Leistung, sondern die *optimale* Beratung unter Berücksichtigung der Interdependenzen verschiedener Anlageinstrumente im Sinne des Kunden. Weil *einzelne* Anwendungen der Finanzberatung ihrem Anspruch eines echten Beratungssystems noch nicht gerecht geworden sind [Mertens90, S. 250 ff.], wird hier der Versuch unternommen, durch ein Konzept kooperierender autonomer Agenten bestehende Mängel zu überwinden.

Im Rahmen der Verteilten Künstlichen Intelligenz werden dazu zwei diametrale Ansätze diskutiert; einerseits 'reine' verteilte Problemlösungssysteme zur Bewältigung *eines speziellen* Problems, das in Teilprobleme zerlegt wird und deren Lösung von spezialisierten Agenten erreicht wird, deren Interaktionsstrategien ex ante bekannt sind. Andererseits 'reine' Multi-Agentensysteme, deren *autonome* Agenten bereits vor der eigentlichen Aufgabenbewältigung existieren (können) und offen für unterschiedliche Problemstellungen sind [Martial92, S. 7 f.]. Neben der Koordination (top-down vs. bottom-up) verschiedener Bereichsagenten zu einem *gesamtheitlichen* Problemlösungsprozeß spielt auch die Modellierung der einzelnen Agenten eine wesentliche Rolle bei der risikoärmeren Entwicklung solcher Anwendungssysteme. Darüberhinaus sollten die unterschiedlichen methodischen Problemlösungsfähigkeiten von Agenten expliziert werden. In Anlehnung an [Müller-Wünsch91, S. 171 ff.] ist die kognitive Leistung (s.a. Abb. 1) eines Agenten adäquat durch

- ein Datenbanksystem,

- ein Fallbanksystem,

- ein Wissensbanksystem,

- ein Modell- und Methodenbanksystem und

- eine Wartungskomponente

zu modellieren.

Diese angestrebte Konzeption für die Problemlösungsfähigkeiten eines Agenten wird momentan im Rahmen der o.g. Forschungsbemühungen realisiert. Die Entwicklungsumgebung *Objectworks* für die objektorientierte Programmiersprache *Smalltalk* wird in einem *Dec-Ultrix-Netz* eingesetzt, um die notwendigen Klassenbibliotheken zu erzeugen. Für die wissensbasierte Softwarekomponenten wird *Humble*[2] eingesetzt, das dem regelbasierten Paradigma genügt. Die Datenbankaufgaben werden durch die objektorientierte Datenbank *GemStone* abgedeckt. Momentan wird ein Ansatz für die fallbasierte Systemkomponente erstellt (vgl. [Jeske92], [Woltering92]). Mit diesen und weiteren Softwarekomponenten werden dem Anwendungsentwickler durch die Nutzung der objektorientierten Entwicklungsumgebung *Objectworks* Klassenbibliotheken an die Hand gegeben, die eine aufgabenadäquate Modellierung des Problemlösungsprozesses unterstützen (vgl. [Gronau92]).

Im vorliegenden Papier wird zunächst die grundlegende Architektur für eine Software-Konzeption für eine wissensbasierte, kooperierende Anwendung für verteilte Problemstellungen in Anlehnung an [Burmeister92] vorgestellt. Es wird dabei das Konzept der autonomen, intelligenten Agenten präsentiert. Nach dem Ablaufprozeß zwischen den Agenten und der grundlegenden Struktur der Agenten wird die funktionale Leistungsfähigkeit und das Vorgehensmodell zweier Anlagespezialisten beschrieben. Hier werden hinsichtlich des Anlagerisikos zwei divergierende Finanzanlageformen diskutiert. Zum Abschluß wird gezeigt, wie durch die Einbindung fallbasierter Schlußfolgerungstechniken die Lösungssuche effizienter und schneller erfolgen kann als über heuristische bzw. konventionelle Schlußfolgerungstechniken.

---

2) Ein Smalltalk-80 basiertes Expertensystem-Werkzeug.

2 Die Multi-Agenten-Architektur von MAGNIFICO

2.1 Zum Begriff des Agenten

Die Herleitung des hier verwendeten Agentenbegriffes lehnt sich an die Arbeiten von [Dennett87] und [Fodor87] an. Dies gilt insbesondere für die Sichtweise der Intentionalität: Ein Agent wird als Träger von Intelligenz gesehen. Obwohl es zwar (noch) keine allgemein befriedigende Definition der Intelligenz gibt, ist als eine ihrer Formen aber das rationale, also vernunftbegabte Verhalten anzusehen. Innerhalb des rationalen Verhaltens kann wiederum intentionales Verhalten erklärt werden, welches darauf zielt, bestimmte Intentionen durch Handlungen und Sprechen zu realisieren. Innerhalb dieses Rahmens kommen wir zu folgender Beschreibung eines Agenten:

- Jeder Agent verfügt über Intentionen. Sie stellen den Hauptunterschied zwischen Agenten und reinen Wissensbasen dar. Ein Agent ist im Rahmen seiner Rationalität bestrebt, seine Intentionen zu realisieren.

- Zur Realisierung der Intentionen stehen dem Agenten Handlung und Sprache zur Verfügung. Innerhalb der Computersimulation sind dies das Ausführen von Programmen und der Austausch formalisierter Botschaften.

- Handeln umfaßt sowohl das Ausführen von Aktionen, als auch das wissentliche Unterlassen von Aktionen.

- Agenten befinden sich immer in einer Situation, d.h. in einer Umgebung aus endlich vielen anderen Objekten. Die Situation wird von ihnen wahrgenommen, interpretiert und damit begriffen.

- Das Handeln eines Agenten kann auf die Situation oder auf andere Agenten wirken. Somit können Handlungen eines Agenten von anderen Agenten indirekt oder direkt wahrgenomen werden.

2.2 Zum Multi-Agenten-System

Die Architektur des Sysems wird in Anlehnung an den Multi-Agenten-Ansatz (MA) in DAESIDIS [Burmeister91] realisiert.

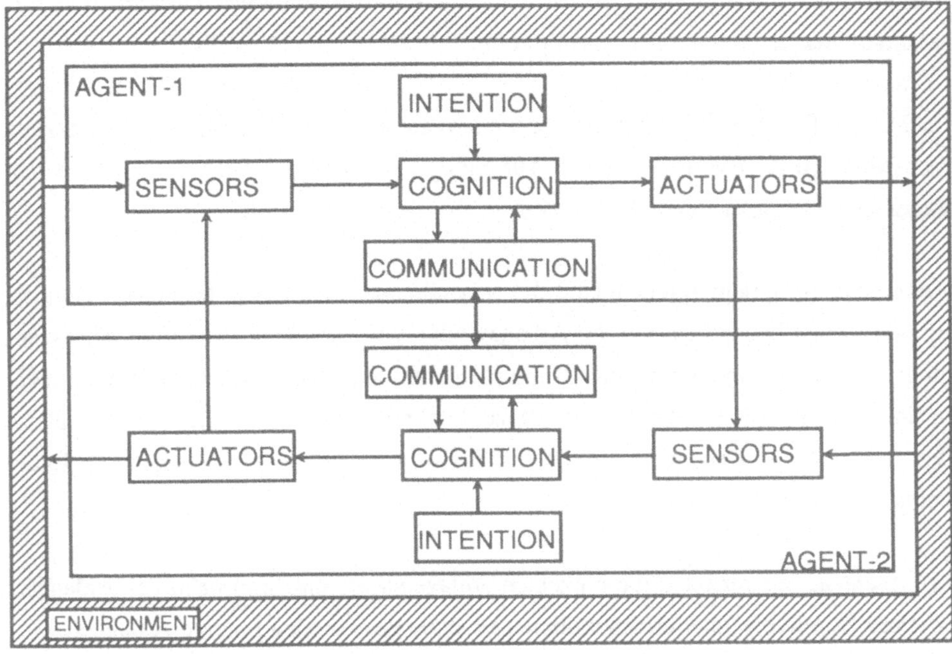

Abb. 1: Modulare Architektur der Agenten [Burmeister91]

Agenten sind hier in eine Umgebung eingebettet, die von ihnen wahrgenommen und interpretiert wird. Im Zusammenspiel mit den Intentionen kann es sowohl zu Kommunikation mit anderen Agenten kommen, als auch zu Aktionen, die von anderen Agenten wieder direkt oder indirekt wahrgenommen werden können.

2.3 Probleme in MA-Systemen und bisherige Lösungsansätze in MAGNIFICO

Jedes Multi-Agenten-System steht bei der verteilten Lösung einer Aufgabe durch seine Agenten vor einer Reihe typischer Probleme (vgl. [Bond88]), von denen hier einige wichtige aufgezeigt werden sollen:

- Wie kann die Aufgabe zerlegt werden und welcher Agent kann welche Teilaufgabe übernehmen?

- Wie ist die Arbeit der Agenten zu koordinieren, so daß Resultate des einen nicht durch Handlungen eines anderen wieder zunichte gemacht werden?

- Wie kann die Kohärenz des Systems, also das global sinnvolle Zusammenwirken garantiert werden, wenn jeder Agent nur über eine lokale Sicht verfügt?

Die in MAGNIFICO eingeschlagenen Lösungswege sollen im folgenden kurz skizziert werden. MAGNIFICO verfügt für die Aufteilung der Arbeit und die Übernahme der Teilaufgaben bisher über folgende Agenten:

Kunden-Agent: In diesem Agenten sind die wesentlichen Intentionen des echten Kunden spezifiziert. Dabei handelt es sich um Anlagemotive wie z.B. Risikovorsorge, Altersversorgung, Zusatzeinkommen oder auch Kapitalerhaltung und Wertzuwachs. Diese strategischen Intentionen müssen durch eine Reihe konkreter taktischer Intentionen ergänzt werden, wie z.B. die Renditeerwartung, die Risikopräferenz, Liquiditätsneigung, Laufzeitvorstellungen etc.

Anlage-Agenten: Sie vertreten die einzelnen Anlagemärkte und sind nach der Anlageart spezifiziert. Durch ihre Intentionen wollen sie Gelder des Kunden für ihre Anlage gewinnen und konkurrieren somit untereinander um das Vermögen. Sie generieren Vorschläge für Teile des Anlagebetrages und bieten Laufzeiten und Renditeerwartungen im Rahmen bestimmter Risikostufen an. Momentan enthält das System einen Agenten für festverzinsliche Wertpapiere und einen für Aktien. Der nächste Agent entsteht im Bereich der Financial Futures.

Berater-Agenten: Sie stellen bestimmte Fachexperten dar (Bankberater, VWL-Experte, Steuerexperte) und stehen sowohl dem Kunden als auch den Anbietern zur Verfügung. Auf der einen Seite überprüfen sie selbständig die Anlagevorschläge auf Widersprüche oder aus ihrer Sicht nachteilige Komponenten, auf der anderen Seite können sie auf Anfragen Ratschläge geben.

Das zweite Problem, die Koordinierung der Agenten, soll durch die Beschreibung eines Systemlaufes dargestellt werden: Die Bedienung des Systems liegt bei einem Anlageberater der Bank. Er analysiert die Kundenwünsche in einem Beratungsgespräch. Mit diesen Informationen wird der Kundenagent initialisiert und verfügt somit über eine bestimmte Vermögenssituation. Die Anlageagenten können nun aus den zusätzlichen Bedingungen zur Vermögenssituation, wie etwa den Risiko- und Renditevorstellungen, ihre Kompetenz für einen Vorschlag erkennen. Die Vorschläge werden eingereicht, eventuell unter lokaler Mithilfe der Fachexperten; dann werden sie in ihrer Gesamtheit von den Beraterexperten überprüft. Die Entscheidung, welche Vorschläge bzw. Teilvorschläge näher zu verfolgen sind und welche verworfen werden können, liegen beim Bankberateragenten. Er fällt diese Entscheidung, indem er die Ratschläge der Fachexperten mit den Präferenzen des Kundenagenten vergleicht und sein allgemeines Wissen über Vermögensanlagen, wie etwa bewährte Verteilungsschlüssel auf verschiedene Anlageformen, hinzuzieht. Dieser Prozeß von Angabe der Vermögenssituation über die Erarbeitung von Anlagevorschlägen und deren Kritik, bis zur Entscheidung über Teilvorschläge wird mehrfach durchlaufen, bis am Ende ein Anlagevorschlag erarbeitet wurde, der allen Bedingungen des Kunden genügt und mit seiner momentanen Vermögenssituation verglichen werden kann. Liegt dabei die zu erwartende Rendite über der momentanen, so handelt es sich um einen ernstzunehmenden Anlagevorschlag. Dieser Ablauf kann unter Abänderung oder Hinzunahme bestimmter Bedingungen wiederholt werden, um weitere ernstzunehmende Vorschläge zu erhalten.

Die Kommunikation unter den Agenten wird durch Protokolle realisiert, über die in einer formalen Sprache Informationen ausgetauscht werden. Die hier beschriebene Koordinierung orientiert sich an dem Marktmechanismus, bei dem sich die Anbieter und Nachfrager einander gegenüberstehen, und ihr Verhalten entsprechend der Angebote und Nachfragen organisieren (Abb. 2).

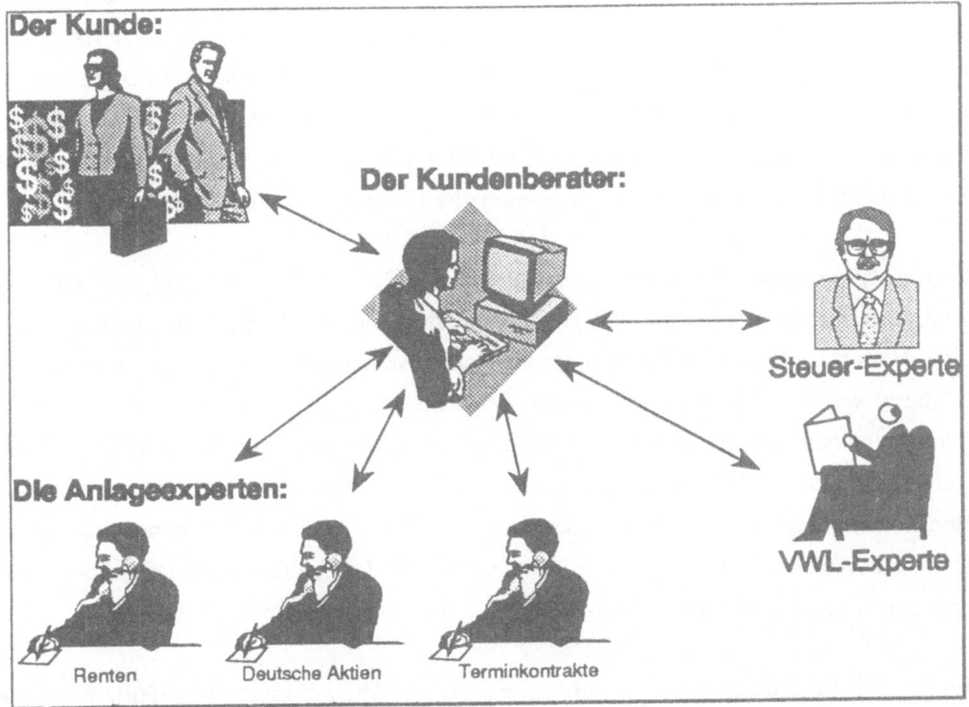

Abb. 2: Die Parteien für das Allfinanzangebot

Die dritte Aufgabe, die Koheränz des Systems, wird durch folgende Strategie verfolgt. Die mehr global orientierte Entscheidungsbefugnis des Berateragenten und die lokalen Befugnisse der Anlageagenten - diese können z.B. ihre Beteiligung an der Bearbeitung eines Anlagevorschlages ablehnen - können zusammen mit einer in diesem Projekt zu entwickelnden Strategie der Reduktion der Problemgröße die Terminierung des Systems garantieren. Die Qualität der Lösung wird davon abhängen, inwiefern die lokalen Fähigkeiten der Anlageagenten sich mit den mehr globalen Fähigkeiten der Beraterexperten auch in kritischen Situationen ergänzen. Qualitativ schlechte Lösungen, die gerade in der Anfangsphase auftreten können, müssen in ihrer Entstehung analysiert und durch Umbewertung, weitere Detaillierung oder Hinzunahme von Wissen vermieden werden.

3 Beschreibung zweier Anlageagenten

3.1 Beschreibung des Rentenanlageagenten

Aufgabe des Rentenanlageagenten ist es, einen Anlagevorschlag für verschiedene Rentenpapiere zu erstellen. Renten sind festverzinsliche Wertpapiere, deren Ertrag fix ist und zu Beginn festgelegt wird. In Deutschland gibt es strenge Zulassungsauflagen für die Ausgabe von Rentenpapieren, so daß es bei den ausgegebenen Papieren nur geringe Bonitätsunterschiede gibt. Bei Auslandsanleihen gibt es diese Reglementierung nicht, z.B. in den USA können Rentenpapiere von jeder Unternehmung emittiert werden.

Daraus ergeben sich für alle Rentenpapiere als signifikante, titelunabhängige Unterscheidungskriterien, zum einen die Anlagewährung, zum anderen die Laufzeit des Papiers. In einer Vorauswahl wird im Rahmen der taktischen Anlagepolitik festgelegt, welcher Teilbetrag in welcher Währung für welchen Zeitraum angelegt werden soll. Die zur Verfügung stehenden Anlagewährungen werden in Hartwährungen, Weichwährungen und der Referenzwährung (DM) zusammengefaßt. Zu Beginn wird vom VWL-Experten, unter Berücksichtigung der aktuellen Situation, entschieden, welche Währungen konkret als Hart- und Weichwährung ausgewählt werden. Für die Laufzeiten werden vier Kategorien angeboten, diese sind kurz-, mittel-, langfristig und eine unbestimmte Laufzeit.

Wurde der Gesamtanlagebetrag auf die möglichen Anlageformen aufgeteilt, wird versucht, die vom Kunden gewünschten Zahlungsströme (z.B. für Vorsorgeleistungen) mit den Zahlungsströmen der Rentenanlage in Übereinstimmung zu bringen. Hierfür werden, im Sinne der Immunisierungsstrategie des "Cash Flow Matchings" [Rudolph87, S.100], den einzelnen Teilanlagen Zahlungsströme zugeordnet, die diese erfüllen müssen. Kann eine Teilanlage den von ihr geforderten Zahlungsstrom nicht erbringen, wird eine Umverteilung der Anlagebeträge vorgenommen, bis eine Deckung der Zahlungsströme erreicht wird. Bei der Stückelung des Gesamtbetrages in Teilbeträge und deren Aufteilung kann der Anwender interaktiv Veränderungen vornehmen, die jedoch zu begründen sind. Diese Änderungen werden mitprotokolliert, so daß für einen Knowledge Engineer die Auswertung der Änderungswünsche möglich ist und eventuelle Änderungen in der Wissensbasis durchgeführt werden können.

Neben der Aufteilung des Anlagebetrages in Teilbeträge die in unterschiedlicher Währung mit verschiedenen Laufzeiten angelegt werden sollen, ist es möglich, jedem Teilbetrag weitere geforderte Eigenschaften zuzuordnen. Dies kann eine spezielle Ausstattung des Papiers (Floater, Zero-Bond, Aktienindexanleihe), besondere Anforderungen an den Emittenten (Mindestrating, Staatsanleihe, Industrieanleihe etc) u.v.m. sein. Im nächsten Schritt werden konkrete, am Markt gehandelte Rentenpapiere ausgewählt. Aus allen Rententiteln, die den Rahmenbedingungen genügen, wird das Papier ausgewählt, welches die höchste "Nettoeffektivverzinsung" aufweist. Damit ist die Verzinsung nach Steuern gemeint, wobei der persönliche Grenzsteuersatz des Kunden bei der Ermittlung berücksichtigt wird. Vergleiche hierzu [Locarek91, S.173]. Der realisierte Agent (siehe Abb. 3) besteht aus mehreren Komponenten, wobei das Zusammenspiel der einzelnen Agenten im folgenden beschrieben wird.

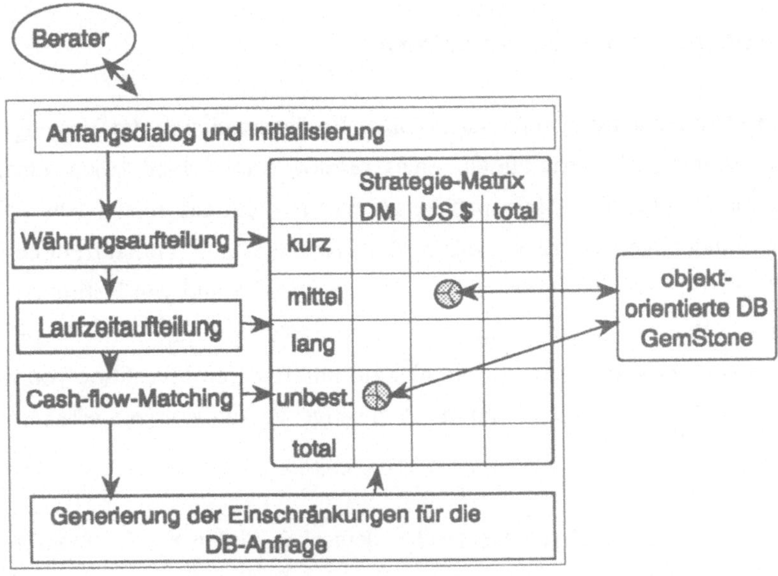

Abb. 3: Vorgehensmodell des Rentenanlageagenten

In der *Wissensbasis* sind Heuristiken abgelegt, die eine Stückelung des vorhandenen Gesamtbetrags in einzelne Teilbeträge veranlassen. Die Aufteilung erfolgt nach den Kategorien der Währung und der Laufzeit. Die gestückelten Teilbeträge werden in den Zellen der *Strategie Matrix* abgelegt, die entlang der Dimensionen Laufzeit und Währung organisiert ist.

Nach der Stückelung in Teilbeträge erfolgt in der Wissensbasis ein Abgleich der tatsächlichen Zahlungsströme mit den vom Kunden geforderten Rückflüssen. Ist keine Übereinstimmung zu erzielen, wird solange eine Umverteilung des Geldbetrages auf die Zellen der Strategie Matrix vorgenommen, bis eine Übereinstimmung der geforderten Zahlungsströme mit den tatsächlichen Zahlungsströmen erreicht ist. Neben den einzelnen Teilbeträgen können in den Zellen der Strategie Matrix zusätzlich geforderte Eigenschaften (Randbedingungen) gespeichert werden. Ausgehend von den Rahmenbedingungen der anzulegenden Teilbeträge, wird per Anfrage an die objektorientierte Datenbank *GemStone* - sie enthält Daten über am Markt verfügbare Rentenpapiere - ein konkreter Titel ausgewählt. Genügen mehrere Rentenpapiere den vorgegebenen Randbedingungen, wird in GemStone die "Nettoeffektivverzinsung" ermittelt. Das Papier mit der höchsten Verzinsung wird ausgewählt und als Ergebnis der Abfrage zurückgegeben. Konnte kein Rentenpapier ausgewählt werden, findet eine Relaxation der Restriktionen statt, bis ein Titel ausgewählt werden kann.

3.2 Beschreibung des Aktienanlageagenten

Aufgabe des Aktienanlageagenten ist es, unter Berücksichtigung der Vermögensstruktur und der persönlichen Risikopräferenz eines vermögenden Privatkunden, einen Anlagevorschlag für verschiedene Aktienpapiere zu erstellen und das entstandene Aktienportefeuille im Kundeninteresse zu verwalten, d.h., Ankaufs- und Verkaufsempfehlungen zu geben. Aktienportefeuilles werden zwar auch von privaten und von institutionellen Anlegern zum Zweck langfristiger Anlagerenditen zusammengestellt, in der Regel dienen sie jedoch zum Aufbau von Beteiligungen oder zur kurzfristigen Investition von frei verfügbarem oder kreditiertem Kapital, um durch günstige Verkaufskurse Spekulationsgewinne zu erzielen.

Da die durchschnittliche Dividendenrendite deutscher Aktien nur bei etwa 4-6 % liegt, lautet die Frage nicht, welche Papiere dem *inneren Wert* nach die höchsten Dividenden erwarten lassen, sondern, wann man welche Aktien kaufen bzw. verkaufen sollte, um interessante Wertzuwachsgewinne bzw. Spekulationsgewinne realisieren zu können. Es werden die folgenden Einflußfaktoren berücksichtigt:

- Beurteilung der allgemeinen gesamtwirtschaftlichen Entwicklung sowie der Entwicklung einzelner Branchen.

- Betrachtung politischer Ereignisse.

- Beurteilung der betriebswirtschaftlichen Situation der Gesellschaft, d.h. Berechnung des *inneren Wertes*.

- Mechanismen der Börse und Wirkung der *Börsenpsychologie*.

- Praxiserprobte Instrumente der Aktienanalyse und deren Aussagekraft.

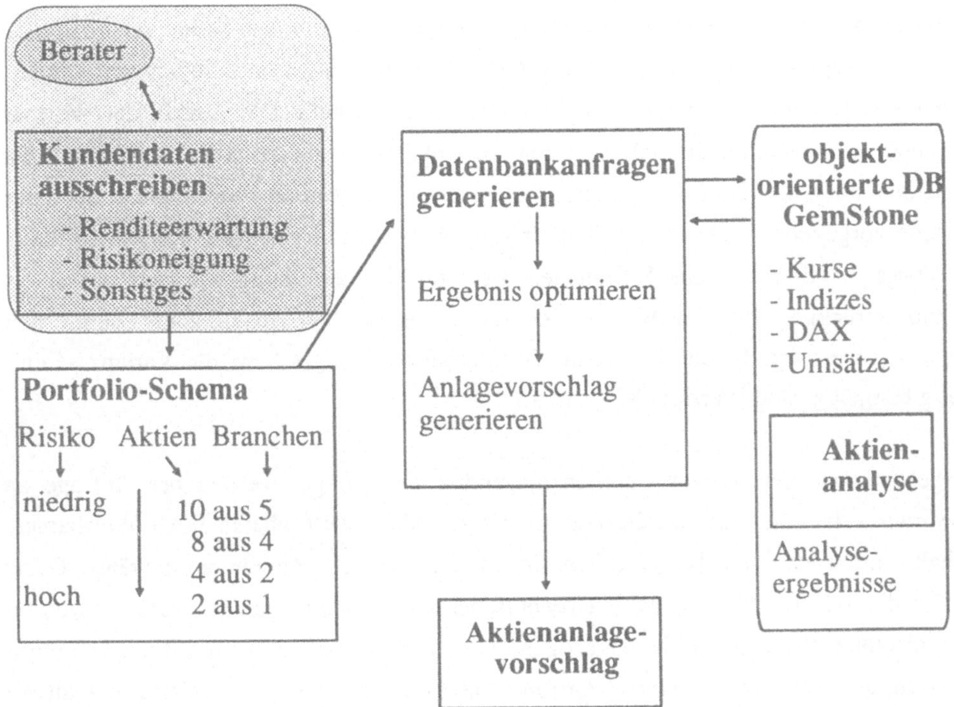

Abb. 4: Ablaufplan des Aktienanlageagenten

Außer diesen marktspezifischen Einflußfaktoren für die Investitionsentscheidung gibt es weitere kundenspezifische Faktoren, die berücksichtigt werden sollen. Dazu gehören vor allem die möglicherweise bereits vorhandenen Papiere, die Risikobereitschaft und eine optional anzugebende, erwartete Minimalrendite. Dazu kommt die Berücksichtigung der Transaktionskosten, der Spekulationssteuer und eventueller Refinanzierungskosten. Aus diesen Faktoren soll nun ein den Kundenwünschen entsprechendes Aktienportefeuille zusammengestellt werden, welches eine möglichst hohe Rendite bei vorgegebenem Risiko verspricht.

Abb. 4 beschreibt den Ablauf zur Erstellung eines Aktienportfolioangebots. Dieses Vorgehen wird im folgenden skizziert. Die vom Kundenberater ermittelten Kundendaten werden ausgeschrieben und somit dem Aktienanlageagenten zugänglich gemacht, der diese Daten über seine Sensorik wahrnimmt.

Zunächst wird die Anzahl der zu berücksichtigenden Branchen, in die investiert werden soll, bestimmt. Das hierfür erforderliche Wissen, welches die Stückelung des vorhandenen Gesamtbetrags in einzelne Teilbeträge veranlaßt, ist in Form von Heuristiken in der Wissensbasis abgelegt. Die gestückelten Teilbeträge werden in den Zellen der *Portfolio-Matrix* abgelegt, die ein Bestandteil des Portfolio-Managers ist und die aus den Dimensionen Wertpapiere und kundenspezifische Parameter besteht. Die Anzahl der Wertpapiere und die Anzahl der Branchen ist von der Anlagestrategie des Kunden abhängig. Ist der Kunde auf kurzfristige Spekulationsgewinne aus, so werden zwei Papiere aus einer Branche vorgegeben, geht es um längerfristige Anlagen mit geringem Risiko, so lautet die Vorgabe: 10 Aktien aus 5 Branchen. Bei der Risikoerfassung wird auf das m - s Prinzip zurückgegriffen, wobei die Konsequenzen des Wertpapierkaufs durch den Erwartungswert der Rendite m und die Standardabweichung s bzw. die Varianz s^2 eindeutig festgelegt sind [Perridon88, S. 97 f.].

Ausgehend von der Vorgabe der anzulegenden Teilbeträge, werden per Anfrage an *GemStone* - die eine ausgewählte Anzahl der am Markt verfügbaren DAX-Wertpapiere enthält - unter den gegebenen Restriktionen die "besten" Papiere ausgewählt. Dabei werden die in Deutschland gängigen Technischen und Fundamental-Analyseverfahren für die einzelnen Wertpapiere herangezogen. Um sowohl der konkreten Entscheidungssituation, als auch dem ständigen Portfolio-Management gerecht zu werden, enthält die Datenbank neben den aktuellen und den historischen Kursen, auch die Ergebnisse der verschiedenen Analyseverfahren.

4 Ausblick für weitere Entwicklungsaufgaben

Bei der Entwicklung von Expertensystemen zur Unterstützung von Beratungsaufgaben wurden überwiegend die Ansätze des regelbasierten und modellbasierten Schließens verfolgt [Schild91]. Obwohl das fallorientierte Erfahrungswissen eine wesentliche Komponente im menschlichen Problemlösungsprozeß darstellt [Kolodner86, 87, Riesbeck89, S. 32], findet es in den meisten Expertensystemen keine Berücksichtigung. Die Bedeutung, die dem fallorientierten Erfahrungswissen somit zukommt, hat wichtige Implikationen für den Entwurf zukünftiger hybrider (vgl. Einleitung) Wissensbasierter Systeme [Gronau92]. So trägt fallorientiertes Erfahrungswissen dazu bei, die Problemlösefähigkeiten von Experten adäquater zu modellieren und den Problemlösungsprozeß transparenter und effizienter zu gestalten ([Krallmann91], [Müller-Wünsch90], [Branskat92, s. 29ff]). Des weiteren kann durch den praktischen Einsatz fallbasierter Entscheidungsunterstützungssysteme (EUS) das menschliche Erinnerungsvermögen unterstützt werden, indem der Computer aufgrund analoger Entscheidungssituationen auf gespeicherte Informationen (Fälle[3]) zurückgreift [Kolodner91]. Ein weiterer Nutzen fallbasierter EUS ist es somit, daß sie durch Bereitstellen ähnlicher und gelöster Fälle den Erfahrungsschatz menschlicher Entscheidungsträger ergänzen.

Die geschilderte und notwendige Kompetenzerweiterung bisheriger WBS durch die Integration von fallorientiertem Erfahrungswissen einerseits sowie die mit der fallbasierten Erweiterung CBRx von KappaPC[4] gemachten Erfahrungen auf dem Gebiet des fallbasierten Schließens andererseits (vgl. [Jeske92], [Woltering92]) , bilden die Grundlage für die Übertragung der dargestellten Gedanken und Ergebnisse auf MAGNIFICO. Als Ausblick für weitere Entwicklungsaufgaben soll die Aufgabe der Allfinanzberatung identifiziert und näher spezifiziert werden. Wie eingangs erwähnt, kann die Allfinanzberatung als eine Syntheseaufgabe verstanden werden, bei der unter Berücksichtigung kundenspezifischer Daten, Restriktionen und Ziele:

- *Kundendaten/-modell:* Alter, Beruf, Einkommen, derzeitige Anlagesituation, steuerliche Belastungen, Ausgaben, Schulden etc.;

- *Kundenziele:* Vermögenserhaltung/-vermehrung, Absicherung, Risikostreuung etc.;

---

3) Im folgenden wird ein Fall im allgemeinen durch eine Problembeschreibung und die zugehörige Lösung beschrieben.
4) Kappa-PC ist ein Produkt der IntelliCorp Inc.

- *Kundenbedingungen:* Risikobereitsschaft, Renditeerwartungen, Liquiditätsneigung, Laufzeitpräferenz etc.;

ein möglichst konfliktfreier Anlagemix zu entwerfen ist. Unter diesen Aspekten kann die Allfinanzberatung vom Standpunkt der Informatik als ein Constraint-Satisfaction-Problem (CSP)[5] für eine synthetische Aufgabenstellung betrachtet werden.

Constraint-Satisfaction-Probleme sind als NP-vollständig bekannt (vgl. z.B. [Mesegner89]), so gibt es nach dem derzeitigen Kenntnisstand der Mathematik und der Theoretischen Informatik keinen Algorithmus, der alle Instanzen eines solchen Problems in einer vertretbaren Zeit zu lösen vermag. Für viele NP-vollständige Probleme sind jedoch trotzdem Verfahren bekannt, die eine effiziente Lösung für bestimmte Instanzen ermöglichen. Diese basieren meist auf Heuristiken bzw. berechnen nur suboptimale Lösungen (z.B. hill-climbing Ansätze). Allen Ansätzen ist gemein, daß sie möglichst früh versuchen, den Suchraum so stark wie möglich einzuschränken. Die Integration von fallorientiertem Wissen in den Prozeß der Constraint-Propagierung unterscheidet sich in zwei wesentlichen Punkten von den herkömmlichen Ansätzen: Für neue Problemstellungen kann der Suchraum noch vor Beginn des eigentlichen Problemlösungsprozesses stark eingeschränkt werden. Des weiteren können Inkonsistenzen in der Problembeschreibung (z.B. Klient möchte alles in Aktien anlegen, seine Risikobereitschaft ist aber sehr gering) frühzeitig erkannt und so das Hineinlaufen in Sackgassen vermieden werden. In [Drouven92] wird ein reflektiver, fallbasierter Ansatz zur Kompetenzverbesserung von Constraint-Problemlösern vorgestellt, der die o.g. Erwartungen an einem Beispiel aus der Problemklasse Konstruktion bestätigt.

Für MAGNIFICO bedeutet die Wiederverwendung von Lösungen einer vorangegangenen Beratung (Fällen) - sowohl der Gesamtberatung als auch der einzelner Agenten -, daß sich die Antwortzeiten des Systems enorm reduzieren lassen. Derzeit wird in der Entwicklungsumgebung *Objectworks\Smalltalk* ein Entwurf eines fallbasierten Problemlösers implementiert, mit dem die o.g. Kompetenzerweiterung des Systems MAGNIFICO erreicht werden soll.

---

5) Zum Thema CSP sei einführend auf [Mesegner89] und [Kumar92] verwiesen.

Literatur

[Bond88] A. H. Bond, L. Gasser: Readings in Distributed Artificial Intelligence, Bond, Gasser (Eds.), Chapter 1, San Mateo, CA, 1988.

[Branskat92] S. Branskat: Fallbasierte Wissensakquisition - Akquisition und Repräsentation von Fällen in der präformalen Phase der Wissensakquisition. Arbeitspapiere der GMD 606, Sankt Augustin, Januar 1992.

[Burmeister91] B. Burmeister, K. Sundermeyer: Cooperative Problem-Solving Guided by Intentions and Perception, *In:* Pre-Proceedings of the 3rd European Workshop on MAAMAW, D. D. Steiner, J. Müller (Eds.), Kaiserslautern, 1991.

[Dennett87] D. C. Dennett: The Intentional Stance, Cambridge, MA, London, MIT Press, 1987.

[Drouven92] U. Drouven: ComIC: Kompetenzverbesserung von Constraint-Problemlösern - Ein reflektiver, fallbasierter Ansatz. Arbeitspapiere der GMD 632, Sankt Augustin, März 1992.

[Fodor87] J. A. Fodor: Psychosemantics, The Problem of Meaning in the Philosophy of Mind, MIT Press, Cambridge, MA, London, 1987.

[Gronau92] N. Gronau, R. Marzi, M. Müller-Wünsch, C. Schopf, A. Woltering: Objekt-orientiertes Design für kooperierende Arbeitsplatzsysteme zur Unterstützung von Managementaufgaben. *In:* DV Management, 1992, Heft 2, im Druck.

[Jeske92] M. Jeske, M. Müller-Wünsch und A. Woltering: Extension of Standard Software Systems by the Case-based Reasoning Approach to a Hybrid Architecture for Intelligent DSS. In: J. Biethahn et al. (Hrsg): Wissensbasierte Systeme in der Betriebswirtschaft - Anwendungen und Integration mit Hypermedia. Wiesbaden: Gabler, 1992 (im Druck).

[Kolodner86] J. L. Kolodner und R. L. Simpson: Problem Solving and Dynamic Memory. *In:* J. L. Kolodner et al. (Eds.): Experience, Memory, and Reasoning. Hillsdale, New Jersey: Lawrence Erlbaum, 1986, S. 99-114.

[Kolodner87] J. L. Kolodner: Extending Problem Solver Capabilities Through Case-Based Inference. *In:* Proc. of the Fourth International Workshop on Machine Learning, 1987, S. 167-178.

[Kolodner91] J. L. Kolodner: Improving Human Decision Making through Case-Based Decision Aiding. *In:* AI Magzine (2), 1991, S. 52-68.

[Krallmann91] H. Krallmann, M. Müller-Wünsch, A. Woltering: CASA: A Knowledge-Based Tool for Management Consultants. *In:* J. Liebowitz (Ed.): Proc. of the World Congress on Expert Systems. Pergamon Press, Vol. 1, 1991, S. 264-281.

[Kumar92] V. Kumar: Algorithms for Constraint-Satisfaction Problems: A Survey. In: AI Magazine 13 (1), 1992, S. 32 - 44.

[Locarek91] H., Locarek, Finanzmathematik, München, Oldenbourg Verlag, 1991.

[Martial92] F. von Martial: Einführung in die Verteilte Künstliche Intelligenz. *In:* Künstliche Intelligenz, 1992, Heft 1, S. 6 - 11.

[Marzi91] R. Marzi: Sprachverstehen im Bürobereich - Ein integriertes Konzept für den rechnergestützten Arbeitsplatz. *In:* Proc. der 2. gemeinsamen Konferenz "Elektronische Sprachsignalverarbeitung", TU-Dresden, S. 213 - 223.

[Mertens90] P. Mertens, V. Borkowski, W. Geis: Betriebliche Expertensystem Anwendungen. Berlin, Springer, 1990.

[Müller-Wünsch90] M. Müller-Wünsch, A. Woltering: Computergestützte Strategieberatung für den Mittelstand. *In:* D. Ehrenberg et al. (Hrsg.): Wissensbasierte Systeme in der Betriebswirtschaft - Grundlagen, Entwicklung, Anwendungen. Berlin, Erich Schmidt, 1990, S. 523-544.

[Müller-Wünsch91] M. Müller-Wünsch: Wissensbasierte Unternehmensstrategieentwicklung. Berlin, Springer, 1991.

[Perridon88] L. Perridon, M. Steiner: Finanzwirtschaft der Unternehmung, München, Franz Vahlen, 1988.

[Reiß92] M. Reiß, H. Corsten: Integrative Führungssysteme. *In:* zfbf, Sonderheft 30, 1992, S. 150-182.

[Riesbeck89] C. K. Riesbeck, R. C. Schank: Inside Case-Based Reasoning. Hillsdale, New Jersey, Lawrence Erlbaum, 1989.

[Rudolph87] B. Rudolph: Kapitalmarktanalyse, Frankfurt a.M., Fritz Knapp Verlag, 1987.

[Schild91] H. G. Schild: Fallbasierte Expertensysteme zur Beratungsunterstützung. *In:* Intelligente Software-Technologien (2), 1991, S. 17-24.

[Woltering92] A. Woltering: Integration des fallbasierten Paradigmas in Expertensystem-Tools zur verbesserten Entscheidungsunterstützung. *In:* Positionspapiere zum Workshop: Ähnlichkeit von Fällen beim fallbasierten Schließen, erscheint als SEKI-Report der Universität Kaiserslautern, Juli 1992.

Entwicklung von Konfigurierungssystemen

H. Kleine Büning   B. Stein

Universität–GH Paderborn
FB 17 – Mathematik / Informatik
Warburger Str. 100
4790 Paderborn

Zusammenfassung

Technischer Fortschritt, Konkurrenzdruck, Verkürzung der Lieferzeiten etc. sind Faktoren, mit denen viele Unternehmen konfrontiert sind. Weil Konfigurierungssysteme die Auftragserfassung und -prüfung, die Kalkulation etc. unterstützen, nehmen sie im Zusammenhang mit den aufgeführten Faktoren eine wichtige Rolle ein. Dieses Papier führt anhand von drei verschiedenen Ansätzen in die aktuelle Entwicklung von Konfigurierungstechniken ein. Dabei wird zunächst die allgemeine Idee vorgestellt und im Anschluß daran die Umsetzung dieser Idee an einem konkreten System veranschaulicht. Innerhalb dieses Spektrums werden sowohl Systeme vorgestellt, die im betrieblichen Einsatz sind, als auch Ansätze beschrieben, die sich noch im Forschungsstadium befinden. In allen vorgestellten Konzepten und Systemen nehmen Techniken aus dem Bereich wissensbasierter Systeme eine wichtige Stellung ein.

1 Einführung

Die stetige Weiterentwicklung technologischer Produkte führt sowohl im Konsum- als auch im Investitionsgüterbereich neben einem technischen Fortschritt auch zu immer kundenspezifischeren Produkten. Mittlerweile ist für viele Firmen eine starke Orientierung an speziellen Kundenwünschen absolut notwendig, um konkurrenzfähig zu bleiben. Ein bestimmtes Produkt wird nicht mehr in wenigen Standardversionen angeboten, sondern ist in einer großen Anzahl von Varianten erhältlich. Verschärft wird diese Entwicklung noch durch eine kürzere Produktlebensdauer und die Forderung nach kurzen Lieferzeiten [Zimmermann 88]. Diese Problematik stellt eine große Herausforderung in vielen Unternehmensbereichen dar: Neben der technischen Beherrschbarkeit muß vom ersten Angebot bis zum ausgelieferten System die *Konsistenz* eines Auftrags gewährleistet und dessen finanzieller Rahmen kalkulierbar sein.

In diesem Zusammenhang nehmen Konfigurierungssysteme eine zentrale Stellung ein. Sie unterstützen die Auftragserfassung, die Auftragsprüfung, die Kalkulation, die Arbeitsplanerstellung etc. Wir verstehen hier unter einem Konfigurierungssystem ein Computerprogramm, daß – ausgehend von den Wünschen eines Kunden – ein System zusammenstellt (konfiguriert), so daß die Kundenwünsche erfüllt sind. In bestimmten Fällen reicht anstelle einer automatischen Konfigurierung auch die *Prüfung* eines manuell zusammengestellten Systems aus.

Nach einer kurzen Einführung in die hier interessierende Konfigurierungsproblematik stellt dieses Papier verschiedene Entwicklungen von Konfigurierungssystemen vor. Dabei wird zunächst die zugrundeliegende Idee erläutert und anschließend ein konkretes System, welches diese Idee operationalisiert, vorgestellt.

Auf der einen Seite des Spektrums steht die Idee, ein technisches System als einen hierarchisch aufgebauten Komplex aufzufassen, dessen *Skelett* den Konfigurierungsprozeß steuert. Abschnitt 4 zeigt jedoch, daß man sich nicht unbedingt an dem strukturellen Aufbau eines technischen Systems, sondern auch ausschließlich an dessen *Funktionalität* orientieren kann. Eine aktuelle Entwicklung wird im Abschnitt 5 beschrieben: Mittels einer graphischen Maus & Menü Oberfläche wird von dem Benutzer das interessierende System am Bildschirm zusammengestellt. Konfigurierungsrelevantes Wissen, wie topologische Informationen, Verhaltensbeschreibungen und Nebenbedingungen sind implizit formuliert und werden automatisch aus der Zeichnung gewonnen und abgearbeitet.

2 Allgemeine Grundlagen

Unter *Konfigurieren* verstehen wir einen Prozeß, der die Auswahl, Anordnung und Parametrisierung von Komponenten zu einem einer Anforderungsdefinition entsprechenden Gesamtsystem zum Ziel hat [Weiner 91].

Eine *Anforderungsdefinition* besteht aus einer flachen oder strukturierten Auflistung von Funktionen, die ein zu konfigurierendes System erfüllen muß. Sie repräsentiert den formalisierten Kundenwunsch, der als Input für den Konfigurierungsprozeß dient.

Das Resultat der Konfigurierung ist eine modellhafte Beschreibung des Gesamtsystems und wird von uns im folgenden mit dem Begriff *Konfiguration* bezeichnet.

Neben der (Neu-) Konfigurierung unterscheiden wir noch die Konfigurationsprüfung und die Änderungskonfigurierung. Aufgabe der Konfigurationsprüfung ist es, eine manuell erstellte Konfiguration auf ihre Zulässigkeit hin zu überprüfen. Bei einer Änderungskonfigurierung wird die Lösung nicht völlig neu, sondern in Anlehnung an eine gegebene Konfiguration für bekannte Anforderungen bestimmt. Hier tritt das Adaptionsproblem auf: Die Leistung der gegebenen Konfiguration erfüllt nicht die aktuellen Anforderungen; sie ist entsprechend durch Hinzufügen, Wegnehmen oder Umordnen von Teilen zu modifizieren.

Obige Definitionen sind vom technischen Verständnis geprägt und auch nur in technischen Gegenstandsbereichen sinnvoll. Ein technischer Gegenstandsbereich grenzt sich von anderen Domänen dadurch ab, daß in der Regel die Konfigurationsobjekte selbst sowie ihre gegenseitigen Abhängigkeiten bekannt sind. Steels [85] umschreibt diesen Sachverhalt wie folgt:

> *Technical systems, such as trains, computers, airplanes, power plants, or cars, are artifacts constructed to perform a particular function. In contrast to biological or natural systems which formed the domain of most of the first generation expert systems, they are in principle completely understood. All components are known and the behavior of the whole can theoretically be predicted from the behavior of the parts.*

Die Komplexität eines Konfigurierungssystems wird weniger durch das zugrundegelegte Konzept, sondern vielmehr von den Anforderungen der konkreten Anwendung beeinflußt. Die nachfolgend skizzierten Punkte werden als besonders wichtig erachtet (teilweise in [Puppe 90]):

- Die Konfigurationsobjekte sind bereits ausgewählt. Zu bestimmen sind nur die Eigenschaften des Gesamtsystems.

- Falls nur die *Auswahl* der Konfigurationsobjekten und nicht deren Anordnung von Interesse ist, muß räumliches Wissen bei der Problemlösung nicht berücksichtigt werden.

- Gerichtete Beziehungen zwischen Konfigurationsobjekten lassen sich durch Regeln beschreiben. Im Gegensatz hierzu sind zur Formulierung von ungerichteten Beziehungen häufig komplexe Constraint-Mechanismen erforderlich.

- Läßt sich das Wissen einer Anwendungsdomäne so vorstrukturieren, daß während des Konfigurierungsprozesses keine Kontrollentscheidung revidiert werden muß, kann auf aufwendige Mechanismen zur Rücknahme bereits getroffener Entscheidungen verzichtet werden.

- Damit Konfigurierungssysteme keine Insellösung darstellen, besteht die Notwendigkeit, sie an bestehende Systeme für die Auftragseingabe, PPS-Systeme etc. zu koppeln. Hierbei reicht das Spektrum von einer losen Kopplung über Schnittstellen bis hin zu einer festen Kopplung über eine integrierte Wissensbasis.

- Bei der Wartung und Aktualisierung eines Konfigurierungssystems ist entscheidend, ob die Wissensbasis direkt durch einen Anwender oder durch einen KI-Experten gepflegt werden soll.

Einige der hier angesprochenen Punkte werden in den nachfolgenden Kapiteln im Zusammenhang mit einer Realisierung noch einmal aufgegriffen.

3 Skelettkonfigurierung

3.1 Konzept

Die Skelettkonfigurierung ist ein Konfigurierungsprinzip, das sich in erster Linie an der Struktur des zu konfigurierenden Systems orientiert. D.h., Voraussetzung für die Anwendbarkeit einer solchen Strategie muß eine hierarchische Strukturierbarkeit der Anwendungsdomäne sein. Ein *Strukturmodell* einer Anlage läßt sich dann durch einen hierarchischen Und-Oder-Graphen beschreiben:

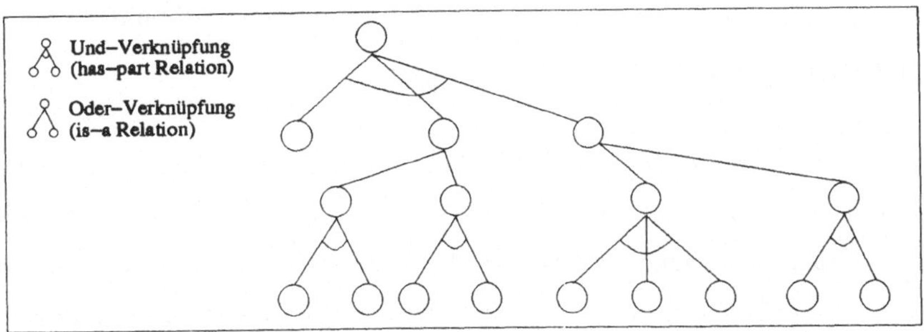

Abb. 1: Beispiel für einen Und-Oder-Graph

Die Lösungsfindung mit Hilfe eines Und-Oder-Graphen beruht auf der schrittweisen Zerlegung in Teilprobleme (Und-Verknüpfung), wobei ein Teilproblem durch die Auswahl mehrerer Alternativen verfeinert werden kann (Oder-Verknüpfung). Durch diese Repräsentationsform werden grundsätzliche Entscheidungsmöglichkeiten für das Konfigurierungssystem expliziter dargestellt, als dies durch einen assoziativen Ansatz mit einer unstrukturierten Menge von Regeln möglich wäre. Auf einem solchen Strukturmodell bauen zwei wesentliche Konfigurierungsstrategien auf:

- TOP-DOWN-Konfigurierung: Der Konfigurierungsprozeß geht vom Wurzelknoten aus und verfeinert bzw. zerlegt die Objekte.

- BOTTOM-UP-Konfigurierung: Falls der Benutzer konkrete Komponenten und Parameter spezifiziert, werden diese zunächst instanziiert und entsprechende Schlußfolgerungen gezogen. Anschließend beginnt eine TOP-DOWN-Konfigurierung mit den bereits instanziierten Objekte als zusätzliche Randbedingung.

Typischer Vertreter für dieses Konfigurierungskonzept ist die Entwicklungsumgebung PLAKON [Cunis et al. 91] und das nachfolgend vorgestellte System WIST [Weiner 87; Kleine Büning & Schmitgen 88].

3.2 Realisierung

Das System WIST (<u>Wi</u>ssensbasierte <u>St</u>ücklistenverarbeitung) ist eine Umsetzung der oben beschriebenen Methodik des Skelettkonfigurierens. Wesentliche Merkmale von WIST sind die einfache Integrierbarkeit in das operationale Umfeld einer Unternehmung sowie das Erstellen und Warten einer Wissensbasis durch Nicht-KI-Spezialisten.

WIST wurde in unserer Forschungsgruppe in Zusammenarbeit mit einem Anwendungspartner aus dem Maschinenbau entwickelt.

Kernidee ist die Erweiterung eines Stücklistenkonzeptes um Regeln: Ausgehend von Kundenwünschen (Auftragsparametern) werden mittels parametrisierter Stücklisten eindeutige Stücklisten generiert, welche die Erzeugnisstruktur eines Produktes beschreiben. Im folgenden gehen wir konkreter auf die Wissensrepräsentation und Verarbeitung in WIST ein.

Wissensrepräsentation

Kern der Wissensrepräsentation bilden Modellstücklisten. Sie unterscheiden sich von einer gewöhnlichen Stückliste dadurch, daß zu jeder Stücklistenposition eine Bedingung und mehrere Aktionen angegeben werden können. Im Bedingungsteil einer Stücklistenposition kann mit Hilfe der Parameter, die Kundenwünsche und -vorgaben enthalten, eine Bedingung angegeben werden, welche die Auswahl dieser Stücklistenposition steuert. Im Aktionsteil können Maßnahmen – wie etwa Wertzuweisungen an Parameter, Wertzuweisungen an Felder der aktuellen Stücklistenzeile etc. – formuliert werden, welche bei Gültigkeit dieser Stücklistenposition ausgeführt werden. Eine Stücklistenposition kann man somit als Regel auffassen, die folgendes besagt:

Wenn die Bedingung einer Stücklistenzeile erfüllt ist
Dann ist die Stücklistenzeile gültig und
     alle Maßnahmen im Aktionsteil müssen ausgeführt werden

Um komplexere Beziehungen innerhalb eines Produktes beschreiben zu können, wird ferner die Formulierung von Beziehungen zwischen Parametern mittels stücklisten*externer* Regeln erlaubt. Durch die Zuordnung stücklistenexterner Regeln zu einer Modellstückliste und durch die Verweise innerhalb einer Modellstückliste auf untergeordnete Stücklisten ergibt sich der in Abbildung 2 dargestellte Aufbau der Wissensbasis. Die Ermittlung einer eindeutigen Produktvariante orientiert sich an dieser Struktur.

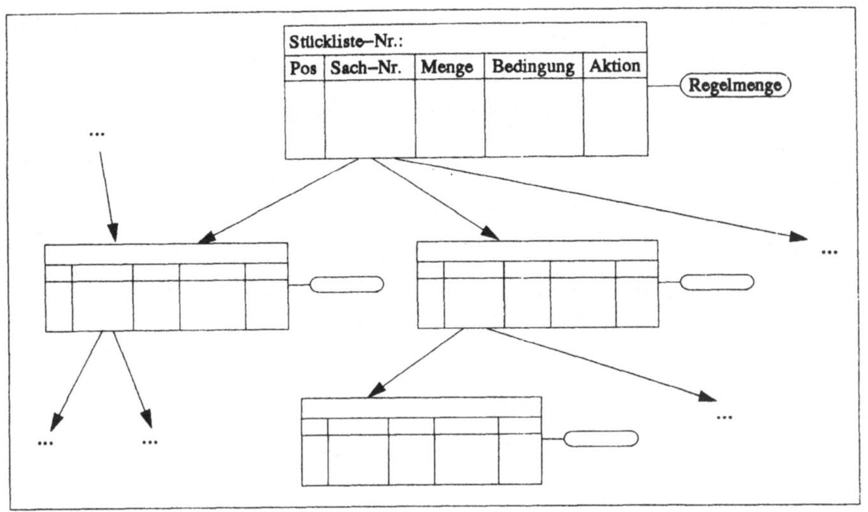

Abb. 2: Aufbau der Wissensbasis

Wissensverarbeitung

Nach Auswahl einer Einstiegsstückliste wird ein Auftrag wie folgt bearbeitet: Die Stücklistenzeilen einer Modellstückliste werden sequentiell getestet. Falls der Bedingungsteil einer Stücklistenzeile erfüllt ist, wird diese Zeile als gültig markiert und der zugehörige Aktionsteil ausgeführt. Verweist eine gültige Stücklistenpostion auf eine weitere Stückliste, so wird diese nach der gleichen Vorgehensweise bearbeitet. Die stücklisteninternen Regeln (Stücklistenzeilen) werden also sequentiell abgearbeitet. Die stücklistenexternen Regeln werden hingegen "bei Bedarf" herangezogen. Die stücklistenexternen Regeln werden gleichzeitig datengetrieben und zielgetrieben verarbeitet, d. h. eine stücklistenexterne Regel wird zum einen angewendet, wenn ihr Bedingungsteil erfüllt ist. Damit können von den stücklistenexternen Regeln automatisch Parameter für die weitere Verarbeitung bestimmt werden. Zum anderen wird eine stücklistenexterne Regel rückwärtsverkettend verarbeitet, falls ein Parameterwert benötigt wird und für diesen Parameter eine entsprechende Regel zur Wertermittlung existiert.

Die Erfahrung mit WIST hat gezeigt, daß durch die Strukturierung des Konfigurierungswissens mittels Modellstücklisten und zugeordneter Regeln eine Wissensrepräsentationsform vorliegt, die im besonderen Maße die Anforderungen der betrieblichen Praxis erfüllt. Die Erweiterung der Stücklisten um Regeln hat den Vorteil, daß die Gestalt der Stückliste weitgehend erhalten bleibt und damit die Konstrukteure, die selbständig ohne Einbeziehung eines KI-Spezialisten die Wissensbasis erstellen sollen, ein gewohntes Format vorfinden. Durch den Verzicht auf hybride Wissensrepräsentationsformen und Verarbeitungsmechanismen kann das System durch eine herkömmliche Datenbankanwendung, die um eine Regelverarbeitungskomponente zu erweitern ist, realisiert werden. Einen Erfahrungsbericht über den erfolgreichen Einsatz dieses Systems in der betrieblichen Praxis findet sich in [Kleine Büning et al. 90].

4 Ressourcenorientierte Konfigurierung

4.1 Konzept

Ressourcenorientierte Konfigurierung basiert auf der Idee, die Konfigurierungsobjekte als Anbieter und Verbraucher von Ressourcen zu betrachten [Heinrich 91; Stein & Weiner 90]. In der Regel handelt es sich bei diesen Ressourcen um Funktionalitäten, die in der technischen Verwendung dieser Objekte begründet liegen. Abgrenzend zur Skelettkonfigurierung steht nicht die Struktur, sondern ein *funktionales Modell* der Anwendungsdomäne im Vordergrund.

Basis eines solchen funktionalen Modells ist die Beschreibung der Domäne durch eine Menge von Komponenten K, Funktionalitäten F und Prädikate P. Hierbei stellen die Funktionalitäten die Eigenschaften dar, die von den Konfigurationsobjekten angeboten oder gefordert werden. Jeder Funktionalität aus F ist ein Wertebereich, zwei Abbildungen sowie ein Prädikat zugeordnet. Mit den Abbildungen ist die Verarbeitung der Eigenschaften zwischen den Konfigurationsobjekten definiert. Das Prädikat dient zur Festlegung, unter welcher Bedingung der Angebotswert einer Funktionalität die gestellte Forderung erfüllt. Weiterhin gehören zu jedem Konfigurationsobjekt aus K eine Angebotsmenge und eine Forderungsmenge, die Elemente der Form *(Funktionalität Wert)* enthalten. Auch die Anforderungsdefinition eines Kunden wird mit Tupeln dieser Form beschrieben.

Das Konfigurierungsproblem besteht nun darin, Konfigurationsobjekte aus K derart auszuwählen, daß die angebotene Gesamtfunktionalität dieser Objekte die geforderten Funktionalitäten gemäß den zugehörigen Prädikaten erfüllen. Eine wesentlich genauere formale Beschreibung dieses Konfigurierungsproblems findet sich in [Najmann & Stein 91]. U.a. werden hier auf Grundlage des formalen Gerüsts theoretische Zusammenhänge zum Skelettkonfigurieren hergestellt.

4.2 Realisierung

MOKON (<u>Mo</u>dellbasierte <u>Kon</u>figurierung) ist ein Konfigurierungssystem, das die Idee der ressourcenorientierten Konfigurierung operationalisiert.

Wissensrepräsentation

In MOKON wird explizit zwischen Meta- und Objektwissen unterschieden. Wichtige Wissensarten sind:

- *Priorität der Eigenschaften (Metawissen)*: Mit diesen Prioritätskennzahlen wird von Anfang an ein möglichst hoher Grad der Linearisierung des Konfigurationsprozesses erreicht, d. h. das Rücksetzen auf weit zurückliegende Entscheidungen und die damit verbundenen Neuberechnungen sollen vermieden werden.

- *Attributives Wissen einer Komponente (Objektwissen)*: Dieses Wissen besteht zum einen aus funktionalem Wissen, wie den Angeboten und Forderungen, die sich aus der Funktionalität der Komponente ableiten lassen, zum anderen aus weiteren Attributen wie Preis, Lagerbestand etc.

- *Attributives Wissen einer Eigenschaft (Objektwissen)*: Hierbei handelt es sich um Wissen, das eine dem kausalen Modell angemessene Behandlung der Eigenschaften ermöglicht. Hier ist definiert, wie aus einer Liste von Forderungen bzw. Angeboten eine Gesamtforderung bzw. ein Gesamtangebot für diese Eigenschaft generiert wird und in welcher Weise diese ermittelten Werte verglichen werden.

Wissensverarbeitung

MOKON verarbeitet Wissensbasen mit Konfigurationsobjekten, die im wesentlichen durch Angebots- und Forderungsfunktionalitäten beschrieben sind. Durch die Ange-

bots- und Forderungssemantik ist ein funktionales Abhängigkeitsnetz implizit vorgegeben, das den Konfigurierungsprozeß auf folgende Art steuert:

Ausgangspunkt des Konfigurierungsprozesses ist eine Anforderungsdefinition, die aus
einer Auflistung von Funktionalitäten besteht, welche das zu konfigurierende System
erfüllen soll. Mit diesen Funktionalitäten wird eine *Bilanz* initialisiert, in der Angebote
und Forderungen eingetragen werden. Für jede Funktionalitätsforderung innerhalb der
Bilanz, der kein geeignetes Angebot gegenübersteht, wird eine Alternativenermittlung
angestoßen. Abhängig von der aktuellen Strategie wird eine Alternative ausgewählt
und die Bilanz aktualisiert. Angebote und Forderungen, die sich aus den neuen Komponenten ergeben, müssen auf der Bilanz nachvollzogen werden. Kann eine Forderung
nicht erfüllt werden, so muß im Suchraum zurückgesprungen, d.h. andere Alternativen verwendet werden. Neben der Hill-Climbing-Strategie – lokale Auswahl z.B. der
preisgünstigsten Alternative – kann der Benutzer den Suchraum interaktiv verwalten.
Der Prozeß des Überprüfens und Aktualisierens der Bilanz wird solange fortgesetzt,
bis alle offenen Forderungen erfüllt sind oder festgestellt wird, daß keine Lösung existiert.

In der bisherigen Beschreibung der Wissensverarbeitung wurde offengelassen, in welcher *Reihenfolge* offene Forderungen abgearbeitet werden. Hierzu zeigt Abbildung 3
ein Abhängigkeitsnetz mit Komponenten (Rechtecke) und Funktionen (Rauten), aus
dem sich eine Abarbeitungsreihenfolge ableiten läßt.

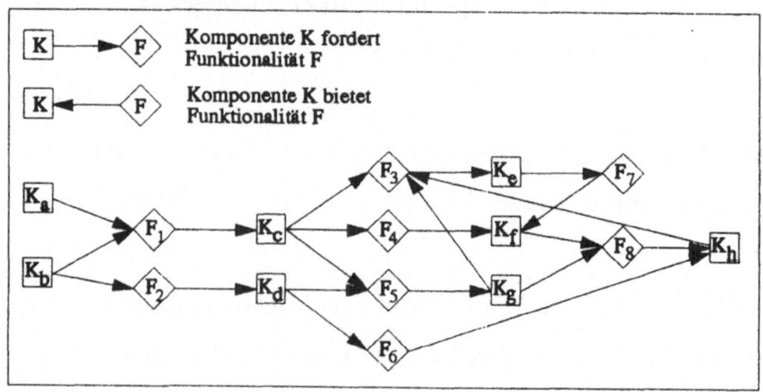

Abb. 3: Funktionales Abhängigkeitsnetz

Z.B. bietet hier die Komponente des Typs K_e die Funktionalität F_3. Bevor nun die
Anzahl von K_E festgelegt wird, sollten die Komponenten, welche die Funktionalität
F_3 fordern, bestimmt sein (hier: K_c, K_g, K_h).

In MOKON wird aus den Komponentenbeschreibungen automatisch dieses Abhängigkeitsnetz aufgebaut. Innerhalb dieses Netzes werden die Funktionalitäten topologisch sortiert und ihnen eine dieser Sortierung entsprechende Priorität zugeordnet. Werden zyklische Abhängigkeiten festgestellt (starke Zusammenhangskomponenten im Graphen), muß der Benutzer festlegen, mit welcher Funktionalität innerhalb des Zyklus fortgefahren werden soll. Eine Bestimmung der Funktionalitäten, die sich in eine linearisierte Reihenfolge einordnen lassen, die Berechnung dieser Reihenfolge sowie die Identifizierung von zirkulären Abhängigkeiten ist in linearer Zeit möglich [Tarjan 72].

Eine funktionsorientierte Betrachtungsweise zielt auf Domänen, in denen die zu konfigurierenden Komponenten nicht über ein Strukturmodell, sondern über ihre Funktionalität in Beziehung gesetzt werden. Als Anwendungsdomäne dienten u.a. Produkte einer Firma aus dem Telekommunikationssektor [Schmitgen, Stein & Weiner 91]. Ein Vorteil des ressoucenorientierten Ansatzes gegenüber der Skelettkonfigurierung ist, daß die Struktur der interessierenden Anlage nicht berücksichtigt werden muß. Hieraus resultieren insbesonders Vorteile bei der Erweiterung der Wissensbasis: Neue Objekte können einfach hinzugenommen werden – wann und wie sie bei der Konfigurierung Verwendung finden wird vom System automatisch auf Grundlage ihrer Funktionalitäten bestimmt.

5 Graphische Konfigurierung

5.1 Konzept

Mit Hilfe der graphischen Konfigurierung wird versucht, dem Anwender ein Problembeschreibungsinstrument an die Hand zu geben, das ihn in die Lage versetzt, technische Sachverhalte zu formulieren, die sich nicht mit den bisher vorgestellten Ansätzen beschreiben lassen. D. h., die graphische Konfigurierung basiert – im Gegensatz zu den beiden vorigen Konzepten – nicht unmittelbar auf einer einfachen Idee.

Die Komplexität bei der Konfigurierung eines technischen Systems erreicht eine neue Dimension, wenn neben der Formulierung von Funktionalitäten (vgl. ressourcenorientierte Konfigurierung) auch das *Verhalten* des technischen Systems eine wichtige Rolle spielt. Deshalb könnte man in diesem Zusammenhang auch von "verhaltensorientierter Konfigurierung" oder von "Konfigurierung auf Basis tiefer Modelle" sprechen. Die zu beschreibenden technischen Zusammenhänge sind jedoch so komplex, daß für einen Benutzer die Problemformulierung, Wissensakquisition, Wartung etc. praktisch nur noch auf der Ebene einer technischen Zeichnung vollzogen werden kann.

Die Elemente, die dem Benutzer nur als graphische Symbole erscheinen, repräsentieren komplexe Datenobjekte. Sie besitzen Ein- und Ausgänge, um miteinander zu kommunizieren, Funktionalitäten, lokale Verhaltensbeschreibungen etc. Die Charakterisierung dieser Objekte hinsichtlich des lokalen Verhaltens orientiert sich wesentlich an den Konzepten, wie sie z.B. von DeKleer & Brown [84], Struss [88] oder Kuipers [84] vorgestellt und entwickelt wurden. In diesem Zusammenhang ist einer der wichtigsten Punkte die Realisierung des *Lokalitätsprinzips.* Vereinfachend gesagt fordert dieses Prinzip, daß sich das Gesamtverhalten eines technischen Systems aus den Einzelverhalten seiner Komponenten ableiten läßt. Diese Forderung ist deshalb so wichtig, weil bei Konfigurationsproblemstellungen ausgehend von Einzelkomponenten ein zusammenhängendes System erst gebaut wird.

Die genauen Ansätze bei der Wissensrepräsentation und -verarbeitung hängen hier besonders von der Anwendungsdomäne ab. Im nachfolgenden Unterabschnitt wird anhand einer technischen Problemstellung ein konkreter Ansatz vorgestellt.

5.2 Realisierung

Anwendungsdomäne

Unsere Anwendungsdomäne ist der Einsatz von hydraulischen Anlagen. Vereinfachend gesagt, versteht man unter einer hydraulischen Anlage ein System, das Verfahr- und Steuerprobleme mit Hilfe von Flüssigkeiten löst. Ein typisches Beispiel hierfür ist eine hydraulische Hebebühne.

Eine hydraulische Anlage wird gemäß den Kundenwünschen entworfen. Bevor diese Anlage installiert und in Betrieb genommen wird, muß getestet werden, ob sie Fehler enthält und den Anforderungen des Kunden entspricht. Hierbei handelt es sich um ein typisches Konfigurierungsproblem: Gegeben sind bestimmte Anforderungen und es ist zu prüfen, ob die Anlage diese erfüllt. Diese Aufgabe ist sehr komplex und wird manuell von einem qualifizierten Experten durchgeführt [Lemmen 91]. Zur Zeit wird das System "Art Deco" mit dem Ziel entwickelt, wesentliche Teile dieser Konfigurationsprüfung zu automatisieren[1]. Wichtige, d.h. auf andere Domänen übertragbare Konzepte von "Art Deco" sind nachfolgend skizziert.

Wissensrepräsentation

Die Wissensrepräsentation setzt sich zum einen aus verschiedenen Objektwissensbasen, zum anderen aus mehreren, auf den Objekten operierenden, Funktionsmodulen zusammen. U.a. existiert eine Wissensbasis, in der das gesamte graphische Wissen einer Komponente untergebracht ist. Parallel hierzu liegt in einer "technischen" Wissensbasis das hydraulische Wissen der Komponenten. Ein Objekt der technischen Wissensbasis "erbt" u.a. seine zugehörige graphische Information. Darüberhinaus enthält es Wissen über Funktionalitäten (vergleichbar wie in MOKON), Wissen über verschiedene Anschlüsse und Wissen über Verhalten. Dieses Wissen ist bei jedem Objekt in sogenannten "Slots" organisiert. Z.B. enthält derjenige Slot, der für die Beschreibung des Verhaltens notwendig ist, mindestens eine Übergangsfunktion, welche physikalische Eigenschaften der Komponente bezogen auf ihre Anschlüsse beschreibt.

Hierfür wurde ein Konzept entwickelt, das die Formulierung verschiedener Typen physikalischer Constraints sehr einfach macht [Stein, Hoffmann & Lemmen, 1991]. Abbildung 4 zeigt an einem hydraulischen Kreislaufausschnitt, von welcher Art die Verhaltensconstraints sein können.

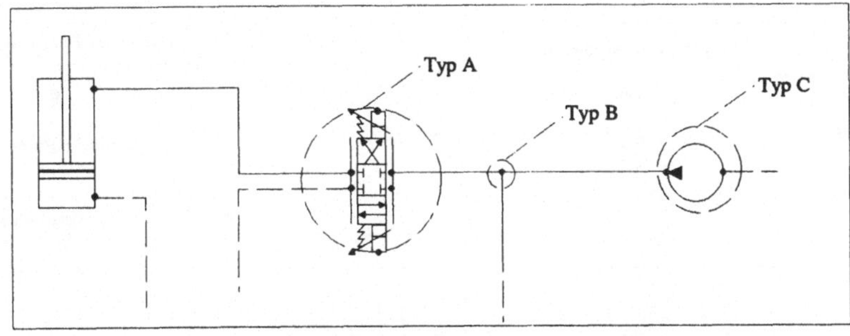

Abb. 4: Beispiele für verschiedene Constraints

Z.B. wird ein Ventilconstraint (Typ A) durch mehrere Gleichungen der Form $\Delta P =$

---

[1] Diese Arbeit wird von der DFG gefördert.

$\frac{2}{5}Q^2$ beschrieben (ΔP ist der Druckverlust, der bei einem Fluß von Q entsteht). Die Kontinuitätsbedingung (Typ B), die an jeder T-Verbindung eingehalten werden muß, wird mit der Übergangsfunktion *Fluß.1* + *Fluß.2* + *Fluß.3* = 0 formuliert. Auch die Festlegung von Konsistenzbedingungen wie *Durchfluß* $\leq$ *120* für eine Pumpe (Typ C) sind möglich.

Wissensverarbeitung

Wissensverarbeitung in "Art Deco" bedeutet im wesentlichen die automatische Generierung von Wissensbasen und Constraintverarbeitung.

Dabei läuft die Prüfung eines hydraulische Kreislaufs zur Zeit folgendermaßen ab: Maus & Menü gesteuert wählt der Benutzer aus einer Bibliothek hydraulische Komponenten aus, ordnet diese auf dem Bildschirm an und spezifiziert sie mit den Kundenanforderungen. Er verbindet diese Objekte gemäß seiner Vorstellung über die hydraulische Anlage. Schon zu diesem Zeitpunkt werden unzulässige Anschlüsse zurückgewiesen. Weiterhin wird automatisch eine Wissensbasis kreiert, die den gerade entworfenen Schaltkreis mit allen graphischen und technischen Informationen enthält. Auf Grundlage dieser Wissensbasis werden auch alle topologischen Informationen, die zur Auswertung der Constraints nötig sind, generiert. Nach der Eingabe durch den Benutzer liegt die vollständige Information vor, um die aktuelle Anlage hinsichtlich ihres Gesamtverhaltens zu überprüfen. Nun startet die Constraintverarbeitung. Die folgende Abbildung zeigt die verschieden Phasen:

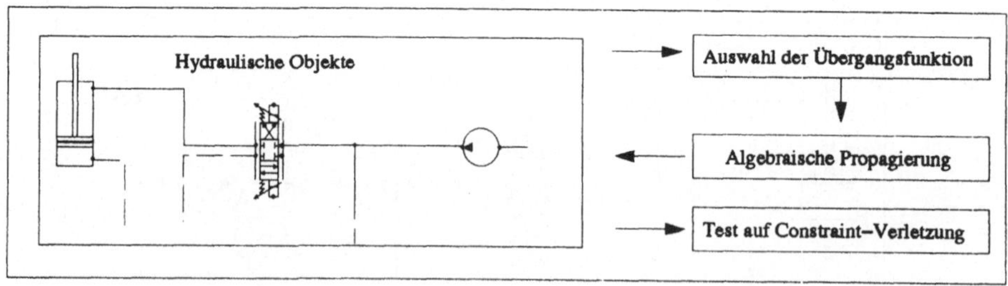

Abb. 5: Phasen innerhalb der Constraintverarbeitung

Innerhalb der ersten Phase werden die gültigen Übergangsfunktionen aus dem Kreislauf bestimmt. Diese werden einem Modul zur algebraischen Propagierung übergeben. Hier werden unter Zuhilfenahme der Kundenparameter alle Druck- und Flußwerte des

Gesamtsystems berechnet. Eine Konfigurationsprüfung ist erfolgreich, wenn sich aufgrund der berechneten Werte keine Widersprüche ergeben.

6 Fazit

Nach einer Einführung in die Konfigurierungsproblematik wurden verschiedene Konzepte und Systeme zur Bewältigung von Aufgabenstellungen innerhalb des Problembereichs präsentiert.

Dabei erkennt man, daß die Auswahl und Realisierung eines bestimmten Ansatzes sehr stark von der konkreten Problemstellung beeinflußt wird. Zum einen muß die Aufgabenstellung aus technischer Sicht gelöst werden, zum anderen hat eine Realisierung hinsichtlich der Wissensaqkuisition und -pflege den betrieblichen Rahmenbedingungen zu genügen: Ein Konfigurierungssystem muß ohne Einbeziehung von KI-Spezialisten wart- und bedienbar sein. Wie eine solche betriebsgerechte Umsetzung aussehen kann, wurde vor allem mit dem System WIST gezeigt.

Losgelöst von dem unmittelbaren Einsatz in ein operatives Umfeld einer Unternehmung wird das System "Art Deco" entwickelt. "Art Deco" ist ein Beispiel dafür, daß mittlerweile sehr komfortable Konfigurierungssysteme realisierbar sind, die auch weniger qualifiziertes Personal in die Lage versetzen, komplexe Konfigurierungsaufgaben selbständig zu bearbeiten.

Literatur

[Cunis et al. 91] *Das PLAKON-Buch – Ein Expertensystemkern für Planungs- und Konfigurierungsaufgaben in technischen Domänen.* Springer Verlag, Berlin, 1991.

[De Kleer, Brown 84] *A Qualitative Physics Based on Confluences.* Artificial Intelligence 24, 1984.

[Heinrich 91] *Ressourcenorientierte Modellierung als Basis modularer technischer Systeme*, in: Beiträge zum 5. Workshop "Planen und Konfigurieren", LKI-M-1/91.

[Kleine Büning, Schmitgen 88] *Konzept zur Lösung des Variantenproblems in der Stücklistenverarbeitung.* CIM Management 2/1988, Oldenbourg Verlag.

[Kleine Büning et al. 90] *Wissensbasierte Produktkonfiguration.* VDI-Z 132, Nr. 10, 1990.

[Kuipers 84] *Commonsense Reasoning about Causality: Deriving Behaviour from Structure.* Artificial Intelligence 24, 1984.

[Lemmen 91] *Akquisition und Analyse von Wissen zur Inbetriebnahme von hydraulischen translatorischen Anlagen.* Diplomarbeit, Universität Duisburg, Inst. f. Meß-, Steuer-, und Regelungstechnik, 1991.

[Najmann & Stein 91] *A Theoretical Framework for Configuration.* Erscheint in Proc. der IEAAIE'92, Paderborn, 1992.

[Puppe 90] *Problemlösungsmethoden für Expertensysteme.* Springer, Berlin, Heidelberg, 1990.

[Schmitgen, Stein & Weiner 91] *Anlagenkonfigurierung – Analyse des Erweiterungsgeschäfts.* Interne Studie, TELENORMA, Frankfurt, 1991

[Steels 85] *Second Generation Expert Systems.* Future Generation Computer Systems, Vol. 1, North-Holland, 1985.

[Stein & Weiner 90] *MOKON – Eine modellbasierte Entwicklungsplattform zur Konfiguration technischer Anlagen.* Schriftenreihe des Fachbereichs Mathematik 178, Uni -GH- Duisburg, 1990.

[Stein, Hoffmann & Lemmen 91] *Art Deco: A System which Assists the Checking of Hydraulic Circuits.* ECAI'92–Workshop on Model-based Reasoning, Wien, 1992.

[Struss 88] *Assumption based reasoning about device models*, in H.W. Früchtenicht: Wissensrepräsentation und Schlußfolgerungsverfahren, Oldenbourg Verlag, München, 1988.

[Tarjan 72] *Depht First Search and Linear Graph Algorithms.* Society of Industrial and Applied Mathematicians, J. Comp. 1, pp. 146-160, 1972.

[Weiner 87] *Anforderungen an die Verarbeitung variantenreicher Unterlagen.* Diplomarbeit Universität Karlsruhe, 1987.

[Weiner 91] *Aspekte der Konfigurierung technischer Anlagen.* Dissertation, Universität Duisburg, Institut für praktische Informatik, 1991.

[Zimmermann 88] *Produktionsplanung variantenreicher Erzeugnisse mit EDV.* Springer Verlag, 1988.

# Verteilung und Integration

Methodische Entwicklung verteilter DV-Systeme im Unternehmen

Klaus D. Niemann

Plenum Management Consulting GmbH
Dammtorstraße 33, 2000 Hamburg 36

Zusammenfassung

Verteilte Anwendungen finden auch im kommerziellen Bereich stärkere Verbreitung, weil einerseits vorhandene verteilte Daten und/oder Funktionen integriert werden müssen, und andererseits die bessere Unterstützung der Fachabteilungsarbeit mit graphischen Benutzeroberflächen bei gleichzeitigem Zugriff auf aktuelle Massendatenbestände z. Zt. nur mit Hilfe einer Verteilung der Anwendung auf Server-Rechner und Workstations erreicht werden kann. Der Software-Entwicklungsprozeß muß die Spezifika verteilter Anwendungen in methodischer, organisatorischer und technischer Hinsicht berücksichtigen. Eine adäquate Software-Produktionsumgebung unterstützt die Erhebung der Topologie durch Methoden und Werkzeuge, sieht entsprechende Aktivitäten im Vorgehensmodell vor und setzt Standards für das Projektmanagement.

1   Einleitung

Folgt man aktuellen Aussagen von DV-Verantwortlichen großer deutscher Unternehmen [PIN92], so ist der *Trend zu verteilten Systemen* auch in Installationen der kommerziellen Informationsverarbeitung (IV) unverkennbar. In diesem Beitrag sollen Erfahrungen aus Praxisprojekten mit der Zielsetzung zusammengefaßt werden, Aussagen über die Spezifika des Entwicklungsprozesses verteilter Anwendungen zu gewinnen, die bei der Gestaltung einer Software-Produktionsumgebung berücksichtigt werden sollten.

Hierzu sollen zunächst die Determinanten für den Trend zu verteilten Systemen benannt werden. Anschließend werden die aus den Projekten gewonnenen Implikationen verteilter Anwendungen für den Software-Produktionsprozeß dargestellt und in die Dimensionen einer durchgängigen Software-Produktionsumgebung eingeordnet.

2 Der Trend zu verteilten Anwendungen

Die zunehmende Verbreitung verteilter Anwendungen wird zum einen durch die erforderlichen *Integration* vorhandener Rechner und der auf ihnen installierten Anwendungen und Datenbanken determiniert. Hierbei wird das Ziel der universellen Nutzung der Ressource Information im Unternehmen verfolgt, unabhängig von heterogenen Hardwarearchitekturen, Entwicklungsumgebungen, Betriebs- und Datenbanksystemen [LOR88]. Zum anderen wird die genannte Entwicklung forciert durch die Nachfrage von Fachabteilungen nach *besserer Unterstützung ihrer Arbeit* durch graphische Benutzeroberflächen, die eine Geschäftsvorfall-orientierte Sachbearbeitung zulassen und z. Zt. nur mit Hilfe von Workstations realisiert werden können. Denn diese Workstations müssen mit Host- und/oder Serversystemen vernetzt werden, die in der Lage sind, große Datenbestände zu verwalten, um einerseits Fachabteilungen mit graphischen Benutzeroberfächen auf leistungsfähigen Workstations adäquat zu unterstützen, ihnen andererseits aber den Zugriff auf aktuelle, unternehmensrelevante Informationen zu gewähren.

Die vollständige Integration ist dann erreicht, wenn Host, leistungsfähige Server und Workstations nicht nur durch ein Netzwerk gekoppelt sind (*Interconnectivity*), sondern darüber hinaus durch die Installation verteilter Anwendungssysteme zur kooperierenden Bearbeitung von Aufgaben befähigt werden (*Interoperability*) [NUT92]. Im Ergebnis wird es möglich, Teilaufgaben an die Verarbeitungsknoten im Netz zu delegieren, deren Hardware-. Betriebssystem und Werkzeugarchitekturen sie zur Bearbeitung dieser Aufgaben prädestinieren - die Attribute eines Verarbeitungsknotens bestimmen seinen optimalen Einsatz im Rahmen der Gesamtaufgabenstellung der IV. Host-Systeme verarbeiten unternehmensweit relevante Massendatenbestände (z.B. Datenbank 'Partner' im Versicherungsbereich), Server Systeme sind zuständig für Datenbestände, die für einzelne Organisationseinheiten von Interesse sind (z.B. Personaldaten), und Workstations präsentieren das Anwendungsportfolio mittels angemessener, graphischer Benutzeroberflächen. Durch Verteilung der Aufgaben auf verschiedene Verarbeitungsknoten, deren Charakteristika sie für diese spezielle Aufgaben prädestinieren, können komplexe Anforderungen mit angemessenem Aufwand erfüllt werden. Die Entscheidung zur Verteilung einer Anwendung wird z.B. durch folgende Anforderungen forciert:

- Berücksichtigung der geographischen Verteilung des Unternehmens (z.B. Handelsunternehmen).

- Integration von Funktionen und/oder Daten, die bereits verteilt vorliegen.

- Bereitstellung graphischer Benutzeroberflächen bei gleichzeitigem Zugriff auf aktuelle Massendatenbestände.

- Ausfallsicherheit durch redundante und autonom arbeitsfähige Verarbeitungsknoten.

- die Notwendigkeit, ein System inkrementell zu erweitern, um mit schnell wachsenden quantitativen Anforderungen Schritt halten zu können.

- Kosteneinsparung mittels Downsizing: bestehende Mainframe-Anwendungen werden vom Host auf vernetzte Workstations und leistungsfähige Server verlagert. Dies impliziert eine Verteilung dieser Anwendungen.

- Zentralisierung von mehrfach benötigten Funktionen und/oder Daten und deren netzweite Bereitstellung über eine geeignete Zugriffsschnittstelle (Server).

Die Erstellung verteilter Anwendungssysteme erfordert eine auf die heterogenen Zielsysteme und Netze abgestimmte, durchgängige Software-Produktionsumgebung (SPU) [MÜH88]. Eine Software-Produktionsumgebung (SPU), die Erstellung, Installation, Pflege und Betrieb verteilter und nicht verteilter Anwendungen unterstützt, muß als integrierter Methoden- und Werkzeugverbund, bestehend aus vier Komponenten, konzipiert werden:

- Methoden
- Vorgehensmodell
- Werkzeuge
- Projektmanagement.

Die Hinweise auf die Spezifika einer SPU zur Erstellung verteilter Anwendungen, die aufgrund einiger zu diesem Thema durchgeführter Projekte gewonnen werden konnten, sollen im folgenden zusammenfassend referiert werden.

3 Das Methodenkonzept

3.1 Erhebung der Topologie

Die Entwicklung verteilter Anwendungen stellt im Vergleich zum herkömmlichen Entwicklungsprozeß zusätzliche Anforderungen an die Methodenunterstützung. Die SPU für verteilte Umgebungen muß neben Funktionen und Daten eine weitere Dimension betrieblicher Anwendungen durchgängig berücksichtigen - die räumliche Anordnung oder *Topologie*. Die SPU muß Ergebnistypen zur Betrachtung von Daten, Funktionen und Topologie unterstützen (Tab. 1).

Dimensionen	Phasen		
	Analyse	Design	Implementierung
Daten	Konzeptionelles Datenmodell	Datenbankdesign	Datenbankgenerierung
Funktionen	Funktionsmodell	z.B.Structure Chart	Programm
Topologie	Topologiemodell	Allokationsmodell	Netzwerkgenerierung, Kommunikationsmodule

Tab.1: Ergebnistypen des Software-Entwicklungsprozesses

In Kooperation mit Fachabteilungen werden in der Analysephase aus Geschäftsvorfällen Daten und Funktionen abgeleitet. In dieser Phase ist demnach auch die Frage nach den für die Bearbeitung der Geschäftsvorfälle verantwortlichen Organisationseinheiten und deren räumlicher Anordnung richtig plaziert. Ein Geschäftsvorfall ist nicht nur durch die zu seiner Bearbeitung benötigten Daten und Funktionen charakterisiert, sondern auch durch die Lokationen, an denen er entsteht und bearbeitet wird. Verteilung ist auch *betrieblich* bedingt und muß demnach nicht nur in der Design- und Implementierungsphase thematisiert werden, sondern auch in den frühen Projektphasen.

Zur Erhebung der Topologie des Untersuchungsbereichs eignet sich das aus der Structured Analysis bekannte Kontextdiagramm, in dem die Kommunikation des zu erstellenden Systems, das zunächst als 'Black Box' gesehen wird, mit seinen 'externen Partnern' dargestellt wird. Das Verhalten des Systems wird definiert über die Ereignisse, die es bearbeiten, und die Reaktionen, die es erzeugen soll. Das Kontextdiagramm hat sich in allen bisher durchgeführten Projekten als Darstellungsmittel in der Kommunikation mit Fachabteilungen bewährt. Das Kontextdiagramm wird im Rahmen eines Workshops mit der Fachabteilung erhoben. Hierbei wird festgehalten, an welchen Orten bzw. Organisationseinheiten Ereignisse entstehen, und wo Reaktionen erzeugt werden müssen. Das so entstehende *Topologiemodell* dokumentiert die Lokationen, über die eine existierende Ablauforganisation verteilt ist. Diese Informationen sind Grundlage für die spätere Zuordnung von Bausteinen einer Anwendung zu Verarbeitungsknoten.

3.2 Partitionierung

In der weiteren Analyse besteht die Hauptaufgabe darin, das bisher als 'Black Box' gesehene System in verteilbare Einheiten zu zerlegen. Dieser Zerlegungsprozeß steht sehr viel stärker als in herkömmlichen Entwicklungsprojekten unter der Anforderung, Elementarbausteine mit maximaler Kapselung fachlicher Inhalte zu erzeugen.

Die gegenwärtig in der Praxis überwiegend eingesetzten Methoden betrachten die Datenstruktur unabhängig von der Funktionsstruktur. Damit unterstützt die Methode nicht die Bildung von Elementarfunktionen, die jeweils eine Datenstruktur kapseln und so einen abstrakten Datentypen bilden. Diese Probleme werden sichtbar, wenn es darum geht, existierende, nicht verteilte Anwendungssysteme zu verteilen. Die zu diesem Zweck erstellte CDUR-Matrix (*C*reate, *D*elete, *U*pdate, *R*ead), die Aufschluß über die Verwendung von Informationsobjekten durch Elementarfunktionen gibt, führte in einem Projekt zu der Erkenntnis, daß eine Verteilung des existierenden Systems wegen der fehlenden Datenkapselung unmöglich wurde. Die Top-Down-Ableitung eines Funktionsbaums führt darüber hinaus nicht zur Bildung wiederverwendbarer Funktionen, wie es gerade bei verteilten Systemen wünschenswert wäre, die auch durch Auslagerung mehrfach benötigter Funktionen und/oder Daten in Server-Bausteine profitabel werden.

Zur methodischen Unterstützung der Partitionierung des Untersuchungsbereichs hat sich deshalb eine Objekt-orientierte Analysemethode [PLE91] bewährt, die ausgehend vom konzeptionellen Datenmodell Funktionen um die Daten herum gruppiert und so zunächst abstrakte Datentypen bildet, die fachliche Inhalte kapseln. Diese Methode orientiert sich stark an der mittlerweile weit verbreiteten Methodik der Datenmodellierung nach dem Entity-Relationship Ansatz. Sie nimmt den Grundgedanken der Bündelung von Attributen zu Informationsobjekten auf, ergänzt ihn um die Betrachtung der Funktionen und deren Bündelung um die gefundenen Informationsobjekte. Damit wird zunächst eine bewährte Vorgehensweie prolongiert, ohne daß hierzu tiefe Einschnitte in das im Unternehmen vorhandene Methodenkonzept erforderlich wären. Ein erster Schritt der Migration in Richtung auf eine durchgehende Objekt-orientierte Entwicklungsmethodik ist getan. Damit sind zunächst die Grundanforderungen an eine Methodik zur Erstellung verteilter Anwendungen erfüllt - die Partitionierungsstrategie unterstützt die Bildung abstrakter Datentypen, die als Bausteine verteilter Anwendungen dienen können.

Die in der Analyse gefundenen Objekttypen, ergänzt um weitere im Designprozeß zu spezifizierende Objekttypen, die verantwortlich für Präsentation, Netzwerkzugang u.ä. sind, stellen die Einheiten der Verteilung dar. Durch die Gruppierung von Funktionen um Informationsobjekttypen entstehen in der Objekt-orientierten Analyse Objekttypen, die wie 'Mini-Server' zu behandeln sind. Jede Objektschnittstelle kann über das Netz anderen Objekten verfügbar gemacht werden, womit Wieder- und Mehrfachverwendbarkeit unterstützt wird.

3.3 Allokation

Jeder Objekttyp muß nun mindestens einem der Verarbeitungsknoten zugeordnet werden, die in der Erhebung der Topologie ermittelt wurden. Hierzu werden zunächst die Größen der zwischen den Objekttypen vorhandenen Schnittstellen analysiert (Abb. 1). Ein Ziel der Zuordnung von Objekttypen zu Verarbeitungsknoten (Allokation) ist es, den notwendigen Datenaustausch und damit die Belastung des Netzwerkes zu minimieren. Der Allokationsprozeß muß zunächst die 'Sollbruchstellen' in einer Anwendung erkennen, also die schmalsten Schnittstellen zwischen Objekttypen ermitteln, um an diesen Stellen die Anwendung

310

aufzubrechen und statt der direkten Kommunikation zwischen Objekten (z.B. Call, Inter-Task-Communication) eine Programm-Programm-Kommunikation über Rechnergrenzen hinweg einzufügen. Hier können anschließend zur Realisierung dieser Kommunikations-schnittstellen z.B. Remote-Procedure-Calls eingesetzt werden [HOF86].

Im zweiten Arbeitsschritt der Allokation werden die Verarbeitungsmöglichkeiten der Objekttypen auf allen betrachteten Rechnern analysiert (Abb. 2). Auf diesem Weg werden die 'Ösen' gefunden, an denen eine zu verteilende Anwendung 'befestigt' werden muß, um sie anschießend an den in der Schnittstellenanalyse gefundenen 'Sollbruchstellen' aufzutrennen. Es wird ermittelt, auf welchen Verarbeitungsknoten ein Objekttyp installierbar ist. Hierzu müssen benötigte Prozessorleistung, erforderlicher Arbeits- und Massenspeicher, Sicher-heitskriterien und organisatorische Rahmenbedingungen (z.B. Operating-Erfordernisse) berücksichtigt werden. Grundlage können Abschätzungen aufgrund der im vorherigen Designprozeß ermittelten Mengengerüste oder Testinstallationen sein. Diese quantitativen Anforderungen eines Objekttyps an den Verarbeitungsknoten ergänzt um qualitative wie z.B. Unterstützung graphischer Benutzeroberflächen werden gegen die Attribute aller zur Verfügung stehenden Klassen von Verarbeitungsknoten (z.B. konfigurationsgleiche Workstations) gespiegelt. So ergibt sich eine Aussage darüber, welche Objekttypen auf welcher Klasse von Verarbeitungsknoten optimal plaziert sind.

Firma	10	9	1	8	4	2	0
	Konto	0	2	7	1	1	0
		Mitarb.	2	8	1	0	2
			Anmeld.	4	8	10	2
				Rechn.	0	0	2
					Sem.	8	6
						Durchf.	9
							Ref.

Abb. 1: Schnittstellenanalyse [ITR92]

Ist die verteilte Anwendung auf einem existierenden Netz zu installieren, werden die physischen Verbindungen zwischen den Rechnern im Hinblick auf Übertragungsraten, Sicherheit u.ä. bewertet. Damit ergeben sich alle Determinanten der Verteilungsentscheidung.

	Server	Work-station
Firma	10	2
Konto	10	2
Mitarbeiter	8	2
Anmeldung	4	6
Rechnung	10	2
Seminar	3	10
Durchführung	8	8
Referent	8	10

Abb.2: Analyse der Verarbeitungsmöglichkeiten [ITR92]

Anschließend wird die Allokation vorgenommen. Dabei werden die Bindungen von Objekttypen aneinander (Schnittstellen) und an Verarbeitungsknoten (Verarbeitungsmöglichkeiten) in Form eines Graphen dargestellt (Abb. 3), wobei die Maßzahlen für Schnittstellengröße und Verarbeitungsmöglichkeiten als Kantenbewertungen wiedergegeben werden, während Verarbeitungsknoten und Objekttypen Knoten im Graphen sind. In einem iterativen Prozeß werden die Kanten beginnend mit den höchsten Bewertungen aufgetragen. Hierdurch ergibt sich sukzessive ein Bild der Topologie des verteilten Systems. Der beschriebene Allokationsalgorithmus eignet sich für manuelle Allokationsverfahren (d.h. statische Zuordnung von Objekten zu Verarbeitungsknoten ohne Lastoptimierung im Netz) mit ein bis max. drei Klassen von Verarbeitungsknoten [CHU80]. Damit ist dieses Verfahren bei relativ geringem Aufwand für gängige Praxisprojekte ausreichend. Aufwendigere Algorithmen, wie sie zur automatischen Allokation von Daten und Funktionen in verteilten Betriebssystemen mit Lastoptimierung Verwendung finden (z.B. mittels Dynamischer Programmierung, vgl. [BOF92]), verlangen exakte Eingabedaten (z.B. genaue Informationen über Schnittstellengrößen inkl. Aufrufhäufigkeiten), die erst nach Implementierung der Anwendung ermittelt werden können. Das beschriebene Verfahren erlaubt es, bereits vor Implementierungsbeginn eine Allokationsentscheidung zu treffen, um ggf. unterschiedlichen Entwicklungsumgebungen und Zielsprachen auf den Verarbeitungsknoten Rechnung zu tragen.

So wurde z.B. in einem Projekt zur Realisierung einer Selbstbedienungs-(SB-)Anwendung für Banken (Geldauszahlung, Kontostandsabfrage, Überweisungen, Informationen), die verteilt auf SB-Automaten mit eigener Intelligenz (PC-Technologie), Kommunikationszwischenrechnern und Host-Rechnern abläuft, eine Allokation nach dem o.g. Verfahren durchgeführt. Zielsprachen waren Assembler auf dem Kommunikationszwischenrechner und C auf dem SB-Automaten, so daß die Allokationsentscheidung unbedingt vor Implementierungsbeginn getroffen werden mußte. Einschränkend muß erwähnt werden, daß aufgrund der vorgegebenen Anwendungen auf den Host-Rechnern (Buchung und Autorisierung) mit definierten Schnittstellen, lediglich die Gestaltung der verteilten Anwendung auf SB-Automaten und Kommunikationszwischenrechnern zur Disposition stand. Zur Kommunikation zwischen SB-Automaten und Zwischenrechnern wird ein proprietäres Protokoll eingesetzt; die Kommunikation zu den Host-Systemen basiert auf X.25.

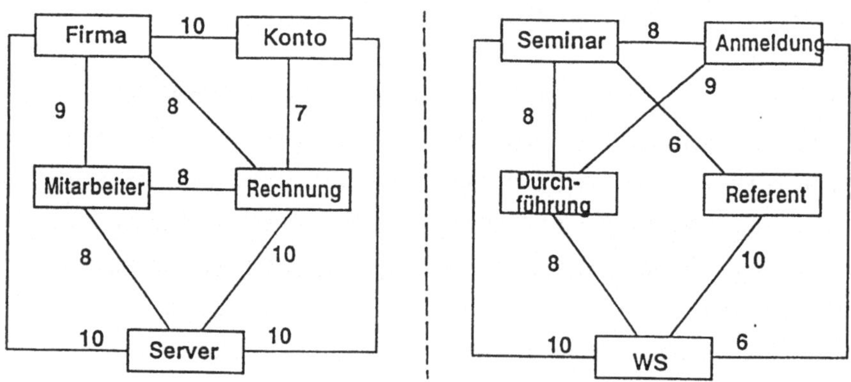

Abb. 3: Allokationsgraph [ITR92]

Nach Partitionierung der Anwendung, die auf den Automaten und Zwischenrechnern installiert werden sollte, wurden die gefundenen Objekttypen nach Analyse der Schnittstellen, Verarbeitungsmöglichkeiten und Netzparameter den Rechnern zugeordnet (Tab. 2). Betrachtet wurden hierbei nur die Top-Objekttypen. Aus der Darstellung ist ersichtlich, daß der z.B. Objekttyp 'Operator' sowohl auf dem Zwischenrechner, wie auch auf dem Automaten abgelegt wird. Instanzen des Objekttyps werden auf beiden Rechnern installiert und stellen Operator-Funktionen (differenziert hinsichtlich Präsentation und Mächtigkeit) und Operating-Daten zur Verfügung. Die Aktualisierung der redundant gehaltenen Operating-Daten wurde als Objektfunktion im Objekttyp 'Operator' realisiert.

Die Objekt-orientierte Partitionierung und die Analyse der Schnittstellen wurden wie dargestellt durchgeführt. Als schwierig hat sich in diesem Projekt die Beurteilung der Verarbeitungsmöglichkeiten auf Automat und Zwischenrechner im Hinblick auf Sicherheitsaspekte erwiesen. Deutlich geworden ist hier noch einmal, daß die Allokationsentscheidung in der Regel multi-dimensional determiniert ist. Damit wird es erforderlich, den Allokationsprozeß iterativ zu wiederholen und ggf. Entscheidungen zu revidieren.

Objekttyp	Erläuterung	Automat	Zwischenrechner
'Kunde'	Dialogfunktionen, Masken	X	
'Operator'	Operating-Daten, -Funktionen	X	X
'Karte'	Magnetkartenverwaltung/-bearbeitung	X	
'Journal'	Journalführung/ Verwaltung der Journaldaten	X	
'Kasse'	Verwaltung der Kassenstände, Vereinzelung, Auszahlung	X	
'Protokoll'	Fehlerprotokolle		X
'Beleg'	Verwaltung/ Ausgabe v. Belegen	X	
'Server'	Netzwerkzugang	X	X
'Administrator'	Sicherheitsaspekte, z.B. Überwachung von Schwellwerten		X

Tab. 2: Allokations-Beispiel 'Kundenselbstbedienung'

4 Vorgehensmodell zur Erstellung verteilter Anwendungen

Unabhängig von der konkreten Form des Vorgehensmodells (z.B. klassisches 'Wasserfall'-Modell, Spiralmodell, Prototyping) entstehen bei der Erstellung verteilter Anwendungen neue bzw. modifizierte Ergebnistypen. Diese Ergebnistypen müssen beschrieben, die zu ihrer Erarbeitung herangezogenen Methoden und Werkzeuge definiert werden. Außerdem sind Qualitätssicherungs-Aktivitäten, Beteiligte und Verantwortliche zu spezifizieren. Die bereits im Rahmen des Methodenkonzeptes erwähnten neuen Ergebnistypen sind im folgenden dargestellt (Tab. 3).

Aktivität	Ergebnistyp	Phase
Ermittlung der Topologie	Lokationsmatrix	Analyse
Partitionierung	Objektmodell	Analyse
Allokation	Analyse der Schnittstellen u. Verarbeitungsmöglichkeiten, Allokationsmatrix	Design
Realisierung der Inter-Programm-Kommunikation	Kommunikations-Objekttypen	Realisierung

Tab. 3: Neue Ergebnistypen im Vorgehensmodell

Wie bereits einleitend erwähnt ist eine häufig anzutreffende Motivation für die Erstellung verteilter Anwendungen der Wunsch nach besserer Unterstützung der Fachabteilungsarbeit mit Hilfe graphischer Benutzeroberflächen. Aus diesem Grund sollten partizipative Konzepte der Systementwicklung zum Einsatz kommen, die die Gestaltung einer Anwendung in enger Kooperation mit den Fachabteilungen durch den Einsatz von Prototyping-Werkzeugen in frühen Projektphasen unterstützen. Abläufe können so direkt mit der Fachabteilung modelliert werden. Entsprechende Werkzeuge gestatten es, die so entwickelte Benutzeroberfläche evolutionär bis zum fertigen Produkt als Bestandteil einer verteilten Anwendung weiterzuentwickeln.

Diese partizipativen Konzepte lassen sich am ehesten in ein Prototyping unterstützendes Vorgehensmodell oder ein Spiralmodell in Anlehnung an Boehm [BOE88] integrieren. Das Spiralmodell verlangt die Zerlegung der Gesamtaufgabe in Teilaufgaben und gestattet somit die Erstellung von Prototypen unter Beteiligung der Fachabteilung. Diese Prototypen werden dann evolutionär in weiteren Durchläufen des Spiralmodells zum Endprodukt ausgebaut. Das Prototyping unterstützende Vorgehensmodell gestattet auch ein exploratives Vorgehen und verlangt nicht unbedingt eine Weiterentwicklung des Prototypen.

5   Werkzeuge zur Erstellung verteilter Anwendungen

Eine durchgängige Werkzeugunterstützung zur Erstellung verteilter Anwendungen sucht man z.Z. noch vergebens. Anhand der im Vorgehensmodell dargestellten, zusätzlichen bzw. modifizierten Ergebnistypen sollen Werkzeuge dargestellt werden, die marginale Unterstützung bieten (Tab. 4).

Ergebnistyp	Werkzeugunterstützung
Lokationsmatrix	Tabellenkalkulation, Association Matrix aus CASE-Tools
Objektmodell	CASE-Tools mit Unterstützung Objekt-orientierter Analyse
Analyse der Schnittstellen u. Verarbeitungsmöglichkeiten, Allokationsmatrix	Tabellenkalkulation
Kommunikations-Objekttypen	Netzwerkbibliotheken, Remote Procedure Call Werkzeuge

Tab.4: Werkzeugunterstützung

Die im Rahmen der Erhebung des Kontextdiagramms abgeleitete Lokationsmatrix wurde bisher ebenso wie die bei der Allokation berücksichtigten und abgeleiteten Daten in einem Tabellenkalkulationswerkzeug dokumentiert. Als nachteilhaft hat sich herausgestellt, daß bei Unterstützung des Analyse- und Designprozesses durch CASE-Tools Nacherfassungen von Daten notwendig waren. So liegen z.B. nach abgeschlossener Designphase im CASE-Tool Informationen über die Schnittstellen zwischen den Objekttypen vor. Die Größe dieser Schnittstellen muß nun noch einmal in die Tabellenkalkulation übertragen werden, da es in den CASE-Tools keine vergleichbare Darstellungsmöglichkeit gibt. Die in einigen Tools angebotene 'Association Matrix' eignet sich lediglich zur Darstellung von 'Cross references', also z.B. zur Dokumentation der Lokationsmatrix. Berechnungen und Auswertungen können damit nicht durchgeführt werden. Deshalb hat sich trotz der erforderlichen Datenübernahme die Darstellung und Auswertung in der Tabellenkalkulation bewährt.

Beispielhaft seien einige Anforderungen an zukünftige Werkzeuge genannt:

- Dokumentationsmöglichkeit für ein Topologiemodell,

- Schnittstellenspezifikation im Design mit Angabe der Aufrufhäufigkeit und daraus resultierender Berechnung der Schnittstellengröße,

- Kalkulationsfunktionen zur Durchführung der Allokation,

- Übernahme der Schnittstellenspezifikation in Remote Procedure Call Werkzeuge.

6 Projektmanagement

Die erfolgreiche Durchführung eines Projektes zur Entwicklung einer verteilten Anwendung erfordert die Kooperation von Mitarbeitern verschiedenster Qualifikationen. Neben der Anwendungsentwicklung für Host- und Workstation-Systeme müssen Systementwicklung und Systemtechnik im Projekt vertreten sein. Die erforderliche enge Zusammenarbeit zwischen diesen Gruppen, die in herkömmlichen Projekten so kaum anzutreffen ist, schafft ein hohes Konfliktpotential, das von der Projektleitung sorgfältig beobachtet und begrenzt werden muß. Offene Kommunikation, regelmäßige Information und institutionalisierte Verfahren zur Konfliktbewältigung sind in einem solchen Projekt unverzichtbar.

Der Einstieg in neue Techniken bringt einerseits hohe Risikofaktoren mit sich. Andererseits ist die Erwartungshaltung in bezug auf solche innovativen Projekte extrem hoch. Verteilte Anwendungen sollen häufig lange vorhandene Mißstände beheben (z.B. fehlende Integration verteilter Datenbestände, mangelhafte Unterstützung anspruchsvoller Tätigkeiten in Fachabteilungen). Damit steht ein solches Projekt im Mittelpunkt des Interesses und unter hohem Erfolgszwang. Die Projektorganisation kann dieser Situation z.B. durch folgende Maßnahmen Rechnung tragen, die als allgemein gültige Projektmanagementregeln in Projekten zur Realisierung verteilter Anwendungen besonderer Beachtung bedürfen:

- Erhebung und Operationalisierung der Projektziele in der Vorphase,

- regelmäßige Überprüfung des Projektfortschritts anhand der meßbar gemachten Ziele,

- Orientierung an den Projektzielen bei notwendigen Entscheidungen im Projekt,

- regelmäßige Informationsveranstaltungen für Fachabteilungen, Management und EDV,

- Partizipation der Fachabteilung am Projekt.

7 Ausblick

Die Erstellung verteilter Anwendungen wird derzeit unter diversen Schlagworten in der Presse diskutiert (Client-Server-Architekturen, Downsizing, Rightsizing, Co-operative Processing). Der Versuch einer objektiven Betrachtung dieses Themas führt zu der Erkenntnis, daß die angebotenen Werkzeuge noch weit von einer durchgängigen Unterstützung des Entwicklungszyklus entfernt sind. Darüber hinaus gibt es bisher in der Praxis der kommerziellen Datenverarbeitung wenig Erfahrung zu diesem Thema. Die größte Gefahr ist jedoch in der *fehlenden Sensibilität* für die Notwendigkeit einer Methodenunterstützung auch in Projekten zur Erstellung verteilter Anwendungen zu sehen. Hier besteht Handlungsbedarf, um die wachsende Zahl dieser Projekte im Rahmen eines durchgängigen und zukunftssicheren Methoden- und Vorgehenskonzeptes zu realisieren.

Literatur

[BOE88] Boehm, B.W.: A spiral model of software development and enhancement; IEEE Computer 1988, 21 (5) , S. 61- 72.

[BOF92] Boffey, B.: Distributed Computing; Oxford 1992, Blackwell.

[CHU80] Chu, W.W.; Holloway, L.J.; Lan, M. ; Efe, K.: Task Allocation in Distributed Data Processing; Computer, Nov. 1980, S. 57 - 69.

[HOF86] Hofmann, F. :Remote Procedure Call, in: Inf. Spektrum,Band 9, Heft 5, 1986.

[ITR92] Co-operative Processing, Seminar der Informatik Training GmbH, Radolfzell 1992.

[LOR88] Lorin, H.: Aspects of Distributed Computer Systems; New York 1988, Wiley.

[MÜH88] Mühlhäuser, M.: System DESIGN: Softwaretechnik für verteilte Anwendungen; in: Valk, R. (Hrsg.): Proc. d. 18. Jahrestagung der GI, Bd.2, S. 562 -- 575; Berlin 1988, Springer.

[NUT92] G. J. Nutt: Open Systems; Englewood Cliffs 1992.

[PIN92] Informations-Management in Deutschland; PLENUM Institut, München 1992.

[PLE91] Datenmodell-Objekt-Methode (DMO), Plenum Management Consulting GmbH, Hamburg 1991.

Technologien und Konzepte für die Funktionen- und Datenverteilung in integrierten Anwendungsumgebungen

Claus Rautenstrauch

Institut für Wirtschaftsinformatik
Westfälische Wilhelms-Universität Münster,
Grevener Str. 91, 4400 Münster

Zusammenfassung

In diesem Beitrag werden Ansätze zur Schließung der Lücke zwischen der Konzeption integrierter Anwendungen und ihrer Umsetzung in verteilten Systemen vorgestellt. Ausgehend von den betrieblichen Anforderungen wird zunächst eine Basisarchitektur definiert. Dann werden Technologien für die Funktionen- und Datenverteilung sowie Auswahlkriterien festgelegt und Methoden für die anwendungsorientierte Allokationsplanung vorgestellt.

1 Integration versus Verteilung

„Integration" und *„Verteilung"* sind die tragenden Begriffe der in den nächsten Kapiteln vorgestellten Konzepte. Auch wenn sie auf den ersten Blick gegensätzlich erscheinen, so beschreiben sie prinzipiell denselben Sachverhalt aus verschiedenen Perspektiven. Integration darf nicht mit *„Zentralisierung"* gleichgesetzt werden. Die (Funktionen- und Daten-)Integration von Anwendungen, die auf verschiedenen Netzknoten residieren, bedeutet nicht, daß Funktionen und Daten auf einem Netzknoten zusammengezogen werden, sondern daß die Anwendungen Funktionen und Daten gegenseitig nutzen können. Die Integration von Anwendungen verschiedener Netzknoten ist daher ein Weg zu verteilten Anwendungen.

Mit der *Konzeption* integrierter Anwendungssysteme befaßt sich die Disziplin des *Information Engineering*. Die (Forschungs-)Arbeiten in dieser Disziplin beschäftigen sich mit der Entwicklung unternehmensweiter konzeptioneller Funktions- und Datenmodelle, Anwendungsarchitekturen und der Nutzung von Werkzeugen zur Implementierung derartiger Modelle (CASE-Tools)[1]. Die Konzeption und Entwicklung von Basistechnologien für die Realisierung verteilter Systeme und formale Verfahren für die Lastverteilung in verteilten Systemen sind hingegen Forschungsgegenstand der *Informatik*[2].

Integration ist kein ausschließlich technisches Problem, auch Faktoren der Unternehmensorganisation, DV-Landschaft und Anwender- bzw. Benutzerstruktur spielen in die Systementwicklung hinein. Die Lücke zwischen der Konzeption und Realisierung integrierter bzw. verteilter betrieblicher Anwendungssysteme kann daher weder durch mächtige Programmgeneratoren, die konzeptionelle Modelle in Programmcode umsetzen, noch durch formale Verfahren vollständig geschlossen werden. Daher werden in diesem Beitrag Konzepte zur Technologieauswahl und Realisierung verteilter Anwendungen aus der Perspektive integrierter betrieblicher Anwendungen vorgestellt.

2 Anforderungen an betriebliche Anwendungssysteme

Die Forderung nach Daten- und Funktionsintegration entstammt einer *strategischen Sicht* auf betriebliche Anwendungssysteme. Die Argumente für eine Daten- und Funktionsintegration sind ökonomischer Natur: Die Funktionsintegration (die ohne Datenintegration nicht sinnvoll durchführbar ist) reduziert Übergangs- und Einarbeitungszeiten zwischen Arbeitsplätzen und verbessert die Qualität der verfügbaren Daten. Außerdem sinkt der Koordinationsaufwand zwischen Arbeitsplätzen[3].

Aufbauorganisatorische Einheiten wie z.B. Abteilungen streben jedoch eher nach Autonomie. Jeder Anwender stellt nämlich für „seinen" aufbauorganisatorischen Bereich (z.B. Abteilung, Stabsstelle, Arbeitsplatz) Anforderungen an die Funktionalität, so daß die genannten Systeme „Instanzenlösungen" darstellen, die auf allen aufbauorganisatorischen Ebenen angesiedelt sind. So ist im Rahmen einer empirischen Untersuchung nachgewiesen worden, daß bei Beschaffungsentscheidungen die Funktionalität vor allen anderen Kriterien rangiert[4]. Kennzeichen dieser Anwendersicht ist daher die funktionale Sichtweise: Wesentlich

---

1) Vgl. z.B. Heinrich (1991); Martin (1989-91). Eine Übersicht bestehender Integrationsansätze enthält Mertens, Holzner (1992).
2) Vgl. Mühlhäuser, Schill (1992); Nehmer (1985).
3) Vgl. Becker (1991), S. 9 f.; Puchtler (1990), S. 23 ff.; Scheer (1990), S. 57 f.
4) Vgl. Müller (1990), S. 37.

ist, welche *Funktionen* der betrieblichen Leistungserstellung durch Rechnereinsatz unterstützt werden sollen.

Da sich die Forderung nach Autonomie auf eine funktionsorientierte Sichtweise bezieht, steht die Forderung nach Autonomie der Forderung nach Integration nicht entgegen. Während Maßnahmen der Datenintegration unternehmensweit relevant und von der Funktionalität der Anwendungen unabhängig sind, betreffen Maßnahmen der Funktionsintegration die Arbeitsplatzebene. Die Autonomie von Sachentscheidungen aufbauorganisatorischer Bereiche wird durch Integrationsmaßnahmen nicht beeinflußt.

Der Lösungsansatz für die Realisierung beider Anforderungen ist der Einsatz verteilter DV-Systeme. Die Kopplung dezentraler Rechner über ein Netzwerk verbindet die Rechner zu einer logischen Einheit, so daß *Anwendungsprogramme autonom eingesetzt werden können, und Datenintegration über eine netzweit koordinierte Datenbasis realisiert werden kann.* Weiterhin müssen Akzeptanzhemmnisse verschiedener Benutzer durch die Bereitstellung benutzeradäquater Arbeitsplatzsysteme minimiert werden[1], da mit zunehmendem Integrationsgrad der betrieblichen Datenverarbeitung die Abhängigkeit einer Unternehmung von der Datenqualität steigt. In verteilten Systemen kann jedem Benutzer eine problemangemessene und akzeptable Rechnerausstattung am Arbeitsplatz angeboten werden.

3 Datenbankbasierte Client-Server-Architekturen

(Verteilte) Datenbanksysteme (VDBS) sind heute die Basis für eine Umsetzung integrierter unternehmensweiter Datenmodelle. Hardwareunabhängige Systemarchitekturen, der von allen wichtigen Anbietern anerkannte und umgesetzte SQL-Sprachstandard und Gateway- bzw. Schnittstellentechnologien für die Kopplung verschiedener Datenbanksysteme ermöglichen einen transparenten Datenzugriff auch in heterogenen Netzwerken und Hardware-landschaften.

Der Einsatz systemunabhängiger Entwicklungswerkzeuge ist jedoch nur begrenzt sinnvoll: Mit derartigen Werkzeugen implementierte Anwendungen sind zwar hochgradig portabel,

---

1) Vgl. Krüger (1990).

die besonderen Eigenschaften der an den Arbeitsplätzen eingesetzten Rechner und Betriebs·systeme bleiben jedoch ungenutzt.

Frontend-Backend- bzw. Client-Server-Architekturen sind daher eine grundlegende Voraussetzung für die Entwicklung integrierbarer und anforderungsgerechter Anwendungen, da Frontend-Systeme mit problemangemessenen Entwicklungswerkzeugen realisiert werden können. Diese Anwendung setzt - für den Benutzer unsichtbar - auf einer *verteilten unternehmensweiten Datenbank* auf, wobei der Zugriff auf diese Datenbank über Kommunikationskomponenten und verteilte *Datenbankmanagementsysteme* realisiert ist.

Für die Entwicklung von Client-Server-Anwendungen sind folgende Aufgabenstellungen zu beachten:

- Einerseits soll eine verteilte Datenbank dem Benutzer wie eine zentrale Datenbank erscheinen, d.h. die physische Lokalität von Datenelementen (*Allokation*) und *Verteilungsart* (*dispersiv*: Relationen werden Netzknoten eindeutig zugeordnet; *repliziert*: Relationen werden in Form von Replikaten auf mehreren Netzknoten redundant gehalten; *fragmentiert*: Relationen werden in disjunkte Teilrelationen (Fragmente) aufgeteilt, die repliziert oder dispersiv auf verschiedene Netzknoten verteilt werden können) von Daten sollen vor ihm verborgen werden[1], andererseits ist völlige Datentransparenz nicht in jedem Anwendungsfall sinnvoll und technisch nur mit hohem Aufwand realisierbar[2].

- Eine *strikte* Aufteilung einer Anwendung in einen dem Frontend zugeordneten funktionalen Teil und einem dem Backend zugeordneten Datenteil verschließt die Möglichkeiten zur Funktionenverteilung bzw. -integration. Funktionen, die in mehreren Anwendungen bzw. auf mehreren Arbeitsplätzen verfügbar sein sollen, müssen redundant vorhanden sein. Funktionenredundanz führt jedoch zu ähnlichen Problemen wie die Datenredundanz: Die *redundante Haltung verteilter Funktionen wirft im Wartungsbereich ähnliche Probleme wie die redundante Datenhaltung auf.* Redundant gehaltene Funktionen müssen stets auf dem gleichen Entwicklungsstand sein und sich zueinander konsistent verhalten, d.h., sie müssen unter gleichen Bedingungen gleiche Ergebnisse liefern. Ein weiterer Aspekt ist das Laufzeitverhalten: Die Verteilung von Funktionen auf verschiedene Netzknoten kann das Laufzeitverhalten sowohl positiv als auch negativ beeinflussen. Der Aufruf einer Prozedur auf einem entfernten Netzknoten ist z.B. dann vorteilhaft,

---

[1] Vgl. Codd (1985), Regel 12; Date (1986), Regeln 5-12.
[2] Vgl. Gray (1988), S. 47; Jablonski (1990), S. 14 ff.

wenn der entfernte Netzknoten leistungsfähiger ist und mehr Ressourcen für die Ausführung der Prozedur als der aufrufende Netzknoten bereitstellen kann. Ist das Netzwerk jedoch stark belastet, kann sich der Aufruf einer Remote procedure nachteilig auf das Laufzeitverhalten auswirken.

Daher werden in den nächsten Kapiteln Konzepte für die Funktionen- und Datenverteilung ausführlich behandelt.

4 Konzepte für die Funktionenverteilung

In diesem Kapitel wird vereinfacht davon ausgegangen, daß eine betriebliche Funktion durch ein Softwaremodul implementiert wird. Daher werden hier Funktionen- und Modulintegration nicht explizit unterschieden.

4.1 Gebundene und globale Funktionen

Ein Ansatz zur Verminderung der Funktionenredundanz ist die Aufteilung der Funktionalität einer Anwendung in zwei Klassen, nämlich die gebundenen und die globalen Funktionen. Gebundene Funktionen sind dadurch gekennzeichnet, daß sie entweder technologisch an einen Arbeitsplatz gebunden sind (hierzu gehören z.B. Funktionen der Benutzerschnittstelle und Funktionen, die spezifische Anforderungen an Hardware oder Betriebssystem eines Netzknotens stellen) oder einer Anwendung eindeutig zuzuordnen sind. Alle anderen Funktionen sind globale Funktionen. Weiterhin gehören zu den globalen Funktionen alle Integritätsregeln. Aus dieser Klassifikation ergibt sich die in Abbildung 1 dargestellte Grobarchitektur einer integrationsfähigen Anwendung.

4.2 Technologie für die Funktionsintegration

Die Realisierung globaler Funktionen kann auf Basis von Remote procedure calls (RPC), Stored procedures oder Datenbank-Triggern erfolgen.

RPC sind - vereinfacht ausgedrückt - Prozeduraufrufe und Parameterübergaben, bei denen die aufrufende Anwendung auf einem anderen Netzknoten plaziert ist als die aufgerufene

Prozedur[1]. RPC sind sehr effizient, können aber nur auf recht niedrigem Sprachniveau realisiert werden können (z.B. in Assembler-Sprachen oder C), da die Zugriffe über Netze bisher maschinennahe Codierung erfordern. Dieser Nachteil kann zwar durch eine weitere Standardisierung höherer Schichten im ISO/OSI-Standard vermindert werden; solange jedoch Zieladressen u.ä. im Programmcode explizit genannt werden müssen, können Funktionen, die auf Basis von RPCs implementiert wurden, nur mit nicht vernachlässigbarem Aufwand von einem Knoten zu einem anderen wechseln.

Stored procedures sind Prozeduren, die in einer Datenbank abgespeichert werden und über einen Execute-Mechanismus des Datenbankkerns ausgeführt werden[2]. Der Aufruf einer solchen Prozedur aus einem Programm heraus erfolgt über einen Präfix (z.B. EXEC SQL EXECUTE PROCEDURE). Die Programmierung von Stored procedures kann in Sprachen der 3. Generation oder prozedural erweiterten Datenbankabfragesprachen wie PL/SQL oder Transact-SQL erfolgen.

In VDBS-Umgebungen werden Stored procedures wie Daten gehandhabt, d.h., der Zugriff erfolgt über die Mechanismen (verteilter Datenbank-Kern, Kommunikationskomponente und verteiltes Data-Dictionary) des VDBS. Der Anwendungsentwickler braucht also keine maschinennahe Programmierung für die Implementierung von Remote-Zugriffen zu betreiben.

Neben der Handhabbarkeit haben Stored procedures noch weitere Vorteile:

- *Schema-Transparenz: Datenkapselung* auf Datenbankobjekten kann realisiert werden, wenn der Zugriff auf diese Objekte ausschließlich über Stored procedures abgewickelt wird. Damit können *Modularisierungsprinzipien*, wie sie im Sinne der Softwarequalitätssicherung seit langem propagiert werden, auch im Bereich der Datenbankprogrammierung realisiert werden.

- Über Stored procedures können Benutzerrechte verwaltet werden, die über die einfache Vergabe von Rechten auf Datenbankobjekte hinausgehen. Hängen Rechte auf Datenobjekten von „umgebungsabhängigen" Faktoren wie z.B. der allgemeinen Unternehmensstrategie oder bisherigen Umsatzentwicklungen ab, so können diese Bedingungen mit Stored procedures implementiert werden.

---

1) Vgl. Hofmann (1986); Schill (1992), S. 79.
2) Vgl. McGoveran (1989).

- *DML- und DDL-Transparenz*: Stored procedures können die Anwendung von konkreten Abfragesprachen unabhängig machen. Soll eine Anwendung auf eine neue Datenbank aufgesetzt werden, die über eine andere Abfragesprache programmiert wird, so müssen nur die Stored procedures reimplementiert werden, nicht aber die Module der Anwendung, die auf die Datenbank über Stored procedures zugreifen.

Bei allen Vorteilen bergen Stored procedures auch Gefahren in sich: Innerhalb solcher Prozeduren können Datenbanktransaktionen prinzipiell beginnen, enden oder komplett abgewickelt werden. Dies kann dazu führen, daß das Transaktionsgefüge einer Anwendung zusammenbricht und Inkonsistenzen oder Deadlocks entstehen. Beginn und Ende einer Transaktion müssen entweder ausschließlich durch eine Stored procedure oder die Anwendung determiniert sein.

Weiterhin werden hier die Prämissen vorgegeben, daß Stored procedures immer an den Netzknoten ausgeführt werden, an denen sie allokiert sind, daß sie keine anderen Stored procedures aufrufen und keine RPCs beinhalten. Auch wenn diese Prämissen nicht durch technische Randbedingungen vorgegeben sind, so sollten sie von einem Anwendungsentwickler eingehalten werden, um die Handhabbarkeit und Verteilbarkeit von Stored procedures zu sichern.

Datenbank-Trigger werden ähnlich wie Stored procedures in der Datenbank gespeichert und dienen der Sicherung semantischer und referenzieller Integrität. Die Ausführung erfolgt jedoch nicht durch einen expliziten Aufruf, sondern durch den Eintritt eines Ereignisses (z.B. ein Update auf einer bestimmten Relation) beim Abschluß einer Transaktion. Die Definition von Triggern erfolgt im Rahmen der Schema-Definition. In Triggern können auch Stored procedures aufgerufen werden.

Integritätsregeln werden aus Business rules[1] abgeleitet und sind grundsätzlich anwendungsunabhängig (= global). Bei der Implementierung von Triggern ist jedoch zu beachten, daß die Trigger erst am Ende einer Transaktion und nicht am Ende einer integritätsgefährdenden Aktion ausgeführt werden. Aktionsgebundene Integritätssicherungsmaßnahmen müssen daher als gebundene Funktionen oder Stored procedures implementiert werden.

---

1) Vgl. Appleton (1984).

Bei globalen Funktionen muß entschieden werden, ob die physische Zuordnung einer Funktion zu einem Netzknoten über RPCs oder Stored procedures realisiert wird. Aufgrund der genannten Vorzüge sind dabei Stored procedures prinzipiell vorzuziehen. Weiterhin muß festgelegt werden, auf welchem Netzknoten welche Funktion allokiert werden soll (Funktionenallokationsproblem).

Die Verwaltung von Funktionen durch ein Datenbanksystem wandelt die Funktionen aus Sicht der Verteilung in Daten um. Für die Zuordnung von Funktionen auf Netzknoten und für die Zugriffe auf diese gelten dann dieselben Grundsätze wie für die Verteilung von Daten. Dies ist besonders bei einer redundanten Funktionenhaltung vorteilhaft: Wird eine Funktion als Stored procedure in einem Datenbanksystem abgespeichert, so sichert das Datenbanksystem die Aktualität der replizierten Prozeduren mit denselben Mechanismen, die die Konsistenz replizierter Daten sichern. Funktionen, die zur Wahrung der lokalen Autonomie redundant gehalten werden sollen, sollten grundsätzlich als Stored procedures in der Datenbank gespeichert werden.

Für den Einsatz von RPCs läßt sich zusammenfassend festhalten, daß diese bei zeitkritischen bzw. Echtzeitanwendungen Stored procedures vorzuziehen sind. Im Regelfall soll eine Funktionenallokation jedoch über Stored procedures erfolgen, so daß die Allokationsplanung für Funktionen nach denselben Grundsätzen wie die Datenallokationsplanung durchgeführt werden kann.

Die Definition von Integritätsbedingungen in der Datenbank und die Benutzung von Stored procedures bedeutet, daß sich die Anwendungsarchitekturen verändern. Ein Anwendungsprogramm verliert wesentlich an Komplexität. Im Extremfall besteht ein solches Programm nur noch aus der Benutzeroberfläche und Aufrufschemata für Stored procedures - *es ist dann nur noch ein „Fenster" auf der Datenbank.* In den Aufrufschemata wird festgelegt, welche Funktionen an welchem Arbeitsplatz verfügbar sind. Aus Sicht der Anwendung ist es unerheblich, ob eine Prozedur lokal oder remote installiert ist, oder ob eine Kopie einer lokal installierten Prozedur an einem anderen Netzknoten existiert. Außerdem können Maßnahmen zur Integritätssicherung (= Datenqualitätssicherung) anwendungsunabhängig realisiert werden.

Die gestrichelte Linie in Abbildung 1 grenzt die vom Datenbanksystem verwalteten Bereiche (unterhalb der Linie) von den gebundenen Teilen (dem Front-End) der Anwendung ab. Je höher diese Linie verläuft, desto verteilungs- und integrationsfähiger ist eine Anwendung.

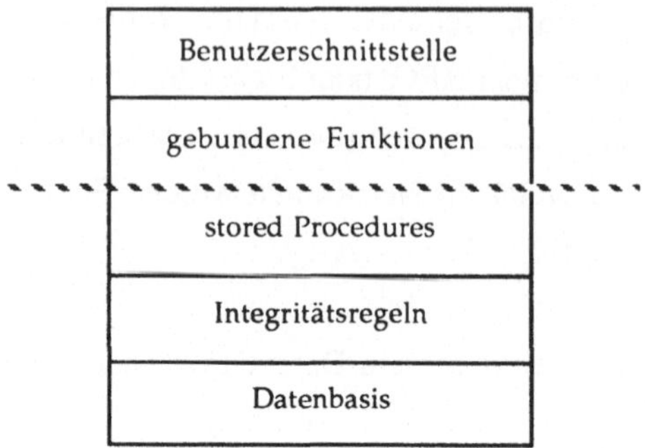

Abb. 1: Grobarchitektur einer integrationsfähigen Anwendung

4.3 Funktionenallokation

Gebundene Funktionen sind per definitionem nicht verteilungsfähig, und Trigger sind, da
sie im Rahmen der Schemadefinition angelegt werden, stets auf demselben Netzknoten wie
das Datenbankobjekt, dem der Trigger zugeordnet ist, allokiert (was jedoch nicht aus-
schließt, daß ein Trigger eine Stored procedure aufruft). Sind globale Funktionen über RPC
implementiert, ist eine individuelle Behandlung erforderlich. Gegenstand der Funktionenallokationsplanung sind daher Funktionen, die als Stored procedures in der Datenbank verwaltet werden. Sie werden in einer Relation gespeichert, die im weiteren Kontext FUNC
genannt wird. Funktionen *als Daten* (!) sind durch relative lange Lebenszeit bei relativ hoher
Stabilität mit definiertem Freigabedatum (Gültigkeit) charakterisiert.

Für jeden Netzknoten wird auf Basis der Anwender- und Benutzeranforderungen festgelegt,
welche Funktionen verfügbar sein sollen. Die Menge an Funktionen, die auf Basis von An-
wender- und Benutzeranforderungen an einem Arbeitsplatz verfügbar sein sollen, wird *Ar-
beitsplatzprofil* genannt.

Anhand der Arbeitsplatzprofile des verteilten Systems werden zunächst die kritischen Funktionen, d.h. Funktionen, die redundant an mehreren Arbeitsplätzen verfügbar sein sollen,
identifiziert. FUNC wird daraufhin in die Fragmente $FUNC_d$ und $FUNC_r$ zerlegt, wobei
$FUNC_r$ die Menge aller kritischen Funktionen und $FUNC_d$ die Menge aller Funktionen enthält, die eindeutig einem Netzknoten zuzuordnen sind. Sind die Funktionen aus $FUNC_d$ auf
n Netzknoten zu verteilen, so wird $FUNC_d$ in die Fragmente $FUNC_{d,1}$, ..., $FUNC_{d,n}$ zerlegt und dispersiv auf die Netzknoten K_1, ..., K_n verteilt.

FUNC$_r$ wird mit Hilfe des Arbeitsplatzprofils soweit möglich in disjunkte Fragmente FUNC$_{r,1}$, ..., FUNC$_{r,m}$ zerlegt. Aufgrund der Tatsache, daß FUNC$_r$ nur kritische Funktionen enthält, haben FUNC$_{r,1}$, ..., FUNC$_{r,m}$ die Eigenschaft, daß sie mindestens zwei Netzknoten zuzuordnen sind. FUNC$_{r,1}$, ..., FUNC$_{r,m}$ werden daher repliziert den jeweiligen Netzknoten zugeordnet.

Diese Funktionenallokationsplanung ist vorläufig und nicht optimal. Ist z.B. eine repliziert verteilte Funktion $f_i \in$ FUNC$_{r,1}$, ..., FUNC$_{r,m}$ ($i \in 1$, ..., m) laufzeitaufwendig, das Replikat f_{i_j} auf einem relativ langsamen Netzknoten K_j und f_{i_k} ($j \neq k$) auf einem leistungsstarken Netzknoten K_k plaziert, so kann es für die Lastverteilung günstiger sein, f_{i_k} statt f_{i_j} auszuführen. Im Einzelfall ist daher eine punktuelle Revidierung dieses Verteilungsschemas erforderlich.

5 Konzepte für die Datenverteilung

Mit dem Beginn der Forschungsaktivitäten im Bereich der verteilten Systeme stellte sich das „*File-Allocation-Problem*". Da Netze seinerzeit als entscheidender Performance-Engpaß in verteilten Systemen angesehen wurden, war das Ziel die Minimierung des Datenverkehrs durch eine optimale Verteilung der Dateien. Für den Bereich der verteilten Datenbanken wurde aus dem File-Allocation-Problem das Data-Allocation Problem (*Datenallokationsproblem*) abgeleitet. Das Datenallokationsproblem läßt sich durch folgende Fragestellung beschreiben: Wann (Verteilungszeitpunkt) müssen welche Daten in welcher Form (Datenverteilungsart) an welchem Ort verfügbar sein, um ein optimales Antwortzeitverhalten zu gewährleisten?

Ausgehend von dieser Fragestellung sind zahlreiche (Optimierungs-) Verfahren vorgestellt worden[1], die sich grob in zwei Kategorien einteilen lassen:

- Verfahren mit festen Systemmodellen; bei diesen Verfahren sind die meisten Systemparameter wie etwa die Konfiguration des verteilten Systems, die Leistungsmerkmale der Netzknoten, die Datenverteilungsart oder das Anwendungsprofil (Welche Funktionen

---

1) Übersichten findet man in Apers (1988), S. 263 f.; Bastian (1982), S. 168 ff.; Ceri, Pelagatti (1984), S. 82 f.

werden wie oft aufgerufen und welche Last verursachen sie?) fest vorgegeben. Variabel ist lediglich die Verteilung von Funktionen und Daten auf Netzknoten. Aufgrund dieser Beschränkungen kann das Verteilungsproblem i.a. als lineares Optimierungsproblem definiert werden.

- Verfahren mit variablen Systemmodellen; hier sind neben der Funktionen- und Datenverteilung weitere Modellparameter variabel.

Trotz der Komplexität und langen Entwicklungsgeschichte der Entscheidungsverfahren lassen sich einige Mängel feststellen, die ihre Praxistauglichkeit fraglich erscheinen lassen. So gehen die Modelle von exakt definierten Systemen aus, d.h., Systemverhalten, Anwendungsprofil, Kosteneinflußgrößen usw. müssen bekannt sein. Dies ist in der Praxis jedoch selten der Fall. Weiterhin ist die Minimierung der Übertragungskosten als alleiniges Optimierungskriterium nach heutigem Stand der Technik nicht mehr zeitgemäß. Insbesondere in lokalen Netzen können heute Durchsatzraten erreicht werden, die das Netzwerk nicht mehr zwingend zum Engpaß werden lassen. Optimierungskriterien können auch Sicherheits- oder Verfügbarkeitsanforderungen oder der möglichst kostengünstige Einsatz einer verteilten Anwendung (Minimierung der einzusetzenden Softwarelizenzen) sein. Die Transformation des Allokationsproblems auf OR-orientierte Optimierungsverfahren mit einer großen Anzahl Parameter führt außerdem dazu, daß Programme, in den derartige Verfahren implementiert werden, eine exponentielle Laufzeit erreichen. Der Automatisierbarkeit sind damit enge Grenzen gesetzt.

Man könnte argumentieren, daß es notwendig ist, die vorhandenen Verfahren weiter auszubauen und die genannten Punkte zu berücksichtigen. Es ist jedoch zweifelhaft, ob noch aufwendigere Verfahren tatsächlich eine Verbesserung darstellen, da sie kaum noch handhabbar und nicht oder nur mit kaum vertretbarem Aufwand automatisierbar sind.

Andererseits ist die Notwendigkeit einer Datenallokationsplanung absolut gegeben, da eine fehlerhafte Allokationsplanung das Laufzeitverhalten einer verteilten Anwendung massiv beeinträchtigen kann.

Ausgangspunkt für einen pragmatischen Ansatz ist der Wechsel des Paradigmas der Allokationsplanung: Das Ziel ist *nicht die Erreichung einer „optimalen", sondern einer „akzeptablen" Datenverteilung*. Für eine initiale Datenallokation kann ein vordringliches Optimalitätskriterium vorgegeben werden und auf die Berücksichtigung aller Datenverteilungsarten verzichtet werden, so daß hierfür eines der zitierten Datenallokationsverfahren eingesetzt werden kann. Der Begriff „initial" impliziert, daß diese Datenverteilung durch geeignete Maßnahmen noch verbessert werden kann und muß. Diese Maßnahmen werden jedoch nicht in formal definierten Schritten vorgenommen, sondern vom Entwickler heuristisch geplant.

Für die Planung und Entwicklung einer verteilten betrieblichen Anwendung ist daher semantisches Wissen über Funktionen und Daten erforderlich, das über die rein informationstechnischen Belange, wie sie etwa in konzeptionellen Datenmodellen dargestellt werden, hinausgehen. Dieses semantische Wissen bezieht sich auf folgende Bereiche:

- *Sicherheitsanforderungen*: Welche Daten haben so hohe Sicherheitsanforderungen, daß sie repliziert gehalten werden müssen, um jederzeit verfügbar zu sein? Welche Daten können dispersiv verteilt werden?

- *Zuverlässigkeit*: Wie zuverlässig ist die Verfügbarkeit der Netzknoten eines verteilten Systems einzuschätzen? In einem verteilten System kann man nicht davon ausgehen, daß alle Netzknoten immer verfügbar sind. PCs sind aufgrund ihrer technischen Spezifikation unsichere Systeme[1], aber auch planmäßige Ausfälle wie z.B. nur stundenweise an ein PC-Netz angeschlossene Laptops von Vertriebsmitarbeitern schränken die Verfügbarkeit von Netzknoten ein.

- *Leistungsparameter und Lastprofile*: Welche Leistungen und Einschränkungen (z.B. Speicherkapazität und Prozessorleistung der Hardware, Leistungen des Betriebssystems wie Multi-Tasking-Fähigkeit oder Leistungen des verteilten Datenbanksystems wie die Verfügbarkeit von Gateways oder die Transaktionsrate pro Zeiteinheit) stehen an Arbeitsplätzen zur Verfügung? Wie stark sind diese Systeme durch Benutzerprozesse belastet? Wie verteilt sich zeitlich die durch Benutzerprozesse entstehende Last (gibt es z.B. typische Lastspitzen)? Für die Erreichung einer zumindest annähernd optimalen Lastverteilung sind einerseits die technischen Leistungsdaten der Netzknoten, andererseits aber auch die Belastungsdaten durch Benutzerprozesse, die Aufschluß über die real verfügbaren Kapazitäten von Netzknoten geben, wichtig.

- *Fragmentierungskriterien*: Aufgrund welcher Kriterien kann eine Relation sinnvoll in Fragmente zerlegt werden? Soll eine Relation fragmentiert werden, dann ergibt sich die Zuordnung von Datensätzen auf Fragmente aus der Semantik der Daten, d.h. sie kann nicht durch ein formales Verfahren aus der Datenstruktur abgeleitet werden. Das Frag-

---

1) Vgl. Reuter u.a. (1987), S. 395 f.

mentierungskriterium muß dabei aus den Anwenderanforderungen erkennbar und in der Datenbank (in der Regel über ein zusätzliches Feld) codiert sein. Für die Zerlegung einer Relation in Fragmente, die Zuordnung von Datensätzen zu Fragmenten und die Auswahl der geeigneten Verteilungsart für die Fragmente ist daher tiefgreifendes Anwendungswissen notwendig.

6 Integration Engineering

Eine „Optimierung" der Funktionen-, Daten- und letztendlich auch Lastverteilung läßt sich nur im Rahmen eines ganzheitlichen Entwicklungskonzepts erreichen, das die genannten semantischen Randbedingungen berücksichtigt und zum richtigen Zeitpunkt umsetzt.

Integration Engineering (IntE) ist die Erweiterung des Software Engineering (SE) um Methoden, Verfahren und Werkzeuge zur Erstellung von Software, die den *betrieblichen Integrationsanforderungen* gerecht wird. Aufgrund der Allgemeingültigkeit für *alle* Anwendungsbereiche stellt das SE für die Entwicklung integrierter bzw. integrationsfähiger Anwendungen bisher keine ausreichenden Konzepte zur Verfügung. Die vorgestellten Konzepte für die Funktionen- und Datenverteilung sind wesentlicher Bestandteil des IntE; weitere Bereiche des IntE sind die Erweiterung des Katalogs der Softwarequalitätsmerkmale, das integrationsorientierte Reengineering[1], ein Vorgehensmodell zur Koordination asynchron ablaufender Entwicklungs- und Integrationsmaßnahmen sowie die Erweiterung von Informationsmodellen um Verteilungsmodelle.

Mit diesen Erweiterungen des SE liegt dann ein mächtiges Instrumentarium für die Schließung der Lücke zwischen der Konzeption integrierter Anwendungen und der Technologie verteilter Systeme vor[2].

Literatur

Apers, P. M. G.: Data Allocation in Distributed Database Systems; ACM ToDS 13 (1988) 3, S. 263-304.

Appleton, D. S.: Business Rules: The Missing Link; Datamation vom 15. Okt. 1984, S. 145-150.

---

1) Vgl. Eicker u.a. (1992).
2) Vgl. Rautenstrauch (1992).

Bastian, M.: Datenbanksysteme; Königstein 1982.

Becker, J.: CIM-Integrationsmodell; Berlin, Heidelberg u.a. 1991.

Ceri, S., Pelagatti, G.: Distributed Databases - Principles and Systems; New York, St. Louis u.a. 1984.

Codd, E. F.: Is your DBMS really relational? Computer World vom 14. Okt. 1985.

Date, C. J.: Twelve Rules for a Distributed Database; Computer World (1987) 6.

Eicker, S., Kurbel, K., Pietsch, W., Rautenstrauch, C.: Einbindung von Software-Altlasten durch integrationsorientiertes Reengineering; Wirtschaftsinformatik 34 (1992) 2, S. 137-145.

Gray, J.: Transparency in Distributed Processing; Database Programming & Design 1 (1988) 3, S. 46-52.

Heinrich, L. J.: Information Engineering (IE); Wirtschaftsinformatik 33 (1991) 3, S. 247-248.

Hofmann, F.: Remote Procedure Call; Informatik Spektrum 9 (1986) 5, S. 308.

Jablonski, S.: Konzepte der verteilten Datenverwaltung; HMD 28 (1991) 157, S. 3-21.

Krüger, W.: Organisatorische Einführung von Anwendungssystemen; in: Kurbel, Strunz (1990), S. 275-288.

Kurbel, K., Strunz, H. (Hrsg.): Handbuch Wirtschaftsinformatik; Stuttgart 1990.

Martin, J.: Information Engineering, Vol. I-III; Englewood Cliffs 1989-91.

McGoveran, D.: The Power of Stored Procedures; Database Programming & Design 2 (1989) 9, S. 29-43.

Mertens, P., Holzner, J.: Eine Gegenüberstellung vom Integrationsansätzen der Wirtschaftsinformatik; Wirtschaftsinformatik 34 (1992) 1, S. 5-25.

Mühlhäuser, M., Schill, A.: Software Engineering für verteilte Anwendungen: Mechanismen und Werkzeuge; Berlin, Heidelberg u.a. 1992.

Müller, M. G.: Einflußfaktoren einer Software-Beschaffungsentscheidung - eine empirische Untersuchung und Implikationen; Information Management 5 (1990) 3, S. 34-40.

Nehmer, J.: Softwaretechnik für verteilte Systeme; Berlin, Heidelberg u.a. 1985.

Puchtler, G.: Erfolgsfaktor Integrierte Informationsverarbeitung; Köln 1990.

Rautenstrauch, C.: Integration Engineering - ein Vorschlag zur Erweiterung des Software Engineering für die Entwicklung betrieblicher Anwendungssysteme; Dissertation Dortmund 1992.

Reuter, A., Haberhauer, F., Peinl, P., Zeller, H., Weber, D., Speicher, A., Friedlein, K., Renschler, J.: Anforderungen an ein arbeitsplatzorientiertes Datenhaltungssystem; in: Schek, H.-J., Schlageter, G. (Hrsg.): Datenbanken in Büro, Technik und Wissenschaft; Berlin, Heidelberg u.a. 1987, S. 393-404.

Scheer, A.-W.: Computer integrated manufacturing (CIM); in: Kurbel, Strunz (1990), S. 47-68.

Schill, A.: Remote Procedure Call: Fortgeschrittene Konzepte und Systeme - ein Überblick; Informatik Spektrum 15 (1992) 2, S. 79-87.

Unterstützung komplexer Büroabläufe durch verteiltes C++ und das OSF Distributed Computing Environment

Alexander Schill

Universität Karlsruhe, Institut für Telematik
Zirkel 2, 7500 Karlsruhe 1

Zusammenfassung

Ein komplexer verteilter Büroablauf repräsentiert einen Vorgang, der schrittweise durch bestimmte Dienste innerhalb einer verteilten Büroumgebung abgewickelt wird. Der vorliegende Beitrag beschreibt einen Systemansatz zur rechnergestützten Implementierung solcher Abläufe. Zunächst wird eine höhere Anwendungssprache vorgestellt, die zur Formulierung verteilter Büroabläufe dient und in einer verteilten Systemarchitektur interpretiert wird. Als Kommunikationsbasis wird anschließend eine verteilte C++-Erweiterung beschrieben, durch die die Bürodienste und die erforderlichen verteilten Interaktionen realisiert werden. Auf der Basis jüngster Erfahrungen mit dem OSF Distributed Computing Environment (DCE) wird erörtert, wie einige der erforderlichen Systemdienste alternativ auch durch den Industriestandard DCE in noch umfassenderer Weise erbracht werden können.

1 Einleitung

Komplexe verteilte Büroabläufe treten in vielen Unternehmensbereichen auf; als ein einfaches Beispiel wird oft die Durchführung einer Reisekostenabrechnung herangezogen, die schon heute in einigen Betrieben rechnergestützt und verteilt abgewickelt wird. Bei diesem Szenario füllt etwa ein Mitarbeiter einen Reisekostenantrag mittels eines Formularsystems auf seiner Workstation aus und leitet die Daten mit der Zusammenstellung einer Liste von Belegen weiter an seine Sekretärin, die z.B. Projektinformationen einträgt. Schließlich werden die rechnerinternen Formulare an den zuständigen Manager zur Prüfung und Unterzeichnung (mittels Online-Signatur) gesendet, bevor sie von dort an die Reisekostenstelle zur Abrechnung weitergeleitet werden. Bereits an diesem Beispiel werden einige Charakteristika und Anforderungen verteilter Büroabläufe deutlich:

- *Verteilung:* Die an einem verteilten Büroablauf beteiligten Instanzen sind auf unterschiedlichen Rechnern verteilt plaziert. Dadurch läßt sich die "natürliche" innerbetriebliche Struktur direkt modellieren, und zusätzlich wird eine parallele und teilweise auch fehlertolerante Verarbeitung möglich.

- *Dezentralisierung:* Die beteiligten Instanzen arbeiten dezentral; es existiert i.a. kein spezieller Rechner, der eine globale Kontrolle über alle Abläufe hat. Insbesondere kann ein Ablauf direkt zwischen Instanzen ohne Kontaktieren einer Zentralstation weitergeleitet werden.

- *Kooperation:* Die einzelnen Instanzen arbeiten gezielt zusammen, um eine gemeinsame Aufgabe zu erfüllen. Hierzu ist eine Beschreibung des Gesamtablaufs erforderlich, um eine geordnete Kooperation zur Laufzeit zu ermöglichen.

- *Kommunikation:* Um eine effektive Kooperation zu ermöglichen, müssen die Instanzen kommunizieren, um etwa Daten (z.B. Formulare) auszutauschen und die Kontrolle über einen Ablauf dezentral zu transferieren. Hierzu sind leicht handhabbare Kommunikationsmechanismen erforderlich.

- *Kontrolle:* Gerade weil vom Fehlen einer zentralen Kontrollstation ausgegangen wird, sind bestimmte - dezentrale - Kontrollmechanismen erforderlich. Diese sollen z.B. dem Initiator eines verteilten Büroablaufs ermöglichen, dessen momentanen Status zu erfragen und ggf. auch korrigierend einzugreifen. Allerdings dürfen solche Mechanismen lediglich lose an die Laufzeitumgebung für Büroabläufe gekoppelt sein und nicht etwa obligatorischer Bestandteil der einzelnen Ausführungsschritte sein.

Insgesamt ergibt sich die Anforderung, verteilte Büroabläufe als verteilte Anwendung zu realisieren; eine solche Anwendung weist die Charakteristika *Verteilung, Dezentralisierung, Kooperation* und *Kommunikation* per se auf. Für die gezielte Ausprägung von Kooperation und Kommunikation sowie für die dezentrale Kontrolle sind jedoch spezielle Ansätze erforderlich. Vorstudien ergaben, daß sich verteilte objektorientierte Systeme sehr gut hierfür eignen [1]. Sie ermöglichen eine natürliche Modellierung der Verteilung mit hochsprachlichen Kommunikationsmechanismen und eine vorteilhafte Integration von Daten und Operationen.

Abschnitt 2 beschreibt eine entsprechende Systemrealisierung auf der Basis von C++ und zeigt ihren Einsatz im Bereich der verteilten Büroabläufe auf. Das resultierende System hat allerdings Prototypcharakter und umfaßt nur die wesentlichen Kernkomponenten. Um weitere Schritte zum industriellen Einsatz im Detail und in praktikabler Form aufzuzeigen, geht Abschnitt 3 auf den möglichen Einsatz des Distributed Computing Environments

(DCE) der Open Software Foundation (OSF) bei der Implementierung verteilter Büroabläufe ein. Wesentliche Vorteile dieser Umgebung sind Produktqualität, herstellerübergreifende Interoperabilität und umfassende Funktionalität (z.B. Remote Procedure Call, verteilte Namensverwaltung sowie Sicherheit und Zugriffsschutz). Abschnitt 4 vergleicht die beschriebenen Konzepte mit verwandten Ansätzen zu verteilten Bürosystemen und verteilten objektorientierten Programmierumgebungen. Abschnitt 5 schließt mit einer zusammenfassenden Bewertung und einem Ausblick.

2 Verteilte Büroabläufe und verteiltes C++

2.1 Strukturierung und Beschreibung verteilter Büroabläufe

Verteilte Büroabläufe setzen sich typischerweise aus mehreren Teilaktivitäten zusammen, die oft von verschiedenen Komponenten, Servern oder Mitarbeitern ausgeführt werden. Diese ausführenden Instanzen bieten *Basisdienste* an, die von den verschiedenen Büroabläufen genutzt werden. Ein Büroablauf kann nun im allgemeinsten Fall als ein gerichteter *Aktivitätengraph* von Basisdiensten definiert werden.

In Abb. 1 ist ein konkretes Beispiel eines Aktivitätengraphen gezeigt, der den Ablauf zur Abwicklung eines Reisekostenantrags - wie einleitend bereits eingeführt - beschreibt. Dabei werden verschiedene Aktivitäten angefordert, die zum Teil sequentiell, zum Teil parallel oder auch alternativ ausgeführt werden. Das Eintragen von Managementdaten in ein Formular zur Reisekostenabrechnung durch den Manager kann erfolgen, sobald das Formular vom Angestellten in seiner Grundform ausgefüllt wurde. Gleichzeitig kann aber auch das Eintragen von zugehörigen Projektdaten in ein separates Formular - oder bei rechnergestützter Formularbearbeitung sogar in das gleiche Formular - durch eine Sekretärin vorgenommen werden; es handelt sich also um prinzipiell parallele Vorgänge.

Nach dem Eintragen der Managementdaten hängen die weiteren Aktivitäten von der Höhe des angefallenen Betrages ab - im Normalfall zeichnet der Manager das Formular ab und bestätigt so die Abrechnung (Fall 1), bei sehr geringen Aufwendungen ist dies eventuell nicht erforderlich (Fall 2), während bei außerordentlich hohen Rechnungen sogar eine Bestätigung vom höheren Management eingeholt werden muß (Fall 3). Nach Abschluß dieser Aktivitäten kann die Rückerstattung durch die Reisekostenstelle erfolgen. Optional können die mitgesendeten Dokumente noch ausgedruckt werden, um sie später abzulegen.

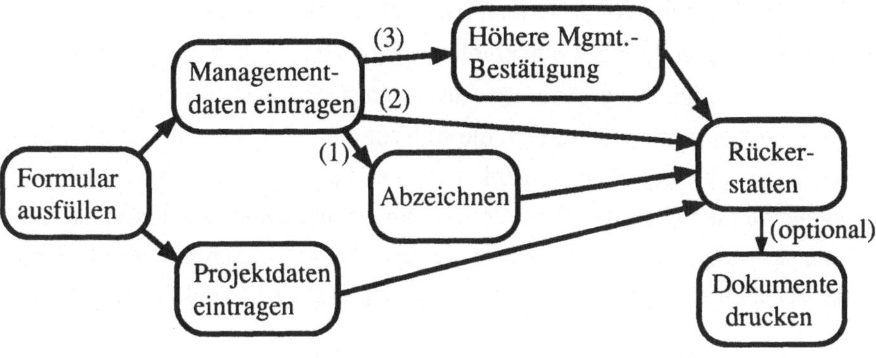

Abb. 1: Beispiel eines Aktivitätengraphen

DATA f: ReisekostenFormular;

SERVICE FormularAusfüllen START   // initiale Aktivität
  LINKS_TO ManagementDatenEintragen, ProjektDatenEintragen; // parallel

SERVICE ManagementDatenEintragen   // alternativ
  LINKS_TO Abzeichnen IF f.Kosten > 100 AND f.Kosten <= 5000;
          Rückerstatten IF f.Kosten <= 100;
          HöhereManagementBestätigung IF f.Kosten > 5000;

SERVICE ProjektDatenEintragen, Abzeichnen, HöhereManagementBestätigung
  LINKS_TO Rückerstatten;

SERVICE Rückerstatten LINKS_TO DokumenteDrucken;
SERVICE DokumenteDrucken OPTIONAL END;

Abb. 2: Sprachliche Beschreibung eines Büroablaufs

Die einzelnen Aktivitäten werden durch zugehörige Basisdienste implementiert, die im vorliegenden Beispiel weitgehend interaktiv durch Mitarbeiter erbracht werden, aber dennoch stark rechnergestützt ausgeführt werden können; die entsprechenden Formularsysteme und zum Beispiel auch Mechanismen für digitale Unterschriften sind bereits als Produkte verfügbar. Bei anderen Abläufen (z.B. Bildverarbeitung) kann sogar ein sehr viel höherer Automatisierungsgrad erzielt werden.

Zur komfortablen Beschreibung von Büroabläufen wird eine deklarative Notation angeboten, welche die Spezifikation des oben eingeführten Aktivitätengraphen mit parallelen und alternativen Zweigen ermöglicht (s. Abb. 2). Ausführungsbedingungen können aufgrund von Datenabhängigkeiten formuliert werden, die sich auf zum verteilten Büroablauf gehörige Daten bzw. Dokumente beziehen. Außerdem können bestimmte Aktivitäten als optional gekennzeichnet werden (hier das Drucken der Dokumente). Zusätzlich können Attribute an Basisdienst-Anforderungen angeheftet werden, die spezifizieren, daß ein Server bestimmte Eigenschaften erfüllen muß (z.B. die PostScript-Fähigkeit bei Druckerservern).

2.2 Systemarchitektur

Um die in Abschnitt 1 beschriebenen Anforderungen bei der Realisierung der verteilten Büroabläufe erfüllen zu können, ist ein Architekturkonzept erforderlich, das verschiedene dedizierte Komponenten zur Behandlung von Sprach- und Laufzeitmechanismen umfaßt (s. Abb. 3). Die vertikale Aufteilung entspricht den Phasen der Entwicklung bzw. der Ausführung verteilter Büroabläufe. Während der Entwicklungsphase werden Abläufe mittels der gezeigten Notation spezifiziert. Diese Beschreibungen werden von Übersetzern in interne Formate - also nicht etwa in ausführbaren Code - übersetzt und dann einem Verzeichnisdienst verfügbar gemacht. Außerdem werden die Ablaufspezifikationen von dezentralen *Kontrollstationen* geladen, die die Aktivierung und Ausführungskontrolle von Abläufen durch den Endbenutzer ermöglichen.

Zur Laufzeit können dann verteilte Büroabläufe gestartet werden, nachdem sie über eine Kontrollstation initialisiert und um zugehörige Daten (z.B. Formularobjekte) ergänzt wurden. Die schrittweise Abarbeitung erfolgt dann durch die Basisdienste der auszuwählenden Server. Ein Server wird jeweils dezentral vom vorherigen Server unter Verwendung des Verzeichnisdienstes und nach eventuellen Server-Statusanfragen bestimmt.

Zur Weiterleitung von Abläufen kommunizieren die Server direkt untereinander, also nicht etwa über eine zentrale Stelle oder über die Kontrollstationen. Dazu werden Laufzeitmechanismen verwendet, die die Funktionalität der verteilten Ablaufbearbeitung in generischer Form - also anwendungsunabhängig - implementieren. Diese Mechanismen müssen auf jedem Rechnerknoten, der Server anbietet, installiert sein. Zur Basiskommunikation bedienen sich die Server verteilter objektorientierter Mechanismen, die als Laufzeitbibliothek auf jedem Knoten zur Verfügung stehen und durch das verteilte C++ implementiert werden.

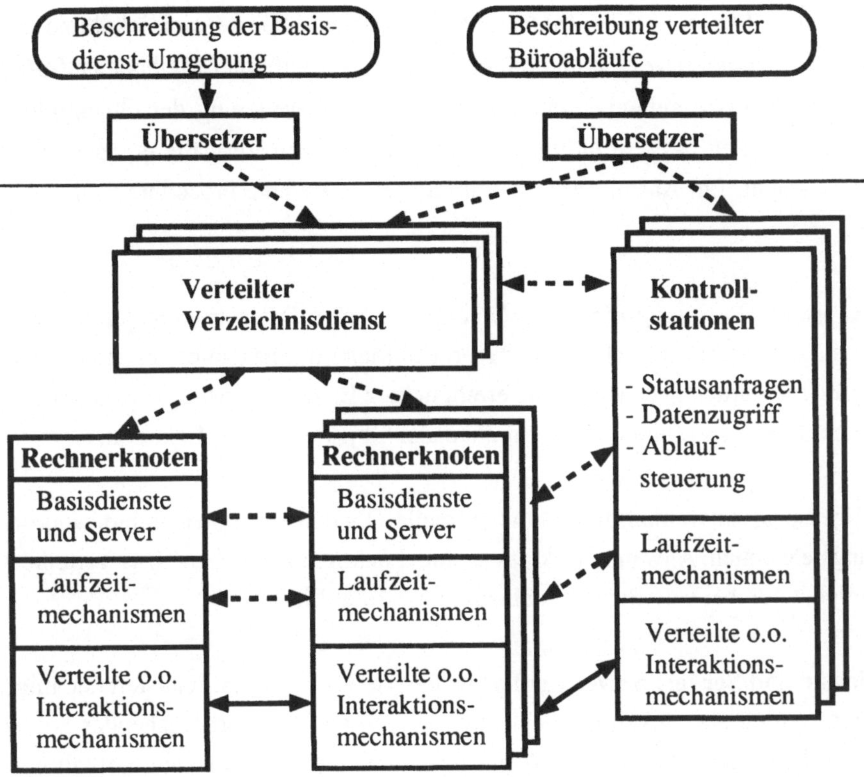

Abb. 3: Gesamtarchitektur

Die Kontrollstationen ermöglichen den interaktiven Start verteilter Büroabläufe sowie ihre Überwachung zur Laufzeit. Dies umfaßt Statusanfragen (z.B. nach Lokation, ausführendem Server, Ausführungsdauer etc.) sowie den entfernten Zugriff auf die zu einem Ablauf gehörigen Daten.

2.3 Verteiltes C++ als Basissystem

Als Basis für die Kommunikation und für den Kontrolltransfer eignet sich eine verteilte objektorientierte Systemumgebung, in unserem Fall ein verteiltes C++ [2]. Dieses System erweitert die objektorientierte Sprache C++ um folgende Eigenschaften:

- *Verteilte Objektplazierung:* C++-Objekte (Datenstrukturen mit zugehörigen Operationen) können verteilt auf unterschiedlichen Rechnern plaziert werden. Dies wird durch optionale Angabe einer Lokation beim Aufruf eines erweiterten Objekt-Konstruktors erreicht, was dann zum entfernten Aktivieren einer Objekt-Erzeugungsoperation führt.

- *Lokationsunabhängige Objektkommunikation:* Objekte können sich lokal und entfernt gleichermaßen referenzieren und mittels lokaler oder entfernter Methodenaufrufe lokationsunabhängig kommunizieren. Dies wird durch Erweiterung der Objektreferenzen um eine Tabellen-basierte Indirektion mit einer internen Verwaltung der Objektlokationen erreicht. Ein Aufruf wird dann im Stil eines Remote Procedure Calls weitergeleitet.

- *Dynamische Objektmigration:* Ein Objekt (d.h. seine Datenstruktur) kann dynamisch zur Laufzeit zwischen Rechnern verlagert (migriert) werden, sofern es momentan nicht aufgerufen wurde. Die Migration ermöglicht z.B. den Transfer von Datenobjekten oder das Zusammenführen kommunizierender Objekte an einer Lokation.

Diese Eigenschaften werden durch eine spezielle Oberklasse implementiert, von der alle verteilungsrelevanten Anwendungsklassen ihre Funktionalität erben. Das verteilte C++-System findet nun bei verteilten Büroabläufen wie folgt Einsatz:

Basisdienste und Server: Server werden als fixierte C++-Objekte realisiert; sie migrieren also nicht, werden aber lokationsunabhängig aufgerufen. Ein vorhergehender Server (für einen Basisdienst des Aktivitätengraphen) bzw. auch eine Kontrollstation erhält über den Verzeichnisdienst eine globale C++-Objektreferenz für einen Server (z.B. für den nächsten Basisdienst). Unter Angabe dieser Referenz kann dann ein entfernter Methodenaufruf abgesetzt werden, der im Sinne eines verteilten Büroablaufs dem Aufruf eines Basisdienstes entspricht. Die Schnittstelle eines Servers (also die Schnittstelle der zugehörigen Klasse) repräsentiert die Menge der durch den Server angebotenen Basisdienste. Bei der Interpretation der in Abschnitt 2.1 gezeigten Notation wird ein Basisdienst des Aktivitätengraphen systemintern schrittweise auf den Aufruf einer Serveroperation in C++ abgebildet.

Büroabläufe: Ein verteilter Büroablauf wird selbst als C++-Objekt modelliert, das im Rahmen der Ablaufbearbeitung zwischen den Servern migriert. Bei jedem Aufruf eines Basisdienstes wird es als zusätzlicher Parameter mit übergeben und gleichzeitig an die Lokation des bearbeitenden Servers transferiert. Dies ermöglicht dem Server den lokalen Zugriff auf Kontrollstrukturen, die an das Ablaufobjekt angefügt sind. Die Beschreibung eines Ablaufs (der Aktivitätengraph) wird dagegen - ebenso wie der Implementierungscode der Basisdienste - auf allen beteiligten Rechnern repliziert und muß daher nicht migriert werden. Eine Besonderheit entsteht bei der parallelen Basisdienst-Ausführung; in diesem Fall muß die Objektstruktur des Büroablaufs entweder aufgespalten werden oder bei den verschiedenen Servern repliziert werden. Bisher wurde hierzu nur ein rudimentäres Konzept zur disjunkten Aufspaltung und späteren Wiedervereinigung entwickelt.

Zugehörige Bürodaten: Die zu einem Büroablauf gehörigen Daten (z.B. Formulare) werden ebenfalls als C++-Objekte modelliert. Diese werden über Objektreferenzen an das Ablaufobjekt gekoppelt und ebenfalls zu den Servern migriert. Durch die Möglichkeit der dynamischen Objekterzeugung können auch die im Verlauf der Bearbeitung generierten Daten als Objekte repräsentiert werden. Praktisch gesehen ist allerdings die Modellierung von Datenobjekten nur sehr begrenzt möglich, da z.B. umfangreiche komplexe Dokumente erweiterte Beschreibungsmechanismen (etwa *ODA/ODIF* oder *SGML*) bzw. Transferprotokolle (z.B. *EDIFACT*) erforderten, die bisher nicht berücksichtigt werden können.

Kontrollstationen und Verzeichnisdienst: Kontrollstationen werden wie Server als fixierte Objekte modelliert. Eine Kontrollstation kann eine Referenz auf ein Ablaufobjekt erhalten; dies ermöglicht ihr den lokationsunabhängigen Aufruf von Anfrageoperationen zum aktuellen Status. In der verteilten C++-Erweiterung wurde bisher nur ein rudimentärer, zentral implementierter Verzeichnisdienst realisiert, der eine einfache Abbildung von Objektnamen (also z.B. von Servernamen) auf C++-Objekte ermöglicht. Prinzipiell reicht die einfache Implementierung für experimentelle Studien aus, nicht aber für einen industriellen Einsatz in größeren verteilten Umgebungen. Für verbesserte Lösungen sei auf Abschnitt 3 (OSF DCE) verwiesen.

Insgesamt wird deutlich, daß der verteilte objektorientierte Ansatz eine sehr direkte Modellierung der erforderlichen Systemkomponenten ermöglicht. Die wesentlichen Verteilungsaspekte, insbesondere die verteilte Plazierung, die Kommunikation und die Verlagerung von Daten werden durch die verteilte C++-Erweiterung bereits abgedeckt. Im folgenden wird diskutiert, wie das OSF DCE zusätzliche Unterstützung in Bereichen wie Namensverwaltung oder Zugriffsschutz erbringen kann.

3 Einsatzmöglichkeiten des OSF DCE als Basissystem

3.1 Funktionalität und Komponenten des DCE

Das Distributed Computing Environment (DCE) der Open Software Foundation (OSF) [3, 4] ist ein verteiltes Gesamtsystem zur Unterstützung verteilter Anwendungen. Die Funktionalität des DCE umfaßt die Kommunikation in heterogenen Systemen mittels RPC, nebenläufige Verarbeitung durch leichtgewichtige Prozesse, verteilte Namensverwaltung, Gewährleistung von Sicherheitsaspekten (z.B. Zugriffsschutz), verteilte Synchronisation der Systemzeit, verteilte Dateiverwaltung und Integration von PCs und plattenlosen Rechnern in eine verteilte Workstation-Umgebung.

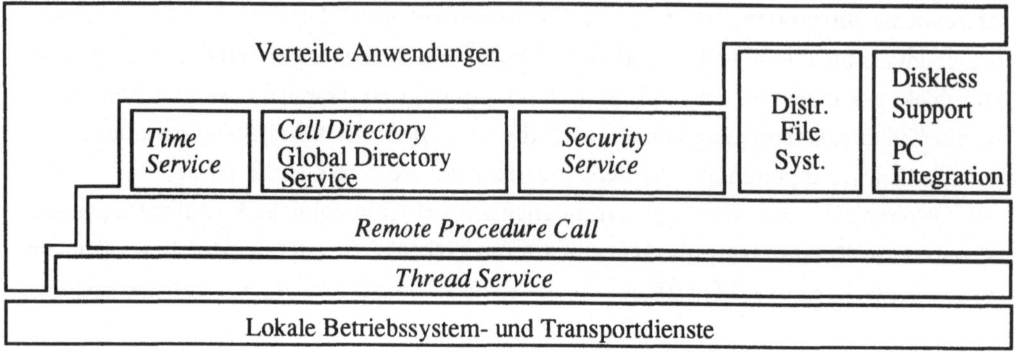

Abb. 4: Gesamtarchitektur des OSF DCE

Diese Funktionalität wird durch verschiedene dedizierte Teilkomponenten erbracht, die von der OSF aus existierenden Systemvorschlägen aufgrund praxisnaher Kriterien ausgewählt und integriert wurden. Zahlreiche Hersteller sind inzwischen Mitglied der OSF und werden eine DCE-Realisierung in Kürze auf ihren Systemen anbieten (z.B. für OSF/1, DEC/Ultrix, IBM/AIX, SunOS, VAX/VMS und z.T. begrenzt für PC/DOS, OS/2 und OS/400). Durch einheitliche Programmier- und Kommunikationsschnittstellen des DCE für alle Plattformen ist die durchgängige Portabilität von DCE-Anwendungen garantiert; dies ist neben der umfangreichen Funktionalität des DCE ein wesentliches Kriterium für die große praktische Bedeutung dieser Softwareumgebung. Abb. 4 zeigt die Gesamtarchitektur des DCE. Alle Komponenten basieren auf lokalen Betriebssystemdiensten (z.B. von Unix) und Transportdiensten (z.B. TCP/IP). Verteilte Anwendungen verwenden die sog. *DCE-Basisdienste* (*kursiv* in Abb. 4) explizit über eine in C eingebettete Programmierschnittstelle und die *weiteren DCE-Systemdienste* implizit über z.T. modifizierte Betriebssystemoperationen. Die DCE-Teilkomponenten machen intern auch gegenseitig voneinander Gebrauch. Einige Kerndienste werden im folgenden genauer diskutiert.

Der *Threads Service* (Basis: *DEC Concert Multithread Architecture*) bietet eine portable Implementierung leichtgewichtiger Prozesse (*Threads*) an. Diese teilen sich einen Adreßraum und ermöglichen die nebenläufige Verarbeitung. Dadurch können z.B. entfernte Aufrufe quasiparallel abgesetzt oder eine Benutzerschnittstelle nebenläufig zu einer aktuellen Verabeitung bedient werden. Der *Remote Procedure Call* (Basis: *DEC/HP Network Computing System*) dient zur Kommunikation zwischen verteilt plazierten Modulen einer Anwendung auf der Basis des Client/Server-Modells; ein Client fordert bestimmte Dienste von einem Server in Form entfernter Prozeduraufrufe an.

Die Prozedurschnittstellen werden in einer deklarativen Sprache (*IDL, Interface Definition Language*) in Anlehnung an C beschrieben. Das DCE bietet einen IDL-Compiler sowie

Laufzeitmechanismen zur Zuordnung von Servern zu Clients (*Binden*) und zur IDL-basierten Kodierung und Übertragung entfernter Prozeduraufrufe an.

Der *Cell Directory Service* (CDS) (Basis: *DEC Distributed Naming Service (DNS)*) verwaltet logische Namen, z.B. von Servern, und bildet diese auf Netzadressen ab, um den Zugriff, z.B. durch Clients, zu ermöglichen. Der verwendete Namensraum ist hierarchisch strukturiert. Auch attributierte Namen sind möglich, was z.B. die Anfrage unter Ressourcen-bezogenen Nebenbedingungen erlaubt. Der CDS wird durch mehrere Server implementiert, was z.B. intern die teilweise Replikation des Namensraums ermöglicht. Die Programmierschnittstelle wird durch das standardisierte *X/Open Directory Service Interface* realisiert.

Der *Security Service* (Basis: *MIT/Kerberos* unter Ergänzung von *HP Security Components*) ermöglicht Authentisierung, Autorisierung und Verschlüsselung. Bei der Authentisierung bestätigt ein Client durch Angabe eines geheimen Codes (generiert aus seinem Paßwort) gegenüber einem Server, daß es sich bei ihm wirklich um die vorgegebene Identität handelt; dies ist auch umgekehrt für Server möglich. Die Autorisierung ermöglicht die selektive Vergabe von Zugriffsrechten an Clients mittels Zugriffskontrolllisten.

Gesamtbewertung: Das OSF DCE zeichnet sich durch seine recht umfassende Funktionalität, die gute Komponentenintegration, die herstellerübergreifende Interoperabilität in heterogenen Systemen sowie durch Produktqualität aus. Die Entwicklung verteilter Anwendungen wird durch das DCE auch nach eigenen Erfahrungen deutlich erleichtert. Die Programmierschnittstelle ist zwar recht umfangreich und erfordert einigen Lernaufwand, was aber durch die dadurch zugängliche große Funktionalität wieder wettgemacht wird.

3.2 Einsatz des DCE für die Implementierung verteilter Büroabläufe

Das DCE kann im Zusammenhang mit dem oben beschriebenen Systemansatz auf zwei Arten eingesetzt werden: (1) Es wird direkt zur Implementierung der Laufzeitumgebung für Büroabläufe verwendet, oder (2) das verteilte C++ wird auf das C-basierte DCE aufgesetzt, um darauf aufbauend die Systemunterstützung für Büroabläufe zu erbringen. Die erste Lösung ist sicherlich allgemeiner und für den zügigen industriellen Einsatz attraktiver. Die zweite Lösung hat den Vorteil, daß die komfortablere Schnittstelle des verteilten C++ erhalten bleibt und die erforderlichen Systemobjekte sehr natürlich modelliert werden können (s. Abschnitt 2.3). Wir wollen an dieser Stelle aus praktischen Gründen die erste Lösung besprechen und den anderen Vorschlag nur sehr kurz skizzieren. Die Beschreibung ist ähnlich wie in Abschnitt 2.3 gegliedert.

Basisdienste und Server: Büroserver werden mit dem DCE als RPC-Server realisiert. Die Basisdienste, also die Serverschnittstellen, werden nun in IDL beschrieben und im Verlauf der Verarbeitung mittels RPC aufgerufen. Allerdings sind solche Aufrufe mit dem DCE nur von C und nicht von C++ aus möglich. Jeder Server ist gleichzeitig auch RPC-Client; dies ist notwendig, da ein Büroablauf direkt von einem bearbeitenden Server (der dann zum Client wird) an den nächsten Server mittels RPC weitergegeben wird. Jeder Server kann zusätzlich auch DCE-Threads einsetzen, um mehrere Aufrufe von Basisdiensten nebenläufig bearbeiten zu können (z.B. wenn viele verteilte Büroabläufe parallel anfallen). Ebenso können Threads verwendet werden, um parallele Pfade des Aktivitätengraphen auf parallele Basisdienst-Aufrufe bei mehreren Servern abzubilden.

Büroabläufe: Ein verteilter Büroablauf kann nun nicht mehr direkt durch ein Objekt modelliert werden. Vielmehr müssen zusätzliche Kontrollstrukturen in Form von C-Structures erzeugt werden, die als Wertparameter eines Basisdienst-Aufrufs übergeben werden. Um trotzdem systemweit eindeutige Kennungen für Abläufe anzubieten (z.B. um auf diese systemweit zuzugreifen), kann der sog. UUID-Mechanismus des DCE herangezogen werden (UUID = Unique Universal Identifier).

Zugehörige Bürodaten: Die zu einem Büroablauf gehörigen Daten (z.B. Formulare) werden nun ebenfalls durch C-Structures modelliert, die von den Büroablauf-Strukturen referenziert werden. Sie werden als Wertparameter an Basisdienst-RPC-Aufrufe übergeben. Allerdings können die Daten nicht mehr wie beim verteilten C++ entfernt referenziert oder durch Operationen eingekapselt werden. Zur persistenten Speicherung von Bürodaten kann der Distributed File Service (DFS) des DCE eingesetzt werden; allerdings müssen Operationen zur Datei-E/A für diese Daten implementiert werden.

Kontrollstationen: Die Kontrollstationen sind nun RPC-Clients; sie rufen entfernte Statusanfragen bei den Basisdienst-Servern mittels RPC auf. Es ist allerdings nicht mehr möglich, Ablaufobjekte direkt nach deren Status zu befragen. Eine solche Funktionalität müßte als zusätzlicher Lokalisierungs- und Aufrufmechanismus unter Verwendung der UUIDs implementiert werden.

Verzeichnisdienst: Der Verzeichnisdienst kann nun direkt durch den Cell Directory Service (CDS) des DCE realisiert werden. Dies ermöglicht eine sehr umfassende Funktionalität (z.B. Attribut-basierte Namensanfragen oder Modellierung von Servergruppen). Außerdem ergibt sich dadurch automatisch eine fehlertolerante Realisierung durch mehrere CDS-Server. Ggf. kann auch der Global Directory Service (GDS) hinzugezogen werden, wenn Büroabläufe in großen verteilten Systemen abgewickelt werden sollen.

Sicherheit und Zugriffsschutz: Dieser bisher nicht unterstützte Bereich kann nun durch den DCE Security Service abgedeckt werden. Dadurch können sich Basisdienst-Server gegenseitig authentisieren, ebenso die Kontrollstationen gegenüber den Servern. Außerdem können Zugriffsrechte auf Basisdienste selektiv für bestimmte Server vergeben werden, um einen wirksamen Zugriffsschutz zu implementieren. Für besonders sensitive Anwendungen können außerdem alle RPC-Aufrufe verschlüsselt werden, um ein unberechtigtes Mithören auszuschließen.

Verteilte C++-Erweiterung auf der Basis des DCE: Die eingangs angesprochene zweite Lösung erfordert einige grundsätzliche Erweiterungen des DCE, die im Rahmen laufender Arbeiten untersucht werden sollen. Zunächst müssen alle DCE-Komponenten mit einer C++-Programmierschnittstelle versehen werden; dazu müssen die C-Schnittstellen des DCE in C++-Klassen eingebettet werden. Außerdem müssen die Beschreibungssprache IDL und ihr Compiler von C auf C++ erweitert werden, um entfernte C++-Aufrufe zu ermöglichen. Solche Aufrufe erfordern auch eine umfassende Verwaltung verteilter Objekte; die RPC-Komponente des DCE muß dazu um interne Objekttabellen und Objektadressierungsmechanismen ergänzt werden. Noch aufwendigere Erweiterungen sind zur Realisierung der Objektmobilität erforderlich; als Beispiele seien die flexible Adressierung mobiler Objekte oder die Konvertierung von Objektdaten in das Format des Zielrechners genannt.

Insgesamt läßt sich sagen, daß sich das DCE sehr gut für verteilte Anwendungen aus dem Bürobereich eignet - hier am Beispiel der verteilten Büroabläufe untersucht. Vor allem seine umfassende Funktionalität bzgl. RPC-Kommunikation, Namensverwaltung und Sicherheitsaspekten sowie seine aktuelle Verfügbarkeit sind dabei hervorzuheben.

4 Vergleich mit anderen Ansätzen

Verteilte objektorientierte Systeme: In diesem Bereich gab es in den vergangenen Jahren zahlreiche Prototyp-Entwicklungen, die eine ähnliche Funktionalität wie unser verteiltes C++-System bieten. Als Beispiel sei das Systeme *Amadeus* [5] aus dem *ESPRIT*-Projekt *Comandos* genannt. Bei diesen Ansätzen wurden jedoch deutliche Eingriffe in den C++-Compiler gemacht, die bei uns - unter Aufgabe einiger Transparenzeigenschaften - nicht erforderlich waren. Für einen weitergehenden Überblick zu verteilten objektorientierten Systemen sei auf [6] verwiesen.

Verteilte Büroabläufe: Die meisten Eigenschaften hat unser Ansatz mit dem Konzept der *Action Paths* aus [7] gemeinsam; auch diesem System liegt eine verteilte objektorientierte

Architektur zugrunde. Unser Ansatz bietet eine erweiterte Beschreibungsnotation für Büroabläufe an, während das Action Paths System umfassendere Laufzeitmechanismen, z.B. zur Ausnahmebehandlung bei Fehlerfällen, aufweist. Eine ähnliche Funktionalität bietet auch das System *ECF (Electronic Circulation Folders)* [8]. Speziell für die Migration von Formularen im Rahmen verteilter Büroabläufe stellt das System *PAGES* [9] aus dem ESPRIT-Projekt *DIMUN* weitreichende Werkzeuge zur Verfügung. Im Bereich der Spezifikationssprachen für Büroabläufe bietet *MMS (Message Management System)* [10] weitreichende Unterstützung; es stellt eine dedizierte Sprache zum zustandsabhängigen Routing von Anwendungsnachrichten bereit.

Unter Betrachtung einiger weiterer Systeme und Konzepte (hierzu s. etwa [1] und [11]) kann gesagt werden, daß das Problemfeld der verteilten Büroabläufe bereits durch zahlreiche Prototypentwicklungen angegangen wurde, daß aber noch kaum Produkte verfügbar sind und daß nur wenige der Ansätze die sehr aktuellen Konzepte der verteilten objektorientierten Programmierung (z.B. durch das verteilte C++) und der herstellerübergreifenden Systemintegration (z.B. durch das OSF DCE) berücksichtigen.

5 Zusammenfassung und Ausblick

Der Beitrag beschrieb einen Systemansatz zur rechnergestützten Realisierung verteilter Büroabläufe sowie konkrete Möglichkeiten, diese Konzepte durch verteiltes C++ bzw. durch das OSF Distributed Computing Environment zu realisieren. Das unterstützende System beruht auf einer verteilten Architektur und einer Beschreibungsnotation für verteilte Büroabläufe. Es wurde deutlich, daß ein verteilter objektorientierter Ansatz sehr gut zur Modellierung der beteiligten Einheiten (Server mit Basisdiensten, Büroabläufe, Bürodaten, Kontrollstationen usw.) geeignet ist. Andererseits wurde aufgezeigt, wie diese Konzepte auch mit den - eher etwas konventionelleren - RPC-basierten Mechanismen des OSF DCE realisiert werden können. Dies ist gerade für die industrielle Praxis von größter Bedeutung, da das DCE bereits heute verfügbar ist und in Kürze von zahlreichen Herstellern auf den verschiedensten Plattformen angeboten wird. Bezüglich weitergehender Information zu verteilten Programmiertechniken und zum OSF DCE sei auf [12] und [13] verwiesen.

Literatur

[1] Schill, A.: Strukturierung und Kontrolle verteilter Büroabläufe; *HMD - Theorie und Praxis der Wirtschaftsinformatik, Heft 164, 1992, pp. 128-146*

[2] Schill, A.: Distributed Object Management within a Loosely-Coupled Repository Environment; *OpenForum Technical Conf., Utrecht, Nov. 1992*

[3] Introduction to OSF DCE; *Open Software Foundation, Cambridge, USA, 1991*

[4] Hülsenbusch, R.: Verteilungswerkzeuge: DCE - Integrierte Tools für verteilte Anwendungen; *iX, No. 1, 1992, pp. 86-90*

[5] Horn, C., Cahill, V.: Supporting Distributed Applications in the Amadeus Environment; *Computer Communications, Vol. 14, No. 6, July/Aug. 1991, pp. 358-365*

[6] Schill, A.: Verteilte objektorientierte Systeme: Grundlagen und Erweiterungen; *Informatik Forschung und Entwicklung, Nr. 6, Jan. 1991, pp. 14-27*

[7] Artsy, Y.: Routing Objects on Action Paths; *10th IEEE Int. Conf. on Distributed Computing Systems, Paris 1990, pp. 572-579*

[8] Karbe, B., Ramsperger, N., Weiss, P.: Support of Cooperative Work by Electronic Circulation Folders; *ACM Conf. on Office Information Systems, Cambridge, MA, 1990, pp. 109-117*

[9] Hammainen, H., Eloranta, E., Alasuvanto, J.: Distributed Form Management; *ACM Transactions on Information Systems, Vol. 8, No. 1, Jan. 1990, pp. 50-76*

[10] Mazer, M.S., Locjowsky, F.H.: Logical Routing Specification in Office Information Systems; *ACM Trans. on Office Information Systems, Vol. 2, No. 4, Oct. 1984, pp. 303-330*

[11] Schill, A.: Distributed System and Execution Model for Office Environments; *Computer Communications Journal, Vol. 14, No. 8, Okt. 1991, pp. 478-488*

[12] Mühlhäuser, M., Schill, A.: Software Engineering für verteilte Anwendungen; *Springer-Verlag, Berlin/Heidelberg, 1992*

[13] Schill, A.: Das OSF Distributed Computing Environment; *Springer-Verlag, Berlin/Heidelberg, 1993*

Computer Integrated Manufacturing

Internationale Erfahrungen bei der Einführung von Leitstandsystemen mit spezieller Ausrichtung auf Deutschland und USA

Hermann Havermann

AHP Havermann & Partner GmbH
Moosstr. 5
8130 Starnberg

Zusammenfassung

Elektronische Leitstandsysteme wurden erstmalig Mitte der 80er Jahre in Deutschland entwickelt und in der Praxis eingeführt. Nachdem diese Systeme zunächst schwerpunktmäßig im deutschsprachigen Raum in der Industrie zum Einsatz kamen, wird "The Leitstand" seit etwa 3 Jahren auch im amerikanischen und angelsächsischen Raum für die Fertigungssteuerung genutzt. Obwohl erhebliche Marktunterschiede im Softwareumfeld sowie in der Ausbildung des Personals und der Philosophie der Fertigungssteuerung zwischen dem deutschsprachigen und dem amerikanischen Markt bestehen, hat sich der elektronische Leitstand in beiden Märkten bewährt und findet eine stetige Verbreitung.

1   Einleitung

Basierend auf Erfahrungen und Erkenntnissen konventioneller, papierorientierter Leitstandorganisationen in der Fertigungsindustrie wurden Mitte der 80er Jahre in Deutschland erstmalig elektronische Leitstände entwickelt. Als erste PC-basierte Leitstandsysteme wurden 1985 der "Leitstand-1" von Prof. Dr. Kurbel [1] und der "AHP-Leitstand" von AHP [2] am Markt vorgestellt.

Die Nachfrage der Fertigungsindustrie nach Feinplanungssystemen, wie einem elektronischen Leitstand, und eine sich überstürzende Entwicklung der Leistungsfähigkeit von Hard- und Systemsoftware auf dem PC- und Workstationmarkt führten zu einer gleichfalls stürmischen Entwicklung von elektronischen Leitständen in Deutschland. Marktstudien von Dr. Hoff [3] und Ploenzke [4] führen in Deutschland etwa 30 Anbieter von Leitstandsystemen auf. Diese Entwicklung blieb jedoch nicht allein auf den deutschsprachigen Markt beschränkt, sondern Philosophie und Funktionalität von Leitstandsystemen fanden auch international Beachtung. Dabei wird auch in Ermangelung eines eigenen Fachbegriffes "The Leitstand" in die angloamerikanische Fachliteratur übernommen (siehe auch [5]).

Nachdem der AHP-Leitstand seit Herbst 1986 über 500 mal international mit folgender Verteilung installiert ist - ca. 75 % im deutschsprachigen Raum, ca. 17 % in Europa und ungefähr 8 % in den USA, - möchte ich in diesem Beitrag ausgehend von unseren Erfahrungen auf die wesentlichen Unterschiede bei der Einführung von Leitstandsystemen am deutschen und amerikanischen Markt eingehen und mich dabei auf folgende Themenkreise konzentrieren:

1. Marktunterschiede zwischen Deutschland und USA im Softwareumfeld;

2. Unterschiede hinsichtlich Einstellung und Philosophie;

3. Auswirkungen der Marktunterschiede auf zukünftige Entwicklungen und Marktstrategien.

Es soll dazu bemerkt werden, daß die Aussagen dieses Beitrages auf praktischen Erfahrungen mit folgendem Hintergrund basieren:

- Entwicklung und Einführung von Leitstandsystemen in Deutschland und Europa seit 1985.

- Verkauf und Installation von Leitstandsystemen in den USA seit 1989. In 1990 wurde in Atlanta, Georgia, eine Tochtergesellschaft gegründet.

- Zahlreiche Präsentationen, Vorträge und Diskussionen in Deutschland und den USA mit Anwendern, befreundeten Softwarehäusern und Universitäten.

Weiterhin hat Prof. Dr. J. J. Kanet von der Clemson Universität, South Carolina, durch seine Unterstützung einen wesentlichen Beitrag zu dieser Arbeit geleistet.

Die ca. 40 Installationen unseres Leitstandes in den USA sind zwar noch relativ gering, sie haben jedoch einen guten ersten Einblick in den amerikanischen Markt und seine Anforderungen gegeben.

2 Leitstandsfunktionen

Vor der Betrachtung der Marktunterschiede soll ein kurzer Überblick über die Funktionalität eines Fertigungsleitstandes gegeben werden.

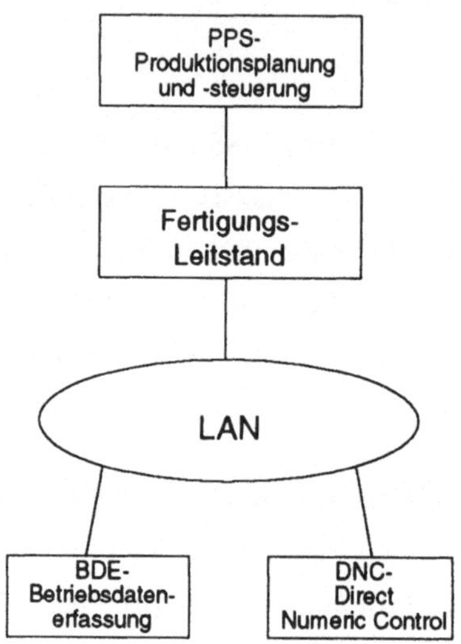

Abb. 1:   Der Leitstand im Verbund mit PPS und Werkstatt

Wie im obigen Bild skizziert, ist ein Fertigungsleitstand in der Regel mit einem PPS-System und operativen Fertigungssystemen, wie BDE, Maschinensteuerung (DNC) oder anderen, verbunden. Vom PPS-System werden freigegebene Fertigungsaufträge an den Leitstand übergeben. Am Leitstand erfolgt unter Berücksichtigung verfügbarer Kapazitäten und Ressourcen (Maschine, Personal, Werkzeuge etc.) sowie der jeweiligen Unternehmens- oder Fertigungsziele (geringe Bestände, Einhaltung Liefertermine, geringe Rüstzeiten o.a.) eine exakte Reihenfolgeplanung aller Fertigungsschritte. Ein Leitstand bietet dazu eine grafische Benutzeroberfläche mit der Möglichkeit der manuellen und automatischen Einplanung. Moderne Leitstandsysteme bieten auch unterschiedliche Planungsalgorithmen zur Optimierung der Planung.

Das Planungsergebnis wird an das PPS-System und an die operativen Systeme (BDE, DNC o.a.) übergeben. Von diesen kommen auch kontinuierliche Rückmeldungen über den aktuellen Status in der Fertigung.

Ein Leitstand ist in diesem Verbund

- ein Feinplanungssystem, das interaktiv mit dem Fertigungssteuerer und mit Unterstützung von Planungsalgorithmen eine möglichst gute Reihenfolge der Fertigungsaufträge ermittelt,

- ein Integrator zwischen PPS-Systemen und operativen Steuerungssystemen wie BDE, DNC o.a.,

- ein Steuerungsinstrument, das immer den aktuellen Fertigungsstatus aufzeigt und Möglichkeiten einer Änderung bietet.

Die Installation von Leitständen in der Fertigung hat Unternehmen beachtliche betriebswirtschaftliche Ergebnisse durch Reduzierung der Rüstzeiten, Verringerung von Lagerbeständen, Verkürzung der Durchlaufzeiten u.a. gebracht. Siehe dazu als Beispiel die Erfahrungen bei Faber Castell [6], wo nach einem Jahr Leitstandeinsatz folgende Ergebnisse erzielt wurden:

- Reduzierung der Durchlaufzeiten bis zu 25 %,
- Verbesserung der Kapazitätsausnutzung um 13 %,
- Signifikante Verbesserung der Einhaltung von Lieferterminen und
- Erhöhung der Transparenz für Fertigungssteuerung und Management.

3 Marktunterschiede im Softwareumfeld

Ein Fertigungsleitstand ist also in der Regel, wie oben dargelegt, mit PPS-Systemen und operativen Fertigungssystemen, z.B. BDE u.a., integriert.

3.1 PPS und MRPII

Wenn auch die Struktur von "Manufacturing Planning und Control Systems", wie sie von Vollmann, Berry und Whybark [7] definiert wird - siehe auch das untenstehende Bild - im wesentlichen für deutsche PPS- (Produktionsplanung und Steuerung) und amerikanische MRPII- (Manufacturing Resource Planning) Systeme übereinstimmt, so finden sich doch in einigen Bereich Unterschiede.

Die Unterschiede liegen nach unseren Erfahrungen in den Bereichen "Detailed Capacity Planning" und "Shop Floor Systems".

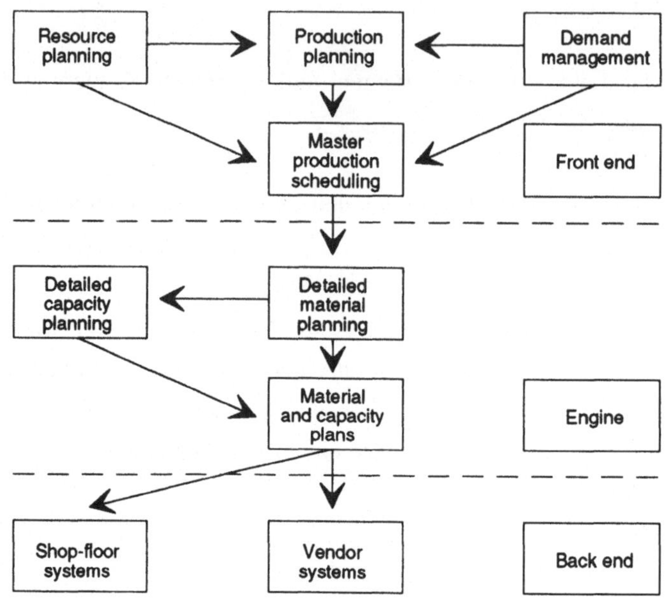

Abb. 2: "Manufacturing Planning and Control Systems" von Vollmann, Berry und Whybark [7]

In der Kapazitätsplanung läßt sich die MRP-Philosophie vereinfacht wie folgt beschreiben. MRP ermittelt eine Priorität für jeden Fertigungsauftrag. Ausgehend von einer Grobplanung (Master Schedule), die einen groben Kapazitätsausgleich berücksichtigt hat, wird das Problem der Reihenfolgeplanung in der Fertigung darauf reduziert, daß dafür Sorge getragen werden muß, daß die Aufträge in der Reihenfolge ihrer Priorität bearbeitet werden.

In deutschen PPS-Systemen sind dagegen in der Regel die Fertigungskapazitäten detailliert auf Kostenstellenebene oder manchmal sogar pro Arbeitsplatz beschrieben, so daß in einer Kapazitätsterminierung die machbare Fertigungsvorgabe vom PPS-System wesentlich exakter ermittelt werden kann.

Nach unserer Erfahrung ist die Integration der deutschen PPS-Systeme mit taktischen und operativen Anwendungen in der Fertigung, wie Leitstand, BDE o.a., weiter entwickelt als in den USA. Dies sind individuelle Erfahrungen, die wir in unserem Kundenumfeld gemacht haben, jedoch nicht durch allgemeingültige Zahlen belegen können.

3.2 Marktverbreitung der Softwaresysteme

Die Verbreitung von PPS-Systemen in Deutschland und MRPII-Systemen in den USA ist sehr unterschiedlich. Der amerikanische MRPII-Markt scheint sehr stark von einigen wenigen großen Softwarehäusern beeinflußt. In den Jahren 1986 bis 1991 wurden in den USA ca. 54.000 MRPII-Systeme verkauft [10]. Die 10 größten MRPII-Anbieter der USA haben weltweit ca. 34.000 [11] und in den USA ca. 21.500 Installationen. (Es wurde hier ausgehend von einigen Geschäftsberichten der MRPII-Anbieter und eigenen Annahmen extrapoliert, daß ca. 50 % der IBM-MAPICS-Installationen und 75 % der Installationen der übrigen Anwender in den USA sind.) Das heißt, daß die 10 größten MRPII-Anbieter einen Marktanteil von ungefähr 40 % aller MRPII-Installationen in den USA haben.

In Deutschland finden wir einen äußerst fragmentierten PPS-Markt. In einer Studie des TÜV-Rheinland von 1991 [8] werden insgesamt 90 PPS-Anbieter aufgeführt. Davon haben 15 Anbieter ca. 2560 Installationen, d.h. im Mittel pro Anbieter ca. 170 Installationen. Nach der Studie hat kein Anbieter mehr als 300 Installationen. Alle übrigen aufgeführten PPS-Anbieter haben unter 100 Installationen. (Für einige wenige Anbieter sind keine Angaben über Installationszahlen angegeben.)

Dies bedeutet für Deutschland, in dem nach Untersuchungen des Instituts für Sozialwissenschaftliche Forschung in München ca. 35 % aller Industrieunternehmen in 1990 ein PPS-System hatten, daß der Anteil von Standardsystemen daran relativ gering ist. Unsere Praxiserfahrung bei der Integration von Leitstandsystemen mit PPS in Deutschland und MRPII in den USA bestätigt obige Marktzahlen. In Deutschland haben wir den Leitstand mit vielen unterschiedlichen PPS-Systemen integriert, wobei noch erschwerend hinzukommt, daß die PPS-Systeme häufig für eine individuelle Installation mehr oder weniger stark angepaßt wurden.

In den USA dagegen treffen wir häufig auf bekannte MRPII-Systeme, mit denen bereits vorher Integrationen durchgeführt wurden. Kundenindividuelle Anpassungen finden sich dabei selten.

Für uns zeigt sich der amerikanische MRPII-Markt im Vergleich zum deutschen PPS-Markt wesentlich homogener und viel stärker standardisiert. Dies erleichtert Leitstandinstallationen in den USA im Vergleich zu Deutschland sehr. So haben wir die Erfahrung gemacht, daß bei einer Leitstandinstallation in Deutschland ca. 30 % auf den Produktverkauf (Lizenzerlöse) und ca. 70 % auf Dienstleistungen (Beratung, Softwareanpassungen, Installation etc.) entfallen. In den USA ist dieses Verhältnis genau umgekehrt, 70 % sind Produktverkauf und 30 % Dienstleistung.

Dies ist einmal auf die oben angeführten unterschiedlichen Softwareumgebungen (PPS, MRPII) und zum anderen auf eine unterschiedliche Mentalität zurückzuführen. Als Beispiel möchte ich hier auf Erfahrungen mit der Installation bei einem großen amerikanischen Textilhersteller verweisen. Bei der Integration mit dem MRPII stellte sich heraus, daß vom MRPII einige Datenfelder zum Leitstand übergeben werden mußten, die in unserer Datenbank nicht vorgesehen waren. Es wurde hier eine sehr pragmatische Lösung in der Form gefunden, daß die Datenfelder als String in einem verfügbaren Bemerkungsfeld gespeichert und angezeigt wurden, so daß die Integration Leitstand-MRPII mit einem minimalen Anpassungsaufwand erfolgen konnte.

Bei einem vergleichbaren deutschen Unternehmen dagegen finden wir einerseits sehr individuelle Schnittstellenanforderungen und andererseits aufwendige Anforderungen hinsichtlich Änderungen und Erweiterungen. Die individuellen Schnittstellenanforderungen ergaben sich aus kundenspezifischen PPS-Anpassungen. Änderungsanforderungen resultierten im wesentlichen aus Betriebsvereinbarungen hinsichtlich Lohnabrechnung und der Möglichkeit, elektronische Fertigungsfortschrittsmeldungen zu erfassen.

Hier muß jedoch angeführt werden, daß es in der letzten Zeit auch in Deutschland einen stärkeren Trend zum Standard gibt und daß moderne Softwaretechnologien die Konfiguration von Schnittstellen erleichtern.

3.3 Auswirkungen der Fertigungsorganisation

Wenn, wie oben aufgeführt, eine Leitstandinstallation in Deutschland durch die Vielzahl und Individualität von PPS-Systemen kompliziert werden kann, so wird dieser Effekt noch durch spezielle Anforderungen der Fertigungsorganisation verstärkt.

In den USA wurden vor ca. 100 Jahren erstmalig von Henry Gantt grafische Werkzeuge ("Gantt-Charts" oder auch Balkendiagramme) für die Fertigungsplanung eingesetzt. Dieses Vorbild fand in Deutschland mit der Nutzung von papierorientierten Plantafeln in der Fertigungssteuerung seit den 20er Jahren eine große Verbreitung. Rund um die Plantafel wurde mit viel Akribie und Organisationstalent eine Ablauforganisation für die Fertigungssteuerung entwickelt. Fertigungssteuerer mit langjähriger Erfahrung und reichem Fertigungswissen im jeweiligen Unternehmen nutzten und nutzen diese papierorientierten Leitstandsysteme zur Reihenfolgeplanung in der Fertigung. Das Planungsergebnis ist dabei voll abhängig von Kreativität, Intuition und Erfahrung des Fertigungssteuerers, die Plantafel dient nur zur Visualisierung des Ergebnisses.

Die Fertigungssteuerer haben eine lange Erfahrung in der Nutzung dieser Systeme und haben teilweise sehr spezifische Lösungen in der Fertigungsorganisation gefunden. Bei Einführung eines elektronischen Leitstandes wird dann teilweise versucht, diese spezifischen Lösungen auf die Softwarelösung zu übertragen, was manchmal nur mit sehr aufwendigen kundenindividuellen Erweiterungen möglich ist und damit auf zu der oben angeführten Relation von 70 % Dienstleistung und 30 % Produkterlös beiträgt.

Hierzu sei ein kleineres Beispiel angeführt. In einem mittelständischen süddeutschen Fertigungsunternehmen gibt es seit über 20 Jahren eine Plantafel mit der entsprechenden Fertigungspapierorganisation. Der Fertigungssteuerer hat seine Plantafel mit den zugehörigen Steckkarten und Papieren so perfektioniert, daß ihm visuelle Symbole wie Farbe der Steckkarte und zusätzliche farbige Reiter auf der Plantafel sofort eine Aussage über Art des Fertigungsauftrages sowie seine Dringlichkeit geben können. Von einem elektronischen Leitstand wurde nun erwartet, daß all die papierorientierten Symbole auch in einer Grafik darstellbar sein sollten. Es war eine langwierige Diskussion mit Softwareprototyping erforderlich, den Fertigungssteuerer davon zu überzeugen, daß der elektronische Leitstand mit weniger Farben und Symbolen trotzdem eine genauso hohe Aussagekraft, jedoch eine weitaus bessere Planungsfähigkeit als die herkömmliche Plantafel hat. Dies erforderte jedoch einen nicht unerheblichen zusätzlichen Programmieraufwand.

In den USA haben wir nur sehr wenige Fertigungsorganisationen mit papierorientierten Leitstandsystemen gefunden. Dies führte dazu, daß dem Produktionsmanagement zunächst klar gemacht werden muß, was man mit einem Leitstand machen und erreichen kann. Das ergibt aber auch den Vorteil, daß weitaus weniger kundenindividuelle Anforderungen gestellt und implementiert werden müssen.

Daneben gibt es noch eine andere interessante Begleiterscheinung. Im Laufe der Leitstandentwicklung wurden von AHP Optimierungsmodule entwickelt, die eine automatische Reihenfolgeplanung unter Berücksichtigung unterschiedlicher Fertigungsziele, wie Minimierung der Rüstzeiten, Einhalten der Liefertermine, niedrige Bestände etc., unterstützen. Wurden diese Optimierungskomponenten in Deutschland teilweise mit großer Skepsis betrachtet, so werden sie in den USA von fast jedem Anwender gefordert. Und hier wird zwischenzeitlich fast jeder Leitstand mit Optimierung ausgeliefert.

Das unterstreicht auch ein Beispiel aus einem international produzierenden Unternehmen der Unterhaltungselektronik. Im österreichischen Werk ist der Leitstand seit über 4 Jahren im Einsatz. Es sind in Stufen insgesamt 4 Leitstände installiert worden, die alle mit PPS und BDE gekoppelt sind. Der Leitstand wird erfolgreich genutzt, Optimierungskomponenten konnten jedoch trotz mehrfacher Präsentation noch nicht verkauft werden. Im amerikanischen Werk des gleichen Unternehmens mit nahezu identischem Produktspektrum und vergleichbarer Fertigungstechnologie war die Voraussetzung für die Einführung des Leitstandes die Installation der Optimierungsmodule.

4 Unterschiede in der Einstellung und Philosophie

4.1 USA

Ein großer Unterschied zwischen Deutschland und den USA war und ist immer noch APICS (American Production and Inventory Control Society). Im Oktober 1992 hielt APICS ihre 35. internationale Konferenz. Das APICS-Journal "Production and Inventory Management" hat eine Auflage von ca. 70.000. APICS hat einen sehr starken Einfluß auf die Definition und das Sammeln der fachlichen Anforderungen und des Leistungsumfangs der amerikanischen PPS genommen. Anfang der 70er Jahre wurde die sogenannte "MRP-Crusade" gestartet, eine großangelegte Kampagne, um Praktiker in Funktionalität, Anwendung und Vorteilen von "Material Requirements Planning - MRP" auszubilden. Die Hauptzielrichtung eines PPS-Systems wurde dabei auf MRP gelegt, Kapazitätsplanung und Reihenfolgeplanung von Aufträgen wurden vernachlässigt.

Führende amerikanische "MRPII-Gurus" haben den Standpunkt vertreten, daß man sich aufgrund der Komplexität und der hohen Änderungshäufigkeit nicht auf "Finite Capacity Scheduling" konzentrieren sollte. Jeder detaillierte Reihenfolgeplan wäre in dem Moment, wo er errechnet würde, schon wieder überholt.

Anfang der 80er Jahre wurde dann erkannt, daß MRP allein die Probleme nicht lösen konnte. Analysen suchten die Ursachen zunächst in mangelnder Ausbildung, nicht vollständigen und korrekten Daten, mangelndem Managementsupport etc. Aber es wurde auch klar, daß etwas fehlte. In 1981 stellte dann Eliyahn Goldratt seine OPT (Optimized Production Timetable)-Software [9] vor. OPT ist ein Optimierungssystem, welches einen detaillierten Fertigungsplan ermittelt. Algorithmen und Logik von OPT wurden als großes Geheimnis gehütet. Das führte dazu, daß die anfängliche Begeisterung noch größer wurde und "Finite Scheduling" via OPT modern wurde. Ende der 80er Jahre hatte die Popularität von OPT ihren Höhepunkt überschritten. Es wurde nicht mehr die OPT-Software, sondern die OPT-Philosophie sowie die Theorie der "Contraints" in Seminaren und von Beratern diskutiert und unterstützt. Just-in-Time (JIT)-Produktion und KANBAN, die auf einem Kartensystem basierende Fertigungsorganisation von Toyota, kamen in Mode.

Letztendlich enttäuschte OPT. Die Erfolge blieben aus. Es kamen mehr und mehr Zweifel an dem geheimgehaltenen Algorithmus zur Ermittlung eines "optimalen" Fertigungsplans auf. Und auf der anderen Seite demonstrierten die Japaner mit der manuellen Fertigungsorganisation KANBAN große Erfolge. Damit verbreitete sich eine große Skepsis an einem computerunterstützten "Finite Capacity Scheduling"-System.

Heute finden wir wieder eine größere Aufgeschlossenheit für Finite Capacity Scheduling bei den amerikanischen MRPII-Anwendern. Gründe hierfür sind vielleicht die allgemeine Verfügbarkeit und der Einsatz von PC's und Mikrocomputern. Bei Hardware und Software sind Handhabbarkeit und Service wesentlich verbessert worden, und die Software wird auch nicht mehr als "Black Box" verkauft.

Aus den Anfragen unserer Kunden und Interessenten sehen wir ein echtes Interesse an "Finite Capacity Scheduling"-Lösungen. Die Anfragen der Anwender sind konkret und zeugen von einem klaren Verständnis von den Einsatzmöglichkeiten und der Leistungsfähigkeit von Hard- und Software.

4.2 Deutschland

Auf der anderen Seite des Atlantiks finden wir weder in Deutschland noch in einem anderen europäischen Land eine vergleichbare Organisation wie APICS. Es gab keine vergleichbare Kampagne wie die "MRP-Crusade" in USA, und es gab auch keinen Propheten wie E. Goldratt, der eine OPT-Philosophie wie in USA pries und verkaufte.

Es wurden damit auch nicht so hohe Erwartungshaltungen aufgebaut und später enttäuscht. Es gab im Gegensatz im Feinplanungsbereich (Finite Capacity Scheduling) mit dem elektronischen Leitstand eine sehr pragmatische, evolutionäre Entwicklung.

Die Entwicklung der elektronischen Leitstandsysteme in Deutschland war stark von der Plantafel-Leitstandorganisation beeinflußt worden. Das Ziel der ersten elektronischen

Leitstände war der funktionale Ersatz der Plantafel, das heißt, der Fertigungssteuerer konnte am elektronischen Leitstand interaktiv mit einer grafischen Oberfläche seine Reihenfolgeplanung wie an einer papierorientierten Plantafel durchführen. Der elektronische Leitstand bot zwar wesentliche Vorteile hinsichtlich Integration mit PPS und BDE sowie Aktualität der Planung, die Planungshilfsmittel waren jedoch rein manuell. Erst im Laufe der Weiterentwicklung wurden bei den elektronischen Leitständen automatische Planungshilfsmittel, wie Algorithmen oder Prioritätsregeln, integriert. In jedem elektronischen Leitstand ist jedoch nach wie vor die interaktive Planungsmöglichkeit eine wichtige Komponente.

Weitere Unterschiede finden wir im BDE-Bereich. Die Statusmeldungen aus der Fertigung sind für einen Leitstand sehr wichtig, um den aktuellen Fertigungsstand anzeigen zu können und dem Fertigungssteuerer frühzeitig Hinweise für eventuell erforderliche Plankorrekturen zu geben. Hier sind zeitaktuelle Meldungen bezüglich Start und Ende von Arbeitsgängen/Aufträgen sowie Störungen/Unterbrechungen für ein interaktives Feinplanungssystem sehr wichtig. Sind diese Informationen in den USA in der Regel problemlos zu erhalten, so erfordert das Betriebsverfassungsgesetz in Deutschland hier immer eine Zustimmung des Betriebsrates, und die ist häufig nur sehr schwer oder gar nicht zu erhalten. Liefern in Deutschland die Leitstandsysteme keinerlei personenbezogene Leistungsauswertungen und sind entsprechende Informationen auch gar nicht im System gespeichert, so werden diese Daten und Auswertungen in den USA sehr häufig vom Unternehmen gefordert.

5 Auswirkungen der Marktunterschiede

In der untenstehenden Abbildung wird versucht, den gegenwärtigen Status des MRPII-/PPS-Marktes und der Kundenanforderungen an Leitstandsysteme (oder Finite Capacity Scheduling Systemen - FCS) zum heutigen Zeitpunkt und deren zukünftige Entwicklung darzustellen.

In den USA finden wir einen homogenen MRPII-Markt, der durch

- wenige große Softwareanbieter,
- hohe Installationszahlen und
- wenige individuelle Anpassungen

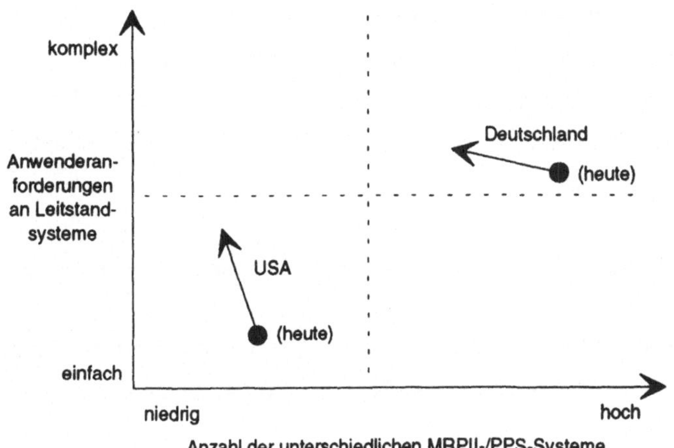

Abb. 3: Entwicklungstendenzen des MRPII-/PPS-Marktes und Anforderungen
der MRPII-/PPS-Anwender an Leitstandsysteme

gekennzeichnet ist. Anwenderanforderungen an FCS oder Leitstandsysteme konzentrieren sich im wesentlichen auf vorhandene Standardfunktionen.

Für die Zukunft ergibt sich bei den Anwenderanforderungen an FCS-Systeme mit wachsender Nutzung und Erfahrung eine starke Zunahme der Komplexität. Am Markt der Softwareanbieter für MRPII-Systeme wird sich der Konzentrationsprozeß weiter fortsetzen, jedoch nicht mit der gleichen starken Tendenz, da hier schon ein weitgehend homogener Markt existiert. Im Gegensatz dazu finden wir in Deutschland einen inhomogenen PPS-Markt mit

- vielen kleinen und mittelgroßen Softwareanbietern,
- geringen Installationszahlen,
- vielen Individualsystemen und
- vielen Individualanpassungen bei Standardsystemen.

Aufgrund einer gut ausgebauten Fertigungsorganisation werden von Anwendern sehr komplexe Anforderungen gestellt.

In den nächsten Jahren wird sicher ein sehr starker Konzentrationsprozeß bei den PPS-Anbietern erfolgen. Gleichzeitig werden die Anwenderanforderungen an Leitstandsysteme zunehmen, jedoch nur mit leicht steigender Tendenz, da der Ausgangspunkt schon auf recht hohem Niveau liegt. Das heißt, daß die langfristige Tendenz in beiden Ländern gleich ist.

Aus den Erfahrungen und Erkenntnissen in Deutschland und den USA ergeben sich für uns als Leitstandanbieter Aktionen mit unterschiedlicher Priorität. Unser Hauptziel ist, Leitstandsysteme in großen Stückzahlen am Markt zu verkaufen. Dazu muß das Verhältnis zwischen Produkterlös und Dienstleistung dahingehend verändert werden, daß der Dienstleistungsanteil möglichst gering ist.

In Deutschland sehen wir dazu für uns folgende Aktionen in der aufgeführten Priorität:

1. Verbessern der Flexibilität der Software: Die Leitstandsoftware muß flexibler für unterschiedliche PPS-Systeme und Benutzeranforderungen konfigurierbar sein.

2. Marketing und Ausbildung: Dem Anwender muß klargemacht werden, daß Standardsoftware weitgehend seine Anforderungen abdecken kann.

3. Vereinfachen der Einführung: Die Softwareinstallation beim Kunden und deren Rechtfertigung beim Management muß simplifiziert werden.

Aufgrund der heutigen Ausgangssituation sehen wir in den nächsten Jahren in Deutschland die Möglichkeit, daß die Leitstandsinstallationen stetig wachsen und daß kundenindividuelle Anforderungen, die nicht mit dem Standard abgedeckt werden können, langsam abnehmen werden. Wir sehen in den nächsten 2 bis 3 Jahren jedoch keine dramatische Änderung.

In den USA haben wir heute beim Verhältnis Produkterlös zu Dienstleistungen schon eine gute Ausgangssituation mit der Relation 70 : 30. Diese kann in Zukunft noch verbessert werden.

Aufgrund der unterschiedlichen historischen Entwicklung haben wir eine andere Ausgangsbasis als in Deutschland. Der Bedarf für Leitstandsysteme muß noch stärker gefördert werden, und es ergeben sich daher für uns folgende Aktionen:

1. Marketing: Mit geeigneten Marktetingaktionen müssen Leitstandphilosophie und ihre wirtschaftlichen Vorteile am Markt verbreitet werden.

2. Strategische Partnerschaften: Aufgrund der hohen Verbreitung weniger MRPII-Systeme am Markt müssen strategische Partnerschaften mit MRPII-Herstellern vertieft werden.

Die für Deutschland aufgeführten Aktionen sind in den USA konsequente Folgeaktionen, nachdem die mehr marketingorientierten Aufgaben erledigt sind. Der deutsche Markt mit seinen komplexen individuellen Anforderungen ist für uns eine technische Herausforderung, Standardsoftware so zu entwerfen und zu entwickeln, daß auch komplexe kundenindividuelle Anforderungen ohne Programmänderungen oder -erweiterungen damit erfüllt werden können.

Der amerikanische Markt mit einem homogeneren Softwareumfeld ist eine Marketingherausforderung. Entscheidungsträger in Fertigungsunternehmen und MRPII-Anbieter müssen überzeugt werden, daß FCS- oder Leitstandsysteme in Ergänzung zum MRPII dem Unternehmen signifikante wirtschaftliche Vorteile bringen können. Gelingt dies, sind die wesentlichen Hindernisse für eine breite Markteinführung beseitigt.

Literatur

[1]   Kurbel, K., Meynert, J.: Flexibilität in der Fertigungssteuerung durch einen Elektronischen Leitstand, ZWF 83 (1988) 12, S. 581-585.

[2]   Havermann, H.: CIM-Leitstand: Elektronische Plantafel für die Werkstattsteuerung, AV-Arbeitsvorbereitung 24 (1987) 6.

[3]   Hoff, H., Hammer, H.-J.: Auszug aus einer Marktstudie FB/IE 40 (1991) 6, S. 260-265.

[4]   Ploenzke Informatik: Fertigungsleitstand-Report, 1. Auflage 1990.

[5]   Adelsberger, H. H., Kanet, J. J.: The Leitstand - A New Tool in Computer-Aided Manufacturing Scheduling, Third ORSA/TIMS Conference on Flexible Manufacturing Systems, Amsterdam (1989).

[6]   Rauwolf, V.: Der AHP-Leitstand bei A. W. Faber Castell GmbH & Co., HMD 27 (1990).

[7]   Vollmann, T.E., Berry. W. L., Whybark, D. C.: Manufacturing Planning and Control Systems, Irwin Homewood Il, 3rd Edition (1992).

[8]   TÜV-Rheinland: Marktspiegel PPS-Systeme auf dem Prüfstand (1991).

[9]   Goldratt, E.: The Unbalanced Plant, APICS (1981) International Conference Proceedings.

[10]   Industrial Engineering, Vol. 23, No. 7 (1991).

[11]   Gartners Group: MRPII-Vendors, To Whom Should Users Turn?, Sixth Annual Computer Integrated Manufacturing Conference, (1992).

Werkzeugunterstützte Datenintegration - Die Realisierung eines CIM-Systems

V. Brosda, A. Herbst

IBM Wissenschaftliches Zentrum
Institut für Datenbanken und Software Engineering (IDSE)
Tiergartenstraße 15, W-6900 Heidelberg

Zusammenfassung

Um Produktionszyklen zu verkürzen, ist in zunehmendem Maße eine durchgängige Rechnerunterstützung erforderlich. Im Vergleich zu anderen CIM-System-Architekturen betont der hier verfolgte Ansatz die Einbeziehung existierender Anwendungen. Es wird ein Lösungsweg aufgezeigt, der die Datenintegration solcher Anwendungen im heterogenen Umfeld realisiert und zu integrierten Geschäftsprozessen führt. Kernidee ist die Einführung einer Integrationsdatenbank unter Beibehaltung der lokalen Datenhaltungen für die einzelnen Spezialsysteme. Die systemweite Konsistenz der Daten organisiert ein sog. Object-Handler, der auf einem relationalen Datenbanksystem und der Sprache SQL basiert. Viele anwendungsspezifische Teile des Object-Handlers werden automatisch generiert. Der Beitrag geht auf die Nutzung von Softwarewerkzeugen ein, die den Aufbau eines datenintegrierten Systems unterstützen. Die Vorgehensweise wurde im Projekt IIP (Integriertes Informationssystem Produktion) realisiert.

1 Integrationsaufgabe

Die DV-technische Unterstützung von Geschäftsprozessen [1] in einer Unternehmung ist schon lange ein entscheidender Erfolgsfaktor. Für die Fertigungsindustrie bedeutet das die Einführung von CIM-Konzepten. Damit sollen die historisch begründeten Abgrenzungen zwischen Funktions- und Organisationseinheiten zugunsten einer höheren Durchgängigkeit abgebaut werden. Betrachtet man etwa die Abwicklung eines Kundenauftrages, so muß z.B. die Wiedererfassung von Grunddaten in der Konstruktion, der Produktionsplanung, der Arbeitsvorbereitung etc. vermieden werden. Vielmehr bedarf es der fortschreitenden Ergänzung von auftragsbezogenen, technischen und betriebswirtschaftlichen Daten über die gewachsenen Organisationseinheiten hinaus. Daraus resultieren hohe Anforderungen an eine unterstützende informationstechnische Infrastruktur.

Nicht nur Fertigungsunternehmen zeichnen sich durch eine Vielfalt an hochspezialisierten Einzelsystemen (hier PPS, BDE, DNC, CAx ...) aus. Ein Hauptproblem bei der Einführung von CIM ist die Definition der Geschäftsprozesse unter Verwendung von Funktionen, die durch die Spezialsysteme bereits gegeben sind. Das Zusammenwirken solcher (CIM-) Komponenten wird durch CIM-System-Architekturen [13,17,23] derzeit in dem Maße erleichtert, wie vorhandene Komponenten Berücksichtigung finden.

Der vorliegende Beitrag betrachtet die Integration *vorgegebener* Anwendungen auf *heterogener* Hard- und Software. Dieser Ansatz geht ferner davon aus, daß es auch künftig verschiedene, eigenständige CIM-Komponenten geben wird, die im Vergleich zur gegenwärtigen Situation allerdings besser auf die Integration vorbereitet sein werden. Heute wie morgen kommt es darauf an, die vorhandenen Komponenten in optimaler Weise zusammenarbeiten zu lassen. Die Aufgabe, Anwendungen zu integrieren, beschränkt sich nicht auf die Lösung der reinen Schnittstellen-Problematik. Bilaterale Kopplungen von CIM-Komponenten adressieren nur einen lokalen *Datenaustausch*. Dagegen zielt *Datenintegration* auf globale Konsistenz auf logischer wie physischer Ebene (siehe Abschnitt 3) und sichert die erforderliche Aktualität der Daten. Daneben liefert die Datenintegration einen ersten Schritt hin zur Unterstützung integrierter Geschäftsprozesse, dem eigentlichen Ziel von CIM.

Datenintegration verlangt die Offenlegung semantisch äquivalenter Daten und das Erkennen von Verbindungen zwischen scheinbar zusammenhangslosen Daten. Bei systemweiter Betrachtung lassen sich Existenzbedingungen u.a. zwischen Arbeitsplänen, Teilestämmen, Fertigungsaufträgen fixieren, die insbesondere dann eingehalten werden müssen, wenn die streng sequentielle Abwicklung von Aktivitäten überwunden werden soll ("Concurrent Engineering").

Für die Integration kommen solche Daten in Betracht, die von mehreren Systemen gemeinsam benutzt werden oder die an systemweiten Integritätsbedingungen teilhaben. Hier ist nicht an produktbeschreibende Geometriedaten gedacht. Diese werden in der Regel *als Ganzes* ausgetauscht, so daß eine Prä- und Postprozessor-Schnittstelle ausreicht. Dabei ist es unerheblich, ob es sich um einen Austausch mit einem NC-Programmiersystem oder mit anderen CAD-Systemen handelt. Für die Datenintegration ist nur die Stücklisten-Information wichtig, weil sie die Grundlage der Fertigung ist und in den auf die Konstruktion folgenden Schritten *in Teilen* benötigt wird. Separate Forschungsfelder, wie etwa CAD-Datenaustausch [4], Produktdatendefinition [26] etc., ergänzen den hier beschriebenen Integrationsansatz.

Die vorliegende Arbeit setzt sich mit folgenden, bei der Realisierung eines datenintegrierten Systems zu erwartenden Problemen auseinander:

a. Datenanpassungen zwischen unterschiedlichen Formaten
b. Anpassung unterschiedlicher Semantiken für Änderungsoperationen, die in verschiedenen Systemen mit gleichen Daten arbeiten
c. Minimaler Änderungsaufwand im Code beteiligter Komponenten
d. Beschränkte Eingriffsmöglichkeiten in die Anwendungssysteme

Im einzelnen wird in diesem Beitrag wie folgt vorgegangen: Abschnitt 2 gibt einen Gesamtüberblick über statische und dynamische Aspekte eines datenintegrierten Systems. Abschnitt 3 greift die Frage nach dem Inhalt der Integrationsdatenbank nochmals auf und detailliert den Begriff eines komplexen Objekts. In Abschnitt 4 wird ein schrittweises Vorgehen zur Systemrealisierung angegeben, dessen Funktionalität Abschnitt 5 behandelt. Abschnitt 6 verweist auf ein prototypisches Szenario.

2 Architektur eines datenintegrierten Systems

2.1 Struktur

Zur Realisierung eines datenintegrierten Systems mit heterogenen, vorgegebenen CIM-Komponenten wird die Architektur nach Abb. 1 vorgeschlagen.

Der Integrationsansatz zeichnet sich durch die Beibehaltung der lokalen Datenhaltungen beteiligter CIM-Komponenten (DB_i) und die zusätzliche Einführung einer Integrationsdatenbank (IDB) aus. Die IDB enthält alle für die Datenintegration erforderlichen Informationen. Dazu zählen sowohl Metadaten als auch konkrete Ausprägungen von Arbeitsplänen, Baukastenstücklisten etc. in Form von komplexen Objekten. Ein Object-Handler unterstützt mit Hilfe der IDB einen konsistenten Datenabgleich zwischen den jeweiligen lokalen Datenhaltungen und fungiert als Daten-Server im Sinne einer Workstation-Server-Architektur [12].

Jeder CIM-Komponente vorgelagert ist eine sogenannte Individuelle Schnittstelle (IS), die für die Abbildung der relevanten lokalen Daten auf ein neutrales Format sorgt. Damit wird der Transfer der Daten über eine Kommunikationskomponente auf verschiedene Hardware-Plattformen ermöglicht.

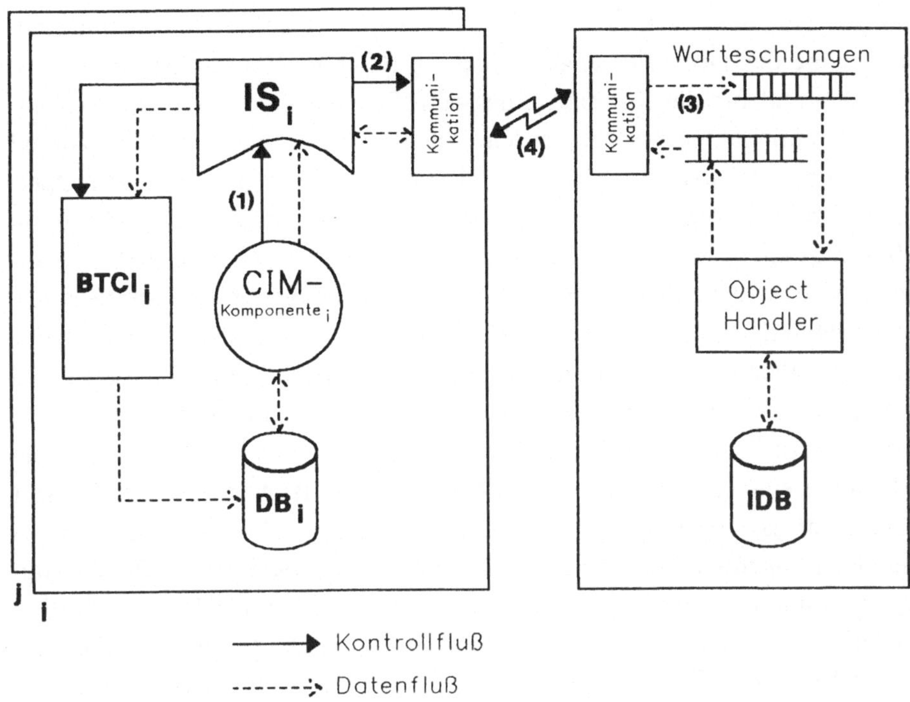

Abb. 1: Systemarchitektur

Zwei Warteschlangen unterstützen die asynchrone Interaktion zwischen den CIM-Komponenten und dem Object-Handler. Aus konzeptioneller Sicht geht die Architektur davon aus, daß eine CIM-Komponente ein DB/DC-System (Database/Data Communication) ist. Das bedeutet, daß jeweils eine vorgegebene Menge dialogorientierter Transaktionsprogramme von einem zentralen Monitor gesteuert wird. Die Transaktionsprogramme führen wiederkehrende Datenbankzugriffe aus und stehen vielen Benutzern gleichzeitig zur Verfügung [21]. Anwendungen wie PPS und Kostenrechnung zeigen, daß solche Systeme typisch für das betrachtete Umfeld sind. Über ein "Batch Transaction Interface" (BTCI) eines DB/DC-Systems werden von außen im laufenden Betrieb lokale Datenmanipulationen angestoßen.

2.2 Verhalten

Die Funktionsweise eines Systems gemäß Abb. 1 soll aus Sicht einer CIM-Komponente i gezeigt werden. Dabei genügt es, nur solche Datenbankoperationen zu betrachten, die auf integrierte Daten zugreifen. Transaktionsprogramme auf ausschließlich "privaten" (lokalen) Daten kooperieren nicht mit dem zentralen Daten-Server.

Im Fall einer *Änderungsoperation* wird diese Änderung lokal in DB_i bis unmittelbar vor Abgabe der Durchführungsbestätigung (Commit-Zeitpunkt) ausgeführt. Anschließend muß für die Konsistenz der betroffenen lokalen Datenbanken anderer CIM-Komponenten gesorgt werden. Aus diesem Grund erfolgt ein Aufruf der IS (1), die dann einen Object-Handler-Befehl zusammen mit seinen Operanden (den Transferobjekten) an die Kommunikationskomponente (2) übergibt. Diese Information (etwa "INSERT Arbeitsplan" und zugehörige Arbeitsplan-Instanzen) wird in der Eingabe-Warteschlange des Daten-Servers abgelegt (3). Der Object-Handler nimmt diesen Befehl entgegen, stößt eine entsprechende Operation bezüglich der IDB an und propagiert den Befehl an andere betroffene CIM-Komponenten (4). Dabei wird zur Konsistenzerhaltung der Daten ein 2-Phasen-Commit-Protokoll [8] zwischen allen beteiligten Stellen und dem Object-Handler eingehalten. Die mit den Schritten (1) bis (4) eingeleitete Phase 1 der Transaktion ist erst dann beendet, wenn der Object-Handler von allen betroffenen Komponenten Rückmeldungen über ihre lokale Commit-Bereitschaft ("Ready to Commit") erhalten hat. Phase 2 hat zum Ziel, entweder die erforderlichen lokalen Datenänderungen abzuschließen oder ggf. die lokalen Transaktionen zurückzusetzen. Die Kontrolle darüber führt der Object-Handler aus.

Die Wahl und Parametrisierung der Änderungsoperation bezüglich der IDB obliegt dem Entwickler der jeweiligen IS. Der Endbenutzer der CIM-Komponente bemerkt den Abgleich mit der IDB und darüber hinaus mit anderen CIM-Komponenten nur im Falle einer auftretenden Integritätsverletzung oder einer vorliegenden länger andauernden Sperrung von Teilen der angesprochenen Daten durch eine andere CIM-Komponente.

Anfragen eines Endbenutzers bzw. aus einem Anwendungsprogramm heraus richten sich genau wie vor der Datenintegration an die lokale Datenhaltung. Jetzt liefern sie allerdings Informationen, die zuvor mit anderen CIM-Komponenten unter Zuhilfenahme der IDB hinsichtlich globaler Integritätsbedingungen abgeglichen worden sind. Darüber hinaus lassen sich Daten im Sinne einer Workstation-Server-Arbeitsweise aus der IDB extrahieren (check-out), um für längere Zeit einer CIM-Komponente zur Verfügung gestellt zu werden. Dieser Mechanismus wird durch die Verwendung einer Object-Handler-Anfragesprache bei der Programmierung der IS'n unterstützt. Dem Endbenutzer einer CIM-Komponente bleibt diese Anfragesprache verborgen.

In [31] werden vier Stufen der Integration von Datenbeständen unterschieden. Der Versuch einer Einordnung des beschriebenen Ansatzes in dieses Schema führt weder auf "voll integriert" noch auf eine der "getriggert integrierten" Stufen. Zwar geht die Architektur gemäß Abb. 1 von Datenredundanz aus, aber durch die Einhaltung des Protokolls bei Datenänderungen sind die integrierten Daten zu jeder Zeit aktuell. Im Vergleich zur Verwendung eines verteilten Datenbanksystems wird dem lokalen Datenmanagement durch die Entkopplung über die IS'n eine höhere Autonomie eingeräumt.

3 Objekte der Integrationsdatenbank

In Abschnitt 2.1 wurde bereits von komplexen Objekten gesprochen, die in der IDB gespeichert sind. Zur Strukturierung eines komplexen Objekts werden ein Tupel- und Mengenkonstruktor verwendet. Atomare Datentypen sind *integer*, *real*, *string* und *boolean*. Betrachtet man ein komplexes Objekt isoliert[1], ergibt sich eine Hierarchie abgrenzbarer (Sub-)Strukturen. Hier wird nicht von Teilobjekten gesprochen, weil für die Substrukturen keine eigene Objektidentität eingeführt wird. Zwar identifiziert eine IS ein komplexes Objekt über Schlüsselwerte, aber auf seiten des Object-Handlers wird die Objektidentität durch Surrogate (systemgenerierte, interne Identifikatoren) sichergestellt [6].

Welche komplexen Objekte schließlich in die IDB eingehen, wird weder durch die mengentheoretische Vereinigung noch durch den Durchschnitt lokaler Datenbestände bestimmt (siehe Abschnitt 1). Jedes komplexe Objekt repräsentiert eine Kombination semantisch äquivalenter Daten in den einzelnen CIM-Komponenten. Die IS einer CIM-Komponente hat dabei die Aufgabe, alle Informationen von lokaler Bedeutung aus einer Kombination zu extrahieren bzw. lokale Daten so anzureichern, daß eine entsprechende Kombination in die IDB eingefügt werden kann. Da die Datenstrukturen für z.B. Arbeitspläne in zwei verschiedenen Anwendungen kaum übereinstimmen, wird für das komplexe Objekt "Arbeitsplan" eine systemunabhängige (Referenz-) Beschreibung eingeführt. Der Vorteil dieses Vorgehens gegenüber paarweisen Abbildungen zwischen mehr als zwei Systemen ist offensichtlich. Die prototypische Implementierung verwendet dafür die Produktdatendefinitionssprache STEP/EXPRESS [18]. In dem folgenden Beispiel sind Details weggelassen, die für das Verständnis unwesentlich sind:

---

1) Verschiedene Objekte können gemeinsame Daten enthalten (siehe 4.2).

```
SCHEMA Arbeitsplan;

  ENTITY ArbPlan;
    AP_Nr :                         INTEGER(9);
    AP_Status :                     STRING(8);
    AP_Ersteller :       OPTIONAL STRING(20);
    Teil_Nr :                       STRING(15);
    Teil :                          Teil;
    ArbVorgaenge : BAG [1:#] OF ArbVorg;
  UNIQUE
    Key : AP_Nr;
  END_ENTITY; (* ArbPlan *)


  ENTITY Teil;
    Benennung :          OPTIONAL STRING(50);
    Bauart :                        STRING(15);
    SML_Nr :                        INTEGER(9)
  END_ENTITY; (* Teil *)


  ENTITY ArbVorg;
    Afo_Nr :                        INTEGER(9);
    Name :                          STRING(20);
    Kst_Nr :                        INTEGER(4);
    M_Gruppe :                      STRING(10);
    Stck_Zeit :          OPTIONAL REAL(10);
  END_ENTITY; (* ArbVorg *)

END_SCHEMA;   (* Arbeitsplan *)
```

4 Phasenmodell für den Systemaufbau

Nachdem bisher die Frage nach dem *Was* bzgl. der Datenintegration geklärt
wurde, steht jetzt das *Wie* im Vordergrund: Wie komme ich zur Definition komplexer Objekte? Wie hängen verschiedene Objekte zusammen? Wie modelliere ich
die IDB? Wie berücksichtige ich die vorhandenen CIM-Komponenten? Antworten darauf sollen im folgenden anhand von Abb. 2 gegeben werden. Eine detaillierte Darstellung ist in [7] enthalten.

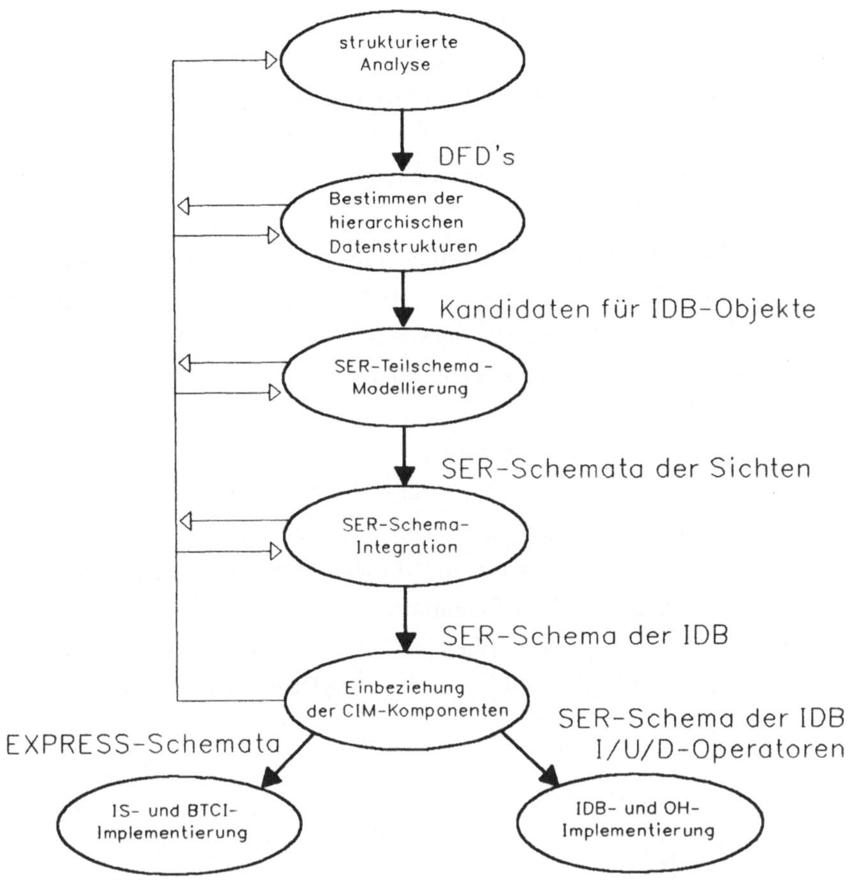

Abb. 2: Phasen beim Aufbau eines datenintegrierten Systems

4.1 Ermittlung potentieller komplexer Objekte

Die Frage *How to find the object?* beschäftigt weltweit Wissenschaftler und Anwendungsentwickler [3,10]. Da in diesem Beitrag Datenintegration als Ausgangspunkt für Anwendungsintegration gewählt wurde, sollte sich die Wahl einer Analysemethode an dem Aufwand orientieren, der zur Ermittlung von Kandidaten für IDB-Objekte betrieben werden muß. Aus pragmatischer Sicht spielt die Verfügbarkeit unterstützender Softwarewerkzeuge (z.B. [30]) eine große Rolle. Bei der Realisierung des Prototypen fiel die Wahl auf eine Variante der Strukturierten Analyse nach Gane/Sarson [14]. Primär werden hierbei zwar Prozesse analysiert. Gleichzeitig gibt die Methode aber einen Überblick über die Daten, die zwischen den Prozessen unmittelbar oder über Zwischenspeicher ausgetauscht werden. Zur Veranschaulichung dienen Datenflußdiagramme (DFD's). Eine Modulspezifikation ist nicht erforderlich, entscheidend sind die bei der Verfeinerung von Prozessen aufgedeckten Datenstrukturen. Typische Datenstrukturen bestehen aus einer Aggregation elementarer Attribute (einfache Datentypen) und Wiederholgruppen (Attributkombinationen mit mengenwertigen Ausprägungen). Auch diese Datenstrukturen sind hierarchisch aufgebaut. Sie werden von den Softwarewerkzeugen meist in einem Data Dictionary abgelegt.

In einem nächsten Schritt werden die Attribute innerhalb einer Datenstruktur so separiert, daß zum einen häufig verwendete Attributkombinationen identifiziert und zum anderen die Wiederholgruppen abgespalten werden. In Abb. 3 tauchen etwa in allen drei Datenstrukturen teilebezogene Daten auf. Ein Beispiel für die Abspaltung einer Wiederholgruppe ist die Unterscheidung in Arbeitsplankopfdaten und die jeweils dazugehörige Menge von Arbeitsvorgängen. Die Begründung für die Auffassung der hierarchischen Datenstrukturen als Sichten auf die Unternehmensdaten und deren Beschreibung durch (Teil-) Schemata liegt in der einfacheren Integration dieser Schemata. Formal handelt es sich bei den Schemata um sog. SER-Schemata (*SER*-Modell = *S*trukturiertes *E*ntity-*R*elationship-Modell [29]). Mit Blick auf Abb. 2 liefern die ersten drei Phasen folglich Kandidaten für IDB-Objekte, die als SER-Schemata beschrieben sind (siehe Abschnitt 4.2).

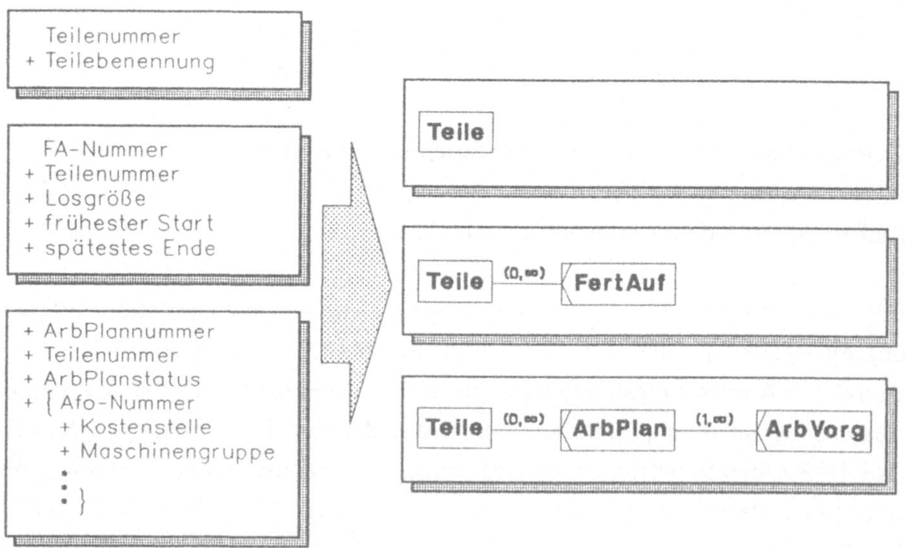

Abb. 3: Bildung von SER-Schemata aus hierarchischen Datenstrukturen

In der Praxis erweist sich das Problem des Aufstellens der SER-Schemata komplizierter als in dem Beispiel angedeutet. Zunächst muß in Zusammenarbeit von Systemanalytikern und Anwendungsspezialisten die Eindeutigkeit von Bezeichnern hergestellt werden. Gleichlautende Attribute mit unterschiedlicher Bedeutung sind umzubenennen und semantisch äquivalente Bezeichner syntaktisch zu identifizieren. Bei der Lösung des sog. *Homonym/Synonym-Problems* kann ein Klassifizierungs-Algorithmus nach Brenner [5] herangezogen werden.

4.2 Modellierung der IDB

Ziel der SER-Schemaintegration ist das konzeptuelle Schema der IDB, aus dem die zuvor analysierten Objekt-Kandidaten möglichst "ähnlich" durch externe Sichten zurückgewonnen werden können. Während der Schemaintegration kann es z.B. zur Verlagerung von Attributen in andere SER-Typen[2] kommen. Dies kann von einer Attributvererbung entlang der Kanten eines gemeinsamen SER-Schemas herrühren [28,29]. Auf dieser Basis werden die einzelnen Sichten zunächst als - gerichtete[3] - zusammenhängende Teilgraphen mit einem ausgezeichneten Knoten (Wurzel) verstanden. Die Beziehungskomplexitäten[4] und der Verzicht auf Zyklen erlauben dabei nur hierarchische Strukturen. Eine $(0,\infty)$- oder $(1,\infty)$-Kante, die bei der Traversierung eines Teilgraphen im SER-Schema in Links-Rechts-Richtung durchlaufen wird, führt zu einer mengenwertigen Substruktur. Diese Traversierung des Teilgraphen und die Notation der Sicht in programmiersprachlicher Form werden von dem SER-Modellierungswerkzeug SERM II [27] übernommen. Bei Wahl des Knotens "ArbPlan" in Abb. 4 als Wurzel der Sicht "Arbeitsplan" und der Verwendung von STEP/EXPRESS als "Programmiersprache" ergibt sich genau das zuvor in Abschnitt 3 angegebene EXPRESS-Schema.

---

2) Im SER-Modell heißen Entity-Sets "E-Typen" (Abb. 4: "Teile") und Relationship-Sets "R-Typen" (Abb. 4: "FertAuf"). Zusätzlich gibt es einen "E/R-Typ" (Abb. 4: "ArbPlan", "ArbVorg"). E/R-Typen können als Verschmelzung von solchen E- und R-Typen aufgefaßt werden, die über eine (1,1)-Kante verbunden waren.

3) Die Richtung einer Kante zwischen zwei Knoten wird durch die graphische Darstellung festgelegt. Die Semantik ist folgende: Von zwei verbundenen SER-Typen ist eine Instanz des rechten Typs in ihrer Existenz an genau eine referenzierte Instanz des linken Typs gebunden.

4) Das SER-Modell benutzt die (min,max)-Notation mit min $\in \{0,1\}$ und max $\in \{1,\infty\}$, wobei ∞ für "beliebig viele" steht.

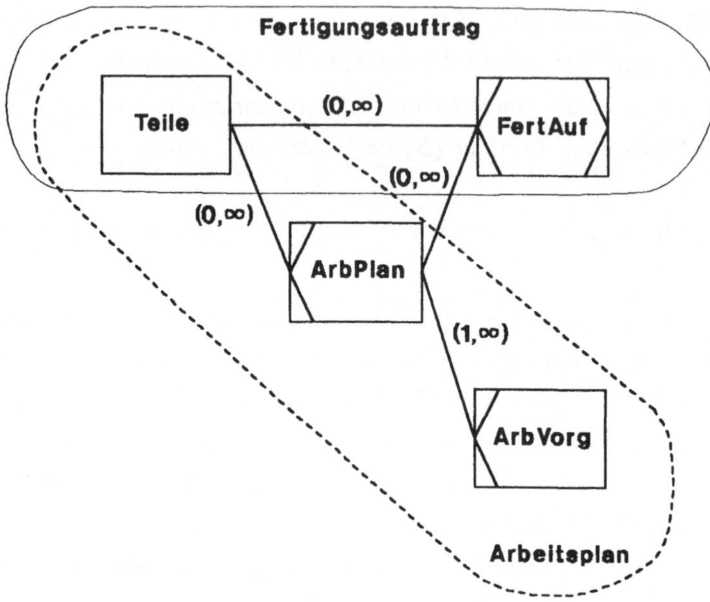

Abb. 4: SER-Schema mit überlappenden Sichten

Analog dazu wird in der Sicht "Fertigungsauftrag" aus Abb. 4 der Knoten "FertAuf" als Wurzel der Hierarchie definiert. Die automatisch generierte EXPRESS-Notation reproduziert die ursprüngliche Datenstruktur gemäß Abb. 3. Beide Sichten überlappen sich auf dem Knoten "Teile". Solche Überlappungen spiegeln gemeinsame, jetzt integrierte Daten wider. Auf Instanzen-Ebene (bzw. in der Datenbank) ist *Data Sharing* die Folge. Der Object Handler verwaltet demnach *nicht-disjunkte* komplexe Objekte (vergl. auch [16]).

Es sei an dieser Stelle betont, daß der verwendete Algorithmus nicht in jedem Fall ein integriertes Schema liefert, selbst wenn es ein solches gibt. (Sogar bei den hier benutzten einfachen Integritätsbedingungen ist die Schemaintegration nicht entscheidbar [11].) Dennoch genügt der Algorithmus vielfach den Anforderungen aus praktischen Anwendungen. Wichtig ist auch die Abgrenzung zu einem globalen "Unternehmensdatenmodell" [24]. In das konzeptuelle Schema der IDB gehen nur jene Daten ein, über die die Anwendungen integriert werden sollen. Der Zugriff darauf erfolgt ausschließlich über Object-Handler-Befehle (siehe Abschnitt 5.1).

4.3 Einbeziehung der CIM-Komponenten

In dem Phasenmodell nach Abb. 2 sollen die seitlichen Pfeile andeuten, daß die Ableitung des SER-Schemas der IDB ein iterativer Prozeß ist. Er ist erst dann erfolgreich abgeschlossen, wenn es den IS'n der CIM-Komponenten gelingt, die erforderlichen Abbildungen zwischen den integrierten und den lokalen Daten vorzunehmen. Zur Realisierung dieser Abbildungen im laufenden Betrieb können sowohl private Daten als auch Objekte herangezogen werden, die nur zu diesem Zweck aus der IDB extrahiert werden. Da die komplexen Objekte eine höhere Abstraktionsebene als eine Menge flacher Tabellen darstellen und so eine "semantische Blockung" vorliegt, sind solche Abbildungen leichter zu finden (Punkte a. und c. aus Abschnitt 1).

Die Einbeziehung vorhandener CIM-Komponenten lt. Abb. 2 geht über die entsprechende Daten-Abbildung hinaus. Die lokalen Transaktionspogramme (DB/DC-System!) sind um den Aufruf der IS und den entprechenden Object-Handler-Befehl zu erweitern. Hiermit werden die Punkte c. und d. aus Abschnitt 1 adressiert. Das BTCI muß in Abhängigkeit von propagierten Objekten die "richtigen" Transaktionsprogramme auswählen, parametrisieren und starten. Außerdem nimmt eine CIM-Komponente an einem 2-Phasen-Commit-Protokoll teil. Heutige Systeme sind darauf meist schlecht vorbereitet. Deren Einbindung muß individuell untersucht werden. Im Prototyp [9] wurden komponentenspezifische Techniken eingesetzt. In [20] wird das Konzept kompensierender Transaktionen vorgeschlagen. Für Anwendungen, die auf verteilten relationalen DB-Systemen mit offengelegtem "Prepare-Eingang" aufsetzen, ist dieses Problem dagegen sehr leicht lösbar.

4.4 Generierbare Teile von IDB und Object-Handler

Das erwähnte Werkzeug SERM II ist in der Lage, zu einem konzeptuellen SER-Schema ein relationales DB-Schema zu generieren. Der Zwang zur expliziten Modellierung von Existenzabhängigkeiten in SER rechtfertigt die kanonische Abbildung von SER-Typen auf Relationen [29]. Auf die Vorteile bei der Verwendung einer SQL-Datenbank und die Repräsentation der komplexen Objekte in SQL soll hier nicht eingegangen werden [7].

Neben der automatischen Ableitung von EXPRESS-Schemata generiert SERM II sog. Insert-, Update- und Delete-Operatoren. Dabei handelt es sich um Code zur Datenmanipulation über die zuvor definierten Sichten. In den Generierungsprozeß kann der Modellierer gezielt eingreifen: PROLOG-Klauseln legen die Semantik einer Datenänderung eindeutig fest [28]. Auf diese Weise kann spezifischen Anforderungen von CIM-Komponenten an *Objekt*manipulationen Rechnung getragen werden (siehe Punkt b. aus Abschnitt 1). Die Flexibilität des Generierungsansatzes erlaubt es, *ausführbaren* Code zu erzeugen, der wesentlicher Bestandteil des Object-Handlers ist.

Auf die Generierung eines Parsers zur Überführung der Transferobjekte in eine Hauptspeicherstruktur geht [32] ein. [2] beschreibt die automatische Erzeugung statischer SQL-Sequenzen zur Anfrage-Evaluierung innerhalb des Object-Handlers. Allen Generierungsansätzen liegt die in CIM-Umgebungen typische Unterscheidung zwischen *Build Time* (Konfiguration) und *Run Time* (laufender Betrieb) zugrunde [6].

5 Arbeit mit komplexen Objekten

5.1 Object-Handler-Befehle

Für den Zugriff auf die IDB stehen dem Entwickler der IS'n wenige, aber im einzelnen mächtige OH-Befehle zur Verfügung. Das Einbringen neuer bzw. das Löschen vorhandener Objekte erfolgt mit

INSERT   < EXPRESS-Schemaname >   (1)
DELETE   < EXPRESS-Schemaname >   (2)

Die konkreten Objekte werden über die EXPRESS-Instanzen identifiziert, die (außerhalb des Befehls) in die Eingabewarteschlange gestellt werden (siehe Abb. 1). Objekterhaltende Anfragen werden über das SQL-ähnliche Konstrukt

SELECT   < Attributauswahl >
FROM   < EXPRESS-Schemaname >
WHERE   < Bedingung >   (3)

und über dessen Erweiterung

CHECK OUT SELECT ...   (4)

realisiert. So "ausgecheckte" Objekte bleiben in der IDB gesperrt, bis sie mit

RELEASE   (5)

freigegeben werden. In der Zwischenzeit ist nur ein lesender Zugriff möglich. Typische Design-Transaktionen extrahieren Objekte, um sie zu modifizieren und anschließend anderen CIM-Komponenten zur Verfügung zu stellen. Dafür gibt es die Befehle

CHECK OUT FOR UPDATE SELECT ...   (6)
CHECK IN < Attributauswahl > OF < EXPRESS-Schemaname >   (7)

Aus Sicht einer CIM-Komponente ist jeder der 7 Object-Handler-Befehle eine eigene (systemweite) Transaktion mit den bekannten ACID-Eigenschaften (Atomicity, Consistency, Isolation, Durability [15]). Dies entspricht den Anforderungen aus der Implementierung der IS'n. Einer Transaktion (6) können weitere "kurze" (3) oder "lange" (4) SELECT-Anfragen folgen, bevor eine Transaktion (7) das geänderte Objekt wieder in die IDB zurückschreibt. Dabei werden Transaktionen der Arten (3) bis (6) ausschließlich auf der IDB abgewickelt. Nur die anderen drei Typen führen zum Propagieren von Objekten an andere CIM-Komponenten und werden mit dem 2-Phasen-Commit-Protokoll belastet. Es sollte klar sein, daß die Befehle (1), (7) und (2) im Kern über die generierten Insert-, Update- und Delete-Operatoren implementiert werden.

5.2 Cursor-Sprache

Das Ergebnis einer Anfrage der Art (3), (4) oder (6) an die IDB ist eine Menge komplexer Objekte. Zu deren Weiterverarbeitung in der Anwendung wird eine hierarchische Cursor-Sprache eingesetzt [22]. Die Verbindung zwischen einem Object-Handler-Befehl und einem Cursor wird über

DECLARE <Name> FROM QUERY_STATEMENT <OH-Befehl>

hergestellt. Mittels

DECLARE CURSOR <Name'> FOR <Entity> WITHIN <Name>

kann gezielt ein EXPRESS-Entity des zugrundeliegenden Schemas adressiert werden, auf dessen Attribute z.B. durch

GET <Name'.attribut> INTO <Host-Variable>

zugegriffen werden kann. Analog lassen sich neue Objekte aufbauen, um sie anschließend an den Object-Handler zu senden. Auf diese Weise wird der Entwicklungsaufwand für die IS'n entscheidend verringert und die Programmsicherheit erhöht.

6 Ein CIM-System-Prototyp

Auf der Grundlage des beschriebenen Konzepts wurde im Rahmen des Kooperationsprojekts IIP (Integriertes Informationssystem Produktion) [9] die Datenintegration prototypisch realisiert. Dabei konnten die teils vorhandenen, teils neu implementierten Softwarewerkzeuge praktisch erprobt werden. Zu dem heterogenen Hard- und Software-Umfeld von IIP zählen kommerzielle und selbstentwickelte CIM-Komponenten für Konstruktion (auf RISC System/6000),

376

Kalkulation und Kostenrechnung (auf AS/400), ein PS/2-basierter Leitstand und ein VAX-System zur Betriebsdatenerfassung. Die IDB wurde anfangs mit SQL/DS auf einer IBM 4381 aufgebaut. Die strikte Verwendung von Standards (C, SQL, SAA) erlaubte eine erfolgreiche Portierung des Object-Handlers auf AS/400. Grundlage der Kommunikationskomponente ist TCP/IP.

Eine typische realisierte CIM-Vorgangskette beginnt mit der Selektion von Teile- und Kundendaten durch die Kalkulationskomponente. Das PPS-System stellt einen dazugehörigen Fertigungsauftrag bereit, zu dem der Leitstand unter Rückgriff auf einen Standard-Arbeitsplan Werkstattaufträge generiert.

Im Vergleich zu anderen Ansätzen wie z.B. [19,25] ist der Schritt zur *Prozeß*integration aufbauend auf der erreichten *Daten*integration vorgesehen. Ein Supervisor sollte in der Lage sein, integrierte Steuer*daten* auszunutzen und so die Kontrolle von Vorgangsketten zu übernehmen. Der IIP-Prototyp kann auf diese Weise erweitert werden, um integrierte Geschäftsprozesse - das Ziel von CIM - zu unterstützen.

Literatur

[1]   Abeln, O.: Die CA... Techniken in der industriellen Praxis. München: Carl Hanser 1990

[2]   Becker, A.: Anfrageübersetzung im NF²-Modell. Studienarbeit Universität Mannheim/IBM Wiss. Zentrum Heidelberg, in Vorber.

[3]   Booch, G.: Object Oriented Design with Applications. Redwood City, Benjamin/Cummings 1991

[4]   Brändli, N.: CAD-Datenaustausch - ein formaler Ansatz. Diss., CAD-CAM-Labor/Universität Karlsruhe, 1990

[5]   Brenner, W.: Entwicklung betrieblicher Datenelemente. Berlin, Heidelberg: Springer 1988

[6]   Brosda, V.: Das Integrationskonzept im IIP-Projekt. Technical Note 9/91, IBM Wiss. Zentrum Heidelberg, 1991

[7]   Brosda, V., Herbst, A.: Die Integrationsdatenbank - ein Ansatz zur Datenintegration im CIM-Umfeld. Technical Report 75.92.05, IBM Wiss. Zentrum Heidelberg, 1992

[8]   Ceri, S., Pelagatti, G.: Distributed Databases, Principles and Systems. New York: McGraw-Hill 1984

[9]   CIM-Fabrik Hannover GmbH (Hrsg.): IIP - Eine Kooperation von CFH, IBM und Uni Hannover. Hannover 1991

[10]   Coad, P., Yourdon, E.: Object-Oriented Analysis. 2nd ed. New Jersey: Prentice Hall 1991

[11]   Convent, B.: Unsolvable Problems Related To The View Integration Approach. In: Goos, G., Hartmanis, J. (eds.): Proc. Int. Conf. on Database Theory. Lecture Notes in Computer Science, Vol. 243, pp. 141-156. Berlin, Heidelberg, New York: Springer 1986

[12]   Deppisch, U., Obermeit, V.: Tight database cooperation in a Server-workstation environment. In: Proc. 7th Int. Conf. on Distributed Computing, pp. 416-423. Berlin, 1987

[13]   ESPRIT Consortium AMICE (ed.): Open System Architecture for CIM. Berlin, Heidelberg, New York: Springer 1989

[14]   Gane, C., Sarson, T.: Structured Systems Analysis. Improved System Technologies, 2nd. ed. New York: McGraw-Hill 1984

[15]   Gray, J.: The Transaction Concept: Virtues and Limitations. In: Proc. 7th Int. Conf. on Very Large Data Bases (VLDB), pp. 144-154. Cannes, 1981

[16]   Herrmann, U.: Mehrbenutzerkontrolle in Nicht-Standard-Datenbanksystemen. Berlin, Heidelberg, New York: Springer 1991

[17]   IBM: CIM Communication and Data Facility - General Information. IBM GH24-6070-00

[18]   ISO TC184/SC4/WG5: EXPRESS Language Reference Manual. 1991

[19]   Jablonski, S., Reinwald, B., Ruf, T., Wedekind, H.: Event-oriented Management of Functions and Data in Distributed Systems. In: 2nd Int. Working Conference on Dynamic Modelling of Information Systems, Washington, 1991

[20]   Levy, E., Korth, H.F., Silberschatz, A.: An Optimistic Commit Protocol for Distributed Transaction Management. In: Proc. ACM Int. Conf. on Management of Data (SIGMOD), pp. 88-93. Denver, 1991

[21]   Meyer-Wegener, K.: Transaktionssysteme. Stuttgart: Teubner 1988

[22]   Primbs, A.: Entwurf und Implementierung eines Präprozessors für eine Cursor-Sprache zur Einbindung von EXPRESS-Datenstrukturen. Studienarbeit, Universität Mannheim/IBM Wiss. Zentrum Heidelberg, 1992.

[23]   Scheer, A.-W.: Architektur integrierter Informationssysteme. Berlin, Heidelberg, New York, Tokyo: Springer 1991

[24]   Scheer, A.-W.: Enterprise-Wide Data Modelling. Berlin, Heidelberg, New York, Tokyo: Springer 1989

[25]   Scheer, A.-W., Heß, H.: Kopplung von CIM-Komponenten - ein europäisches Projekt. In: Theorie und Praxis der Wirtschaftsinformatik. Heft 157, S.22-34. Forkel-Verlag 1991

[26]   Schlechtendahl, E.G.: Das aktuelle Schlagwort: STEP/EXPRESS/STEP-Datei. Informatik-Spektrum 2, 104-106 (1991)

[27]   SERM II-Benutzerhandbuch. Universität Bamberg, Lehrstuhl für Wirtschaftsinformatik, Bamberg 1991

[28]   Sinz, E.J.: Datenmodellierung betrieblicher Probleme und ihre Unterstützung durch ein wissensbasiertes Entwicklungssystem. Habilitationsschrift, Regensburg, 1987

[29]   Sinz, E.J.: Konzeptionelle Datenmodellierung im Strukturierten Entity-Relationship-Modell (SER-Modell). In: Müller-Ettrich, G. (Hrsg.): Effektives Datendesign, S. 76-108, Köln: Verlag Rudolf Müller 1989

[30]   System Architect User Guide. Popkin Software and Systems Inc., 1989

[31]   Thoma, H.: Zur Integration von Datenbeständen. In: Datenbank-Rundbrief, Ausgabe 9, S. 15a-15g, 5/1992

[32]   Walla, M.: Entwurf und Implementierung des Kerns eines Objekt- Handlers zur Datenintegration in CIM-Umgebungen. Studienarbeit Universität Mannheim/IBM Wiss. Zentrum Heidelberg, 1991

Konstruktionssynchrone Kostenprognose als CIM-Komponente

Joachim Fischer, Rainer Koch,
Bastian Schmidt-Faber, Kou-I Szu

Schwerpunkt Wirtschaftsinformatik & Operations Research
Fachgebiet Computeranwendung und Integration in Konstruktion und Planung
Universität-GH-Paderborn,
Warburger Str. 100, 4790 Paderborn

Zusammenfassung

Mit der konstruktionsbegleitenden Kalkulation wird versucht, die Wirkung von Entwicklungsentscheidungen auf Produktkosten bereits während der Konstruktion abzuschätzen. Entsprechende DV-Systeme sollten die kalkulationsrelevanten Daten vorhandener CAD-, Produktionsplanungs- und Kostenrechnungs-Systeme nutzen. Es wird ein konstruktionssynchrones Kosteninformationssystem beschrieben, das neben den Fertigungskosten auch Kosten der fertigungsnahen und administrativen Bereiche für die Phasen des Produktlebenszyklus prognostizieren soll. Dazu wird eine CAD- und PPS-gerechte Strukturierung von Fertigungs- und Konstruktionsobjekten über eine regelbasierte Komponente mit einer Prozeßkostenrechnung verbunden.

1 Problemstellung

Die rechnerintegrierte Produktion (CIM) basiert auf einem funktions- und bereichsübergreifenden Informationsfluß, der die Prozeßketten begleitet. Entsprechend dem CIM-Integrationsgedanken sollen die Konstruktionsdaten aus CAD-Systemen technisch z.B. zur Arbeitsplanerstellung und Fertigungssteuerung und betriebswirtschaftlich zur Kalkulation verwendet werden.

Die Vorschläge zur konstruktionsbegleitenden Kalkulation verwenden entweder *Eigenschaften ähnlicher Teile* (z.B. hinsichtlich Funktion, Leistung, Maße) oder *Kenngrößen des*

Konstruktionsteils, indem sie diese mit einem heuristisch ermittelten Kostenindex gewichten (Beispiel: Stückaufwandmethode). Summarische Verfahren nutzen *eine Eigenschaft* des Konstruktionsteils (z. B. Gewicht oder Relativkosten für Werkstoffe), differenzierte Verfahren kombinieren *mehrere Eigenschaften* und werten die Technologie- und Geometrie-Informationen der CAD und PPS-Daten mit statistischen oder wissensbasierten Ansätzen aus[1]. Kosteninformationssysteme bestehen neben der Prognose-Komponente aus einer Datenbasis und Schnittstellen zu betrieblichen DV-Systemen[2].

Ein CIM-gerechtes, konstruktionsbegleitendes Kalkulationsverfahren sollte die Kosten der Prozeßkette prognostizieren und die geänderten Kostenverhältnisse in der Industrie berücksichtigen, bei denen der Anteil der (variablen) Einzelkosten an den Herstellkosten kontinuierlich sinkt[3]. Fertigungsnahe und administrative Gemeinkosten sowie Kosten der Vorleistungs- und Nachleistungsprozesse sind für Konstruktionsentscheidungen in vielen Fällen wichtiger als die Fertigungskosten, werden aber häufig pauschal über Zuschlagssätze zugeordnet. Eine Prognose nur der Fertigungskosten fördert die Neukonstruktion und vermehrt die Teilevielfalt. Berücksichtigt man hingegen die Logistik- und Verwaltungskosten einer Variante, wird der Konstrukteur angehalten, auf Standardteile zurückzugreifen.

2 Konstruktionssynchrone Kostenprognose

Konstruktionsentscheidungen beeinflussen die in allen Phasen des Produktlebenszyklus entstehenden Kosten. Beispielsweise wirkt die Anzahl unterschiedlicher Einzelteile oder Materialien auf die Vorgänge in der Arbeitsvorbereitung, der Qualitätssicherung und der Entsorgung. Der Konstrukteur entscheidet über die Geometrie, das Material sowie die Struktur der Konstruktionsobjekte. Dadurch werden indirekt Fertigungsentscheidungen festgelegt. Sie können unterteilt werden in Verfahrens- (z.B. Maschinen- und Werkzeugwahl) und Auftragsentscheidungen (z. B. Stückzahl und Losgröße) (Abb. 1).

Werden die Gemeinkosten mit Zuschlagssätzen auf die Fertigungseinzelkosten verrechnet, begünstigt der Konstrukteur Teile mit kleinen Stückzahlen, weil auf diese zu wenig Gemeinkosten verrechnet werden. Die Zuschlagskalkulation belastet Standardteile mit großen

---

1) Vgl. Jehle (1985).
2) Vgl. Gröner (1991); Hillebrand (1991); Scheer, Bock, Bock (1990).
3) Vgl. Siewart, Raas (1991).

Stückzahlen hingegen überproportional [4]. Im Rahmen der Prozeßkostenrechnung wird versucht, Vorgänge für die Gemeinkostenbereiche zu definieren, für diese ein Mengen- und Wertgerüst zu ermitteln und die bewerteten Vorgänge den Produkten zuzurechnen.

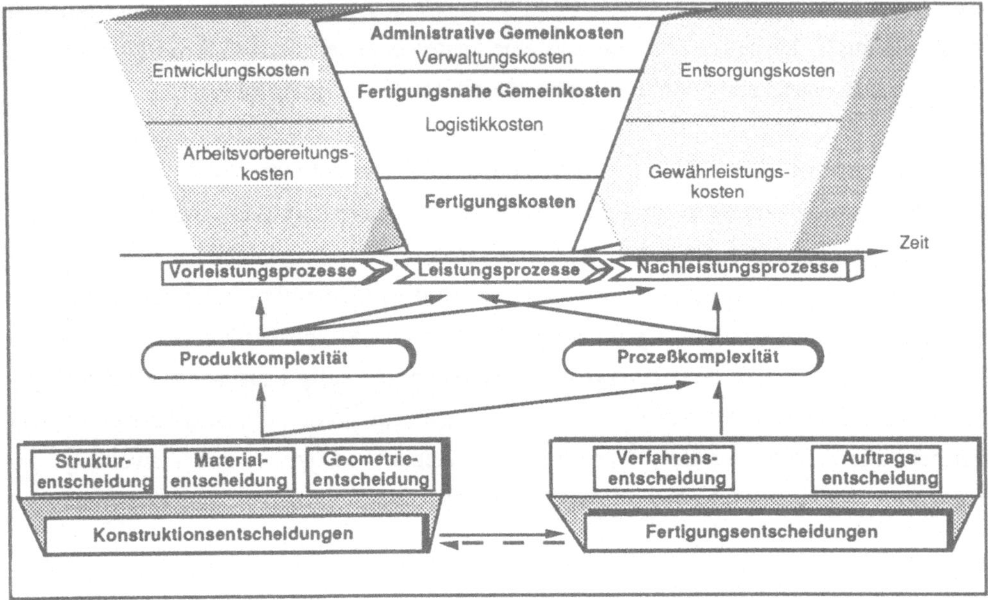

Abb. 1: Entwicklungsentscheidungen und Lebenszykluskosten

Ziel ist es, in frühen Konstruktionsphasen alle im Lebenszyklus (von der Entwicklung bis zum Recycling) durch das Produkt verursachten Kosten zu prognostizieren. Einmalige Kosten, wie für Entwicklung oder Werkzeugbau, rechnet man nicht der Periode, sondern dem Produkt zu.

2.1 Konstruktionssynchrone Kostenprognose als CIM-Komponente

Das DV-System zur konstruktionssynchronen Kalkulation nutzt die Produktdaten (Geometrie, Material und Struktur) aus den CAD-Systemen, die Arbeitsgang- und Arbeitsplatzdaten der PPS sowie die Kostenstellen- und Kostenartendaten aus Rechnungswesen-Systemen. Es werden Arbeitsgang- und Arbeitsplatzstrukturen genutzt, um für den

---

4) Vgl. beispielsweise Franz (1990); Johnson, Kaplan (1987).

Vorleistungs-, fertigungsfernen Leistungs- und Nachleistungsbereich vergröberte Prozeßstrukturen abzuleiten. Aus Kostenstellendaten lassen sich für diese Plan-Prozeßkosten ermittelt.

Das Kosteninformationssystem muß parallel auf mehrere Anwendungssysteme zugreifen. Um den inhaltlichen Zusammenhang zwischen betriebswirtschaftlichen und technologischen Daten des Konstruktionsobjekts herzustellen, wird eine systemeigene Datenbasis verwendet.

2.2 Konstruktionssynchrone Kostenprognose als Komponente des Entwicklungs-Controlling

Speziell in der Investitionsgüterindustrie, wie dem Maschinen-, Fahrzeug- und Flugzeugbau, wird die konstruktionsbegleitende Kalkulation als ein zentrales Element der Entwicklungssteuerung begriffen. Ziel ist es, die Entwicklungskosten von Komponenten abzuschätzen, um daraufhin Konfigurationsentscheidungen zu treffen. Nachteil üblicher Verfahren ist, daß sie die prognostizierten Kosten nicht mit den Aktivitäten im Vorleistungs-, Leistungs- und Nachleistungsbereich und den zuständigen Organisationseinheiten verknüpfen. Damit fehlen die Plan- und Kontrollgrößen des zeitlich (zwischen Entwicklungsphasen) und organisatorisch (zwischen Managementebenen) vermaschten Regelkreises des Entwicklungs-Controlling.

Der vorgestellte Ansatz verknüpft die Konstruktionsobjekte mit den Aktivitäten einzelner Kostenstellen und erleichtert deren Budget- und Maßnahmensteuerung. Dies integriert mittelfristig die konstruktionsbegleitende Kalkulation in die Kostenrechnungsinstrumente des Controlling. Es werden jeweils aktuelle Kostenstellen- und Prozeßkostensätze in die konstruktionsbegleitende Kalkulation eingespielt; sie wird integraler Teil der technischen und kaufmännischen Entwicklungssteuerung. Möglich sind auch strukturidentische Vor- und Nachkalkulationen wesentlicher Konstruktionsobjekte.

2.3 Anbindung an CAD

Um das System effizient nutzen zu können, müssen die kalkulationsrelevanten Konstruktionsergebnisse aus den CAD-Daten abgeleitet werden. Gängige CAD-Systeme speichern nur grafische bzw. geometrische Informationen. Die Semantik des Konstruktionsobjektes wird nicht erfaßt, Konstruktionsentscheidungen lassen sich kaum nachvollziehen. Sollen diese Daten in nachgeschalteten CIM-Komponenten (NC-Programmierung, Arbeitsplanung, Kalkulation) verarbeitet werden, muß die grafische Information interpretiert und die Semantik hinzugefügt werden.

Eine eher langfristige Lösung stellen produktmodellierende Systeme dar; die grafische Darstellung stellt dann lediglich eine spezielle Sicht auf die Produktmodelldaten dar. Diesen Anforderungen wird zur Zeit das STEP-Produktdatenmodell (STandard for the Exchange of Product Model Data) am besten gerecht, das "alle Merkmale eines Produktes abbildet, die während des gesamten Produktlebenszyklus entstehen"[5].

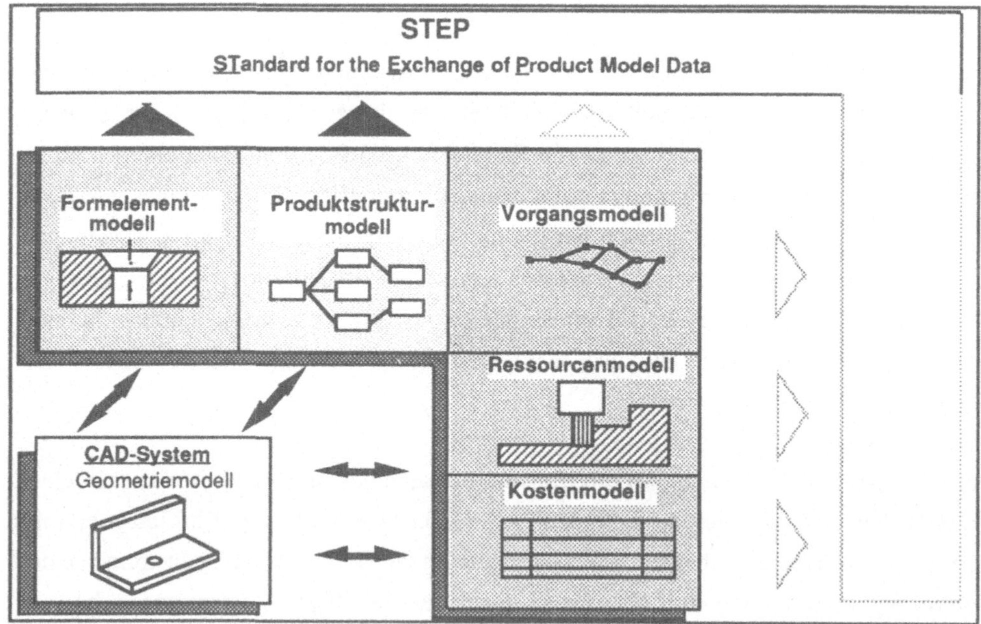

Abb. 2: Komponenten des Systems mit STEP als Integrationsansatz

Kurzfristig bietet es sich an, Moduln zur Erfassung und Speicherung der Semantik zu entwickeln und diese über spezifische Schnittstellen an CAD-Systeme zu koppeln. Die Bindung von geometrischen und produktbeschreibenden Daten läßt sich durch CAD-System-Funktionen erreichen, die nichtgrafische Informationen verarbeiten. Den Geome-

---

5) Vgl. Anderl (1992), S. 48-49.

triedaten eines Objektes werden Materialdaten und fertigungstechnische Informationen zugeordnet (Formelementmodell); das Strukturmodell verbindet die Objekte zu einem Produkt. Schnittstellen-Programme extrahieren die nichtgrafischen Informationen aus den CAD-Daten und überführen sie in eine an STEP angelehnte Struktur (Abb. 2).

3 Architektur des DV-Systems zur konstruktionssynchronen Kostenprognose

Zu den Informationen des Produktmodells werden Informationen zu Ressourcen, zu Vorgängen und zu Kosten abgespeichert, die man aus Produktionsplanungs- und Rechnungswesen-Systemen übernimmt.

3.1 Datenmodell

Die Daten werden in Produkt-, Vorgangs- und Ressourcendaten strukturiert (Abb. 3). Bei Produkt- und Ressourcendaten besteht eine hierarchische Struktur, bei Vorgangsdaten existiert entsprechend der Prozeßketten eine logisch-zeitliche Struktur.

Indem das CAD-System Grundkörper verknüpft, entsteht die geometrische Darstellung der Formelemente. Darunter versteht man einen Abschnitt des Einzelteils, der fertigungsrelevante Informationen besitzt (bei Blechteilen z.B. Langloch, Ausklinkung und Prägung). Formelemente sind Konstruktionsobjekte, die in einem Strukturmodell verknüpft werden. Konstruktionsobjekte gliedern sich in Produkt, Baugruppe, Einzelteil und Formelement.

Fertigungsentscheidungen (z.B. die zu fertigende Gesamt-Stückzahl, die Zahl der Fertigungslose der Einzelteile, Baugruppen und Produkte) werden durch Fertigungsobjekte abgebildet. Die Produktdaten setzen sich aus Konstruktionsobjekt- und Fertigungsobjektdaten zusammen.

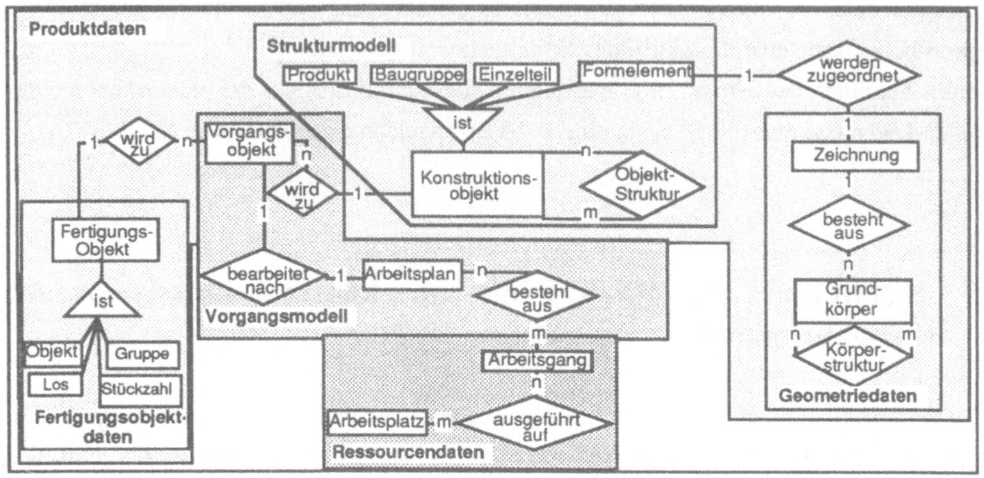

Abb. 3: Datenmodell der konstruktionssynchronen Kostenprognose

Konstruktions- und Fertigungsobjekte spezifizierter Ebenen lassen sich zu logischen Vorgangsobjekten kombinieren, denen das Vorgangsmodell Vorgänge zuordnet (Abb. 4). Vorgänge beschreiben die Transformation des Objektes über sämtliche Glieder der Vorleistungs-, Leistungs- und Nachleistungskette.

Fertigungs - objekt-Ebene Konstruktions-objekt-Ebene	(Fertigungs-) objekt	Gruppe identischer (Fertigungs-) objekte	Fertigungs-los	Stückzahl
Formelement	• Kontur bearbei-ten	• Toleranzen prüfen	• Werkzeug rüsten	• Werkzeug konstruieren
Einzelteil	• Zuschneiden • Biegen und Prägen	• Toleranzen prüfen • Verschnitt entfer-nen	• Material beschaffen • Maschine rüsten	• Einzelteil konstruieren • NC-Programm erstellen
Baugruppe	• Montieren • Zwischenlagern	• Toleranzen prüfen • Funktion prüfen	• Logistik planen • Montage steuern	• Arbeitsplan erstellen • Recycling planen
Produkt	• End-Montieren	• Toleranzen prüfen	• Endmontage steuern	• Produkt planen

Abb. 4: Vorgangsobjekte mit exemplarisch zugeordneten Vorgängen

Indem PPS-Datenstrukturen aus Arbeitsplatz-, Arbeitsgang- und Arbeitsplandaten mit zugehörigen Mengen- und Wertgerüsten genutzt werden, kann man den Vorgängen Ressourcen zuordnen. In den Arbeitsplänen sind die Arbeitsgang- und Arbeitsplatzdaten verknüpft. PPS-Datenstrukturen kann man analog auch für den Vorleistungs- und den Nachleistungsbereich verwenden. Mit Hilfe der Ressourcendaten berechnet das System für die Vorgänge die zugehörigen Mengen- und Wertgerüste .

3.2 Funktionsmodell

Der Ablauf im System läßt sich in die Bereiche Konstruktion, Abschätzen der Verfahren, Kostenprognose und -information untergliedern (Abb. 5).

Synchron zur Konstruktion am CAD-System wird die Produktstruktur in der Hierarchie der Konstruktionsobjekte beschrieben. Der Konstrukteur ergänzt diese Angaben um Fertigungsentscheidungen, die die Fertigungsobjekte spezifizieren.

Das Vorgangsmodell weist den logischen Vorgangsobjekten durch ein Regelwerk Vorgänge und Vorgangsketten im Produkt-Lebenszyklus zu (Abb. 4). Beispielsweise wird in einem Vorgang die Kontur eines einzelnen Rundlochs (Vorgangsobjekt = Kombination aus ´Fertigungsobjekt´ und ´Formelement´) bearbeitet (= Vorgang), vorher ist für das Fertigen des Loses der Blechplatte (Vorgangsobjekt = Los des Einzelteils) ein Rüstvorgang notwendig. In der Anfangsphase des Konstruktionsprozesses liegen nur wenige Informationen über das Produkt vor, entsprechend grob sind die Aussagen über die Vorgänge und Vorgangsketten. Im Laufe des Konstruktionsprozesses konkretisieren sich die Informationen über die Vorgangsstrukturen.

Für die Vorgänge werden regelbasiert Ressourcen ausgewählt. Dieses Regelwerk ist zur Zeit starr für eine bestimmte Produktionsumgebung ausgelegt. Es wird daran gearbeitet, die Regeln objektorientiert bei den Ressourcendaten abzulegen, um das System einfacher an betriebliche Änderungen anpassen zu können. Das Verfahrensmodell berechnet mit Hilfe der Regeln das zugehörige Mengengerüst und spezifiziert ein Verfahren (Abb. 5). Um die Verfahren weniger aufwendig zu ermitteln, wird (soweit sinnvoll) mit repräsentativen Vorgängen gearbeitet wird, deren Mengen- und/oder Wertgerüst standardisiert, d. h. bei verschiedenen Vorgangsobjekten annähernd identisch ist (Standardverfahren und -prozesse) [6].

---

6) Vgl. Fischer, Koch, Schmidt-Faber (1992), S. 62.

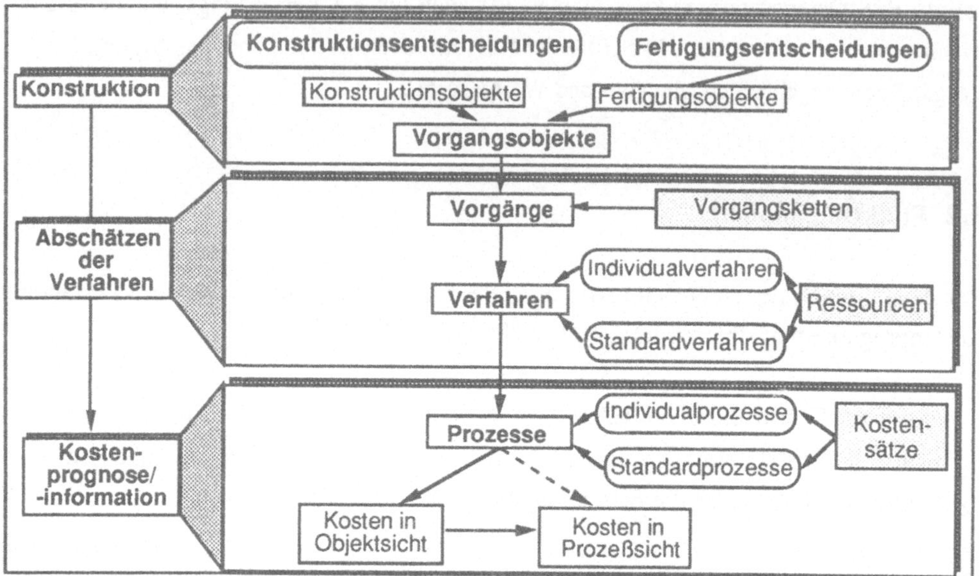

Abb. 5: Funktionsmodell der konstruktionssynchronen Kostenprognose

Das Kostenmodell bewertet die Verfahren mit Kostensätzen, die auf einer Prozeß-kostenrechnung basieren. Die synchronen, hierarchisch abgestuften Produkt-, Vorgangs- und Ressourcenmodelle knüpfen an vorhandene Organisations- und Kostenstellen-hierarchien an und erleichtern die Nutzung von Daten aus Produktionsplanungs- und Kostenrechnungs-Systemen. Die berechneten Prozeßkosten je Vorgangsobjekt werden zum Beispiel nach Vorgangsobjekten oder nach Prozeßbereichen verdichtet. Die Wirkung von Entscheidungen auf die Prozeßkosten erkennt der Konstrukteur, indem das System aktuelle Werte denen vor der letzten Entscheidung gegenüberstellt.

3.3 DV-Komponenten

Das DV-System besteht aus den Basiskomponenten, den Verarbeitungskomponenten und der Benutzeroberfläche. Zu den Basiskomponenten gehören die Schnittstellen zum CAD-System, zu PPS und zur Kostenrechnung sowie die Datenbank. Die Verarbeitungs-komponenten umfassen ein Regelwerk auf der Basis der Expertensystem-Shell NEXPERT OBJECT und eine prozedurale Kostenberechnung.

3.3.1 Produktmodellierung und Schnittstelle zu CAD

Für die konstruktionssynchrone Kosteninformation am CAD-System wurde eine angepaßte Benutzeroberfläche mit folgender Funktionalität entwickelt:

- Während der Konstruktion des Einzelteils erzeugt das CAD-System die für die Kostenprognose relevanten Daten als nicht-grafische Informationen (NGI) und verknüpft sie mit den Zeichnungselementen. Damit existieren arbeitsplanungsrelevante Daten, wie Formelemente des Einzelteils, Form- und Lagetoleranzen, Materialart sowie die Stückzahl.

- Informationen zur Produktstruktur auf Baugruppen- und Produktebene erzeugt der Konstrukteur beim Bearbeiten von Zusammenstellungszeichnungen. Dabei ist die Struktur des Produktes in einer Zeichnung zusammengefaßt. Aus den NGI der Baugruppen- oder Produktzeichnungen werden die für die Kostenprognose notwendigen Informationen abgeleitet.

Die Expertensystem-Shell dient zur Modellierung der Konstruktionsobjekte. Deren objekt- und regelorientierte Schemata bilden die Strukturinformationen ab (Abb. 6). Mit Hilfe des API (Application Program Interface) wird ein beidseitiger Kommunikationskanal zwischen NEXPERT OBJECT und dem CAD-System realisiert, um die Generierung der Konstruktionsobjekte, die visuelle Validierung sowie die graphische Interaktion zu gewährleisten.

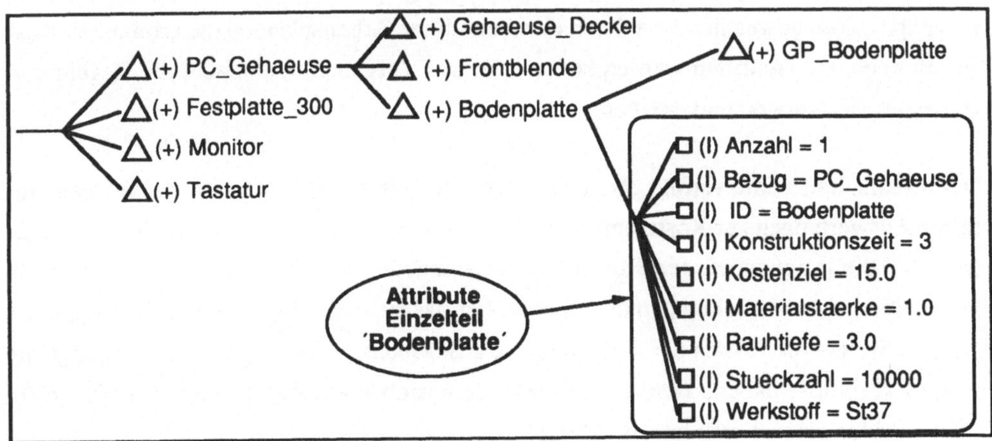

Abb. 6: Ausschnitt aus der objektorientierten Produktstruktur

3.3.2 Regelbasierte Komponenten

Die Regeln zur Vorgangsauswahl und zum Bestimmen des Mengengerüstes sind in einer Expertensystem-Shell abgebildet. Kriterien für die Vorgangsauswahl sind dabei die im CAD-System generierten Produktmodelldaten (Abb. 7).

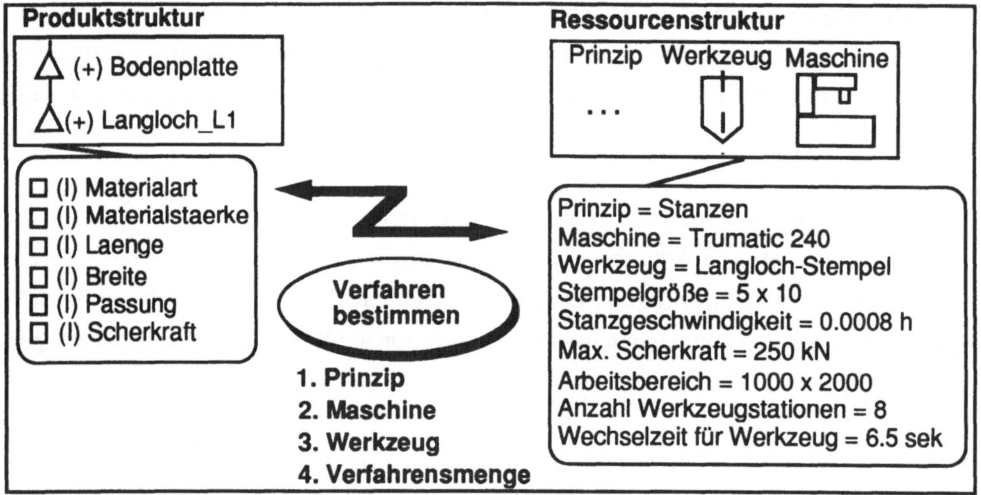

Abb. 7: Relevante Attribute zum Bestimmen der Verfahren (exemplarisch)

Die hinterlegten Regeln beschränken sich auf die Auswahl von Arbeitsgängen, eine Ermittlung oder Optimierung der Arbeitsgangfolgen erfolgt nicht. Zur Zeit erscheint dieses zur Kostenprognose ausreichend, da durch eine detaillierte Arbeitsplanung die ermittelten Kosten oft noch unterschritten werden können. Dieses Vorgehen vereinfacht die Regeln und verbessert das Antwortzeitverhalten.

Das Kalkulationsmodul verfügt über eine Datenbank mit Prozeßkostensätzen und bietet grafische Auswertungen zur Kosteninformation und -analyse. Beispiel: Erkennt der Konstrukteur, daß die prognostizierten Kosten den angestrebten Wert überschreiten, kann er die Information in zwei Richtungen detaillieren: Für das ausgewählte Einzelteil ´Bodenplatte´ gibt das System die Kosten der Formelemente aus. Möchte er wissen, welche Vorgänge die Kosten ausgelöst haben, kann der Konstrukteur sich diese gemäß den Vorgängen im Lebenszyklus präsentieren lassen (Abb. 8).

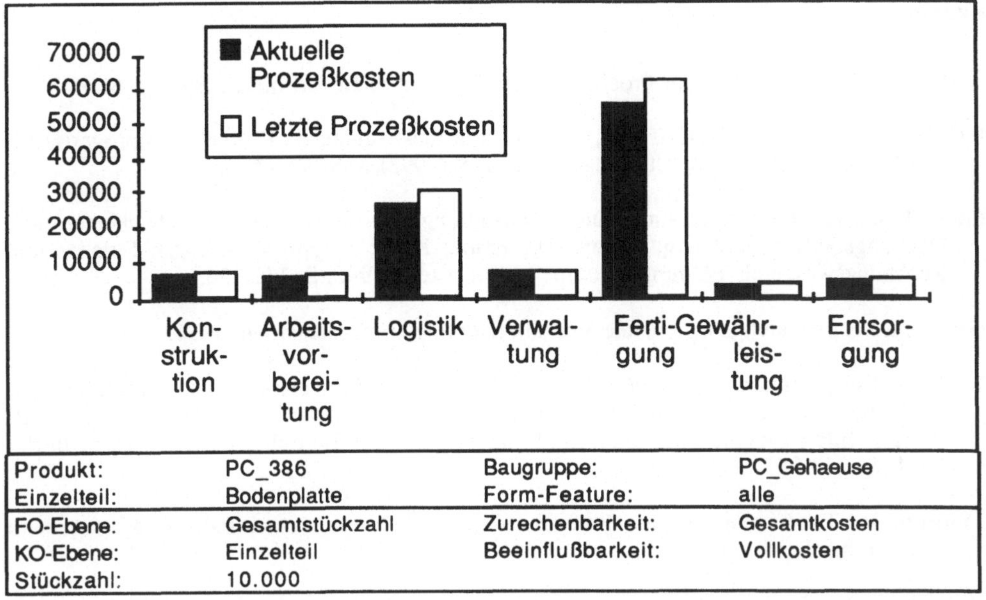

Produkt:	PC_386	Baugruppe:	PC_Gehaeuse
Einzelteil:	Bodenplatte	Form-Feature:	alle
FO-Ebene:	Gesamtstückzahl	Zurechenbarkeit:	Gesamtkosten
KO-Ebene:	Einzelteil	Beeinflußbarkeit:	Vollkosten
Stückzahl:	10.000		

Abb. 8: Grafische Auswertung der prognostizierten Prozeßkosten

4 Erfahrungen

Eine erste Realisierung erfolgte für Blechteile, da diese repräsentativ für viele Bereiche der spanenden und umformenden Bearbeitung sind. Die durch Stanzen, Nibbeln und Laserschneiden herzustellenden Teile werden wichtiger, weil sich die Fertigungsverfahren auch bei kleinen und mittleren Stückzahlen und damit bei kurzen Innovationszyklen wirtschaftlich anwenden lassen. Das System ist am Beispiel der Produktionsumgebung eines PC-Herstellers (Gehäusefertigung) realisiert worden. Die beteiligten Mitarbeiter sahen die errechneten Logistik- und Recyclingkosten als besonders relevant an und werteten den Komfort sowie die Analysemöglichkeiten des Systems positiv. Allerdings ergab sich, daß das Regelwerk zu starr ausgelegt ist und sich nur mit erheblichem Aufwand an betriebliche Änderungen anpassen läßt. Erste Versuche mit einer objektorientierten Zuordnung der Regeln im Ressourcenmodell sind vielversprechend. Weiterhin mußten die Attributstrukturen der Vorgänge stärker als gedacht auf betriebliche Datenstrukturen abgestimmt werden. Weiterentwicklungen zielen auf eine größere Flexibilität und eine verbesserte Datenversorgung.

390

Literatur

Anderl, R.: STEP-Schritte zum Produktmodell; CAD-CAM Report o.Jg. (1992) 8, S. 48-56.

Fischer, J.; Koch, R.; Schmidt-Faber, B.: Konstruktionsbegleitende Prozeßkostenprognose für den Produktlebenszyklus; CIM-Management, 8 (1992) 5, S. 57 - 65.

Franz, K.-P.: Die Prozeßkostenrechnung - Darstellung und Vergleich mit der Plankosten- und Deckungsbeitragsrechnung; Ahlert, D.; Franz, K.-P.; Göppl, H. (Hrsg.): Finanz- und Rechnungswesen als Führungsinstrument, Wiesbaden 1990, S. 111-136.

Gröner, L.: Entwicklungsbegleitende Vorkalkulation, Berlin, Heidelberg 1991.

Jehle, E.: Kostenfrüherkennung und Kostenfrühkontrolle - Mitlaufende Kostenkontrolle während des Konstruktions- und Entwicklungsprozesses; Kortzfleisch, G. v.; Kaluza, B. (Hrsg.): Internationale und nationale Problemfelder der Betriebswirtschaftslehre, Berlin 1984, S. 263-285.

Johnson, H. T.; Kaplan, R. S.: Relevance Lost - The Rise and Fall of Management Accounting, Boston 1987.

Hillebrand, A.: Ein Kosteninformationssystem für die Neukonstruktion mit der Möglichkeit zum Anschluß an ein CAD-System, München 1991.

Scheer, A.-W.; Bock, M.; Bock, R.: Expertensystem zur konstruktionsbegleitenden Kalkulation; Scheer, A.-W. (Hrsg.): Veröffentlichungen des Instituts für Wirtschaftsinformatik der Universität des Saarlandes (1990) 73.

Siegwart, H.; Raas, F.: CIM-orientiertes Rechnungswesen, Düsseldorf 1991.

Unterstützung kooperativen Arbeitens

Verteilte Multimedia-Systeme zur Unterstützung von Führungs- und Koordinationsaufgaben
- Ergebnisse empirischer Untersuchungen -

Karin Anstötz, Dietrich Seibt

Lehrstuhl für Wirtschaftsinformatik,
insbesondere Informationsmanagement,
Universität zu Köln,
Albertus-Magnus-Platz, 5000 Köln 41

Zusammenfassung

Im Zentrum dieses Beitrags steht die Frage, ob und in welcher Weise Multimedia-Systeme (MMS) hilfreich sind für kommunikationsintensive, oft zeitkritische Tätigkeiten. Untersuchungen typischer Kommunikationsaktivitäten von Managern zeigen, daß vor allem die schnelle Echtzeitkommunikation in der Arbeit dieser Zielgruppe wichtig ist. Die Vielfalt der Nutzungsmöglichkeiten von MMS wird beleuchtet unter der Annahme, daß die einzelnen Multimedia-Funktionen wie Conferencing, Document Processing, Annotation von durchaus unterschiedlich großer, praktischer Bedeutung sein können für die Anwender. Weil die schnelle, persönliche Interaktion in den Aktivitäten der Manager dominiert, liegt nahe, daß die Integration von Video-Conferencing-Funktionen in Multimediaterminals besonders vielversprechend ist für die Unterstützung von Führungs- und Koordinationsaufgaben. Anhaltspunkte für das Anwendungspotential und für die spätere Gestaltung von integrierten, verteilten Multimedia-Systemen geben Analysen der derzeitigen, mediengestützten Kommunikation von Managern am Fallbeispiel eines internationalen Automobilkonzerns. Ferner stellt sich im Kontext von Executive Information Systems (EIS) heraus, daß mit dem Einsatz von MMS ein schnelles, intuitives Erfassen der Bedeutung von Führungsinformation erleichtert wird - sofern sie in ausreichend hoher, inhaltlicher Qualität und führungsproblemspezifischer Relevanz vorliegt.

1 Bedeutung der Kommunikation für Führungs- und Koordinationsaktivitäten

1.1 Problem

Führungs- und Koordinationsaktivitäten sind typisch im Aufgabenspektrum von Managern, die nicht autark und isoliert, sondern in gegenseitiger Abstimmung mit anderen Personen zielgerichtet zusammenarbeiten. Das zeitliche und inhaltliche Koordinieren von Tätigkeiten und Ergebnissen, der ständige Umgang mit Menschen machen Führungs- und Koordinationsaktivitäten zu besonders kommunikationsintensiver Arbeit, die in Teamstrukturen zudem ein hohes Maß an ´Abhängigkeit´ aufweist: erfolgreiches, kommunikatives Arbeiten hängt ab vom schnell möglichen Zugriff auf ad hoc benötigte Informationen, von der raschen Erreichbarkeit von Gesprächspartnern, von formellen (und informellen) Berichtswegen, zusätzlich von der Bereitschaft, wie auch von der Fähigkeit von Kollegen oder Mitarbeitern, relevantes Wissen mitzuteilen.

1.2 Die wichtigsten Begriffe

Mit *Führungs- und Koordinationsaufgaben* [1] meinen wir hier Steuerung und Harmonisierung sowohl von Aktivitäten als auch von Personen im Hinblick auf Ergebnisse, die der Erreichung des Gesamtziels der arbeitsteiligen Organisation dienen[2]. In einem einfachen, instrumentellen Sinn bilden *Kommunikationstätigkeiten* in arbeitsteiligen Gruppen *das* unverzichtbare Mittel zum Zweck im Prozeß der Aufgabenerfüllung[3] auf allen Führungsebenen: beispielsweise bedarf der kreative Prozeß der Bildung strategischer Ziele ebenso des informationellen Austausches zwischen daran mittelbar oder unmittelbar beteiligten Personen, wie auch die routinemäßige Dienstleistung auf der Ebene der Kommunikation zwischen Manager und Sekretariat die gesprochene, geschriebene - oder im mimimalen Grenzfall - die Mitteilung durch Handzeichen erfordert[4].

In grober Näherung werden *Multimedia-Systeme* verstanden als technische Systeme zur Aufnahme, Erzeugung, zum Transfer und letztlich auch zur Darstellung von Informationen

---

1) Ausgehend von der in der betriebswirtschaftlichen Literatur weit fortgeschrittenen und stark ausdifferenzierten Begriffsbildung zum Thema ´Führung´; Vgl. Ulrich; Fluri, (1984), ferner Hill; Fehlbaum; Ulrich (1981); Picot (1984) und Führungsaufgaben kann eine Begriffsabgrenzung hier nur sehr verkürzt und komprimiert ausfallen, was zwangläufig nicht verlustfrei geschieht.
2) Vgl. Frese (1971); ferner (explizit zu den Aufgabenbereichen): Bleicher (1980), Sp. 734.
3) Zur Betonung des Prozeßcharakters von Managementaufgaben vgl. Krcmar (1991); zu Aufgaben und Kommunikationsaktivitäten von Top-Managern vgl. v.a. Müller-Böling; Ramme (1990).
4) Vgl. zum Begriff der (informationellen) Kommunikation: Mag (1980).

in bildlicher, akustischer und geschriebener Form. Werden diese Informationen aus unterschiedlichen medialen Quellen miteinander kombiniert oder sogar verschmolzen, spricht man von ´integrierten Multimedia-Systemen´. Die Vielseitigkeit von Multimedia-Systemen, die durch Integration bewirkt wird, verstärkt sich noch, wenn der Informationsaustausch zwischen Personen an geografisch verschiedenen Orten unterstützt werden soll. Multimedia-Systeme, die zusätzlich als Multipoint-Kommunikationsplattform eingesetzt werden und im Netzverbund funktionieren, bezeichnen wir wie Steinmetz und Herrtwich als ´verteilte, integrierte Multimedia-Systeme.´[1]. In den nachfolgenden Ausführungen sind stets diese komplexen verteilten, integrierten Multimedia-Systeme gemeint, weil sie im Zusammenhang mit Managementaufgaben größtmögliche räumliche und mediale Flexibilität versprechen. Der Einfachheit halber benutzen wir des weiteren die Abkürzung *MMS*.

2 Empirische Ergebnisse zur Kommunikation von Managern

2.1 Ergebnisse ausgewählter Studien

Empirischen Untersuchungen zufolge verbringen Manager zwischen 50 und 80 % ihrer Arbeitszeit in ´Meetings´: persönlichen Gesprächen, Arbeitsgruppenbesprechungen, Sitzungen und - im größeren Kreis - in Konferenzen. Wesentliche Ergebnisse dieser Studien[2], die die persönlichen (Zweier-) Gespräche weitgehend ausklammern, besagen, daß erstens die ´Meetings´ überwiegend klassische face-to-face-meetings sind, die die gleichzeitige, physikalische Anwesenheit aller Beteiligten voraussetzen, daß die Meetings zweitens hauptsächlich auf den Ebenen des Top- und Middle-Managements einen beträchtlichen Kostenfaktor darstellen durch Reisekosten und Kosten für Rüst- und Ausfallzeiten und drittens, daß die Meetings von den Managern selbst als wenig produktiv verbrachte Zeit bewertet wurden.

Die Tatsache, daß die Kommunikationstätigkeit von Managern zunehmend zeit- und kostenintensiver wird, hat zahlreiche, vor allem international tätige Unternehmen veranlaßt, nach Möglichkeiten der Abhilfe zu suchen. Die bislang unternommenen Versuche zielen darauf ab, a) Reaktionszeiten zu verkürzen, d.h. sequentielle Kommunikationsabläufe zu straffen, b) Meetings zu verkürzen und effektiver zu gestalten, sowie c) die für jedes Meeting erforderlichen Rüst- und Ausfallzeiten am Arbeitsplatz auf ein möglichst niedriges

---

1) Vgl. Steinmetz; Herrtwich (1991), S. 249 ff.
2) Vgl. z.B. Minzberg (1983); Hymovitz (1988); Appelgate (1990).

Maß herunterzuschrauben. Die Unterstützung der Kommunikation durch Medien beschränkt sich momentan vorwiegend auf den Einsatz von Telefonanlagen, Telefaxgeräten und, seltener, Mitteilungsaustausch in Computernetzen[1]. Darüber hinaus sind Video-Conferencing-Studios seit ca. 8 Jahren in einigen multinationalen Unternehmen im praktischen Einsatz.

2.2 Ergebnisse einer Fallstudie zur Kommunikation von Managern

2.2.1 Vorschau

Ein weltweit tätiges Unternehmen der Automobilindustrie setzt seit 1984 Videokonferenzen zur Unterstützung der Kommunikation seiner Führungskräfte und Spezialisten ein. Trotz der eigenen Flugzeugflotte, die das Unternehmen wegen der engen internationalen Zusammenarbeit der Manager unterhält, waren die Reaktionszeiten in - oft mehrere Treffen umfassenden - zeitkritischen Abstimmungsprozessen intolerabel lang. Das Hauptmotiv für die Installation mehrerer Videokonferenz-Studios war, die Entwicklungszyklen neuer PKW-Modelle zu verkürzen. Die empirische Analyse der Kommunikation von Managern in Videokonferenzen in diesem Unternehmen[2] zeigt aufschlußreiche Tendenzen in zweierlei Hinsicht, die wir wie folgt zusammenfassen möchten:

1   Im Urteil der Manager sind Videokonferenzen erheblich sachlicher und zielgerichteter als konventionelle Konferenzen, bei denen die physische Anwesenheit der Teilnehmer an einem Ort üblich ist. Die Kommunikationspartner sind im allgemeinen besser vorbereitet, sie nehmen konzentrierter an der Diskussion teil und zeigen eine höhere Disziplin. Die Meetings finden unter engen zeitlichen Restriktionen statt (übliche Dauer: 30 bis maximal 60 Minuten), erfordern hohe Konzentration und werden als kühl und geschäftsmäßig streng empfunden.

2   Die Akzeptanz im Sinne einer tatsächlichen Nutzung des Kommunikationsmediums ist hoch. Sein Nutzen wird als erheblich beurteilt; Zeitschlitze sind so knapp, daß lange Vorausbuchungslisten entstehen. Die Manager nehmen deutliche technische Mängel der Studioausrüstung und der Datenübertragungsverbindungen in Kauf; sie tolerieren organisatorisch-technische Schwachstellen, die bei der Konferenzsteuerung auftreten, trotz der oft störenden Auswirkungen auf den Konferenzverlauf.

---

1) Vgl. Müller-Böling; Ramme (1990).
2) Vgl. Münchrath (1992).

2.2.2 Erhebungsmerkmale

Die empirischen Erhebungen im Rahmen der Fallstudie erfolgten durch eine zweimonatige teilnehmende Beobachtung von insgesamt 71 Konferenzen, verbunden mit einer Befragung von 66 erfahrenen Studionutzern. Interessante Details lieferte die Auswertung von Sekundärmaterial wie Belegungsdaten, Teilnehmerlisten etc. Die folgende Übersicht zeigt eine quantitativ aufbereitete Zusammenfassung der wichtigsten Ergebnisse:

Item	Prozentanteil	
Nutzerpanel		
Manager, Supervisor, Leiter ... 2. und 3. Führungsebene, Linie	78 %	N = 66 = 95%
Spezialisten, EDV-Leute, Controller, Stabsmitglieder	17%	Datenquelle: Befragung
Top-Manager, Vorstände	5% *	Analysen von
	100%	Service-Unterlagen
Rangfolge der in Videokonferenzen behandelten Themen		
1 Koordination/Abstimmung mit ausländischen Kollegen: • Arbeitsverteilung • Termin-/Programmplanung • logistische Fragen	45%	N = 89 = 100% Zahl d. Nennungen
2 Technische Fragen und Entscheidungen	22%	Datenquelle: Beobachtungen/
3 Informationsaustausch	18%	Protokolle,
4 Strategisch wichtige Themen, Zukunftsplanung *	5% *	zusätzl.
	100%	Befragungen
Rangfolge der für Videokonferenzen ungeeigneten Themen		
1 Personalfragen, persönliche Belange, prekäre Themen, die von informellen Einigungen ab- hängen	62%	N = 40 = 100%
2 Brainstorming, ungelöste technische Probleme	22%	Datenquelle: Befragungen
3 Sonstiges, z.B. Themen, die nicht dringlich sind	16%	
	100%	

* Die mit '*' gekennzeichneten Top-Manager wurden nicht persönlich befragt; Angaben stammen aus Angaben des Service-Personals und dessen Unterlagen.

Abb. 1: Aggregierte Ergebnisse der Video-Conferencing-Fallstudie Automobilindustrie

2.2.3 Erkennbare Schwachstellen der Kommunikationsunterstützung

Im hier dargestellten Fallbeispiel gibt es einige eklatante Schwachstellen in der praktizierten VC-Studio-Nutzung, die sowohl technische als auch organisatorische Ursachen haben. Sie sprechen weniger gegen die Art der Kommunikationsunterstützung selbst als gegen die Art der hier gewählten Implementierung, wie sich schon an wenigen Beispielen erweist:

Schwachstelle 1 - Störende Einflüsse der Entfernung vom Arbeitsplatz : Die Konferenzteilnehmer müssen ihren gewohnten Arbeitsplatz verlassen, um das VC-Studio aufzusuchen. Das Pendeln, das während einer Konferenz aufgrund fehlender Unterlagen erneut erforderlich werden kann, verursacht Zeitaufwand und stört den Konferenzablauf. Die Konferenzteilnehmer haben keinen direkten Zugriff auf ad hoc notwendige Unterlagen oder auf Informationen ihrer Mitarbeiter. Fehlen wichtige Informationen, müssen Entscheidungen ausgesetzt oder Konferenzen vertagt werden.

Schwachstelle 2 - Vorhandene technische Unterstützung unterdimensioniert: Die internationalen Datenübertragungsverbindungen arbeiten mit einer Geschwindigkeit von weniger als 2Mbit/s. Die Tonqualität ist nicht besser als die eines normalen Telefongesprächs ("Blechdosensound"). Der Geräuschpegel jedoch ist höher als bei Telefongesprächen wegen der durchschnittlich 8 Teilnehmer auf beiden Seiten. Die Abstimmung von Audio- und Videosignalen geschieht nicht lippensynchron. Die Bildqualität ist schlecht wegen der starken, nicht verlustfreien Datenkompression.

Schwachstelle 3 - Konferenzsteuerung problematisch: Jede Konferenz hat einen ´Chairman´, der die Konferenz inhaltlich leitet. Er steuert die Diskussion anhand der Tagesordnung, nimmt Worterteilungen vor und muß zudem per Kamerafernbedienung technisch nachregulieren, wenn er einem nicht allen sichtbaren Teilnehmer das Wort erteilt. Die hohe Konzentration, die starken zeitlichen Restriktionen (nachfolgende Konferenzteilnehmer warten schon) und die zusätzliche Regie erzeugen eine Überforderung des ´normalen´ Chairman. Die Folge sind Irrtümer und Verzögerungen. Der Konferenzablauf wird gestört, es entstehen Wartezeiten, Wiederholungen und Lärm.

Die Manager ließen in den Befragungen erkennen, daß sie einen großen Teil der Mängel sehen. Sie tolerieren jedoch sämtliche der aufgeführten Schwachstellen, weil ihnen Videokonferenzen in zeitkritischen Situationen, selbst unter den gegebenen Bedingungen, als das kleinere Übel erscheinen. Für die Gestaltung zukünftiger Multimedia-Systeme zur Unterstützung der Arbeit in Gruppen, ergibt die Schwachstellenanalyse dann lehrreiche Hinweise, wenn man das Anwendungspotential der technischen Funktionen gezielt auf die

Beseitigung der Schwachstellen hin überprüft. Die einigermaßen fundierte Abschätzung des Anwendungspotentials verteilter, integrierter Multimedia-Systeme jedoch, die derzeit bestenfalls im Stadium früher Prototypenentwicklung sind[1], erfordert zuvor die Klärung der funktionalen und technischen Merkmale von MMS. Es bleibt zu betonen, daß die Manager hier im Grunde ein - wenn auch besonders diffiziles - Beispiel für kommunizierende Gruppen repräsentieren. Die hervorstechenden Merkmale der ´Managervariante´ von Group Working - zeitkritische, persönliche Interaktion - bedingen jedoch, daß sich gerade dort besonders hohe Anforderungen an die Entwicklung geeigneter Kommunikationsplattformen herauskristallisieren, wo technisch gesehen heute noch markante Probleme liegen: in der Realisierung von Multipoint-Conferencing-Einrichtungen als integrierter Teilfunktion verteilter MMS[2].

3 Multimedia-Systeme als Kommunikationsplattform für Manager

3.1 Technische Merkmale von MMS

Technisch gesehen müssen Multimedia-Systeme drei Grundfunktionen realisieren, um Kommunikationsaktivitäten und -prozesse zwischen Personen bei der Arbeit in Gruppen zu unterstützen: die Grundfunktion ´Kommunikation´ stellt Kommunikationsverbindungen her und steuert diese Verbindungen, die Grundfunktion ´Produktion´ ermöglicht die Erstellung und Bearbeitung von Multimedia-Dokumenten[3] und die Grundfunktion ´Speicherung´ konserviert Dokumenten- wie auch Konfigurationsdaten. Für die gegenwärtige Arbeit von Managern spielt die eigenhändige (Erst-)Erstellung von Dokumenten, einzuordnen in der Grundfunktion ´Produktion´, eine untergeordnete Rolle. Um so wichtiger sind a) die Kommunikationsverbindung zu Servicepersonal, das behilflich ist bei der Erstellung, Veränderung, Ablage und Wiedervorlage von Dokumenten und b) die technische Unterstützung zur Anreicherung der Dokumente mit sprachlichen oder schriftlichen Annotationen, die dann als ´Anmerkungen´ zu Bestandteilen der Multimediadokumente werden und weiterverarbeitet werden können.

Zur Unterstützung der Kommunikation sind - technisch gesehen - zwei Modi zu unterscheiden: synchron und asynchron. Jeder Modus tritt auf in der täglichen Kommuni-

---

1) Vgl. Coolegem; Anstötz (1992 zur Veröffentlichung angenommen).
2) Vgl. Anstötz (1992), S. 54.
3) Grundfunktionen und Kommunikationsmodi vgl. Steinmetz; Herrtwich (1991), S. 258f.

kation von Managern. Conferencing ist *synchrone* Kommunikation:[1] Echtzeitkommunikation, die die unmittelbare Interaktion und schnelle Reaktion in Kommunikationsvorgängen erlaubt, dafür jedoch die zeitgleiche Beteiligung aller Personen einer kooperierenden Gruppe verlangt. Alle Arten von Konferenzen oder Meetings sind Beispiele für synchrone Kommunikationsvorgänge. Traditionell ist die synchrone Kommunikation besonders an die Sprache und an das bewegte Bild geknüpft, weniger an den Text. Beispiele für synchrone Kommunikation sind Treffen mit physischer Anwesenheit sowie sämtliche Arten von Telekonferenzen: Telefongespräche, Audio- und Videokonferenzen, Computerkonferenzen. Die Beteiligung von zwei und mehr Kommunikationspartnern an synchronen Kommunikationsvorgängen erfordert eine Ablaufsteuerung, deren technische Realisierung um so schwieriger wird, je mehr die intuitiven Steuerungsmechanismen (Gestik, Mimik) wegfallen. *Asynchrone* Kommunikation ist zeitversetzte Kommunikation - Kommunikationsvorgänge laufen verzögert und sequentiell ab, wie in der schriftlichen Korrespondenz oder in allen Arten von Mitteilungsdiensten. Dafür ist die gleichzeitige Kommunikationsbereitschaft nicht erforderlich - die Kommunikationspartner bestimmen selbst den Zeitpunkt ihrer Beteiligung am Kommunikationsvorgang. Traditionell sind asynchrone Kommunikationsvorgänge eher an den Text als an das Wort gebunden. Geschäftsbriefe, Kurzmitteilungen in Form von Notizen, Telefaxnachrichten, aber auch elektronische Mitteilungen sind Beispiele dafür. In diese Kategorie der Kommunikation fallen jedoch auch Sprachspeicherdienste wie Anrufbeantworter und Sprachboxen, die den entfernten Abruf von gesprochenen Mitteilungen gestatten.

Für die konkrete Anwendung von MMS in der Gruppenarbeit geschäftlicher Kommunikation sind die technischen Grundfunktionen zwar unabdingbar, ihre Darstellung jedoch ist von weniger plastischer Aussagekraft als die der Einrichtungen. Die Erläuterung der Einrichtungen soll klären, *wie* die technischen Grundfunktionen für Kommunikationsaktivitäten in Kommunikationsprozessen in Gruppen genutzt werden können. Außerdem soll deutlich werden, welche generischen Auswahlfunktionen als Bestandteile der Einrichtungen welchen praktischen Group Working-Anwendungen[2] entsprechen.

3.2 Anwendungsmöglichkeiten von Einrichtungen und Funktionen

Die folgende Abbildung zeigt eine komprimierte Darstellung der Einrichtungen, die die zeitgleich oder zeitversetzt[3] stattfindenden Kommunikationsaktivitäten von kooperierenden

---

1) Vgl. das in der Rubrik ´zeitgleiche Kommunikation´ aufgeführte Spektrum der Conferencing-Anwendungen in der Abb. 2.
2) Vgl. Krcmar (1991).
3) Vgl. zu dieser Einteilung von Gruppenarbeitsformen Krcmar (1991), S. 2; ferner: Piepenburg (1991).

Gruppen unterstützen können. Wir haben diese Einrichtungen entsprechend dem internationalen Sprachgebrauch ´Interactive Communication Facilities´, kurz: Facilities genannt. Die Facilities werden de facto aus einer Reihe von Auswahlfunktionen zusammengesetzt, die wegen ihres Gattungscharakters auch ´generische Funktionen´ genannt werden. Erst die (integrative) Verwendung von einer, von zwei oder von mehreren generischen Funktionen *in einem* Kommunikationsvorgang ergibt die multimediale Group Working-Anwendung, anders ausgedrückt: entspricht der multimediagestützten Kommunikationstätigkeit in Gruppenarbeitsprozessen.

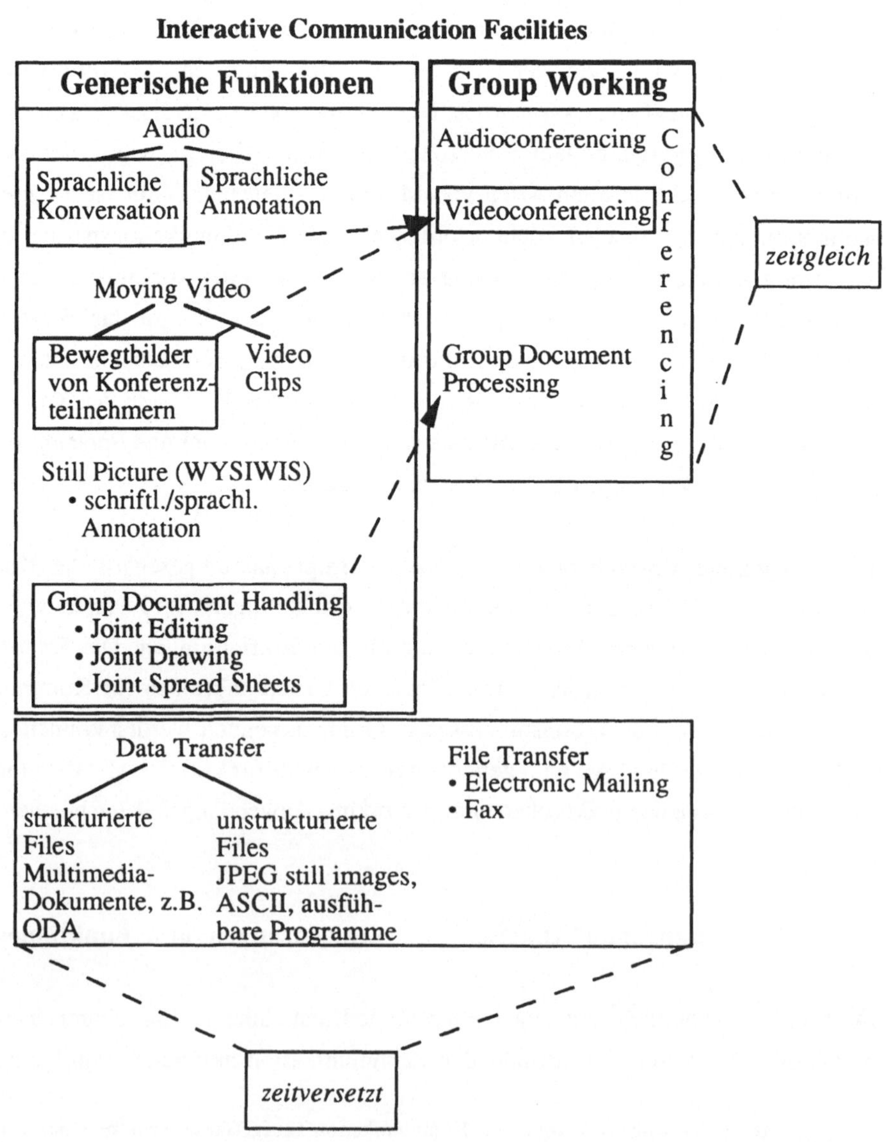

Abb. 2: Generische Funktionen und ihre Group Working-Anwendung

Ein Beispiel mag dies erhellen: Die generische Funktion ´Audio´ ist geeignet, die sprachliche Konversation zu unterstützen. Wird sie beispielsweise von drei Kommunikationspartnern gewählt und angewendet, ist das Ergebnis ´Audio-Conferencing´, eine mediengestützte Kommunikationsaktivität, nämlich: ´sich sprechend verständigen, sich fernmündlich abstimmen´. Die Integration einer zweiten generischen Funktion namens ´Moving Video´ in den Kommunikationsvorgang erzeugt - Lippensynchronisation vorausgesetzt - die praktische Anwendung ´Video-Conferencing´, also eine mehrmediengestützte Kommunikationsaktivität, nämlich: ´sich sprechend, sehend, mit Gesten verständigen´.

Audio-Konferenzen: Zeitgleich nutzbare Facilities sind im wesentlichen für Echtzeitkommunikation gedacht, von der Ausnahme der Annotationen abgesehen. Die generische Funktion *´Audio´* unterstützt, wie im obigen Beispiel erklärt, die Verständigung durch Sprechen, hauptsächlich verwendet für Konversation im Rahmen von bi- oder multilateralen Audio-Konferenzen (Telefonkonferenzen). Sie kann ferner dazu benutzt werden, ein gerade vorliegendes Textdokument mit einer sprachlichen Anmerkung, einer Annotation, zu versehen. Wird dies als Multimedia-Dokument gespeichert, könnte es anschließend an einen nicht konferierenden Dritten weiterversand werden. Damit hätte die Audio-Teilfunktion ´sprachliche Annotation´ Eingang gefunden in die zeitversetzte Kommunikation. *Video-Konferenzen:* Die generische Funktion ´Moving Video´ unterstützt den Austausch der Bewegtbilder von Konferenzteilnehmern. Synchronisiert mit der Audio-Funktion entsteht der Kern der Anwendung ´Video-Conferencing´, der für den praktischen Einsatz noch verschiedener Steuerungsfunktionen und -modi bedarf, die z.B. regeln, wer Teilnehmer aufschaltet, wie die Worterteilung erfolgen soll etc.[1] ´Moving Video´ unterstützt ferner das Einspielen von Video-Clips - kurzen Filmsequenzen, die z.B. während einer Produktmanager-Konferenz diskutiert werden. Auch hier kann mit *sprachlichen und schriftlichen Annotationen* ein Multimedia-Dokument erwachsen, das für die weitere, auch zeitlich versetzte Verwendung zur Verfügung steht. *Group Document Processing:* Die generische Funktion ´still picture´ unterstützt das gemeinsame Betrachten eines Bildes, das z.B. rotiert, vergrößert, verkleinert wird. Das Zeigen eines Bildes auf den Monitoren der entfernten Kommunikationspartner nach dem WYSIWIS-Konzept (´What you see is what I see´), evtl. begleitet von Annotationen, erfordert eine Synchronisation der verschiedenen sendenden Quellen. Ähnliches gilt für die generische Funktion ´Group Document Handling´, die das gemeinsame Editieren von Dokumenten, z.B. das Notieren von Sitzungsergebnissen oder von ad hoc aufgetauchten Fragen, unterstützt. Wahrscheinlich mehr noch als ´Joint Drawing´ ist für die Anwendung im betrieblichen Kontext ist die

---

1) Vgl. besonders die Ausführungen zum ´conducted´ und zum ´non-conducted mode´ bei: Coolegem; Clark; Ceruti (1991). Weitere Einzelheiten und Erläuterungen verdanken wir gemeinsamen Fachgesprächen mit den Autoren über MIAS.

Möglichkeit, ´Joint Spread Sheets´ in der Gruppe ansehen und manipulieren zu können, von Nutzen. Zusammengefaßt erlauben die generischen Funktionen ´Still Picture´ und ´Group Document Handling´ die Anwendung des *´Group Document Processing´*[1]. Damit bezeichnen wir die interaktive, interpersonelle und zeitgleiche Produktion eines Multimedia-Dokumentes an verschiedenen Orten. *File Transfer, Telefax, Electronic Mailing:* Die generische Funktion ´Data Transfer´ unterstützt die Übertragung von Multimedia-Dokumenten als Files, die in strukturierter (z.B. gemäß ODA-Standard[2]) oder unstrukturierter Form vorliegen können. Letzteres bezeichnet den *File Transfer* von ASCII-Dateien, ausführbaren Programmen oder komprimierten JPEG[3]-still images. Im Prinzip gehören das Versenden von Telefax-Kopien dazu wie auch Electronic Mailing, einer Anwendung, die Zwischenspeicherung erfordert und mit Mehrwertfunktionen wie beispielsweise der Verwaltung von Post- und Adressenverzeichnissen ausgestattet ist.

Die generischen Funktionen bilden, in Verbindung mit den (Querschnitts-) Grundfunktionen, lediglich die technische Basis für den optionalen Einsatz der interaktiven Kommunikationseinrichtungen. Während ihrer konkreten Kommunikationstätigkeiten bedienen sich die Kommunikationspartner dann der jeweiligen, praktischen Gruppen-arbeitsanwendung, die in Abb. 2 unter ´Group Working´ dargestellt sind, z.B. ´Videoconferencing´ oder ´Group Document Processing´, indem sie sie einzeln oder parallel aufschalten.

4 Anwendungspotential der Multimedia-Funktionen für die Kommunikation von Managern

Das Anwendungspotential der Interactive Communication Facilities zur Unterstützung der Kommunikation von Managern wird besonders deutlich angesichts der Ergebnisse der Schwachstellenanalyse des in Abschnitt 2 referierten Fallbeispiels. Hier hatte sich der Nutzen leistungsfähiger Videoconferencing-Facilities abgezeichnet, die den Managern vom Arbeitsplatz aus - ohne lange Vorausbuchungslisten, direkt zugänglich und ohne Zeitverlust durch Pendeln zu Studioorten - die Kontaktaufnahme mit entfernten Kommunikations-partnern erlauben. Mit Desktop-Multimedia-Systemen, die vom Arbeitsplatz aus nutzbar sind, wäre gleichzeitig das Problem des Zugriffs auf notwendige Unterlagen gelöst, deren Fehlen bei der im Anwendungsbeispiel vorhandenen Studio-Lösung als eine Ursache für

---

1) Vgl. Nastansky (1991). Vgl. ferner die Erläuterungen zu Groupware bei Lewe; Krcmar (1991).
2) Office Document Architecture (ODA).
3) Joint Photograph Experts Group (JPEG) Standard für die Standbildkompression; MPEG für Bewegtbildkompression.

das Vertagen von Entscheidungen ermittelt worden war. Die integrative Verwendung von Group Document-Facilities, dem gemeinsamen Anschauen und, wenn nötig, gemeinsamen Bearbeiten von Dokumenten kommt der Notwendigkeit der raschen Abstimmung über Entscheidungsvorlagen entgegen, die noch während eines Meetings mit sprachlichen oder schriftlichen Anmerkungen für Unterstützungspersonal versehen werden können. Da die Anwendung von Facilities wie Joint Viewing, Joint Drawing, Joint Editing etc. die reine Darstellung von Tabellen, Grafiken und Videobildern auf den Bildschirmen der Multimedia-Endgeräte logisch impliziert, liegt nahe, gerade hier weiteres, für Führungs- und Koordinationsaufgaben interessantes Anwendungspotential zu vermuten: eine Nutzungsfacette der technischen Option ´Group Document Handling´ könnte die Darstellung von inhaltlich aussagekräftigen Führungsinformationen im Rahmen von ´Executive Information Systems´ (EIS) sein[1]. Dabei ist zu betonen, daß integrierte, verteilte Multimedia-Systeme eine Anwendungsumgebung bereitstellen, die unabhängig ist von inhaltlichen Aussagen, von der semantischen Bedeutung, Stimmigkeit und Relevanz der Worte, Spread Sheets oder Bilder, die übertragen und in der Gruppe bearbeitet werden. Daraus folgt, daß *nicht*-technisch bedingte Informations- und Kommunikationsprobleme von Managern, wie z.B. inhaltlich ungenau oder irrelevant aufbereitete Fakten oder auch mangelnde Verfügbarkeit ad hoc benötigter, qualitativer Information keineswegs allein durch den Einsatz von den die Kommunikationsaktivitäten unterstützenden MMS gelöst werden können. Abstrahiert von dem Hauptproblem des Spezialfalles EIS, das in der Schwierigkeit der Erfassung und konzeptionell-qualitativen Umsetzung relevanter (!) inhaltlicher Informationen liegt, sehen wir einen nicht unerheblichen Nutzen von MMS in der anschaulichen Aufbereitung und aussagefähigen Präsentation von Führungsinformationen. Die Verschmelzung unterschiedlicher medialer Darstellungsformen birgt praktisch gesehen die Möglichkeit, hoch verdichtete Information - wenn sie erst vorhanden ist - so zu gestalten, daß ein schnelles, intuitives Erfassen der Inhalte und Kernaussagen von Führungsinformation möglich wird. In Verbindung mit leistungsfähigen Conferencing- und Annotationsfunktionen entsteht so eine deutliche, qualitative Verbesserung der derzeitigen Kommunikationsunterstützung von Managern.

Literatur

Anstötz, K.: Entwicklung von Breitband-Multimedia-Systemen für die Kommunikation überörtlicher Arbeitsgruppen; L. Nastansky (Hrsg.): Beitragsband zur Fachtagung „Workgroup Computing 92" Computer Supported Cooperative Work (CSCW), Paderborn, 8./9.92, S. 51-58.

Appelgate, L.M.: Technology Support for Cooperative Work: A Framework for Studying Introduction and Assimilation in Organizations. Journal of Organizational Computing, Heft 1, 1991.

---

1) Vgl. Seibt (1992).

Bleicher, K.: Führung. Handwörterbuch der Organisation, hrsg. von Erwin Grochla. 2., völlig neu gest. Aufl., Stuttgart 1980, Sp. 734.

Coolegem, K.; Anstötz, K.: Multipoint Communication and Group Working for Business Application. Intention and first results of the MIMIS Project. (1992 zur Veröff. angen.).

Coolegem, K.; Clark, W.; Ceruti, R.: Multimedia Desktop Conferencing with MIAS. In: W.. Lemstra (Ed.): Telecommunication Access Networks Proceedings of the International Symposium on Subscribers Loops and Services. Amsterdam, April 1991, pp. 36 - 42.

Frese, E.: Ziele als Führungsinstrument - Kritische Anmerkungen zum "Management by Objectives". ZfO, 40. Jg. 1971, S. 227 - 238.

Hill, W.; Fehlbaum, R.; Ulrich, P.: Organisationslehre: Ziele, Instrumente und Bedingungen der Organisation sozialer Systeme, 3. Aufl. Bern, Stuttgart 1981.

Hymovitz, C.: A survival guide to the office meeting. Wall Street Journal v. 21.6.1988.

Krcmar, H.: Annäherungen an Informationsmanagement - Managementdisziplin und/oder Technologiedisziplin? Arbeitspapiere des Lehrstuhls für Wirtschaftsinformatik der Universität Hohenheim, Nr. 23, Stuttgart 1991.

Lewe, H.; Krcmar, H.: Groupware. Arbeitspapiere des Lehrstuhls für Wirtschaftsinformatik der Universität Hohenheim, Nr. 22, Stuttgart 1991, veröffentl. in Informatik-Spektrum, Heft 14, 1991, S. 345-348.

Mag, W.: Kommunikation. Handwörterbuch der Organisation, hrsg. von Erwin Grochla, 2., völlig neu gest. Aufl., Stuttgart 1980, Sp. 1031-1040.

Minzberg, H.: The Nature of Managerial Work. New York 1983 .

Mühlhäuser, M.: Hypermedia-Konzepte zur Verarbeitung multimedialer Information. Informatik-Spektrum, Heft 14, 1991, S. 281-290.

Müller-Böling, D.; Ramme, I.: Informations- und Kommunikationstechniken für Führungskräfte. Top-Manager zwischen Technikeuphorie und Tastaturphobie. München, Wien 1990.

Münchrath, I.: Voraussetzungen und Auswirkungen des Einsatzes von Videokonferenzen in der geschäftlichen Kommunikation - dargestellt anhand eines Automobilherstellers. Unveröffentlichte Diplomarbeit. Köln 1992.

Nastansky, L.: Gruppenarbeit - Workgroup-Computing. Office Management Heft 6, 1991, S. 6 - 13.

Picot, A.: Organisation. Vahlens Kompendium der Betriebswirtschaftslehre, Band 2. München 1984, S. 95-158 .

Piepenburg, U.: Ein Konzept von Kooperation und die technische Unterstützung kooperativer Prozesse im Bürobereich. In: Berichte des German Chapter of the ACM, Computergestützte Gruppenarbeit (CSCW), 1. Fachtagung Bremen 30.9.-2.10.1991. Hrsg.v. Jürgen Friederich und Karl-Heinz Rödiger, Band 34, S. 79-94.

Seibt, D.: EIS: Vorläufiger Endpunkt der Entwicklung von Management-Unterstützungs-Systemen? BIFOA-Fachtagung „Executive Information Systems", Köln 07./08.05.92.

Steinmetz, R.; Herrtwich, R.G.: Integrierte, verteilte Multimedia-Systeme. Informatik-Spektrum, Heft 14, 1991. S- 249-260.

Ulrich, P.; Fluri, E.: Management. 3., neu bearb. Aufl., Bern, Stuttgart 1984, S. 197 ff.

Konzepte und Einsatzmöglichkeiten von Workflow-Management-Systemen

Ulrich Hasenkamp, Michael Syring

Philipps-Universität Marburg
Fachbereich Wirtschaftwissenschaften
Abtlg. Wirtschaftsinformatik
Universitätsstr. 25, 3550 Marburg

Zusammenfassung

Workflow-Management-Systeme sind rechnergestützte Systeme, die arbeitsteilige Prozesse aktiv steuern. Workflow-Management kann als ein Teilbereich des umfassenderen Forschungsgebietes CSCW (Computer-Supported Cooperative Work) betrachtet werden. Workflow-Management-Systeme sollen eine ganzheitliche und integrierte Bearbeitung sowohl strukturierter als auch unstrukturierter Vorgänge ermöglichen. Die bisher eingesetzten Systeme werden diesen Anforderungen nur zum Teil gerecht. Organisatorische Auswirkungen und Gestaltungspotentiale, die durch den Einsatz von Workflow-Management-Systemen zu erwarten sind, ergeben sich vor allem aus einer verbesserten Koordination und einer größeren Transparenz.

1   Einleitung

Während in den vergangenen Jahren und Jahrzehnten vor allem die Unterstützung des Einzelnen durch Informations- und Kommunikationstechnik sowie deren Auswirkung auf die Organisation im Mittelpunkt des Interesses standen, werden nun zunehmend die direkte Unterstützung arbeitsteiliger Prozesse als Gesamtheit sowie mögliche Organisationsformen, die mit Hilfe solcher Systeme realisiert werden können, betrachtet. Die arbeitsplatzübergreifende Unterstützung organisatorischer Prozesse, die durch Workflow-

Management-Systeme möglich wird, muß aus dieser Perspektive des "organizational computing"[1] analysiert werden.

Der Begriff des Workflow-Managements wird erst seit wenigen Jahren vor allem von seiten der Hersteller im Zusammenhang mit Integrierten Bürokommunikations- und Dokumenten-Management-Systemen[2] verwandt. Wissenschaftlich wird das Themengebiet seit Ende der siebziger Jahre[3] unter dem Begriff "office procedure automation" und seit Mitte der achtziger Jahre im Rahmen des immer mehr an Bedeutung gewinnenden Forschungsbereichs Computer-Supported Cooperative Work (CSCW) behandelt.

Im Rahmen dieser Arbeit soll zunächst der Versuch unternommen werden, die uneinheitlich verwendeten Begriffe abzugrenzen. Anschließend sollen Anforderungen an Workflow-Management-System aufgestellt und Kooperations- und Koordinationsmodelle, die als Grundlage solcher Systeme dienen können, analysiert werden. Auf dieser Basis werden Konzepte von Workflow-Management-Systemen untersucht, wobei sowohl auf derzeit am Markt verfügbare Systeme als auch auf realisierte prototypische und mögliche zukünftige Entwicklungen eingegangen wird. Die mit der Einführung eines Workflow-Management-Systems zu erwartenden organisatorischen Auswirkungen sollen diskutiert werden.

2 Begriffsabgrenzungen

Die Bezeichnung "workflow" steht für Arbeitsprozesse im Bürobereich, die zur Abwicklung von Geschäftsvorfällen oder Transaktionen initiiert werden und "im Sinne der betrieblichen Aufgabenerfüllung eine Einheit darstellen"[4]. Es handelt sich um arbeitsteilige Prozesse, die bei konventioneller papierbasierter Bearbeitung durch die Weiterleitung von Informationen in Form von Belegen, Formularen, Akten, Vorgangsmappen etc. zwischen den involvierten Bearbeitern gekennzeichnet sind. Nicht gemeint ist dagegen der Arbeitsfluß *materieller* Objekte einschließlich Transport-, Lagerungs- und Umschlagsprozesse im Bereich der Logistik.

---

1) Vgl. Applegate et al. (1991), S. 3
2) Vgl. Hales, Lavery (1991); o.V. (1991)
3) Vgl. Zisman (1977)
4) Vgl. Hasenkamp (1987), S. 42

Das Spektrum der Arbeitsprozesse reicht von einfachen Prozessen, bspw. zur Urlaubsbeantragung, die nur wenige Arbeitsschritte umfassen, bis zu komplexen Prozessen, bspw. der betrieblichen Auftragsbearbeitung, die viele Bearbeitungsschritte und inner- und außerbetriebliche Einheiten umfassen. Der Grad der organisatorischen Regelung der Prozesse variiert: Seltene Prozesse werden in der Praxis in der Regel nicht formell festgelegt, während Prozesse mit einer hohen Wiederholungsfrequenz verbindlich z.B. im Rahmen eines Organisationshandbuches vorgeschrieben werden oder in Form von Anwendungssoftware codifiziert sind. Im Bürobereich hat sich die Bezeichnung Bürovorgang oder kurz Vorgang (engl.: "office procedure") für solche arbeitsteiligen Prozesse eingebürgert.

Workflow-Management-Systeme sind rechnergestützte Systeme, die arbeitsteilige Prozesse aktiv steuern. Sie koordinieren die Arbeitsschritte der Beteiligten, ermitteln die jeweils nächsten Bearbeiter, stellen die notwendigen Informationen bereit, starten ggf. automatisch Programme zur Ausführung einzelner Schritte und überwachen deren fristgerechte Erledigung. Workflow-Management-Systeme werden heute in der Praxis vorwiegend als Komponenten Integrierter Bürokommunikationssysteme und Dokumenten-Management-Systeme gesehen. Dies ist, wie im weiteren gezeigt wird, eine zu enge Sichtweise.

Die Steuerung arbeitsteiliger Prozesse durch Workflow-Management-Systeme kann als ein Teilaspekt des umfassenderen Forschungsgebiets CSCW betrachtet werden. Dieses interdisziplinäre Forschungsgebiet befaßt sich mit dem Zusammenhang zwischen Informations- und Kommunikationstechnik und kooperativem Arbeiten[5], wobei unterschiedlichste Kooperationssituationen hinsichtlich der zeitlichen und räumlichen Verteilung der Zusammenarbeit sowie Zusammensetzung der Kooperationspartner und deren Zielsetzung betrachtet werden. Das Workflow-Management kann als ein Einsatzgebiet neben anderen im Rahmen von CSCW angesehen werden. Während die Kooperation im Bereich des Workflow-Management auf Basis der dauerhaft im Rahmen der organisatorischen Regelungen festgelegten Kommunikationsbeziehungen und Entscheidungskompetenzen erfolgt und vor allem die zeitlich versetzte Kommunikation zwischen räumlich entfernten Bearbeitern unterstützt, stehen zumeist kleinere und überschaubare Gruppen im Mittelpunkt anderer Konzepte. Es handelt sich um Gruppen, die z.B. zeitlich befristete Projektaufgaben bearbeiten oder in bezug auf ein spezielles Problem, wie die gemeinsame Erstellung eines Dokumentes, unterstützt werden müssen. Hier sind u.a. auch Verhandlungs- und Gruppenentscheidungsunterstützungssysteme zu nennen[6]. Gemein-

---

5) Vgl. Gappmaier, Heinrich (1992)
6) Vgl. Lewe, Krcmar (1992)

sames Merkmal dieser Kooperationsbeziehungen ist die Selbstorganisation der Gruppen, so daß in diesem Bereich sehr hohe Anforderungen an die Flexibilität der Systemunterstützung gestellt werden. Der Fokus liegt bei diesen Systemen auf der Gruppe und den Kooperationsbeziehungen in der Gruppe, während bei Workflow-Management arbeitsteilige Prozesse auf der Ebene organisatorischer Beziehungen betrachtet werden. Daneben werden im Rahmen von CSCW solche Systeme - wie elektronische Konferenzsysteme oder Audio- und Videokonferenzsysteme - betrachtet, die arbeitsteilige Prozesse lediglich in bezug auf Kommunikationsaspekte unterstützen, ohne die durch die organisatorischen Regelungen festgelegten Kommunikationsstrukturen zu berücksichtigen.

3 Anforderungen an Workflow-Management-Systeme

Büroarbeit war und ist heute noch durch eine hohe Arbeitsteiligkeit und Spezialisierung gekennzeichnet. In der Vergangenheit wurden Anwendungssysteme - vor allem Administrations- und Dispositionssysteme, aber auch Systeme der Individuellen Datenverarbeitung - geschaffen, die auf dieser Organisationsform aufbauen und arbeitsteilige Prozesse nur punktuell unterstützen (vgl. Abb. 1). Die Kommunikation zwischen den Bearbeitern einzelner Vorgangsschritte erfolgt dabei in der Regel durch die Weitergabe papierbasierter Dokumente, aber auch bei Einsatz elektronischer Kommunikation wird häufig noch die papierbasierte Lösung organisatorisch nachgebildet. Verstärkt wurde diese Entwicklung in den achtziger Jahren durch das Vordringen des "personal computing". Die Schwachstellen dieser Organisationsform sind häufig hervorgehoben worden:

- Verlängerung der Gesamt-Durchlaufzeiten durch hohe Liege- und Transportzeiten sowie die erzwungene sequentielle Bearbeitung;
- hoher Aufwand und hohe Fehlerquote durch Mehrfacherfassung und Mehrfachablagen;
- geringe Auskunftsbereitschaft gegenüber den Kunden, da je nach Anliegen unterschiedliche Ansprechpartner zuständig sind und der Bearbeitungsstatus eines Vorgangs nur aufwendig ermittelt werden kann;
- monotone Arbeit mit negativen Motivationskonsequenzen für die Aufgabenträger im Bereich der Sachbearbeitung.

Die Beseitigung der o.g. Schwachstellen führt zur Forderung nach einer ganzheitlichen Sachbearbeitung, wobei die Komplexität und der Arbeitsumfang der meisten Aufgabenbereiche auch weiterhin - allerdings in geringerem Umfang als bisher - Arbeitsteilung und Spezialisierung notwendig machen. Die heute verfügbare Informations- und Kommunikationstechnologie schafft Gestaltungspotentiale zur Realisierung dieser Organisationsform.

Das Konzept der ganzheitlichen Sachbearbeitung im Sinne des "job enrichment" stellt hohe Anforderungen an die fachliche Qualifikation der Aufgabenträger. Um einer Überforderung der Mitarbeiter durch eine große Zahl von zu beherrschenden Anwendungssystemen entgegenzuwirken, sollte das Workflow-Management-System als Zugangssystem (Intelligent Front-End)[7] ausgelegt sein oder über eine solche Komponente zusätzlich verfügen. Durch Zugangssysteme soll es auch nicht spezialisierten Benutzern möglich sein, komplexe Anwendungssysteme fehlerfrei anzuwenden und ihre Funktionalität vollständig auszuschöpfen. Dies ist eng mit der Gestaltung von Benutzeroberflächen verbunden, geht aber deutlich über diese Aufgabe hinaus.

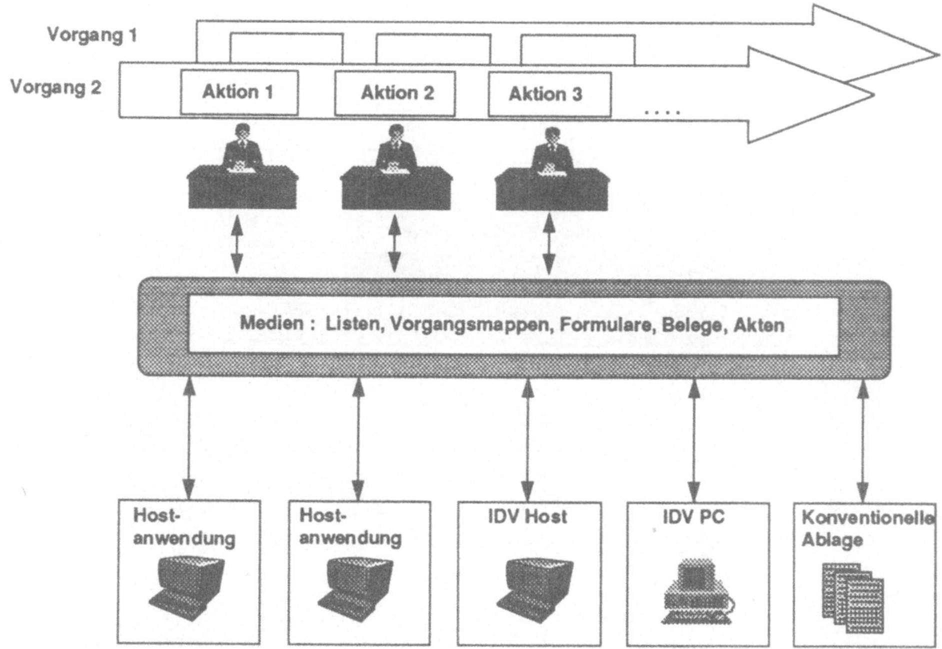

Abb. 1: Punktuelle Unterstützung arbeitsteiliger Prozesse
(in Anlehnung an: Erdl, Petri, Schönecker (1992), S.25)

---

7) Vgl. Mertens (1992)

Weiterhin sollten die Aufgabenträger stärker als bisher durch Technik unterstützt werden: Das Workflow-Management-System sollte Vorgänge aktiv steuern, d.h. die jeweils notwendigen Schritte ermitteln und deren fristgerechte Ausführung überwachen und ggf. anmahnen. Die menschlichen Aufgabenträger können dadurch von Routinetätigkeiten der Vorgangsverfolgung weitgehend entlastet werden. Zugleich sollte aber die ungewollte Personalüberwachung vermieden werden.

Neben einem höheren Unterstützungsgrad ist vor allem eine ausreichende Flexibilität des Systems notwendig. Die ganzheitliche Sachbearbeitung führt dazu, daß neben gut strukturierten Aufgaben auch weniger gut strukturierte und selten auszuführende Aufgaben sowie Leitungsaufgaben von einem Aufgabenträger zu erfüllen sind und adäquat unterstützt werden müssen. Neben einer verbesserten Ausnahmebehandlung ist hieraus auch die Forderung nach einer transparenteren Organisation und einer leichteren Koordination abzuleiten, da für die Koordination nicht mehr spezielle Stellen mit entsprechender Leitungskompetenz vorzusehen sind.

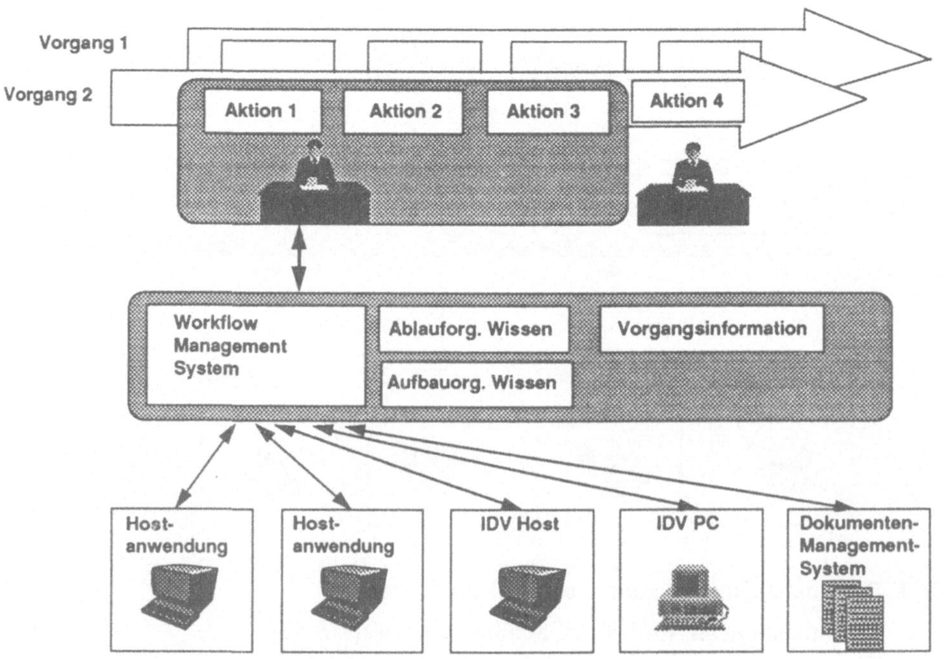

Abb. 2: Workflow-Management für eine ganzheitliche Sachbearbeitung
(in Anlehnung an: Erdl, Petri, Schönecker (1992), S.25)

Abb. 2 zeigt schematisch das Workflow-Management für eine ganzheitliche Sachbearbeitung. Im Mittelpunkt steht eine Vorgangssteuerung[8], die auf ablauf- und aufbauorganisatorisches Wissen und strukturierte Vorgangsinformationen zugreifen kann, um den arbeitsteiligen Prozeß aktiv steuern und überwachen zu können.

Neben Anwendungen der Individuellen Datenverarbeitung sind operative Anwendungssysteme in das Workflow-Management-System zu integrieren: Dies ist insbesondere bei bestehenden Anwendungen auf proprietären Host-Systemen ein Problem. Während zukunftsweisende Workflow-Management-Systeme vornehmlich auf Client-Server-Plattformen - vor allem mit Unix-Servern - verfügbar sein werden[9], kann die große Zahl bestehender Host-Anwendungen nur Schritt für Schritt in solche Umgebungen portiert werden. Neben den - von operativen Anwendungssystemen genutzten - Standard-Datenbanken sind bei einem großen Volumen unstrukturierter Informationen Dokumenten-Management-Systeme für die Archivierung und das Wiederauffinden von Dokumenten in das Workflow-Management-System einzubeziehen. Dabei sind vorgangsorientierte Zugriffssystematiken zu schaffen[10], die sich nach der Informationsverwendung in Vorgängen und nicht an einer sachgebietsorientierten Ablage (wie z.B. bei einem konventionellen Aktenplan) richten, um dem Bearbeiter möglichst automatisch die benötigten Informationen zur Verfügung stellen zu können.

Aber nicht nur die Integration im Rahmen des Workflow-Management-Systems ist zu beachten, auch die Übergänge zu (künftigen) Systemen für andere Kooperationssituationen (vgl. Kapitel 2) müssen für den Benutzer nahtlos möglich sein. Die Forderung nach Integration und offenen Systemen ist dabei nicht allein im Hinblick auf die Berücksichtigung von Standards relevant. Es handelt sich vor allem auch um ein konzeptionelles Problem auf organisatorischer Ebene: Ein offenes System zur Unterstützung arbeitsteiliger Prozesse kann nur erreicht werden, wenn eine Anpaßbarkeit an organisatorische und soziale Bedingungen möglich ist.

---

8) Hiermit soll keinesfalls ausgedrückt werden, daß es sich um eine zentralisierte Lösung handeln muß. Die Vorgangssteuerung kann auch dezentral realisiert werden.
9) Vgl. Hales, Lavary (1992), S. 31
10) Vgl. Bullinger, Rathgeb (1992)

4 Kooperations- und Koordinationsmodelle für Workflow-Management-Systeme

Workflow-Management-Systeme basieren implizit oder explizit auf einem Modell der Kooperations- und Koordinationsbeziehungen der Organisationsmitglieder. Diese Modelle sind Abstraktionen der Wirklichkeit, die nur gewisse Aspekte der sozialen Welt abbilden und daher nur in einem gewissen Rahmen und unter bestimmten Bedingungen Gültigkeit haben. Das auf einem solchen Modell basierende System wird daher zwangsläufig mit Situationen konfrontiert werden, in denen das zugrundeliegende Modell keine Gültigkeit hat[11].

Organisatorische Regelungen sind Modelle der Koordination im Unternehmen, die den Akteuren im Büro verbindlich vorgegeben werden. In konventionellen Umgebungen ist ihre Leistungsfähigkeit allerdings eingeschränkt: Einerseits besteht durch die Implementierung der Regelungen in papierbasierten Formularsystemen oder Anwendungssystemen der Massendatenverarbeitung immer auch die Gefahr der Schematisierung von Abläufen, für die eine einzelfallorientierte Regelung sinnvoller anzuwenden ist. Andererseits sind Regelungen, die in Organisationshandbüchern dokumentiert sind, schwer zugänglich und häufig nicht aktuell. Neuere Konzepte des Workflow-Managements legen dagegen organisatorische Regelungen als formale Muster der Kommunikations- und Koordinationsbeziehungen zugrunde, ohne jedoch die Möglichkeit zu verschließen, von diesen im begründeten Einzelfall abzuweichen.

Organisatorische Regelungen sind Leitlinien für Aktivitäten im Büro, sie legen die Handlungen der Aufgabenträger aber nicht vollständig fest. Vielmehr sind Anpassungen an die Bedingungen der konkreten Situation, die im abstrakten Modell nicht berücksichtigt sind, notwendig. Will man ein Modell der Büroarbeit einem rechnergestützten System zugrundelegen, so muß dieses Modell den menschlichen (und/oder maschinellen) Akteuren zugänglich sein[12]; nur so kann verhindert werden, daß die Unvollständigkeit des abstrakten Modells zu einer unzureichenden Flexibilität und zu einer Beeinträchtigung der Funktionsfähigkeit des Systems führt. Das Modell der Büroarbeit sollte *als Grundlage* der Aktivitäten dienen, d.h. es sollte den Akteuren jederzeit zugänglich sein, von diesen interpretiert und entsprechend den Bedingungen der gegebenen Situation angewandt werden können, ohne daß die Handlungsmöglichkeiten vollständig festgelegt werden. Darüber hinaus ist das Modell den sich ändernden Bedingungen anzupassen. Das System sollte daher die Dokumentation, Modifikation und Kommunikation des

---

11) Vgl. Schmidt (1991), S. 9
12) Vgl. Schmidt (1991), S. 13 f.

zugrundeliegenden Modells unterstützen. Damit erhält das Modell der Kooperation und Koordination statt einer präskriptiven eine deskriptive Rolle im System.

5 Konzepte von Workflow-Management-Systemen

Häufig wird der Begriff des Workflow-Managements nur im Zusammenhang mit Komponenten zur Vorgangssteuerung in den heute am Markt verfügbaren Integrierten Bürokommunikationssystemen und Dokumenten-Management-Systemen in Verbindung gebracht. Die obigen Ausführungen haben gezeigt, daß diese Sichtweise nicht gerechtfertigt ist.

Im folgenden werden verschiedene Konzepte sowie deren Einsatzmöglichkeiten und Grenzen zur umfassenden Unterstützung des Workflow-Managements analysiert. Kommunikationssysteme, die der reinen Übertragung von Informationen dienen, werden dabei ausgeklammert. Diese stellen lediglich eine kommunikationstechnische Infrastruktur bereit, auf der Workflow-Management-Systeme aufbauen können.

Charakteristisch für Workflow-Management-Systeme ist die Unterstützung bestimmter Kommunikationsstrukturen, d.h. die Berücksichtigung der in arbeitsteiligen Prozessen wiederkehrenden Muster oder Strukturen. Diese betreffen die Art der Aktivitäten, deren Reihenfolge sowie die Beteiligten. Dabei erfolgt eine Einschränkung auf organisatorische Regelungen, d.h. Systeme, die - wie der "Coordinator" auf Basis der Sprechakttheorie[13] - ausschließlich generelle, von konkreten Aufgabenstellungen unabhängige Kommunikationsstrukturen berücksichtigen, werden nicht als Workflow-Management-Systeme aufgefaßt.

5.1 Administrations- und Dispositionssysteme

Stark formalisierte Aufgaben der Massendatenverarbeitung sowie programmierbare Routineentscheidungen werden seit Jahren erfolgreich durch Administrations- und Dispositionssysteme unterstützt[14]. Die Unterstützung arbeitsplatzübergreifender Prozesse kann dabei anhand der Organisationsform der "Aktionsorientierten Datenverarbeitung", die bereits in einigen Standardsoftware-Paketen, insbesondere im Bereich der Produktionspla-

---

13) Vgl. Flores et al. (1988)
14) Vgl. Mertens (1991)

nung und -steuerung, verwirklicht ist, gezeigt werden. Das System ermittelt die jeweils zuständigen Akteure für eine anstehende Aktion, benachrichtigt diese oder stößt rechnergestützte Prozesse an[15]. Durch den elektronischen Austausch strukturierter Daten (Electronic Data Interchange, EDI), die in Administrations- und Dispositionssystemen verarbeitet werden, ist auch eine Unterstützung organisationsübergreifender Prozesse im Bereich der Massendatenverarbeitung möglich.

Die Systeme unterstützen effizient die arbeitsteiligen Prozesse, für die sie entworfen wurden. Ausnahmesituationen können dagegen nicht unterstützt werden, da die zugrundeliegenden ablauforganisatorischen Regelungen implizit so im Programm spezifiziert sind, daß sie ohne professionelle Hilfe von Anwendungsentwicklern nicht an neue Situationen angepaßt werden können. Die Flexibilität dieser Systeme für neue Organisationskonzepte wird daher in vielen Fällen unzureichend sein. Um auch weniger häufige Fälle effizient bearbeiten zu können, sollten Administrations- und Dispositionssysteme mit flexibleren Workflow-Management-Systemen integriert eingesetzt werden.

5.2 Vorgangssteuerung in Integrierten Bürokommunikationssystemen und Dokumenten-Management-Systemen

Systeme zur Vorgangssteuerung[16] basieren auf einer expliziten Repräsentation arbeitsteiliger Prozesse, den Vorgangstypen. In diesen werden die einzelnen Vorgangsschritte oder Aktionen, die benötigten Informationen sowie die ausführenden Rollen, die zur Ausführungszeit konkreten Personen zugewiesen werden, spezifiziert. Die anwendungsunabhängige Vorgangssteuerung kann auf dieser Basis Vorgänge (u.U. automatisch entsprechend festgelegter Ereignisse) initialisieren sowie steuern und überwachen. Das System benachrichtigt die jeweils zuständigen Bearbeiter, stellt diesen die Vorgangsinformationen zur Verfügung und führt für alle Benutzer jeweils individuelle "To-do-Listen". Die Ausführung der Vorgangsschritte bleibt in der Verantwortung des einzelnen Bearbeiters, wobei jedoch die Möglichkeit zur Automation gut strukturierter Aktionen besteht.

Während Prototypen zur Vorgangssteuerung - vorwiegend auf der Basis von Electronic-Mail-Systemen - bereits seit Ende der siebziger Jahre im Bereich der Bürokommunikationsforschung entwickelt worden sind[17], sind erst in den letzten Jahren Systeme am Markt verfügbar. Diese werden in der Regel nicht isoliert, sondern als Komponenten im

---

15) Vgl. Hofmann (1988)
16) Vgl. Hasenkamp (1987)
17) Vgl. z.B. Zisman (1977); Ellis, Bernal (1982); Kreifelts (1984)

Rahmen von Integrierten Bürovorgangssystemen und Dokumenten-Management-Systemen (DMS) angeboten[18]. Der Vorteil der Einbindung in DMS besteht vor allem darin, daß die vorwiegend in Form von Papierdokumenten vorliegende Korrespondenz mit externen Partnern in das System eingebunden werden kann. Dies ist im Rahmen des Workflow-Managements wichtig, weil viele Vorgänge durch externe Mitteilungen angestoßen werden[19].

Im Vergleich zu Administrations- und Dispositionssystemen kann eine Rechnerunterstützung von Vorgängen wesentlich schneller realisiert werden, wenn entsprechende Werkzeuge installiert und eingeführt sind. Dabei liegt das Einsatzgebiet in erster Linie im Bereich der Verarbeitung unstrukturierter Informationen, es ist aber nicht auf diesen beschränkt. Dadurch ist es möglich, auch Vorgänge mit einer geringeren Wiederholungsfrequenz effizient zu unterstützen. Die Entwicklungen der Hersteller gehen dahin, die Spezifikation neuer Vorgangstypen durch direkt manipulierbare Grafik weiter zu vereinfachen, so daß entsprechend geschulte Organisatoren ohne Programmierkenntnisse Vorgänge neu anlegen oder ändern können; der Endanwender wird aber im Regelfall auch weiterhin nicht mit diesen Aufgaben betraut werden. Im Ausnahmefall, d.h. in einer nicht im Vorgangstyp vorgesehenen Situation, hat der Benutzer die Möglichkeit, Vorgänge zu stornieren, zurückzusetzen oder an andere Bearbeiter weiterzuleiten; Änderungen der Vorgangsspezifikation sind allerdings nicht möglich. Der Bearbeiter verliert u.U. viel Zeit mit der Suche nach zuständigen Ansprechpartnern und der Bearbeitung des Vorgangs außerhalb des dafür vorgesehenen Systems. Dies hat zur Folge, daß Nicht-Standard-Fälle möglicherweise nicht effizient bearbeitet werden und die für den konkreten Fall vorhandenen Richtlinien nicht beachtet werden, weil der Bearbeiter diese nicht kennt. Neuere Entwicklungen in der Forschung gehen dahin, auch in Einzel- und Ausnahmefällen eine effiziente Unterstützung zu gewährleisten.

5.3 Zukünftige Entwicklungen

Systeme mit Assistenz-Eigenschaften

Nicht zuletzt aus der Kritik an Systemen zur Vorgangssteuerung sind Anfang der achtziger Jahre erste Arbeiten entstanden, die das Leistungspotential wissensbasierter Systeme zur Unterstützung weniger strukturierter Büroaufgaben nutzen[20]. In der Folge ent-

---

18) Vgl. Hales, Lavery (1991)
19) Vgl. Schumann (1987)
20) Vgl. Barber (1983)

standen einige Prototypen des als "problem solving approach" bezeichneten Ansatzes. Es handelt sich einerseits um Systeme zur Planung und Steuerung von Bürovorgängen und zum anderen um Systeme sogenannter "semi-autonomer Agenten".

Vorgangsplanungssysteme wie LUPINO[21] oder POLYMER[22] erstellen auf der Basis hierarchischer KI-Planungsmethoden weitgehend automatisch Vorgänge, überwachen deren Ausführung und führen im Falle von Ausnahmesituationen Planrevisionen aus. In Planungsunterstützungssystemen wie z.B. VIPS[23] werden Vorgänge dagegen interaktiv im Dialog mit dem Benutzer spezifiziert. Diese Form der Vorgangsplanung, die dem Ansatz der kooperativen Problemlösung entspricht, scheint für realistische Problemstellungen einfacher verwirklicht werden zu können als eine automatische Planerstellung, da das System nicht über eine vollständige Wissensbasis zu verfügen braucht, sondern auch auf das Allgemeinwissen des Benutzers zurückgreifen kann. Kritiksysteme[24], die die Benutzereingaben zur Vorgangsspezifikation registrieren, Verstöße gegen festgelegte organisatorische Regeln feststellen und diese dem Benutzer mitteilen, können solchen kooperativen Problemlösungssystemen zugrundegelegt werden. Derart realisierte Planungsunterstützungssysteme können als Zugangssystem[25] für Endbenutzer zur Vorgangsspezifikation interpretiert werden. Eine noch wesentlich weitergehende Unterstützung soll in dem Projekt Assistenz-Computer[26] erreicht werden. Hier sollen Eigenschaften, die von menschlichen Assistenten erwartet werden - u.a. die Fähigkeit, ungenaue Anweisungen zu interpretieren - auf einen Rechner übertragen werden.

Das den automatischen Vorgangsplanungssystemen und interaktiven Planungsunterstützungssystemen zugrundeliegende Konzept der zentralen Planung eines arbeitsteiligen Prozesses ist jedoch problematisch. In Ausnahmesituationen, die nicht durch vorgegebene organisatorische Regelungen abgedeckt werden, kann ein Benutzer andere Organisationsmitglieder in der Regel nicht ohne vorherige Absprache zur Übernahme von Aufgaben innerhalb des zu spezifizierenden Vorgangs verpflichten. Der folgende Ansatz semi-autonomer Agenten wird der organisatorischen Praxis in dieser Hinsicht gerechter. Systeme wie D-POLYMER[27], eine Weiterentwicklung des o.g. Systems POLYMER, kommunizieren während der Planungsphase mittels festgelegter Konversationsprotokolle mit anderen Agenten, um die einzelnen Beiträge zu koordinieren, d.h. es wird eine ver-

---

21) Vgl. Beetz (1991)
22) Vgl. Croft, Lefkowitz (1988)
23) Vgl. Martial, Victor (1991)
24) Vgl. Fischer, Mastaglio (1991)
25) Vgl. Mertens (1992)
26) Vgl. Hoschka, Wißkirchen (1990)
27) Vgl. Bhandaru, Croft (1990)

teilte Planung unterstützt, die der organisatorischen Praxis besser entspricht als eine zentrale Vorgehensweise.

Organisationsdatenbanken und -wissensbasen

Vorgangssysteme erlauben eine explizite Repräsentation der rechnergestützt abzuwickelnden ablauforganisatorischen Regelungen; allerdings werden auch nur diese abgebildet, d.h. es erfolgt keine Modellierung der gesamten Unternehmensorganisation. Organisatorische Änderungen sind in Vorgangsspezifikationen - im Vergleich zu konventionellen Anwendungssystemen - zwar relativ schnell durchzuführen, eine weitere Erleichterung kann aber durch den Einsatz von Organisationsdatenbanken oder -wissensbasen erreicht werden. Informationen über die Unternehmensorganisation werden in diesen Systemen maschineninterpretierbar abgelegt, so daß einmalig im Rahmen der Organisationsdatenbank/-wissensbasis erfaßte Änderungen in den darauf aufbauenden Anwendungen möglichst ohne weitere Modifikationen berücksichtigt werden können.

In Vorgangssystemen können die in einer Organisationsdatenbank/-wissensbasis abgelegten Informationen zur Aufbauorganisation genutzt werden, um die konkrete Zuweisung einzelner Vorgangsschritte zu Aufgabenträgern erst zur Laufzeit aktuell durchzuführen. Damit kann der Forderung Rechnung getragen werden, daß ein Vorgangssystem die Organisationsstruktur zentral und stets auf dem neuesten Stand verwalten sollte[28].

Eine umfassende Nutzung der Organisationsdatenbank/-wissensbasis wird aber erst mit den oben dargestellten wissensbasierten Systemen möglich; dort findet diese als wesentlicher Bestandteil des Weltmodells Anwendung. Bei der Spezifikation von Vorgängen kann im Rahmen von Vorgangsplanungssystemen auf die Organisationsdatenbank/-wissensbasis zugegriffen werden, um die Kompetenzen der Organisationseinheiten, alle organisatorischen Richtlinien und festgelegten Kommunikationsstrukturen zu berücksichtigen und inhaltlich korrekte Vorgänge zu entwickeln. Darüber hinaus kann die Organisationsdatenbank/-wissensbasis genutzt werden, um Standard-Vorgänge abzulegen. Entsprechend können Organisationsdatenbanken/-wissensbasen durch semi-autonome Agenten genutzt werden, um zuständige Ansprechpartner zu ermitteln. Das organisatorische Wissen wird explizit repräsentiert und ist auch in Ausnahmesituationen zugänglich.

---

28) Vgl. Hasenkamp (1987), S. 203

Erste Prototypen sind bereits entwickelt worden: Das auf Basis einer relationalen Datenbank realisierte Organisations- und Ressourcen-Management-System (ORMS) bildet aufbauorganisatorische Strukturen sowie die verfügbaren Ressourcen ab[29]. Das als Wissensbasis implementierte Elektronische Organisationshandbuch (ELO) enthält neben aufbauorganisatorischen Strukturen auch Informationen über Abläufe sowie Produkte bzw. Dienstleistungen[30]. Darüber hinaus wurde in einem mehr auf die Arbeit des Organisators ausgerichteten Projekt eine Organisationsdatenbank einschließlich eines entsprechenden Informationssystems zur Organisationsanalyse und -planung entwickelt[31].

6 Organisatorische Auswirkungen und Gestaltungspotentiale

Auswirkungen und Gestaltungspotentiale durch den Einsatz von Workflow-Management-System sind sowohl auf der Ebene des einzelnen Arbeitsplatzes, der Arbeitsbeziehungen und organisationsübergreifend zu erwarten[32]. Endgültige Aussagen können in diesem Bereich aufgrund der bisher noch geringen Zahl von Anwendern im Bereich von Vorgangssteuerungssystemen und der Schwierigkeit, organisationsweite und organisationsübergreifende Prozesse zu beobachten, noch nicht getroffen werden.

Systeme zur Vorgangssteuerung finden z.Zt. vor allem im Bereich der öffentlichen Verwaltungen und des Finanzsektors Anwendung[33]. Aus den bisherigen Anwendererfahrungen und den Einsatzmöglichkeiten der oben dargestellten Konzepte können zu erwartende Auswirkungen abgeleitet werden. Hier sollen - entsprechend dem Schwerpunkt dieses Beitrags - die organisatorischen Auswirkungen betrachtet werden, obwohl ebenso weitreichende Änderungen der Aufgabenerfüllungsprozesse auf der Ebene einzelner Arbeitsplätze zu erwarten sind. Direkte organisationsübergreifende Effekte sind in der nächsten Zeit lediglich aus der stärkeren Koordination von Systemen der operativen Massendatenverarbeitung (EDI) zu erwarten. Mit der Ausnahme von EDI werden die o.g. Konzepte des Workflow-Managements zunächst nur Anwendung im innerorganisatorischen Bereich finden. Indirekte Effekte können allerdings auch die Koordination zwischen Organisationen betreffen. Die nachfolgenden Auswirkungen sind vor allem auf eine verbesserte innerorganisatorische Koordination und eine größere Transparenz zurückzuführen.

---

29) Vgl. Rupietta (1992)
30) Vgl. Chrapary, Rosenow-Schreiner, Waldhör (1991)
31) Vgl. Heilmann, Sach, Simon (1988)
32) Vgl. Picot, Reichwald (1987)
33) Vgl. Hales, Lavery (1991)

- Durch den erleichterten Informationszugang kann eine ganzheitlich orientierte Sachbearbeitung leichter realisiert und die bei der Büroarbeit vorherrschende starke funktionale Gliederung der Arbeit reduziert werden. Eine Vielzahl von Unterstützungsarbeiten, bspw. Archiv- und Kopierdienste sowie die Hauspost, werden vollkommen entfallen. Andere Unterstützungsarbeiten, vor allem Schreibarbeiten, können von Sachbearbeitern und Fachkräften übernommen werden.

- Die Organisation wird für ihre Mitglieder transparenter. Die Koordination der einzelnen Arbeitsbeiträge wird leichter. Das hauptsächlich mit Koordinationsaufgaben befaßte mittlere Management wird von diesen Aufgaben weitgehend entlastet. Ob dadurch der Trend zu flacheren Hierarchien verstärkt wird oder stärkere fachliche Orientierung des mittleren Managements unterstützt wird[34], kann zur Zeit nicht eindeutig beantwortet werden.

- Die erhöhte Transparenz und der erleichterte Informationszugang bewirken auch, daß Organisationseinheiten stärker als bisher räumlich verteilt werden können.

- Die Einheitlichkeit der Sachbearbeitung und die Befolgung von Richtlinien werden erhöht.

- Insbesondere durch den Einsatz im Zusammenhang mit Organisationsdatenbanken/ -wissensbasen erhalten Workflow-Management-Systeme den Charakter von sogenannten "organizational memories"[35]. Der Wissenszuwachs in der Organisation kann mit Hilfe dieser Systeme leichter beherrscht werden. Darüber hinaus kann die Problemlösungsfähigkeit der Organisation unabhängig von Personalfluktuationen aufrecht erhalten werden.

7 Abschließende Bewertung

Das mit integrierten Systemen zur Massendatenverarbeitung bereits vielfach realisierte Workflow-Management wird gravierende Auswirkungen hinsichtlich wirtschaftlicher Ziele wie der Erhöhung der Produktivität der Büroarbeit, der Verkürzung der Durchlaufzeiten, der Erhöhung der Auskunftsbereitschaft, aber auch hinsichtlich human-orientierter Ziele wie einer menschengerechteren Gestaltung der Arbeit erst zeigen, wenn auch

---

34) Vgl. Malone, Rockart (1991)
35) Vgl. Steels (1987)

die Bearbeitung unstrukturierter Informationen und die Behandlung von Einzelfällen adäquat unterstützt werden. Wir haben mögliche Konzepte und zukünftige Entwicklungen, die dies im Zusammenhang mit organisatorischen Anpassungen leisten können, aufgezeigt.

Literatur

Applegate. L. et al.: Organizational Computing: Definition and Issues. In: Journal of Organizational Computing, Vol. 1 (1991), No. 1, S.1-10

Barber, G.: Supporting Organizational Problem Solving with a Workstation. In: ACM Transactions on Office Information Systems, Vol. 1(1983), No. 1, S. 45-67

Beetz, M.: LUPINO - Planen arbeitsteiliger Bürovorgänge. In: Lutze, R.; Kohl, A. (Hrsg.): Wissensbasierte Systeme im Büro - Ergebnisse aus dem WISDOM Verbundprojekt. München, Wien 1991, S. 325-346

Bhandaru, N.; Croft, W.: An Architecture for Supporting Goal-Based Cooperative Work. In: Gibbs, S.; Verrijn-Stuart, A.A. (eds): IFIP WG8.4 Conference on Multi-User Interfaces and Applications, Heraklion, Sept. 24-26, 1990. Amsterdam 1990, S. 337-354

Bullinger, H.-J.; Rathgeb, M.: Vorgangsorientierte Ablagestrukturierung - Vorgehensweise zur Realisierung unternehmensweiter Archivsysteme. In: Office Management, 3/1992, S. 6-15

Chrapary, H.J.; Rosenow-Schreiner, E.; Waldhör, K.: Das elektronische Organisationshandbuch. In: Lutze, R.; Kohl, A. (Hrsg.): Wissensbasierte Systeme im Büro - Ergebnisse aus dem WISDOM Verbundprojekt. München, Wien 1991, S. 295-312

Croft, W.; Lefkowitz, L.: Using a Planner to Support Office Work. In Allen, R.B. (ed.): Conference on Office Information Systems, Palo Alto March 1988. ACM SIGOIS Bulletin, Vol. 2 (1988), No.3, S.52-62

Ellis, C.; Bernal, M.: Officetalk-D. An Experimental Office Information System. In: Limb, J.O. (ed.): SIGOA Conference on Office Automation Systems. Philadelphia June 21-23, 1982, S.131-140

Erdl, G.; Petri, K.; Schönecker, H.: Kundenorientierung durch vorgangsorientierte Sachbearbeitung. In: Office Management, 3/1992, S. 24-29

Fischer, G.; Mastaglio, Th.: A Conceptual Framework for Knowledge-based Critic Systems. In: Decision Support Systems, Vol. 7(1991), S. 355 ff.

Flores, F. et al.: Computer Systems and the Design of Organizational Interaction. In: ACM Transactions on Office Information Systems, Vol. 6 (1988), No. 2, S. 95-118

Gappmaier, M.; Heinrich, L.J.: Computerunterstützung kooperativen Arbeitens (CSCW) (Das aktuelle Schlagwort). In: Wirtschaftsinformatik, 34 (1992), Heft 3, S. 340-343

Hales, K.; Lavery, M.: Workflow Management Software: the Business Opportunity. Ovum Report. London 1991

Hasenkamp, U.: Konzipierung eines Bürovorgangssystems. Informations- und Kommunikationstechnik zur aktiven Steuerung von Bürovorgängen. Habilitationsschrift Köln 1987

Heilmann, H.; Sach, W.; Simon, M.: Organisationsdatenbank und Organisationsinformationssystem. In: Handbuch der modernen Datenverarbeitung (HMD), 25 (1988), Heft 142, S. 119-129

Hofmann, J.: Aktionsorientierte Datenverarbeitung im Fertigungsbereich. Berlin et al. 1988

Hoschka, P.; Wißkirchen, P.: Eine neue Generation von Unterstützungssystemen. In: Der GMD-Spiegel, 1990, Heft 1, S. 20 ff.

Kreifelts, Th.: DOMINO: Ein System zur Abwicklung arbeitsteiliger Vorgänge im Büro. In: Angewandte Informatik, 26 (1984), Heft 4, S. 137-146

Lewe, H.; Krcmar, H.: Groupware (Das aktuelle Schlagwort). In: Informatik-Spektrum, 14 (1991), Heft 6, S.345-348

Malone, T.W.; Rockart, J.F.: Vernetzung und Management. In: Spektrum der Wissenschaft, Nov. 1991, S.122-129

Martial, F.; Victor, F.: Interaktive Planung von Bürovorgängen. In: Lutze, R.; Kohl, A. (Hrsg.): Wissensbasierte Systeme im Büro - Ergebnisse aus dem WISDOM Verbundprojekt. München, Wien 1991, S. 313-324

Mertens, P.: Integrierte Informationsverarbeitung 1. Administrations- und Dispositionssysteme. 8. Aufl., Wiesbaden 1991

Mertens, P.: Zugangssysteme ("Intelligent Front-Ends"). In: Wirtschaftsinformatik, 34 (1992), Heft 3, S. 269 - 282

o.V.: Workflow Automation: Managing Work, Not Just Images. In: The Imaging Business Report, Vol. 2 (1991), No. 5, S. 1-11

Picot, A.; Reichwald, R.: Bürokommunikation. Leitsätze für den Anwender. 3. Aufl. Hallbergmoos, 1987

Rupietta, W.: Organisationsmodellierung zur Unterstützung kooperativer Vorgangsbearbeitung. In: Wirtschaftsinformatik, 34 (1992), Heft 1, S. 26 ff.

Schmidt, K.: Riding a Tiger, or Computer Supported Cooperative Work. In: Bannon, L.; Robinson, M.; Schmidt, K. (eds.): Proceedings of the Second European Conference on Computer-Supported Cooperative Work (ECSCW91). Dordrecht, Boston, London 1991, S. 1-16

Schumann, M.: Eingangspostbearbeitung in Bürokommunikationssystemen - Expertensystemansatz und Standardisierung. Berlin u.a. 1987

Steels, L.: Expert Systems and Beyond: Community Memories. In: Berold, T. (ed.): Proceedings of the Technology Assessment and Management Conference of the Gottlieb Duttweiler Institute. Zurich, April 25-26, 1985. Amsterdam 1986, S. 17-29

Zisman, M.: Representation, Specification and Automation of Office Procedures. Ph.D. thesis University of Pennsylvania 1977

Computerunterstützung für die Gruppenarbeit - Computer Aided Team (CATeam)

Helmut Krcmar

Lehrstuhl Wirtschaftsinformatik (510H)
Universität Hohenheim
Postfach 700562, 7000 Stuttgart 70

Zusammenfassung

Die Computerunterstützung für die Gruppenarbeit findet wachsende Aufmerksamkeit, da sie verspricht, flache Hierarchien im Unternehmen zu unterstützen und Teamarbeit insgesamt produktiver zu machen. Nach einer Übersicht über die Formen dieser Computerunterstützung werden die Beispiele GroupSystems und Notes erläutert, da sie verschiedene Ansatzpunkte der Unterstützung verkörpern. Während GroupSystems Teams in der eigentlichen Sitzungsarbeit unterstützen kann, zielt Notes auf die örtlich verteilte Gruppenarbeit ab. Neben der Wirkungsweise wird auf die (Forschungs)-Ergebnisse ebenso eingegangen wie auf Wirtschaftlichkeitsaspekte. Die Herausforderungen der Forschung werden im Zusammenhang mit der Darstellung des CATeam-Forschungsprogrammes skizziert.

1 Gründe für die Computerunterstützung der Gruppenarbeit

Gründe für die Beschäftigung mit Gruppenarbeit gibt es viele. Ein Großteil der Zeit, die Mitarbeiter im Unternehmen verbringen, wird dazu eingesetzt, um in Gruppen zu arbeiten oder dies zu versuchen. Die Schätzungen reichen von 60-70 % Zeitanteil für DV-Manager bis zu 30-80 % der Zeit für Mitglieder der Unternehmensführung[1]. Eine Studie zeigt, daß deutsche Manager durchschnittlich 40 % ihrer 59-Stunden Woche mit Kommunika-

---

[1] Dennis et al. (1988), S. 591.

tion, 38 % im Büro und 22 % unterwegs verbringen.[2] Im Detail ergeben sich 19 % Besprechungen, 13 % Telephon, 11 % Vorlagen lesen, 11 % Erstellung Schriftstücke, 8 % offizielle Sitzungen, 8 % Eingangspost und 7 % Ausgangspost. Neben den reinen Sitzungs- und Besprechungszeiten (27 %) wird noch mehr Zeit für Kommunikation in den verschiedensten Formen verwendet. Diese Kommunikation wird meistens für Koordination benutzt: Koordination von Mitarbeitern, die zusammen arbeiten, um Ziele zu erreichen, die sie allein nicht erreichen könnten. Auch die zunehmende Spezialisierung und Internationalisierung sind Gründe für die Zunahme der Teamarbeit. Der Trend zur Teamarbeit und zur projektbezogenen Arbeit wird sich mit globalen und flachen Organisationen weiter fortsetzen:[3] Toffler's "Ad-hocracy" und Drucker's "information-based enterprise" verdeutlichen dies.

So viel Zeit Mitarbeiter mit Gruppenarbeit verbringen, so viele Klagen über mangelnde Effizienz und Produktivität der Teamarbeit, insbesondere von Sitzungen existieren[4]. Petrovic[5] erhebt in einer Befragung von 850 österreichischen Managern, daß über 34 % der Zeit bei Bürobesprechungen und ungeplanten Besprechungen als ineffizient bezeichnet werden und zeigt Problemfelder bei Sitzungen auf, vom fehlenden Erkennen kritischer Punkte bis zu persönlichen Konflikten.

Daher sind sowohl die Zeit, die Mitarbeiter heute in Gruppenarbeit verbringen, sei es in klassischen Sitzungen, bei der Koordination von Gruppenaktivitäten oder bei der Bearbeitung der von der Gruppe gestellten Aufgaben als auch die visionären, "neuen" Organisationsformen und die im internationalen Wettbewerb zunehmende Bedeutung der Teamarbeit Anlaß, den Einsatz von Informations- und Kommunikationstechnologien für die Gruppenarbeit zu untersuchen.

2 Computer Supported Cooperative Work, Groupware und CATeam: Produktkategorien und Forschungsrichtungen[6]

Ziel des Computer-Aided-Team (CATeam) ist die Steigerung der Produktivität der Teamarbeit durch den Einsatz von Informations- und Kommunikationstechnologien[7]. CATeam

---

2) Müller-Böling, Klautke, Ramme (1989).
3) Toffler (1971), Huber (1984), Drucker (1988).
4) so z.B. Ranftl (1978), Petrovic (1992).
5) Petrovic (1992).
6) vgl. zum folgenden in größerem Detail Krcmar (1992a).
7) Krcmar (1988), Krcmar (1989).

soll Teamarbeit verbessern; der Ansatz ist daher mit anderen, nicht technologiebezogenen Vorschlägen zu vergleichen. Die Unterstützung der Teamarbeit mit CATeam-Systemen als neue und zusätzliche Zielrichtung der Computerunterstützung befindet sich "zwischen" den unternehmensweiten administrativen Informationssystemen und der individuellen Datenverarbeitung und ist mit diesen zu integrieren. Sie eröffnet neue Wege zur Arbeitsgestaltung und bewirkt mehr als die Entscheidungsunterstützung für Einzelne. Dieser neue Schwerpunkt wird mit unterschiedlichen Namen versehen. Gebräuchlich sind derzeit Begriffe wie "Computer Supported Cooperative Work" (CSCW) und "CATeam", die vor allem unter Forschern üblich sind, "Groupware", der eine neue Produktkategorie bezeichnet sowie "work group computing" und "work flow computing". Die beiden letzten Bezeichnungen verdeutlichen die enge Verwandtschaft zur Bürokommunikation.

Die Möglichkeiten des Softwareeinsatzes zur Gruppenunterstützung haben zu verschiedenen Klassifikationen der Werkzeuge und Forschungsrichtungen geführt. Die älteste und meist benutzte Einteilung geht auf die Unterscheidung der Werkzeuge nach der Unterstützung für die Situationen "Anwesenheit der Teilnehmer zur gleichen Zeit" oder "Anwesenheit der Teilnehmer zu unterschiedlichen Zeiten" (asynchrone Kommunikation) sowie "Anwesenheit der Teilnehmer am gleichen Ort" oder "Anwesenheit der Teilnehmer an unterschiedlichen Orten" zurück. Daraus ergeben sich vier Felder von Unterstützungsmöglichkeiten, für die bereits Werkzeuge existieren. Die Zusammenfassung beider Formen der asynchronen Kommunikation liefert drei Kategorien von Werkzeugen und Forschungsrichtungen, die sich mit den plakativen Namen "Entscheidungsraum", "Remote-Konferenzen" und "asynchrone Unterstützung" bezeichnen lassen. Die Entscheidungsraumforschung beschäftigt sich mit der Frage, wie "klassische" Sitzungen aller Teilnehmer in einem Raum zu unterstützen sind. Die "remote-Konferenz"-Forschung untersucht die Unterstützung der Sitzungssituation, wenn die Teilnehmer örtlich verteilt sind. Die Untersuchung der asynchronen Unterstützung soll Unterstützung liefern, wenn die Gruppenmitglieder nicht zur gleichen Zeit "zusammen" sind. Für jeden dieser drei Teilbereiche gibt es Gründe, warum gerade diese Form der Unterstützung von besonderem Interesse ist.

Derzeit werden für jede Kategorie unterschiedliche technische Ansätze verfolgt. Während beispielsweise die Kategorie Remote Konferenzen, also "entfernte Orte - gleiche Zeit" von Entwicklungen im Bereich der Videotechnologie dominiert wird, herrschen in der Kategorie "asynchrone Zeit" Anwendungen von electronic mail und damit der Datenkommunikation vor. Daraus resultieren erhebliche Integrationsprobleme der entwickelten, unterschiedlichen Werkzeuge.

In der Trennung in drei Bereiche liegt die zentrale Schwäche der obigen Klassifikation und der auf ihr aufbauenden Werkzeuge: Sie geht am Integrationsbedürfnis der Gruppenarbeit vorbei, denn diese vollzieht sich in einem Wechsel von Sitzungen und Arbeiten am Gruppenthema in Nichtsitzungen und ist eben nicht nur auf eine der drei Situationen beschränkt. Dennoch leitet diese Dreiteilung heute noch weitgehend Forschung und Produktangebot. Erst langsam tritt die Vermeidung von Medienbrüchen zwischen den einzelnen Gruppenarbeitsphasen und eine ganzheitliche, temporal- und aufgabenintegrative Gruppenunterstützung in den Vordergrund.

3   Beispiele

Die Wirkungsweise der Computerunterstützung für die Gruppenarbeit läßt sich am besten durch konkrete Anwendungen verdeutlichen und damit aus der "abstrakten Spekulation" herausholen. Dies gilt vor allem, da CATeam sowohl technisch als auch konzeptionell neu ist und die potentiellen Nutzer nicht über Erfahrungen verfügen können. Da schon oft eingesetzt, werden GroupSystems und Notes beschrieben[8].

3.1   Computerunterstützung für Sitzungen: GroupSystems

Der GroupSystems-Ansatz verbindet die Software GroupSystems selbst, einen Sitzungsraum mit Rechnern für jeden Teilnehmer und Projektionsmöglichkeit und die Sitzungsmoderation durch einen Moderator/Softwarechauffeur. Der Ansatz der "Electronic Meetings" geht von einem Sitzungsbegriff aus, der alle Phasen der Gruppenarbeit umfaßt. Die Software GroupSystems[9] wird hier nur skizziert, die Ergebnisse werden etwas ausführlicher beschrieben.

Die Software GroupSystems wurde seit 1984 an der University of Arizona, Tucson entwickelt. Das heute als GroupSystems Version 5 vertriebene Produkt unterstützt sowohl klassische Sitzungen als auch asynchrone Zusammenarbeit. Die Software besteht aus flexibel kombinierbaren, auf vernetzten PCs ablauffähigen Werkzeugen, die unterschiedlichen Unterstützungsanforderungen gerecht werden. Es empfiehlt sich, vor jeder Sitzung zu bestimmen, was genutzt werden soll und dabei Aufgabenstellung und Werkzeug auf-

---

8)   Auf dem Markt sind weitere Werkzeuge verfügbar: vgl. die Übersicht in Krcmar (1992b).

9)   Ventana Corporation (Hrsg.) (1990). Auskunft über Distributoren erteilt Ventana Corp., Tucson oder der Lehrstuhl Wirtschaftsinformatik der Universität Hohenheim.

einander abzustimmen. In diesem Werkzeugkasten (Abb. 1) stehen Werkzeuge für bestimmte Sitzungsphasen und -inhalte, für die Sitzungsvor- und nachbereitung, für das Sitzungsmanagement, für die Gruppeninteraktion sowie Bausteine die als Gruppengedächtnis dienen können, individuelle Werkzeuge und Bausteine für die Sammlung von Forschungsdaten zur Verfügung. Den Schwerpunkt bildet die Unter-stützung der Interaktion in der Gruppe. Die einzelnen Werkzeuge liefern unterschiedlich viel Hilfe für Prozeßunterstützung und -strukturierung, Aufgabenunterstützung und -strukturierung; sie sind in Abb. 1 den Teilprozessen von Sitzungen zugeordnet.

Sitzungsteilprozeß	GroupSystems-Werkzeug	enthalten in
Sitzungsplanung	Sitzungsmanager mit - Tagesordnung - Teilnehmererfassung - Sitzungsverwaltung - Systemeinstellung - Systemverwaltung - Texteditor	Basis-Werkzeuge
Ideenfindung	Elektronisches Brainstorming Themenkommentator	
Ideen Organisation	Ideen Organisation Leitlinien-Aufstellung	
Auswahl	Abstimmung Alternativenbewertung	
Analyse einzelner Aspekte und Ergebnisse	Brieftaschen-Utensilien mit: - Dateien-Anzeiger - Notizblock - Clipboard - Taschenrechner - Stimmungs-Barometer - Schnell-Abstimmung Gruppen-Gliederungsentwurf Gruppen-Matrix Fragebogen Interessenvertreter-Identifikation Gruppen-Textverarbeitung Gruppen-Lexikon	Zusatz-Werkzeuge
Administration	Videoumschalter Spracheditor	Utilities

Abb. 1:   GroupSystems 4.0 Werkzeuge (Stand Okt. 1992) (aus: Lewe, Krcmar (1992a))

Der Einsatz von GroupSystems ist Bestandteil der bisher umfassendsten Untersuchungen computerunterstützter Sitzungen, sowohl durch Experimente als auch im praktischen Einsatz. Die Ergebnisse wurden an vielen Stellen dokumentiert[10].

---

10) Als erste Zugänge können dienen: Dennis et al. (1988), Nunamaker et al. (1991), Krcmar (1992a, 1992b) und Lewe, Krcmar (1992a).

Elektronische Entscheidungsräume mit GroupSystems gibt es international an mehr als 22 Universitäten und in einer zunehmenden Zahl von Firmen, vor allem in den USA. Über 3000 Personen aus mehr als 200 Organisationen haben die Räume der Universität Arizona benutzt und weitere Personen nahmen an über 20 Laborexperimenten teil. Bei IBM USA hatten bis Mitte 1991 in 36 Entscheidungsräumen über 25000 Personen GroupSystems (dort TeamFocus genannt) benutzt.

In der Bundesrepublik verfügt der Lehrstuhl Wirtschaftsinformatik an der Universität Hohenheim über einen Entscheidungsraum, in dem GroupSystems installiert ist. Der CA-Team-Raum[11] ist in Abb. 2 dargestellt. Es ist ein forschungsorientierter Entscheidungsraum der "zweiten" Generation, bei dessen Entwurf besonders auf Technikflexibilität und Sitzungsraumergonomie geachtet wurde[12]. Aus den verschiedenen (Bau)Versionen des CATeam-Raumes wissen wir, daß die räumliche Gestaltung außerordentlich großen Einfluß auf Nutzung und Gruppenverhalten zeigt.

Abb. 2: CATeam Labor der Universität Hohenheim, Lehrstuhl Wirtschaftsinformatik (Bildcopyright: Fotostudio Dollinger)

Die sozialwissenschaftliche Forschung hat viele, oft widersprüchliche Einzelergebnisse erbracht. Allen Ergebnissen ist aber gemeinsam, daß der GroupSystems-Einsatz "Wirkung" zeigt und die Gruppenarbeit verändert oder verändern kann. Die Beurteilung der Wirkungen selbst hängt dann von den Zielen der Gruppenarbeit und dem Einsatzfeld

---

11) Lewe, Krcmar (1991); Ferwagner et al. (1991), Lewe, Krcmar (1992b).
12) vgl. zu den Anforderungen im einzelnen Ferwagner et al. (1991), Lewe, Krcmar (1991).

ab. Wegen der vielen Einflußfaktoren fordern Nunamaker et al.[13] eine Kontingenztheorie für die Computerunterstützung von Sitzungen. In den bisherigen GroupSystems-Untersuchungen weisen sie auf die Einflußfaktoren "Gewährleistung der Anonymität", "Gruppengröße", "Gruppennähe", "Sprachhaltung" und "Aufgaben-aktivitäten" hin. Während die Zusammenhänge zwischen Art der Gruppenaktivität, Nähe der Gruppenmitglieder und dem GroupSystems-Einsatz der weiteren Absicherung dringend bedürfen, sind andere Zusammenhänge besser erforscht. Bezüglich der Sprachhaltung sind in unterstützten Sitzungen "schärfere" Bemerkungen festzustellen, die jedoch eher auf die geäußerten Ideen gerichtet zu sein scheinen, als auf die Personen, die die Ideen äußerten. Anonymität erleichtert, mehr Ideen zu generieren und Statusunterschiede in der Gruppe zu überdecken. Andererseits kann Anonymität zu rücksichtsloser Ausdrucksweise führen. Daher sollte Anonymität als kontinuierliche Variable betrachten werden, die eng mit der Gruppengröße zu verknüpfen ist. Die Größe der Gruppe beeinflußt die Auswirkungen der Computerunterstützung. *Während mit steigender Gruppengröße die Prozeßgewinne zunehmen, nehmen bei vollständig computerunterstützten Sitzungen die Prozeßverluste nicht zu*[14]. Bei nicht unterstützten Sitzungen, bei ausschließlich moderierten Sitzungen und bei Sitzungen ohne Technik und Moderator machen sich die Prozeßverluste mit zunehmender Gruppengröße aber immer stärker bemerkbar. Aus diesen Zusammenhängen resultieren Vorteile des Einsatzes von GroupSystems.

Die Erfahrungsberichte aus dem praktischen Einsätz konzentrieren sich oft auf die durch den GroupSytems-Einsatz erzielten Zeitersparnisse gegenüber herkömmlicher Gruppenarbeit, wobei auf dramatische Zahlen verwiesen wird. In den IBM Fallstudien[15] wird von bis zu 60 % Zeitersparnis, in der Boeing Fallstudie[16] von bis zu 90 % Zeitersparnis berichtet. Selbst wenn man berücksichtigt, daß diese Werte durch Vergleiche mit Schätzungen zustande kamen und möglicherweise zu optimistisch sind, ist ihre Größenordnung auf jeden Fall bemerkenswert. Die Größenordnung ist aufgrund des besonderen Charakters der GroupSystems-Unterstützung zu erkären: die Phasen der Ideenfindung werden "parallelisiert", so daß bei 60 Minuten Sitzung und 12 Teilnehmern jedem Teilnehmer 60 Minuten Schreib-, Lese- und Denkzeit zur Verfügung stehen, statt 5 Minuten (gleichverteilter) Redezeit bei herkömmlichen Sitzungen. Die wegen des Werkzeugeinsatzes erforderliche Vorstrukturierung der Sitzung und die Aufgabenkonzentration während der Sitzung ergeben positive Effekte.

---

13) Nunamaker et al. (1991).
14) vgl. Nunamaker et al. (1991).
15) Grohowski et al. (1990).
16) Kirkpatrick (1992).

Erste Erfahrungen[17] im CATeam-Raum der Universität Hohenheim bestätigen die erwähnten Einflußgrößen auf Sitzungen und weisen mit praktischen Sitzungen aus den Bereichen Geschäftsplanung und Qualitätsverbesserung (continuous improvement) die gleichen Effekte nach. Sie lassen vermuten, daß Erfahrungen aus dem anglo-amerikanischen Kulturraum im wesentlichen auch in Deutschland gelten.

Verschiedentlich wird herausgestellt, daß es sich bei GroupSystems weniger um ein System zur Unterstützung der Gruppenarbeit als um ein System zur Unterstützung von Moderatoren handelt. Die Rolle des Chauffeurs oder des Moderators erfährt so wachsende Aufmerksamkeit. Dem Sitzungsmoderator stehen heute mehr Werkzeuge zur Unterstützung der Gruppenziele zur Verfügung als bevor. Vor allem ist es aus unserer Erfahrung wichtig, derartige Werkzeuge selbst im Einsatz zu "erfahren", nicht nur zu besichtigen. Erfahrene Nutzer ziehen mehr Gewinn als Erstnutzer, da die Teamaufgabe bei wiederholter Nutzung wieder in den Vordergrund tritt.

3.2 Computerunterstützung für verteilte Gruppen: Notes

Das Produkt Lotus Notes[18] gilt als derzeit führender Vertreter kommerzieller Groupwaresysteme[19]. Es unterstützt Informationsmanagement in Gruppen und kann als Groupware-Plattform aufgrund seiner Architekturmerkmale als richtungsweisend für den asynchronen Einsatz angesehen werden.

Notes beruht auf der Integration verschiedener Komponenten, nämlich "der effizienten Verarbeitung von gemischten (Text, Graphik, Tabellen, Formularen) Dokumenten, der Bereitstellung einer Datenbankkomponente, einem Bereitstellungs- und Verteilmechanismus der Daten, der Datenbestände über einzelne Standorte hinweg automatisch hält und einem - nicht nur für PC-Systeme - beispielhaften, integrierten Sicherheitskonzept, das die Sicherheit des Zugangs, der Authentizität der beteiligten Personen, der Daten beim Transport (LAN und WAN) und bei der Lagerung garantieren kann "[20]. Notes bietet damit unter anderem electronic-mail, Konferenzsysteme, Datenbankmanagement und Netzwerkverbindungen an. Die Besonderheit des Produktes besteht daher weniger darin, daß eine einzelne Funktionalität besonders herausragend angeboten wird, sondern daß verschiedene Funktionalitäten integriert sind. Entsprechend der Client-Server-Archi-

---

17) Lewe, Krcmar (1992b).
18) Lotus (1990).
19) Taber (1992), Michalik (1991), Nastansky (1991).
20) Michalik (1991), S. 15.

tektur werden alle Datenbanken auf dem oder den Notes-Servern gespeichert. Die Daten zwischen den Servern werden durch einen Replikationsmechanismus ausgetauscht. Notes ist weniger geeignet für transaktionsgetriebene Prozesse, Adhoc-Abfragen, relationale Datenverwaltung und synchrone Zugriffe auf denselben Datensatz.

Zum Einsatz liegen veröffentlichte Erfahrungen aus USA und Deutschland vor[21]. Finke berichtet vom Notes-Einsatz im debis Systemhaus. Im Einsatzbereich "Informationsbank" werden Vertriebsmanagement und persönliches Informations-management, im Einsatzbereich "Workflow" die Beschaffungsabwicklung, im Einsatzbereich "Wissens- und Projektmanagement" die Rechenzentrumsregionalisierung unterstützt. Das Spektrum der Anwendungsmöglichkeiten von Notes, umfaßt daher sowohl Workflow-Automation als auch Work group computing.

Die Erfahrungen zeigen, daß zunächst die Plattform- und Netzprobleme zu lösen sind und sich weitreichende Verschiebungen im Nutzungsverhalten ergeben können. Finke fordert: "Bei der Einführung der Systeme gilt es zu beachten, daß ein erfolgreicher Einsatz vorrangig und schwerpunktmäßig neue Informationsmanagement- und Organisationskonzepte und ein am Leistungsspektrum des Unternehmens ausgerichtetes Re-Engineering von Informationsarbeitsprozeßen erfordert"[22].

4 Ergebnisse der Computerunterstützung: Wirtschaftlichkeit, soziale Folgen und Möglichkeiten der Arbeitsgestaltung

Die Ergebnisse der Computerunterstützung für die Gruppenarbeit sind vielfältig, vielversprechend und bedürfen der Interpretation und weiteren Erforschung. Dem CATeam-Ansatz entsprechend ist bei der Bewertung vor allem auf die Steigerung der Produktivität der Teamarbeit zu achten. Hier soll stellvertrend auf Aspekte der Wirtschaftlichkeit, der sozialen Folgen und der Arbeitsgestaltung eingegangen werden.

Die Wirtschaftlichkeit der Teamarbeit läßt sich unter anderem am Zeitaufwand messen, der zur Erreichung der geplanten Ergebnisse benötigt wird. Den zum Beispiel bei GroupSystems nachgewiesenen hohen Zeitersparnissen treten die Raum-, Hard-und Software- sowie Ausbildungsinvestitionen gegenüber. Die Zusatzinvestitionen gegenüber

---

21) Büning (1992), Finke (1992).
22) Finke (1992), S. 30.

herkömmlichen Sitzungen sind jedoch insofern meist geringer als vermutet, da Sitzungs-raum auch für herkömmliche Sitzungen zur Verfügung stehen muß und die Kosten der Rechnerinfrastruktur eher moderat sind. Bei der Betrachtung der Softwarekosten spielt die Häufigkeit der Nutzung eine große Rolle. Während die Sitzungsteilnehmer erfahrungsgemäß nur kurze Zeit (unter 10 Minuten je Werkzeug bei erstmaliger Nutzung) brauchen, um sich mit der Software vertraut zu machen und um die Möglichkeiten kennenzulernen, fallen vor allem die Kosten der Sitzungsmoderation (Ausbildungs-und Bereitstellungskosten für Moderatoren) ins Gewicht. Diese Kosten führen zu vermehrten Anstrengungen, Software zu entwickeln, die die Gruppen selbst und ohne Technologiechauffeur benutzen können.

Die sozialen Folgen des Einsatzes der Computerunterstützung sind heute keinesfalls umfassend erforscht. Neben den Labor- und Feldstudien finden sich viele Spekulationen, die bar jeden Erfahrungshintergrundes prognostizieren, welche Effekte eintreten können. Praktisch deutet sich aber eine Akzeptanz der Werkzeuge dann an, wenn diese in der Lage sind, den Einzelnen in möglichst vielen Aspekten der Gruppenarbeit und die Gruppe in relevanten Aspekten der Zusammenarbeit tatsächlich zu unterstützen. Die vielfach geäußerten Befürchtungen, die Gruppenarbeit würde "entmenschlicht" werden, konnte in unseren Erfahrungen nicht festgestellt werden. Vielmehr ergab sich mehr Zeit, um die persönlichen Seiten der Zusammenarbeit und das "Teambuilding" zu unterstützen.

Wesentliche Folgen der Computerunterstützung für die Gruppenarbeit ergeben sich, wenn ihre Möglichkeiten in die Arbeitsgestaltung einbezogen werden. Die Beispiele "Unterstützung örtlich verteilter Gruppen" und "Sitzungsbereitschaft" können dies verdeutlichen. Örtlich verteilte Teams sind immer mehr zu finden: Spezialisierung der Mitarbeiter, Notwendigkeit der Kundennähe und Internationalisierung sind Gründe dafür. Die Möglichkeit den laufenden Informationsaustausch z.B. mit Notes zu unterstützen und die weiterhin notwendigen Zusammenkünfte aller Gruppenmitglieder z.B. durch GroupSystems produktiver zu machen, erleichtert die Entscheidung, Aufgaben an verteilte Gruppen zuzuweisen. Das Wissen der Mitarbeiter, daß Sitzungsziele erreicht werden können und Sitzungszeit wieder "produktive" Zeit wird, kann die Bereitschaft erhöhen, an Teams mitzuarbeiten und dazu Sitzungen durchzuführen. Erfolgreiche Sitzungen motivieren. Die Nutzung der Werkzeuge setzt demnach voraus, daß die Arbeitsgestaltung entsprechend erfolgt und die Werkzeuge nicht für unpassende Aufgaben eingesetzt werden.

5 Herausforderungen

Betrachtet man Gruppenarbeit als einen steten Wechsel von Sitzungs- und Nicht-Sitzungsphasen[23], so wird die Unterstützung für den gesamten Gruppenarbeitsprozeß wichtig, so sehr auch die Einzelphasen "Sitzung" und "asynchrone Arbeit" ihre eigenen Bedürfnisse haben. Ausgehend vom einem solchen, stark abstrahierten Modell der Gruppenarbeit, ergibt sich als wesentliche Herausforderung die der Integration[24] über die Zeit und die benutzten Medien, um die Aufgabe von CATeam-Werkzeugen - Begleitung des gesamten Gruppenarbeitsprozesses - zu ermöglichen.

Aus diesem umfassenden Anspruch der Gruppenunterstützung resultiert dann die Herausforderung beim Einsatz von CATeam. Sie besteht in der Verbindung von Werkzeugbau, Werkzeugbewertung und Reorganisation der Gruppenarbeit auf der Basis eines guten Verständnisses der Gruppenarbeitsprozesse. Die Bewertung der Auswirkungen von CATeam-Werkzeugen erweist sich heute als schwierig, da manche Ansätze erst als Prototypen vorliegen, sie noch nicht in breitem Einsatz sind und ihre Erforschung interdisziplinäre Zusammenarbeit voraussetzt. Vor allem haben die Werkzeuge und ihre Verwendung Rückwirkungen auf die Gruppenarbeit selbst: *Gruppenarbeit mit CATeam-Werkzeug läuft anders ab als ohne Werkzeug.* Dies erfordert, sich zeitlich parallel mit den Aufgaben "Verständnis der Gruppenarbeit", "Bau von CATeam-Werkzeugen" und "Evaluierung von CATeam-Werkzeugen" zu beschäftigen.

Ein Beispiel hierfür ist das CATeam-Forschungsprogramm am Lehrstuhl Wirtschaftsinformatik an der Universität Hohenheim, das zum Teil interdisziplinär angelegt ist. Ein wesentlicher Bestandteil ist der CATeam-Raum, der die Erforschung der Auswirkungen verschiedener CATeam-Werkzeuge auf Sitzungen erlaubt. Derzeit wird unter anderem die Software "GroupSystems" erforscht und überprüft, inwieweit sich bisherige, vor allem in den USA erzielte Ergebnisse auf deutsche und europäische Verhältnisse übertragen lassen. Weitere Aktivitäten im CATeam-Forschungsprogramm sind die empirische Untersuchung von Erfolgskriterien für Sitzungen auf mittleren Managementebenen, die Entwicklung von Werkzeugen für die Unterstützung der Gruppenmoderation und die Entwicklung von Werkzeugen für die Unterstützung von Teamarbeit im Informationsmana-

---

23) so z.B bei Krcmar (1989).
24) Johansen (1991), Krcmar (1991).

gement[25]. Darüber hinaus steht der CATeam-Raum auch zur praktischen Nutzung zur Verfügung.

Zwar sind die Auswirkungen des Einsatzes von CATeam-Werkzeugen noch nicht umfassend erforscht. Sicher ist jedoch, daß sich dadurch die Gruppenarbeit verändern wird und sich neue Chancen für die Organisation der Arbeit abzeichnen. Es ist sicher, daß CATeam-Werkzeuge Beiträge leisten können, um die Teamorientierung und andere Tendenzen neuer Organisationen wirkungsvoll zu unterstützen. Deutlich wird auch, daß noch weitere technische Entwicklungsschritte zu vollziehen sind. Vor allem aber sollte offenbar werden, daß der Groupwareeinsatz nur so erfolgreich sein kann, wie die organisatorischen Bemühungen, die auf ihm aufbauen und die ihn begleiten müssen, soll nicht eine Welle der "elektrifizierten", aber nicht wesentlich verbesserten Gruppenarbeit geschaffen werden.

Literatur

Büning, M.: Workgroup-Computing: Status und Perspektiven. in: Online'92, Hamburg 1992, S. VII.24.01-VV.24.09.

Dennis, A.; George, J.; Jessup, L.; Nunamaker, J.; Vogel, D.: Information Technology to Support Electronic Meetings. In: MIS Quarterly, Vol. 12 (Dec.1988) No. 4, S. 591-624.

Drucker, P.F.: The Coming of the New Organization. In: Harvard Business Review, (Jan.-Feb. 1988) No.1, p. 45-53.

Ferwagner, T.; Wang, Y.; Lewe, H.; Krcmar, H.: Experiences in Designing the Hohenheim CA-Team Room. in: Studies in Computer Supported Cooperative Work. (Hrsg) Bowers, Benford 1991, S. 251-266.

Finke, W.F.: Groupwaresysteme - Basiskonzepte und Beispiele für den Einsatz im Unternehmen. in: information management, 7. Jg, 1/92, S. 24-30.

Grohowski, R.; McGoff, C.; Vogel, D.; Martz, B.; Nunamaker, J.: Implementing Electronic Meeting Systems at IBM: Lessons Learned and Success Factors. In: MIS Quarterly, 14(1990)4, S. 369-382.

Huber, G.P.: The Nature and Design of the Post-Industrial Organization. In: Management Science, Vol.30 (Aug. 1984), S.928-951.

Johansen, R.:Teams for Tommorow. in: Proceedings of the Twenty-fourth Annual Hawaii International Conference on Systems Sciences, 1991, Vol. III, p. 521-534.

---

25) Die Entwicklung von CATeam-Unterstützung für das Informationsmanagement erfolgt am Lehrstuhl Wirtschaftsinformatik der Universität im Rahmen des von der Deutschen Forschungsgemeinschaft geförderten Projektes "Konzeption, Entwicklung und Evaluierung eines Computer Aided Team Werkzeuges für die Unterstützung verteilter Informationsmanagement-Aufgaben".

Kirkpatrick, D.: Here comes the payoff from PCs. in: Fortune, March 23, 1992, S. 43-48.

Krcmar, H.: Computerunterstützung für Gruppen - Neue Entwicklungen bei Entscheidungsunterstützungssystemen. in: information management, 3/1988, S. 8-15.

Krcmar, H.: Considerations for a Framework for CATeam-Research. in: Proceedings of the First European Conference on Computer Supported Co-operative Work, London 1989, S. 421-435.

Krcmar, H.: Integration in der Wirtschaftsinformatik - Aspekte und Tendenzen. in: Schriften zur Unternehmensführung - Band 44; Jacob, H.; Beer, J.; Krcmar, H. (Hrsg.): Integrierte Informationssysteme, Wiesbaden 1991, S. 3-18.

Krcmar, H.: Computerunterstützung für die Gruppenarbeit - Zum Stand der Computer Supported Cooperative Work Forschung. in: Wirtschaftsinformatik, 4/1992a.

Krcmar, H.: CATeam Werkzeuge - Beispiele und praktische Erfahrungen. Arbeitspapier Nr. 32, Lehrstuhl Wirtschaftsinformatik, Universität Hohenheim, September 1992b.

Lewe, H.; Krcmar, H.: Die CATeam Raum Umgebung als Mensch-Computer Schnittstelle. In: Computergestützte Gruppenarbeit (CSCW). Hrsg.: Friedrich, J.; Rödiger, K.-H., Stuttgart 1991, S. 171-182.

Lewe, H.; Krcmar, H.: GroupSystems - Aufbau und Auswirkungen. in: information management, 1/1992a, S. 32-41.

Lewe, H.; Krcmar, H.: Computer Aided Team mit GroupSystems: Erfahrungen aus dem praktischen Einsatz. Arbeitspapier Nr. 34, Lehrstuhl Wirtschaftsinformatik, Universität Hohenheim, September 1992b.

Lotus Development Corporation: Lotus Notes Produkt Information. Cambridge, Mass. ab 1990.

Michalik, G.: Pilotprojekt: Workgroup Computing. in: Office management, 6/1991, S. 14-19.

Müller-Böling, D.; Klautke, E.; Ramme, I.: Manager-Alltag 1989.

Nastansky, L.: Gruppenarbeit - Workgroup Computing. in Office management, 6/1991, S. 6-13.

Nunamaker, J.F.; Dennis, A.R.; Valacich, J.S.; Vogel, D.R.; George, J.F.: Electronic Meeting Systems to Support Group Work. In: Communications of the ACM, 34(1991)7, S. 40-61.

Petrovic, O.: Empirical Research in Electronic meeting systems - A Demand Side Approach. Manuskript, Graz 1992. erscheint in: Journal of Organizational Computing.

Ranftl, R.M.: R&D Productivity. 2nd edition, Los Angeles 1978.

Taber, M.: Can OfficeVision take off with Notes?. in: Datamation, February 15, 1992, S. 65-68.

Toffler, A.: Future Shock. New York 1971.

Ventana Corporation (Hrsg.): GroupSystems User's Guide. Version 4.0. University of Arizona, Tucson 1990.

Autorenverzeichnis

Sponsorenverzeichnis

- Stand 30. November 1992 -

AHP Havermann & Partner GmbH

Andersen Consulting GmbH

CAP debis Orga-Soft GmbH

Commerzbank AG

Diron Wirtschaftsinformatik GmbH

GAD Gesellschaft für automatische Datenverarbeitung e.G.

GROUP GmbH

Hewlett Packard Deutschland GmbH

High Soft Tech Ingenieurbüro

IBM Deutschland GmbH

Microsoft GmbH

Oracle Deutschland GmbH

SAP AG

Siemens AG

SNI Siemens-Nixdorf AG

Software AG

Tandem Computers GmbH

Toshiba Deutschland GmbH

UBM Unternehmensberatung München GmbH

sowie weitere Unternehmen, deren Spenden uns erst nach Drucklegung erreichten